情報処理技術者試験対策書

令和6年 春期

応用情報技術者

2024 春

総仕上げ問題集

●アイテックIT人材教育研究部［編著］

iTEC
人間力を、企業力に

内容に関するご質問についてのお願い

　この度は本書籍をご購入いただき誠にありがとうございます。弊社では本書の内容に関するご質問を受け付けております。書籍内の記述に，誤りと思われる箇所がございましたら，お問い合わせください。正誤のお問い合わせ以外の，学習相談，受験相談にはご回答できかねますので，ご了承ください。恐れ入りますが，質問される際には下記の事項を確認してください。

● ご質問の前に

弊社 Web サイトで「正誤表」をご確認ください。
最新の正誤情報を掲載しております。
https://www.itec.co.jp/learn/errata/

● ご質問の際の注意点

　弊社ではテレワークを中心とした新たな業務体制への移行に伴い，全てのお問い合わせを Web 受付に統一いたしました。お電話では承っておりません。ご質問は下記のお問い合わせフォームより，書名（第○版第△刷），ページ数，質問内容，連絡先をご記入いただきますようお願い申し上げます。

アイテック Web サイト　お問い合わせフォーム

https://www.itec.co.jp/contact

回答まで，1 週間程度お時間を要する場合がございます。
あらかじめご了承ください。

● 本書記載の情報について

　本書記載の情報は 2023 年 11 月現在のものです。内容によっては変更される可能性もございますので，試験に関する最新・詳細な情報は，「独立行政法人 情報処理推進機構」の Web サイトをご参照ください。
https://www.ipa.go.jp/shiken/index.html

刊行にあたって

AI，IoT，ビッグデータ関連技術の進化に伴い，政府が策定した Society 5.0（ソサエティ 5.0）によるスマート社会の実現やデジタルトランスフォーメーションの実施が具体的に進んでいます。この動向に合わせて，情報処理技術者試験の出題内容も毎回新しくなり，また難易度も一昔前と比べてかなり上がってきています。情報処理技術者試験は，全体で 13 試験が現在実施されています。それぞれの試験ごとに定められた対象者像，業務と役割，期待する技術水準を基に出題内容が決められ，必要な知識と応用力があるかどうか試験で判定されます。

情報処理技術者試験に合格するためには，午前試験で出題される試験に必要な知識をまず理解し，午後試験の事例問題の中で，学習した知識を引き出し応用する力が必要です。特に午後の試験は，出題された問題を読んで解答に関連する記述や条件を把握し，求められている結果や内容を導いたり，絞り込んだりする力が必要で，これは問題演習と復習を繰り返す試験対策学習を通じて，身に付けていくことが最短の学習方法といえます。

この総仕上げ問題集は，試験対策の仕上げとして，実際に出題された直近の試験問題で出題傾向を把握しながら問題演習を行い，試験に合格できるレベルの実力をつけることを目的としています。問題の解説が非常に詳しいと好評を頂いていた「徹底解説 本試験問題シリーズ」の特長をそのまま生かし，知識確認と実力診断も行えるように，さらに内容を充実させた新しい問題集です。

具体的な内容として，まず，基礎知識を理解しているかを Web 上で問題を解いて確認できる，分野別 Web 確認テストを実施します。基本的な内容を出題していますが，応用情報技術者試験で求められる知識を理解するには，基礎となる基本情報技術者の知識を十分に理解する必要があります。解答できなかった問題がある分野は理解度が不足していると考えて確実に復習をしてください。

次に，過去の試験で実際に出題された問題で演習をします。「徹底解説 本試験問題シリーズ」の特長を継承し直近 5 期分の本試験問題を収録（ダウンロードでの提供含む）していますので，分野を絞って問題演習したり，模擬試験のように時間を決めて解いたりしながら，実力を上げてください。できなかった問題は復習した後，時間をおいて再度解きなおすことが大切です。

最後に，総合的に合格できる実力があるかを試すために，本試験 1 期分に相当する実力診断テストを実際の試験時間に合わせて受験します。本番の試験までに最後の追込み学習に活用してください。

合格を目指す皆さまが，この総仕上げ問題集を十分に活用して実力を付け，栄冠を勝ち取られますことを，心から願っております。

2023 年 11 月
アイテック IT 人材教育研究部

本書の使い方

　本書は,『総仕上げ問題集』という名前が示すように,試験に合格できる実力を
しっかり身に付けていただくための総仕上げの学習を目的とした実践的な問題集
で,次の三つの部で構成されています。
第1部：基礎知識が理解できているかどうかを確認する「分野別 Web 確認テスト」
第2部：過去の試験で実際に出題された直近5期分(ダウンロードでの提供含む)
　　　　の「本試験問題」
第3部：本試験を想定して実力を知ることのできる「実力診断テスト」

　それぞれの内容と学習方法は,次のとおりです。

■第1部　分野別 Web 確認テスト

　分野別に問題が出題される Web 確認テストで,各分野の基礎知識が理解でき
ているかを確認しましょう。
　合格の栄冠を勝ち取るためには,午前試験で出題される知識を確実に理解して
いることが大前提です。総仕上げ学習を進めるに当たって,まず午前試験レベル
の基礎知識が理解できているか,分野別の代表的な問題で確認しましょう。

(学習方法)
①　次の URL に Web ブラウザからアクセスし,
　　それぞれの分野の Web テストをクリックしてください。

　　https://www.itec.co.jp/support/download/soshiage/webtest/2024hap/index.html

---

応用情報技術者　総仕上げ問題集

午前問題知識確認

- 基礎理論
- コンピュータ構成要素・ハードウェア
- システム構成要素・ソフトウェア
- データベース
- ネットワーク
- セキュリティ
- 開発技術・ヒューマンインタフェース・マルチメディア
- プロジェクトマネジメント・サービスマネジメント・システム監査
- システム戦略・経営戦略
- 企業と法務

---

② 「開始」ボタンを押した後に，選択した分野について，最低限抑えておくべき午前試験レベルの知識確認問題（各分野数問）の選択式問題が出題されます。誰にも苦手な分野はありますし，学習した内容を忘れてしまうこともあると思います。この確認テストでは基本的で必須知識といえる内容を出題していますので，基礎知識が定着しているかを確認しましょう。

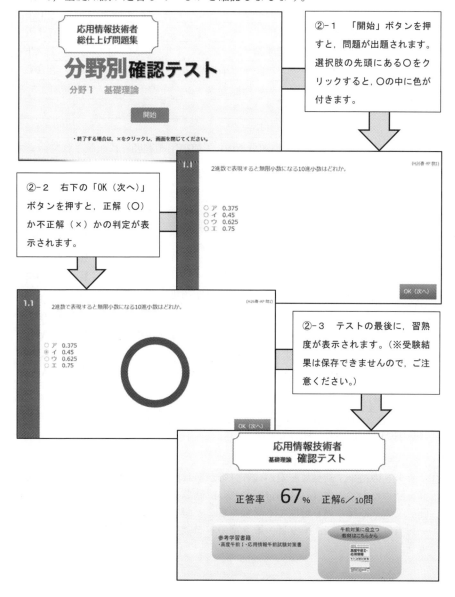

②-1 「開始」ボタンを押すと，問題が出題されます。選択肢の先頭にある○をクリックすると，○の中に色が付きます。

②-2 右下の「OK（次へ）」ボタンを押すと，正解（○）か不正解（×）かの判定が表示されます。

②-3 テストの最後に，習熟度が表示されます。（※受験結果は保存できませんので，ご注意ください。）

出題分野

午前問題の分野 No.や分野名から，どの中分類から出題されているのかが分かるようになっています。苦手な分野を細分化して，効率よく復習するようにしましょう！

分野 No.	分野名	中分類
1	基礎理論	1, 2
2	コンピュータ構成要素・ハードウェア	3, 6
3	システム構成要素・ソフトウェア	4, 5
4	データベース	9
5	ネットワーク	10

※中分類は，「第 2 部　出題分析(2) 午前の出題範囲」に記載されています。

【1】 基礎理論

No.	問題タイトル	出典
1	10 進小数	H26 春 AP01
2	排他的論理和の相補演算	R03 春 AP01
3	符号化に要するビット列の長さ	H28 春 AP04
4	BNF で記述されたプログラム言語の構文	H30 秋 AP04
5	逆ポーランド記法	H24 秋 AP04
6	3 台の機械を製造したときの良品・不良品の確率	R02 秋 AP02
7	スタックのデータ出力順序	R03 春 AP05
8	バブルソートの説明	R03 秋 AP05

出題問題リスト

「R01 秋 AP 午前問 38」などは，本試験が出典となっています。
(※R01 は令和元年，H31 は平成 31 年)

③　テストの結果，知識に不安が残る分野があれば，午前試験の学習に戻って理解を深めた上で，再度，該当分野の Web 確認テストを受験しましょう。Web 確認テストは繰り返し何度でも受験することができます。

④　該当分野を復習後，第 2 部・第 3 部の本試験を想定した問題演習に進みましょう。

第2章（「第2部　本試験問題」に取り組む前に）では，本試験問題の分析結果を，統計資料を交えてご紹介しています。アイテック独自の徹底した分析を通して，試験対策のツボを見つけましょう。

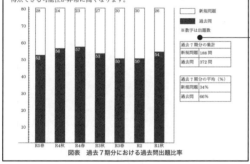

様々な観点から本試験を分析！

「過去問」，「分野」，「頻出度」，「重点テーマ」などの観点から，本試験問題を午前，午後それぞれに徹底的に分析しています。長年に渡るIT教育の実績に基づいたプロの視点と，蓄積された膨大な試験問題の資料に基づいています。

本試験問題の統計データ

アイテックでは，本試験ごとに出題された問題の統計資料を作成しています。第2章ではそれらを活用して，分析の根拠としてご紹介しています。効率的な学習方法を見つけ出しましょう。

■第2部　本試験問題

　本書では，最近の出題傾向を理解するための重要な直近5期分の本試験問題と，その詳細な解答・解説を提供しています（詳細は P.11 参照）。実際の本試験問題を解き，解答・解説で必要な知識や解法のポイントを確認しましょう。

（学習方法）

① 本試験を意識して問題演習にチャレンジしてください。最初のうちは制限時間を気にせずにじっくりと問題に向き合うように解き進めましょう。また，本番を想定する段階になったら，ダウンロードコンテンツの「本試験問題の解答シート」（詳細は P.10 参照）を有効活用しましょう。

② 問題を解いた後は，必ず解説をじっくりと読んで，出題内容と関連事項を理解してください。特に午後問題は，正解を確認するだけでなく，問題を実際の事例として捉えるようにしましょう。そうすることで，解答を導く過程と根拠を組み立てられるようになります。

問1 エ 　　　　　　　　　　　　接線を求めることによる非線形方程式の近似解法 (R3 秋-AP 問1)

　　非線形方程式 $f(x)=0$ の解を，〔手順〕(1)〜(3)に挙げる近似解法によって求める様子を図に示す。非線形とは，比例関係で表すことができない形で，例として図1に示す曲線 $y=f(x)$ のようなグラフが挙げられる。

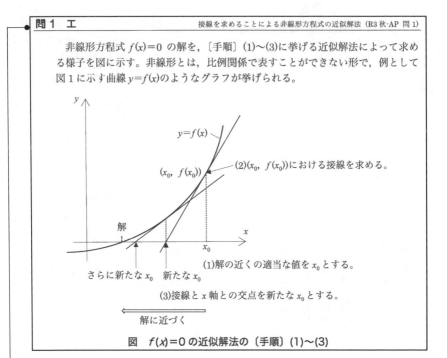

図　$f(x)=0$ の近似解法の〔手順〕(1)〜(3)

アイテックが誇る詳細な解答・解説で理解を深めよう！

単に正解についての説明だけでなく，関連する技術やテーマ，正解以外の選択肢についても解説しているので，問われている内容についてより深く理解できます。

---

③ 問題演習は一度解いて終わりではなく，合格水準に到達できるまで，繰り返し問題を解くようにしてください。

④ 試験日が近づいたら，制限時間を意識して解き進めるようにしましょう。

■第3部　実力診断テスト

　本試験を想定した問題演習を通じて，確実に合格レベルまで実力をアップするための総仕上げの学習をしましょう。

　第2部の本試験問題による演習で合格レベルの得点が取れるようになったら，過去の出題傾向から分析して作問した，アイテックオリジナルの実力診断テストにチャレンジしましょう。

（学習方法）
① 　本番の試験を受験するつもりで，問題演習にチャレンジしてください。制限時間を意識して解き進めて，一つでも多くの正解を出せるように，落ち着いて問題の記述を理解するようにしましょう。また，ダウンロードコンテンツの「実力診断テストの解答用紙」（詳細は P.11 参照）を有効活用しましょう。

② 　問題を解いた後は，解答一覧（解答例の後ろ）に掲載されている，配点表で採点してみましょう。

問番号	設問番号	配点	小計
問1	［設問1］	(1) a，b：2点×2，(2) 3点	1問解答20点
	［設問2］	(1) c，d：1点×2，(2) 2点（完答）	
	［設問3］	(1) e，f：2点×2，(2) 3点，(3) 2点	
問2	［設問1］	a，b：1点×2	
	［設問2］	(1) c：3点，(2) d：2点	
	［設問3］	(1) e，f：2点×2，(2) g：2点，(3) 3点，(4) 4点	
問3	［設問1］	ア～ウ：1点×3	
	［設問2］	(1) 2点（完答），(2) 2点	
	［設問3］	エ，オ：2点×2	
	［設問4］	カ，キ：2点×2	
	［設問5］	ク：1点，ケ，コ：2点×2	

　配点表を活用すれば，現在の自分の実力を把握できます。

③ 　解説はダウンロードコンテンツとして提供しています（詳細は P.12 参照）。ダウンロードをした上で，解説をじっくりと読んで，出題内容と関連事項を理解してください。

　以上の学習を通じて，知識に不安のある分野があれば，基礎知識の学習に戻ってしっかり復習をしましょう。その上で，第2部・第3部の問題を繰り返し解くことで，学習した知識が合格への得点力に変わります。

　この総仕上げ問題集を十分に活用し，合格を目指していきましょう。

ダウンロードコンテンツのご案内

　学習に役立つダウンロードコンテンツを多数ご用意しました。ぜひご活用ください。

【1】本試験問題の解答シート（PDF ファイル）
For 第2部　本試験問題

　直近5期分の本試験問題の「午前問題マークシート」と「午後問題解答シート」をご用意いたしました。こちらは，本試験の解答用紙を，受験者の情報を基にして，アイテックオリジナルで再現したものです。

　実際に解答をマークしたり，書き込んだりしながら，問題を解いてみましょう。特に，「午後問題解答シート」は，手書きで解答を記入することで，制限時間内に解答を書き込む感覚を，本番前に身に付けるのに有効です。本番で焦ることのないよう，対策をバッチリとしておきましょう。

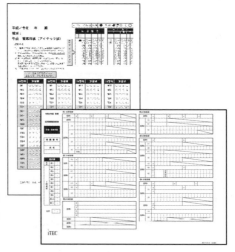

ご利用方法
・アイテックのホームページ（https://www.itec.co.jp/learning_download）にアクセスして，総仕上げ問題集の解答シートをダウンロードください。

【2】本試験問題（R3秋，R4春，R5秋）の解答・解説と実力診断テストの解答用紙（PDFファイル）

For 第2部 本試験問題 第3部 実力診断テスト

◎本試験問題（R3秋，R4春，R5秋）の解説

- ・令和3年度秋期試験
- ・令和4年度春期試験
- ・令和5年度秋期試験

の解説がダウンロードできます。

※令和3年度秋期試験と令和4年度春期試験は問題PDFもダウンロードできます。

※令和5年度秋期試験の解説は2024年2月中旬にリリース予定です。

◎実力診断テストの解答用紙

「本試験問題の解答シート」と同様に，本書に掲載している実力診断テストの午後問題の解答シートをご用意いたしました。アイテックオリジナルの実力診断テストを解く際，本番に近い状況を作り出すのに，お役立てください。

📥 ご利用方法

① https://www.itec.co.jp/support/download/soshiage/answer/2024hap/index.html にWebブラウザからアクセスしてください。

② 下記の情報を入力して，ダウンロードしてください。

ユーザー名：soshiageap
パスワード：S84UfEri

※こちらのダウンロードコンテンツのご利用期限は2024年11月末日です。

【3】実力診断テストの解答・解説 （PDFファイル）

For 第3部 実力診断テスト

※必ず，第1部～第3部の学習後にダウンロードしてください。

問題を解き終わったら，解答・解説でしっかりと復習を行いましょう。

※実力診断テストの解答は本書（問題の直後）にも掲載されています。

不正解だった問題の復習はもちろんのこと，正解した問題も正解までのプロセスや誤答選択肢の解説を読むことで，問題を解くための知識を増やすことができます。

📥 ご利用方法

① https://questant.jp/q/ap_soshiage24h に
　Webブラウザからアクセスしてください。

② 本書に関する簡単なアンケートにご協力ください。
　アンケートのご回答後，解答・解説をダウンロードいただけます。

③ ダウンロードしたzipファイルを解凍して，ご利用ください。

※毎年，4月末，10月末までに弊社アンケートにご回答いただいた方の中から抽選で10名様に，Amazonギフト券3,000円分をプレゼントしております。ご当選された方には，ご登録いただいたメールアドレスにご連絡させていただきます。当選者の発表は，当選者へのご連絡をもって代えさせていただきます。

※ご入力いただきましたメールアドレスは，当選した場合の当選通知，賞品お届けのためのご連絡，賞品の発送のみに利用いたします。

※こちらのダウンロードコンテンツのご利用期限は2024年11月末日です。

目次

刊行にあたって
本書の使い方
ダウンロードコンテンツのご案内

■試験制度解説編

■第1部　分野別 Web 確認テスト

■第2部　本試験問題

令和4年度秋期試験　問題と解答・解説編

令和5年度春期試験　問題と解答・解説編

■第 3 部　実力診断テスト

総仕上げ問題集

試験制度解説編

試験制度とはどのようなものなのか，解説します。

- 試験制度の概要，試験の時期・時間，出題範囲，
出題形式などの情報をまとめてあります。
- 受験の際のガイドとして活用してください。

1-1　情報処理技術者試験

　情報処理技術者試験は，「情報処理の促進に関する法律」に基づき経済産業省が，情報処理技術者としての「知識・技能」が一定以上の水準であることを認定している国家試験です。独立行政法人 情報処理推進機構（以下，IPA）によって実施されています。

　情報処理技術者試験の目的は次のとおりです。

- 情報処理技術者に目標を示し，刺激を与えることによって，その技術の向上に資すること。
- 情報処理技術者として備えるべき能力についての水準を示すことにより，学校教育，職業教育，企業内教育等における教育の水準の確保に資すること。
- 情報技術を利用する企業，官庁などが情報処理技術者の採用を行う際に役立つよう客観的な評価の尺度を提供し，これを通じて情報処理技術者の社会的地位の確立を図ること。

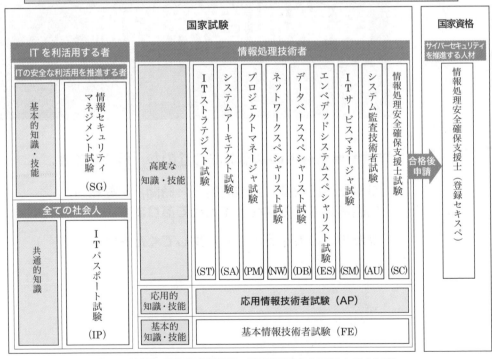

図表 1　情報処理技術者試験及び情報処理安全確保支援士試験

1-2　応用情報技術者試験の概要

(1)　応用情報技術者試験の対象者像

応用情報技術者試験の対象者像は，次のように規定されています。業務と役割，期待する技術水準，レベル対応も示されています。

対象者像	IT を活用したサービス，製品，システム及びソフトウェアを作る人材に必要な応用的知識・技能をもち，高度 IT 人材としての方向性を確立した者
業務と役割	独力で次のいずれかの役割を果たす。 ①　組織及び社会の課題に対する，IT を活用した戦略の立案，システムの企画・要件定義を行う。 ②　システムの設計・開発，汎用製品の最適組合せ（インテグレーション）によって，利用者にとって価値の高いシステムを構築する。 ③　サービスの安定的な運用を実現する。
期待する技術水準	IT を活用した戦略の立案，システムの企画・要件定義，設計・開発・運用に関し，担当する活動に応じて次の知識・技能が要求される。 ①　経営戦略・IT 戦略の策定に際して，経営者の方針を理解し，経営を取り巻く外部環境を正確に捉え，動向や事例を収集できる。 ②　経営戦略・IT 戦略の評価に際して，定められたモニタリング指標に基づき，差異分析などを行える。 ③　システム又はサービスの提案活動に際して，提案討議に参加し，提案書の一部を作成できる。 ④　システムの企画・要件定義，アーキテクチャの設計において，システムに対する要求を整理し，適用できる技術の調査が行える。 ⑤　運用管理チーム，オペレーションチーム，サービスデスクチームなどのメンバーとして，担当分野におけるサービス提供と安定稼働の確保が行える。 ⑥　プロジェクトメンバーとして，プロジェクトマネージャ（リーダー）の下でスコープ，予算，工程，品質などの管理ができる。 ⑦　情報システム，ネットワーク，データベース，組込みシステムなどの設計・開発・運用・保守において，上位者の方針を理解し，自ら技術的問題を解決できる。
レベル対応(*)	共通キャリア・スキルフレームワークの 5 人材像（ストラテジスト，システムアーキテクト，サービスマネージャ，プロジェクトマネージャ，テクニカルスペシャリスト）のレベル 3 に相当

（＊）レベルは，人材に必要とされる能力及び果たすべき役割（貢献）の程度によって定義するとされており，レベル 3 では，「応用的知識・スキルを有し，要求された作業について全て独力で遂行できる」と定義されています。

図表 2　応用情報技術者試験の対象者像

（2） 試験時間と出題形式

　応用情報技術者試験の試験時間と出題形式は次のとおりです。

　午後試験は，平成 27 年 5 月の改訂によって 11 問出題の内 6 問解答していたものが，11 問出題の内 5 問解答することになりました。

	午前	午後
試験時間	9:30～12:00（150 分）	13:00～15:30（150 分）
出題形式	多肢選択式（四肢択一）	記述式
出題数と解答数	80 問出題　80 問解答	11 問出題　5 問解答

図表 3　応用情報技術者試験

分野	問 1	問 2～11
経営戦略		選択解答問題
情報戦略		
戦略立案・コンサルティング技法		
システムアーキテクチャ		選択解答問題
ネットワーク		選択解答問題
データベース		選択解答問題
組込みシステム開発		選択解答問題
情報システム開発		選択解答問題
プログラミング（アルゴリズム）		選択解答問題
情報セキュリティ	必須解答問題	
プロジェクトマネジメント		選択解答問題
サービスマネジメント		選択解答問題
システム監査		選択解答問題
出題数	1	10
解答数	1	4

図表 4　応用情報技術者試験の必須解答問題と選択解答問題

（3） 午前試験の出題範囲

　図表 5 で示されているように，応用情報技術者試験では，全ての出題分野から出題されることになっています。午前試験が合格点に達しない場合は，午後試験が採点されないので，まんべんなく学習する必要があります。

　なお，令和 2 年度 10 月試験より，セキュリティが重点分野に変更されています。

分野	大分類	No.	中分類	情報セキュリティマネジメント試験(参考)	基本情報技術者試験(科目A)	応用情報技術者試験	午前Ⅰ(共通知識)	ITストラテジスト試験	システムアーキテクト試験	プロジェクトマネージャ試験	ネットワークスペシャリスト試験	データベーススペシャリスト試験	エンベデッドシステムスペシャリスト試験	ITサービスマネージャ試験	システム監査技術者試験	情報処理安全確保支援士試験
テクノロジ系	1 基礎理論	1	基礎理論													
		2	アルゴリズムとプログラミング													
	2 コンピュータシステム	3	コンピュータ構成要素						○3		○3	○3	◎4	○3		
		4	システム構成要素	○2					○3		○3	○3	○3	○3		
		5	ソフトウェア		○2	○3	○3						◎4			
		6	ハードウェア										◎4			
	3 技術要素	7	ヒューマンインタフェース													
		8	マルチメディア													
		9	データベース	○2					○3			◎4		○3	○3	○3
		10	ネットワーク	○2					○3		◎4			○3		◎4
		11	セキュリティ[1]	◎2	◎2	◎3	○3	◎4	◎4	○3	◎4	◎4	○3	◎4	○4	◎4
	4 開発技術	12	システム開発技術					◎4	○3	○3	○3	○3	◎4			○3
		13	ソフトウェア開発管理技術						○3	○3	○3	○3	◎4			○3
マネジメント系	5 プロジェクトマネジメント	14	プロジェクトマネジメント	○2						◎4				◎4		
	6 サービスマネジメント	15	サービスマネジメント	○2						○3				◎4	○3	
		16	システム監査	○2										○3	◎4	
ストラテジ系	7 システム戦略	17	システム戦略	○2	○2	○3	○3	◎4	○3							
		18	システム企画	○2				◎4	◎4	○3					○3	
	8 経営戦略	19	経営戦略マネジメント					◎4							○3	
		20	技術戦略マネジメント					○3							○3	
		21	ビジネスインダストリ					◎4							○3	
	9 企業と法務	22	企業活動	○2				◎4							○3	
		23	法務	◎2				○3		○3					○3	◎4

共通キャリア・スキルフレームワーク

高度試験・支援士試験 午前Ⅱ（専門知識）：ITストラテジスト試験～情報処理安全確保支援士試験

(注1) ○は出題範囲であることを，◎は出題範囲のうちの重点分野であることを表す。
(注2) 2，3，4 は技術レベルを表し，4 が最も高度で，上位は下位を包含する。
注 [1] "中分類 11：セキュリティ"の知識項目には技術面・管理面の両方が含まれるが，高度試験の各試験区分では，各人材像にとって関連性の強い知識項目をレベル 4 として出題する。

図表 5　試験区分別出題分野一覧表

（4） 午後試験の出題範囲

午後試験では，次の出題範囲に基づいて技能が問われます。

応用情報技術者試験（記述式）

1　経営戦略に関すること
　マーケティング，経営分析，事業戦略・企業戦略，コーポレートファイナンス・事業価値評価，事業継続計画（BCP），会計・財務，リーダシップ論　など

2　情報戦略に関すること
　ビジネスモデル，製品戦略，組織運営，アウトソーシング戦略，情報業界の動向，情報技術の動向，国際標準化の動向　など

3　戦略立案・コンサルティングの技法に関すること
　ロジカルシンキング，プレゼンテーション技法，バランススコアカード・SWOT分析　など

4　システムアーキテクチャに関すること
　方式設計・機能分割，提案依頼書（RFP），要求分析，信頼性・性能，Web技術（Webサービス・SOAを含む），仮想化技術，主要業種における業務知識，ソフトウェアパッケージ・オープンソースソフトウェアの適用，その他の新技術動向　など

5　サービスマネジメントに関すること
　サービスマネジメントシステム（構成管理，事業関係管理，サービスレベル管理，供給者管理，サービスの予算業務及び会計業務，容量・能力管理，変更管理，リリース及び展開管理，インシデント管理，サービス要求管理，問題管理，サービス可用性管理，サービス継続管理，サービスの報告，継続的改善ほか），サービスの運用（システム運用管理，仮想環境の運用管理，運用オペレーション，サービスデスクほか）　など

6　プロジェクトマネジメントに関すること
　プロジェクト全体計画（プロジェクト計画及びプロジェクトマネジメント計画），スコープの管理，資源の管理，プロジェクトチームのマネジメント，スケジュールの管理，コストの管理，リスクへの対応，リスクの管理，品質管理の遂行，調達の運営管理，コミュニケーションのマネジメント，見積手法　など

7　ネットワークに関すること
　ネットワークアーキテクチャ，プロトコル，インターネット，イントラネット，VPN，通信トラフィック，有線・無線通信　など

8　データベースに関すること
　データモデル，正規化，DBMS，データベース言語（SQL），データベースシステムの運用・保守　など

9　組込みシステム開発に関すること
　リアルタイムOS・MPUアーキテクチャ，省電力・高信頼設計・メモリ管理，センサ・アクチュエータ，組込みシステムの設計，個別アプリケーション（携帯電話，自動車，家電ほか）　など

10　情報システム開発に関すること
　外部設計，内部設計，テスト計画・テスト，標準化・部品化，開発環境，オブジェクト指向分析（UML），ソフトウェアライフサイクルプロセス（SLCP），個別アプリケーションシステム（ERP，SCM，CRMほか）　など

11　プログラミングに関すること
　アルゴリズム，データ構造，プログラム作成技術（プログラム言語，マークアップ言語），Webプログラミング　など

12　情報セキュリティに関すること
　情報セキュリティポリシ，情報セキュリティマネジメント，リスク分析，データベースセキュリティ，ネットワークセキュリティ，アプリケーションセキュリティ，物理的セキュリティ，アクセス管理，暗号・認証，PKI，ファイアウォール，マルウェア対策（コンピュータウイルス，ボット，スパイウェアほか），不正アクセス対策，個人情報保護　など

13　システム監査に関すること
　ITガバナンス及びIT統制と監査，情報システムや組込みシステムの企画・開発・運用・保守・廃棄プロセスの監査，プロジェクト管理の監査，アジャイル開発の監査，外部サービス管理の監査，情報セキュリティ監査，個人情報保護監査，他の監査（会計監査，業務監査，内部統制監査ほか）との連携・調整，システム監査の計画・実施・報告・フォローアップ，システム監査関連法規，システム監査人の倫理　など

図表6　午後の試験の出題範囲

（5） 採点方式・配点・合格基準

① 採点方式については，素点方式が採用されます。

② 各時間区分（午前，午後の試験）の得点が全て基準点以上の場合に合格となります。

③ 配点（満点）及び基準点は図表 7 のとおりです。

④ 試験結果に問題の難易差が認められた場合には，基準点の変更を行うことがあります。

時間区分	配点	基準点
午前	100 点満点	60 点
午後	100 点満点	60 点

図表 7　配点及び基準点

⑤ 問題別配点割合は，次のとおりです。

試験区分	午前			午後		
	問番号	解答数	配点割合	問番号	解答数	配点割合
応用情報技術者	1〜80	80	各 1.25 点	1 2〜11	1 4	20 点 各 20 点

図表 8　問題別配点割合

⑥ 「多段階選抜方式」が採用されています。

・午前試験の得点が基準点に達しない場合には，午後試験の採点が行われずに不合格とされます。

（6） 情報公開

① 試験問題

問題冊子は持ち帰ることができます。また，IPA のホームページでも公開されます。

② 解答例

多肢選択問題……正解が公開されます。

記述式問題……解答例又は解答の要点，出題趣旨が公開されます。

③ 個人成績

合格者の受験番号がホームページに掲載されます。また，成績照会ができます。

④ 統計情報

得点別の人数分布など，試験結果に関する統計資料一式が公開されます。

⑤　採点講評

　午後試験を対象とし，受験者の解答の傾向，解答状況に基づく出題者の考察などをまとめた採点講評が公開されます。

⑥　シラバス

　IPA が発表している最新シラバスは下記から確認できます。最新版に目を通しておきましょう。

　　　https://www.ipa.go.jp/shiken/syllabus/gaiyou.html
　　　「応用情報技術者試験（レベル 3）」シラバス（Ver. 6.3）
　　　2023 年 8 月 1 日掲載

(7)　試験で使用する用語・プログラム言語など

　試験で使用する情報技術に関する用語及び定義は，原則として，一般に広く定着しているものを用いることを優先するとされています。ただし，専門性が高い用語であって日本産業規格（JIS）に制定されているものについては，その規定に従うとされています。また，次に示された以外のものについては，問題文中で定義されることになります。

記号・図など	
情報処理用流れ図など	JIS X 0121
決定表	JIS X 0125
計算機システム構成の図記号	JIS X 0127
プログラム構成要素及びその表記法	JIS X 0128
データベース言語	
SQL	JIS X 3005 規格群

図表 9　試験で使用する情報技術に関する用語など

2 受験ガイド

2-1 試験を実施する機関

　「独立行政法人 情報処理推進機構　デジタル人材センター　国家資格・試験部」が試験を実施します。

　　　〒113-8663　　東京都文京区本駒込 2-28-8
　　　文京グリーンコートセンターオフィス
　　　ホームページ https://www.ipa.go.jp/shiken/index.html

2-2 試験制度の運用時期

　春期は 4 月中旬の日曜日，秋期は 10 月中旬の日曜日に試験が実施されます。案内書公開と出願，解答例発表，合格発表の時期はいずれも予定です。

実施時期	出願 （予定）	解答例発表 （予定）	合格発表 （予定）
春期 4 月 中旬の日曜日	案内書公開 1 月中旬 〜 受付終了 2 月上旬	多肢選択式 は即日 午後試験は 6 月下旬	6 月下旬
秋期 10 月 中旬の日曜日	案内書公開 7 月上旬 〜 受付終了 7 月下旬	多肢選択式 は即日 午後試験は 12 月下旬	12 月下旬

図表 10　試験制度の運用時期

2-3 案内書公開から合格発表まで

(1) 個人申込み

　・インターネットの利用

　　　IPA のホームページ上ではじめにマイページアカウントを作成し，受験の申込みができます。受験手数料の支払い方法は，クレジットカードによる支払いの他に，ペイジーやコンビニエンスストアでの支払いも可能です。

(2) 障害をお持ちの方などへの対応

　希望者は特別措置を受けることができます。その際，申請が必要となります。

(3) 合格発表方法

合格者の受験番号は次のようにして発表されます。

・IPA のホームページに掲載

・官報に公示

また，合格発表日は事前に IPA のホームページに掲載されます。

(4) 合格証書の交付

経済産業大臣から情報処理技術者試験合格証書が交付されます。

(5) 受験手数料

受験手数料は，7,500 円（消費税込み）です。

詳しくは，IPA のホームページで確認してください。

---

3 試験に向けて

令和 5 年度春期試験をアイテックが分析しました。

※令和 5 年度秋期試験の分析結果は下記の URL より 2024 年 1 月中旬から確認できます。（https://www.itec.co.jp/examination/ap/shiken/）

3-1 試験について

応用情報技術者試験の応募者数，受験者数，合格者数は次のとおりでした。

年　　度	応募者数	受験者数	合格者数（合格率）
平成 23 年度春	62,116	37,631	7,745（20.6％）
平成 23 年度秋	56,085	36,498	8,612（23.6％）
平成 24 年度春	55,253	35,072	7,945（22.7％）
平成 24 年度秋	57,609	38,826	7,941（20.5％）
平成 25 年度春	52,556	33,153	6,354（19.2％）
平成 25 年度秋	54,313	34,314	6,362（18.5％）
平成 26 年度春	47,830	29,656	5,969（20.1％）
平成 26 年度秋	51,647	33,090	6,686（20.2％）
平成 27 年度春	47,050	30,137	5,728（19.0％）
平成 27 年度秋	50,594	33,253	7,791（23.4％）
平成 28 年度春	44,102	28,229	5,801（20.5％）
平成 28 年度秋	52,845	35,064	7,511（21.4％）
平成 29 年度春	49,333	31,932	6,443（20.2％）
平成 29 年度秋	50,969	33,104	7,216（21.8％）
平成 30 年度春	49,223	30,435	6,917（22.7％）
平成 30 年度秋	52,219	33,932	7,948（23.4％）
平成 31 年度春	48,804	30,710	6,605（21.5％）
令和元年度秋	50,643	32,845	7,555（23.0％）
令和 2 年度 10 月	42,393	29,024	6,807（23.5％）
令和 3 年度春	41,415	26,185	6,287（24.0％）
令和 3 年度秋	48,270	33,513	7,719（23.0％）
令和 4 年度春	49,171	32,189	7,827（24.3％）
令和 4 年度秋	54,673	36,329	9,516（26.2％）
令和 5 年度春	49,498	32,340	8,805（27.2％）

図表 11　応募者数・受験者数・合格者数の推移

　応募者数は，平成 23 年度春期まで 60,000 人台で推移してきました。その後，徐々に減少し，平成 28 年度春期には 44,102 人にまでなりましたが，その後は 50,000 人前後で推移してきました。緊急事態宣言のために令和 2 年度春期の試験

が中止になり，その後 2 回の受験者は約 40,000 人でしたが，令和 3 年度秋期から約 50,000 人と緊急事態宣言前の水準に戻っています。一方，合格率については，この試験が開始されて以来ほぼ 20％台前半で推移してきましたが，令和 4 年度秋期の合格率は 26.2％と，これまでの最高であった平成 21 年度秋期の 26.1％を超えました。

午前試験には，四肢択一の問題が 80 問出題されますが，出題範囲の各分野からの出題数は，テクノロジ系 50 問，マネジメント系 10 問，ストラテジ系 20 問が標準になっています。また，各中分類からほぼ均等に出題されることが基本ですが，出題が強化されている情報セキュリティ分野の問題は例年どおり 10 問出題されました。

分野	大分類	中分類	分野別出題数	R4 秋出題数		R5 春出題数	
テクノロジ系	基礎理論	基礎理論	50	7	4	7	4
		アルゴリズムとプログラミング			3		3
	コンピュータシステム	コンピュータ構成要素		16	4	17	5
		システム構成要素			4		4
		ソフトウェア			4		4
		ハードウェア			4		4
	技術要素	ヒューマンインタフェース		22	1	21	0
		マルチメディア			1		1
		データベース			5		5
		ネットワーク			5		5
		セキュリティ			10		10
	開発技術	システム開発技術		5	3	5	2
		ソフトウェア開発管理技術			2		3
マネジメント系	プロジェクトマネジメント	プロジェクトマネジメント	10	4	4	4	4
	サービスマネジメント	サービスマネジメント		6	3	6	3
		システム監査			3		3
ストラテジ系	システム戦略	システム戦略	20	6	3	6	3
		システム企画			3		3
	経営戦略	経営戦略マネジメント		7	3	7	2
		技術戦略マネジメント			1		2
		ビジネスインダストリ			3		3
	企業と法務	企業活動		7	4	7	4
		法務			3		3
合計			80	80		80	

図表 12　令和 4 年度秋期，令和 5 年度春期の分野別出題数

　中分類ごとに出題数を集計すると図表 12 のようになります。今後もほぼ同じ構成で出題されると考えられます。

　新傾向問題といえる新しいテーマは 16 問で，令和 4 年度秋期の 15 問よりも 1 問増えましたが，最近の試験としては平均的な出題数です。また，既出のテーマについての新しい問題が令和 4 年度秋期と同じ 10 問出題されていました。過去問題やその改題については，応用情報技術者試験の問題が 24 問，他の種別の問題が 28 問という構成でした。他の種別の過去問題としては，基本情報技術者試験から 9 問，システムアーキテクトが 3 問，IT サービスマネージャが 4 問，エンベデッドシステムスペシャリストが 4 問，その他の種別が 8 問でした。また，過去 3 年間の応用情報技術者試験の問題としては，令和 3 年度は春期が 3 問，秋期が 1 問，令和 2 年度は 1 問，令和元年度秋期が 3 問，平成 31 年度春期が 4 問出題されています。

　令和 3 年度春期から，それ以前に比べて午前試験の難易度が高くなっていましたが，令和 3 年度秋期の試験では以前の水準に戻りました。令和 4 年度春期の試験では，令和 3 年度秋期の試験よりは難易度の平均値がやや高くなったものの，例年並みの平均的な難易度と言えます。なお，令和 5 年度春期は高度試験の午前 II レベルのやや難しい問題は 20 問，基本情報技術者試験レベルのやや易しい問題は 11 問出題されました。ただし，実際に試験を受けた人にとっての難易度は，問題の本質的な難易度だけではなく，学習状況などにも依存します。令和 5 年度春期の試験も最近の傾向どおり，新傾向の問題や他の種別の過去問題など，応用情報技術者試験の過去問題以外の問題も多く出題されたので，見たことのない問題が多いという点でも難しいと感じた受験者も多かったと考えます。

　午後問題については，必須問題である問 1 の情報セキュリティ分野の問題と，選択問題である問 2～11 の 10 問から 4 問を選択し，合計 5 問の問題に解答します。そして，選択した問題がそれぞれ 20 点満点で採点され，100 点満点中 60 点以上が合格の条件です。難易度については，合格のための一つの目安である 7 割程度の得点を目指すという観点で考えると，例年並みであったと考えます。

問	主題分野	テーマ	分類	選択
1	情報セキュリティ	マルウェア対策	T	必須
2	経営戦略	中堅の電子機器製造販売会社の経営戦略	S	
3	プログラミング	多倍長整数の演算	T	
4	システムアーキテクチャ	IT ニュース配信サービスの再構築	T	
5	ネットワーク	Web サイトの増設	T	
6	データベース	KPI 達成状況集計システムの開発	T	10 問中 4 問選択
7	組込みシステム開発	位置通知タグの設計	T	
8	情報システム開発	バージョン管理ツールの運用	T	
9	プロジェクトマネジメント	金融機関システムの移行プロジェクト	M	
10	サービスマネジメント	クラウドサービスのサービス可用性管理	M	
11	システム監査	工場在庫管理システムの監査	M	

※ 分類 S：ストラテジ系，T：テクノロジ系，M：マネジメント系

図表 13　午後問題の出題テーマ

3-2　午前試験

午前試験に出題された新傾向問題は，前述のとおり 16 問でしたが，具体的な内容は次のとおりです。テクノロジ系が 11 問，マネジメント系が 2 問，ストラテジ系が 3 問です。

問	テーマ
03	機械学習の 2 クラス分類モデル評価方法で用いられる ROC 曲線
04	ドップラー効果を応用したセンサーで測定できるもの
11	フラッシュメモリにおけるウェアレベリングの説明
20	コンテナ型仮想化環境のプラットフォームを提供する OSS
22	回路に信号を入力したときの出力電圧の波形
28	べき等（idempotent）な操作の説明
39	政府情報システムのためのセキュリティ評価制度（ISMAP）
40	ソフトウェアの既知の脆弱性を一意に識別するために用いる情報
45	特定の IP セグメントからだけアクセス許可するセキュリティ技術
48	各スプリントで実施するスクラムイベントの順序
50	サーバプロビジョニングツールを使用する目的
52	クリティカルチェーン法でアクティビティの直後に設けるバッファ
57	IaaS と PaaS への移行で不要となるシステム運用作業
63	ビッグデータの利活用を促す情報銀行の説明
64	システム要件定義プロセスにおけるトレーサビリティ
67	広告費を掛けて販売したときの ROAS の計算

図表 14　新傾向問題

3-3　午後試験

　必須問題の問 1 と，それ以外の 10 問から 4 問を選択して 5 問の問題に解答します。令和 5 年度春期の午後試験の特徴として，例年よりも問題文の量が多い問題が多いことが挙げられます。問題を読む時間や集中力の維持という点も考慮すると受験者の負担は増えるので，難しく感じられたかもしれません。なお，それぞれの問題のテーマは次のとおりです。

（問 1　必須問題）
問 1　マルウェア対策（情報セキュリティ）

　マルウェア対策というテーマで，ランサムウェアに感染したときの対応，組織のセキュリティ管理に対する評価，インシデント対応に関する改善策，社員教育の改善策について問われました。セキュリティ機器に関する知識を必要とする設問もありましたが，その他は，問題文をよく読めば解答できる内容でした。

（問 2〜11 から 4 問選択）
問 2　中堅の電子機器製造販売会社の経営戦略（経営戦略）

　中堅の電子機器製造販売会社の経営戦略というテーマで，バーコードラベルを印字するプリンタの製造販売を行う Q 社を題材とした経営戦略の問題でした。具体的には，経営戦略の名称，現状と今後の経営戦略などについて問われました。知識が必要となる設問は経営戦略の名称だけで，その他の設問は，問題文をよく読めば解答できる内容でした。

問 3　多倍長整数の演算（プログラミング）

　多倍長整数の演算というテーマで，カラツバ法と呼ばれる乗算アルゴリズムについて問われました。具体的には，カラツバ法の計算手順とプログラム中の空欄について問われましたが，問われている内容は，それほど難しくありませんでした。ただし，問題文には，少し難解な数式や数学的な記述が多くあり，また，プログラムで使われている変数の数が多く，こうしたことが難しく感じさせる要因になったと思います。

問 4　IT ニュース配信サービスの再構築（システムアーキテクチャ）

　IT ニュース配信サービスの再構築というテーマの問題で，SPA（Single Page

Application）の構成による Web システムを題材に，マルチデバイス対応の方法，スクリプト処理に適したデータ形式，処理時間の計算，CPU 使用率が高いときに発生する問題，SPA 構成による Web 処理の特徴などが問われました。ほとんどの設問は，問題文をよく読めば解答できる内容でしたが，一部に，Web システムに関する知識を必要とする設問もありました。

問 5　Web サイトの増設（ネットワーク）

Web サイトの増設というテーマの問題で，DNS に関する知識が問われました。具体的には，DNS サーバに登録するリソースレコード，プライマリ DNS とセカンダリ DNS サーバの違い，名前解決で得た情報を DNS サーバが保存する時間である TTL（Time to Live）とその値による影響など，DNS に関する様々な内容が取り上げられていました。

問 6　KPI 達成状況集計システムの開発（データベース）

KPI 達成状況集計システムの開発というテーマで，定番の E-R 図，SQL 文について問われました。E-R 図は最近の問題に比べ単純なものでしたが，INSERT 文を中心とした SQL 文の量は少し多く，幾つかの一時表を作成しながら目的の表を作成するというもので，内部結合，外部結合についても問われました。

問 7　位置通知タグの設計（組込みシステム開発）

位置通知タグの設計というテーマで，バッテリの稼働時間，シーケンス図中の空欄，複数のタイマーを設定した場合の問題点について問われました。バッテリの稼働時間については単純な計算でしたが，容量と電流の関係を正しく処理できたかどうかがポイントでしょう。また，シーケンス図中の空欄は，メッセージ名と条件を記述しますが，問題文をよく読めば正解できる内容でした。

問 8　バージョン管理ツールの運用（情報システム開発）

バージョン管理ツールの運用というテーマの問題で，複数の担当者が並行して開発を行う場合のソースコードの管理方法について問われました。バージョン管理ツールについては，機能や操作などについて問題文に説明されているので，その説明をよく読めば利用したことのない人でも戸惑うことはなかったでしょう。また，問われていた内容は，ソフトウェア開発の経験があれば解答できるものが

ほとんどでした。

問9　金融機関システムの移行プロジェクト（プロジェクトマネジメント）

　金融機関システムの移行プロジェクトというテーマで，システム移行の方法や，システム移行に伴うリスクやその対策，リスクマネジメントについて問われました。リスクマネジメントにおける分析手法についての設問がありましたが，この設問に正解するためには，リスクマネジメントの知識が必要でした。その他の設問は，システム移行に関する一般的な知識があれば，問題文をよく読むことで解答できる内容でした。

問10　クラウドサービスのサービス可用性管理（サービスマネジメント）

　クラウドサービスのサービス可用性管理というテーマで，可用性の指標，クラウドサービス業者との SLA などについて問われました。可用性の指標については稼働率なども問われましたが，午前試験に出題される問題に正解できる程度の知識があれば解答できたでしょう。また，SLA に関連する設問については，問題文の内容をよく読めば解答できる内容でした。

問11　工場在庫管理システムの監査（システム監査）

　工場在庫管理システムの監査というテーマで，在庫管理システムに対する監査手続案について，手続の目的や，問題点，確認すべき内容などが問われました。問題に説明されている予備調査の結果を踏まえて解答することになりますが，この部分をよく読めば解答できる内容でした。また，設問が解答群からの選択と10字程度の記述で構成されていることもあり，システム監査に関する知識のない人でも取り組みやすい問題でした。

3-4　令和6年度春期の試験に向けて

(1) 午前試験

　多くの過去問題に取り組んで，正解を暗記すれば合格できるというような話を耳にすることがあります。しかし，以前のような，過去2～3年前の試験で出題された問題を中心とした出題ではなくなっていますし，表現を調整して選択肢の順番を変えるような改題や，他の種別の過去問題からの出題も増えていますから，正解の暗記だけでは午前試験をクリアすることは難しいでしょう。シラバスに沿

ったテキストや専門書などを利用して試験範囲を一通り学習し，その後，問題演習を行って試験に備えるという一般的な学習スタイルが理想ですが，そのような時間が取れないという方も多いのではないでしょうか。そのような方には，過去問題を教材とした学習が効果的です。試験に合格するという目的だけからすると，試験範囲で重要なところは，試験問題としてよく出題されるところです。また，広い試験範囲の内容を漫然と学習するのではなく，問題ごとに学習範囲を絞り込むことによって，集中して学習することができます。ただし，過去問題に取り組んで正解すれば終わりということではなく，正解以外の選択肢が誤りである理由や，各選択肢の用語の意味まで調べて知識として身に付けるようにしなければなりません。このとき，年度別に過去問題に取り組むのではなく，分野別にまとめて取り組み，問題を教材として，関連知識まで学習します。その結果，過去に出題されたことのあるテーマの新作問題にも対応可能になります。また，新傾向問題の半数以上は，正解以外の選択肢が，既出問題で問われた用語や記述になっています。既出問題に正解できる知識があれば，消去法によって正解を導くこともできるようになります。なお，弊社ではこうした学習のための教材として，分野別に学習効果の高い過去問題を選び，知識を体系的に整理できるよう配慮した「高度午前Ⅰ・応用情報 午前試験対策書」という書籍を用意しておりますので，ぜひご活用ください。

　ただし，このような学習方法は，基本情報技術者試験の午前試験合格レベルの知識を体系的に学習済みであることが前提です。情報処理技術者試験の受験経験のない方が，いきなり応用情報技術者試験にチャレンジするということも増えているようですが，基本情報技術者試験レベルの体系的な知識がないと，午前試験の問題は何とか正解できるようになっても，午後試験向けの学習でつまずくことになります。午前試験の学習が一通り終わったと思っても，午後試験の問題の演習で知識が不足していると感じている方は，まず，不足している知識を充足することが合格への近道です。また，この試験の出題範囲は広く，学習のためにはかなりの時間を必要とします。得意な分野と不得意な分野を交互に学習するなど，自身のやる気の維持にも気を遣って，学習意欲を継続する工夫をしましょう。

(2) 午後試験

　選択する分野に関わらず，問題発見能力，抽象化能力，問題解決能力などが，"知識の応用力"として問われます。具体的には，問題文に記述されている事例

や，技術や概念の説明などに対する設問について，自分の能力と知識を応用して解答する力が試されます。合格のために必要となる“知識の応用力”を身に付けるためには，まず，過去に出題された問題を知ることが大切です。特に，記述式の設問に対しては，解答が安易すぎたり，難しく考えすぎたりしないように，解答の適切なレベルとはどの程度なのかを正しく理解してください。IPA のホームページには，過去に出題された問題と解答例が掲載されています。これらを活用して，まず，試験問題を知るということを心がけてください。

　午後問題では，時間が足りないという感想を多く聞きます。制限時間を決めて，過去問題に挑み，時間内で解答できるようにするための問題文の読み方，ヒントや解答の根拠の見いだし方を身に付けるようにしましょう。IPA から発表されている解答例を見ると，制限字数を超えない限り，それほど字数にこだわる必要はないように思われます。また，表現などについても，あまり神経質になる必要はありません。解答のポイントとなるキーワードが記述されていれば，誤りとはされませんので，自分が考えついた解答内容を短時間で正しく記述できるように練習しておきましょう。

　午後試験では国語力が重要になりますが，それだけでは合格することはできません。その前提として，午前試験レベルの内容に対する正しい理解が必要になります。いくら午後問題の演習を繰り返しても，午前試験レベルの正しい理解がないと，解答のポイントを見いだせるようになりません。また，問題文も一定の知識を有していることを前提に記述されているので，正しく読み取ることはできません。こうしたことから，午前試験に向けた学習は，午前試験をクリアするためだけではなく，午後試験をクリアするためにも重要になります。

　午前試験の学習を一通り行ってから，午後試験の学習に移る方が多いと思います。午後問題の学習に移っても，問題中に不安なところがあれば，関連する午前問題を利用して知識を確実にするようにします。また，毎日，10 問程度の午前問題に取り組むようにして，知識を維持，定着させるようにするとよいでしょう。午後試験向けの学習が進まない原因のほとんどが，午前試験レベルの知識に対する理解不足です。午後試験の学習が進まないと感じたら，その分野の午前試験レベルの復習をするようにしましょう。

　実際の試験では，馴染みのないテーマ，形式の問題が出題されると，混乱してしまって必要以上に難しく感じてしまいがちです。このような混乱を避けるためには，選択する 4 分野の他に 2 分野程度の問題に対処できるように学習しておく

必要があります。また，止むを得ず馴染みのないテーマの問題を選択せざるを得ないときには，正解できる設問で確実に得点できるように落ち着いて取り組めるようにしておきましょう。そのためには，自分が十分に学習したという自信が大切です。

総仕上げ問題集

第1部

分野別Web確認テスト

テストの出題分野，問題リスト，復習ポイントを
確認しましょう。

第1章
分野別 Web 確認テスト

1 分野別 Web 確認テストとは？

　本書の使い方（P.4）でもご紹介したように，第2部，第3部の問題演習の前に基礎知識を理解しているか確認するために，Web ブラウザ上で実施いただくテストです。テストを受けた結果，基礎知識に不足がある場合は，復習をしてから再度テストを受けるようにしましょう。全ての分野で十分得点できるようになったら，本書の第2部，第3部に進みましょう。

　アクセス方法と使い方は P.4～6 をご確認ください。

2 出題分野

　出題分野は次のとおりです。

分野 No.	分野名	中分類
1	基礎理論	1, 2
2	コンピュータ構成要素・ハードウェア	3, 6
3	システム構成要素・ソフトウェア	4, 5
4	データベース	9
5	ネットワーク	10
6	セキュリティ	11
7	開発技術・ヒューマンインタフェース・マルチメディア	7, 8, 12, 13
8	プロジェクトマネジメント・サービスマネジメント・システム監査	14, 15, 16
9	システム戦略・経営戦略	17～21
10	企業と法務	22, 23

※中分類は，「第2部　出題分析(2) 午前の出題範囲」に記載されています。

3 分野別 Web 確認テスト　問題リスト

【1】基礎理論

No.	問題タイトル	出典
1	10 進小数	H26 春 AP01
2	排他的論理和の相補演算	R03 春 AP01
3	符号化に要するビット列の長さ	H28 春 AP04
4	BNF で記述されたプログラム言語の構文	H30 秋 AP04
5	逆ポーランド記法	H24 秋 AP04
6	3 台の機械を製造したときの良品・不良品の確率	R02 秋 AP02
7	スタックのデータ出力順序	R03 春 AP05
8	バブルソートの説明	R03 秋 AP05
9	ハッシュ表によるデータの衝突条件	R01 秋 AP07
10	定義された再帰関数の実行結果	H30 春 AP05

【2】コンピュータ構成要素・ハードウェア

No.	問題タイトル	出典
1	CPU のスタックポインタが示すもの	R02 秋 AP08
2	プロセッサの高速化技法	H30 春 AP09
3	命令ミックスによる処理性能の計算	R03 春 AP09
4	平均アクセス時間を表す式	H25 秋 AP11
5	メモリインタリーブの目的	H28 秋 AP10
6	メモリの誤り制御方式	H30 秋 AP09
7	DRAM の説明	H28 春 AP21
8	RFID の活用事例	H30 春 AP20
9	半加算器の論理回路	R03 秋 AP22
10	アクチュエータの機能	H31 春 AP21

【3】システム構成要素・ソフトウェア

No.	問題タイトル	出典
1	PC をシンクライアント端末として利用する際の特徴	H30 春 AP13
2	コンテナ型仮想化の説明	R03 秋 AP14
3	スケールアウトが適しているシステム	R01 秋 AP13

4	システムの信頼性向上技術	H27 春 AP14
5	稼働率の計算	H29 春 AP15
6	タスクの状態遷移	R03 春 AP17
7	LRU 方式でのページフォールトの回数	H28 秋 AP18
8	仮想記憶方式でスループットが急速に低下する現象	H27 春 AP16
9	プログラム実行時の主記憶管理	R03 春 AP18
10	OSS におけるディストリビュータの役割	R02 秋 AP19

【4】データベース

No.	問題タイトル	出典
1	データモデルの解釈	R02 秋 AP27
2	正規形の条件を満足する表	H29 春 AP27
3	与えられた結果を求める関係演算	R03 秋 AP26
4	第 1，第 2，第 3 正規形とリレーションの特徴の組合せ	R04 春 AP28
5	クラス名と平均点数の一覧を取得する SQL 文	H31 春 AP28
6	SQL 文による販売価格の設定	H24 春 AP26
7	テーブル更新時のデッドロック	H29 春 AP29
8	媒体障害発生時のデータベースの回復法	R01 秋 AP29
9	NoSQL に分類されるデータベース	H30 春 AP30
10	ビッグデータの利用におけるデータマイニング	H29 春 AP30

【5】ネットワーク

No.	問題タイトル	出典
1	端末間の伝送時間	H27 春 AP32
2	CSMA/CD の説明	R01 秋 AP32
3	スイッチングハブの機能	R02 秋 AP33
4	ネットワークアドレス	H31 春 AP34
5	サブネットワークの IP アドレス	H27 春 AP36
6	リアルタイム性が重視されるトランスポート層のプロトコル	H31 春 FE33
7	ARP の説明	R03 秋 AP32
8	OpenFlow を使った SDN の説明	H31 春 FE35
9	URL の説明	H27 秋 AP35
10	該当するポート番号になる TCP パケット	R01 秋 FE34

【6】 セキュリティ

No.	問題タイトル	出典
1	暗号方式に関する記述	H29 秋 AP41
2	メッセージの送受信における署名鍵の使用	R04 春 AP39
3	検索結果に悪意あるサイトを並べる攻撃	R01 秋 FE41
4	CRL に関する記述	R02 秋 AP36
5	JIS Q 27000 の情報セキュリティ特性	R01 秋 AP40
6	サイバーセキュリティ経営ガイドラインの説明	H29 春 AP39
7	マルウェアの動的解析に該当するもの	R01 秋 FE36
8	WAF の説明	H31 春 AP45
9	クロスサイトスクリプティング対策に該当するもの	H30 秋 AP41
10	メール本文を含めて暗号化するプロトコル	R02 秋 AP45

【7】 開発技術・ヒューマンインタフェース・マルチメディア

No.	問題タイトル	出典
1	アクセシビリティを高める Web ページの設計例	H28 秋 AP24
2	コンピュータグラフィックス	R03 秋 AP25
3	UML のアクティビティ図の特徴	R02 秋 AP46
4	モジュール分割良否の判断基準	H26 春 AP46
5	分岐網羅の最小テストケース数	H29 春 FE49
6	有効なテストケース設計技法	H30 秋 AP49
7	スタブ又はドライバの説明	H29 秋 AP47
8	アジャイル開発手法のスクラムの説明	R02 秋 AP49
9	アジャイル開発プラクティスを実践する考え方	R01 秋 AP49
10	アジャイル開発で"イテレーション"を行う目的	H29 春 AP49

【8】 プロジェクトマネジメント・サービスマネジメント・システム監査

No.	問題タイトル	出典
1	日程管理	H28 秋 AP52
2	プレシデンスダイアグラム法（PDM）	H31 春 FE52
3	ファンクションポイント法の見積りで必要な情報	H30 秋 AP54
4	アクティビティの所要時間を短縮する技法	R01 秋 AP53
5	SLA に記載する内容	H26 秋 AP55
6	サービスデスク組織のフォロー・ザ・サンの説明	H30 秋 AP57

7	インシデント発生後に要する時間を表す用語	R01 秋 FE57
8	サービスマネジメントシステムにおける問題管理の活動	R03 秋 AP54
9	事業継続計画の監視結果で適切な状況と判断されるもの	R04 春 AP58
10	可用性に該当するシステム監査項目	R03 春 AP59

【9】システム戦略・経営戦略

No.	問題タイトル	出典
1	情報戦略の投資効果を評価するもの	R02 秋 AP61
2	SOA の説明	R02 秋 AP63
3	受注管理システムの非機能要件	H26 秋 AP64
4	コアコンピタンスに該当するもの	H31 春 AP67
5	バランススコアカードの四つの視点	R03 春 AP70
6	技術進化過程を表すもの	H28 春 AP70
7	販売機会の少ない商品の割合が無視できない状況	H30 春 AP73
8	SEO の説明	H31 春 AP73
9	IoT 活用におけるディジタルツインの説明	H31 春 AP71
10	チャットボットの説明	H30 秋 AP72

【10】企業と法務

No.	問題タイトル	出典
1	CIO が経営から求められる役割	H30 秋 AP74
2	企業システムにおける SoE の説明	R02 秋 AP72
3	マクシミン原理	H29 春 AP76
4	OC 曲線（検査特性曲線）に関する記述	H30 春 AP74
5	ROI の説明	R01 秋 FE77
6	変動費の計算	H30 秋 AP77
7	プログラム著作権の原始的帰属	R04 春 AP77
8	偽装請負とされる事象	R02 秋 AP80
9	Web ページの改ざんで業務を妨害する行為を処罰する法律	H27 秋 AP80
10	不正競争防止法で禁止されている行為	R03 春 AP78

分野別 Web 確認テストを解き終わったら，解答結果ページに表示される正答率を下記の表にメモしておきましょう。

分野 No.	正答率
1	％
2	％
3	％
4	％
5	％
6	％
7	％
8	％
9	％
10	％

【習熟度目安】

●正答率 80%以上●
この分野の基本事項はほぼ理解できていると思われます。正解できなかった問題についてしっかり復習しておきましょう。

●正答率 50%以上 80%未満●
この分野の基本事項について，理解できていない内容がいくつかあります。理解不足と思われる内容については，**次のページにある復習ポイント**を他のテキストなどで復習の上，分野別 Web 確認テストに再挑戦しましょう。

●正答率 50%未満●
この分野の基本事項について，理解できていない内容が多くあります。応用情報技術者試験の問題は，基本情報技術者レベルの内容が理解できていないと解答できない場合が多いので，まずは**次のページの復習ポイント**の基礎知識を確実に理解してください。その後，分野別 Web 確認テストに再挑戦しましょう。

全ての分野で 80%以上の正答率になったら，第 1 部第 2 章を読んで本試験の傾向と学習ポイントをつかみ，第 2 部，第 3 部に進みましょう。

―分野別復習ポイント―

分野 No.	復習ポイント
1	情報の表現（2進，10進，16進），論理演算，誤り検出，BNF，逆ポーランド記法，AI の機械学習・ディープラーニング，確率・統計，待ち行列理論，データ構造（配列，リスト，スタック，キュー，木），アルゴリズム（整列，探索）
2	・コンピュータ構成要素・・・CPU の動作，パイプライン，CPU の高速化，キャッシュメモリ，入出力インタフェース ・ハードウェア・・・論理回路，フリップフロップ，記憶素子（DRAM，SRAM），センサ，IoT（省電力）
3	・システム構成要素・・・システム構成，バックアップ方式，性能計算，稼働率，信頼性設計，仮想化 ・ソフトウェア・・・タスク管理，割込み（外部割込み，内部割込み），仮想記憶（FIFO，LRU），OSS
4	E-R 図，クラス図，正規化，関係演算（射影・選択・結合），SQL（CREATE 文，SELECT 文），トランザクション処理，障害回復処理，ビッグデータ，ブロックチェーン，NoSQL
5	LAN 間接続（ゲートウェイ，ルータ，ブリッジ，リピータ），無線通信，LPWA，伝送時間・伝送量の計算，TCP/IP 関連プロトコル（SMTP，POP，IMAP，DHCP，FTP，MIME，ARP，RARP，NTP，IP アドレス，サブネットマスク
6	脅威，暗号化（共通鍵暗号，公開鍵暗号），認証方式，各種マルウェアと対策，各種サイバー攻撃（ブルートフォース，クロスサイトスクリプティング，SQL インジェクションほか），不正アクセス，ISMS，リスク分析，リスク対応，ファイアウォール，IDS/IPS，バイオメトリクス認証
7	・開発技術・・・開発プロセス，オブジェクト指向（カプセル化，クラス，継承，UML），レビュー・テスト技法，アジャイル（XP，ペアプログラミング，スクラム，イテレーション） ・ヒューマンインタフェース・・・コード設計，ユーザビリティ，アクセシビリティ ・マルチメディア・・・データ形式（JPEG，MPEG ほか），コンピュータグラフィックス，VR，AR）

8	・プロジェクトマネジメント・・・スコープ, WBS, アローダイアグラム（クリティカルパス, 終了時刻）, 見積り（ファンクションポイント法） ・サービスマネジメント・・・ サービスレベル合意書（SLA）, インシデント管理, 変更管理, 問題管理, サービスデスク, DevOps ・システム監査・・・監査人の立場・責任, 予備・本調査, 監査手続, 監査証跡, 内部統制
9	・システム戦略・・・エンタープライズアーキテクチャ, BPM, SOA, SaaS, BCP（事業継続計画）, AI・IoT・ビッグデータの活用 ・システム企画・・・投資対効果, 要件定義, 非機能要件, 調達, 情報提供依頼書（RFI）, 提案依頼書（RFP）, グリーン調達 ・経営戦略マネジメント・・・ 競争戦略, PPM, マーケティング戦略, バランススコアカード, CSF, CRM, SCM, ERP ・技術戦略マネジメント・・・イノベーションのジレンマ, リーンスタートアップ, デザイン思考, 技術進化過程, ロードマップ ・ビジネスインダストリ・・・MRP, ファブレス, EDI, e ビジネス（ロングテール, コンバージョン, SEO, フィンテック）, RFID, IoT, RPA
10	・企業活動・・・グリーン IT, BCP, クラウドファウンディング, 組織形態, 線形計画法, ゲーム理論, QC 七つ道具, デルファイ法, 損益分岐点, 営業利益, 経常利益, 財務指標 ・法務・・・著作権, 不正競争防止法, 労働者派遣法, 請負, 個人情報保護法, 不正アクセス禁止法, 刑法, 製造物責任法

第**2**章

「第2部 本試験問題」に取り組む前に

　情報処理技術者試験を長年分析してきたアイテックだからこそ，その結果から見えてきたことがあります。過去問演習に入る前に，本章で，アイテックの試験合格のためのノウハウを確認しましょう！

1 過去問を押さえて午前試験を突破！

■1 過去問からの出題が6割以上を占めています

　アイテックでは本試験ごとに，過去問を含めた重複問題の調査を，種別横断的に行っています。次のグラフは，重複問題調査に基づいて，過去7期分の応用情報技術者試験（以下 AP 試験）の午前試験で，過去に出題された問題と同じ問題がどの程度含まれていたかを示したものです。ここで過去に出題された問題とは，AP 試験で出題されたものだけではなく，他の種別で出題された問題も含みます。実施時期によって多少の差はあるものの，平均すると66%の割合で出題されています。つまり，本番で過去問を全て解くことができれば，突破基準である60点を得点できる可能性が非常に高くなります。

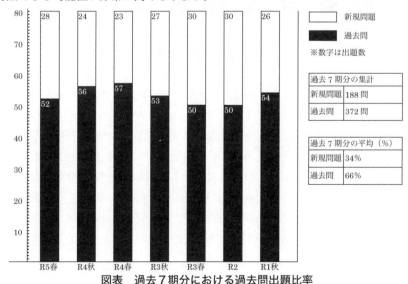

図表　過去7期分における過去問出題比率

■2　試験レベルを超えて出題される過去問も！

　さて，前述の■1 にて，「過去に出題された問題とは，AP 試験で出題されたも
のだけではなく，他の種別で出題された問題も含みます」と紹介しましたが，実
際の AP 試験では，どの程度の問題が，他種別の過去問から出題されているので
しょうか。

　次のグラフは，AP 試験に出題された過去問の中で，過去問の出典種別ごとの
出題数を示したものです。

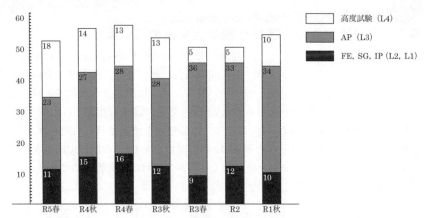

※注　旧試験制度における同レベルの種別の問題を含む。

図表　過去問題の出典種別

　このように，AP 試験では，同じ AP 試験からの過去問の出題が最も多い一方
で，データベーススペシャリスト，プロジェクトマネージャ・・・といった高度
系種別の午前Ⅱ問題の過去問も午前問題全体（80 問）の 1〜2 割程度出題されて
いることが分かります。そもそも高度系の問題であっても，全問が「高度な専門
知識を要求する難問」というわけではなく，また，高度系で特定分野の最新知識
として出題された問題が，数年後には，IT 技術者なら誰もが理解すべき常識にな
っているケースも多いからです。その一方で，基本情報技術者試験（FE）など，
より基礎的な試験から，オーソドックスな問題が流用される例もあります。

■3　試験範囲と出題比率を確認！

　最後に，過去問の重要性とは直接の関係はありませんが，AP 試験における出題範囲を改めて確認しておきましょう。P.19 の図表 5「試験区分別出題分野一覧表」をご覧ください。これは，情報処理技術者試験の午前の出題範囲です。「○」は出題範囲を，「◎」は出題範囲の中でも重点分野であることを示しています。また，「◎」，「○」の横にある数字は技術レベルを示しており，例えば，AP 試験の欄にある「○3」とは，表中の全分野においてレベル 3（L3）の内容が出題される，という意味になります。なお，このレベル表記は「試験制度解説編」で説明した共通キャリア・スキルフレームワークと連動しており，「応用的知識・技能をもったレベル 3」を指しています。

　この表から分かるように，AP 試験ではあらゆる分野の応用的な問題が出題されます。では，AP 試験の出題範囲が多岐にわたるといって，全ての分野を同じような比重で学習しなければいけないのでしょうか。

　P.26 の表は，令和 4 年秋と令和 5 年春の AP 午前試験における分野ごとの出題数を示したものです。これを見ると，「セキュリティ」をはじめ，数多くの問題が出題されている分野がある一方で，ほとんど出題のない分野もあることが分かります。したがって，午前試験で合格点をとるためには，全ての分野を均一に学習するのではなく，出題数の高い分野から，重点的に学習を進めるのが効率的といえるでしょう。

午前試験突破のポイント！

① 過去問の出題は6割以上

午前試験では，過去問の出題率が6割を超えています。過去問を制するものは試験を制す！　演習問題を繰返し解いて実力を身に付けましょう。

② 狙いを絞るなら3〜6期前の試験問題

AP試験の場合は3〜6期前の過去問が比較的多く出題されています。試験直前に復習するなら，この年度の過去問に取り組むのがよいでしょう。本書籍に収録の問題だけではなく，IPAのHPに公開されている本試験の過去問題もひととおり解いて，過去問題の演習の幅を広げておきましょう。

https://www.ipa.go.jp/shiken/mondai-kaiotu/index.html

③ 午前の総仕上げとして第2部に挑戦しよう！

AP試験では，FE試験や，高度試験の過去問も1〜2割出題されます。苦手分野は，FE試験の過去問演習から始めることも効果的です。第2部でAP試験レベルの過去問演習を十分にこなした方は，「第3部　実力診断テスト」に挑戦しましょう。

④ 分野の比重を理解して学習効率を上げよう！

出題割合の多い分野と少ない分野があることを理解しましょう。分野を理解して，午後試験でも活用できるような知識力を身に付けましょう。

2 午後試験を突破するために

■1 午後問題の出題テーマ

午後問題は，IPA 発表の「試験要綱」に基づき，次のカテゴリに分けられます。

設問番号	出題分野	出題テーマ
必須 問1	情報セキュリティ	情報セキュリティポリシー，情報セキュリティマネジメント，リスク分析，データベースセキュリティ，ネットワークセキュリティ，アプリケーションセキュリティ，物理的セキュリティ，アクセス管理，暗号・認証，PKI，ファイアウォール，マルウェア対策（コンピュータウイルス，ボット，スパイウェアほか），不正アクセス対策，個人情報保護　など
選択 問2 ～ 問11	経営戦略，情報戦略，戦略立案・コンサルティングの技法	マーケティング，経営分析，事業戦略・企業戦略，コーポレートファイナンス・事業価値評価，事業継続計画（BCP），会計・財務，リーダーシップ論，ビジネスモデル，製品戦略，組織運営，アウトソーシング戦略，情報業界の動向，情報技術の動向，国際標準化の動向，ロジカルシンキング，プレゼンテーション技法，バランススコアカード・SWOT 分析　など
	プログラミング	アルゴリズム，データ構造，プログラム作成技術（プログラム言語，マークアップ言語），Web プログラミング　など
	システムアーキテクチャ	方式設計・機能分割，提案依頼書（RFP），要求分析，信頼性・性能，Web 技術（Web サービス・SOA を含む），仮想化技術，主要業種における業務知識，ソフトウェアパッケージ・オープンソースソフトウェアの適用，その他の新技術動向　など
	ネットワーク	ネットワークアーキテクチャ，プロトコル，インターネット，イントラネット，VPN，通信トラフィック，有線・無線通信　など
	データベース	データモデル，正規化，DBMS，データベース言語（SQL），データベースシステムの運用・保守　など
	組込みシステム開発	リアルタイム OS・MPU アーキテクチャ，省電力・高信頼設計・メモリ管理，センサー・アクチュエーター，組込みシステムの設計，個別アプリケーション（携帯電話，自動車，家電ほか）　など
	情報システム開発	外部設計，内部設計，テスト計画・テスト，標準化・部品化，開発環境，オブジェクト指向分析（UML），ソフトウェアライフサイクルプロセス（SLCP），個別アプリケーションシステム（ERP，SCM，CRM ほか）　など
	プロジェクトマネジメント	プロジェクト全体計画（プロジェクト計画及びプロジェクトマネジメント計画），スコープの管理，資源の管理，プロジェクトチームのマネジメント，スケジュールの管理，コストの管理，リスクへの対応，リスクの管理，品質管理の遂行，調達の運営管理，コミュニケーションのマネジメント，見積手法　など
	サービスマネジメント	サービスマネジメントシステム（構成管理，事業関係管理，サービスレベル管理，供給者管理，サービスの予算業務及び会計業務，容量・能力管理，変更管理，サービスの設計及び移行，リリース及び展開管理，インシデント管理，サービス要求管理，問題管理，サービス可用性管理，サービス継続管理，サービスの報告，継続的改善ほか），サービスの運用（システム運用管理，仮想環境の運用管理，運用オペレーション，サービスデスクほか）　など
	システム監査	IT ガバナンス及び IT 統制と監査，情報システムや組込みシステムの企画・開発・運用・保守・廃棄プロセスの監査，プロジェクト管理の監査，アジャイル開発の監査，外部サービス管理の監査，情報セキュリティ監査，個人情報保護監査，他の監査（会計監査，業務監査，内部統制監査ほか）との連携・調整，システム監査の計画・実施・報告・フォローアップ，システム監査関連法規，システム監査人の倫理　など

また，平成 25 年秋期から令和 5 年春期までの本試験出題実績は，次表のとおりです。

午後試験テーマ別出題分析表　(H25 秋〜R5 春)

設問番号	出題分野	出題テーマ	出題回数	出題率(%)	年度 H25	H26		H27		H28		H29		H30		H31	R1	R2	R3		R4		R5
					秋	春	秋	春	秋	春	秋	春	秋	春	秋	春	秋		春	秋	春	秋	春
必須 問1	情報セキュリティ	① 暗号化技術，認証技術	4	22				○			○		○			○							
		② ネットワークセキュリティ	4	22		○	○								○				○				
		③ アプリケーションセキュリティ	1	6	○																		
		④ 情報セキュリティ対策(マルウェア・不正アクセス対策)	9	50					○	○		○		○			○	○		○	○	○	○
選択 問2〜問11	経営戦略，情報戦略，戦略立案・コンサルティングの技法	① マーケティング	3	18				○			○									○			
		② 事業・経営戦略，販売戦略，アウトソーシング戦略など	6	35	○								○			○			○		○	○	○
		③ 会計・財務，原価計算，キャッシュフロー分析	2	12			○		○														
		④ 分析技法（バランススコアカード・SWOT 分析など）	5	29		○						○		○			○	○					
		⑤ その他(業務改善，ビジネスモデル，EA など)	1	6						○					○								
	プログラミング	① 探索アルゴリズム	2	11					○			○											
		② 文字列処理アルゴリズム	0	0																			
		③ その他アルゴリズム（ソート，探索，ゲームなど）	12	67		○	○	○		○			○			○	○	○	○	○	○	○	○
		④ データ構造	4	22	○						○			○	○								
	システムアーキテクチャ	① 信頼性・性能(復旧対策)，キャパシティプランニング	8	44		○	○			○	○				○	○			○		○		○
		② 仮想化技術	6	33	○			○				○		○						○		○	
		③ 要件定義・要求分析，提案依頼書など	4	22					○				○				○	○					
	ネットワーク	① プロトコルとインタフェース	7	39	○	○	○					○		○			○		○				
		② ネットワーク方式（インターネット技術，有線・無線 LAN など）	6	33				○		○			○			○				○	○		○
		③ 通信トラフィック，負荷分散など	3	17					○		○				○								
		④ ネットワーク応用（VPN,モバイル通信，エクストラネットなど）	2	11														○				○	
	データベース	① データベース言語（SQL），データベース操作	12	46	○			○		○		○			○	○	○	○	○	○	○	○	○
		② 正規化・スキーマ設計，データベース設計	12	46					○		○		○	○	○	○	○	○	○	○	○	○	○
		③ トランザクション処理（排他制御など）	2	8		○	○																
	組込みシステム開発	① リアルタイム OS・MPU アーキテクチャ	3	17		○		○				○											
		② 組込みシステムの設計	13	72	○		○		○	○	○			○	○		○	○	○	○	○	○	○
		③ 割込み，タスクの状態遷移，タスク間通信など	2	11									○			○							
	情報システム開発	① オブジェクト指向分析（UML）	4	20		○		○		○									○				
		② システム設計(外部・内部設計など)	6	30					○		○						○		○	○	○		
		③ テスト・レビュー関連	6	30			○					○	○	○	○							○	○
		④ その他の設計（CSS など），開発方法論（アジャイル）	4	20	○											○		○		○			
	プロジェクトマネジメント	① プロジェクト計画	4	24	○				○						○			○					○
		② プロジェクト管理(スケジュール管理，移行含)	4	24		○						○	○			○							
		③ プロジェクトリスク管理	5	29			○				○			○							○	○	
		④ プロジェクトコスト管理（EVM など）	2	12													○		○				
		⑤ プロジェクトコミュニケーションマネジメント	1	6				○															
		⑥ その他プロジェクト関連項目	1	6						○													
	サービスマネジメント	① サービスマネジメントプロセス（問題管理，変更管理など）	9	50	○		○		○	○	○	○								○	○	○	
		② サービスレベル管理，サービス継続・可用性管理	5	28		○										○	○	○	○				○
		③ サービスの運用	4	22				○					○	○	○								
	システム監査	① IT 統制，内部統制	3	17					○	○	○												
		② 情報システムの企画・開発・運用・保守の監査	8	44	○	○						○		○	○		○	○	○				
		③ 業務システムの監査	6	33			○	○					○			○				○	○		○
		④ 情報セキュリティ監査	1	6																		○	

■2　必須問題と選択問題を理解しよう！

　AP 試験では，前記のようなテーマの中で，問 1 の情報セキュリティは必須問題となっています。したがって，情報セキュリティ分野の知識確認と問題演習は，必ず行ってください。

　そのほかの問題は選択問題で，問 2〜問 11 の中から 4 問を選んで解答します。

　テクニカル系の分野が得意な方は，「問 3，問 4，問 5，問 6，問 7，問 8」の中から，マネジメント・ストラテジ分野が得意な方は，「問 2，問 9，問 10，問 11」の 4 問を選択することが多いようですが，もちろん特定の組合せで選ぶ必要はありませんので，解きやすい問題を選択しましょう。

　ただし，試験本番にいくつか問題を解いてみて簡単そうなものを選ぼうとすると，十分な時間はありませんので，自分が選択する分野はあらかじめ決めて，十分な対策をしておくことが人切です。今の時点で選択問題を迷っている方は，本書の問題をいくつか解いてみて，安定して得点できる分野を見つけておくとよいでしょう。

■3　午後試験の学習ポイントとは！

　午後試験の対策には，何よりも時間が必要です。AP の午後試験では，大問 5 問（必須：問 1 情報セキュリティ＋選択問題 4 問）を解答する必要があります。過去問の 1 期分を演習するだけでも，150 分（2.5 時間）かかります。分からなかった問題の解説をしっかり読んで理解を深めようと思ったら，さらに時間がかかります。さらにいうと，午後試験は「記述式」です。つまり，実際に解答を手で書いて学習する必要があるので，午後対策はまとまった時間を学習時間として確保しなければいけないといえるでしょう。

　だからといって，午前試験の対策をおろそかにしてしまうと，午前試験で問われる知識の習得が十分にできず，午後試験には太刀打ちできなくなってしまいます。午後試験に解答するための知識は，午前試験で身に付けるべきものだからです。午前試験の学習は早い段階で終わらせ，午後試験の学習を早めに開始することが望まれます。

　それでは，このように長い時間が必要とされる午後問題に，どのように取り組めばよいのでしょうか。やはりここでも，過去問に触れることが重要です。そして過去問に取り組む際には，次の三つのポイントを意識しましょう。

①文章問題に慣れる

まずは文章問題に慣れることが大事です。AP の午後問題においては，純粋な知識を問う設問は少なく，問題文に書かれた「根拠」を探して，解答を導くという設問が大半を占めます。したがって，日頃の演習から，与えられた問題文や図表を読んで，解答の根拠となる記述を素早く見つける訓練が必要です。また問題を解いた後は，ただ答え合わせをして正答率に一喜一憂するのではなく，解説をよく読んで，「解答を導くためにどこに着目しなければいけないか」を理解するようにしてください。

②手を動かして解答を作る

次に，午後試験ならではの「記述式」問題の解き方を身に付けましょう。設問文で定められた字数内で解答をまとめるには，解答のポイントを明確にして，簡潔に表現する力が必要になります。なんとなく解答を思い浮かべて，すぐに解説を読んでしまうと，この「自分で解答をまとめる表現力」はなかなか身に付きません。日頃から，手を動かして，解答を作る練習をしておきましょう。

また，「手を動かす」という意味では，計算問題においても，単純な計算ミスが，失点につながるおそれがあります。試験本番では電卓などは使えませんから，日頃から筆算などを正確に行う練習をしておきましょう。

③制限時間を意識する

最後は，制限時間内に解答するトレーニングを行うことです。どんなに正しい答えを導くことができても，制限時間内に解答できなければ意味がありません。演習時には，実際の試験時間を意識して，制限時間内に手書きで解答をまとめる，という学習方法を実践してみてください。

午後試験突破のポイント！

① 重要テーマのポイントをつかむ

　午後試験は，午前試験と違って全く同じ過去問が出題されることはありませんが，繰り返し出題されている重要なテーマはあります。本書掲載の問題を解いて，テーマごとの出題のポイントを理解しましょう。

② 必須問題と選択問題を攻略

　AP 試験の午後問題には必須問題と選択問題がありますから，必須の情報セキュリティの知識を十分に習得するとともに，その他の選択問題は，どの分野の問題を解くかをあらかじめ決めて，十分な対策を行いましょう。

③ 問題演習による学習

　問題を解くに当たっては，問題文をよく読んで，自分自身で考えていくことが必要です。正解だけを求めるのではなく，設問で問われていることに注意し，制限時間を守りながら，考える姿勢を身に付けるようにしてください。そして，本書では，本試験の過去問題の詳細な解説が5期分提供されています。必ず解説をじっくり読み，理解を深めましょう。

総仕上げ問題集

第2部

本試験問題

令和4年度秋期試験　問題と解答・解説編

令和5年度春期試験　問題と解答・解説編

令和5年度秋期試験　問題と解答・解説編

出題分析

★令和3年度秋期試験，令和4年度春期試験の問題・解説，令和5年度秋期試験の解説はダウンロードコンテンツです。ダウンロードのご案内はP.11をご覧ください。

★解答シートのダウンロードのご案内はP.10をご覧ください。

令和4年度秋期試験
問題と解答・解説編

問題を解き，**解答・解説**でポイントを確認してください

令和4年度　秋期
応用情報技術者試験
午前　問題

試験時間	9:30 ～ 12:00（2時間30分）

注意事項

1. 試験開始及び終了は，監督員の時計が基準です。監督員の指示に従ってください。

2. 試験開始の合図があるまで，問題冊子を開いて中を見てはいけません。

3. **答案用紙への受験番号などの記入は，試験開始の合図があってから始めてください。**

4. 問題は，次の表に従って解答してください。

問題番号	問1 ～ 問80
選択方法	全問必須

5. 答案用紙の記入に当たっては，次の指示に従ってください。

   (1) 答案用紙は光学式読取り装置で読み取った上で採点しますので，B 又は HB の黒鉛筆で答案用紙の<u>マークの記入方法</u>のとおりマークしてください。マークの濃度がうすいなど，<u>マークの記入方法</u>のとおり正しくマークされていない場合は，読み取れないことがあります。特にシャープペンシルを使用する際には，マークの濃度に十分注意してください。訂正の場合は，あとが残らないように消しゴムできれいに消し，消しくずを残さないでください。

   (2) <u>受験番号欄</u>に受験番号を，<u>生年月日欄</u>に受験票の<u>生年月日</u>を記入及びマークしてください。答案用紙の<u>マークの記入方法</u>のとおりマークされていない場合は，採点されないことがあります。生年月日欄については，受験票の生年月日を訂正した場合でも，訂正前の生年月日を記入及びマークしてください。

   (3) <u>解答</u>は，次の例題にならって，<u>解答欄</u>に一つだけマークしてください。答案用紙の<u>マークの記入方法</u>のとおりマークされていない場合は，採点されません。

   〔例題〕　秋期の情報処理技術者試験が実施される月はどれか。

   　　　ア　8　　　　イ　9　　　　ウ　10　　　　エ　11

   　　　正しい答えは"ウ　10"ですから，次のようにマークしてください。

注意事項は問題冊子の裏表紙に続きます。
こちら側から裏返して，必ず読んでください。

6.　退室可能時間中に退室する場合は，手を挙げて監督員に合図し，答案用紙が回収されてから静かに退室してください。

退室可能時間	10:30 ～ 11:50

7.　**問題に関する質問にはお答えできません。**文意どおり解釈してください。

8.　問題冊子の余白などは，適宜利用して構いません。ただし，問題冊子を切り離して利用することはできません。

9.　試験時間中，机上に置けるものは，次のものに限ります。

　　なお，会場での貸出しは行っていません。

　　受験票，黒鉛筆及びシャープペンシル（B 又は HB），鉛筆削り，消しゴム，定規，時計（時計型ウェアラブル端末は除く。アラームなど時計以外の機能は使用不可），ハンカチ，ポケットティッシュ，目薬

　　これら以外は机上に置けません。使用もできません。

10.　試験終了後，この問題冊子は持ち帰ることができます。

11.　答案用紙は，いかなる場合でも提出してください。回収時に提出しない場合は，採点されません。

12.　試験時間中にトイレへ行きたくなったり，気分が悪くなったりした場合は，手を挙げて監督員に合図してください。

13.　午後の試験開始は <u>13:00</u> ですので，<u>12:40</u> までに着席してください。

試験問題に記載されている会社名又は製品名は，それぞれ各社又は各組織の商標又は登録商標です。

なお，試験問題では，^{TM} 及び ® を明記していません。

問題文中で共通に使用される表記ルール

各問題文中に注記がない限り，次の表記ルールが適用されているものとする。

〔論理回路〕

図記号	説明
	論理積素子（AND）
	否定論理積素子（NAND）
	論理和素子（OR）
	否定論理和素子（NOR）
	排他的論理和素子（XOR）
	論理一致素子
	バッファ
	論理否定素子（NOT）
	スリーステートバッファ
	素子や回路の入力部又は出力部に示される○印は，論理状態の反転又は否定を表す。

問1　aを正の整数とし，$b = a^2$ とする。aを2進数で表現するとnビットであるとき，bを2進数で表現すると最大で何ビットになるか。

　　ア　n+1　　　　　イ　2n　　　　　ウ　n^2　　　　　エ　2^n

問2　A，B，C，D を論理変数とするとき，次のカルノー図と等価な論理式はどれか。ここで，・は論理積，＋は論理和，$\overline{X}$ は X の否定を表す。

AB＼CD	00	01	11	10
00	1	0	0	1
01	0	1	1	0
11	0	1	1	0
10	0	0	0	0

　　ア　$A \cdot B \cdot \overline{C} \cdot D + \overline{B} \cdot \overline{D}$

　　イ　$\overline{A} \cdot \overline{B} \cdot \overline{C} \cdot \overline{D} + B \cdot D$

　　ウ　$A \cdot B \cdot D + \overline{B} \cdot \overline{D}$

　　エ　$\overline{A} \cdot \overline{B} \cdot \overline{D} + B \cdot D$

問3　製品100個を1ロットとして生産する。一つのロットからサンプルを3個抽出して検査し，3個とも良品であればロット全体を合格とする。100個中に10個の不良品を含むロットが合格と判定される確率は幾らか。

　　ア　$\dfrac{178}{245}$　　　　　イ　$\dfrac{405}{539}$　　　　　ウ　$\dfrac{89}{110}$　　　　　エ　$\dfrac{87}{97}$

問4　AI における過学習の説明として，最も適切なものはどれか。

ア　ある領域で学習した学習済みモデルを，別の領域に再利用することによって，効率的に学習させる。

イ　学習に使った訓練データに対しては精度が高い結果となる一方で，未知のデータに対しては精度が下がる。

ウ　期待している結果とは掛け離れている場合に，結果側から逆方向に学習させて，その差を少なくする。

エ　膨大な訓練データを学習させても効果が得られない場合に，学習目標として成功と判断するための報酬を与えることによって，何が成功か分かるようにする。

問5　自然数をキーとするデータを，ハッシュ表を用いて管理する。キー x のハッシュ関数 h (x) を

　　　h (x) = x mod n

とすると，任意のキー a と b が衝突する条件はどれか。ここで，n はハッシュ表の大きさであり，x mod n は x を n で割った余りを表す。

ア　a＋b が n の倍数　　　　　　　イ　a－b が n の倍数
ウ　n が a＋b の倍数　　　　　　　エ　n が a－b の倍数

問6　未整列の配列 A[i]（i=1, 2, …, n）を，次の流れ図によって整列する。ここで用いられる整列アルゴリズムはどれか。

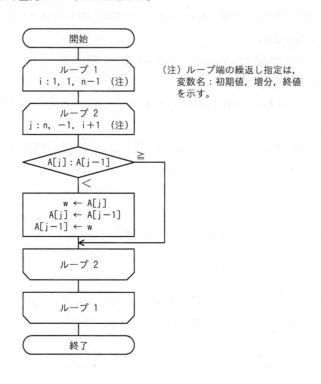

（注）ループ端の繰返し指定は，
　　　変数名：初期値，増分，終値
　　　を示す。

ア　クイックソート　　　　　　　　イ　選択ソート
ウ　挿入ソート　　　　　　　　　　エ　バブルソート

問7　XML において，XML 宣言中で符号化宣言を省略できる文字コードはどれか。

ア　EUC-JP　　　　　　　　　　　イ　ISO-2022-JP
ウ　Shift-JIS　　　　　　　　　　エ　UTF-16

問8　ディープラーニングの学習にGPUを用いる利点として，適切なものはどれか。

ア　各プロセッサコアが独立して異なるプログラムを実行し，異なるデータを処理できる。

イ　行列演算ユニットを用いて，行列演算を高速に実行できる。

ウ　浮動小数点演算ユニットをコプロセッサとして用い，浮動小数点演算ができる。

エ　分岐予測を行い，パイプラインの利用効率を高めた処理を実行できる。

問9　キャッシュメモリのライトスルーの説明として，適切なものはどれか。

ア　CPUがメモリに書込み動作をするとき，キャッシュメモリだけにデータを書き込む。

イ　CPUがメモリに書込み動作をするとき，キャッシュメモリと主記憶の両方に同時にデータを書き込む。

ウ　主記憶のデータの変更は，キャッシュメモリから当該データが追い出される時に行う。

エ　主記憶へのアクセス頻度が少ないので，バスの占有率が低い。

問10　L1，L2と2段のキャッシュをもつプロセッサにおいて，あるプログラムを実行したとき，L1キャッシュのヒット率が0.95，L2キャッシュのヒット率が0.6であった。このキャッシュシステムのヒット率は幾らか。ここでL1キャッシュにあるデータは全てL2キャッシュにもあるものとする。

ア　0.57　　　　イ　0.6　　　　ウ　0.95　　　　エ　0.98

問11　電気泳動型電子ペーパーの説明として，適切なものはどれか。

　　ア　デバイスに印加した電圧によって，光の透過状態を変化させて表示する。

　　イ　電圧を印加した電極に，着色した帯電粒子を集めて表示する。

　　ウ　電圧を印加すると発光する薄膜デバイスを用いて表示する。

　　エ　半導体デバイス上に作成した微小な鏡の向きを変えて，反射することによって表示する。

問12　コンテナ型仮想化の説明として，適切なものはどれか。

　　ア　物理サーバと物理サーバの仮想環境とが OS を共有するので，物理サーバか物理サーバの仮想環境のどちらかに OS をもてばよい。

　　イ　物理サーバにホスト OS をもたず，物理サーバにインストールした仮想化ソフトウェアによって，個別のゲスト OS をもった仮想サーバを動作させる。

　　ウ　物理サーバのホスト OS と仮想化ソフトウェアによって，プログラムの実行環境を仮想化するので，仮想サーバに個別のゲスト OS をもたない。

　　エ　物理サーバのホスト OS にインストールした仮想化ソフトウェアによって，個別のゲスト OS をもった仮想サーバを動作させる。

問13　システムの信頼性設計に関する記述のうち，適切なものはどれか。

　　ア　フェールセーフとは，利用者の誤操作によってシステムが異常終了してしまうことのないように，単純なミスを発生させないようにする設計方法である。

　　イ　フェールソフトとは，故障が発生した場合でも機能を縮退させることなく稼働を継続する概念である。

　　ウ　フォールトアボイダンスとは，システム構成要素の個々の品質を高めて故障が発生しないようにする概念である。

　　エ　フォールトトレランスとは，故障が生じてもシステムに重大な影響が出ないように，あらかじめ定められた安全状態にシステムを固定し，全体として安全が維持されるような設計方法である。

問14　あるシステムにおいて，MTBF と MTTR がともに 1.5 倍になったとき，アベイラビリティ（稼働率）は何倍になるか。

　　ア　$\dfrac{2}{3}$　　　　　　イ　1.5　　　　　　ウ　2.25　　　　　　エ　変わらない

問15　あるクライアントサーバシステムにおいて，クライアントから要求された 1 件の検索を処理するために，サーバで平均 100 万命令が実行される。1 件の検索につき，ネットワーク内で転送されるデータは平均 $2×10^5$ バイトである。このサーバの性能は 100 MIPS であり，ネットワークの転送速度は $8×10^7$ ビット／秒である。このシステムにおいて，1 秒間に処理できる検索要求は何件か。ここで，処理できる件数は，サーバとネットワークの処理能力だけで決まるものとする。また，1 バイトは 8 ビットとする。

　　ア　50　　　　　　イ　100　　　　　　ウ　200　　　　　　エ　400

問16　二つのタスクが共用する二つの資源を排他的に使用するとき，デッドロックが発生するおそれがある。このデッドロックの発生を防ぐ方法はどれか。

　ア　一方のタスクの優先度を高くする。
　イ　資源獲得の順序を両方のタスクで同じにする。
　ウ　資源獲得の順序を両方のタスクで逆にする。
　エ　両方のタスクの優先度を同じにする。

問17　ほとんどのプログラムの大きさがページサイズの半分以下のシステムにおいて，ページサイズを半分にしたときに予想されるものはどれか。ここで，このシステムは主記憶が不足しがちで，多重度やスループットなどはシステム性能の限界で運用しているものとする。

　ア　ページサイズが小さくなるので，領域管理などのオーバーヘッドが減少する。
　イ　ページ内に余裕がなくなるので，ページ置換えによってシステム性能が低下する。
　ウ　ページ内の無駄な空き領域が減少するので，主記憶不足が緩和される。
　エ　ページフォールトの回数が増加するので，システム性能が低下する。

問18　優先度に基づくプリエンプティブなスケジューリングを行うリアルタイム OS における割込み処理の説明のうち，適切なものはどれか。ここで，割込み禁止状態は考慮しないものとし，割込み処理を行うプログラムを割込み処理ルーチン，割込み処理以外のプログラムをタスクと呼ぶ。

　ア　タスクの切替えを禁止すると，割込みが発生しても割込み処理ルーチンは呼び出されない。
　イ　割込み処理ルーチンの処理時間の長さは，システムの応答性に影響を与えない。
　ウ　割込み処理ルーチンは，最も優先度の高いタスクよりも優先して実行される。
　エ　割込み処理ルーチンは，割り込まれたタスクと同一のコンテキストで実行される。

問19　LAN に接続された３台のプリンターA ～ C がある。印刷時間が分単位で 4，6，3，2，5，3，4，3，1 の 9 個の印刷データがこの順で存在する場合，プリンターC が印刷に要する時間は何分か。ここで，プリンターは，複数台空いていれば，A，B，C の順で割り当て，1 台も空いていなければ，どれかが空くまで待ちになる。また，初期状態では 3 台とも空いている。

ア　7　　　　　　　　イ　9　　　　　　　　ウ　11　　　　　　　エ　12

問20　アクチュエーターの機能として，適切なものはどれか。

ア　アナログ電気信号を，コンピュータが処理可能なデジタル信号に変える。
イ　キーボード，タッチパネルなどに使用され，コンピュータに情報を入力する。
ウ　コンピュータが出力した電気信号を力学的な運動に変える。
エ　物理量を検出して，電気信号に変える。

問21　次の電子部品のうち，整流作用をもつ素子はどれか。

ア　コイル　　　　　イ　コンデンサ　　　ウ　ダイオード　　　エ　抵抗器

問22　フラッシュメモリの特徴として，適切なものはどれか。

ア　書込み回数は無制限である。
イ　書込み時は回路基板から外して，専用の ROM ライターで書き込まなければならない。
ウ　定期的にリフレッシュしないと，データが失われる。
エ　データ書換え時には，あらかじめ前のデータを消去してから書込みを行う。

問23　入力 X と Y の値が同じときにだけ，出力 Z に 1 を出力する回路はどれか。

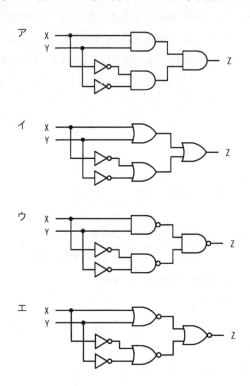

問24　顧客に，A～Z の英大文字 26 種類を用いた顧客コードを割り当てたい。現在の顧客
　　　総数は 8,000 人であって，毎年，前年対比で 2 割ずつ顧客が増えていくものとする。
　　　3 年後まで全顧客にコードを割り当てられるようにするためには，顧客コードは少な
　　　くとも何桁必要か。

　　　ア　3　　　　　　　イ　4　　　　　　　ウ　5　　　　　　　エ　6

問25 H.264/MPEG-4 AVC の説明として，適切なものはどれか。

　ア　インターネットで動画や音声データのストリーミング配信を制御するための通信
　　　方式
　イ　テレビ会議やテレビ電話で双方向のビデオ配信を制御するための通信方式
　ウ　テレビの電子番組案内で使用される番組内容のメタデータを記述する方式
　エ　ワンセグやインターネットで用いられる動画データの圧縮符号化方式

問26 データ項目の命名規約を設ける場合，次の命名規約だけでは回避できない事象はど
れか。

〔命名規約〕
　(1)　データ項目名の末尾には必ず“名”，“コード”，“数”，“金額”，“年月日”など
　　　の区分語を付与し，区分語ごとに定めたデータ型にする。
　(2)　データ項目名と意味を登録した辞書を作成し，異音同義語や同音異義語が発生
　　　しないようにする。

　ア　データ項目“受信年月日”のデータ型として，日付型と文字列型が混在する。
　イ　データ項目“受注金額”の取り得る値の範囲がテーブルによって異なる。
　ウ　データ項目“賞与金額”と同じ意味で“ボーナス金額”というデータ項目がある。
　エ　データ項目“取引先”が，“取引先コード”か“取引先名”か，判別できない。

問27　"従業員"表に対して"異動"表による差集合演算を行った結果はどれか。

従業員

従業員 ID	従業員名	所属
A001	情報太郎	人事部
A005	情報花子	経理部
B010	情報次郎	総務部
C003	試験桃子	人事部
C011	試験一郎	経理部

異動

従業員 ID	従業員名	所属
A005	情報花子	経理部
B010	情報次郎	総務部
D080	技術桜子	経理部

ア

従業員 ID	従業員名	所属
A001	情報太郎	人事部
A005	情報花子	経理部
B010	情報次郎	総務部
C003	試験桃子	人事部
C011	試験一郎	経理部
D080	技術桜子	経理部

イ

従業員 ID	従業員名	所属
A001	情報太郎	人事部
C003	試験桃子	人事部
C011	試験一郎	経理部

ウ

従業員 ID	従業員名	所属
A005	情報花子	経理部
B010	情報次郎	総務部

エ

従業員 ID	従業員名	所属
D080	技術桜子	経理部

問28 "商品"表に対して，次のSQL文を実行して得られる仕入先コード数は幾つか。

〔SQL文〕
SELECT DISTINCT 仕入先コード FROM 商品
　　WHERE（販売単価 - 仕入単価）>
　　　　　（SELECT AVG（販売単価 - 仕入単価）FROM 商品）

商品

商品コード	商品名	販売単価	仕入先コード	仕入単価
A001	A	1,000	S1	800
B002	B	2,500	S2	2,300
C003	C	1,500	S2	1,400
D004	D	2,500	S1	1,600
E005	E	2,000	S1	1,600
F006	F	3,000	S3	2,800
G007	G	2,500	S3	2,200
H008	H	2,500	S4	2,000
I009	I	2,500	S5	2,000
J010	J	1,300	S6	1,000

ア　1　　　　　　イ　2　　　　　　ウ　3　　　　　　エ　4

問29 チェックポイントを取得する DBMS において，図のような時間経過でシステム障害が発生した。前進復帰（ロールフォワード）によって障害回復できるトランザクションだけを全て挙げたものはどれか。

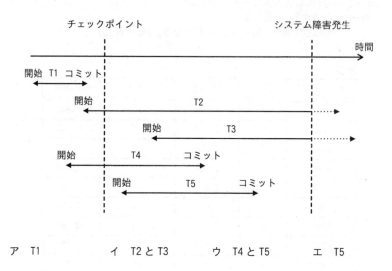

ア T1 　　　　イ T2 と T3 　　　ウ T4 と T5 　　　エ T5

問30 ACID 特性の四つの性質に含まれないものはどれか。

ア 一貫性 　　　　イ 可用性 　　　ウ 原子性 　　　エ 耐久性

問31 IP アドレスの自動設定をするために DHCP サーバが設置された LAN 環境の説明のうち，適切なものはどれか。

ア DHCP による自動設定を行う PC では，IP アドレスは自動設定できるが，サブネットマスクやデフォルトゲートウェイアドレスは自動設定できない。

イ DHCP による自動設定を行う PC と，IP アドレスが固定の PC を混在させることはできない。

ウ DHCP による自動設定を行う PC に，DHCP サーバのアドレスを設定しておく必要はない。

エ 一度 IP アドレスを割り当てられた PC は，その後電源が切られた期間があっても必ず同じ IP アドレスを割り当てられる。

問32 TCP/IP ネットワークで，データ転送用と制御用とに異なるウェルノウンポート番号が割り当てられているプロトコルはどれか。

ア FTP イ POP3 ウ SMTP エ SNMP

問33 IPv4 のネットワークアドレスが 192.168.16.40/29 のとき，適切なものはどれか。

ア 192.168.16.48 は同一サブネットワーク内の IP アドレスである。

イ サブネットマスクは，255.255.255.240 である。

ウ 使用可能なホストアドレスは最大 6 個である。

エ ホスト部は 29 ビットである。

問34 IP の上位階層のプロトコルとして，コネクションレスのデータグラム通信を実現し，信頼性のための確認応答や順序制御などの機能をもたないプロトコルはどれか。

ア ICMP　　　　　イ PPP　　　　　ウ TCP　　　　　エ UDP

問35 次の URL に対し，受理する Web サーバのポート番号(8080)を指定できる箇所はどれか。

https://www.example.com/member/login?id=user

ア　クエリ文字列(id=user)の直後

https://www.example.com/member/login?id=user:8080

イ　スキーム(https)の直後

https:8080://www.example.com/member/login?id=user

ウ　パス(/member/login)の直後

https://www.example.com/member/login:8080?id=user

エ　ホスト名(www.example.com)の直後

https://www.example.com:8080/member/login?id=user

問36 オープンリゾルバを悪用した攻撃はどれか。

ア　ICMP パケットの送信元を偽装し，多数の宛先に送ることによって，攻撃対象のコンピュータに大量の偽の ICMP パケットの応答を送る。

イ　PC 内の hosts ファイルにある，ドメインと IP アドレスとの対応付けを大量に書き換え，偽の Web サイトに誘導し，大量のコンテンツをダウンロードさせる。

ウ　送信元 IP アドレスを偽装した DNS 問合せを多数の DNS サーバに送ることによって，攻撃対象のコンピュータに大量の応答を送る。

エ　誰でも電子メールの送信ができるメールサーバを踏み台にして，電子メールの送信元アドレスを詐称したなりすましメールを大量に送信する。

問37　サイドチャネル攻撃に該当するものはどれか。

ア　暗号アルゴリズムを実装した攻撃対象の物理デバイスから得られる物理量（処理時間，消費電力など）やエラーメッセージから，攻撃対象の秘密情報を得る。

イ　企業などの秘密情報を不正に取得するソーシャルエンジニアリングの手法の一つであり，不用意に捨てられた秘密情報の印刷物をオフィスの紙ごみの中から探し出す。

ウ　通信を行う２者間に割り込み，両者が交換する情報を自分のものとすり替えることによって，その後の通信を気付かれることなく盗聴する。

エ　データベースを利用する Web サイトに入力パラメータとして SQL 文の断片を送信することによって，データベースを改ざんする。

問38　デジタル証明書が失効しているかどうかをオンラインで確認するためのプロトコルはどれか。

ア　CHAP　　　　イ　LDAP　　　　ウ　OCSP　　　　エ　SNMP

問39　組織的なインシデント対応体制の構築を支援する目的で JPCERT コーディネーションセンターが作成したものはどれか。

ア　CSIRT マテリアル

イ　ISMS ユーザーズガイド

ウ　証拠保全ガイドライン

エ　組織における内部不正防止ガイドライン

問40　JPCERT コーディネーションセンターと IPA とが共同で運営する JVN の目的として，最も適切なものはどれか。

　ア　ソフトウェアに内在する脆弱性を検出し，情報セキュリティ対策に資する。

　イ　ソフトウェアの脆弱性関連情報とその対策情報とを提供し，情報セキュリティ対策に資する。

　ウ　ソフトウェアの脆弱性に対する汎用的な評価手法を確立し，情報セキュリティ対策に資する。

　エ　ソフトウェアの脆弱性のタイプを識別するための基準を提供し，情報セキュリティ対策に資する。

問41　JIS Q 31000:2019（リスクマネジメント―指針）におけるリスクアセスメントを構成するプロセスの組合せはどれか。

　ア　リスク特定，リスク評価，リスク受容

　イ　リスク特定，リスク分析，リスク評価

　ウ　リスク分析，リスク対応，リスク受容

　エ　リスク分析，リスク評価，リスク対応

問42　WAF による防御が有効な攻撃として，最も適切なものはどれか。

　ア　DNS サーバに対する DNS キャッシュポイズニング

　イ　REST API サービスに対する API の脆弱性を狙った攻撃

　ウ　SMTP サーバの第三者不正中継の脆弱性を悪用したフィッシングメールの配信

　エ　電子メールサービスに対する電子メール爆弾

問43 家庭内で，PC を無線 LAN ルータを介してインターネットに接続するとき，期待できるセキュリティ上の効果の記述のうち，適切なものはどれか。

ア　IP マスカレード機能による，インターネットからの侵入に対する防止効果

イ　PPPoE 機能による，経路上の盗聴に対する防止効果

ウ　WPA 機能による，不正な Web サイトへの接続に対する防止効果

エ　WPS 機能による，インターネットからのマルウェア感染に対する防止効果

問44 SPF (Sender Policy Framework) の仕組みはどれか。

ア　電子メールを受信するサーバが，電子メールに付与されているデジタル署名を使って，送信元ドメインの詐称がないことを確認する。

イ　電子メールを受信するサーバが，電子メールの送信元のドメイン情報と，電子メールを送信したサーバの IP アドレスから，送信元ドメインの詐称がないことを確認する。

ウ　電子メールを送信するサーバが，電子メールの宛先のドメインや送信者のメールアドレスを問わず，全ての電子メールをアーカイブする。

エ　電子メールを送信するサーバが，電子メールの送信者の上司からの承認が得られるまで，一時的に電子メールの送信を保留する。

問45　ファジングに該当するものはどれか。

ア　Web サーバに対し，ログイン，閲覧などのリクエストを大量に送り付け，一定時
　　間内の処理量を計測して，DDoS 攻撃に対する耐性を検査する。

イ　ソフトウェアに対し，問題を起こしそうな様々な種類のデータを入力し，そのソ
　　フトウェアの動作状態を監視して脆弱性を発見する。

ウ　パスワードとしてよく使われる文字列を数多く列挙したリストを使って，不正に
　　ログインを試行する。

エ　マークアップ言語で書かれた文字列を処理する前に，その言語にとって特別な意
　　味をもつ文字や記号を別の文字列に置換して，脆弱性が悪用されるのを防止する。

問46　仕様書やソースコードといった成果物について，作成者を含めた複数人で，記述さ
　　れたシステムやソフトウェアの振る舞いを机上でシミュレートして，問題点を発見す
　　る手法はどれか。

ア　ウォークスルー　　　　　　　　イ　サンドイッチテスト
ウ　トップダウンテスト　　　　　　エ　並行シミュレーション

問47 信頼性工学の視点で行うシステム設計において，発生し得る障害の原因を分析する手法であるFTAの説明はどれか。

ア システムの構成品目の故障モードに着目して，故障の推定原因を列挙し，システムへの影響を評価することによって，システムの信頼性を定性的に分析する。

イ 障害と，その中間的な原因から基本的な原因までの全ての原因とを列挙し，それらをゲート（論理を表す図記号）で関連付けた樹形図で表す。

ウ 障害に関するデータを収集し，原因について"なぜなぜ分析"を行い，根本原因を明らかにする。

エ 多角的で，互いに重ならないように定義したODC属性に従って障害を分類し，どの分類に障害が集中しているかを調べる。

問48 流れ図で示したモジュールを表の二つのテストケースを用いてテストしたとき，テストカバレージ指標である C_0（命令網羅）と C_1（分岐網羅）とによる網羅率の適切な組みはどれか。ここで，変数 V ～ 変数 Z の値は，途中の命令で変更されない。

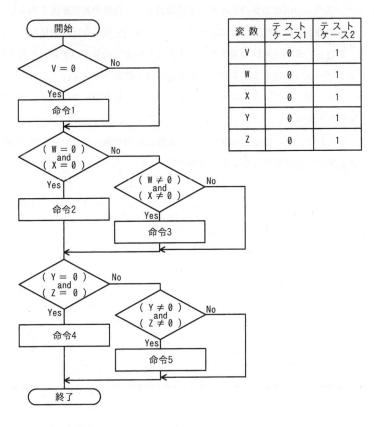

変数	テストケース1	テストケース2
V	0	1
W	0	1
X	0	1
Y	0	1
Z	0	1

	C_0 による網羅率	C_1 による網羅率
ア	100%	100%
イ	100%	80%
ウ	80%	100%
エ	80%	80%

問49　エクストリームプログラミング（XP : Extreme Programming）における“テスト駆動開発”の特徴はどれか。

ア　最初のテストで，なるべく多くのバグを摘出する。

イ　テストケースの改善を繰り返す。

ウ　テストでのカバレージを高めることを目的とする。

エ　プログラムを書く前にテストコードを記述する。

問50　スクラムのスプリントにおいて，（1）～（3）のプラクティスを採用して開発を行い，スプリントレビューの後に KPT 手法でスプリントレトロスペクティブを行った。“KPT”の“T”に該当する例はどれか。

〔プラクティス〕

（1）ペアプログラミングでコードを作成する。

（2）スタンドアップミーティングを行う。

（3）テスト駆動開発で開発を進める。

ア　開発したプログラムは欠陥が少なかったので，今後もペアプログラミングを継続する。

イ　スタンドアップミーティングにメンバー全員が集まらないことが多かった。

ウ　次のスプリントからは，スタンドアップミーティングにタイムキーパーを置き，終了5分前を知らせるようにする。

エ　テストコードの作成に見積り以上の時間が掛かった。

問51　プロジェクトマネジメントにおけるスコープの管理の活動はどれか。

　　ア　開発ツールの新機能の教育が不十分と分かったので，開発ツールの教育期間を 2
　　　　日間延長した。

　　イ　要件定義が完了した時点で再見積りをしたところ，当初見積もった開発コストを
　　　　超過することが判明したので，追加予算を確保した。

　　ウ　連携する計画であった外部システムのリリースが延期になったので，この外部シ
　　　　ステムとの連携に関わる作業は別プロジェクトで実施することにした。

　　エ　割り当てたテスト担当者が期待した成果を出せなかったので，経験豊富なテスト
　　　　担当者と交代した。

問52　図は，実施する三つのアクティビティについて，プレシデンスダイアグラム法を用
　　　いて，依存関係及び必要な作業日数を示したものである。全ての作業を完了するため
　　　の所要日数は最少で何日か。

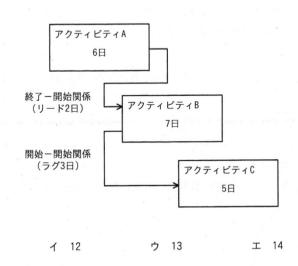

終了－開始関係
（リード2日）

開始－開始関係
（ラグ3日）

アクティビティA
6日

アクティビティB
7日

アクティビティC
5日

　　ア　11　　　　　　　イ　12　　　　　　　ウ　13　　　　　　　エ　14

問53　あるシステムの設計から結合テストまでの作業について，開発工程ごとの見積工数を表１に，開発工程ごとの上級技術者と初級技術者との要員割当てを表２に示す。上級技術者は，初級技術者に比べて，プログラム作成・単体テストにおいて２倍の生産性を有する。表１の見積工数は，上級技術者の生産性を基に算出している。

全ての開発工程に対して，上級技術者を１人追加して割り当てると，この作業に要する期間は何か月短縮できるか。ここで，開発工程の期間は重複させないものとし，要員全員が１か月当たり１人月の工数を投入するものとする。

表１

開発工程	見積工数(人月)
設計	6
プログラム作成・単体テスト	12
結合テスト	12
合計	30

表２

開発工程	要員割当て（人）	
	上級技術者	初級技術者
設計	2	0
プログラム作成・単体テスト	2	2
結合テスト	2	0

ア　1　　　　　イ　2　　　　　ウ　3　　　　　エ　4

問54 あるシステム導入プロジェクトで，調達候補のパッケージ製品を多基準意思決定分析の加重総和法を用いて評価する。製品 A ～ 製品 D のうち，総合評価が最も高い製品はどれか。ここで，評価点数の値が大きいほど，製品の評価は高い。

〔各製品の評価〕

評価項目	評価項目の重み	製品の評価点数			
		製品 A	製品 B	製品 C	製品 D
機能要件の充足度合い	5	7	8	9	9
非機能要件の充足度合い	1	9	10	4	7
導入費用の安さ	4	8	5	7	6

ア 製品A   イ 製品B   ウ 製品C   エ 製品D

問55 サービスマネジメントにおける問題管理の目的はどれか。

ア インシデントの解決を，合意したサービスレベル目標の時間枠内に達成することを確実にする。

イ インシデントの未知の根本原因を特定し，インシデントの発生又は再発を防ぐ。

ウ 合意した目標の中で，合意したサービス継続のコミットメントを果たすことを確実にする。

エ 変更の影響を評価し，リスクを最小とするようにして実施し，レビューすることを確実にする。

問56　あるサービスデスクでは，年中無休でサービスを提供している。要員は勤務表及び勤務条件に従って１日３交替のシフト制で勤務している。１週間のサービス提供で必要な要員は，少なくとも何人か。

〔勤務表〕

シフト名	勤務時間帯	勤務時間（時間）	勤務する要員数（人）
早番	0:00～8:30	8.5	2
日中	8:00～16:30	8.5	4
遅番	16:00～翌日 0:30	8.5	2

〔勤務条件〕

・勤務を交替するときに 30 分間で引継ぎを行う。

・１回のシフト中に１時間の休憩を取り，労働時間は 7.5 時間とする。

・１週間の労働時間は，40 時間以内とする。

ア　8　　　　　　　イ　11　　　　　　　ウ　12　　　　　　　エ　14

問57　入出力データの管理方針のうち，適切なものはどれか。

ア　出力帳票の利用状況を定期的に点検し，利用されていないと判断したものは，情報システム部門の判断で出力を停止する。

イ　出力帳票は授受管理表などを用いて確実に受渡しを行い，情報の重要度によっては業務部門の管理者に手渡しする。

ウ　チェックによって発見された入力データの誤りは，情報システム部門の判断で迅速に修正する。

エ　入力原票や EDI 受信ファイルなどの取引情報は，機密性を確保するために，データをシステムに取り込んだ後に速やかに廃棄する。

問58　JIS Q 27001:2014（情報セキュリティマネジメントシステムー要求事項）に基づい
　　　て ISMS 内部監査を行った結果として判明した状況のうち，監査人が，指摘事項とし
　　　て監査報告書に記載すべきものはどれか。

　　　ア　USB メモリの使用を，定められた手順に従って許可していた。
　　　イ　個人情報の誤廃棄事故を主務官庁などに，規定されたとおりに報告していた。
　　　ウ　マルウェアスキャンでスパイウェアが検知され，駆除されていた。
　　　エ　リスクアセスメントを実施した後に，リスク受容基準を決めていた。

問59　システム監査における"監査手続"として，最も適切なものはどれか。

　　　ア　監査計画の立案や監査業務の進捗管理を行うための手順
　　　イ　監査結果を受けて，監査報告書に監査人の結論や指摘事項を記述する手順
　　　ウ　監査項目について，十分かつ適切な証拠を入手するための手順
　　　エ　監査テーマに合わせて，監査チームを編成する手順

問60　システム監査基準の意義はどれか。

　　　ア　システム監査業務の品質を確保し，有効かつ効率的な監査を実現するためのシス
　　　　　テム監査人の行為規範となるもの
　　　イ　システム監査の信頼性を保つために，システム監査人が保持すべき情報システム
　　　　　及びシステム監査に関する専門的知識・技能の水準を定めたもの
　　　ウ　情報システムのガバナンス，マネジメント，コントロールを点検・評価・検証す
　　　　　る際の判断の尺度となるもの
　　　エ　どのような組織体においても情報システムの管理において共通して留意すべき基
　　　　　本事項を体系化・一般化したもの

問61　BCP の説明はどれか。

ア　企業の戦略を実現するために，財務，顧客，内部ビジネスプロセス，学習と成長
という四つの視点から戦略を検討したもの

イ　企業の目標を達成するために，業務内容や業務の流れを可視化し，一定のサイク
ルをもって継続的に業務プロセスを改善するもの

ウ　業務効率の向上，業務コストの削減を目的に，業務プロセスを対象としてアウト
ソースを実施するもの

エ　事業の中断・阻害に対応し，事業を復旧し，再開し，あらかじめ定められたレベ
ルに回復するように組織を導く手順を文書化したもの

問62　経済産業省が取りまとめた "デジタル経営改革のための評価指標（DX 推進指標）"
によれば，DX を実現する上で基盤となる IT システムの構築に関する指標において，
"IT システムに求められる要素" について経営者が確認すべき事項はどれか。

ア　IT システムの全体設計や協働できるベンダーの選定などを行える人材を育成・
確保できているか。

イ　環境変化に迅速に対応し，求められるデリバリースピードに対応できる IT シス
テムとなっているか。

ウ　データ処理において，リアルタイム性よりも，ビッグデータの蓄積と事後の分析
が重視されているか。

エ　データを迅速に活用するために，全体最適よりも，個別最適を志向した IT シス
テムとなっているか。

問63　エンタープライズアーキテクチャ（EA）を説明したものはどれか。

ア　オブジェクト指向設計を支援する様々な手法を統一して標準化したものであり，クラス図などの構造図と，ユースケース図などの振る舞い図によって，システムの分析や設計を行うものである。

イ　概念データモデルを，エンティティとリレーションシップとで表現することによって，データ構造やデータ項目間の関係を明らかにするものである。

ウ　各業務や情報システムなどを，ビジネスアーキテクチャ，データアーキテクチャ，アプリケーションアーキテクチャ，テクノロジアーキテクチャの四つの体系で分析し，全体最適化の観点から見直すものである。

エ　企業のビジネスプロセスを，データフロー，プロセス，ファイル，データ源泉／データ吸収の四つの基本要素で抽象化して表現するものである。

問64　投資効果を正味現在価値法で評価するとき，最も投資効果が大きい（又は最も損失が小さい）シナリオはどれか。ここで，期間は 3 年間，割引率は 5%とし，各シナリオのキャッシュフローは表のとおりとする。

単位　万円

シナリオ	投資額	回収額		
		1 年目	2 年目	3 年目
A	220	40	80	120
B	220	120	80	40
C	220	80	80	80
投資をしない	0	0	0	0

ア　A　　　　　イ　B　　　　　ウ　C　　　　　エ　投資をしない

問65 組込み機器のハードウェアの製造を外部に委託する場合のコンティンジェンシープランの記述として，適切なものはどれか。

ア　実績のある外注先の利用によって，リスクの発生確率を低減する。

イ　製造品質が担保されていることを確認できるように委託先と契約する。

ウ　複数の会社の見積りを比較検討して，委託先を選定する。

エ　部品調達のリスクが顕在化したときに備えて，対処するための計画を策定する。

問66 "情報システム・モデル取引・契約書＜第二版＞"によれば，ウォーターフォールモデルによるシステム開発において，ユーザ（取得者）とベンダ（供給者）間で請負型の契約が適切であるとされるフェーズはどれか。

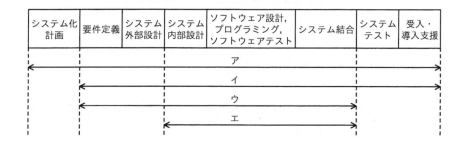

ア　システム化計画フェーズから受入・導入支援フェーズまで

イ　要件定義フェーズから受入・導入支援フェーズまで

ウ　要件定義フェーズからシステム結合フェーズまで

エ　システム内部設計フェーズからシステム結合フェーズまで

問67 M&A の際に，買収対象企業の経営実態，資産や負債，期待収益性といった企業価値などを買手が詳細に調査する行為はどれか。

    ア　株主総会招集請求　　　　　　　　イ　公開買付開始公告

    ウ　セグメンテーション　　　　　　　　エ　デューデリジェンス

問68 ターゲットリターン価格設定の説明はどれか。

    ア　競合の価格を十分に考慮した上で価格を決定する。

    イ　顧客層，時間帯，場所など市場セグメントごとに異なった価格を決定する。

    ウ　目標とする投資収益率を実現するように価格を決定する。

    エ　リサーチなどによる消費者の値頃感に基づいて価格を決定する。

問69 コンジョイント分析の説明はどれか。

    ア　顧客ごとの売上高，利益額などを高い順に並べ，自社のビジネスの中心をなしている顧客を分析する手法

    イ　商品がもつ価格，デザイン，使いやすさなど，購入者が重視している複数の属性の組合せを分析する手法

    ウ　同一世代は年齢を重ねても，時代が変化しても，共通の行動や意識を示すことに注目した，消費者の行動を分析する手法

    エ　ブランドがもつ複数のイメージ項目を散布図にプロットし，それぞれのブランドのポジショニングを分析する手法

問70　API エコノミーの事例として，適切なものはどれか。

ア　既存の学内データベースの API を活用できる EAI（Enterprise Application Integration）ツールを使い，大学業務システムを短期間で再構築することによって経費を削減できた。

イ　自社で開発した音声合成システムの利用を促進するために，自部門で開発した API を自社内の他の部署に提供した。

ウ　不動産会社が自社で保持する顧客データを BI（Business Intelligence）ツールの API を使い可視化することによって，商圏における売上規模を分析できるようになった。

エ　ホテル事業者が，他社が公開しているタクシー配車アプリの API を自社のアプリに組み込み，サービスを提供した。

問71　ファブレスの特徴を説明したものはどれか。

ア　1 人又は数人が全工程を担当する生産方式であり，作業内容を変えるだけで生産品目を変更することができ，多品種少量生産への対応が容易である。

イ　後工程から，部品納入の時期，数量を示した作業指示書を前工程に渡して部品供給を受ける仕組みであり，在庫を圧縮することができる。

ウ　生産設備である工場をもたないので，固定費を圧縮することができ，需給変動などにも迅速に対応可能であり，企画・開発に注力することができる。

エ　生産設備をもたない企業から製造を請け負う事業者・生産形態のことであり，効率の良い設備運営や高度な研究開発を行うことができる。

問72　構成表の製品 A を 300 個出荷しようとするとき，部品 b の正味所要量は何個か。ここで，A，a，b，c の在庫量は在庫表のとおりとする。また，他の仕掛残，注文残，引当残などはないものとする。

構成表			単位 個
品名	構成部品		
	a	b	c
A	3	2	0
a		1	2

在庫表	単位 個
品名	在庫量
A	100
a	100
b	300
c	400

ア　200　　　　　イ　600　　　　　ウ　900　　　　　エ　1,500

問73　サイバーフィジカルシステム（CPS）の説明として，適切なものはどれか。

ア　1 台のサーバ上で複数の OS を動かし，複数のサーバとして運用する仕組み

イ　仮想世界を現実かのように体感させる技術であり，人間の複数の感覚を同時に刺激することによって，仮想世界への没入感を与える技術のこと

ウ　現実世界のデータを収集し，仮想世界で分析・加工して，現実世界側にリアルタイムにフィードバックすることによって，付加価値を創造する仕組み

エ　電子データだけでやり取りされる通貨であり，法定通貨のように国家による強制通用力をもたず，主にインターネット上での取引などに用いられるもの

問74　ハーシィとブランチャードが提唱した SL 理論の説明はどれか。

　　ア　開放の窓，秘密の窓，未知の窓，盲点の窓の四つの窓を用いて，自己理解と対人
　　　　関係の良否を説明した理論

　　イ　教示的，説得的，参加的，委任的の四つに，部下の成熟度レベルによって，リー
　　　　ダーシップスタイルを分類した理論

　　ウ　共同化，表出化，連結化，内面化の四つのプロセスによって，個人と組織に新た
　　　　な知識が創造されるとした理論

　　エ　生理的，安全，所属と愛情，承認と自尊，自己実現といった五つの段階で欲求が
　　　　発達するとされる理論

問75　予測手法の一つであるデルファイ法の説明はどれか。

　　ア　現状の指標の中に将来の動向を示す指標があることに着目して予測する。

　　イ　将来予測のためのモデル化した連立方程式を解いて予測する。

　　ウ　同時点における複数の観測データの統計比較分析によって将来を予測する。

　　エ　複数の専門家へのアンケートの繰返しによる回答の収束によって将来を予測する。

問76　引き出された多くの事実やアイディアを，類似するものでグルーピングしていく収
　　　束技法はどれか。

　　ア　NM 法　　　　　　　　　　　　イ　ゴードン法
　　ウ　親和図法　　　　　　　　　　　エ　ブレーンストーミング

問77 表の製品甲と乙とを製造販売するとき，年間の最大営業利益は何千円か。ここで，甲と乙の製造には同一の機械が必要であり，機械の年間使用可能時間は延べ 10,000 時間，年間の固定費総額は 10,000 千円とする。また，甲と乙の製造に関して，機械の使用時間以外の制約条件はないものとする。

製品	製品単価	製品1個当たりの変動費	製品1個当たりの機械使用時間
甲	30 千円	18 千円	10 時間
乙	25 千円	14 千円	8 時間

　　ア　2,000　　　　イ　3,750　　　　ウ　4,750　　　　エ　6,150

問78 A社は顧客管理システムの開発を，情報システム子会社である B 社に委託し，B 社は要件定義を行った上で，ソフトウェア設計・プログラミング・ソフトウェアテストまでを，協力会社である C 社に委託した。C 社では自社の社員 D にその作業を担当させた。このとき，開発したプログラムの著作権はどこに帰属するか。ここで，関係者の間には，著作権の帰属に関する特段の取決めはないものとする。

　　ア　A社　　　　　イ　B社　　　　　ウ　C社　　　　　エ　社員D

問79 発注者と受注者との間でソフトウェア開発における請負契約を締結した。ただし，発注者の事業所で作業を実施することになっている。この場合，指揮命令権と雇用契約に関して，適切なものはどれか。

ア 指揮命令権は発注者にあり，さらに，発注者の事業所での作業を実施可能にするために，受注者に所属する作業者は，新たな雇用契約を発注者と結ぶ。

イ 指揮命令権は発注者にあり，受注者に所属する作業者は，新たな雇用契約を発注者と結ぶことなく，発注者の事業所で作業を実施する。

ウ 指揮命令権は発注者にないが，発注者の事業所での作業を実施可能にするために，受注者に所属する作業者は，新たな雇用契約を発注者と結ぶ。

エ 指揮命令権は発注者になく，受注者に所属する作業者は，新たな雇用契約を発注者と結ぶことなく，発注者の事業所で作業を実施する。

問80 ソフトウェアやデータに欠陥がある場合に，製造物責任法の対象となるものはどれか。

ア ROM 化したソフトウェアを内蔵した組込み機器

イ アプリケーションソフトウェアパッケージ

ウ 利用者が PC にインストールした OS

エ 利用者によってネットワークからダウンロードされたデータ

令和4年度 秋期
応用情報技術者試験
午後 問題

試験時間	13:00 ~ 15:30 (2時間30分)

注意事項

1. 試験開始及び終了は，監督員の時計が基準です。監督員の指示に従ってください。

2. 試験開始の合図があるまで，問題冊子を開いて中を見てはいけません。

3. **答案用紙への受験番号などの記入は，試験開始の合図があってから始めてください。**

4. 問題は，次の表に従って解答してください。

問題番号	問1	問2~問11
選択方法	必須	4問選択

5. 答案用紙の記入に当たっては，次の指示に従ってください。

   (1) B 又は HB の黒鉛筆又はシャープペンシルを使用してください。

   (2) **受験番号欄に受験番号**を，**生年月日欄に受験票の生年月日**を記入してください。正しく記入されていない場合は，採点されないことがあります。生年月日欄については，受験票の生年月日を訂正した場合でも，訂正前の生年月日を記入してください。

   (3) **選択した問題**については，右の例に従って，**選択欄の問題番号を○印**で囲んでください。○印がない場合は，採点されません。問2~問11について，5問以上○印で囲んだ場合は，はじめの4問について採点します。

   (4) 解答は，問題番号ごとに指定された枠内に記入してください。

   (5) 解答は，丁寧な字ではっきりと書いてください。読みにくい場合は，減点の対象になります。

〔問3，問4，問6，問8を選択した場合の例〕

注意事項は問題冊子の裏表紙に続きます。
こちら側から裏返して，必ず読んでください。

6. 退室可能時間中に退室する場合は，手を挙げて監督員に合図し，答案用紙が回収されてから静かに退室してください。

退室可能時間	13:40 〜 15:20

7. **問題に関する質問にはお答えできません。** 文意どおり解釈してください。
8. 問題冊子の余白などは，適宜利用して構いません。ただし，**問題冊子を切り離して利用することはできません。**
9. 試験時間中，机上に置けるものは，次のものに限ります。

なお，会場での貸出しは行っていません。

受験票，黒鉛筆及びシャープペンシル（B 又は HB），鉛筆削り，消しゴム，定規，時計（時計型ウェアラブル端末は除く。アラームなど時計以外の機能は使用不可），ハンカチ，ポケットティッシュ，目薬

これら以外は机上に置けません。使用もできません。

10. 試験終了後，この問題冊子は持ち帰ることができます。
11. 答案用紙は，いかなる場合でも提出してください。回収時に提出しない場合は，採点されません。
12. 試験時間中にトイレへ行きたくなったり，気分が悪くなったりした場合は，手を挙げて監督員に合図してください。

試験問題に記載されている会社名又は製品名は，それぞれ各社又は各組織の商標又は登録商標です。
なお，試験問題では，^{TM} 及び $^{®}$ を明記していません。

〔問題一覧〕

●問1（必須）

問題番号	出題分野	テーマ
問1	情報セキュリティ	マルウェアへの対応策

●問2〜問11（10問中4問選択）

問題番号	出題分野	テーマ
問2	経営戦略	教育サービス業の新規事業開発
問3	プログラミング	迷路の探索処理
問4	システムアーキテクチャ	コンテナ型仮想化技術
問5	ネットワーク	テレワーク環境への移行
問6	データベース	スマートデバイス管理システムのデータベース設計
問7	組込みシステム開発	傘シェアリングシステム
問8	情報システム開発	設計レビュー
問9	プロジェクトマネジメント	プロジェクトのリスクマネジメント
問10	サービスマネジメント	サービス変更の計画
問11	システム監査	テレワーク環境の監査

次の問1は必須問題です。必ず解答してください。

問1　マルウェアへの対応策に関する次の記述を読んで，設問に答えよ。

　P社は，従業員数400名のIT関連製品の卸売会社であり，300社の販売代理店をもっている。P社では，販売代理店向けに，インターネット経由で商品情報の提供，見積書の作成を行う代理店サーバを運用している。また，従業員向けに，代理店ごとの卸価格や担当者の情報を管理する顧客サーバを運用している。代理店サーバ及び顧客サーバには，HTTP Over TLSでアクセスする。

　P社のネットワークの運用及び情報セキュリティインシデント対応は，情報システム部（以下，システム部という）の運用グループが行っている。

　P社のネットワーク構成を図1に示す。

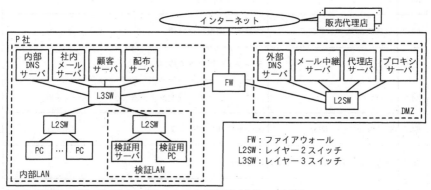

注記1　配布サーバは，PCにセキュリティパッチなどを配布するサーバである。
注記2　検証LANは，サーバ及びPCの動作検証などを行うためのLANである。

図1　P社のネットワーク構成

〔セキュリティ対策の現状〕

　P社では，複数のサーバ，PC及びネットワーク機器を運用しており，それらには次のセキュリティ対策を実施している。

・　　a　　では，インターネットとDMZ間及び内部LANとDMZ間で業務に必要な通信だけを許可し，通信ログ及び遮断ログを取得する。

・　　b　　では，SPF（Sender Policy Framework）機能によって送信元ドメイン認証を行い，送信元メールアドレスがなりすまされた電子メール（以下，電子メールをメールという）を隔離する。

・外部 DNS サーバでは，DMZ のゾーン情報の管理のほかに，キャッシュサーバの機能を稼働させており，外部 DNS サーバを①DDoS の踏み台とする攻撃への対策を行う。

・P 社からインターネット上の Web サーバへのアクセスは，DMZ のプロキシサーバを経由し，プロキシサーバでは，通信ログを取得する。

・PC 及びサーバで稼働するマルウェア対策ソフトは，毎日，決められた時刻にベンダーの Web サイトをチェックし，マルウェア定義ファイルが新たに登録されている場合は，ダウンロードして更新する。

・システム部の担当者は，毎日，ベンダーの Web サイトをチェックし，OS のセキュリティパッチやアップデート版の有無を確認する。最新版が更新されている場合は，ダウンロードして検証 LAN で動作確認を 1 週間程度行う。動作に問題がなければ，PC 向けのものは ┌ c ┐ に登録し，サーバ向けのものは，休日に担当者が各サーバに対して更新作業を行う。

・PC は，電源投入時に ┌ c ┐ にアクセスし，更新が必要な新しい版が登録されている場合は，ダウンロードして更新処理を行う。

・FW 及びプロキシサーバのログの検査は，担当者が週に 1 回実施する。

〔マルウェア X の調査〕

　　ある日，システム部の Q 課長は，マルウェア X の被害が社外で多発していることを知り，R 主任にマルウェア X の調査を指示した。R 主任による調査結果を次に示す。

(1)　攻撃者は，不正なマクロを含む文書ファイル（以下，マクロ付き文書ファイル A という）をメールに添付して送信する。

(2)　受信者が，添付されたマクロ付き文書ファイル A を開きマクロを実行させると，マルウェアへの指令や不正アクセスの制御を行うインターネット上の C&C サーバと通信が行われ，マルウェア X の本体がダウンロードされる。

(3)　PC に侵入したマルウェア X は，内部ネットワークの探索，情報の窃取，窃取した情報の C&C サーバへの送信及び感染拡大を，次の(a)～(d)の手順で試みる。

　　(a)　②PC が接続するセグメント及び社内の他のセグメントの全てのホストアドレス宛てに，宛先アドレスを変えながら ICMP エコー要求パケットを送信し，連続してホストの情報を取得する。

　　(b)　③(a)によって情報を取得できたホストに対して，攻撃対象のポート番号を

セットした TCP の SYN パケットを送信し，応答内容を確認する。

(c)　(b)で SYN/ACK の応答があった場合，指定したポート番号のサービスの脆弱性を悪用して個人情報や秘密情報などを窃取し，C&C サーバに送信する。

(d)　侵入した PC に保存されている過去にやり取りされたメールを悪用し，当該PC 上でマクロ付き文書ファイル A を添付した返信メールを作成し，このメールを取引先などに送信して感染拡大を試みる。

　R 主任が調査結果を Q 課長に報告したときの，2 人の会話を次に示す。

Q 課長：マルウェア X に対して，現在の対策で十分だろうか。

R 主任：十分ではないと考えます。文書ファイルに組み込まれたマクロは，容易に処理内容が分析できない構造になっており，マルウェア対策ソフトでは発見できない場合があります。また，④マルウェア X に感染した社外の PC から送られてきたメールは，SPF 機能ではなりすましが発見できません。

Q 課長：それでは，マルウェア X に対する有効な対策を考えてくれないか。

R 主任：分かりました。セキュリティサービス会社の S 社に相談してみます。

〔マルウェア X への対応策〕

　R 主任は，現在のセキュリティ対策の内容を S 社に説明し，マルウェア X に対する対応策の提案を求めた。S 社から，セキュリティパッチの適用やログの検査が迅速に行われていないという問題が指摘され，マルウェア X 侵入の早期発見，侵入後の活動の抑止及び被害内容の把握を目的として，EDR（Endpoint Detection and Response）システム（以下，EDR という）の導入を提案された。

　S 社が提案した EDR の構成と機能概要を次に示す。

・EDR は，管理サーバ，及び PC に導入するエージェントから構成される。

・管理サーバは，エージェントの設定，エージェントから受信したログの保存，分析及び分析結果の可視化などの機能をもつ。

・エージェントは，次の（ⅰ），（ⅱ）の処理を行うことができる。

（ⅰ）　PC で実行されたコマンド，通信内容，ファイル操作などのイベントのログを管理サーバに送信する。

（ⅱ）　PC のプロセスを監視し，あらかじめ設定した条件に合致した動作が行われたことを検知した場合に，設定した対応策を実施する。例えば，EDR は，(a)〜

(c)に示した⑤マルウェア X の活動を検知した場合に，⑥内部ネットワークの探索を防ぐなどの緊急措置を PC に対して実施することができる。

R 主任は，S 社の提案を基に，マルウェア X の侵入時の対応策をまとめ，Q 課長に EDR の導入を提案した。提案内容は承認され，EDR の導入が決定した。

設問1　〔セキュリティ対策の現状〕について答えよ。

(1)　本文中の　　a　　～　　c　　に入れる適切な機器を，解答群の中から選び記号で答えよ。

解答群

　　ア　FW　　　　　　　　イ　L2SW　　　　　　　ウ　L3SW
　　エ　外部 DNS サーバ　　オ　検証用サーバ　　　カ　社内メールサーバ
　　キ　内部 DNS サーバ　　ク　配布リーバ　　　　ケ　メール中継サーバ

(2)　本文中の下線①の攻撃名を，解答群の中から選び記号で答えよ。

解答群

　　ア　DNS リフレクション攻撃　　　　　イ　セッションハイジャック攻撃
　　ウ　メール不正中継攻撃

設問2　〔マルウェア X の調査〕について答えよ。

(1)　本文中の下線②の処理によって取得できる情報を，20 字以内で答えよ。

(2)　本文中の下線③の処理を行う目的を，解答群の中から選び記号で答えよ。

解答群

　　ア　DoS 攻撃を行うため
　　イ　稼働中の OS のバージョンを知るため
　　ウ　攻撃対象のサービスの稼働状態を知るため
　　エ　ホストの稼働状態を知るため

(3)　本文中の下線④について，発見できない理由として最も適切なものを解答群の中から選び，記号で答えよ。

解答群

　　ア　送信者のドメインが詐称されたものでないから
　　イ　添付ファイルが暗号化されているので，チェックできないから
　　ウ　メールに付与された署名が正規のドメインで生成されたものだから
　　エ　メール本文に不審な箇所がないから

設問3　〔マルウェア X への対応策〕について答えよ。

(1)　本文中の下線⑤について，どのような事象を検知した場合に，マルウェア X の侵入を疑うことができるのかを，25 字以内で答えよ。

(2)　本文中の下線⑥について，緊急措置の内容を 25 字以内で答えよ。

(3)　EDR 導入後にマルウェア X の被害が発生したとき，被害内容を早期に明らかにするために実施すべきことは何か。本文中の字句を用いて 20 字以内で答えよ。

次の問２～問 11 については４問を選択し，答案用紙の選択欄の問題番号を〇印で囲んで解答してください。

なお，５問以上〇印で囲んだ場合は，はじめの４問について採点します。

問２　教育サービス業の新規事業開発に関する次の記述を読んで，設問に答えよ。

　　Ｂ社は，教育サービス業の会社であり，中高生を対象とした教育サービスを提供している。Ｂ社では有名講師を抱えており，生徒の能力レベルに合った分かりやすく良質な教育コンテンツを多数保有している。これまで中高生向けに塾や通信教育などの事業を伸ばしてきたが，ここ数年，生徒数が減少しており，今後大きな成長の見込みが立たない。また，教育コンテンツはアナログ形式が主であり，Web 配信ができるデジタル形式のビデオ教材になっているものが少ない。Ｂ社の経営企画部長であるＣ取締役は，この状況に危機感を抱き，３午後の新たな成長を目指して，デジタル技術を活用して事業を改革し，Ｂ社の DX（デジタルトランスフォーメーション）を実現する顧客起点の新規事業を検討することを決めた。Ｃ取締役は，事業の戦略立案と計画策定を行う戦略チームを経営企画部のＤ課長を長として編成した。

〔Ｂ社を取り巻く環境と取組〕

　　Ｄ課長は，戦略の立案に当たり，Ｂ社を取り巻く外部環境，内部環境を次のとおり整理した。

・ここ数年で，法人において，非対面でのオンライン教育に対するニーズや，時代の流れを見据えて従業員が今後必要とされるスキルや知識を新たに獲得する教育（リスキリング）のニーズが高まっている。今後も法人従業員向けの教育市場の伸びが期待できる。

・最近，法人向けの教育サービス業において，異業種から参入した企業による競合サービスが出現し始めていて，価格競争が激化している。

・教育サービス業における他社の新規事業の成功事例を調査したところ，特定の業界で他企業に対する影響力が強い企業を最初の顧客として新たなサービスの実績を築いた後，その業界の他企業に展開するケースが多いことが分かった。

・Ｂ社では，海外の教育関連企業との提携，及びＥ大学の研究室との共同研究を通じて，データサイエンス，先進的プログラム言語などに関する教育コンテンツの拡充や，AI を用いて個人の能力レベルに合わせた教育コンテンツを提供できる教育ツールの研究開発に取り組み始めた。この教育ツールは実証を終えた段階である。こ

のように，最新の動向の反映が必要な分野に対して，業界に先駆けた教育コンテンツの整備力が強みであり，新規事業での活用が見込める。

〔新規事業の戦略立案〕
　D課長は，内外の環境の分析を行い，B社の新規事業の戦略を次のとおり立案し，C取締役の承認を得た。
・新規事業のミッションは，"未来に向けて挑戦する全ての人に，変革の機会を提供すること"と設定した。
・B社は，新規事業領域として，①法人従業員向けの個人の能力レベルに合わせたオンライン教育サービスを選定し，SaaSの形態（以下，教育SaaSという）で顧客に提供する。
・中高生向けの塾や通信教育などでのノウハウをサービスに取り入れ，法人でのDX推進に必要なデータサイエンスなどの知識やスキルを習得する需要に対して，AIを用いた個人別の教育コンテンツをネット経由で提供するビジネスモデルを構築することを通じて，②B社のDXを実現する。
・最初に攻略する顧客セグメントは，データサイエンス教育の需要が高まっている大手製造業とする。顧客企業の人事教育部門は，B社の教育SaaSを利用することで，社内部門が必要なときに必要な教育コンテンツを提供できるようになる。
・対象の顧客セグメントに対して，従業員が一定規模以上の企業数を考慮して，販売目標数を設定する。毎月定額で，提示するカタログの中から好きな教育コンテンツを選べるサービスを提供することで，競合サービスよりも利用しやすい価格設定とする。
・Webセミナーやイベントを通じてB社の教育SaaSの認知度を高める。また，法人向けの販売を強化するために，F社と販売店契約を結ぶ。F社は，大手製造業に対する人材提供や教育を行う企業であり，大手製造業の顧客を多く抱えている。
　D課長は，戦略に基づき新規事業の計画を策定した。

〔顧客実証〕
　D課長は，新規事業の戦略の実効性を検証する顧客実証を行うこととして，その方針を次のように定めた。

・教育ニーズが高く，商談中の③G社を最初に攻略する顧客とする。G社は，製造業の大手企業であり，同業他社への影響力が強い。

・G社への提案前に，B社の提供するサービスが適合するか確認するために a を実施する。 a にはF社にも参加してもらう。

〔ビジネスモデルの策定〕

D課長は，ビジネスモデルキャンバスの手法を用いて，B社のビジネスモデルを図1のとおり作成した。なお，新規事業についての要素を"★"で，既存事業についての要素を無印で記載する。（省略）はほかに要素があることを示す。

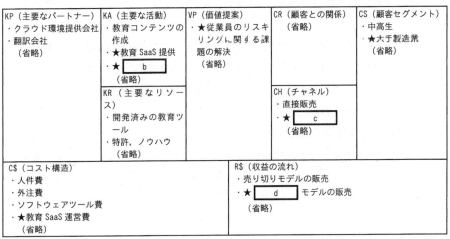

KP（主要なパートナー） ・クラウド環境提供会社 ・翻訳会社 （省略）	KA（主要な活動） ・教育コンテンツの作成 ・★教育SaaS提供 ・★　b （省略）	VP（価値提案） ・★従業員のリスキリングに関する課題の解決 （省略）	CR（顧客との関係） （省略）	CS（顧客セグメント） ・中高生 ・★大手製造業 （省略）
	KR（主要なリソース） ・開発済みの教育ツール ・特許，ノウハウ （省略）		CH（チャネル） ・直接販売 ・★　c （省略）	
C$（コスト構造） ・人件費 ・外注費 ・ソフトウェアツール費 ・★教育SaaS運営費 （省略）		R$（収益の流れ） ・売り切りモデルの販売 ・★　d　モデルの販売 （省略）		

図1　B社のビジネスモデル

〔財務計画〕

D課長は，B社の新規事業に向けた財務計画第1版を表1のとおり作成し，C取締役に提出した。なお，財務計画作成で，次の前提をおいた。

・競争優位性を考慮して，教育SaaS開発投資を行う。開発投資は5年で減価償却し，固定費に含める。

・競合サービスを考慮して，販売単価は，1社当たり10百万円／年とする。

・利益計算に当たって，損益計算書を用い，キャッシュフローや現在価値計算は用いない。金利はゼロとする。

表1　財務計画第1版

単位　百万円

科目	1年目	2年目	3年目	4年目	5年目	5年合計
売上高	10	40	90	160	300	600
費用	50	65	90	125	195	525
変動費	5	20	45	80	150	300
固定費	45	45	45	45	45	225
営業利益	−40	−25	0	35	105	75
累積利益	−40	−65	−65	−30	75	

　D課長は，財務部長と財務計画をレビューし，"既存事業の業績の見通しが厳しいので新規事業の費用を削減して，4年目に累積損失を0にしてほしい"との依頼を受けた。

　D課長は，C取締役に財務部長の依頼を報告し，この財務計画は現時点で最も確かな根拠に基づいて設定した計画であること，また新規事業にとっては④4年目に累積損失を0にするよりも優先すべきことがあるので，財務計画第1版の変更はしないことを説明し了承を得た。

　その後，D課長は，計画の実行を適切にマネジメントすれば，変動費を抑えて4年目に累積損失を0にできる可能性はあると考え，この想定で別案として財務計画第2版を追加作成した。財務計画第2版の変動費率は　　e　　％となり，財務計画第1版と比較して5年目の累積利益は，　　f　　％増加する。

設問1　〔新規事業の戦略立案〕について答えよ。

(1)　本文中の下線①について，この事業領域を選定した理由は何か。強みと機会の観点から，それぞれ 20 字以内で答えよ。

(2)　本文中の下線②について，留意すべきことは何か。最も適切な文章を解答群の中から選び，記号で答えよ。

解答群

ア　B 社の DX においては，データドリブン経営は AI なしで人手で行うので十分である。

イ　B 社の DX の戦略立案に際しては，自社のあるべき姿の達成に向け，デジタル技術を活用し事業を改革することが必要となる。

ウ　B 社の DX は，デジタル技術を用いて製品やサービスの付加価値を高めた後，教育コンテンツのデジタル化に取り組む必要がある。

エ　B 社の DX は，ニーズの不確実性が高い状況下で推進するので，一度決めた計画は遵守する必要がある。

設問2　〔顧客実証〕について答えよ。

(1)　本文中の下線③について，この方針の目的は何か。20 字以内で答えよ。

(2)　本文中の　　a　　に入れる最も適切な字句を解答群の中から選び，記号で答えよ。

解答群

ア　KPI　　　　イ　LTV　　　　ウ　PoC　　　　エ　UAT

設問3　〔ビジネスモデルの策定〕について答えよ。

(1)　図 1 中の　　b　　，　　c　　に入れる最も適切な字句を解答群の中から選び，記号で答えよ。

解答群

ア　E 大学　　　　イ　F 社　　　　ウ　G 社
エ　教育　　　　オ　コンサルティング　　カ　プロモーション

(2)　図 1 中の　　d　　には販売の方式を示す字句が入る。片仮名で答えよ。

設問4　〔財務計画〕について答えよ。

(1)　本文中の下線④について，新規事業にとって 4 年目に累積損失を 0 にすることよりも優先すべきこととは何か。20 字以内で答えよ。

(2)　本文中の　　e　　，　　f　　に入れる適切な数値を整数で答えよ。

問3 迷路の探索処理に関する次の記述を読んで，設問に答えよ。

　　始点と終点を任意の場所に設定する n×m の 2 次元のマスの並びから成る迷路の解
を求める問題を考える。本問の迷路では次の条件で解を見つける。
・迷路内には障害物のマスがあり，n×m のマスを囲む外壁のマスがある。障害物と
　外壁のマスを通ることはできない。
・任意のマスから，そのマスに隣接し，通ることのできるマスに移動できる。迷路の
　解とは，この移動の繰返しで始点から終点にたどり着くまでのマスの並びである。
　ただし，迷路の解では同じマスを 2 回以上通ることはできない。
・始点と終点は異なるマスに設定されている。
　　5×5 の迷路の例を示す。解が一つの迷路の例を図 1 に，解が複数（四つ）ある迷路
の例を図 2 に示す。

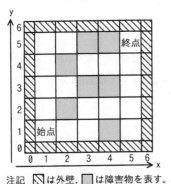

注記 🔲 は外壁，⬜ は障害物を表す。

図1 解が一つの迷路の例

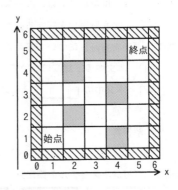

図2 解が複数ある迷路の例

〔迷路の解を見つける探索〕
　　迷路の解を全て見つける探索の方法を次のように考える。
　　迷路と外壁の各マスの位置を x 座標と y 座標で表し，各マスについてそのマスに関
する情報（以下，マス情報という）を考える。与えられた迷路に対して，障害物と外
壁のマス情報には NG フラグを，それ以外のマス情報には OK フラグをそれぞれ設定す
る。マス情報全体を迷路図情報という。
　　探索する際の"移動"には，"進む"と "戻る"の二つの動作がある。"進む"は，

現在いるマスから① y 座標を 1 増やす，② x 座標を 1 増やす，③ y 座標を 1 減らす，④ x 座標を 1 減らす，のいずれかの方向に動くことである。マスに "進む" と同時にそのマスのマス情報に足跡フラグを入れる。足跡フラグが入ったマスには "進む" ことはできない。"戻る" は，今いるマスから "進んで" きた一つ前のマスに動くことである。マスに "移動" したとき，移動先のマスを "訪問" したという。

　探索は，始点のマスのマス情報に足跡フラグを入れ，始点のマスを "訪問" したマスとして，始点のマスから開始する。現在いるマスから次のマスに "進む" 試みを①～④の順に行い，もし試みた方向のマスに "進む" ことができないならば，次の方向に "進む" ことを試みる。4 方向いずれにも "進む" ことができないときには，現在いるマスのマス情報を OK フラグに戻し，一つ前のマスに "戻る"。これを終点に到達するまで繰り返す。終点に到達したとき，始点から終点まで "進む" ことでたどってきたマスの並びが迷路の解の一つとなる。

　迷路の解を見つけた後も，他の解を見つけるために，終点から一つ前のマスに "戻り"，迷路の探索を続け，全ての探索を行ったら終了する。迷路を探索している間，それまでの経過をスタックに格納しておく。終点にたどり着いた時点でスタックの内容を順番にたどると，それが解の一つになる。

　図 1 の迷路では，始点から始めて，(1,1)→(1,2)→(1,3)→(1,4)→(1,5)→(2,5)→(1,5)→(1,4) のように "移動" する。ここまででマスの "移動" は 7 回起きていて，このときスタックには経過を示す 4 個の座標が格納されている。さらに探索を続けて，始めから13回目の "移動" が終了した時点では，スタックには ［　ア　］ 個の座標が格納されている。

〔迷路の解を全て求めて表示するプログラム〕

　迷路の解を全て求めて表示するプログラムを考える。プログラム中で使用する主な変数，定数及び配列を表 1 に示す。配列の添字は全て 0 から始まり，要素の初期値は全て 0 とする。迷路を探索してマスを "移動" する関数 visit のプログラムを図 3 に，メインプログラムを図 4 に示す。メインプログラム中の変数及び配列は大域変数とする。

表1 プログラム中で使用する主な変数，定数及び配列

名称	種類	内容
maze[x][y]	配列	迷路図情報を格納する2次元配列
OK	定数	OK フラグ
NG	定数	NG フラグ
VISITED	定数	足跡フラグ
start_x	変数	始点の x 座標
start_y	変数	始点の y 座標
goal_x	変数	終点の x 座標
goal_y	変数	終点の y 座標
stack_visit[k]	配列	それまでの経過を格納するスタック
stack_top	変数	スタックポインタ
sol_num	変数	見つけた解の総数
paths[u][v]	配列	迷路の全ての解の座標を格納する2次元配列。添字の u は解の番号，添字の v は解を構成する座標の順番である。

```
function visit(x, y)
  maze[x][y] ← VISITED                    //足跡フラグを入れる
  stack_visit[stack_top] ← (x, y)         //スタックに座標を入れる
  if(x が goal_x と等しい かつ y が goal_y と等しい)   //終点に到達
    for(k を 0 から stack_top まで 1 ずつ増やす)
        [  イ  ] ← stack_visit[k]
    endfor
    sol_num ← sol_num+1
  else
    stack_top ← stack_top+1
    if(maze[x][y+1]が OK と等しい)
      visit(x, y+1)
    endif
    if(maze[x+1][y]が OK と等しい)
      visit(x+1, y)
    endif
    if(maze[x][y-1]が OK と等しい)
      visit(x, y-1)
    endif
    if(maze[x-1][y]が OK と等しい)
      visit(x-1, y)
    endif
    stack_top ← [  ウ  ]
  endif
  [  エ  ] ← OK
endfunction
```

図3 関数 visit のプログラム

```
function main
  stack_top ← 0
  sol_num ← 0
  maze[x][y]に迷路図情報を設定する
  start_x, start_y, goal_x, goal_y に始点と終点の座標を設定する
  visit(start_x, start_y)
  if(    オ    が０と等しい)
    "迷路の解は見つからなかった"と印字する
  else
    paths[][]を順に全て印字する
  endif
endfunction
```

図4　メインプログラム

〔解が複数ある迷路〕

　　図２は解が複数ある迷路の例で，一つ目の解が見つかった後に，他の解を見つける
ために，迷路の探索を続ける。一つ目の解が見つかった後で，最初に実行される関数
visit の引数の値は　　カ　　である。この引数の座標を基点として二つ目の解が
見つかるまでに，マスの"移動"は　　キ　　回起き，その間に座標が（4,2）の
マスは　　ク　　回"訪問"される。

設問１　〔迷路の解を見つける探索〕について答えよ。

　　　（1）　図１の例で終点に到達したときに，この探索で"訪問"されなかったマス
　　　　　の総数を，障害物と外壁のマスを除き答えよ。

　　　（2）　本文中の　　ア　　に入れる適切な数値を答えよ。

設問２　図３中の　　イ　　～　　エ　　に入れる適切な字句を答えよ。

設問３　図４中の　　オ　　に入れる適切な字句を答えよ。

設問４　〔解が複数ある迷路〕について答えよ。

　　　（1）　本文中の　　カ　　に入れる適切な引数を答えよ。

　　　（2）　本文中の　　キ　　，　　ク　　に入れる適切な数値を答えよ。

問4　コンテナ型仮想化技術に関する次の記述を読んで，設問に答えよ。

　　C 社は，レストランの予約サービスを提供する会社である。C 社のレストランの予約サービスを提供する Web アプリケーションソフトウェア（以下，Web アプリという）は，20 名の開発者が在籍する Web アプリ開発部で開発，保守されている。C 社の Web アプリにアクセスする URL は，"https://www.example.jp/" である。

　　Web アプリには，機能 X，機能 Y，機能 Z の三つの機能があり，そのソースコードやコンパイル済みロードモジュールは，開発期間中に頻繁に更新されるので，バージョン管理システムを利用してバージョン管理している。また，Web アプリは，外部のベンダーが提供するミドルウェア A 及びミドルウェア B を利用しており，各ミドルウェアには開発ベンダーから不定期にアップデートパッチ（以下，パッチという）が提供される。パッチが提供された場合，C 社ではテスト環境で一定期間テストを行った後，顧客向けにサービスを提供する本番環境のミドルウェアにパッチを適用している。

　　このため，Web アプリの開発者は，本番環境に適用されるパッチにあわせて，自分の開発用 PC の開発環境のミドルウェアにもパッチを適用する必要がある。開発環境へのパッチは，20 台の開発用 PC 全てに適用する必要があり，作業工数が掛かる。

　　そこで，Web アプリ開発部では，Web アプリの動作に必要なソフトウェアをイメージファイルにまとめて配布することができるコンテナ型仮想化技術を用いて，パッチ適用済みのコンテナイメージを開発者の開発用 PC に配布することで，開発環境へのミドルウェアのパッチ適用工数を削減することについて検討を開始した。コンテナ型仮想化技術を用いた開発環境の構築は，Web アプリ開発部の D さんが担当することになった。

〔Web アプリのリリーススケジュール〕
　　まず D さんは，今後のミドルウェアへのパッチ適用と Web アプリのリリーススケジュールを確認した。今後のリリーススケジュールを図 1 に示す。

リリース案件		説明	7月	8月	9月	10月	11月	12月
本番環境へのパッチ適用	ミドルウェアA パッチ適用	バージョン10.1.2 パッチの適用			テスト	▲リリース		
	ミドルウェアB パッチ適用	バージョン15.3.4 パッチの適用				テスト	▲リリース	
Webアプリ開発	10月1日リリース 向け開発	機能Xの変更	設計	開発	テスト	▲リリース		
	11月1日リリース 向け開発	機能Yの変更		設計	開発	テスト	▲リリース	
	12月1日リリース 向け開発	機能Zの変更			設計	開発	テスト	▲リリース

図1　今後のリリーススケジュール

C社では，ミドルウェアの公開済みのパッチを計画的に本番環境に適用しており，本番環境のミドルウェアAのパッチ適用が10月中旬に，ミドルウェアBのパッチ適用が11月中旬に計画されている。また，10月，11月，及び12月に向けて三つのWebアプリ開発案件が並行して進められる予定である。開発者は各Webアプリ開発案件のリリーススケジュールを考慮し，リリース時点の本番環境のミドルウェアのバージョンと同一のバージョンのミドルウェアを開発環境にインストールして開発作業を行う必要がある。

なお，二つのミドルウェアでは，パッチ提供の場合にはバージョン番号が0.0.1ずつ上がることがミドルウェアの開発ベンダーから公表されている。また，バージョン番号を飛ばして本番環境のミドルウェアにパッチを適用することはない。

〔コンテナ型仮想化技術の調査〕

次にDさんは，コンテナ型仮想化技術について調査した。コンテナ型仮想化技術は，一つのOS上に独立したアプリケーションの動作環境を構成する技術であり，　a　や　b　上に仮想マシンを動作させるサーバ型仮想化技術と比較して　c　が不要となり，CPUやメモリを効率良く利用できる。C社の開発環境で用いる場合には，Webアプリの開発に必要な指定バージョンのミドルウェアをコンテナイメージにまとめ，それを開発者に配布する。

〔コンテナイメージの作成〕

まずDさんは，基本的なライブラリを含むコンテナイメージをインターネット上の公開リポジトリからダウンロードし，Webアプリの開発に必要な二つのミドルウェア

の指定バージョンをコンテナ内にインストールした。次に，コンテナイメージを作成し社内リポジトリへ登録して，C社の開発者がダウンロードできるようにした。

なお，Webアプリのソースコードやロードモジュールは，バージョン管理システムを利用してバージョン管理し，①コンテナイメージにWebアプリのソースコードやロードモジュールは含めないことにした。Dさんが作成したコンテナイメージの一覧を表1に示す。

表1 Dさんが作成したコンテナイメージの一覧

コンテナイメージ名	説明	ミドルウェアA バージョン	ミドルウェアB バージョン
img-dev_oct	10月1日リリース向け開発用	（省略）	（省略）
img-dev_nov	11月1日リリース向け開発用	d	e
img-dev_dec	12月1日リリース向け開発用	10.1.2	15.3.4

〔コンテナイメージの利用〕

Webアプリ開発部のEさんは，機能Xの変更を行うために，Dさんが作成したコンテナイメージ"img-dev_oct"を社内リポジトリからダウンロードし，開発用PCでコンテナを起動させた。Eさんが用いたコンテナの起動コマンドの引数（抜粋）を図2に示す。

```
-p 10443:443 -v /app/FuncX:/app img-dev_oct
```

図2 Eさんが用いたコンテナの起動コマンドの引数（抜粋）

図2中の-pオプションは，ホストOSの10443番ポートをコンテナの443番ポートにバインドするオプションである。なお，コンテナ内では443番ポートでWebアプリへのアクセスを待ち受ける。さらに，-vオプションは，ホストOSのディレクトリ"/app/FuncX"を，コンテナ内の"/app"にマウントするオプションである。

EさんがWebアプリのテストを行う場合，開発用PCのホストOSで実行されるWebブラウザから②テスト用のURLへアクセスすることで"img-dev_oct"内で実行されているWebアプリにアクセスできる。また，コンテナ内に作成されたファイル"/app/test/test.txt"は，ホストOSの　f　として作成される。

　12 月 1 日リリース向け開発案件をリリースした後の 12 月中旬に，10 月 1 日リリース向け開発で変更を加えた機能 X に処理ロジックの誤りが検出された。この誤りを 12 月中に修正して本番環境へリリースするために，E さんは③あるコンテナイメージを開発用 PC 上で起動させて，機能 X の誤りを修正した。

　その後，D さんはコンテナ型仮想化技術を活用した開発環境の構築を完了させ，開発者の開発環境へのパッチ適用作業を軽減した。

設問 1　〔コンテナ型仮想化技術の調査〕について答えよ。

　　(1)　本文中の　　a　　～　　c　　に入れる適切な字句を解答群の中から選び，記号で答えよ。

　　　解答群
　　　　ア　アプリケーション　　　　　　イ　ゲスト OS
　　　　ウ　ハイパーバイザー　　　　　　エ　ホスト OS
　　　　オ　ミドルウェア

　　(2)　今回の開発で，サーバ型仮想化技術と比較したコンテナ型仮想化技術を用いるメリットとして，最も適切なものを解答群の中から選び，記号で答えよ。

　　　解答群
　　　　ア　開発者間で差異のない同一の開発環境を構築できる。
　　　　イ　開発用 PC 内で複数 Web アプリ開発案件用の開発環境を実行できる。
　　　　ウ　開発用 PC の OS バージョンに依存しない開発環境を構築できる。
　　　　エ　配布するイメージファイルのサイズを小さくできる。

設問 2　〔コンテナイメージの作成〕について答えよ。

　　(1)　本文中の下線①について，なぜ D さんはソースコードやロードモジュールについてはコンテナイメージに含めずに，バージョン管理システムを利用して管理するのか，20 字以内で答えよ。

　　(2)　表 1 中の　　d　　，　　e　　に入れる適切なミドルウェアのバージョンを答えよ。

設問 3　〔コンテナイメージの利用〕について答えよ。

　　(1)　本文中の下線②について，Web ブラウザに入力する URL を解答群の中から選び，記号で答えよ。

解答群

ア　https://localhost/

イ　https://localhost:10443/

ウ　https://www.example.jp/

エ　https://www.example.jp:10443/

(2)　本文中の　　f　　に入れる適切な字句を，パス名/ファイル名の形式で
答えよ。

(3)　本文中の下線③について，起動するコンテナイメージ名を表 1 中の字句を
用いて答えよ。

問5　テレワーク環境への移行に関する次の記述を読んで，設問に答えよ。

　　W社は，東京に本社があり，全国に2か所の営業所をもつ，社員数200名のホームページ制作会社である。W社では本社と各営業所との間をVPNサーバを利用してインターネットVPNで接続している。

　　本社のDMZでは，プロキシサーバ，VPNサーバ及びWebサーバを，本社の内部ネットワークではファイル共有サーバ及び認証サーバを運用している。

　　W社では，一部の社員が，社員のテレワーク環境からインターネットを介して本社VPNサーバにリモート接続することで，テレワークとWeb会議を試行している。

　　W社のネットワーク構成を図1に示す。

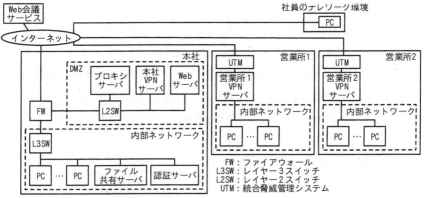

注記　Web会議サービスは今後利用を検討しているSaaSである。

図1　W社のネットワーク構成

〔W社の各サーバの機能〕

　　W社の各サーバの機能を次に示す。

・本社VPNサーバは，各営業所のVPNサーバとの間でインターネットVPNで拠点間を接続する。また，社員のテレワーク環境にあるPCにリモートアクセス機能を提供する。

・本社，各営業所及び社員のテレワーク環境のPCのWebブラウザからインターネット上のWebサイトへの接続は，本社のプロキシサーバを経由して行われる。プロキ

シサーバは，インターネット上の Web サイトへのアクセス時のコンテンツフィルタリングやログの取得を行う。

・ファイル共有サーバには，社員ごとや組織ごとに保存領域があり，PC にはファイルを保存しない運用をしている。

・認証サーバでは，社員の ID，パスワードなどを管理して，PC やファイル共有サーバへのログイン認証を行っている。

現在利用している本社のインターネット接続回線は，契約帯域が 100M ビット／秒（上り／下り）で帯域非保証型である。

〔テレワークの拡大〕

W 社では，テレワークを拡大することになり，情報システム部の X 部長の指示で Y さんがテレワーク環境への移行を担当することになった。

Y さんが移行計画を検討したところ，テレワークに必要な PC（以下，リモート PC という），VPN サーバ及びリモートアクセスに必要なソフトウェアとそのライセンスの入手は即時可能であるが，本社のインターネット接続回線の帯域増強工事は，2 か月掛かることが分かった。そこで Y さんは，ネットワークの帯域増強工事が完了するまでの間，ネットワークに流れる通信量を監視しながら移行を進めることにした。

〔W 社が採用したリモートアクセス方式〕

今回 Y さんが採用したリモートアクセス方式は，　　　a　　　で暗号化された　　　b　　　通信を用いたインターネット VPN 接続機能によって，社員がリモート PC の Web ブラウザから VPN サーバを経由して本社と各営業所の内部ネットワークの PC（以下，内部 PC という）を遠隔操作する方式である。ここで，リモート PC からの内部 PC の遠隔操作は，内部 PC の OS に標準装備された機能を利用して，ネットワーク経由で内部 PC のデスクトップ画面情報をリモート PC が受け取って表示し，リモート PC から内部 PC のデスクトップ操作を行うことで実現する。

この方式では，リモート PC から内部 PC を直接操作することになるので，従来の社内作業をそのままリモート PC から行うことができる。リモート PC からの遠隔操作で作成した業務データもファイル共有サーバに保存するので，社員が出社した際にも業務データをそのまま利用できる。

なお，本社 VPN サーバと各営業所の VPN サーバとの間を接続する通信で用いられている暗号化機能は，　　a　　とは異なり，ネットワーク層で暗号化する　　c　　を用いている。

〔リモートアクセスの認証処理〕

Web サーバにリモートアクセス認証で必要なソフトウェアをインストールして，あらかじめ社員ごとに払い出されたリモートアクセス用 ID などを登録しておく。また，①リモート PC にはリモートアクセスに必要な 2 種類の証明書をダウンロードする。

テレワークの社員がリモートアクセスするときの認証処理は，次の二段階で行われる。

第一段階の認証処理は，本社 VPN サーバにリモート PC の Web ブラウザから VPN 接続をする際の認証である。まず，社員は Web サーバのリモートログイン専用のページにアクセスして，リモートアクセス用の ID を入力することによって VPN 接続に必要で一定時間だけ有効な　　d　　を入手する。このリモートログイン専用のページにアクセスする際には，リモート PC 上の証明書が利用される。次に Web ブラウザから本社 VPN サーバにアクセスして，リモートアクセス用の ID と　　d　　を入力することによってリモート PC 上の証明書と合わせて VPN 接続の認証が行われる。

第二段階の認証処理は，通常社内で内部 PC にログインする際に利用する ID とパスワードを用いて　　e　　で行われる。

〔テレワークで利用する Web 会議サービス〕

テレワークで利用する Web 会議サービスは，インターネット上で SaaS として提供されている V 社の Web 会議サービスを採用することになった。この Web 会議サービスは，内部 PC の Web ブラウザと SaaS 上の Web 会議サービスとを接続して利用する。Web 会議サービスでは，同時に複数の PC が参加することができ，ビデオ映像と音声が参加している PC 間で共有される。利用者はマイクとカメラの利用の要否をそれぞれ選択することができる。

〔テレワーク移行中に発生したシステムトラブルの原因と対策〕

テレワークへの移行を進めていたある日，リモート PC から内部 PC にリモート接続

するPC数が増えたことで，リモートPCでは画面応答やファイル操作などの反応が遅くなったり，Web会議サービスでは画面の映像や音声が中断したりする事象が頻発した。

　社員から業務に支障を来すと申告を受けたYさんは，直ちに原因を調査した。

　Yさんが原因を調査した結果，次のことが分かった。

(1)　社内ネットワークを流れる通信量を複数箇所で測定したところ，本社のインターネット接続回線の帯域使用率が非常に高い。

(2)　本社のインターネット接続回線を流れる通信量を通信の種類ごとに調べたところ，Web会議サービスの通信量が特に多い。このWeb会議サービスの②通信経路に関する要因のほかに，映像通信が集中して通信量が増大することが要因となったのではないかと考え，利用者1人当たりの10分間の平均転送データ量を実測した。その結果は，映像と音声を用いた通信方式の場合で120Mバイトであった。これを通信帯域に換算すると　　　f　　　Mビット／秒となる。

　社員200名のうち60%の社員が同時にこのWeb会議サービスの通信方式を利用する場合，使用する通信帯域は　　　g　　　Mビット／秒となり，この通信だけで本社のインターネット接続回線の契約帯域を超えてしまう。

　Yさんは，本社のインターネット接続回線を流れる通信量を抑える方策として，営業所1と営業所2に設置された③UTMを利用してインターネットの特定サイトへアクセスする設定と営業所PCのWebブラウザに例外設定とを追加した。

　Yさんは，今回の原因調査の結果と対策案をX部長に報告しトラブル対策を実施した。その後本社のインターネット接続回線の帯域増強工事が完了し，UTMと営業所PCのWebブラウザの設定を元に戻し，テレワーク環境への移行が完了した。

設問1　本文中の　　a　　～　　c　　に入れる適切な字句を解答群の中から選び，記号で答えよ。

解答群

ア	FTP	イ	HTTPS	ウ	IPSec
エ	Kerberos	オ	LDAP	カ	TLS

設問2　〔リモートアクセスの認証処理〕について答えよ。

(1)　本文中の下線①について，どのサーバの認証機能を利用するために必要な証明書か。図1中のサーバ名を用いて全て答えよ。

(2)　本文中の　　d　　に入れる適切な字句を片仮名10字で答えよ。

(3)　本文中の　　e　　に入れる適切な字句を，図1中のサーバ名を用いて8字以内で答えよ。

設問3　〔テレワーク移行中に発生したシステムトラブルの原因と対策〕について答えよ。

(1)　本文中の下線②について，要因となるのはどのようなことか。適切な記述を解答群の中から選び，記号で答えよ。

解答群

　　ア　Web会議サービスの全ての通信が営業所1内のUTMを通る。

　　イ　Web会議サービスの全ての通信が本社のインターネット接続回線を通る。

　　ウ　社員の60%がWeb会議サービスを利用する。

　　エ　本社VPNサーバの認証処理を利用しない。

　　オ　本社のファイル共有サーバと本社の内部PCとの通信は本社の内部ネットワーク内を通る。

(2)　本文中の　　f　　，　　g　　に入れる適切な数値を答えよ。

(3)　本文中の下線③の設定によって，UTMに設定されたアクセスを許可する，FW以外の接続先を図1中の用語を用いて全て答えよ。

問6　スマートデバイス管理システムのデータベース設計に関する次の記述を読んで，設問に答えよ。

　J社は，グループ連結で従業員約3万人を抱える自動車メーカーである。従来は事業継続性・災害時対応施策の一環として，本社の部長職以上にスマートフォン及びタブレットなどのスマートデバイス（以下，情報端末という）を貸与していた。昨今の働き方改革の一環として，従業員全員がいつでもどこでも作業できるようにするために，情報端末の配布対象をグループ企業も含む全従業員に拡大することになった。

　現在は情報端末の貸与先が少人数なので，表計算ソフトでスマートデバイス管理台帳（以下，管理台帳という）を作成して貸与状況などを管理している。今後は貸与先が3万人を超えるので，スマートデバイス管理システム（以下，新システムという）を新たに構築することになった。情報システム部門のKさんは，新システムのデータ管理者として，新システム構築プロジェクトに参画した。

〔現在の管理台帳〕
　現在の管理台帳の項目を表1に示す。管理台帳は，一つのワークシートで管理されている。

表1　管理台帳の項目

項目名	説明	記入例
情報端末ID	情報端末ごとに一意に付与される固有の識別子	G6TF809G0D4Q
機種名	情報端末の機種の型名	IP12PM
回線番号	契約に割り当てられた外線電話番号	080-0000-0000
内線電話番号	内線電話を情報端末で発着信できるように回線番号と紐づけられている内線電話の番号	1234-567890
通信事業者名	契約先の通信事業者の名称	L社
料金プラン名	契約している料金プランの名称	プランM
暗証番号	契約の変更手続を行う際に必要となる番号	0000
利用者所属部署名	利用者が所属する部署の名称	N部
利用者氏名	利用者の氏名	試験 太郎
利用者メールアドレス	利用者への業務連絡が可能なメールアドレス	shiken.taro@example.co.jp
利用開始日	J社の情報端末の運用管理担当者（以下，運用管理担当者という）から利用者に対して情報端末を払い出した日	2020-09-10

表1 管理台帳の項目（続き）

項目名	説明	記入例
利用終了日	利用者から運用管理担当者に対して情報端末を返却した日	2022-09-10
交換予定日	J社では情報セキュリティ対策の観点から同一の回線番号のままで2年ごとに旧情報端末から新情報端末への交換を行っており，新情報端末に交換する予定の日	2022-09-10
廃棄日	情報端末を廃棄事業者に引き渡した日	2022-10-20

〔現在の管理方法における課題と新システムに対する要件〕

　Kさんは，新システムの設計に際して，まず，現在の情報端末の運用について，運用管理担当者に対して課題と新システムに対する要件をヒアリングした。ヒアリング結果を表2に示す。

表2 ヒアリング結果

項番	課題	要件
1	利用者が情報端末ごとに通信事業者や料金プランを選択できるので，結果として高い料金プランを契約して利用しているケースがある。	通信事業者を原則としてL社に統一し，かつ，より低価格の料金プランで契約できるようにする。
2	情報端末に関する費用は本社の総務部で一括して負担しており，利用者のコスト意識が低く，利用状況次第で高額な請求が発生するケースがある。	従業員の異動情報に基づいて請求を年月ごと，部署ごとに管理できるようにする。
3	情報端末に対しては利用可能な機能やアプリケーションプログラム（以下，アプリという）に制限を設けており，利用者から機能制限解除の依頼やアプリ追加の依頼があっても，管理が煩雑となるので認められない状況である。	業務上必要な機能やアプリについては，利用者に使用目的を確認し，従業員と情報端末の組合せごとに個別に許可できる仕組みにする。
4	契約ごとに異なる暗証番号を設定することで利用者による不正な契約変更の防止を図っているが，運用管理担当者は全ての契約の暗証番号を自由に参照できてしまうので，運用管理担当者による不正な契約変更が発生するリスクが残っている。	暗証番号は運用管理担当者の上長（以下，上長という）しか参照できないようにアクセスを制御する。運用管理担当者は契約変更が必要な都度，上長に申請し，上長が契約変更を行う仕組みにする。

〔新システムのE-R図〕

　Kさんは，表1の管理台帳の項目と表2のヒアリング結果を基に，新システムのE-R図を作成した。E-R図（抜粋）を図1に示す。なお，J社内の部署の階層構造は，自己参照の関連を用いて表現する。

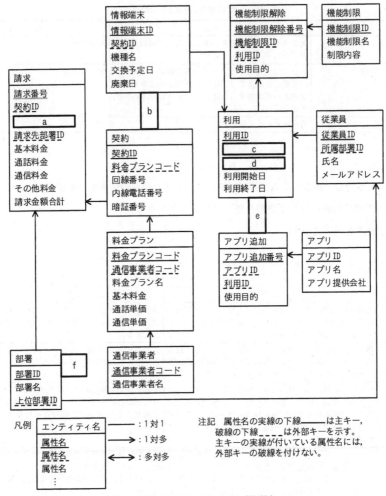

図1 新システムのE-R図（抜粋）

〔表定義〕

このデータベースでは，E-R図のエンティティ名を表名にし，属性名を列名にして，適切なデータ型で表定義した関係データベースによって，データを管理する。Kさんは，図1のE-R図を実装するために，詳細設計として表定義の内容を検討した。契約表の表定義を表3に，料金プラン表の表定義を表4に示す。

表 3 及び表 4 のデータ型欄には，適切なデータ型，適切な長さ，精度，位取りを記入する。PK 欄は主キー制約，UK 欄は UNIQUE 制約，非 NULL 欄は非 NULL 制約の指定をするかどうかを記入する。指定する場合には Y を，指定しない場合には N を記入する。ただし，主キーに対しては UNIQUE 制約を指定せず，非 NULL 制約は指定するものとする。

表3 契約表の表定義

項番	列名	データ型	PK	UK	非 NULL	初期値	アクセス制御	その他の指定内容
1	契約 ID	CHAR(8)	g	h	i		上長（ユーザーアカウント名：ADMIN）による参照が必要	（省略）
2	料金プランコード	CHAR(8)	N	N	Y			料金プラン表への外部キー
3	回線番号	CHAR(13)	N	N	Y			（省略）
4	内線電話番号	CHAR(11)	N	N	N	NULL		（省略）
5	暗証番号	CHAR(4)	N	N	Y		上長（ユーザーアカウント名：ADMIN）による参照が必要	（省略）

表4 料金プラン表の表定義

項番	列名	データ型	PK	UK	非 NULL	初期値	アクセス制御	その他の指定内容
1	料金プランコード	CHAR(8)	g	h	i			（省略）
2	通信事業者コード	CHAR(4)	N	N	Y	1234		通信事業者表への外部キー。行挿入時に，初期値として L 社の通信事業者コード'1234'を設定する。
3	料金プラン名	VARCHAR(30)	N	N	Y			（省略）
4	基本料金	DECIMAL(5,0)	N	N	Y			（省略）
5	通話単価	DECIMAL(5,2)	N	N	Y			（省略）
6	通信単価	DECIMAL(5,4)	N	N	Y			（省略）

〔表の作成とアクセス制御〕

K さんは，実装に必要な各種 SQL 文を表定義に基づいて作成した。表 3 のアクセス

制御を設定するための SQL 文を図 2 に，表 4 の料金プラン表を作成するための SQL 文を図 3 に示す。なお，運用管理担当者のユーザーアカウントに対しては適切なアクセス制御が設定されているものとする。

```
GRANT [          j          ] ON 契約 TO ADMIN
```

図2　表3のアクセス制御を設定するための SQL 文

```
CREATE TABLE 料金プラン
(料金プランコード CHAR(8) NOT NULL,
 通信事業者コード [          k          ],
 料金プラン名 VARCHAR(30) NOT NULL,
 基本料金 DECIMAL(5,0) NOT NULL,
 通話単価 DECIMAL(5,2) NOT NULL,
 通信単価 DECIMAL(5,4) NOT NULL,
 [    l    ] (料金プランコード),
 [    m    ] (通信事業者コード) REFERENCES 通信事業者(通信事業者コード))
```

図3　表4の料金プラン表を作成するための SQL 文

設問1　図 1 中の [a] ～ [f] に入れる適切なエンティティ間の関連及び属性名を答え，E-R 図を完成させよ。なお，エンティティ間の関連及び属性名の表記は，図1の凡例に倣うこと。

設問2　表 3，表 4 中の [g] ～ [i] に入れる適切な字句の組合せを解答群の中から選び，記号で答えよ。

解答群

記号	g	h	i
ア	N	N	N
イ	N	N	Y
ウ	N	Y	N
エ	N	Y	Y
オ	Y	N	Y
カ	Y	Y	Y

設問3　図 2，図 3 中の [j] ～ [m] に入れる適切な字句又は式を答えよ。

問7　傘シェアリングシステムに関する次の記述を読んで，設問に答えよ。

　I社は，鉄道駅，商業施設，公共施設などに無人の傘貸出機を設置し，利用者に傘を貸し出す，傘シェアリングシステム（以下，本システムという）を開発している。本システムの構成を図1に，傘貸出機の外観を図2に示す。

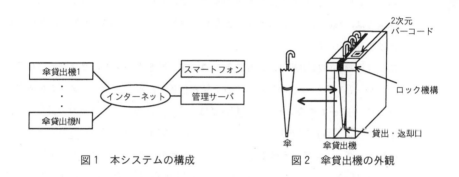

　　　　図1　本システムの構成　　　　　　　図2　傘貸出機の外観

　傘貸出機は，スマートフォンで動作する専用のアプリケーションプログラム（以下，アプリという）と組み合わせて傘の貸出し又は返却を行う。利用者がアプリを使って，利用する傘貸出機に貼り付けてある2次元バーコードの情報を読み，傘貸出機を特定する。アプリは，管理サーバへ傘の貸出要求又は返却要求を送る。管理サーバは，アプリからの要求に従って指定の傘貸出機へ指示を送り，貸出し又は返却が実施される。傘貸出機の構成を図3に示す。

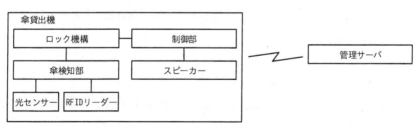

図3　傘貸出機の構成

〔傘貸出機の処理〕

・貸出・返却口に内蔵されているロック機構は，制御部からの指示で貸出・返却口のロックを制御する。ロック機構は，1度の操作で傘貸出機から1本の傘の貸出し，又は，1本の傘の返却ができる。ロックが解除されると，制御部はスピーカーから音声を出力して，ロックが解除されたことを利用者に知らせる。また，ロック機構は，貸出時と返却時とでロックの解除方法が異なっており，貸出時のロックの解除では，傘の貸出しだけが可能となり，返却時のロックの解除では，傘の返却だけが可能となる。

・ロック機構の傘検知部は，傘検知部を通過する傘を検知する光センサー（以下，センサーという）及び傘に付与される識別情報を記録した RFID タグを読み取る RFID リーダーで構成される。①制御部は，傘検知部のセンサー出力の変化を検出すると10ミリ秒周期で出力を読み出し，5回連続で同じ値が読み出されたときに，確定と判断し，その値を確定値とする。傘の特定には，RFID リーダーで読み出した情報（以下，RFID タグの情報という）が使用される。傘貸出機が貸出し，返却を行うためのロックを解除した後 10 秒経過しても傘の貸出し，返却が行われなかった場合は，異常と判断し，ロックを掛ける。異常の際は，制御部がスピーカーから音声を出力して，異常が発生したことを利用者に知らせる。

・傘貸出機内の傘の本数は，制御部で管理する。本システムの管理者は，初回の傘設置の際，管理サーバ経由で傘の本数の初期値を傘貸出機に登録する。

・傘貸出機は，利用者への傘の貸出し又は返却が終了すると，自機が保有する傘の本数及び傘を識別する RFID タグの情報（以下，これらを管理情報という）を更新し，管理サーバに送信する。傘貸出機は，全ての管理情報を管理サーバから受信し，記憶する。

〔制御部のソフトウェア構成〕

制御部のソフトウェアには，リアルタイム OS を使用する。制御部の主なタスクの一覧を表1に示す。

表1　制御部の主なタスクの一覧

タスク名	処理概要
メイン	・管理サーバから指示を受信すると，貸出タスク又は返却タスクへ送信する。 ・"RFID 情報"を受けると，RFID タグの情報を確認し，"正常"又は"異常"を必要とする送信元タスクへ送信する。 ・"ロック解除完了"を受けると，傘の貸出し又は返却が可能なことを知らせる音声をスピーカーから出力する。 ・"完了"を受けると，管理情報を更新し，管理サーバへ管理情報を送信する。 ・"異常終了"を受けると，異常を知らせる音声をスピーカーから出力し，管理サーバに異常終了を送信する。
貸出	・要求を受けると，センサーで傘を検知し，RFID リーダーで RFID タグの情報を読み出し，"RFID 情報"をメインタスクに送信してから，傘貸出機のロックを解除し，"ロック解除完了"をメインタスクに送信する。 ・傘が取り出されたことをセンサーで検知すると，傘貸出機のロックを掛け，メインタスクへ"完了"を送信する。 ・ロックを解除した後，10 秒経過しても傘が取り出されなかった場合は，傘貸出機のロックを掛け，メインタスクへ"異常終了"を送信する。
返却	・要求を受けると，センサーで傘を検知し，RFID リーダーで RFID タグの情報を読み出し，"RFID 情報"をメインタスクに送信する。送信後"正常"を受けると，傘貸出機のロックを解除し，"ロック解除完了"をメインタスクに送信する。 ・傘が傘貸出機へ返却されたことをセンサーで検知すると，傘貸出機のロックを掛け，メインタスクへ"完了"を送信する。 ・"異常"を受けると，傘貸出機のロックを掛け，メインタスクへ"異常終了"を送信する。 ・ロックを解除した後，10 秒経過しても傘が返却されなかった場合は，傘貸出機のロックを掛け，メインタスクへ"異常終了"を送信する。

設問1　傘貸出機の処理について答えよ。

　　(1) 本文中の下線①について答えよ。

　　　(a) 制御部が確定値を算出するのに，複数回センサー出力を読出しする理由を 20 字以内で答えよ。

　　　(b) 制御部がセンサー出力の変化を検出してからセンサー出力の確定ができるまで最小で何ミリ秒か。答えは小数点以下を切り捨てて，整数で答えよ。

　　(2) ロックを解除した後の異常を 10kHz のカウントダウンタイマーを使用して，タイマーの値が0になったときに異常と判断する。タイマーに設定する値を 10 進数で求めよ。ここで，$1k=10^3$ とする。

設問2　制御部の主なタスクについて答えよ。

　　(1) 貸出タスクがロックを解除した後，利用者が傘を取り出さなかった場合の処理について，次の文章中の　　 a 　　，　　 b 　　に入れる適切な字句を表1中の字句を用いて答えよ。

貸出タスクがロックを解除したにもかかわらず，利用者が傘を取り出さなかった場合は，貸出タスクが異常と判断し， a タスクに送信する。"異常終了"を受けた a タスクは， b に異常終了を送信する。

(2) 返却時のタスクの処理について記述した次の文章中の c ， d に入れる適切な字句を解答群の中から選び，記号で答えよ。

メインタスクは，不正な傘を返却させないように，返却タスクが傘から読み出した c に対し， d と異なっていないか確認し，異なっていなければ，返却タスクに"正常"を送信する。返却タスクはメインタスクから"正常"を受けるまで，ロックを解除しない。

解答群
ア　RFID タグの情報　　　　イ　RFID リーダー
ウ　傘の本数　　　　　　　　エ　貸出中の傘
オ　センサー出力　　　　　　カ　不正な傘
キ　返却タスク　　　　　　　ク　メインタスク

設問3　制御部のタスクの処理について答えよ。
(1) 次の文章中の e ～ h に入れる適切な字句を答えよ。

傘の貸出しを行う場合，メインタスクから要求を受けた貸出タスクは，傘検知部のセンサーを起動し，傘を検知する。傘が検知されたら RFID リーダーで RFID タグの情報を読み出し，"RFID 情報"をメインタスクに送信する。"RFID 情報"を送信後，傘貸出機のロックを解除し，" e "をメインタスクに送信する。傘が傘貸出機から取り出されたことを f すると，傘貸出機の g ，メインタスクへ" h "を送信する。

(2) "完了"を受けた場合のメインタスクの処理を 25 字以内で答えよ。

問8　設計レビューに関する次の記述を読んで，設問に答えよ。

　　A社は，中堅のSI企業である。A社は，先頃，取引先のH社の情報共有システムの刷新を請け負うことになった。A社は，H社の情報共有システムの刷新プロジェクトを立ち上げ，B氏がプロジェクトマネージャとしてシステム開発を取り仕切ることになった。H社の情報共有システムは，開発予定規模が同程度の四つのサブシステムから成る。

　　A社では，プロジェクトの開発メンバーをグループに分けて管理することにしている。B氏は，それにのっとり，開発メンバーを，サブシステムごとにCグループ，Dグループ，Eグループ，Fグループに振り分け，グループごとに十分な経験があるメンバーをリーダーに選定した。

〔A社の品質管理方針〕

　　設計上の欠陥がテスト工程で見つかった場合，修正工数が膨大になるので，A社では，設計上の欠陥を早期に検出できる設計レビューを重視している。また，レビューで見つかった欠陥の修正において，新たな欠陥である二次欠陥が生じないように確認することを徹底している。

〔A社のレビュー形態〕

　　A社の設計工程でのレビュー形態を表1に示す。

表1　設計工程でのレビュー形態

実施時期	レビュー実施方法
設計途中（グループのリーダーが進捗状況を考慮して決定）	グループのメンバーがレビュアとなる。①設計者が設計書（作成途中の物も含む）を複数のレビュアに配布又は回覧して，レビュアが欠陥を指摘する。誤字，脱字，表記ルール違反は，この段階でできるだけ排除する。誤字，脱字，表記ルール違反のチェックには，修正箇所の候補を抽出するツールを利用する。
外部設計，内部設計が完了した時点	グループ単位でレビュー会議を実施する。必要に応じて別グループのリーダーの参加を求める。レビュー会議の目的は，設計上の欠陥（矛盾，不足，重複など）を検出することである。検出した欠陥の対策は，欠陥の検出とは別のタイミングで議論する。設計途中のレビューで対応が漏れた誤字，脱字，表記ルール違反もレビュー会議で検出する。②レビュー会議の主催者（以下，モデレーターという）が全体のコーディネートを行う。参加者が明確な役割を受けもち，チェックリストなどに基づいた指摘を行い，正式な記録を残す。レビュー会議の結果は，次の工程に進む判断基準の一つになっている。

外部設計や内部設計が完了した時点で行うレビュー会議の手順を表2に示す。

表2 レビュー会議の手順

項番	項目	内容
1	必要な文書の準備	設計者が設計書を作成してモデレーターに送付する。 モデレーターがチェックリストなどを準備する。
2	キックオフミーティング	モデレーターは，設計書，チェックリストを配布し，参加者がレビューの目的を達成できるように，設計内容の背景，前提，重要機能などを説明する。 モデレーターは，集合ミーティングにおける設計書の評価について，次の基準に基づいて定性的に判断することを説明する。 "合格"…………軽微な修正が必要かもしれないが，フォローアップミーティングは不要である。 "条件付合格"…小規模な修正が必要で，フォローアップミーティングで修正を検証する。 "やり直し"……大規模な修正が必要，又は，欠陥や課題の検出が十分でないのでレビュー会議をやり直す。 評価を導く意思決定のルール（モデレーターによる決定，多数決，全員一致）についても，参加者全員の合意を得る。 モデレーターは，集合ミーティングにおける読み手，記録係，レビュアを指名する。
3	参加者の事前レビュー	集合ミーティングまでに，レビュアが各自でチェックリストに従って設計書のレビューを行い，欠陥を洗い出す。
4	集合ミーティング	読み手がレビュー対象の設計書を参加者に説明して，レビュアから指摘された欠陥を記録係が記録する。 　　a　　は，集合ミーティングの終了時に，意思決定のルールに従い"合格"，"条件付合格"，"やり直し"の評価を導く。
5	発見された欠陥の解決	集合ミーティングで発見された欠陥を設計者が解決する。
6	フォローアップミーティング	評価が"条件付合格"の場合に，モデレーターと設計者を含めたメンバーとで実施する。 欠陥が全て解決されたことを確認する。 設計書の修正が　　b　　を生じさせることなく正しく行われたことを確認する。

〔モデレーターの選定〕

　B氏は，グループのリーダーにモデレーターの経験を積ませたいと考えた。しかし，グループのリーダーは自グループの開発内容に精通しているので，自グループのレビュー会議にはモデレーターではなく，レビュアとして参加させることにした。

　また，B氏自身は開発メンバーの査定に関わっており，参加者が欠陥の指摘をためらうおそれがあると考え，レビュー会議には参加しないことにした。

　B氏は，これらの考え方に基づいて，各グループのレビュー会議の③モデレーターを選定した。

〔レビュー会議におけるレビュー結果の評価〕

　A社の品質管理のための基本測定量（抜粋）を表３に示す。

表３　基本測定量（抜粋）

対象工程	基本測定量		単位	補足
設計工程	設計書の規模		ページ	
	レビュー工数		人時	表２のレビュー会議の手順の項番３と項番４に要した工数の合計を測定する。 工数を標準化するために，育成目的などで標準的なスキルをもたないレビュアを参加させる場合は，その工数は含めない。
	レビュー指摘件数	第１群	件	誤字，脱字，表記ルール違反の件数を測定する。
		第２群	件	誤字，脱字，表記ルール違反以外の，設計上の欠陥の件数を測定する。

　レビュー会議における設計書のレビュー結果を，基本測定量から導出される指標を用いて分析する。設計書のレビュー結果の指標を表４に示す。

表４　設計書のレビュー結果の指標

指標	説明
レビュー工数密度	１ページ当たりのレビュー工数
レビュー指摘密度（第１群）	１ページ当たりの第１群のレビュー指摘件数
レビュー指摘密度（第２群）	１ページ当たりの第２群のレビュー指摘件数

　レビュー工数密度には，下方管理限界（以下，LCL という）と上方管理限界（以下，UCL という）を適用する。

　④レビュー指摘密度（第１群）には UCL だけ適用する。レビュー指摘密度（第２群）には，LCL と UCL を適用する。レビュー指摘密度（第１群）が高い場合，設計途中に実施したグループのメンバーによるレビューが十分に行われていないことが多く，レビュー指摘密度（第２群）も高くなる傾向にある。

　H 社の情報共有システムの内部設計が完了して，内部設計書のレビュー会議の集合ミーティングの結果は，全てのグループについて"条件付合格"であった。指標の集計が完了して，フォローアップミーティングも終了した段階で，B 氏は，次の開発工程に進むかどうかを判断するために，内部設計書のレビュー結果の詳細，及び指標を

確認した。

　開発グループごとに，レビュー工数密度を横軸に，レビュー指摘密度を縦軸にとった，レビューのゾーン分析のグラフを図1に示す。

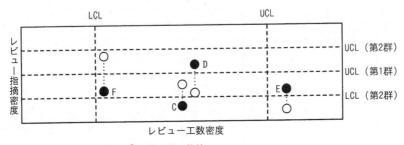

凡例　○：第1群の数値　　●：第2群の数値
　　　-----：しきい値　　………：同じグループの数値

図1　レビューのゾーン分析

　B氏が，各グループのモデレーターにレビュー会議の状況について確認した結果と，B氏の対応を表5に示す。

表5　レビュー会議の状況についての確認結果と対応

グループ	確認結果	対応
C	特に課題なし。	c
D	計画した時間内にチェックリストの項目を全て確認した。	しきい値内であり，問題なしと判断した。
E	集合ミーティングの時間中に，一部の欠陥の修正方法，修正内容の議論が始まってしまい，会議の予定時間を大きくオーバーした。 レビュー予定箇所を全てチェックしたものの，集合ミーティングの後半部分で取り上げた設計書のレビューがかなり駆け足になった。	レビュー会議の進め方についてレビュー効率向上の観点から⑤改善指針を示した上で，レビュー会議のやり直しをモデレーターに指示した。
F	指摘件数が多かったので，欠陥の抽出は十分と考えて，集合ミーティングの終了予定時刻より前に終了させた。	レビューが不十分なおそれが大きく，追加のレビューを実施するようにモデレーターに指示した。

　B氏は，表5の対応後に，対応状況を確認して，次の工程に進めると判断した。

設問1 〔A社のレビュー形態〕について答えよ。

(1) 表1中の下線①及び下線②で採用されているレビュー技法の種類をそれぞれ解答群の中から選び，記号で答えよ。

解答群

ア インスペクション　　　　　イ ウォークスルー

ウ パスアラウンド　　　　　　エ ラウンドロビン

(2) 表2中の ［　a　］ に入れる適切な役割を本文中の字句を用いて答えよ。

(3) 表2中の ［　b　］ に入れる適切な字句を本文中の字句を用いて答えよ。

設問2 本文中の下線③において，モデレーターに選定した人物を，本文中又は表中に登場する人物の中から20字以内で答えよ。

設問3 〔レビュー会議におけるレビュー結果の評価〕について答えよ。

(1) 本文中の下線④でLCLを不要とした理由を20字以内で答えよ。

(2) 表5中の ［　c　］ に入れる最も適切な対応を解答群の中から選び，記号で答えよ。

解答群

ア しきい値内であり，問題なしと判断した。

イ 設計不良なので，再レビューをモデレーターに指示した。

ウ レビューが不十分なおそれが大きく，追加のレビューを実施するようにモデレーターに指示した。

エ レビュー指摘密度（第2群）がUCL（第2群）より十分に小さいので，設計上の欠陥はないと判断した。

オ レビューの進め方，体制に問題がないか点検するようにモデレーターに指示した。

(3) 表5中の下線⑤の改善指針を，25字以内で答えよ。

問9　プロジェクトのリスクマネジメントに関する次の記述を読んで，設問に答えよ。

　　K 社は機械部品を製造販売する中堅企業であり，昨今の市場の変化に対応するために新生産計画システムを導入することになった。K 社は，この新生産計画システムに，T 社の生産計画アプリケーションソフトウェアを採用し，新生産計画システム導入プロジェクト（以下，本プロジェクトという）を立ち上げた。本プロジェクトのプロジェクトマネージャに，情報システム部の L 君が任命された。本プロジェクトのチームは，業務チーム及び基盤チームで構成される。

　　本年 7 月に本プロジェクトの計画を作成し，8 月初めから 10 月末まで要件定義を行い，11 月から基本設計を開始して，来年 6 月に本番稼働予定である。T 社の生産計画アプリケーションソフトウェアには，生産計画の作成を支援するための AI 機能があり，K 社はこの AI 機能を利用する。ただし，生産計画を含む日次バッチ処理時間に制約があるので，AI 機能の処理時間（以下，AI 処理時間という）の検証を基盤チームが担当する。K 社はこれまで AI 機能を利用した経験がないので，要件定義の期間中に，T 社と技術支援の契約を締結して AI 処理時間の検証（以下，AI 処理時間検証という）を実施する。この AI 処理時間検証が要件定義のクリティカルパスである。

〔リスクマネジメント計画の作成〕

　　L 君は，リスクマネジメント計画を作成し，特定されたリスクへの対応に備えてコンティンジェンシー予備を設定し，それを使用する際のルールを記載した。また，リスクカテゴリに関して，特定された全てのリスクを要因別に区分し，そこから更に個々のリスクが特定できるよう詳細化していくことでリスクを体系的に整理するために　　　a　　　を作成することとした。

〔リスクの特定〕

　　L 君は，プロジェクトの計画段階で次の方法でリスクの特定を行うこととした。

(1)　本プロジェクトの K 社内メンバーによるブレーンストーミング

(2)　K 社の過去のプロジェクトを基に作成したリスク一覧を用いたチェック

(3)　業務チーム，基盤チームとのミーティングによる整理

　　この方法について上司に報告したところ，上司から，①K 社の現状を考慮すると，

この方法では AI 機能の利用に関するリスクの特定ができないので見直しが必要であると指摘された。また，上司から次のアドバイスを受けた。

・リスクの原因の候補が複数想定されることがしばしばある。その場合，　b　を用いて，リスクとリスクの原因の候補との関係を系統的に図解して分類，整理することが，リスクに関する情報収集や原因の分析に有効である。

L君は，上司の指摘やアドバイスを受け入れて，方法を見直して7月末までにリスクを特定し，リスクへの対応を定めた。また，リスクマネジメントの進め方として，プロジェクトの進捗に従ってリスクへの対応の進捗をレビューすることにした。

現在は8月末であり要件定義を実施中である。L君は，各チームと進捗の状況を確認するミーティングを行った。基盤チームから，"AI 処理時間検証の 10 月に予定している作業が難航しそうで，想定の期間内で終わりそうにない。"という懸念が示された。L君は，この懸念が，現在実施中の要件定義で顕在化する可能性があることから対応の緊急性が高いと判断し，新たなリスクとして特定した。

〔リスク対策の検討〕

L君はこのリスクについて，詳細を確認した結果，次のことが分かった。

・AI 処理時間検証に当たっては，技術支援の契約に基づき T 社製 AI の専門家である T 社の U 氏に AI 処理時間について問合せをしながら作業している。その問合せ回数をプロジェクト開始時には最大で 4 回／週までと見積もっていて，8 月の実績は 4 回／週であった。U 氏は週 4 回までの問合せにしか対応できない契約なので，問合せ回数が 5 回／週以上になると，U 氏からの回答が遅れ，AI 処理時間検証も遅延する。今の見通しでは，9 月は問合せ回数が最大で 4 回／週で，5 回／週以上に増加する週はないが，10 月は 5 回／週以上に増加する週が出る確率が 30％と見込まれる。なお，10 月に問合せ回数が増加したとしても，8 回／週を超える可能性はなく，10 月初めから要件定義の完了までの問合せ回数の合計は最大で 32 回と見込まれる。

・AI 処理時間の問合せへの回答には，T 社製 AI に関する専門知識を要する。K 社内にその専門知識をもつ要員はおらず，習得するには T 社の講習の受講が必要で，受講には稼働日で 20 日を要する。

・AI 処理時間検証が遅延すると，要件定義全体のスケジュールが遅延する。要件定

義の完了が予定の 10 月末から遅延すると，その後の遅延回復のために要員追加などが必要になり，遅延する稼働日 1 日当たりで 20 万円の追加コストが発生する。

・何も対策をしない場合，仮に 10 月以降，問合せ回数が 5 回／週以上の週が出ると，要件定義の完了は稼働日で最大 20 日遅延する。

・AI 機能の利用に関する作業量は想定よりも増加している。T 社の技術支援が終了する基本設計以降に備えて早めに要員を追加しないと今後の作業が遅延する。

　L 君は，このリスクへの対応を検討した。まず，基盤チームのメンバーである M 君の担当作業の工数が想定よりも小さく，他のメンバーに作業を移管できるので，9 月第 2 週目の終わりまでに移管し，M 君を今後，作業量が増加する AI 機能の担当とする。次に，問合せ回数の増加への対応として，表 1 に示す T 社との契約を変更する案，及び M 君に T 社の講習を受講させる案を検討した。ここで，1 か月の稼働日数は 20 日，1 週間の稼働日数は 5 日とする。

表 1　AI 処理時間検証遅延リスクへの対応検討結果

項番	対応	効果	対応までに必要な稼働日数	対応に要する追加コスト
1	T 社との契約を変更し問合せへの回答回数を増やす。	U 氏 1 人だけで 8 回／週までの問合せに回答可能となる。	契約変更手続日数 10 日	10 万円／日
2	M 君が T 社講習を受け，問合せに回答する。	U 氏と M 君の 2 人で 8 回／週までの問合せに回答可能となる。	講習受講日数 20 日	50 万円[1]
3	何もしない。	—	—	0 円

注[1]　M 君の講習受講費用のプロジェクトでの負担額

　L 君は状況の確定する 10 月に入って対応を決定するのでは遅いと考え，現時点から 2 週間後の 9 月第 2 週目の終わりに，問合せ回数が 5 回／週以上に増加する週が出る確率を再度確認した上で，対応を決定することとした。L 君は，9 月第 2 週目の終わりの時点で表 1 の対応を実施した場合の効果を，それぞれ次のように考えた。

・項番 1 の対応の場合，T 社との契約変更が 9 月末に完了でき，10 月に問合せ回数が 5 回／週以上の週があっても対応することが可能となる。

・項番 2 の対応の場合，9 月第 3 週目の初めから M 君は，T 社講習の受講を開始する。M 君が受講を終え，AI 処理時間について 4 回／週までの問合せ回答ができるのは，

10月第3週目の初めとなる。これによって，10月の第1週目と第2週目はU氏だけでの問合せ回答となり，10月第3週目の初めからU氏とM君が問合せ回答を行えるようになる。この結果，要件定義は当初予定から最大で5日遅れの，11月第1週目の終わりに完了する見込みとなる。

L君は，表1の対応による効果を検討するために，問合せ回数増加の発生確率の今の見通しを基に図1のデシジョンツリーを作成した。

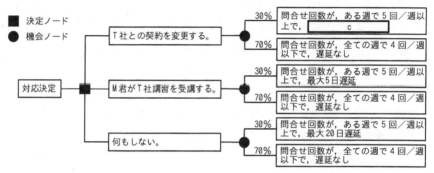

図1　問合せ回数増加に対する対応のデシジョンツリー

さらにL君は，図1を基に対応に要する追加コストと，要件定義の完了の遅延によって発生する追加コストの最大値を算出し，表2の対応と追加コスト一覧にまとめた。

表2　対応と追加コスト一覧

項番	対応	対応に要する追加コスト（万円）	10月の1週間当たりの問合せ回数	発生確率	最大遅延日数（日）	遅延によって発生する追加コストの最大値（万円）	追加コスト合計の最大値の期待値（万円）
1	T社との契約を変更し問合せへの回答回数を増やす。	＿＿	ある週で5回〜8回	30%	＿＿	＿＿	＿＿
			全ての週で4回以下	70%	＿＿	＿＿	
2	M君がT社講習を受け，問合せに回答する。	＿＿	ある週で5回〜8回	30%	＿＿	＿＿	＿＿
			全ての週で4回以下	70%	＿＿	＿＿	
3	何もしない。	＿＿	ある週で5回〜8回	30%	＿＿	＿＿	＿＿
			全ての週で4回以下	70%	＿＿	＿＿	

注記　表中の＿部分は，省略されている。

9月第2週目の終わりに，問合せ回数増加の発生確率が今の見通しから変わらない場合，コンティンジェンシー予備の範囲に収まることを確認した上で，追加コスト合計の最大値の期待値が最も小さい対応を選択することにした。

〔リスクマネジメントの実施〕

L君は，現時点でのリスクと対応を整理したことで，本プロジェクトのリスクの特定を完了したと考え，今後はこれまでに特定したリスクを対象にプロジェクト完了まで定期的にリスクへの対応の進捗をレビューしていく進め方とし，上司に報告した。しかし，上司からは，その進め方では，リスクマネジメントとして不十分であると指摘された。そこでL君は②ある活動をリスクマネジメントの進め方に追加することにした。

設問1　〔リスクマネジメント計画の作成〕について，本文中の a に入れる適切な字句をアルファベット3字で答えよ。

設問2　〔リスクの特定〕について答えよ。

(1)　本文中の下線①の理由は何か。25字以内で答えよ。

(2)　本文中の b に入れる適切な字句を解答群の中から選び，記号で答えよ。

解答群

ア　管理図　　　イ　散布図　　　ウ　特性要因図　エ　パレート図

設問3　〔リスク対策の検討〕について答えよ。

(1)　図1中の c に入れる適切な字句を答えよ。

(2)　9月第2週目の終わりに，問合せ回数増加の発生確率が今の見通しから変わらない場合，L君が選択する対応は何か。表2の対応から選び，項番で答えよ。また，そのときの追加コスト合計の最大値の期待値（万円）を答えよ。

設問4　〔リスクマネジメントの実施〕の本文中の下線②について，リスクマネジメントの進め方に追加する活動とは何か。35字以内で答えよ。

問10　サービス変更の計画に関する次の記述を読んで，設問に答えよ。

　　D 社は，中堅の食品販売会社で，D 社の営業部は，小売業者に対する受注業務を行っている。D 社の情報システム部が運用する受注システムは，オンライン処理とバッチ処理で構成されており，受注サービスとして営業部に提供されている。

　　情報システム部には業務サービス課，開発課，基盤構築課の三つの課があり，受注サービスを含め複数のサービスを提供している。業務サービス課は，サービス運用における利用者管理，サービスデスク業務，アプリケーションシステムのジョブ運用などの作業を行う。開発課は，サービスの新規導入や変更に伴う業務設計，アプリケーションソフトウェアの設計と開発などの作業を行う。基盤構築課は，サーバ構築，アプリケーションシステムの導入，バッチ処理のジョブの設定などの作業を行う。

　　業務サービス課には E 君を含む数名の IT サービスマネージャがおり，E 君は受注サービスを担当している。業務サービス課では，運用費用の予算は，各サービスの作業ごとの 1 か月当たりの平均作業工数の見積りを基に作成している。運用費用の実績は，各サービスの作業ごとの 1 か月当たりの作業工数の実績を基に算出し，作業ごとに毎月の実績が予算内に収まるように管理している。運用費用の予算は D 社の会計年度単位で計画され，今年度は，各サービスの作業ごとに前年度の 1 か月当たりの平均作業工数の実績に対して 10％の工数増加を想定して見積もった予算が確保されている。

〔D 社の変更管理プロセス〕

　　D 社の変更管理プロセスでは，変更要求を審査して承認を行う。変更要求の内容がサービスに重大な影響を及ぼす可能性がある場合は，社内から専門能力のあるメンバーを集めて，サービス変更の計画から移行までの活動を行う。また，サービス変更の計画の活動では，①変更を実施して得られる成果を定めておき，移行の活動が完了してサービス運用が開始した後，この成果の達成を検証する。

〔受注サービスの変更〕

　　これまで営業部では，受注してから商品の出荷までに，受注先の小売業者の信用情報の確認を行っていた。このほど，売掛金の回収率を高めるという営業部の方針で，与信管理を強化することとなり，受注時点で与信限度額チェックを行うことにした。

そこで，営業部の体制増強が必要となり，取引実績のあるM社に営業事務作業の業務委託を行うことになった。

　受注サービスの変更の活動は，情報システム部の業務サービス課，開発課及び基盤構築課が実施し，業務サービス課の課長がリーダーとなった。

　システム面の実現手段として，ソフトウェアパッケージ販売会社であるN社から信用情報管理，与信限度額チェックなどの与信管理業務の機能をもつソフトウェアパッケージの導入提案を受けた。この提案によると，N社のソフトウェアパッケージをサブシステムとして受注システムに組み込み，与信管理データベースを構築することになる。また，受注システムのバッチ処理でN社の提供する情報サービスに接続し，信用情報を入手して与信管理データベースを毎日更新する。D社はこの提案を採用し，受注サービスを変更することにした。変更後の受注サービスは，今年度後半から運用を開始する予定である。

　E君は，各課を取りまとめるサブリーダーとして参加し，受注サービス変更後のサービス運用における追加作業項目の洗い出しと必要な作業工数の算出を行う。

〔追加作業項目の洗い出し〕

　E君は，今回の受注サービス変更後の，サービス運用における情報システム部の追加作業項目を検討した。その結果，E君は追加で次の作業項目が必要であることを確認した。

・利用者管理の作業にサービス利用の権限を与える利用者としてM社の要員を追加する。また，サービスデスク業務の作業に利用者からの与信管理業務の機能についての問合せへの対応とFAQの作成・更新を追加する。

・受注システムのバッチ処理に，"信用情報取得ジョブ"のジョブ運用を追加する。このジョブは，毎日の受注システムのオンライン処理終了後に自動的に起動され，起動後はバッチ処理のジョブフロー制御機能によってN社の提供する情報サービスに接続して，更新する信用情報を受信し，与信管理データベースを更新する。バッチ処理が実行されている間，業務サービス課の運用担当者が受注システムに対して行う作業はないが，N社の情報サービスへの接続，情報受信，及びデータベース更新のそれぞれの処理が完了した時点で，運用担当者は，処理が正常に完了したことを確認する。正常に完了していない場合には，開発課が作成したマニュアルに従い，

再実行などの対応を行う。

・N 社から，機能アップグレード用プログラムが適宜提供され，N 社ソフトウェアパッケージの機能を追加することができる。営業部は，追加される機能の内容を確認し，利用すると決定した場合は業務変更のための業務設計と機能アップグレードの適用を情報システム部の開発課に依頼する。なお，機能アップグレードの適用は，テスト環境で検証した後，受注システムの稼働環境に展開する手順となる。

・また，N 社からは機能アップグレード用プログラムのほかに，ソフトウェアの使用性向上や不具合対策用の修正プログラム（以下，パッチという）が，臨時に提供される。このパッチは業務に影響を与えることはなく，パッチの適用や結果確認の手順は定型化されている。

E 君は，情報システム部の追加作業項目とその作業内容の一覧を，表 1 のとおり作成した。

表1　情報システム部の追加作業項目とその作業内容の一覧

作業	作業項目	作業内容
利用者管理	1. 利用者登録と削除	M 社の要員の利用者登録と削除
サービスデスク業務	2. 問合せ対応	与信管理業務機能についての問合せ対応
	3. FAQ 作成・更新	与信管理業務機能についての FAQ 作成と更新
ジョブ運用	4. 信用情報取得ジョブ対応	信用情報取得ジョブの各処理の結果確認
	5. 信用情報取得ジョブの処理結果が正常でない場合の対応	開発課が作成したマニュアルに従った再実行などの対応
臨時作業	6. 機能アップグレードする場合の対応	機能アップグレードの適用
	7. パッチの対応	パッチの適用と結果確認

E 君は，表 1 をリーダーにレビューしてもらった。リーダーから，"表 1 の作業項目 [a] には情報システム部が行う作業内容が漏れているので，追加するように"と指摘された。E 君は，各チームで必要となる作業を再検討し，表 1 の作業項目 [a] に②漏れていた作業内容を追加した。

〔サービス運用に必要な作業工数の算出〕

E 君は，追加が必要な作業のうち，定常的に必要となる利用者管理，サービスデスク業務及びジョブ運用の作業工数を算出した。算出手順として，表 2 に示す受注サービスの変更前の作業工数の実績一覧を基に，変更後の作業工数を見積もった。なお，

変更前の 1 か月当たりの平均作業工数の実績は，予算作成に用いた前年度の 1 か月当たりの平均作業工数の実績と同じであった。

表2　受注サービスの変更前の作業工数の実績一覧

作業	1 回当たりの平均 作業工数（人日）	発生頻度 （回／月）	1 か月当たりの平均 作業工数（人日）
利用者管理	0.2	5.0	1.0
サービスデスク業務	0.5	80.0	40.0
ジョブ運用 [1]	0.5	20.0	10.0

注 [1]　運用担当者は受注サービス以外の運用作業も行っていることから，ジョブ
　　　　運用の作業工数には，システム処理の時間は含めないものとする。

　E 君は，関係者と検討を行い，追加で必要となる作業工数を算出する前提を次のとおりまとめた。
・利用者管理及びサービスデスク業務の発生頻度は，今回予定している M 社の要員の利用者追加によって，それぞれ 10%増加する。
・与信管理業務の機能の追加によって問合せが増加するので，サービスデスク業務の発生頻度は，利用者追加によって増加した発生頻度から，更に 5%増加する。
・利用者管理及びサービスデスク業務について 1 回当たりの平均作業工数は変わらない。
・ジョブ運用について，信用情報取得ジョブは，現在のバッチ処理のジョブに追加されるので，その運用の発生頻度は，現在と変わらず月に 20 回である。ジョブ 1 回当たりのシステム処理及び運用担当者の確認作業の実施時間は表 3 のとおりである。

表3　信用情報取得ジョブ 1 回当たりの実施時間

実施内容	実施内容の種別	実施時間（分）
N 社の情報サービスへの接続処理	システム処理	15
N 社の情報サービスへの接続処理の確認	運用担当者の確認作業	6
情報受信処理	システム処理	27
情報受信処理結果の確認	運用担当者の確認作業	8
データベース更新処理	システム処理	30
データベース更新処理結果の確認	運用担当者の確認作業	10
合計		96

　表 2 と，追加が必要となる作業工数算出の前提及び表 3 から，E 君は，サービス変

更後のサービス運用に必要な作業工数を算出した。作業工数の算出においては，ジョブ運用の1回当たりの平均作業工数は，表2の受注サービスの変更前の平均作業工数に表3の信用情報取得ジョブ1回当たりの実施時間から算出した作業工数の合計を加算した。なお，運用担当者は1日3交替のシフト勤務をしているので，作業時間の単位"分"を"日"に換算する場合は，情報システム部では480分を1日として計算する規定としている。算出結果を表4に示す。

表4 サービス変更後のサービス運用に必要な作業工数

項番	作業	1回当たりの平均作業工数（人日）	発生頻度（回／月）	1か月当たりの平均作業工数(人日)
1	利用者管理	0.2	——	b
2	サービスデスク業務	0.5	——	c
3	ジョブ運用	——	20.0	d

注記 表中の__部分は，省略されている。

E君は，サービス変更後の作業ごとの1か月当たりの平均作業工数を算出した結果，③ある作業には問題点があると考えた。その問題点についてリーダーと相談して対策方針を決め，対策を実施することになった。

設問1 〔D社の変更管理プロセス〕の本文中の下線①の"変更を実施して得られる成果"について，今回のサービス変更における内容を，〔受注サービスの変更〕の本文中の字句を用いて，20字以内で答えよ。

設問2 〔追加作業項目の洗い出し〕について，作業項目 a は何か。表1の作業項目の中から一つ選び，作業項目の先頭に記した番号で答えよ。また，下線②の漏れていた作業内容を15字以内で答えよ。

設問3 〔サービス運用に必要な作業工数の算出〕について答えよ。

(1) 表4中の b ～ d に入れる適切な数値を答えよ。なお，計算の最終結果で小数第2位の小数が発生する場合は，小数第2位を四捨五入し，答えは小数第1位まで求めよ。

(2) 本文中の下線③について，問題点があると考えた作業は何か。表4の項番で答えよ。また，問題点の内容を15字以内，E君が1か月当たりの平均作業工数を算出した結果を見て問題点があると考えた根拠を30字以内で答えよ。

問 11　テレワーク環境の監査に関する次の記述を読んで，設問に答えよ。

　　大手のマンション管理会社である Y 社は，業務改革の推進，感染症拡大への対応な
どを背景として，X 年 4 月からテレワーク環境を導入し，全従業員の約半数が業務内
容に応じて利用している。このような状況の下，テレワーク環境の不適切な利用に起
因して，情報漏えいなども発生するおそれがあり，情報セキュリティ管理の重要性は
増大している。

　　Y 社の内部監査部長は，このような状況を踏まえて，システム監査チームに対して，
テレワーク環境の情報セキュリティ管理をテーマとして，監査を行うよう指示した。
システム監査チームは，X 年 9 月に予備調査を行い，次の事項を把握した。

〔テレワーク環境の利用状況〕
(1)　テレワーク環境で利用する PC の管理

　　　Y 社の従業員は，貸与された PC（以下，貸与 PC という）を，Y 社の社内及び
テレワーク環境で利用する。

　　　システム部は，全従業員分の貸与 PC について，貸与 PC 管理台帳に，PC 管理
番号，利用する従業員名，テレワーク環境の利用有無などを登録する。貸与 PC
管理台帳は，貸与 PC を利用する従業員が所属する各部に配置されているシステ
ム管理者も閲覧可能である。

(2)　テレワーク環境の利用者の管理

　　　従業員は，テレワーク環境の利用を申請する場合に，テレワーク環境利用開始
届（以下，利用届という）を作成し，所属する部のシステム管理者の確認，及び
部長の承認を得て，システム部に提出する。利用届には，申請する従業員の氏名，
利用開始希望日，Y 社の情報セキュリティ管理基準の遵守についての誓約などを
記載する。システム部は，利用届に基づき，貸与 PC をテレワーク環境でも利用
できるように，VPN 接続ソフトのインストールなどを行う。

　　　各部のシステム管理者は，従業員が異動，退職などに伴い，テレワーク環境の
利用を終了する場合に，テレワーク環境利用終了届（以下，終了届という）を作
成し，システム部に提出する。終了届には，テレワーク環境の利用を終了する従
業員の氏名，事由などを記載する。システム部は，終了届に基づき，貸与 PC を

テレワーク環境で利用できないようにし，終了届の写しをシステム管理者に返却
する。

(3) テレワーク環境のアプリケーションシステム

　テレワーク環境では，従業員の利用権限に応じて，基幹業務システム，社内ポ
ータルサイト，Web 会議システムなど，様々なアプリケーションシステムを利用
することができる。これらのアプリケーションシステムのうち，Web 会議システ
ムは，X 年 6 月から社内及びテレワーク環境で利用可能となっている。また，従
業員は，基幹業務システムなどを利用して，顧客の個人情報，営業情報などにア
クセスし，貸与 PC のハードディスクに一時的にダウンロードして，加工・編集
する場合がある。

〔テレワーク環境に関して発生した問題〕

(1) 顧客の個人情報の漏えい

　Y 社の情報セキュリティ管理基準では，テレワーク環境への接続に利用する
Wi-Fi について，パスワードの入力を必須とすることなど，セキュリティ要件を
定めている。

　X 年 5 月 20 日に，業務管理部の従業員が，セキュリティ要件を満たさない Wi-
Fi を利用してテレワーク環境に接続したことによって，貸与 PC のハードディス
クにダウンロードされた顧客の個人情報が漏えいする事案が発生した。

(2) 貸与 PC の紛失・盗難

　テレワーク環境の導入後，貸与 PC を社外で利用する機会が増えたことから，
貸与 PC の紛失・盗難の事案が発生していた。

　各部のシステム管理者は，従業員が貸与 PC を紛失した場合，貸与 PC の PC 管
理番号，紛失日，紛失状況，最終利用日，システム部への届出日などを紛失届に
記載し，遅くとも紛失日の翌日までに，システム部に提出する。システム部は，
提出された紛失届の記載内容を確認し，受付日を記載した後に，紛失届の写しを
システム管理者に返却する。

　営業部の Z 氏は，X 年 8 月 9 日に営業先から自宅に戻る途中で貸与 PC を紛失
したまま，紛失日の翌日から 1 週間の休暇を取得した。同部のシステム管理者は，
Z 氏から X 年 8 月 17 日に報告を受け，同日中に当該 PC の紛失届をシステム部に

提出した。

〔情報セキュリティ管理状況の点検〕

(1) 点検の体制及び時期

　　システム部は毎年1月に，各部における情報セキュリティ管理状況の点検（以下，セキュリティ点検という）について，年間計画を策定する。各部のシステム管理者は，年間計画に基づき，セキュリティ点検を実施し，点検結果，及び不備事項の是正状況をシステム部に報告する。システム部は，点検結果を確認し，また，不備事項の是正状況をモニタリングする。X年の年間計画では，2月，5月，8月，11月の最終営業日にセキュリティ点検を実施することになっている。

(2) 点検の項目，内容及び対象

　　システム部は，毎年1月に，利用されるアプリケーションシステムなどのリスク評価結果に基づき，セキュリティ点検の項目及び内容を決定する。また，新規システムの導入，システム環境の変化などに応じて，リスク評価を随時行い，その評価結果に基づき，セキュリティ点検の項目及び内容を見直すことになっている。各部のシステム管理者は，前回点検日以降3か月間を対象にして，セキュリティ点検を実施する。X年のセキュリティ点検の項目及び内容の一部を表1に示す。

表1　セキュリティ点検の項目及び内容（一部）

項番	点検項目	点検内容
1	テレワーク環境の利用者の管理状況	テレワーク環境を利用する必要がなくなった従業員について，終了届をシステム部に提出しているか。
2	テレワーク環境に関するセキュリティ要件の周知状況	テレワーク環境への接続に利用するWi-Fiについて，セキュリティ要件は周知されているか。
3	貸与PCの管理状況	貸与PCを紛失した場合，遅くとも紛失日の翌日までに，紛失届をシステム部に提出しているか。
4	アプリケーションシステムの利用権限の設定状況	セキュリティ点検対象のアプリケーションシステムに対して，適切な利用権限が設定されているか。

(3) 点検の結果

　　業務管理部及び営業部のシステム管理者は，テレワーク環境導入後のセキュリ

ティ点検の結果，表１の項番２及び項番３について，不備事項を報告していなかった。

〔内部監査部長の指示〕

　内部監査部長は，システム監査チームから予備調査で把握した事項について報告を受け，X 年 11 月に実施予定の本調査で，テレワーク環境に関するセキュリティ点検について重点的に確認する方針を決定し，次のとおり指示した。

(1)　表１項番１について，[　a　]と[　b　]を照合した結果と，セキュリティ点検の結果との整合性を確認すること。

(2)　表１項番２について，業務管理部におけるセキュリティ点検の結果を考慮して，システム管理者が[　c　]しているかどうか，確認すること。

(3)　表１項番３について，紛失届に記載されている[　d　]と[　e　]を照合した結果と，セキュリティ点検の結果との整合性を確認すること。

(4)　表１項番４について，システム部が[　f　]の結果に基づいて，X 年 8 月のセキュリティ点検対象のアプリケーションシステムとして，[　g　]の追加を検討したかどうか，確認すること。

(5)　セキュリティ点検で不備事項が発見された場合，システム管理者が不備事項の是正状況を報告しているかどうか確認するだけでは，監査手続として不十分である。システム部が[　h　]しているかどうかについても確認すること。

設問1　〔内部監査部長の指示〕(1)の[　a　]，[　b　]に入れる適切な字句を，それぞれ 15 字以内で答えよ。

設問2　〔内部監査部長の指示〕(2)の[　c　]に入れる適切な字句を 15 字以内で答えよ。

設問3　〔内部監査部長の指示〕(3)の[　d　]，[　e　]に入れる適切な字句を，それぞれ 10 字以内で答えよ。

設問4　〔内部監査部長の指示〕(4)の[　f　]，[　g　]に入れる適切な字句を，それぞれ 10 字以内で答えよ。

設問5　〔内部監査部長の指示〕(5)の[　h　]に入れる適切な字句を 20 字以内で答えよ。

●令和 4 年度秋期
午前問題 解答・解説

問1　イ　　　　　　　　　　　2 進表現のビット数計算（R4 秋・AP 問 1）

　このような問題では，なるべく小さな具体値を使って正解を考えるとよい。選択肢の内容に着目すると，$n=1$ では（ア），（イ），（エ）の値が，また，$n=2$ では（イ）〜（エ）の値がそれぞれ同じになってしまう。$n=3$ のときは（ア）が 4，（イ）が 6，（ウ）が 9，（エ）が 8 と値が異なるので，正の整数 a を 2 進数で表現すると 3 ビットであるとして考えてみる。

　3 ビットの 2 進数で表現できる a の最大値は $7=(111)_2$ であるから，b の最大値は $b=a^2=7^2=49=(110001)_2$ となり，ビット数は 6（$=3\times2$）になっている。この結果から，a を 2 進数で表現すると n ビットの場合，b のビット数は $2n$ ビットになる。そして，問題の条件から b は正の整数（正の整数 a の 2 乗）なので，b の値が大きいほど 2 進数で表現したときのビット数も大きくなり，これが最大のビット数であることが分かる。したがって，（イ）が正解である。また，選択肢の式にそれぞれ $n=3$ を代入して，6 になることから（イ）を選んでもよい。

　参考までに，「a を 2 進数で表現すると n ビットであるとき，b のビット数は最大の $2n$ ビットになる」ことを一般式から導く考え方を示す。

　正の整数 a を 2 進数で表現すると n ビットであるとき，a の最大値は 2^n-1，a が正の整数であることから $n\geqq1$ であり，a の最大値は次のようになる。

$$a \text{ の最大値} \quad \underbrace{\overset{2^{n-1}\qquad 2^0}{111\cdots\cdots11}}_{n \text{ ビット}}$$

$$(a \text{ の最大値})=1\times2^{n-1}+1\times2^{n-2}+\cdots\cdots+1\times2^1+1\times2^0$$

$$=\sum_{k=0}^{n-1}2^k=\frac{2^n-1}{2-1}=2^n-1 \qquad\qquad \cdots\cdots①$$

　$b=a^2$ であるから，b の最大値は次の式で表される。

$$(b \text{ の最大値})=(2^n-1)\times(2^n-1)$$
$$=2^{2n}-2\times2^n+1$$
$$=2^{2n}-2^{n+1}+1$$

　$2n$ ビットの 2 進数の最大値は $2^{2n}-1$，$2n-1$ ビットの 2 進数の最大値は $2^{2n-1}-1$ であり，次の式が成り立つことから，b を 2 進数で表現すると高々 $2n$ ビットになることが分かる。したがって，（イ）が正解である。

$$2^{2n-1}-1 \leq \underline{2^{2n}-2^{n+1}+1} < 2^{2n}-1 \qquad \qquad \cdots\cdots ②$$

$$b \text{ の最大値}$$

［①の式の導出］

$$\sum_{k=0}^{n-1} 2^k = S = 2^{n-1} + 2^{n-2} + \cdots\cdots + 2^1 + 2^0$$

両辺に 2 を掛ける。

$$2S = 2^n + 2^{n-1} + \cdots\cdots + 2^2 + 2^1$$

上下の式を引き算すると，次のようになる。

$$2S - S = 2^n - 2^0$$

$$S = \frac{2^n - 1}{2 - 1} = 2^n - 1$$

［②の式の証明］

・$2^{2n-1}-1 \leq \underline{2^{2n}-2^{n+1}+1}$ であること

$$(2^{2n}-2^{n+1}+1) - (2^{2n-1}-1) = 2^{2n}-2^{n+1}+1-2^{2n-1}+1$$

$$= 2^{2n} - 2 \times 2^n - \frac{1}{2} \times 2^{2n} + 2$$

$$= \frac{1}{2}(2^{2n} - 4 \times 2^n + 4)$$

$$= \frac{1}{2}(2^n - 2)^2 \geq 0$$

・$\underline{2^{2n}-2^{n+1}+1} < 2^{2n}-1$ であること

$$(2^{2n}-1) - (2^{2n}-2^{n+1}+1) = 2^{n+1}-2 = 2(2^n-1) > 0 \quad (n \geq 1 \text{ であるから})$$

問2　エ

カルノー図と等価な論理式（R4 秋·AP 問 2）

　カルノー図と等価な論理式を導くためには，図の値が"1"になっている部分に着目する。まず，図中の中央部分で1になっている4か所に着目する。この部分では，A，C の値は"0"，"1"の両方をとるが，B，D の値はともに"1"しかとらない。よって，この部分は A と C の値にかかわらず，B と D が1であれば結果が1になるということを示している。そして，このことから論理式の一部として B・D を得る。次に，図中の1行目で1になっている2か所に着目すると，C の値は"0"，"1"の両方をとるが，A，B，D の値はいずれも"0"である。よって，この部分は，C の値にかかわらず，A，B，D の値が"0"であれば結果が1になるということを示しており，論理式の一部である $\overline{A} \cdot \overline{B} \cdot \overline{D}$ を得る。

　この二つのケースは，それぞれ問題のカルノー図の一部分を示すものなので，全体としては，この二つの論理式の和になる。したがって，等価な論理式は（エ）の $\overline{A} \cdot \overline{B} \cdot \overline{D} + B \cdot D$ である。

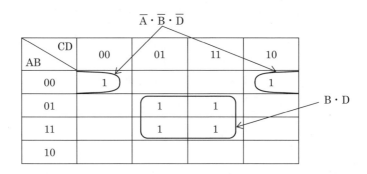

問 3　ア　　　　　　　　　　　不良品を含むロットが合格と判定される確率（R4 秋·AP 問 3）

　製品の抜取検査で合格となる確率を求める問題で，ロットとは一度に生産する最少単位の数量である。

　この問題では，1 ロット 100 個の製品の中から 3 個を抽出するとき，3 個とも良品であればロット全体を合格とする。製品 100 個中に 10 個の不良品を含むことから残りの 90 個が良品ということになり，製品を 3 回連続で抽出するとき，この良品から 3 回連続して抽出する確率を求めればよい。

　（1 回目）100 個の中から 1 個を抽出して良品となる確率 $=\dfrac{90}{100}$

　（2 回目）残りの 99 個の中から 1 個を抽出して良品となる確率 $=\dfrac{89}{99}$

　（3 回目）残りの 98 個の中から 1 個を抽出して良品となる確率 $=\dfrac{88}{98}$

　よって，3 回連続して良品となる確率は各回の確率を掛けて，

$$\frac{90}{100} \times \frac{89}{99} \times \frac{88}{98} = \frac{90 \times 89 \times 88}{100 \times 99 \times 98} = \frac{178}{245}$$

となる。したがって，（ア）が正解である。

問 4　イ　　　　　　　　　　　　　　　AI における過学習の説明（R4 秋·AP 問 4）

　AI における過学習は，過剰学習，過適合（オーバーフィッティング）とも呼ばれる。AI では，大量のデータからルールやパターンを発見して，知識を獲得することを「学習」という。学習に使う訓練データに重点をおいた「学習」を過剰に行うと，その訓練データから得られた知識を用いる推定は非常に精度が高い結果となるが，訓練データとは異なる分野や条件下のデータ，すなわち未知のデータに対しては，推定を行うために用いる知識が乏しいために精度が下がることがある。この現象を過学習という。したがって，（イ）が最も適切である。

過学習の現象を防ぐには，多分野や様々な条件下でのデータを取得して，偏りの少ない訓練データを用いた「学習」を行うことが前提であるが，正則化（複雑になったモデルをシンプルなモデルにする），交差検証（幾つかのグループに分けたデータからそれぞれ得られるモデルについて，同じ傾向をもつかどうかをチェックする）といった手法を用いることも有効である。

ア：転移学習に関する記述である。

ウ：誤差逆伝播法に関する記述である。

エ：強化学習に関する記述である。

　異なるキー値からハッシュ関数で求められる値（ハッシュ値という）が等しいとき，衝突が起きたという。つまり，キー a と b が衝突する条件とは，キー a と b のハッシュ値が等しくなることであり，そのハッシュ値を r とすれば，

　　　$a \bmod n = b \bmod n = r$ となる。

　このとき，a を n で割ったときの商を p，b を n で割ったときの商を q とすると（p，q は整数），次の式①，②が成り立つ。

　　　$a = n \times p + r$ ……①

　　　$b = n \times q + r$ ……②

　二つの式から①－②を求めて r を消す。

　　　$a - b = n \times (p - q)$

　この式において，p，q は整数だから $p - q$ も整数となり，$a - b$ は n の $(p - q)$ 倍，つまり，n の倍数であることが分かる。したがって，衝突が起きるときの条件としては，（イ）の「$a - b$ が n の倍数」が正しい。

　流れ図で示された未整列の配列 A[i]（i＝1, 2, …, n）を整列するアルゴリズムにおいて，次の2か所に着目する。

①ループ1とループ2の制御変数の初期値，増分，終値

　変数 i：配列の先頭（1番目）から，末尾の一つ前（n－1番目）の要素まで，要素を一つずつ進めて処理を行う（ループ1）。

　変数 j：配列の末尾（n番目）の要素から，i＋1番目の要素まで，要素を一つずつ前に進めて処理を行う（ループ2）。

②隣り合う要素（A[j－1]とA[j]）の値の大小比較→A[j]＜A[j－1]ならば要素の交換処理を行う。

　ここでは，A[j]＜A[j－1]（後の要素の値の方が前の要素より小さい）ならば，要素の交換処理を行っていることから，配列の要素を昇順に整列していることが分かる。

A[j]<A[j-1]のとき

```
      w←A[j]
  A[j]←A[j-1]
A[j-1]←w
```

要素の交換処理
(変数 w は交換を行うための作業領域)

①，②の特徴から，変数 j を，配列の末尾から順に未整列の部分について前に一つずつ進めながら，隣り合う要素の大小比較の結果，A[j]<A[j-1]であればそれらの要素の交換を行うバブルソートを行っていることが分かる。したがって，(エ)が正解である。要素が縦に並んでいると考えたとき，交換処理によって小さい要素が上に登っていく様子が，コップの中の泡の様子に似ていることから，バブルソート（泡立て法）と呼ばれている。

図に，バブルソートによって，未整列の配列 A[i]（i=1, 2, …, 8）を整列する例を示す。

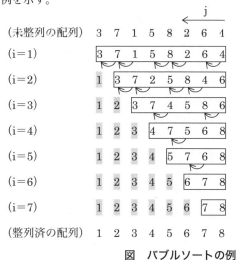

図　バブルソートの例

ア：クイックソートは，基準となる値より小さい値をもつ要素が左部分に，大きい値をもつ要素が右部分にくるように分割を進めることを繰り返してソートを行う手法である。アルゴリズムには再帰呼出しが用いられる。次の例では，基準となる値を中央に位置する（割り切れないときは切捨て）要素としている。

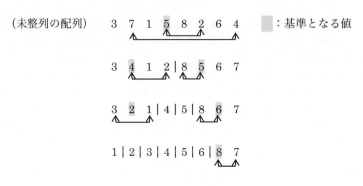

図 クイックソートの例

イ：選択ソートは，未整列の配列から最小の値を選択し，それと左端の要素の値を交換することを繰り返して，整列を行う。

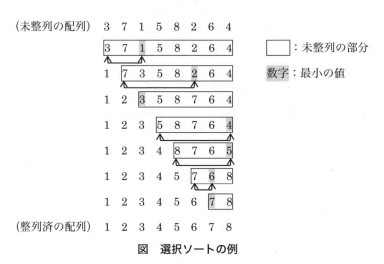

図 選択ソートの例

ウ：挿入ソートは，2 番目の要素からその値を一つずつ順に取り出し，それより左側の配列の整列を乱さないように適切な位置に挿入していき，整列を行う。

（未整列の配列）　3 7 1 5 8 2 6 4

数字：挿入する値

（整列済の配列）　1 2 3 4 5 6 7 8

図　挿入ソートの例

問7　エ　　　　XML で符号化宣言を省略できる文字コード（R4 秋-AP 問7）

　XML（Extensible Markup Language）文書では，冒頭の XML 宣言で XML 文書であることを宣言する。XML 宣言では，次に挙げる例のように，バージョン，使用する文字コード（符号化宣言），文書がスタンドアローン（外部のファイルを参照せずに正しい XML 文書を得ることができる）であるかどうかを記述する。

（例）<?xml version="1.0" encoding="UTF-16" standalone="yes"?>

　符号化宣言（encoding=の部分）では，この XML 文書がどの文字コードで作成されているかを記述するが，UTF-8 と UTF-16 は XML 文書として標準的に識別できる文字コードとして規定されているため，使用する文字コードが UTF-8，又は UTF-16 の場合は，符号化宣言を省略することができる。したがって，（エ）が正解である。なお，UTF-8 は 8 ビット単位の可変長バイト，UTF-16 は 16 ビット単位の可変長バイトで文字を表現するコードである。

ア：EUC-JP（Extended UNIX Code Packed Format for Japanese）…主に UNIX で標準的に用いられる日本語の文字に対応した文字コードである。

イ：ISO-2022-JP…ISO の標準に基づいて JIS で定めた文字コードで，「JIS コード」と呼ぶこともある。

ウ：Shift-JIS…PC で日本語を扱うときの文字コードで，Microsoft 社などによって定められたもので，JIS X 0208 として標準化されている。

　　GPU（Graphics Processing Unit, グラフィックス向けプロセッサ）は，画像処理用のプロセッサで，画像処理で多く用いられる行列演算を高速に実行するために，行列演算ユニットを搭載していることが特徴の一つである。一方，ディープラーニング（深層学習）は，コンピュータが物事の特徴やルールを学習する機械学習の技術の一つで，より人間の脳の仕組みに近い多層のニューラルネットワーク（脳の神経回路の一部を表現する数理モデル）を用いたものである。ディープラーニングでは，膨大な量の計算を必要とするため，GPU の高い計算性能を利用することも多い。例えば，ディープラーニングによる画像認識などでは，画像から得られる膨大な情報を基に，少しずつ変数の重みを変えて処理を繰返し正解に近づくように学習するが，その際に行列演算を多用する。このため，GPU に搭載された行列演算ユニットを用いて，行列演算を高速に実行することで，画像認識の速度や精度の向上を図る。したがって，（イ）が正解である。なお，ディープラーニングでの GPU 利用のように，GPU を本来の画像処理以外の目的に利用することや，そのための技術を GPGPU（General-Purpose computing on Graphics Processing Units）や，GPU コンピューティングと呼ぶ。

ア：マルチコアプロセッサに関する記述である。

ウ：FPU（Floating Point Unit, 浮動小数点装置）に関する記述である。

エ：CPU におけるパイプライン制御に関する記述であり，GPU を用いる利点としては適切ではない。

　　キャッシュメモリは，CPU と主記憶装置の間に置く，（主記憶装置より）高速な記憶装置である。主記憶装置の一部をキャッシュメモリ上に記憶しておき，以降のアクセスはキャッシュメモリ上に対して行うことで CPU の処理速度と主記憶装置のアクセス速度の差を埋める。

　　キャッシュメモリに書込みを行った場合，最終的にはその内容は主記憶装置に反映させなくてはならない。その反映のタイミングには，ライトスルー方式とライトバック方式がある。そして，ライトスルーはキャッシュメモリと主記憶の両方に同時にデータを書き込む方式なので，（イ）が適切である。

　　一方，ライトバックは，書込みはキャッシュメモリだけに行い，キャッシュメモリ中の該当の部分がキャッシュメモリから追い出されるときに，主記憶にも反映させる方式で，正解の（イ）以外は，ライトバック方式に関する記述である。

問 10　エ
2 段のキャッシュをもつキャッシュシステムのヒット率（R4 秋-AP 問 10）

　L1，L2 と 2 段のキャッシュメモリからなるキャッシュシステムにおけるヒット率について考える。「L1 キャッシュにあるデータは全て L2 キャッシュにもある」ということから，L1 キャッシュを 1 次キャッシュ，L2 キャッシュを 2 次キャッシュととらえることができ，主な記憶装置の関係は図のようになる。

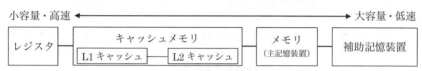

小容量・高速 ←――――――――――――――――→ 大容量・低速

図　記憶装置の関係

　2 段のキャッシュシステムのヒット率は，①1 段目の L1 キャッシュでヒットする場合，②L1 キャッシュでヒットせずに 2 段目の L2 キャッシュでヒットする場合を考える必要がある。よって，キャッシュシステムとしてのヒット率は，①のヒット率と②のヒット率の和となる。

　① 1 段目の L1 キャッシュのヒット率　0.95
　② L1 キャッシュでヒットせず（1−0.95）に，2 段目の L2 キャッシュでヒット（0.6）する場合のヒット率

$$(1-0.95) \times 0.6 = 0.05 \times 0.6$$
$$= 0.03$$

　したがって，キャッシュシステムとしてのヒット率（①+②）は 0.95+0.03＝0.98 となり，（エ）が正解である。

問 11　イ
電気泳動型電子ペーパーの説明（R4 秋-AP 問 11）

　電気泳動型電子ペーパーとは，電気泳動方式による表示技術を採用した電子ペーパーのことである。電気泳動方式の電子ペーパーでは，流体を収めたマイクロカプセル内に正電荷を帯びた白色の粒子と負電荷を帯びた黒色の粒子を格納し，その粒子を電子ペーパーの表裏方向に印加した電圧（電界）によって移動させることで，白黒のコントラストによって文字や画像の表示を行う。したがって，（イ）が適切である。現行の電子書籍の多くがこの方式を採用しており，目に優しく，省電力といった特徴がある。なお，「印加」とは，信号や電圧などを与えること，また，「電気泳動」とは，電荷を帯びた粒子などが電界中を移動する現象のことである。

ア：液晶ディスプレイ（パネル）のことを説明している。
ウ：有機 EL ディスプレイ（パネル）のことを説明している。
エ：半導体デバイス上の微小な鏡である DMD（Digital Mirror Device）を用いた DLP（Digital Light Processing）のことを説明している。

　　コンテナ型仮想化は，システムの仮想化技術の一つである。コンテナ型仮想化
では，アプリケーションプログラムの実行に必要なライブラリなどのプログラム
の実行環境をコンテナと呼ばれる単位にまとめ，ホスト OS と仮想化ソフトウェ
アによって，このコンテナを仮想化して，独立性を保ちながら複数動作させる。
また，コンテナ型仮想化では，コンテナごとに個別のゲスト OS をもたない。し
たがって，（ウ）が正解である。

　　前述のようにコンテナ型仮想化の特徴は，コンテナごとのゲスト OS をもたな
いことで，このメリットとしては，少ないシステム資源で構築が可能であり，オ
ーバヘッドが少ないといった点が挙げられる。一方，デメリットとしては，ホス
ト OS と異なる OS 上でしか動作しないプログラムを実行することができない点
が挙げられる。

　　主な仮想化方式には，コンテナ型，ハイパバイザ型，ホスト型の三つがあり，
それぞれの構成を図に示す。

図　システムの仮想化技術

ア：コンテナ型仮想化では，仮想環境であるコンテナが物理サーバの OS を利用
　　するので，共有するという見方ができないこともないが，OS は物理サーバ上
　　で動作し，仮想環境（コンテナ）には必要としないので，どちらかにもてばよ
　　いわけではない。

イ：ホスト OS をもたないということから，ハイパバイザ型仮想化の説明である。
　　物理サーバに対する OS 機能をもつとともに，仮想化ソフトウェアでもあるハ
　　イパバイザ（hypervisor）上に仮想サーバを生成し，ゲスト OS と呼ばれる OS
　　による仮想サーバを構築する方式で，サーバの OS と異なるゲスト OS を稼働
　　させることができる。仮想サーバごとにゲスト OS を動かすために，コンテナ
　　型仮想化に比べて，多くのシステム資源を必要とする。なお，ハイパバイザ型
　　の仮想サーバは，仮想マシン（VM）と呼ばれることが多い。また，hypervisor
　　は，supervisor と呼ばれていた OS に対して，super よりさらに上という意味
　　で命名されたとされる。

エ：ホスト型仮想化の説明である。仮想サーバの構築がしやすい反面, 物理サーバのハードウェアへアクセスする場合, ホスト OS を経由しなければならないのでオーバヘッドが発生する。物理サーバの OS 上で仮想化ソフトウェアを動作させる点がハイパバイザ型と違い, ゲスト OS をもつ点がコンテナ型と違う。

問 13 ウ

フォールトアボイダンス (fault avoidance) は, システムの障害発生を未然に防ぐという考え方 (概念) である。システム構成要素の個々の品質を高めて故障が発生しないようにするのは, 障害の未然防止であり, フォールトアボイダンスに該当する。したがって, (ウ) が正しい。なお, fault は障害, avoidance は回避という意味である。

ア：「単純なミスを発生させないようにする設計方法」から, フールプルーフの説明である。なお, フールプルーフ (foolproof) とは, 間違えがないというような意味である。

イ：フェールソフトは, 故障が発生した場合でも, 故障の影響を受けない機能だけに縮退させて稼働を継続するという考え方である。

エ：「全体として安全が維持されるような設計方法」から, フェールセーフの説明である。フォールトトレランスは, 例えば, システムを構成する要素を多重化して, 構成要素に故障が発生してもシステム全体としては故障の影響を受けないように備える考え方である。なお, トレランス (tolerance) とは, 許容や耐性という意味である。

問 14 エ

アベイラビリティ (稼働率) は, 次の式で表すことができる。

稼働率＝MTBF／(MTBF＋MTTR)

MTBF を x, MTTR を y とすると, 稼働率は $x/(x+y)$ となる。

問われているのは, MTBF と MTTR がともに 1.5 倍になったときであるから, MTBF, MTTR は, それぞれ, $1.5x$, $1.5y$ である。そして, このときの稼働率は次のようになり, 1.5 倍になる前と変わらないことが分かる。したがって, (エ) が正解である。

稼働率 $=1.5x/(1.5x+1.5y)=1.5x/1.5(x+y)=x/(x+y)$

なお, 稼働率の求め方とともに, MTBF と MTTR の変化率が同じなら稼働率は変わらないことを理解しておくとよい。

　システムで処理できる件数は，サーバとネットワークの処理能力だけで決まるという条件から，サーバ及びネットワークで 1 秒間に処理できる件数を求める。

　まず，サーバが 1 秒間に処理できる件数は，1 件の検索処理を行うために平均 100 万命令（$1×10^6$ 命令／件）が必要で，サーバの性能が 100MIPS（$100×10^6$ 命令／秒）であることから，

$$(100×10^6)÷(1×10^6)=100 （件／秒）$$

となる。次にネットワークで 1 秒間に転送できる件数は，1 件の検索処理のためのデータ量が平均 $2×10^5$ バイト，ネットワークの転送速度は $8×10^7$ ビット／秒であることから，

$$(8×10^7(ビット／秒)) ÷ (2×10^5×8(ビット／件)) =50 （件／秒）$$

となる。

　したがって，このシステムで 1 秒間に処理できる検索要求は，ネットワークの処理能力がボトルネックになり，（ア）の 50 件となる。

　デッドロックとは，例えば，二つのタスク（A，B）が共用する二つの資源（$α$，$β$）の両方にアクセスしなければならない条件下で，A が $α→β$，B が $β→α$ の順にアクセスしようとして，お互いに他方が既に獲得した資源の解放を待ち合わせる状態となり，処理が進まなくなってしまう現象である。

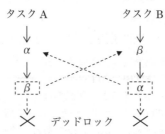

　この場合，資源獲得の順序を同じにすると，デッドロックは発生しなくなる。したがって，（イ）が正解である。しかし，一般に資源獲得の順序をあらゆる場合（エラー処理などを含む）で同じにするのは容易ではないので，デッドロックの発生を完全に防ぐことは困難である。

ア：優先度が高くても先に資源を獲得していないと待ち状態になるので，デッドロックが発生する可能性がある。

ウ：資源獲得の順序を両方のタスクで逆にすると，資源獲得の順序は同じにならないので，デッドロックが発生する可能性がある。

エ：（ア）で述べたように，デッドロックの発生は優先度と無関係である。

問 17　ウ　　　ページサイズを半分にしたときに予想されるもの（R4 秋-AP 問 17）

まず，問題文の内容から与えられた条件を整理すると次のようになる。
① ほとんどのプログラムの大きさがページサイズの半分以下である。
② システムは主記憶が不足しがちである。
③ 多重度やスループットなどはシステム性能の限界で運用している。

この問題を解く上でポイントとなるのは，ページ単位での主記憶管理方式の場合，ページ内に未使用な部分があっても，その未使用部分を他のプログラム用に使うことはできないということである。つまり，この問題の条件では，ほとんどのページサイズの半分以上が未使用で，主記憶には未使用部分が散在しているにもかかわらず，ほとんどのページを使用してしまっているので，主記憶が不足しがちということである。

①の条件によれば，ページサイズを半分にしても，ほとんどのプログラムが 1 ページ内に収まると考えることができる。このことから，ページサイズを半分にした場合には，使用するページの総数を大きく変えずに，ページ内の未使用（無駄）部分を減少させることができる。一方で，主記憶に配置できるページの総数は 2 倍になるので，結果として，主記憶の空きが大きく増えることになり，主記憶不足が緩和されると考えられる。したがって，（ウ）が正解である。

ア：上記のように，ページサイズを小さくするとページの総数が増えることになる。それに伴い，領域管理などのオーバヘッドは増加する。

イ：ページ置換えのための処理はページ内の状況とは無関係であり，システム性能が低下することはない。

エ：上記のように，主記憶の配置できるページの総数が大きく増えるのに対して，使用するページ数は変わらないので，ページフォールトの回数は減少することはあっても，増加することはない。

問 18　ウ　　　リアルタイム OS における割込み処理の説明（R4 秋-AP 問 18）

優先度に基づくプリエンプティブなスケジューリング方式とは，実行中のタスクより優先度の高い別のタスクが実行可能状態になった場合，実行中のタスクを一時中断して実行可能状態に戻し，優先度の高いタスクを先に実行させる方式である。この方式をとるリアルタイム OS における割込み処理は，全てのタスクよりも優先度の高い処理であり，割込み禁止状態を考慮しなければ，最も優先度が高いタスクが実行中の場合でも，そのタスクを一時的に中断して，割込み処理ルーチンが実行される。したがって，（ウ）の説明が適切である。

ア：割込み禁止状態を考慮しないという条件下では，割込み処理はどのタスクを実行中であっても優先して受け付けられるので，タスクの切替えを禁止しても

実行中のタスクを一時中断して，割込み処理ルーチンが実行される。

イ：割込み処理ルーチンの処理時間が長ければ，一時中断したタスクはそれだけ待ち時間が増えるので，システムの応答性に影響を与える可能性がある。

エ：割込み処理ルーチンと割り込まれたタスクのコンテキスト（実行環境，実行に必要な情報）は全く別のものである。

問19　ウ　　　　　　　LAN 接続されたプリンターの印刷に要する時間（R4 秋-AP 問19）

LAN に接続された 3 台のプリンターA～C に，9 個の印刷データを次の三つの条件の下で割り当てる。

〔条件〕

・初期状態では 3 台とも空いている。

・複数台空いていれば，A，B，C の順で割り当てる。

・1 台も空いていなければ，どれかが空くまで待ちになる。

9 個の印刷データに，印刷データの並び順（①～⑨）と印刷時間（分）を記し，〔条件〕に従った印刷の状況を図に示す。

印刷データ：①4→②6→③3→④2→⑤5→⑥3→⑦4→⑧3→⑨1

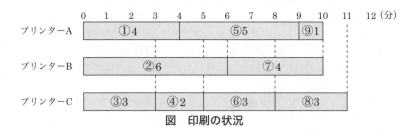

図　印刷の状況

図から，プリンターC が印刷に要する時間は 11 分となり，（ウ）が正解である。

問20　ウ　　　　　　　　　　　　　　アクチュエーターの機能（R4 秋-AP 問20）

アクチュエーター（actuator）は，電気信号などの電気エネルギーや，油圧や空気圧などの流体エネルギーなどを，力学的（機械的）エネルギーに変換する装置である。したがって，（ウ）が正解である。

コンピュータが出力した電気信号を力学的な運動に変えるアクチュエーターの例には，ロボットアームを動作させるためのモータを中心としたロボットアーム駆動装置がある。ロボットアーム駆動装置では，コンピュータからの制御情報の電気信号に従って，モータを駆動させてロボットアームを動作させる。なお，モータやエンジンのように連続して回転運動するものは，単体でアクチュエーター

と呼ばないのが普通である。例えば，電車のモータはアクチュエーターとは呼ばれない。

ア：A/D コンバータ（Analog to Digital Converter；A/D 変換器）の説明である。

イ：キーボードの押されたキーやタッチパネルのタッチ位置を検知するためには，スイッチやタッチセンサが使用される。

エ：センサの説明である。物理量としては，温度，湿度，音，光，磁気，振動，速度，加速度，圧力をはじめとする様々な検出対象があり，それぞれに対応したセンサがある。

問 21　ウ　　　　　　　　　　　　　　　　　整流作用をもつ素子（R4 秋-AP 問 21）

　整流作用とは，電気回路において，ある一方向の電流だけが流れる作用のことである。整流の機能をもつ素子を用いると，ある方向（順方向）のときは電流が流れるが，逆方向のときは流れない。ダイオードには，整流作用があり，順方向の間は電流が流れるが，逆方向の間は電流が流れないという性質がある。したがって，（ウ）が正解である。

　この性質を利用すると，周期的に電流の方向が常に入れ替わる交流電流から直流電流を取り出す（整流する）ことができる。ただし，整流作用をもつ素子が単一の場合は，交流の周期の半分だけ電流が流れるので，常に，同じ方向の電流を流すためには，整流作用をもつ素子を複数個組み合わせて構成する。

ア：コイル…インダクタとも呼ばれる。電流を流すことによって磁界を発生させたり，磁界を変化させることによって電流を発生させたりする電子部品である。直流電流は通すが，交流電流は通さない。

イ：コンデンサ…電気を蓄えたり，放出したりする電子部品である。コンデンサに直流電流を流すと一定のところまで電気を蓄えるが放出は行わない。一方，交流電流を流すと電流の向きが変化するのに対応して電気を蓄えたり放出したりする。この様子から，直流電流は流れないが，交流電流は流れるとみなすことができる。

エ：抵抗器…回路に流れる電流を一定に保ったり，他の部品に大きな電流が流れないよう制限したりする役割をもつ電子部品である。

問 22　エ　　　　　　　　　　　　　　　　　　　フラッシュメモリ（R4 秋-AP 問 22）

　フラッシュメモリは，電気的に書込みや消去を行う不揮発性のメモリである。USB メモリやモバイル機器の記憶装置，SSD（Solid State Drive）などで使われている。EEPROM（Electrically Erasable Programmable Read Only Memory）の一種で，データ書換え時には，あらかじめ前のデータを消去してから書込みを行う。したがって，（エ）が正解である。

ア：消去と書込みを繰り返し行うと，記憶素子が徐々に劣化するため，書込み回

数は無制限ではない。

イ：データを一度だけ書き込める PROM（Programmable Read Only Memory）
に関する記述である。

ウ：主記憶で多く使われている DRAM（Dynamic Random Access Memory）に
関する記述である。

問23　ウ

　実際にそれぞれの回路で，入力 X, Y と出力値である Z をトレースした結果を
次に示す。この中で X と Y の値が同じときにだけ Z が 1 になるのは，（ウ）であ
る。

	ア	イ	ウ	エ
X：0，Y：0	0	1	1	0
X：1，Y：0	0	1	0	1
X：0，Y：1	0	1	0	1
X：1，Y：1	0	1	1	0

　実際には，各回路について，検証をする上で全てのパターンを列挙する必要は
なく，条件に合わない時点で次の回路の検証に移ればトレースにそれほど時間の
かかる問題ではない。例えば，「X：0，Y：0」によって，正解の候補を（イ），（ウ）
に絞ることができ，「X：1，Y：0」によって，（ウ）が正解であることが分かる。

問24　ア

　英大文字A～Zの26種類を使って顧客コードを作成することを試しに考えてみ
ると，1桁では A, B, …, Z の 26 種類が表現できる。2桁では AA, AB, …,
AZ, BA, BB, …, BZ, …, ZA, ZB, …, ZZ となり $26 \times 26 = 26^2 = 676$ 種類表
現できる。同じように考えて，3桁では AAA, AAB, …, AAZ, ABA, ABB,
…, ABZ, …, ZZA, ZZB, …, ZZZ となり $26^3 = 17,576$ 種類表現できる。

　現在の顧客総数が 8,000 人で，新規顧客が毎年 2 割ずつ増えていくとして，1
年後には $8,000 \times 1.2$ 人，2年後には，$(8,000 \times 1.2) \times 1.2$ 人，3年後には，$((8,000 \times 1.2) \times 1.2) \times 1.2$ 人 $= 13,824$ 人になる。

　英大文字A～Zを使って表現できる顧客コードの種類は，3桁で 17,576 種類な
ので，3年後の顧客数 13,824 人は 3 桁で表現できることになる。したがって，
（ア）が正解である。

問25 エ

H.264/MPEG-4AVC (R4秋·AP 問25)

H.264/MPEG-4 AVC は動画の圧縮符号化方式である。MPEG は ISO（国際標準化機構）と IEC（国際電気標準会議）の動画・音声データの符号化及びその統合に関するワーキンググループ MPEG（Moving Picture Experts Group）によって標準化された動画の規格である。

MPEG にはアナログテレビ，VHS ビデオ，CD に採用された MPEG-1，DVD やデジタル放送などに採用された MPEG-2 に続き，マルチメディアソフト，移動体通信，インターネットストリーミング向けに MPEG-4 の規格があり，ファイルフォーマット，映像，音声の 3 要素で構成される。当初の映像部分の符号化 MPEG-4 Visual をさらに効率の高い符号化方式に規格化したものが MPEG-4 AVC（Advanced Video Coding）である。ITU-T（国際電気通信連合の電気通信標準化部門）と MPEG の合同映像チームで策定されたため，ITU-T 勧告の H.264 と MPEG-4 AVC が併記されている。したがって，正解は（エ）である。

なお，ワンセグは，移動体通信用に割り当てられたセグメントのことで，デジタル放送 1 チャンネル当たり 13 セグメントに分けられたうちの 1 セグメントを利用する。

ア：ストリーミング配信を制御する方式には，サービスごとに独自のプロトコルを採用しており，代表的なものには，YouTube や Ustream でのライブ配信に利用される RTSP（Real Time Streaming Protocol），Adobe の RTMP（Real Time Messaging Protocol），Apple の HLS（HTTP Live Streaming），マイクロソフトの MMS プロトコル（Microsoft Media Server protocol）などがある。

イ：テレビ会議やテレビ電話を制御する通信方式は対等な立場で通信を行う P to P（Peer to Peer）で，プロトコルには，H.323 や SIP（Session Initiation Protocol）がある。リアルタイムに複数の相手と音声，画像，テキストメッセージのやり取りを制御する。

ウ：テレビにはデジタル放送の電子番組表（EPG；Electric Program Guide）を提供する機能がある。各放送局より提供されるタイトルや概要，出演者などの情報は SI（Service Information；番組配列情報）といい，文書やデータの記述にタグを用いて階層構造で表す XML 文書形式で記述されている。

問26 イ

データ項目の命名規約だけでは回避できない事象 (R4秋·AP 問26)

データ項目の命名規約は，システム開発において標準化が必要とされる事柄の一つで，開発メンバが一意にデータ項目を識別できるようにするためや，その後の保守のために設ける。開発メンバが命名規約に基づいてデータ項目名を決めることで曖昧さや重複がなくなり，データ項目名を命名した開発メンバ以外も，データ項目名からどのデータを指すかを一意に特定することができるようになる。しかし，データの取り得る値は仕様によって異なり，データ項目名やデータ型か

ら一意に決められるものではなく，命名規約に定義できるものではない。したがって，（イ）が正解である。参考までに，データ項目の取り得る値の範囲を定めることを，関係データベースでは，定義域（ドメイン）制約という。

ア：命名規約(1)によって，データ項目名が決まればデータ型も定まる。また，命名規約(2)によって，同音異義語は発生しないので，"受信年月日"という同音のデータ項目名で日付型と文字列型が混在することはない。

ウ：命名規約(2)によって，"賞与金額"と"ボーナス金額"という異音同義語が発生することはない。

エ：命名規約(1)によって，"取引先"の末尾には必ず"コード"や"名"などの区分語が付与されるので，判別できる。

問27 イ
差集合演算を行った結果（R4秋-AP 問27）

差集合演算は，ある集合の要素から別の集合の要素を取り除いた集合を得る演算である。"従業員"表に対して"異動"表による差集合演算を行うと，5行の"従業員"表の行から，"異動"表に含まれる「従業員IDが'A005'と'B010'」の2行を取り除いた3行の表が得られる。したがって，（イ）が正解である。

従業員

従業員ID	従業員名	所属
A001	情報太郎	人事部
A005	情報花子	経理部
B010	情報次郎	総務部
C003	試験桃子	人事部
C011	試験一郎	経理部

異動

従業員ID	従業員名	所属
A005	情報花子	経理部
B010	情報次郎	総務部
D080	技術桜子	経理部

差集合演算

従業員ID	従業員名	所属
A001	情報太郎	人事部
C003	試験桃子	人事部
C011	試験一郎	経理部

ア："従業員"表と"異動"表に含まれる行を合わせているので，和集合演算を行った結果である。

ウ："従業員"表と"異動"表に共通して含まれる行を取り出しているので，積集合演算を行った結果である。

エ："異動"表から"従業員"表に含まれる行を取り除いているので，"異動"表に対して"従業員"表による差集合演算を行った結果である。

問 28　ウ　　"商品" 表に対して SQL 文を実行して得られる仕入先コード数 (R4 秋-AP 問 28)

SELECT 文の WHERE の中身である販売単価から仕入単価を引いた価格を計算した表を次に示す。これらの, 全てのレコードの平均値 (AVG) を求めると 360 となるので, 販売単価から仕入単価を引いた値が平均値を超えるのは, 網掛けした商品コード：D004, E005, H008, I009 の四つのレコードである。問題文は, 「SELECT DISTINCT 仕入先コード」という指定なので, 仕入先コードの重複分 (仕入先コードが S1 のもの) を一つにまとめると, S1, S4, S5 が得られ, 求める仕入先数は 3 件となる。したがって,（ウ）が正解である。

商品

商品コード	商品名	販売単価	仕入先コード	仕入単価	販売単価−仕入単価
A001	A	1,000	S1	800	200
B002	B	2,500	S2	2,300	200
C003	C	1,500	S2	1,400	100
D004	D	2,500	S1	1,600	900
E005	E	2,000	S1	1,600	400
F006	F	3,000	S3	2,800	200
G007	G	2,500	S3	2,200	300
H008	H	2,500	S4	2,000	500
I009	I	2,500	S5	2,000	500
J010	J	1,300	S6	1,000	300

問 29　ウ　　前進復帰で障害回復できるトランザクション (R4 秋-AP 問 29)

DBMS による障害回復の原則は,「障害発生までにコミットされているトランザクションの処理結果は保証し, コミットが未済のトランザクションについては開始前の状態に戻す」なので, この原則に従って各トランザクションについて考える。

チェックポイント以降, システム障害発生までにコミットが完了したトランザクション T4, T5 は, 更新後ログは取られているが, 次のチェックポイントが発生していないので, 更新データが DB へ書き出されていない状態にある。このような場合, 更新後ログを用いた前進復帰 (ロールフォワード) で更新結果を DB へ反映することで障害回復ができるので,（ウ）が正しい。

T1 はチェックポイント時に DB への実更新が完了しているので, 何もする必要がない。

T2 は, チェックポイント時に DB へ更新データが書き出されているがコミット

されていないので，更新前ログを用いて後退復帰（ロールバック）する。

T3 は DB への実更新が行われていないので，ログ及びバッファ上の更新データを破棄するだけでよく，前進復帰による障害回復を行う必要はない。

問30 イ

ACID 特性とは，トランザクション処理に求められる原子性（atomicity），一貫性（consistency），独立性（isolation；隔離性とも呼ぶ），耐久性（durability）の四つの特性の頭文字を並べたものである。したがって，ACID 特性に**含まれないもの**は，（イ）の可用性であり，（イ）が正解である。

ACID 特性に含まれる四つの特性は，それぞれ次のとおりである。

・原子性……トランザクションの処理結果は，全ての更新処理が完全に行われた状態か，全く処理しなかった状態かのいずれかであることを保証する特性。

・一貫性……トランザクションの処理の状態にかかわらず，データベースの内容に矛盾がないことを保証する特性。例えば，銀行の A 口座から B 口座にお金を振り込むトランザクションがあるとき，処理の途中では，A 口座のレコードの残高を減算したにもかかわらず，B 口座のレコードの残高を加算していないというようなデータベースの内容が矛盾した（不完全な）状態が生じるが，このような状態を他のトランザクションから見られないように制御する。

・独立性……複数のトランザクションを同時に実行させた場合と，一つずつ順番に実行させた場合とで処理結果が一致していることを保証する特性。ただし，順番に実行させた場合には，実行順によって処理結果が異なることがあるが，そのどれかに一致していればよい。

・耐久性……トランザクションの実行終了後は，障害が発生しても更新結果が損なわれることがないことを保証する特性。

なお，可用性（availability）とは，システムなどが正常に稼働している状態や，そのための能力のことで，信頼性（reliability）と保守性（serviceability）を加えた RAS，さらに，完全性（integrity）と機密性（security）を加えた RASIS という信頼性評価指標に含まれる。

問31 ウ

DHCP（Dynamic Host Configuration Protocol）とは，インターネットなどのネットワークに接続するパソコン（PC）などに，IP アドレスを自動的に割り当てるプロトコルであり，IP アドレスに関するネットワーク設定を手動で行う必要はない。DHCP サーバには，ストックしてある IP アドレスを，要求があった PC などに配布する役割がある。次の図は PC が IP アドレスを取得するまでの流れである。

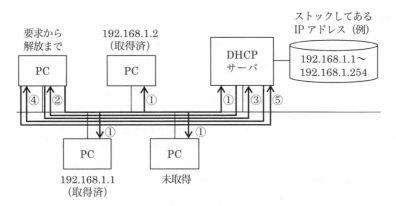

手順①：IP アドレスを取得したい PC が，UDP プロトコルのパケットをブロード
キャストする（全ノード向けの 255.255.255.255 アドレス宛に送信）。
(DHCP Discover)

手順②：DHCP サーバだけがその要求を受け取り，設定情報（例：192.168.1.3）
を要求のあった PC 宛に返信する。(DHCP Offer)

手順③：返信が要求した PC にとって問題がない場合，その旨を DHCP サーバ
に返信する。(DHCP Request)

手順④：DHCP サーバは了解の旨を要求した PC に改めて返信する。(DHCP
ACK)

手順⑤：PC をシャットダウンするときなど，取得した IP アドレスを使用しな
くなった際は効率的に使いまわしができるよう，IP アドレスを解放す
る旨を PC から DHCP サーバに伝える。(DHCP Release)

このフローのとおり，PC には DHCP サーバのアドレスを設定しておく必要は
ない。したがって，（ウ）が正解である。なお，DHCP によって IP アドレスを設
定する PC は，最初は IP アドレスが割り当てられていないために，宛先に DHCP
のアドレスを設定しても通信はできない。

ア：サブネットマスクやデフォルトゲートウェイアドレスは，オプションによっ
て自動設定が可能である。

イ：IP アドレスが固定された PC はこの仕組みを適用しないだけで，混在は可能
である。

エ：電源が切られる際は使用していた IP アドレスを解放するのが一般的な運用
であり，必ず同じ IP アドレスが割り当てられるとは限らない。

問 32　ア

　ウェルノウンポートとは，TCP/IP 通信において，代表的なプロトコルで利用されるポート番号を定義したものである。例えば，HTTP（HyperText Transfer Protocol）は TCP の 80 番，SMTP（Simple Mail Transfer Protocol）は TCP の 25 番，POP3（Post Office Protocol version 3）は TCP の 110 番などと決められている。

　このウェルノウンポートを，データ転送用と制御用に分けているプロトコルは幾つかあるが，代表的なものとして FTP（ファイル転送プロトコル）が挙げられる。したがって，（ア）が正解である。なお，FTP では，データ転送用が TCP の 20 番，制御用は TCP の 21 番である。

イ：POP3 は，TCP の 110 番だけを利用する。

ウ：SMTP は，TCP の 25 番だけを利用する。

エ：SNMP（Simple Network Management Protocol）は，ネットワーク機器の CPU 使用率や，メモリ使用率，通信量といった状況を監視するためのプロトコルである。状況履歴を集積するマネージャと，ネットワーク機器上で動作し，マネージャからの指示に従って状況を通知するエージェントから構成される。マネージャからエージェントに通信する際のウェルノウンポートは，UDP の 161 番である。一方，エージェントからマネージャに通知を行う際のウェルノウンポートは UDP の 162 番と別個のものになっているが，どちらも指示や通知を目的とした通信であり，データ転送用と制御用という形で分けられているとはいえない。

問 33　ウ

　"192.168.16.40/29" は，CIDR（Classless Inter-Domain Routing）によるアドレス表示であり，"29" がサブネットマスク（ネットマスク）の長さを示す。このサブネットマスクをビット表示すると，次のようになる。

　これを見ると，ホスト部が 3 ビットなので，ネットワークアドレスとブロードキャストアドレスの 2 個を除いた 6 個が使用可能なホストアドレスになる。したがって，（ウ）が正解である。

ア：ネットワークアドレスが "192.168.16.40/29" のとき，このネットワークに

含まれる IP アドレスの範囲は，ホスト部の値が "000"（40＋0）から "111"（40＋7）までになるので，"192.168.16.40〜192.168.16.47" となる。したがって，192.168.16.48 は "192.168.16.40/29" に含まれない。

イ：前図のビットパターンから，サブネットマスクは 255.255.255.248 である。

エ：ホスト部は 3 ビットである。29 ビットは，ネットワークアドレス部である。

問 34　エ　　IP の上位階層のコネクションレスプロトコル（R4 秋-AP 問 34）

IP（Internet Protocol）は，OSI 基本参照モデルのネットワーク層に当たり，その上位階層はトランスポート層である。トランスポート層では，異なるホスト上にあるアプリケーション（プロセス）間の通信を実現するが，TCP と UDP（User Datagram Protocol）という二つの代表的なプロトコルがある。この二つのうち，コネクションの確立や順序制御，フロー制御などを行わないコネクションレス型のプロトコルは UDP なので，（エ）が正解である。

UDP では，信頼性は低いが簡易で高速な通信が可能であり，インターネット放送やインターネット電話など，リアルタイム性が求められる映像や音声を扱うアプリケーションや，間欠的に小さなデータをやり取りするアプリケーションで使われる。

ア：ICMP（Internet Control Message Protocol）……インターネット制御メッセージプロトコル。ルータやホストなどにおける異常発生時に，送信元にその状況を通知するためのプロトコルで，OSI 基本参照モデルのネットワーク層に当たる。なお，ネットワーク診断のための ping コマンドは，このプロトコルを利用したものである。

イ：PPP（Point to Point Protocol）……WAN を介して 2 点間を接続するためのプロトコルであり，IP 以外のネットワーク層プロトコルからも利用できるという特徴をもつ。OSI 基本参照モデルのデータリンク層に当たり，IP の下位階層に位置する。

ウ：TCP（Transmission Control Protocol）……UDP と同じ OSI 基本参照モデルのトランスポート層に当たるが，コネクション型で確認応答や順序制御などの機能をもち，信頼性の高いアプリケーション間通信を実現する。

問 35　エ　　受理する Web サーバのポート番号を指定できる URL 中の箇所（R4 秋-AP 問 35）

ポート番号を指定した URL（Uniform Resource Locator）は次のようになる。

```
https://www.example.com:8080/member/login?id=user
```
　①　　　　②　　　　　③　　　④　　　　⑤

①スキーム（https）

②ホスト名（www.example.com）

③宛先ポート番号（8080）

④パス（/member/login）

⑤クエリ文字列（id=user）　（id はパラメタの名前，user がパラメタの値）

このように，ポート番号はホスト名の直後に指定するので，受理する Web サーバのポート番号（8080）を指定できる箇所として（エ）が正しい。

なお，スキームが https でポート番号の指定を省略すると，ホストは well-known ポート番号の 443 で受理することになるので，8080 ポートで受理する場合には，URL 中に明示的に指定する必要がある。

問 36　ウ オープンリゾルバを悪用した攻撃（R4 秋·AP 問 36）

　オープンリゾルバとは，インターネット上の不特定の DNS クライアント（スタブリゾルバともいう）からの DNS 問合せを受け付ける DNS キャッシュサーバ（フルサービスリゾルバともいう）のことである。送信元 IP アドレスを攻撃対象のコンピュータの IP アドレスに偽装した DNS 問合せを，オープンリゾルバである多数の DNS サーバに送ると，DNS 問合せを受け取ったそれぞれの DNS サーバは偽装された IP アドレス宛てに DNS 応答を送る。その結果，攻撃対象のコンピュータには大量の応答が送り付けられることになる。したがって，オープンリゾルバを悪用した攻撃としては，（ウ）が正しい。この攻撃のように，多数のオープンリゾルバを踏み台として悪用する DDoS 攻撃（Distributed Denial of Service 攻撃；分散型サービス妨害攻撃）は，DNS リフレクション攻撃と呼ばれる。

　なお，誰でも利用できるパブリック DNS サービスは，オープンリゾルバの特性をもつ。一方，組織内のキャッシュ DNS サーバが，外部からの不要な問合せを受け付けるオープンリゾルバであることは，脆弱性があり好ましくない。

　その他は次のような攻撃で，いずれもオープンリゾルバとは関係しない。

ア：ICMP（Internet Control Message Protocol）通信の特性を悪用する ICMP Flood 攻撃である。

イ：hosts ファイルを悪用する攻撃である。PC 内の hosts ファイルは，DNS クライアントである PC が名前解決のために用いるローカルファイルで，ドメインと IP アドレスの対応付けが登録されている。PC が登録されているドメインのいずれかにアクセスしようとする場合には，hosts ファイルだけで名前解決が完了する。そのため，この情報を書き換えられると，偽の Web サイトに誘導されて，大量のコンテンツをダウンロードするなどの被害が発生し得る。

エ：メールサーバの脆弱性であるオープンリレー（第三者中継）を悪用する攻撃である。

問 37　ア　　　　　　　　　　　　　サイドチャネル攻撃に該当するもの（R4 秋-AP 問 37）

　サイドチャネル攻撃とは，IC カードのように暗号アルゴリズムを実装した物理デバイスを攻撃対象として，動作状態を外部から観察し，物理デバイスで使用されている暗号鍵などの機密情報を解析する攻撃のことである。したがって，（ア）が正しい。なお，サイドチャネルとは，正規のアクセス経路（チャネル）以外のチャネルという意味で，次のような攻撃手法がある。

・タイミング攻撃……暗号化や復号の処理時間を測定して暗号鍵を推定する。

・電力攻撃……消費電流の違いを測定して暗号鍵を推定する。

・フォールト攻撃……意図的にエラーを発生させて，エラーメッセージから暗号鍵を推定する。

　その他の記述は，次のような攻撃の説明である。

イ：スキャベンジング，トラッシングあるいはゴミ箱あさりと呼ばれる攻撃

ウ：中間者攻撃（man-in-the-middle attack）

エ：SQL インジェクション攻撃

問 38　ウ　　　　　　　　　　　　デジタル証明書の失効確認をするプロトコル（R4 秋-AP 問 38）

　デジタル証明書が失効しているかどうかをオンラインで確認するためのプロトコルは OCSP（Online Certificate Status Protocol）である。したがって，（ウ）が正しい。なお，"Certificate" とは証明書という意味である。

　デジタル証明書の状態を確認するためには，CRL（Certificate Revocation List；証明書失効リスト）をダウンロードする方法があるが，CRL のファイルサイズが大きくなると確認に時間がかかるという問題があった。OCSP では，対象のデジタル証明書に限定して状態を問い合わせることができるので，リアルタイムに確認を行うことができる。

ア：CHAP（Challenge Handshake Authentication Protocol）は，PPP（Point to Point Protocol）を使用する通信において，チャレンジレスポンス方式によってユーザを認証するためのプロトコルである。

イ：LDAP（Lightweight Directory Access Protocol）は，ディレクトリサービスにアクセスするためのプロトコルである。ディレクトリサービスとは，ユーザやコンピュータに関する属性情報を検索するサービスで，Linux 向けの OpenLDAP や Windows 向けの Active Directory などがある。

エ：SNMP（Simple Network Management Protocol）は，ネットワーク上の機器の監視や管理を行うためのプロトコルである。

　　JPCERT コーディネートセンター（Japan Computer Emergency Response Team Coordination Center；JPCERT/CC）とは，国内のサイトに関するセキュリティインシデントの報告の受付，分析や対策の検討，対応の支援や助言などを技術的に行う組織である。JPCERT/CC では，CSIRT と呼ばれるセキュリティインシデント（セキュリティを損なう事象）への対応を専門に行う組織の構築を推奨しており，その支援を目的として作成したもの（資料）は CSIRT マテリアルなので，（ア）が正解である。

　　CSIRT（シーサート）とは，Computer Security Incident Response Team の略称であり，セキュリティインシデントについて，単に技術的な支援を行うだけでなく，組織全体の視点から対応することを目的に編成される。また，マテリアル（material）には，「資料」という意味がある。

イ：ISMS ユーザーズガイドは，JIS Q 27001（ISO/IEC 27001）に対応したガイドラインで，ISMS の構築を支援する目的で JIPDEC（一般財団法人日本情報経済社会推進協会）が作成したものである。

ウ：証拠保全ガイドラインは，インシデント発生時に最初に電磁的記録を保全する実務者を支援するために，デジタル・フォレンジック研究会が作成したものである。

エ：組織における内部不正防止ガイドラインは，内部不正の防止を支援するために IPA（独立行政法人 情報処理推進機構）が作成したものである。

　　JVN とは，Japan Vulnerability Notes の略称で，そのホームページには "日本で使用されているソフトウェアなどの脆弱性関連情報とその対策情報を提供し，情報セキュリティ対策に資することを目的とする脆弱性対策情報ポータルサイト" であると紹介されている。したがって，（イ）が正しい。JVN に掲載される内容は，脆弱性が確認された製品とバージョン，脆弱性の詳細や分析結果，製品開発者によって提供された対策や関連情報へのリンクなどで，対策にはパッチだけではなく回避策（ワークアラウンド）が含まれることもある。

　　その他は，次のように JVN の目的ではない。

ア，ウ：JVN では，ソフトウェアに内在する脆弱性の検出や，ソフトウェアの脆弱性に対する汎用的な評価手法の確立は行っていない。

エ：ソフトウェアの脆弱性のタイプを識別するための基準は CWE（Common Weakness Enumeration；共通脆弱性タイプ一覧）である。CWE は，米国の非営利組織である MITRE Corporation が提供している。

問 41　イ　　　　　　　　　リスクアセスメントを構成するプロセスの組合せ（R4 秋-AP 問 41）

　JIS Q 31000：2019（リスクマネジメント－指針）では，リスクアセスメントを「リスク特定，リスク分析及びリスク評価を網羅するプロセス全体を指す」としており，一般に，次の順番でアセスメントを行う。
　・リスク特定：リスクを洗い出し，それぞれのリスクの内容を整理する。
　・リスク分析：各リスクの特質や発生確率，影響度を数値化する。
　・リスク評価：各リスクに対して，対応の要否を決定する。
　したがって，（イ）が正解である。なお，リスクアセスメントの結果を受けて，リスクに対処するための選択肢を選定し，実行するリスク対応では，リスク低減，リスク回避，リスク共有（移転）といった選択肢の中から対応方針を決定して，実行する。

問 42　イ　　　　　　　　　　　　　WAF による防御が有効な攻撃（R4 秋-AP 問 42）

　WAF（Web Application Firewall）は，Web アプリケーションの脆弱性を悪用する攻撃を防御するために，HTTP メッセージの内容を検査して攻撃を検知，遮断するファイアウォールである。また，REST API サービスとは，Web サービスの機能を外部から利用するための API（Application Programming Interface）を公開している Web サービスである。REST（REpresentational State Transfer）API は，HTTP を利用する Web API の一つで，HTTP の GET，POST，PUT，DELETE のいずれかのメソッドを使用する，セッション管理を行わない（ステートレス）などの特徴をもつ。そして，Web アプリケーションの脆弱性を狙った攻撃に対する防御と同様に，REST API サービスに対する，OS コマンドインジェクションや SQL インジェクションのような API の脆弱性を狙った攻撃に対しては，WAF による防御が有効である。したがって，（イ）が正しい。
　その他は，次のような攻撃で，Web アプリケーションの脆弱性を悪用するものでないので，WAF による防御が有効とはいえない。
ア：キャッシュ DNS サーバの設定に起因する脆弱性を悪用する攻撃
ウ：SMTP サーバの設定に起因するオープンリレー脆弱性を悪用する攻撃
エ：大量の電子メールを送り付ける DoS 攻撃（Denial of Service 攻撃；サービス妨害攻撃）

問 43　ア　　　　　　　　　　　　家庭内 LAN 環境のセキュリティ（R4 秋-AP 問 43）

　IP マスカレード（NAPT；Network Address Port Translation ともいう）とは，内部ネットワークにある複数の PC などがもつ IP アドレスを，ルータやファイアウォールがもつ一つのグローバル IP アドレスに変換して通信を行うための仕組みである。例えば，家庭内で，PC を無線 LAN とブロードバンドルータを介して

インターネットに接続する場合，PC がもつ IP アドレスは，IP マスカレード機能によって，全てブロードバンドルータがもつ IP アドレスに変換される。このため，インターネット側に見える IP アドレスは，ブロードバンドルータがもつ IP アドレスだけに限定され，家庭内にある PC の IP アドレスはインターネット側には知られない。つまり，インターネットからは PC の IP アドレスが分からないので，PC への不正侵入を基本的に防止できる。したがって，（ア）が正解である。

イ：PPPoE は，PPP（Point to Point Protocol）を，Ethernet 上で利用するためのプロトコルであり，経路上の盗聴を防止するための機能はもっていない。

ウ：WPA（Wi-Fi Protected Access）は無線 LAN の暗号化方式であり，不正な Web サイトへの接続を防止する機能はない。不正な Web サイトへの接続を防止するには，URL フィルタリングによって制限をかける必要がある。

エ：WPS（Wi-Fi Protected Setup）は，無線 LAN 設定を簡素化するための標準規格であり，マルウェア感染を防止する機能はない。

問 44　イ

　SPF（Sender Policy Framework）は，スパムメールを防止する仕組みである。送信元となるメールサーバの IP アドレスを，あらかじめ，そのドメインの DNS サーバに登録しておき，電子メールを受信したメールサーバが，送信元ドメインの DNS に対して登録情報を問い合わせることで，スパムメールを遮断する。具体的には，電子メールを受信したメールサーバが，電子メールの送信元のドメイン情報と電子メールを送信したサーバの IP アドレスとを，DNS サーバに登録済の情報と照合して，ドメインの詐称がないことを確認する。したがって，（イ）が正解である。

ア：メールの送信元ドメインの真正性をデジタル署名によって保証する仕組みは，DKIM（DomainKeys Identified Mail）である。DKIM では，送信元ドメインがメールに署名する際に利用する公開鍵を DNS で公開し，送信メールサーバによる署名を受信側が確認することで，送信メールサーバの正当性を確認する。

ウ：情報漏えいなどが発生した場合に備え，後で調査できるように，電子メールを圧縮し，暗号化して保管するメールアーカイブシステムの仕組みである。

エ：メール誤送信防止システムがもつ送信保留機能である。

問 45　イ

　ファジングは，ソフトウェア製品における未知の脆弱性を検出する技術の一つで，製品出荷前の脆弱性検査などで活用される。ファジング検査では，ソフトウェアに対し，問題を起こしそうなファズ（fuzz）と呼ばれる様々な種類のデータを入力し，そのソフトウェアの動作状態を監視して脆弱性を発見する。したがって，（イ）が正しい。

その他は次のとおりで，ファジングには該当しない。

ア：DDoS 攻撃（Distributed Denial of Service 攻撃；分散型サービス妨害攻撃）に対する耐性を検査する負荷試験の説明である。

ウ：パスワード認証処理を突破して不正ログインを行うための辞書攻撃（ディクショナリアタック）の説明である。

エ：エスケープ処理の説明である。マークアップ言語で書かれた文字列としては，Web アプリケーションでは HTML 文字列が挙げられる。例えば XSS（クロスサイトスクリプティング）脆弱性が悪用されることを防止するためには，文字列を出力処理する前に，"<"，">"，"&" などの特別な意味をもつ記号や文字（特殊文字，メタキャラクタなどという）を，それぞれ "<"，">"，"&" に置換するが，このような置換をエスケープ処理と呼ぶ。

問 46　ア　　成果物の振る舞いを机上でシミュレートして問題点を発見する手法（R4 秋-AP 問 46）

　ウォークスルーは，レビュー手法の一つで，仕様書やソースコードといった成果物について，作成者を含めた複数人で，記述されたシステムやソフトウェアの振る舞いを机上でシミュレートして，問題点を発見する。したがって，（ア）が正しい。ウォークスルーは，通常，システムやソフトウェアの一連の処理手順に沿って，作成者が他の参加者（レビューア）に成果物の説明を行い，参加者が問題点を指摘するという形式で行われる。

　その他は次のとおりであり，ウォークスルーのようなレビュー手法ではない。

イ，ウ：トップダウンテスト（ウ）は，ソフトウェアの結合テストの手法の一つで，上位のモジュールから順に下位のモジュールに向かって結合を進める。逆に，下位モジュールから順にテストを行うのがボトムアップテストである。そして，サンドイッチテスト（イ）は，上位，下位の双方向から，テストを進める結合テスト手法である。なお，これらのテストで用いる，上位モジュールの代替モジュールをドライバ，下位のモジュールの代替モジュールをスタブと呼ぶ。

エ：並行シミュレーションは，システム監査技法の一つで，監査対象及び監査用の二つのプログラムの実行結果を比較することによって，監査対象のプログラムの処理の正確性を確認する。

問 47　イ　　　　　　　　　　　　　　　　FTA の説明（R4 秋-AP 問 47）

　FTA（Fault Tree Analysis；故障の木解析）は，機能の喪失や性能低下など好ましくない事象について，発生経路，発生原因及び発生確率をフォールト（障害）の木（樹形図）を用いて解析することである。したがって，（イ）が正しい。

　FTA で用いる樹形図の簡単な例を次に示す。

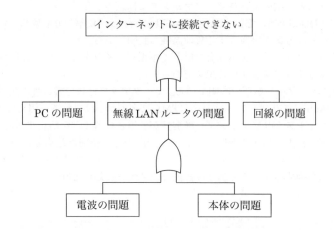

なお，JIS C 5750-4-4 の「システム信頼性のための解析技法－故障の木解析（FTA）」では，「設定した頂上事象の発生の原因，潜在的に発生の可能性がある原因又は発生の要因を抽出し，頂上事象の発生条件及び要因の識別及び解析を行う手法」と説明されている。その他の記述が示すものは，次のとおりである。

ア：FMEA（Failure Mode and Effect Analysis；故障モード・影響解析）の説明である。FMEA は，システムやプロセスの構成要素に起こりやすい故障モードに着目し，考えられる故障の原因や影響を事前に解析・評価することで，設計・計画上の問題点を抽出し，事前に対策を実施してトラブルを未然に防止する。

FTA がトップダウン的なのに対して，FMEA はボトムアップ的な手法である。

ウ："なぜなぜ分析"は，問題の根本原因を見つけるために故障が発生した理由を5回以上質問し，真の原因を追究する手法である。現場の問題には複数の要因があり，真の原因をタイムリーに現場で見つけ，その場で解決するために考えられた。図法としては QC 七つ道具の一つである特性要因図（フィッシュボーン図）につながる。

エ：ODC（Orthogonal Defect Classification；直交欠陥分類）分析のことで，1992年に IBM ワトソン研究所で提案された障害の定量的分析手法である。ODC 属性は分析に用いる互いに独立した属性のことである。

問 48　イ　テストカバレージ指標による網羅率（R4 秋-AP 問 48）

テストカバレージは，テストの対象となるソースコードのうち，どのくらいの割合のコードに対してテストによる実行が行われたかを示す指標で，網羅率とも呼ばれる。テストカバレージの指標のうち，命令網羅（C_0）は「対象となるソースコード中の全ての命令を必ず一度は実行すること」，分岐網羅（C_1）は「対象となるソースコードに含まれる全ての判定条件についてその真偽の分岐を必ず一

度は実行すること」である。本問では，命令網羅（C_0）と分岐網羅（C_1）による網羅率を考える。

二つのテストケースを用いてテストしたとき，実行される命令や分岐について実行の様子を図に示す。図では，実行された命令と条件判定の真偽の分岐に網掛けをしている。その際，変数 V〜変数 Z の値は，途中の命令で変更されない点に注意する。

〔テストケース 1〕変数 V〜Z の全ての値が 0

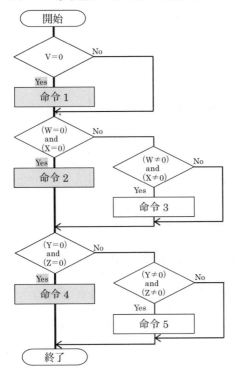

〔テストケース 2〕変数 V〜Z の全ての値が 1

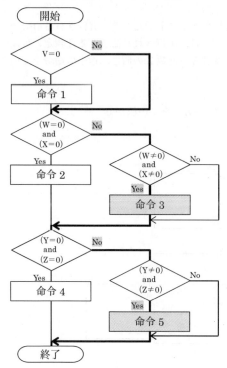

図　テストケース 1，2 を用いた実行過程

　二つのテストケースを用いてテストした結果，命令 1〜5 は全て実行されているので，C_0（命令網羅）による網羅率は 100％である。そして，判定条件の真偽による分岐は 10 か所中 8 か所実行されたので，C_1（分岐網羅）による網羅率は 80％である。したがって，（イ）が正解である。

問 49　エ

XP におけるテスト駆動開発の特徴（R4 秋·AP 問 49）

　エクストリームプログラミング（XP；Extreme Programming）は，短い開発期間を繰り返して，迅速で柔軟な開発を目指すアジャイル開発手法の一つである。この XP に基づいてシステム開発を行うために必要な作業や手順などをプラクティス（習慣，慣例）と呼び，テスト駆動開発もプラクティスの一つである。なお，当初は 12 個であったプラクティスはその後の改訂に伴って数が増え，現在，次の分類で 19 個が提唱されている。
・共同プラクティス

反復，共通の用語，開けた作業空間，振返り
・開発プラクティス
　テスト駆動開発，ペアプログラミング，リファクタリング，ソースコードの
　共同所有，継続的インテグレーション，YAGNI（You Aren't Going to Need It；
　今必要でないことはしない）
・管理者プラクティス
　責任の受入れ，援護，四半期ごとの見直し，ミラー，最適なペースの仕事
・顧客プラクティス
　ストーリの作成，計画ゲーム，受入れテスト，小規模リリース

　開発プラクティスとして挙げられているテスト駆動開発は，テストコードを最
初に記述してから，エラーを解消する修正を行い（テストファースト），必要な機
能を加えながらプログラムの構造を整えていくリファクタリングを繰り返してプ
ログラムを開発していく。したがって，（エ）が正しい。

問50　ウ　KPT 手法で行ったスプリントレトロスペクティブの事例 （R4 秋·AP 問 50）

　スプリント（sprint）とは，アジャイル開発手法の一つであるスクラムにおい
て，繰り返して実施する短期間の開発サイクルのことである。スプリントレビュ
ーは，スプリントの成果物の実際の動作をステークホルダに見せて，フィードバ
ックを受けるイベントである。また，スプリントレトロスペクティブは，スプリ
ントの活動を振り返るイベントで，スプリントの最後に実施される。スプリント
レトロスペクティブの方法の一つである KPT 手法では，次の三つの観点から振
返りを行って，チームのメンバで共有する。
　　・K（Keep）…次のスプリントでも継続させたい良かったこと
　　・P（Problem）…うまくいかなかったことや発生した問題点
　　・T（Try）…次のスプリントで取り組むべき改善案
（ウ）の「次のスプリントからは，スタンドアップミーティングにタイムキーパ
ーを置き，終了 5 分前を知らせるようにする」は，次のスプリントで取り組むべ
き改善案なので，"KPT" の "T" に該当する。したがって，（ウ）が正しい。
　その他は次のとおりである。
ア："KPT" の "K" に該当する。
イ，エ："KPT" の "P" に該当する。

問51　ウ　プロジェクトマネジメントにおけるスコープの管理の活動 （R4 秋·AP 問 51）

　プロジェクトマネジメントにおけるスコープ管理の目的は，「スコープの変更に
よって生じるプロジェクトの機会となる影響を最大化し，脅威となる影響を最小
化すること」である（JIS Q 21500）。そのための活動として，スコープ（プロジ

ェクトが提供するプロダクト，サービス，所産の総称）の変更を取り扱う。

　リリースが延期されたシステムとの連携に関わる作業を別プロジェクトで実施することは，影響を小さくするためにプロジェクトのスコープを削減したことになり，スコープの変更に該当する。したがって，（ウ）が正解である。

ア：教育期間を2日間延長したというのは，スケジュールの変更である。

イ：追加予算を確保したというのは，コストの変更である。

エ：経験豊富なテスト担当者と交代したというのは，人的資源の変更である。

問52　イ　プレシデンスダイアグラム法における作業完了日数（R4秋-AP 問52）

　プレシデンスダイアグラム法（Precedence Diagramming Method）とは，プロジェクトのアクティビティ（作業）の依存関係に注目し，論理的順序関係を図式化したものである。プレシデンスダイアグラム法では，アクティビティを四角形のノードで表記し，作業の実施順序や依存関係を矢印で表現する。

　この方式で実施順序を設定する場合，先行作業と後続作業の開始と終了の関係として，次の4タイプが指定できる。

・終了－開始関係（Finish to Start；FS 関係）

　　先行作業が終了したら，後続作業を開始する

・開始－開始関係（Start to Start；SS 関係）

　　先行作業が開始したら，後続作業を開始する

・終了－終了関係（Finish to Finish；FF 関係）

　　先行作業が終了したら，後続作業を終了する

・開始－終了関係（Start to Finish；SF 関係）

　　先行作業が開始したら，後続作業を終了する

　アクティビティAとアクティビティBは「終了—開始関係（FS）」なので，先行しているAが完了するまで，後続のBが開始できない。ここで，後続作業の開始を早められる時間の「リード」が2日あるので，Bの最早開始日は，Aが完了する6日から2日を引いた4日となり，Bの作業日数は7日なので，4＋7＝11日でBの作業は完了する。

　次に，アクティビティBとアクティビティCは「開始—開始関係（SS）」なので，先行しているBが開始すると，後続のCも開始できる。しかし，後続作業の開始を遅らせる時間の「ラグ」が3日あるので，Cの開始を3日遅らせることになる。よって，Cの最早開始日は，Bの最早開始日の4日に3日足した7日となり，Cの作業日数は5日なので，7＋5＝12日でCは完了する。このとき，Bの作業も完了している。

　よって，全ての作業を完了するための所要日数は，最少で12日となり，（イ）が正解である。

問 53 エ　　システム開発作業に要する期間の短縮月数 (R4 秋-AP 問 53)

　割り当てる要員には，上級技術者と初級技術者がいて，表 1 の見積工数が上級技術者の生産性を基に算出されているので，生産性を基に，初級技術者の人数を上級技術者の人数に換算した人数 (以下，「実質要員割当て人数」とする) にすると考えやすい。問題では，表 2 の「プログラム作成・単体テスト」工程において，上級技術者は初級技術者の 2 倍の生産性を有するので，初級技術者の 2 人を 0.5 倍して，上級技術者の 1 人に換算する。

　次に，工程ごとの見積工数を実質要員割当て人数で割れば，工程ごとの作業期間が求められ，最後に，工程ごとの作業期間を合計すれば全ての開発工程の作業に要する期間が求められる。

　上級技術者を 1 人追加する前の状態で，この計算を行うと次のようになる。なお，「プログラム作成・単体テスト」工程における実質要員割当て人数は 2+2×0.5=3 となる。

開発工程	見積工数 (人月)	要員割当て (人)		実質要員割当て人数	開発期間 (月)
		上級技術者	初級技術者		
設計	6	2	0	2	3
プログラム作成・単体テスト	12	2	2	3	4
結合テスト	12	2	0	2	6
合計	30	-	-	-	13

　上級技術者を 1 人追加した後で同じ計算を行うと次のようになる。「プログラム作成・単体テスト」工程における実質要員割当て人数は 3+2×0.5=4 となる。

開発工程	見積工数 (人月)	要員割当て (人)		実質要員割当て人数	開発期間 (月)
		上級技術者	初級技術者		
設計	6	3	0	3	2
プログラム作成・単体テスト	12	3	2	4	3
結合テスト	12	3	0	3	4
合計	30	-	-	-	9

　したがって，開発短縮期間は 13−9=4 (か月) となり，(エ) が正解である。

問 54 ウ　　多基準意思決定分析の加重総和法を用いた製品の評価 (R4 秋-AP 問 54)

　多基準意思決定分析の加重総和法とは，評価項目ごとの評価点数に評価項目の重みを乗じた点数の総和を求めて総合評価点数を計算する方法である。製品 A〜D の総合評価点数は次の計算式で求められる。

　製品 A の総合評価点数=5×7+1×9+4×8=35+9+32=76

製品 B の総合評価点数＝5×8＋1×10＋4×5＝40＋10＋20＝70
製品 C の総合評価点数＝5×9＋1×4＋4×7＝45＋4＋28＝77
製品 D の総合評価点数＝5×9＋1×7＋4×6＝45＋7＋24＝76

「評価点数の値が大きいほど，製品の評価は高い」ということから，総合評価点数が最も高い製品は，製品 C である。したがって，（ウ）が正解である。

問 55 イ
問題管理プロセスの目的（R4 秋·AP 問 55）

サービスマネジメントにおける問題管理の目的は，システムダウンなどのインシデント発生後に未知の根本原因を究明し，恒久的な抜本的対策を施して，インシデントの発生や再発を防止することである。したがって，（イ）が正解である。

なお，JIS Q 20000-1:2020（サービスマネジメントシステム要求事項）の「8.6.3 問題管理」では，問題について次のことを実施しなければならないとしている。

a) 記録し，分類する。
b) 優先度付けをする。
c) 必要であれば，エスカレーションする。
d) 可能であれば，解決する。
e) 終了する。

ア：インシデント管理の説明である。
ウ：サービス継続管理の説明である。
エ：変更管理の説明である。

問 56 ウ
シフト制勤務における 1 週間のサービス提供で必要な要員（R4 秋·AP 問 56）

勤務条件からサービスデスクの必要な要員数を次のような手順で求めていく。

勤務表から 1 週間のシフトの合計枠は次のとおりとなる。

1 日に早番 2 枠，日中 4 枠，遅番 2 枠，合計で 8 枠のシフトがある。1 週間では，8 枠×7 日＝56 枠となる。

勤務条件からは次のような計算が成り立ち，1 人の要員が 1 週間に担当できるシフト枠は次のとおりとなる。

「1 回のシフト中に 1 時間の休憩を取り，労働時間は 7.5 時間とする」という勤務条件，及び「1 週間の労働時間は，40 時間以内とする」という勤務条件から，40 時間÷7.5 時間＝5.3…より，1 人の要員が 1 週間に担当できるシフトは 5 枠までとなる。1 週間のシフト合計枠を 1 週間に担当できるシフト枠で割ることによって，必要な要員の人数が求められる。

56 枠÷5 枠＝11.2 より，少なくとも 12 人の要員が必要となる。

したがって，（ウ）が正解である。

問57 イ

　入出力データに関して，出力帳票の受渡しを授受管理表などによって確実に行うことは，受渡しの誤りを防ぎ，記録を残すことによって後から確認できるので適切である。また，重要度の高い情報の場合には業務部門の管理者に手渡しすることによって，重要な情報の紛失や漏えいリスクの低減にもなる。したがって，（イ）が適切である。

　その他の記述には，次のような適切ではない行為がある。

ア：出力帳票を利用するのは情報システム部門ではないので，情報システム部門の判断で出力を停止すべきではない。あくまでも業務部門が判断すべきである。

ウ：情報システム部門の判断で入力データを修正すると，例えば，業務部門において入力原票の修正が必要な場合に，完全な修正ができないといった問題が発生する。修正の妥当性確認も含めて，入力データの修正はデータ発生部門の業務部門で行うべきである。

エ：入力原票や EDI 受信ファイル（EDI の標準化されたデータ）などの取引情報は，データ入力後の修正や確認，監査，法的要求事項などに備えて一定期間保管する必要がある。機密性を確保するには，暗号化や物理的な安全管理措置を行う必要がある。

問58 エ

　JIS Q 27001:2014（情報セキュリティマネジメントシステム－要求事項）は，情報セキュリティマネジメントシステム（ISMS）を確立し，実施し，維持し，継続的に改善するための要求事項を提供するために作成されたものである。

　リスクアセスメントの実施について，この規格の「6.1.2 情報セキュリティリスクアセスメント」では，次の事項を行うプロセスを定め，適用しなければばらないとしている（ここでは概要を記載）。

a) 次を含む情報セキュリティのリスク基準を確立し，維持する。
　1) リスク受容基準
　2) 情報セキュリティリスクアセスメントを実施するための基準
b) 繰り返し実施した情報セキュリティリスクアセスメントが，一貫性及び妥当性があり，かつ，比較可能な結果を生み出すことを確実にする。
c) 次によって情報セキュリティリスクを特定する。
d) 次によって情報セキュリティリスクを分析する。
e) 次によって情報セキュリティリスクを評価する。

　リスク受容基準はリスクアセスメントを実施する前に決めておくべきもので，「リスクアセスメントを実施した後に，リスク受容基準を決めていた」ことは，順序が逆で不適切であり，監査人が指摘事項として監査報告書に記載すべきものである。したがって，（エ）が正解である。

その他，（ア）「USB メモリの使用を，定められた手順に従って許可していた」，（イ）「個人情報の誤廃棄事故を主務官庁などに，規定されたとおりに報告していた」，（ウ）「マルウェアスキャンでスパイウェアが検知され，駆除されていた」は，全て ISMS で実施すべき正しい行動であり，監査報告書に指摘事項として記載すべき内容ではない。

問59 ウ　　　　　　　　　　　　　　監査手続として適切なもの（R4 秋-AP 問59）

　システム監査は，監査対象に合わせて監査計画を立案し，その計画に基づく予備調査，本調査，そして，調査結果に対する評価を結論として報告するという手順で行われる。これらの手順のうち，一般に監査と呼ばれる活動は，予備調査，本調査の部分であり，これらの調査は，監査対象に対する評価を行うための根拠となる証拠を入手するために行われる。また，システム監査基準（平成 30 年）には「システム監査人は，システム監査を行う場合，適切かつ慎重に監査手続を実施し，監査の結論を裏付けるための監査証拠を入手しなければならない」と記述されている（【基準 8】監査証拠の入手と評価）。したがって，監査手続としては，（ウ）の「監査項目について，十分かつ適切な証拠を入手するための手順」が適切である。

　監査手続の具体的な方法には，ドキュメントレビュー，インタビュー，チェックリストなど様々なものがあり，監査計画立案時にそれぞれの監査項目に合った適切な方法が選択される。

問60 ア　　　　　　　　　　　　　システム監査基準に関する説明（R4 秋-AP 問60）

　システム監査基準の意義として，「システム監査業務の品質を確保し，有効かつ効率的な監査を実現するためのシステム監査人の行動規範である」という趣旨が，システム監査基準の前文で述べられており，（ア）が適切である。

　システム監査基準は，システム監査人としての適格性や監査業務上の遵守事項を規定する一般基準，監査計画の立案や監査方法など監査実施上の枠組みを規定する実施基準，監査報告に関する留意事項と監査報告書の記載方法を規定する報告基準からなっている。

イ：システム監査基準の【基準 2】監査能力の保持と向上＜解釈指針＞2(1)に，「システム監査に関する一定の専門的知識・技能を有することを認定された試験合格者がシステム監査を実施することは，システム監査の信頼性を担保することにもつながる」と記述されており，システム監査技術者試験のシラバス（知識・技能の細目）を説明した記述といえる。

ウ：「情報システムのガバナンス，マネジメント，コントロールを点検・評価・検証する際の判断の尺度となるもの」はシステム管理基準である。システム監査基準の前文にこの記述がある。

エ：「どのような組織体においても情報システムの管理において共通して留意すべき基本的事項を体系化・一般化したもの」は，システム管理基準の前文に記述されている内容である。

問 61　エ　　　　　　　　　　　　　　　　BCP の説明（R4 秋-AP 問 61）

企業活動における BCP（Business Continuity Plan；事業継続計画）は，災害や事故などが発生した場合にも，可能な範囲で事業の継続ができるように，事前に策定された計画のことであり，事業の中断・阻害に対応し，あらかじめ定められたレベルに回復するように組織を導く手順を文書化しておくものである。したがって，（エ）が正解である。

なお，情報システムでは，BCP と似たコンティンジェンシープラン（緊急事態計画）が以前から知られているが，コンティンジェンシープランの方は，緊急事態が発生した後の行動計画であり，BCP は普段からの対策を含めて事業の継続やそのための復旧に重点を置いたものである。

また，事業継続に当たっては，BCP の立案だけではなく，実際の運用や訓練，そして，その見直しと改善という一連のプロセスが必要となるが，こうした一連のプロセスを継続的に管理，改善することを BCM（Business Continuity Management；事業継続管理）と呼ぶ。

ア：バランススコアカード（Balanced Score Card）による企業戦略検討の説明である。

イ：BPM（Business Process Management）と呼ばれる経営手法の説明である。

ウ：BPO（Business Process Outsourcing）の説明であり，業務効率の向上などを目的に，企業がコアビジネス以外の業務の一部又は全部を，外部の専門業者に委託することである。

問 62　イ　　　　　　デジタル経営改革のための評価指標（DX 推進指標）（R4 秋-AP 問 62）

デジタル経営改革のための評価指標（DX 推進指標）とは，DX への取組みの状況を自己診断するためのツールである。DX 推進指標には，「IT システムに求められる要素」について，スピード・アジリティに関して「環境変化に迅速に対応し，求められるデリバリースピードに対応できる IT システムとなっているか」という記述があり，これは経営者が確認すべき事項である。したがって，（イ）が正解である。

ア：この説明は，IT システムに求められる要素についてではなく，「人材育成・確保」に求められる要素についての記述である。

ウ：DX 推進指標には，「IT システムに求められる要素」について，データ活用に関し，「データを，リアルタイム等使いたい形で使える IT システムとなっているか」というサブクエスチョンが記載されているため，リアルタイム性も重

視されている。

エ：DX 推進指標には，「IT システムに求められる要素」について，全社最適に
関し，「部門を超えてデータを活用し，バリューチェーンワイドで顧客視点での
価値創出ができるよう，システム間を連携させるなどにより，全社最適を踏ま
えた IT システムとなっているか」というサブクエスチョンが記載されている。

問63　ウ 　エンタープライズアーキテクチャ（EA）の説明（R4 秋-AP 問 63）

エンタープライズアーキテクチャ（EA）とは，企業や政府などの組織において，
ビジネスモデルとそれを実現する業務や情報システムを統一的な構造で捉えてデ
ザインすることで，全体的な最適化の観点から見直すものである。全体的な構造
を，ビジネスアーキテクチャ，データアーキテクチャ，アプリケーションアーキ
テクチャ，テクノロジアーキテクチャという四つの体系ごとにモデル化し，その
モデルによって，組織全体を最適化の観点で見直す。したがって，（ウ）が正解で
ある。

なお，四つのアーキテクチャを体系として説明すると，それぞれ次のようにな
る。

・ビジネスアーキテクチャ：経営目標やビジネスプロセスなどの政策・業務体系
・データアーキテクチャ：各業務・システムにおいて利用される情報（システム
　　　　上のデータ）の内容やその関連性を示したデータ体系
・アプリケーションアーキテクチャ：業務処理に最適な情報システムの形態を系
　　　　統的に示す適用処理体系
・テクノロジアーキテクチャ：実際にシステムを構築する際に利用する種々の技
　　　　術構成要素やセキュリティ基盤を示した技術体系

ア：UML（Unified Modeling Language）によるシステム分析・設計技法の説明
である。

イ：E-R（Entity-Relationship）図によるデータモデリングの説明である。

エ：DFD（Data Flow Diagram）による設計技法の説明である。

問64　イ 　正味現在価値法による投資効果の評価（R4 秋-AP 問 64）

現在の 100 万円を，年利 3％で 1 年間運用すると 103 万円になり，現時点で得
られる 100 万円と 1 年後に得られる 100 万円とは，価値が異なることになる。逆
に年利 3％で 1 年間運用した結果が 100 万円になるとすると，これに対する現在
の価値は，

100 万円／(1＋0.03)≒97 万円

と求めることができ，1 年後の 100 万円は現在の 97 万円に相当することが分か
る。このように，現在の価値に換算して考えると，将来の回収額は額面が同じな
ら回収が先になるほどその価値は低くなると考えてよい。一般に，投資額に対し

て一定期間の回収額が大きいほど，投資効果も大きいといえる。

　この問題のシナリオでは A，B，C とも同じ投資額であり，それぞれ 3 年間で 240 万円の回収額なので，3 年間の合計では同じ投資効果のように見える。しかし，2 年間で見ると，シナリオ A は 120 万円，B は 200 万円，C は 160 万円となり，シナリオ B が最も大きい。さらに，1 年間で見ると，シナリオ A は 40 万円，B は 120 万円，C は 80 万円となり，この場合もシナリオ B が最も大きい。したがって，最も投資効果が大きいシナリオは B となり，（イ）が正解である。

　なお，現在価値とは，将来得られる価値を，現在の価値に換算した値のことである。将来の価値から現在の価値へ換算するときの利率に相当する値を，割引率という。1 年間の割引率が r であるとき，n 年後の回収額 CF に対する現在価値 DCF は，$DCF = CF / (1+r)^n$ という式で計算できる。

　この問題では割引率が 5% となっており，例えば，シナリオ A における 1 年目の回収額 40 万円の現在価値は，$40 / (1+0.05) \fallingdotseq 38.1$（万円）と求められる。

　現在価値に換算した将来の回収額の合計から投資金額を減じた結果が，大きければ大きいほど投資効果があるといえる。参考までに，問題の各シナリオについて，現在価値に換算した回収額，回収額の合計，投資金額と回収額合計との差異を計算した結果は，次のとおりである。

単位　万円

シナリオ	投資額	現在価値換算の回収額			回収額合計	回収額－投資額
		1 年目	2 年目	3 年目		
A	220	38.1	72.6	103.7	214.4	−5.6
B	220	114.3	72.6	34.6	221.5	1.5
C	220	76.2	72.6	69.1	217.9	−2.1
投資をしない	0	0.0	0.0	0.0	0.0	0.0

問 65　エ　ハードウェア製造の外部委託に対するコンティンジェンシープラン（R4 秋・AP 問 65）

　コンティンジェンシープラン（Contingency Plan）とは，不測の事態が起こった際に対処するために策定した事前の計画である。「部品調達のリスクが顕在化したとき」というのは，不測の事態であり，これに対処するための計画を策定することは，コンティンジェンシープランを記述したものであるといえる。したがって，（エ）が正解である。

ア：リスクマネジメントに関する記述である。
イ：品質管理に関する記述である。
ウ：コスト管理に関する記述である。

　　経済産業省から報告書として公表された"情報システム・モデル取引・契約書"では，ユーザとベンダ間の契約を，基本的に次のように推奨している。

システム化の方向性	システム化計画	要件定義	システム外部設計	システム内部設計	ソフトウェア設計
準委任型			準委任型請負型	請負型	

　　　　　超上流（企画・要件定義段階）　　　　　　　　開発段階

プログラミング	ソフトウェアテスト	システム結合	システムテスト	導入・受入支援
請負型			準委任型請負型	準委任型

　　　　　　　　　　　　開発段階

　　この報告書によれば，企画・要件定義段階では，ユーザはベンダに丸投げせずに業務要件及びシステム要件を主体的に明確にする必要があるため，ベンダとの契約は準委任型とするのが望ましく，これらの作業は開始時点で最終的な作業成果物が明確にならないので，請負型の契約には向かないとしている。システム内部設計以降は，前工程までに明確になった業務要件及びシステム要件に基づいて，ベンダ側で主体的にシステム化を進めていく必要があるため，契約は請負型とするのがよい。また，開発段階の後半であるシステムテストからは業務要件，システム要件の確認となるため，再びユーザ主導となり，契約は準委任型が望ましいことになる。したがって，ウォータフォールモデルによるシステム開発において，請負型の契約が適切であるとされるフェーズは，システム内部設計フェーズからシステム結合フェーズまでとする（エ）が正解である。

　　なお，システム外部設計及びシステムテストに関しては，プロジェクトの事情に応じて準委任型と請負型のどちらかを選択することが推奨されているので，システム外部設計からシステムテストまでを請負型の契約とすることも考えられるが，解答群にはそのような選択肢はない。

　　M&A（Mergers and Acquisitions；合併と買収）とは，複数の企業を一つの企業に合併したり，ある企業もしくは事業を買収したりすることである。M&Aを実施する際には，買収対象の企業の経営実態，資産や負債，期待収益性といった

企業価値などに問題がないかを買手が詳細に調査する必要がある。この調査する行為をデューデリジェンス（Due diligence）という。よって，（エ）が正解である。

ア：株主総会招集請求とは，会社法 297 条に定められている持株要件を満たす一定の株主が取締役に対し，株主総会の目的である事項及び招集の理由を示して，株主総会の招集を請求することであり，誤りである。

イ：公開買付開始公告とは，M&A や自社の上場廃止などを目的として，株式の買付期間・価格・株式数を新聞などで広く知らせ公開買付を始めることであり，誤りである。

ウ：セグメンテーションとは，マーケティングに用いられる顧客の属性（年齢，性別，職業など）やニーズ（趣味，趣向など）によって細分化することであり，M&A とは直接関係ない用語であり，誤りである。

問 68　ウ
ターゲットリターン価格設定の説明（R4 秋・AP 問 68）

ターゲットリターン価格設定とは，目標とする投資収益率（ROI）を実現するように価格を決定する手法であり，次の計算式で求めることができる。

ターゲットリターン価格＝単位コスト＋期待投資収益率×投下資本÷販売数量

したがって，（ウ）が正解である。

ア：実勢価格設定の説明である。競合（プライスリーダ）の価格より高い，安い，同じにするというように，競合の価格動向を基準にして価格を設定する方法である。

イ：需要価格設定の差別価格法の説明である。市場セグメントごとの需要を把握し，セグメント（顧客層，時間帯，場所）ごとに最適な価格を設定する方法である。飲食店やタクシーの深夜料金は差別価格法の一例である。

エ：需要価格設定の知覚価値法の説明である。事前に商品の売れる価格帯をリサーチし，その価格を基準にコストを設定する方法である。

問 69　イ
コンジョイント分析の説明（R4 秋・AP 問 69）

コンジョイント分析（conjoint analysis；結合分析）とは，マーケティングで用いられる分析手法である。顧客（購入者）は，一般に商品やサービスの選択に際して，単に一つの属性で決めているのではなく，複数の評価属性項目を組み合わせて評価をしていることが多い。コンジョイント分析では，顧客が重視する複数の属性の組合せが，どのように選択に影響を与えているのかを分析する。評価項目ごとに単独で，「どれが良いか」と質問すれば，評価項目ごとの回答者の希望が明確にできる。しかし，どの評価項目を回答者が重視しているのか，どのような組合せを欲しているのかなどは分からない。回答者に対して複数の評価項目（例；色，材質，価格）について，具体的な値の組合せを提示し，回答者には，

提示された組合せに対して順位付けをさせる。順位付けされた結果を統計的な手法によって分析すると，回答者が希望する商品を選択する場合に，どの評価項目（例；価格）を重要視しているか，また，例えば，価格と性能についてどのような組合せが最も好まれるか，といったことなどが明らかにできる。したがって，（イ）が正解である。

ア：ABC 分析の説明である。

ウ：コーホート分析（cohort analysis；同世代分析）の説明である。コーホートとは本来「同一性をもつ仲間」の意味だが，人口学においては同年度生まれの集団を指す。

エ：コレスポンデンス分析（correspondence analysis；対応分析）の説明である。多変量のデータを集計して統計的な解析を行う多変量解析の一つである。

問70 エ API エコノミーの事例（R4 秋·AP 問 70）

　API エコノミーとは，インターネットを介して様々な企業が提供する機能（API；Application Programming Interface）をつなげることで API による経済圏を形成していく考え方である。例えば，他社が公開しているタクシー配車アプリの API をホテル事業者のアプリに組み込み，サービス提供することは API エコノミーに当たる。これによって付加価値の高いサービスを提供できるだけでなく，自社のシステムだけでは獲得できなかった利用者を獲得できるようになるなどの経済的効果も見込める。よって，（エ）が正解である。

ア，イ，ウ：いずれも組織内で API を利用する事例となっており，API による経済圏の形成を行っていないため誤りである。

各選択肢に登場する用語の解説は次のとおりである。

ア：EAI（Enterprise Application Integration）ツールとは，組織内のシステムを連携・統合して利用するためのツールである。

イ：音声合成システムとは，文字情報をインプットして，人工的に音声読上げデータを作成するシステムである。

ウ：BI（Business Intelligence）ツールとは，企業内で保持するデータを収集・保存・分析・可視化するツールの総称である。

問71 ウ ファブレス（R4 秋·AP 問 71）

　ファブレスとは，自社で生産設備（ファブ）をもたず，外部の企業に生産を委託しているメーカ企業のことである。ファブレスでは，製品の設計やマーケティング，販売などに特化した活動を行う。生産を外部の企業に委託することによって，比較的小規模な企業であっても，生産設備や人員を保有することなく，必要に応じて製品を生産できるというメリットがある。また，設備投資の負担や固定資産の縮小にも効果が期待でき，需給変動などの対応も可能である。生産工程を

外部の企業に委託することによって，自社では企画・開発に対して注力すること
ができる。したがって，（ウ）が正解である。
ア：セル生産方式の説明である。
イ：かんばん方式の説明である。
エ：ファブレスから発注を受ける側に関する説明で，これには半導体チップなど
　　の製造を請け負う「ファウンドリ」や，電子機器の製造を請け負う「EMS
　　（Electronic Manufacturing Service）」などがある。

問 72　イ

　生産計画の立案において，製品に必要な部材の数量を把握するための計算が正
味所要量計算であり，その結果を基に資材所要量計画（MRP；Material
Requirements Planning）へと進めていくこととなる。現実に手配を要する所要
量を表す正味所要量は，総所要量から有効在庫数（現在の在庫＋入庫予定数－出
庫予定数）を差し引いて算出する。
　本問の場合，まず構成表から製品 A を構成するために必要な部品の内訳と個数
を洗い出し，その上で在庫表から引き当てた後に正味所要量を導き出す。
　構成表から，製品 A を 1 個構成する部品の内訳は次のとおりである。
　部品 a：3 個
　部品 b：5 個（部品 a に 1 個×3＋部品 b を単体で 2 個）
　部品 c：6 個（部品 a に 2 個×3）
　在庫表によると製品 A の在庫量は 100 個であり，製品 A の出荷すべき 300 個
から差し引くと残り 200 個を準備する必要がある。そのため，部品 a は 200×3
＝600 個必要となるが，これに部品 a の 100 個の在庫を引き当てると 600－100
＝500 個の部品 a が新たに必要となることが分かる。そして，部品 a に用いられ
ている部品 b は 1 個であることから，部品 b も 500 個必要であるといえる。
　そして，200 個の製品 A に単体で用いられている部品 b は 200×2＝400 個で
あり，これに部品 b の 300 個の在庫を引き当てると 400－300＝100 個の部品 b
がさらに必要となることが分かる。したがって，部品 b の正味所要量は 500＋100
＝600 個であり，（イ）が正解である。

問 73　ウ

　CPS（サイバーフィジカルシステム）とは，サイバー空間（コンピュータ上で
再現した仮想空間）を使いフィジカル（現実）で起こり得る事象を再現するシス
テムのことである。IoT の普及などによって，現実世界で起こる様々な事象のデ
ータを集めやすくなってきており，これらのデータを CPS 上で分析・加工して，
現実世界側にフィードバックすることで，付加価値を創造することができるよう
になる。したがって，（ウ）が正解である。

ア：サーバの仮想化のことである。1 台の物理サーバ上に，複数の仮想サーバを構築し運用することができるようになっている。物理サーバの OS と仮想サーバの OS が異なっていても動作可能であることが多く，クラウド上のサーバもほとんどの場合，仮想サーバで動作している。

イ：VR（Virtual Reality；仮想現実）のことである。VR ゴーグルやヘッドセット，コントローラを組み合わせることで，視覚・聴覚・触覚を刺激し，仮想世界での没入感を与えるようなデバイスが増えてきている。

エ：ビットコインやイーサリアムなどに代表される仮想通貨のことである。日本やその他諸外国が発行する通貨や紙幣のような法定通貨ではないものの，インターネット上でやり取りできる財産的な価値である。

問 74　イ

SL 理論の説明（R4 秋・AP 問 74）

　SL（Situational Leadership）理論は，1977 年に米国のハーシィとブランチャードが提唱したリーダシップのスタイルに関する理論である。SL 理論では，「全ての状況において汎用的に適用できるリーダシップは存在しない」という考えに基づき，部下の成熟度に応じてリーダシップのスタイルを分類する。具体的には，図 A のようにタスク志向のリーダシップの強弱と，人間関係志向のリーダシップの強弱の組合せを表し，部下の成熟度に合わせて，どのように行動すればよいかを示している。SL 理論では，部下の成熟度の向上に合わせて，それぞれのリーダシップのスタイルを変化させていく。したがって，（イ）が正解である。

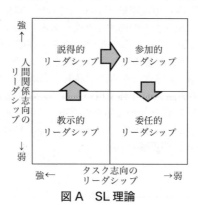

図 A　SL 理論

表A　四つのリーダシップ

リーダシップ	意味
教示的リーダシップ	部下の成熟度が低い場合に有効なリーダシップである。具体的に指示し，部下を細かく監督する。
説得的リーダシップ	部下の成熟度が少し高まった場合に有効なリーダシップである。考えを説明し，部下の疑問に答える。
参加的リーダシップ	部下の成熟度がさらに高まった場合に有効なリーダシップである。指導しながら部下が判断できるようにする。
委任的リーダシップ	部下の成熟度が十分高まった場合に有効なリーダシップである。部下にタスクの遂行を委任する。

ア：ジョハリの窓の説明である。心理学者のルフトとインガムが発表したジョハリの窓は，人間関係を円滑にして，コミュニケーションを円滑に進めるための考え方である。

表B　ジョハリの窓

	自身が知っている自分	自身が気付いていない自分
他人が知っている自分	開放の窓	未知の窓
他人が知らない自分	秘密の窓	盲点の窓

ウ：SECI モデルの説明である。SECI モデルは，知識創造活動に注目したナレッジマネジメントの基礎理論である。知識は，図Bのとおり暗黙知と形式知の二つに分類できる。

図B　SECI モデル

エ：マズローの欲求5段階説の説明である。人間の欲求は五つの段階の階層のように構成されていて，人間は，低い階層の欲求が満たされると，より高い階層の欲求を欲するという理論である。5段階の欲求は表Cのとおりである。

表C　マズローの欲求5段階説

	欲求	説明
高位	自己実現欲求	自分のもつ能力や可能性を最大限発揮したいという欲求
↑	尊厳欲求（承認と自尊）	第三者から認められたい，尊敬されたいという欲求
	社会的欲求（所属と愛情）	集団に属したり，仲間を求めたりする欲求
↓	安全欲求	危険を回避し，安全な暮らしをしたいという欲求
低位	生理的欲求	食べたい，飲みたいなど，生きていくための本能的な欲求

　デルファイ法とは，複数の専門家にアンケート調査を行い，その結果をさらにアンケートとして意見を収束させることで将来予測をする手法のことである。したがって（エ）がデルファイ法の説明である。デルファイとは古代ギリシャで神の託宣を受けたとされるアポロ神殿のあったデルフォイ（Delphoi）神域にちなんだものとされている。ギリシャの中心地である地域にいる高い見識をもつ神官のご神託を聞きに多くの人々が集まってきたとされている。

ア：現状の指標から将来の動向を示す指標が求められることで将来を予測することは，回帰分析の活用例である。

イ：将来予測のモデルを複数の方程式で記述し，その連立方程式を解くことで予測することは，連立方程式モデル（同時方程式モデル）の活用例である。

ウ：ある時点における観測データを横断的（クロスセクション）に分析して将来を予測することは，横断面分析の活用例である。

　ブレーンストーミングやその他思考の発散方法で引き出された多くの事実やアイディアの親和性を見つけ類似するものでグルーピングしていく収束技法は親和図法である。したがって，（ウ）が正解である。

ア：NM法とは，中山正和氏が考案した発想技法であり，そのイニシャルから名付けられたものである。NM法では，世の中にある一見関係はないが類似性のあるものから，その本質的な要素を見いだし解決したいテーマに適用する方法である。

イ：ゴードン法とは，NM法や後述のブレーンストーミングを組み合わせたようなアイディア発想技法である。会議の進行役だけが課題を知っている状態で，会議の参加者にはその機能だけを提示し，自由に討議してもらい，その後課題を明かし討議した内容を組み合わせて解決策を見いだす方法である。

エ：ブレーンストーミングとは，アイディアの発想技法の一つである。複数人が集まり自由に意見を出し合うことで新しいアイディアを生み出す方法であり，批判厳禁，質より量を重視する，他者のアイディアから着想を得たアイディアを歓迎するなどのルールがある。

　甲，乙の二つの製品に関する最大営業利益を考えるために，次のような計算を考えてみる。

① 固定費が甲，乙とも共通なので，それぞれについて販売単価から販売変動費を引いた仮の個別利益を求める。

製品甲　　30 千円－18 千円＝12 千円

製品乙　　25 千円－14 千円＝11 千円

② 機械の年間使用可能時間から，甲，乙それぞれの製造可能個数を求める。

製品甲　　10,000÷10＝1,000

製品乙　　10,000÷8＝1,250

③ 個別利益と製造可能個数を掛け合わせて，それぞれの利益額を求める。

製品甲　　12 千円×1,000＝12,000 千円

製品乙　　11 千円×1,250＝13,750 千円

④ 以上の計算から利益額が大きいのは製品乙で，これを限度いっぱいに製造するときに最大営業利益が得られることが分かる。

③の製品乙の利益額から固定費を引くと，求める営業利益となる。

13,750 千円－10,000 千円＝3,750 千円

したがって，（イ）が正しい。

問 78　ウ　　　　　　　　　　　　作業委託における著作権の帰属（R4 秋-AP 問 78）

　システム開発を委託した場合の著作権の帰属先について問われている。システム開発を含む業務委託に伴う著作活動については，著作権の帰属に関する特段の取決めがない限り，実際に委託を受けて開発を行った側に著作権が帰属する。また，法人に雇用される社員が法人の業務として実施したシステム開発を含む著作活動については，その法人と当該社員との間に著作権の帰属に関する特段の取決めがない限り，その著作権は法人に帰属することになる。この問題では，A 社における顧客管理システムの開発を B 社に委託し，また，ソフトウェア設計・プログラミング・ソフトウェアテストを C 社に再委託していることから，実際にプログラミングを行うのは C 社である。著作権の帰属に関する特段の取決めはないため，著作権は C 社に帰属する。したがって，（ウ）が正解である。

問 79　エ　　　　　　　　　　請負契約における指揮命令権と雇用契約（R4 秋-AP 問 79）

　請負契約における発注者と受注者，作業者の関係は次のようになる。

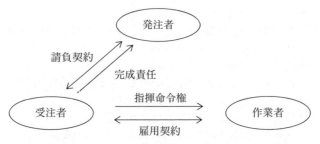

図 請負契約における発注者，受注者，作業者の関係

　請負契約の場合，受注者の責任で作業を完遂する必要がある。作業者が作業を行うに当たって，発注者の事業所で作業することになっても，指揮命令権は発注者にはなく受注者側にある。したがって，受注者に所属する作業者に作業をさせることになるので，新たな雇用契約を結ぶ必要はない。したがって，（エ）が正しい。

ア：指揮命令権は発注者にない。また，発注者の事業所で作業をさせるために新たな雇用契約を結ぶ必要はない。

イ：指揮命令権は発注者にない。また，新たな雇用契約を結ぶ必要はない。

ウ：発注者の事業所で作業をさせるとしても，新たな雇用契約を結ぶ必要はない。

問 80　ア　　　　　　　　　　　　製造物責任法の対象となるもの（R4 秋·AP 問 80）

　製造物責任法（PL 法）では，製造業者に過失がない場合でも製品の欠陥が原因で被害が発生した場合，製造業者が一定の条件の下で責任を問われる法律である。ここでいう製造業者とは，実際に製造を行った業者だけでなく，加工，輸入業者も含まれる。対象となる製造物は，テレビや冷蔵庫などの電気製品，茶碗やコップなどの生活用品，自動車，加工食品など，製造・加工された動産（不動産以外の形のあるもの）である。不動産や加工していない農林水産物，クリーニングやエステティックなど形のないサービスは，対象外である。

　一般に，ソフトウェアは形のないものであり，製造・加工された動産に該当しない。このため製造物責任法の対象とはならないとされるが，ROM 化したソフトウェアは，ROM と切り離せないため，ソフトウェアを含めて ROM が製造物の一部（部品）として扱われる。こうした場合に部品として使用している ROM に組み込まれたソフトウェアに瑕疵（か し）があり，消費者に損害が生じたときは，その製品は製造物責任法の対象となる。したがって，（ア）が正解である。

イ：前述したとおり，アプリケーションのソフトウェアパッケージそのものは直接損害賠償の対象とならない。

ウ：OS は製造物とならない。なお，PC は製造物だが，利用者がインストールし

た OS には PC メーカの責任がないので損害賠償の範囲外である。

エ：利用者がダウンロードしたデータは製造物に該当しないので製造物責任法に
基づく損害賠償の対象外である。

午後問題 解答・解説

問 1	マルウェアへの対応策	(R4 秋-AP 午後問 1)

【解答例】

[設問 1] (1) (a) ア　　(b) ケ　　(c) ク

　　　　　(2) ア

[設問 2] (1) 稼働中のホストの IP アドレス

　　　　　(2) ウ

　　　　　(3) ア

[設問 3] (1) ICMP エコー要求パケットの連続した送信

　　　　　(2) マルウェアに感染した PC を隔離する。

　　　　　(3) EDR が保存するログの分析

【解説】

　電子メールに添付された文書ファイル中のマクロを悪用して感染拡大するマルウェアを想定したセキュリティ対応策を題材として，現状のセキュリティ対策と想定される脅威，侵入したマルウェアの内部探索や感染拡大の活動の考察，EDR システムの利用方法の考察についてと，幅広い内容が問われている。SPF 機能や ICMP エコー要求など，知識が求められる設問も一部にはあるが，ほとんどの設問では，本文の記述に基づく考察や解答群の内容を吟味することによって正解を導くことができる。

[設問 1]

(1) 空欄 a～c に入れる機器を選ぶ。

　　空欄 a は，「　　a　　では，インターネットと DMZ 間及び内部 LAN と DMZ 間で業務に必要な通信だけを許可し，通信ログ及び遮断ログを取得する」という記述の中にある。図 1（P 社のネットワーク構成）から分かるように，インターネットと DMZ 間及び内部 LAN と DMZ 間の通信を中継している機器は FW（ファイアウォール）である。したがって，空欄 a には（ア）の「FW」が入る。FW は，宛先及び送信元 IP アドレスや宛先及び送信元ポート番号を用いるパケットフィルタリング機能によって，通信に対する通過の許可及び遮断の制御を行う。また，ログ機能によって，通信ログ及び遮断ログを取得する。

　　空欄 b は，「　　b　　では，SPF（Sender Policy Framework）機能によって送信元ドメイン認証を行い，送信元メールアドレスがなりすまされた電子メール（以下，電子メールをメールという）を隔離する」という記述の中にある。SPF 機能は，

なりすましに対するセキュリティ対策であり，インターネットからのメールを受信するメールサーバで動作させる。空欄aのある記述から，インターネットとの通信はDMZ経由であり，外部からのメールは，DMZに設置されているメール中継サーバが受信する。したがって，空欄bには（ケ）の「メール中継サーバ」が入る。

なお，SPF機能では，次の手順で送信元ドメインを認証する。

① メール受信時のSMTP通信のMAIL FROMコマンドで通知された送信元のドメインの権威DNSサーバにSPFレコードを問い合わせる。

② SPFレコードに設定されている，当該ドメインの送信元として許可されたIPアドレスと，SMTP通信における実際の送信元IPアドレスを照合する。

③ 二つのIPアドレスが一致するとSPF認証に成功と判断して，メールを受信する。SPF認証に失敗した場合は，あらかじめ設定された動作（隔離や破棄など）を実行する。

送信元メールアドレスとして他者のドメインを使ったなりすましメールが，許可されたIPアドレス以外から送信された場合はSPF認証に失敗するので，送信元ドメインの詐称を検出できる。

空欄cは，「システム部の担当者は，毎日，ベンダーのWebサイトをチェックし，OSのセキュリティパッチやアップデート版の有無を確認する。最新版が更新されている場合は，ダウンロードして検証LANで動作確認を1週間程度行う。動作に問題がなければ，PC向けのものは ［ c ］ に登録し，サーバ向けのものは，休日に担当者が各サーバに対して更新作業を行う」という記述などの中にある。OSのセキュリティパッチやアップデート版に関しては，図1の注記1に「配布サーバは，PCにセキュリティパッチなどを配布するサーバである」とある。したがって，空欄cには（ク）の「配布サーバ」が入る。また，すぐ下にある二つ目の空欄cにも「配布サーバ」が整合する。

(2) 下線①の攻撃名を選ぶ。下線①を含む記述は，「外部DNSサーバでは，DMZのゾーン情報の管理のほかに，キャッシュサーバの機能を稼働させており，外部DNSサーバを①DDoSの踏み台とする攻撃への対策を行う」である。解答群にある三つの攻撃のうち，DNSサーバを踏み台として悪用する攻撃は，DNSリフレクション攻撃である。したがって，（ア）が正しい。

DNSリフレクション攻撃は，送信元IPアドレスを攻撃対象のIPアドレスに偽装したDNS問合せをDNSサーバに送り，そのDNSサーバを踏み台として，DNS応答を攻撃対象のIPアドレスに送り付ける攻撃である。多数の攻撃元から大量のDNS問合せを送ると，DDoS（Distributed Denial of Service；分散型サービス妨害）攻撃になる。対策としては，キャッシュサーバ機能では外部からのDNS問合せを受け付けない（オープンリゾルバ脆弱性対策）ことや，しきい値を超えた大量のDNS問合せの送信元IPアドレスをブロックするなどの方法がある。

その他の攻撃は次のとおりである。

イ：セッションハイジャック攻撃は，Webアプリケーションの脆弱性を悪用し，他人のセッションを乗っ取る攻撃であり，対策は代理店サーバで行う。

ウ：メール不正中継攻撃は，オープンリレー脆弱性を悪用し，メールサーバを踏み
　　台として攻撃メールを送信する攻撃であり，対策はメール中継サーバで行う。

［設問２］
(1)　下線②の処理によって取得できる情報を 20 字以内で答える。下線②は，「(a)　②
PC が接続するセグメント及び社内の他のセグメントの全てのホストアドレス宛て
に，宛先アドレスを変えながら ICMP エコー要求パケットを送信し，連続してホス
トの情報を取得する」である。

　　ICMP エコー要求パケットとは，ICMP (Internet Control Message Protocol)
のメッセージの一つである ICMP エコー要求メッセージを格納した IP パケットで
ある。エコー要求に対して，宛先のホストからエコー応答が戻った場合は，宛先の
ホストが稼働中であることを確認できる。このとき，取得できるホストの情報は，
稼働中のホストの IP アドレスである。したがって，「稼働中のホストの IP アドレ
ス」のように答えるとよい。なお，このように，稼働中のホストの IP アドレスを
探索する処理は，IP スキャンと呼ばれる。

(2)　下線③の処理を行う目的を選ぶ。下線③は，「③(a)によって情報を取得できたホ
ストに対して，攻撃対象のポート番号をセットした TCP の SYN パケットを送信し，
応答内容を確認する」である。

　　TCP の SYN パケットとは，TCP ヘッダの 6 種類のフラグのうち，SYN フラグ
にだけ 1 がセットされたパケットで，TCP ヘッダにセットした宛先ポート番号との
TCP コネクションの確立を要求するために用いられる。続く本文の(c)に記述され
ているように，この SYN パケットに対して，宛先のホストから，SYN フラグと ACK
フラグに 1 がセットされた SYN/ACK パケットが応答された場合は，宛先のホスト
において，指定したポート番号のサービスが稼働しており，TCP 接続待ちの状態
(Listen 状態という) であることが分かる。したがって，処理の目的としては，(ウ)
の「攻撃対象のサービスの稼働状態を知るため」が正しい。なお，このように，通
信可能なポート番号を探索する処理は，ポートスキャンと呼ばれる。

　　その他は，次のように目的には該当しない。
　ア：SYN パケットを大量に送り付ける DoS 攻撃は，SYN Flood 攻撃と呼ばれる。
　　SYN Flood 攻撃では，攻撃対象の同じ IP アドレスに対して大量の SYN パケット
　　を送るが，応答内容の確認は行わない。
　イ：ポートスキャンでは，稼働中の OS のバージョンは知ることができない。稼働
　　しているサービスに対して，例えば，HTTP リクエストのようなアプリケーショ
　　ン層のメッセージを送ると，応答内容によっては OS のバージョンを知ることが
　　できる場合もある。
　エ：ホストの稼働状態は，(1)で述べた ICMP エコー要求の送信などによる IP スキ
　　ャンで知ることができる。
(3)　下線④について，発見できない理由として最も適切なものを選ぶ。下線④を含む
記述は，「また，④マルウェア X に感染した社外の PC から送られてきたメールは，

SPF 機能ではなりすましが発見できません」である。

SPF 機能では，設問 1(1)空欄 b で述べたように，送信元メールアドレスのドメインを詐称したなりすましメールを発見することができる。しかし，マルウェア X の感染拡大の手順について，(d)に「侵入した PC に保存されている過去にやり取りされたメールを悪用し，当該 PC 上でマクロ付き文書ファイル A を添付した返信メールを作成し，このメールを取引先などに送信して感染拡大を試みる」とある。そのため，マルウェア X に感染した社外の PC から送られてくるメールの送信元メールアドレスは，送信元のドメインが詐称されたものではなく，取引先などの正規のドメインのものである。そして，このメールは取引先などの正規のメールサーバから送信されるので，送信元 IP アドレスは許可された正当な IP アドレスであり，SPF 認証が成功するので，ドメインを詐称したなりすましを発見できない。したがって，理由として（ア）の「送信者のドメインが詐称されたものでないから」が適切である。

午後解答

その他の（イ）～（エ）については，SPF 機能では，添付ファイルの内容，メールに付与された署名，メール本文に対して，いずれのチェックも行わないので，発見できない理由とは関係しない。

［設問 3］

(1) 下線⑤について，どのような事象を検知した場合に，マルウェア X の侵入を疑うことができるのかを 25 字以内で答える。下線⑤を含む記述は，「(ⅱ) PC のプロセスを監視し，あらかじめ設定した条件に合致した動作が行われたことを検知した場合に，設定した対応策を実施する。例えば，EDR は，(a)～(c)に示した⑤マルウェア X の活動を検知した場合に，⑥内部ネットワークの探索を防ぐなどの緊急措置を PC に対して実施することができる」である。

(a)～(c)のマルウェア X の活動のうち，通常の PC の利用においては発生しないと考えられるプロセスとしては，設問 2(1)で述べた IP スキャンを行う，(a)の全てのホストアドレスを宛先とする ICMP エコー要求パケットの連続した送信が挙げられる。また，(c)の C&C サーバへの送信に関しては，プロキシサーバを経由せずにインターネット上の C&C サーバに直接接続する通信を行った場合は，マルウェア X の侵入を疑う不審な通信として検知できる。ただし，この通信がプロキシサーバ経由の場合，通常の利用と変わらず検知できないので，検知する事象としては，「ICMP エコー要求パケットの連続した送信」のように答えるとよい。

(2) 下線⑥について，緊急措置の内容を 25 字以内で答える。下線⑥も，下線⑤と同じ「例えば，EDR は，(a)～(c)に示した⑤マルウェア X の活動を検知した場合に，⑥内部ネットワークの探索を防ぐなどの緊急措置を PC に対して実施することができる」という記述中にある。

PC に侵入したマルウェアによる内部ネットワークの探索を防ぐなどのためには，マルウェアに感染した PC を内部 LAN から切り離し，隔離する措置が有効である。したがって，「マルウェアに感染した PC を隔離する」のように答えるとよい。

EDR（Endpoint Detection and Response）システムは，セキュリティ侵害の検知に加えて，対象機器のネットワークからの隔離や不審なプロセスの停止などの対処を実行できることが特徴である。なお，ネットワークからの隔離では，管理サーバとの通信だけを可能な状態に維持するといった設定も可能である。

(3) EDR 導入後にマルウェア X の被害が発生したとき，被害内容を早期に明らかにするために実施すべきことを，本文中の字句を用いて 20 字以内で答える。

　マルウェア X による被害としては，PC 自体のマルウェア感染の他に，(c)に記述されているように，通信可能なホストから個人情報や秘密情報などを窃取し，C&Cサーバに送信すること，(d)に記述されているように，感染拡大のためのメールを社外に送信することなどが挙げられる。これらの被害内容を明らかにするためには，（ⅰ）に記述されている，PC で実行されたコマンド，通信内容，ファイル操作などのイベントログを確認する必要がある。そして，導入する EDR についての「管理サーバは，エージェントの設定，エージェントから受信したログの保存，分析及び分析結果の可視化などの機能をもつ」という記述から，EDR が保存するログを分析して，管理サーバのイベントログを確認することによって，被害内容を早期に明らかにできると判断できる。したがって，「EDR が保存するログの分析」のように答えるとよい。

問2　教育サービス業の新規事業開発　　(R4 秋・AP 午後問 2)

【解答例】

[設問1]　(1)　強み：業界に先駆けた教育コンテンツの整備力
　　　　　　　　機会：リスキリングのニーズの高まり
　　　　　　(2)　イ
[設問2]　(1)　大手製造業の同業他社へ展開するため
　　　　　　(2)　(a)　ウ
[設問3]　(1)　(b)　カ　　　(c)　イ
　　　　　　(2)　(d)　サブスクリプション
[設問4]　(1)　競争優位性のある教育 SaaS の提供
　　　　　　　　＜別解＞　新規事業のミッションを遂行すること
　　　　　　(2)　(e)　40　　　(f)　80

【解説】

　中高生を対象とした教育サービス業における，SWOT 分析，ビジネスモデルキャンバス法，損益分岐点分析などを用いた新規事業開発をテーマにした問題である。

　これまで中高生向けに塾や通信教育などの事業を伸ばしてきたが，今後大きな成長の見込みが立たないことから，デジタル技術を活用して事業を改革し，DX（デジタルトランスフォーメーション）を実現する顧客起点の新規事業を検討することとした。

　この新規事業の戦略を策定する上で，設問 1 では SWOT 分析における強みと機会について，設問 2 では顧客実証について問われている。設問 3 ではビジネスモデルキャンバス法について，設問 4 では CVP 分析（損益分岐点分析）について出題されている。このように，本問は新規事業戦略の検討について幅広い見識が求められる総合的な問題となっている。

[設問1]

(1)　SWOT 分析における強みと機会に関して問われている。

　〔新規事業の戦略立案〕において，「内外の環境の分析を行い，B 社の新規事業の戦略を次のとおり立案し」という記述の後に，「新規事業領域として，法人従業員向けの個人の能力レベルに合わせたオンライン教育サービスを選定」という記述があることから，〔B 社を取り巻く環境と取組〕を確認する。4 番目の項目に，B 社の内部環境について，「AI を用いて個人の能力レベルに合わせた教育コンテンツを提供できる教育ツールの研究開発に取り組み始めた」という記述の後，「最新の動向の反映が必要な分野に対して，業界に先駆けた教育コンテンツの整備力が強みであり，新規事業での活用が見込める」という記述が見つかる。

　したがって，強みとしては，「業界に先駆けた教育コンテンツの整備力」などと答える。

　同様に，〔B 社を取り巻く環境と取組〕を見ると，1 番目の項目に，B 社を取り巻

く外部環境として，「ここ数年で，法人において，非対面でのオンライン教育に対するニーズや，時代の流れを見据えて従業員が今後必要とされるスキルや知識を新たに獲得する教育（リスキリング）のニーズが高まっている。今後も法人従業員向けの教育市場の伸びが期待できる」という記述が見つかる。

　　したがって，機会としては，「リスキリングのニーズの高まり」などと答える。

(2) B 社の DX を実現するために留意すべきことが問われている。

　　「中高生向けの塾や通信教育などでのノウハウをサービスに取り入れ，法人でのDX 推進に必要なデータサイエンスなどの知識やスキルを習得する需要に対して，AI を用いた個人別の教育コンテンツをネット経由で提供するビジネスモデルを構築することを通じて，B 社の DX を実現する」のに留意すべきことが問われている。そこで，冒頭の記述を確認してみると，「3 年後の新たな成長を目指して，デジタル技術を活用して事業を改革し，B 社の DX（デジタルトランスフォーメーション）を実現する顧客起点の新規事業を検討することを決めた」という記述がある。この記述から，B 社の DX の戦略立案に際しては，自社のあるべき姿の達成に向け，デジタル技術を活用し事業を改革することが必要となることが分かる。

　　したがって，（イ）の「B 社の DX の戦略立案に際しては，自社のあるべき姿の達成に向け，デジタル技術を活用し事業を改革することが必要となる」が適切である。

［設問2］

(1) 最初に攻略する顧客として企業を選定する方針の目的を問われている。

　　「教育ニーズが高く，商談中の G 社を最初に攻略する顧客とする」という方針の目的を検討するため，〔B 社を取り巻く環境と取組〕を見ると，3 番目の項目に，「教育サービス業における他社の新規事業の成功事例を調査したところ，特定の業界で他企業に対する影響力が強い企業を最初の顧客として新たなサービスの実績を築いた後，その業界の他企業に展開するケースが多いことが分かった」といった記述がある。下線③の直後には，「G 社は，製造業の大手企業であり，同業他社への影響力が強い」という記述があることから，製造業で他企業に対する影響力が強い G 社を最初の顧客として新事業の実績を築いた後，その業界の他企業に展開する成功事例に沿うことを意図しているものと考えられる。

　　したがって，G 社を最初に攻略する顧客とする方針の目的として，「大手製造業の同業他社へ展開するため」などと答える。

(2) 顧客実証に関する問題である。

・空欄a：空欄aの直前には，「G 社への提案前に，B 社の提供するサービスが適合するか確認するために」という記述がある。空欄aは，B 社の提供するサービスが適合するかどうか確認するためのものであることが分かる。また，空欄aの直後には，「F 社にも参加してもらう」という記述がある。よって，空欄 a は，参加するものであることが分かる。なお，〔新規事業の戦略立案〕を確認すると，「法人向けの販売を強化するために，F 社と販売店契約を結ぶ」という記述が見つかる。以上から，空欄aは提供するサービスが適合するか

どうか確認するために実施するもので，参加することができるものであることから，PoC であるとが判明する。PoC（Proof of Concept）とは，概念実証のことで，新たなコンセプトの実現可能性やその効果などについて検証することである。

　　したがって，空欄 a に入るのは，（ウ）の「PoC」である。

　　他の選択肢の指標は次のようなことを計るものである。

ア：KPI（Key Performance Indicator）とは，重要業績評価指標のことで，設定した目標に対する達成度合いを計るための指標である。

イ：LTV（Life Time Value）とは，顧客生涯価値のことで，顧客が企業と取引を開始してから終了するまでの間にもたらす利益の度合いを表す指標である。

エ：UAT（User Acceptance Test）とは，ユーザ受入れテストのことで，ソフトウェア製品がユーザのニーズを満たしているかどうかを確認するために実施されるテストのことである。

[設問 3]

(1)　ビジネスモデルキャンバス法における主要な活動及びチャネルに関することが問われている。

　　ビジネスモデルキャンバス法（BMC；Business Model Canvas）とは，主要なパートナー，主要な活動，価値提案，顧客との関係，チャネル，顧客セグメント，コスト構造，収益の流れといった九つの項目から，ビジネスモデルの全体像をまとめるために用いるフレームワークである。自社の新規事業開発の検討，既存事業の見直し，競合分析をする際に用いる。

・空欄 b：空欄 b に入るものはビジネスモデルキャンバス法における「KA（主要な活動）」であることから，解答群を見ると，（エ）の「教育」，（オ）の「コンサルティング」，（カ）の「プロモーション」が候補として挙げられる。また，「★」印が付されていることから，新規事業についての要素であることが分かる。そこで，〔新規事業の戦略立案〕を見ると，最後の項目に，「Web セミナーやイベントを通じて B 社の教育 SaaS の認知度を高める」という記述が見つかる。このような活動は，先の候補を踏まえると，「プロモーション」であるといえる。

　　したがって，空欄 b に入るのは，（カ）の「プロモーション」である。

・空欄 c：空欄 c に入るものはビジネスモデルキャンバス法における「CH（チャネル）であることから，解答群を見ると，（ア）の「E 大学」，（イ）の「F 社」，（ウ）の「G 社」が候補として挙げられる。また，「★」印が付されていることから，新規事業についての要素であることが分かる。そこで，〔新規事業の戦略立案〕を見ると，最後の項目に，「法人向けの販売を強化するために，F 社と販売店契約を結ぶ。F 社は，大手製造業に対する人材提供や教育を行う企業であり，大手製造業の顧客を多く抱えている」という記述が見つ

かる。この記述が示すようなチャネルは，先の候補を踏まえると，「Ｆ社」であるといえる。

　　したがって，空欄ｃに入るのは，（イ）の「Ｆ社」である。

(2) ビジネスモデルキャンバス法における収益の流れに関して問われている。

・空欄ｄ：空欄ｄに入るものはビジネスモデルキャンバス法における「R$（収益の流れ）」であり，「★」印が付されていることから，新規事業についての要素であることが分かる。また，設問では，「販売の方式を示す字句が入る」と記載されている。そこで，〔新規事業の戦略立案〕において販売に関する記述を探すと，5番目の項目に，「毎月定額で，提供するカタログの中から好きな教育コンテンツを選べるサービスを提供することで，競合サービスよりも利用しやすい価格設定とする」という記述が見つかる。設問では，「片仮名で答えよ」とあることから，このような販売の方式は，「サブスクリプション」であるといえる。

　　したがって，空欄ｄに入るのは，「サブスクリプション」である。

〔設問4〕

(1) 財務計画における優先事項が問われている。

下線④「4年目に累積損失を0にするよりも優先すべきこと」について，まず，〔B社を取り巻く環境と取組〕を確認すると，「最近，法人向けの教育サービス業において，異業種から参入した企業による競合サービスが出現し始めていて，価格競争が激化している」という記述があり，新規事業の費用を削減するよりも，迅速性を優先する必要があることが分かる。次に，〔財務計画〕を見ると，1番目の項目に，「競争優位性を考慮して，教育 SaaS 開発投資を行う」という記述がある。以上から，教育 SaaS 開発投資を迅速に推進し，競争優位性を確保する必要があることが分かる。

　　したがって，優先すべきこととして，「競争優位性のある教育 SaaS の提供」，「新規事業のミッションを遂行すること」などと答える。

(2) CVP 分析（損益分岐点分析）に関する問題である。

・空欄ｅ：「変動費を抑えて4年目に累積損失を0にできる」という記述から CVP 分析（損益分岐点分析）で考えるとよいことが分かる。

　　売上高 S に対する変動費の比率を α，固定費を F とすると，営業利益は，次のように計算される。

　　　　営業利益＝売上高－費用＝S－（変動費＋固定費）＝S－（αS＋F）

　　損益分岐点売上高とは，営業利益が 0（ゼロ）になるときの売上高であるので，損益分岐点売上高を Se とすると，次のように表される。

　　　　Se－（αSe＋F）＝0
　　　　（1－α)Se＝F
　　　　Se＝F／（1－α）　　…①

　　ここで，「表1　財務計画第1版」を見ると，

4 年目までの売上高は「10 + 40 + 90 + 160 = 300」より 300（百万円），
4 年目までの固定費は「45 × 4 = 180」より 180（百万円）であるので，
①の式に Se = 300，F = 180 を代入すると，次のようになる。

$$300 = 180 / (1 - \alpha)$$

$$\alpha = 0.4 = 40\%$$

したがって，空欄 e に入るのは，「40」である。

・空欄 f：「表 1　財務計画第 1 版」を見ると，5 年目までの売上高は 600（百万円）
である。財務計画第 2 版の変動費率は 40% であるので，5 年目までの変動費
は「600 × 40% = 240」より 240（百万円），「表 1　財務計画第 1 版」を見る
と，5 年目までの固定費は 225（百万円）であるので，財務計画第 2 版にお
ける 5 年目までの累積利益は，次のように計算される。

　　累積利益 = 600 − (240 + 225) = 135（百万円）

「表 1　財務計画第 1 版」を見ると，5 年目までの累積利益は 75（百万円）
であるので，「135 ÷ 75 = 1.8」となり，1.8 倍であることから，財務計画第 1
版と比較して財務計画第 2 版における 5 年目の累積利益は 80% 増加している
ことが分かる。

したがって，空欄 f に入るのは，「80」である。

午後解答

【解答例】

[設問1]　(1)　3

　　　　　(2)　ア：2

[設問2]　イ：paths[sol_num][k]　　ウ：stack_top － 1

　　　　　エ：maze[x][y]

[設問3]　オ：sol_num

[設問4]　(1)　カ：5,3

　　　　　(2)　キ：22　　ク：3

【解説】

　n×m の 2 次元のマスの並びから成る迷路の解を求める問題について考える。始点から，迷路内にある障害物のマスを通らずに，終点にたどり着くまでのマスの並びが迷路の解になる。本問では，n×m 個のマスの情報を管理する 2 次元配列，及び迷路を探索している間のそれまでの経路を格納するスタックが重要なデータ構造となっている。また，迷路を探索してマスを移動する関数を，再帰的に呼び出す点にも注意しながらプログラムの構造を理解する必要がある。

〔迷路の条件〕

・迷路内には障害物のマスがあり，n×m のマスを囲む外壁のマスがある。障害物と外壁のマスを通ることはできない。

・任意のマスから，そのマスに隣接し，通ることのできるマスに移動できる。迷路の解とは，この移動の繰返しで始点から終点にたどり着くまでのマスの並びである。ただし，迷路の解では同じマスを 2 回以上通ることはできない。

・始点と終点は異なるマスに設定されている。

　図1の5×5の迷路の例と，その解（始点から終点への矢印）を図Aに示す。

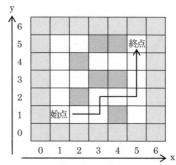

注記　▨ は外壁，▨ は障害物を表す。（図 B 以降，同様）

図A　図1の迷路の例とその解

〔迷路の解を見つける探索〕

(1) 迷路図情報（プログラムでは 2 次元配列 maze[x][y]に格納する）

　　迷路と外壁の各マスの位置を x 座標と y 座標で表し，各マスについてそのマスに関する情報（以下，マス情報という）を考える。与えられた迷路に対して，マス情報を集めた迷路図情報が作られる。解の探索の実行に先立ち，迷路図情報には，障害物及び外壁のマス情報として NG フラグを，それ以外のマス情報として OK フラグをそれぞれ設定する。図 1 の迷路に対する迷路図情報を，2 次元配列 maze[x][y]に格納した様子を図 B に示す。なお，配列の添字は 0 から始まる。

y							
6	NG	NG	NG	NG	NG	NG	NG
5	NG	OK	OK	NG	NG	OK	NG
4	NG	OK	NG	OK	OK	OK	NG
3	NG	OK	OK	OK	NG	OK	NG
2	NG	OK	NG	OK	OK	OK	NG
1	NG	OK	OK	OK	NG	NG	NG
0	NG	NG	NG	NG	NG	NG	NG
	0	1	2	3	4	5	6 → x

図 B　図 1 の迷路に対する迷路図情報 maze[x][y]の内容

(2) 探索する際の“移動”の動作

　・“進む”…現在いるマスから①y 座標を 1 増やす（1 マス上へ），②x 座標を 1 増やす（1 マス右へ），③y 座標を 1 減らす（1 マス下へ），④x 座標を 1 減らす（1 マス左へ），のいずれかの方向に動くことである。

　　マスに“進む”と同時にそのマスのマス情報（maze[x][y]の該当する要素）に足跡フラグ（VISITED）を入れる。足跡フラグが入ったマスには“進む”ことはできない。マスに“移動”したとき，移動先のマスを“訪問”したという。

　・“戻る”…今いるマスから“進んで”きた一つ前のマスに動くことである。

(3) 探索の手順

（ⅰ）始点のマスのマス情報に足跡フラグを入れ，始点のマスを“訪問”したマスとして，始点のマスから開始する。

（ⅱ）現在いるマスから次のマスに“進む”試みを①上→②右→③下→④左の順に行い，もし試みた方向のマスに“進む”ことができないならば，次の方向に“進む”ことを試みる。4 方向いずれにも“進む”ことができないときには，現在い

るマスのマス情報を OK フラグに戻し，一つ前のマスに"戻る"。

(iii)（ii）を終点に到達するまで繰り返す。終点に到達したとき，始点から終点まで"進む"ことでたどってきたマスの並びが迷路の解の一つとなる。この解を得るために迷路を探索している間，通ってきたマスをスタックに格納しておく。

(iv) 迷路の解を見つけた後も，他の解を見つけるために，終点から一つ前のマスに"戻り"，迷路の探索を続け，全ての探索を行ったら終了する。

［設問１］
〔迷路の解を見つける探索〕で，図１の迷路の探索を行う過程で起きる"移動"について(ⅰ)～(ⅲ)のように考え，それまでの経過を格納するスタックの内容を明らかにする。

(ⅰ) まず，問題文中に説明されている，「始点から始めて，(1,1)→(1,2)→(1,3)→(1,4)→(1,5)→(2,5)→(1,5)→(1,4)のように 7 回"移動"した」状態を考える。この時点で，"訪問"したマスと，それまでの経過を格納するスタックの内容は図 C のようになる。それまでの経過を格納するスタックからは，(1,5)及び(2,5)のように迷路の解に該当しないマスの座標は"戻る"ときに取り除かれ，現時点で迷路の解の候補となる経路上にあるマスの座標だけが格納されている。

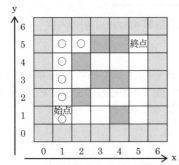 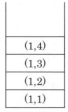

注記 ○は"訪問"したマスを表す。（図 E，F も同様）　　それまでの経過を格納するスタック

図C　7 回"移動"した時点で"訪問"したマスとスタックの内容

(ⅱ) 続いて，座標が(1,4)のマスから 4 方向いずれにも"進む"ことができないために一つ前のマスに戻る。このようにして，"進む"試みを始めから 13 回目まで続けると，図 D に示すような"移動"と，経過を格納するスタックの内容の更新が行われる。

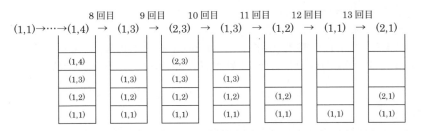

8回目　9回目　10回目　11回目　12回目　13回目

$(1,1) \rightarrow \cdots \rightarrow (1,4) \rightarrow (1,3) \rightarrow (2,3) \rightarrow (1,3) \rightarrow (1,2) \rightarrow (1,1) \rightarrow (2,1)$

図D　"移動"とそれまでの経過を格納するスタックの内容

また，その時点までに"訪問"したマスを図Eに示す。

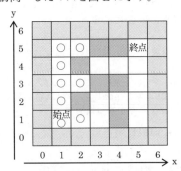

図E　13回"移動"した時点で"訪問"したマス

(iii)　座標が(2,1)のマスから，14回目以降の"移動"を行うと，(2,1)→(3,1)→(3,2)→(4,2)→(5,2)→(5,3)→(5,4)→(5,5)（終点）となり，始めから20回目の"移動"で迷路の解が求められる。終点に到達した時点で"訪問"したマスを図Fに示す。

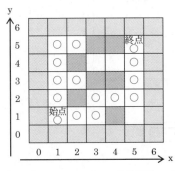

図F　終点に到達した時点で"訪問"したマス

(1)　図1の例で終点に到達したときに，この探索で"訪問"されなかったマスは，図

F をみると，座標が(3,4)，(4,4)，(5,1)のマスである。したがって，"訪問"されなかったマスの総数は「3」となる。

(2) 始めから 13 回目の "移動" が終了した時点のスタックの内容は，図 D に示されている。スタックには(1,1)と(2,1)の 2 個の座標が格納されているので，空欄アは「2」となる。

［設問2］

図 3 に示す関数 visit のプログラム中の空欄に入れる適切な字句を答える設問である。関数 visit は，1 回目はメインプログラムから始点の座標(x,y)を引数として呼び出される。2 回目以降は，関数 visit 内で，"移動"先の座標を引数として再帰的に呼び出される。また，関数内で使われる変数及び配列は大域変数である点に注意する。関数 visit のプログラムの概要を図 G に示す。

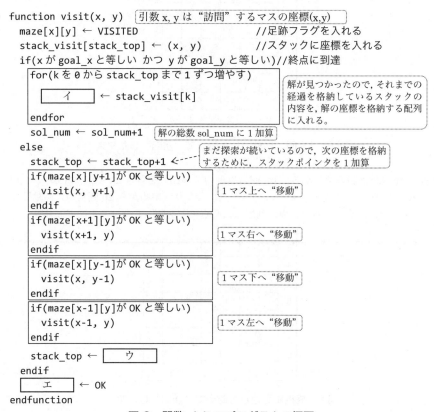

図 G　関数 visit のプログラムの概要

　関数 visit のプログラムは，引数で渡された座標(x，y)について，迷路の解の経路に当たるかどうかを調べる。先頭の 2 行では，迷路図情報中の座標(x，y)のマス情報（maze[x][y]）に足跡フラグ（VISITED）を，それまでの経過を格納するスタック（stack_visit)に座標(x，y)を入れる。それ以降にある空欄イ～エについて解説する。

・空欄イ：if 文の条件判定によって，終点に到達した場合と，まだ解の探索が続いている場合に処理が分かれる。空欄イは，x 座標，y 座標ともに終点の座標に一致した場合，すなわち終点に到達した場合の処理である。終点に到達したことから，解の一つが見つかったので，それまでの経過を格納するスタック（stack_visit）に格納されている解を，迷路の全ての解の座標を格納する 2 次元配列 paths に格納する必要がある。2 次元配列 paths[u][v]の添字 u は解の番号（0 から始まる），添字 v は解を構成する座標の順番である。例えば，最初に見つかった迷路の解であれば，paths[0][v]となる。プログラムでは，解の番号は変数 sol_num で表され，解を構成する座標の順番はそれまでの経過を格納するスタックのスタックポインタで参照できる。for 文でスタックポインタを表す制御変数 k を 0 から stack_top まで 1 ずつ増やすことによって，スタックに最初に格納された座標から最後に格納された座標までを，配列 paths に入れる。空欄イを含む処理は，paths[sol_num][k] ← stack_visit[k]と表されるので，空欄イは「paths[sol_num][k]」となる。

　例として，図 1 の迷路の解が見つかった時点（図 A の状態）で，それまでの経過を格納するスタックの内容，及び配列 paths に格納される座標のイメージを図 H に示す。図 1 の迷路の解は一つであり，解の番号は 0 である。

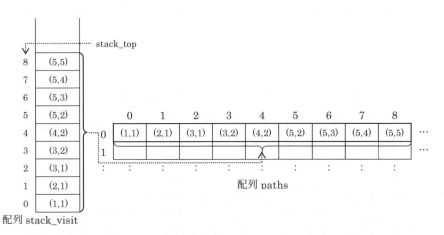

図 H　それまでの経過を格納するスタックと配列 paths の内容

・空欄ウ：if 文の条件判定で"偽"となった場合，すなわち迷路の解の探索がまだ続

いている処理の中にある。この部分の処理では，次に入れる座標のためにスタックポインタを1加算した後に，現在いるマスから次のマスに"進む"試みを上→右→下→左の順に行う。もし試みた方向のマスに"進む"ことができないならば，次の方向に"進む"ことを試みる。そして，4方向いずれにも"進む"ことができないときは，次に入れる座標のために1加算したスタックポインタの値を元に戻さなければならない。それを行うのが空欄ウを含む文である。この部分の処理の先頭にあるスタックポインタ加算を参考に，減算の処理を考えると，stack_top ← stack_top−1 と表すことができるので，空欄ウは「stack_top − 1」となる。

・空欄エ：if 文の条件判定で"真"となった場合，すなわち終点に到達した（解が見つかった）場合，他の解を見つけるために，現在のマスのマス情報を OK フラグに戻してから，一つ前のマスに"戻る"。一方，"偽"となった場合も，4方向いずれにも"進む"ことができなかったときには，現在いるマスのマス情報を OK フラグに戻してから，一つ前のマスに"戻る"。このように，いずれの場合も，一つ前のマスに"戻る"前には，現在いるマスのマス情報を OK フラグに戻す必要があり，そのための maze[x][y] ← OK を行う。したがって，空欄エは「maze[x][y]」となる。なお，一つ前のマスに"戻る"とは，プログラムとしては，呼出し元へ戻ることである。

[設問3]
図4に示すメインプログラムでは，はじめに必要な初期設定を行った後，始点の座標を引数として迷路を探索してマスを"移動"する関数 visit を呼び出し，最後に迷路の解を印字する。関数 visit のプログラムは，迷路の解を全て求めるアルゴリズムとなっており，解の総数を大域変数 sol_num でカウントしている。ここでは，空欄オを含む条件が"真"であるとき，"迷路の解は見つからなかった"と印字するようにしたい。関数 visit のプログラムでは，解が見つかると変数 sol_num に1加算しているので，変数 sol_num の値が初期設定の0のままであるときは，迷路の解が一つも見つからなかった場合である。したがって，条件は「sol_num が0と等しい」と表すことができるので，空欄オは「sol_num」となる。なお，条件が"偽"である（変数 sol_num が0でないとき）ときは，解が見つかったときであるから，迷路の全ての解を格納している配列 paths の内容を印字する。

[設問4]
〔解が複数ある迷路〕についての記述に関する設問である。
(1) 図2は解が複数ある迷路となっている。この例で，一つ目の解が見つかった後に，他の解を見つけるために，迷路の探索を続ける際に，どのマスに"移動"するかを見ていく。なお，一つ目の解（始点から終点への矢印）は，図Ⅰに示すとおりである。

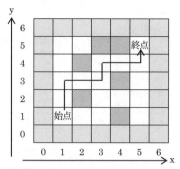

図I 解が複数ある迷路（図2）における一つ目の解

　一つ目の解は，座標が(5,4)のマスから一つ上に"移動"して，座標が(5,5)のマス，すなわち終点に到達している。このことから，visit(5,4)から上のマスへのvisit(5,5)を再帰的に呼び出して，終点に到達したときの処理（それまでの経過を格納するスタックの内容を迷路の解の座標を格納する配列pathsに設定する）を行っていることが分かる。座標が(5,5)のマスに対する関数visitの処理が終了すると，呼出し元のvisit(5,4)に戻り，他の方向に"移動"できるかどうかを判定する。座標が(5,4)のマスから，次に"移動"できるのは，図Jに示すように，一つ下の，座標が(5,3)のマスである。座標が(5,3)のマスに対する関数visitの呼出し（visit(5,3)）が，一つ目の解が見つかった後で，最初に実行される関数visitとなるので，空欄カに入れる引数の値は「5,3」となる。

　　　　　　"移動"の方向は，①上→②右→③下（→④左）
　　　　　　の順に調べる。

図J 座標が(5,4)のマスから"移動"できる方向

　一つ目の解が見つかる前後の関数visitの呼出しの様子を，座標が(5,4)のマスに対する関数呼出し（visit(5,4)）を基点にして図Kに示す。

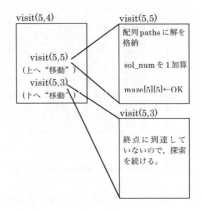

図 K　関数 visit の呼出しの様子

(2)　空欄カで求めた引数の座標である(5,3)を基点として，二つ目の解が見つかるまでの"移動"の様子を図 L に示す。"移動"する方向は，現在いるマスから①y 座標を 1 増やす（1 マス上へ），②x 座標を 1 増やす（1 マス右へ），③y 座標を 1 減らす（1 マス下へ），④x 座標を 1 減らす（1 マス左へ），のいずれかであり，それを①～④の順に試みる点，また，①～④の探索で移動できないときは，一つ前のマスである呼出し元に"戻り"，次の方向からの探索を試みる点に注意する。

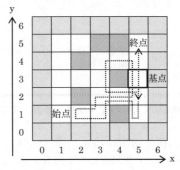

図 L　座標が(5,3)であるマスを基点とした"移動"

・空欄キ：図 L から，マスの"移動"は次の順で行われ，"移動"は 22 回起きていることが分かる。したがって，空欄キは「22」となる。

①　　　②　　　③　　　④　　　⑤　　　⑥　　　⑦　　　⑧　　　⑨　　　⑩　　　⑪
(5,3)→(5,2)→(5,1)→(5,2)→(4,2)→(3,2)→(3,1)→(2,1)→(3,1)→(3,2)→(4,2)→(5,2)─┐

⑫　　　⑬　　　⑭　　　⑮　　　⑯　　　⑰　　　⑱　　　⑲　　　⑳　　　㉑　　　㉒
└→(5,3)→(5,4)→(4,4)→(3,4)→(3,3)→(3,2)→(4,2)→(5,2)→(5,3)→(5,4)→(5,5)

注記　③及び，⑧〜⑯は前のマス（呼出し元）への"移動"（⑭〜⑯は，前の解によるもの）

・空欄ク：図L及び，空欄キで調べたとおり，座標が(4,2)のマスは 3 回"訪問"され
　ているので，空欄クは「3」となる。

【解答例】

[設問1]　(1)　(a) ウ　　　(b) エ　　　(c) イ　(空欄 a, b は順不同)

　　　　　(2)　エ

[設問2]　(1)　開発期間中に頻繁に更新されるから

　　　　　(2)　(d) 10.1.2　　　(e) 15.3.3

[設問3]　(1)　イ

　　　　　(2)　(f) /app/FuncX/test/test.txt

　　　　　(3)　img-dev_dec

【解説】

　コンテナ型仮想化技術に関する，システムアーキテクチャの問題である。コンテナを使用したコンテナ型仮想化技術は，近年，クラウドサービスや開発環境の構築などでの利用が増えている。そこで，従来のホスト OS 型やハイパーバイザー型などのサーバ型仮想化技術との違いを理解しておく必要がある。そこで，まずはサーバの仮想化技術について，解説を行う。

　サーバの仮想化技術は，図 A のように，ホスト OS 型，ハイパーバイザー型，コンテナ型がある。ホスト OS 型は，ホスト OS の上で仮想化ソフトウェアを実行し，その仮想マシンの上で，ゲスト OS を実行し，アプリケーションを動作させる。この方式は，ホスト OS の上にゲスト OS を実行させるので，オーバーヘッドが大きくなるデメリットがある。

　ハイパーバイザー型は，ハイパーバイザーと呼ばれる仮想化ソフトウェアの上でゲスト OS を実行し，アプリケーションを動作させる。ホスト OS 型に比べて，ホストOS がない分，オーバーヘッドが減り，効率的にアプリケーションを実行することができる。これらの，二つの方式は，ゲスト OS が動作する仮想マシン上で，仮想サーバを実現する方式である。ゲスト OS は異なる種類でも使用できるため，OS が異なるアプリケーションの実行も可能となり，利用における自由度が高い。

　コンテナ型は，ホスト OS 上で，コンテナエンジンやコンテナランタイムと呼ばれる仮想化ソフトウェアを実行し，その上で，コンテナに収められたアプリケーションの実行環境を提供する。コンテナには，アプリケーションとアプリケーションを実行するために必要な最低限のライブラリが含まれている。コンテナ型は，コンテナ単位で仮想マシンとして動作するが，同じホスト OS 上で動作するため，同じ OS 上で動作するコンテナ（アプリケーション）しか，動作させることができない制約がある。しかしながら，ゲスト OS がない分，オーバーヘッドが少なく，CPU やメモリなどの資源（リソース）の効率的な活用が可能となる。また，コンテナの可搬性が高く，高速なコンテナの入替えや高速な起動・停止が可能である。

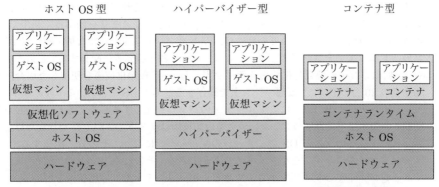

| ホスト OS 型 | ハイパーバイザー型 | コンテナ型 |

図 A　ホスト OS 型，ハイパーバイザー型，コンテナ型仮想化の構成

［設問 1］
コンテナ型仮想化技術について問われている。

(1)　本文中の空欄 a〜c に入れる適切な字句を解答群の中から記号で選ぶ問題である。

・空欄 c：先に，空欄 c に入る字句を考える。ここで，空欄を含む文は，〔コンテナ型仮想化技術の調査〕の「コンテナ型仮想化技術は，一つの OS 上に独立したアプリケーションの動作環境を構成する技術であり，　　a　　や　　b　　上に仮想マシンを動作させるサーバ型仮想化技術と比較して　　c　　が不要となり，CPU やメモリを効率良く利用できる」である。前述のようにコンテナ型は，ゲスト OS が不要であるため，空欄 c には，（イ）が入る。

・空欄 a，b：ホスト OS 型やハイパーバイザー型は，ゲスト OS を使って仮想サーバを提供するので，サーバ型仮想化技術と呼ばれている。仮想サーバを構成するために，ホスト OS 型ではホスト OS と仮想化ソフトウェアが必要であり，ハイパーバイザー型ではハイパーバイザーが必要である。よって，空欄 a と空欄 b には，ホスト OS やハイパーバイザーが入ると考えられる。ハイパーバイザーは，その上に仮想マシンが動作しゲスト OS を実行させることができるが，ホスト OS で仮想マシンを動作させるには，仮想化ソフトウェアが不可欠となる。よって，空欄 a にハイパーバイザーを，空欄 b にホスト OS を入れると，「「(a)ハイパーバイザー」や「(b)ホスト OS」上に仮想マシンを動作させるサーバ型仮想化技術…」の記述になり，適切な文になると考えられる。

　　　　よって，空欄 a は（ウ），空欄 b は（エ）となる（空欄 a，b は順不同）。

(2)　サーバ型仮想化技術と比較したコンテナ型仮想化技術を用いるメリットを，解答群の中から記号で選ぶ問題である。ここで再度，空欄を含む文章に注目すると，「次に D さんは，コンテナ型仮想化技術について調査した。コンテナ型仮想化技術は，一つの OS 上に独立したアプリケーションの動作環境を構成する技術であり，「(a)

ハイパーバイザー」や「(b)ホスト OS」上に仮想マシンを動作させるサーバ型仮想化技術と比較して「(c)ゲスト OS」が不要となり，CPU やメモリを効率良く利用できる。C 社の開発環境で用いる場合には，Web アプリの開発に必要な指定バージョンのミドルウェアをコンテナイメージにまとめ，それを開発者に配布する」とある。もし，仮にコンテナ型仮想化技術を使用せず，サーバ型仮想化技術を使用した場合，開発者の 20 台の PC に，仮想マシン上で動作するゲスト OS を含め，ミドルウェア A，ミドルウェア B，さらにミドルウェアのパッチを配布する必要がある。前述の空欄 c の箇所で考えたように，コンテナ型仮想技術はゲスト OS が不要であるため，開発者の PC へのゲスト OS のイメージの配布も不要になり，その分，配布するイメージファイルのサイズを小さくすることができる。そのため，（エ）の「配布するイメージファイルのサイズを小さくできる」が，コンテナ型仮想化技術を用いるメリットであると考えることができる。よって，答えは（エ）となる。

［設問2］
〔コンテナイメージの作成〕について答える問題である。

(1) 本文中の下線①について問われている。下線①を含む文章は，「なお，Web アプリのソースコードやロードモジュールは，バージョン管理システムを利用してバージョン管理し，①コンテナイメージに Web アプリのソースコードやロードモジュールは含めないことにした」である。この下線①について，D さんが，ソースコードやロードモジュールについてはコンテナイメージに含めずに，バージョン管理システムを利用して管理する理由が問われている。ここで，Web アプリのソースコードやロードモジュールについて，問題文を確認すると，冒頭の方に，「Web アプリには，機能 X，機能 Y，機能 Z の三つの機能があり，そのソースコードやコンパイル済みロードモジュールは，開発期間中に頻繁に更新されるので，バージョン管理システムを利用してバージョン管理している」の記述がある。もし，頻繁に更新されるソースコードやコンパイル済みロードモジュールも，コンテナイメージに含むと，それらの更新のたびにコンテナイメージの更新が発生することになる。コンテナイメージが頻繁に更新されると，その管理や配布も煩雑な作業となることが推測できる。また，バージョン管理システムは，ファイルの変更履歴を管理するシステムであり，ソースコードの変更点などの情報を，複数の開発者間で共有できる機能がある。そのため，頻繁に更新されるソースコードやコンパイル済みロードモジュールの部分は，バージョン管理システムを使用する方が，開発に必要な情報を共有でき，円滑な開発が行えると考えられる。よって，答えは，「開発期間中に頻繁に更新されるから」などとなる。

(2) 表 1 中の空欄 d，e に入れる適切なミドルウェアのバージョンが問われている。表 1 は，D さんが作成したコンテナイメージの一覧で，コンテナには，Web アプリの開発に必要な二つのミドルウェアの指定バージョンがインストールされている。

空欄 d は，11 月 1 日リリース向け開発用のミドルウェア A のバージョンが入る。この，ミドルウェア A のバージョンは，〔Web アプリのリリーススケジュール〕に

「開発者は各 Web アプリ開発案件のリリーススケジュールを考慮し，リリース時点の本番環境のミドルウェアのバージョンと同一のバージョンのミドルウェアを開発環境にインストールして開発作業を行う必要がある」と記述があるように，11 月 1 日時点での本番環境のミドルウェアのバージョンを開発環境にインストールする必要がある。ここで図 1 を確認すると，10 月中旬には，ミドルウェア A のバージョン 10.1.2 のパッチの適用がリリースされていることから，11 月 1 日時点では，10.1.2 を使用する必要がある。

また，空欄 e は，ミドルウェア B のバージョンであるが，バージョン 15.3.4 パッチの適用のリリースは，11 月中旬であるため，11 月 1 日時点では，一つ前のバージョンを使用する必要がある。ここで，〔Web アプリのリリーススケジュール〕の「なお，二つのミドルウェアでは，パッチ提供の場合にはバージョン番号が 0.0.1 ずつ上がることがミドルウェアの開発ベンダーから公表されている。また，バージョン番号を飛ばして本番環境のミドルウェアにパッチを適用することはない」の記述から，バージョン 15.3.4 の一つ前のバージョンは，15.3.3 となる。

よって，空欄 d は「10.1.2」，空欄 e は「15.3.3」となる。

[設問 3]

〔コンテナイメージの利用〕について答える問題である。

(1) 本文中の下線②について，Web ブラウザに入力する URL を解答群の中から記号で選ぶ問題である。下線②を含む文は，「E さんが Web アプリのテストを行う場合，開発用 PC のホスト OS で実行される Web ブラウザから②テスト用の URL へアクセスすることで"img-dev_oct"内で実行されている Web アプリにアクセスできる」である。解答群を参照すると，全ての選択肢の URL が https のスキーム（プロトコル）から始まっており，これによって，暗号化した https で，Web ブラウザから Web アプリへアクセスすることが分かる。なお，https は，デフォルトで TCP の 443 番ポートを使用する。次に，URL のホスト名に注目すると，（ア），（イ）の URL 中のホスト名は"localhost"であり，（ウ），（エ）が"www.example.jp"である。また，（イ）と（エ）においては，ホスト名の後に，ポート番号の指定が 10443（非公開用で 443 に＋10000 したものがよく使われる）と明示されている。ここで，「Web アプリ開発部の E さんは，機能 X の変更を行うために，D さんが作成したコンテナイメージ"img-dev_oct"を社内リポジトリからダウンロードし，開発用 PC でコンテナを起動させた」の記述から，コンテナを使った開発環境は，開発者が使う開発用 PC であることが分かる。そのためには，URL 中のホスト名は，自分自身を示す"localhost"にする必要がある。また，問題文の冒頭には，「C 社の Web アプリにアクセスする URL は，"https://www.example.jp/"である」の記述があるので，"www.example.jp"を使うと，C 社の Web アプリの本番環境にアクセスすることになり，これは開発環境ではないので不適切となる。よって答えは，（ア）もしくは（イ）のどちらかになる。

次に，〔コンテナイメージの利用〕の「図 2 中の-p オプションは，ホスト OS の

10443 番ポートをコンテナの 443 番ポートにバインドするオプションである。なお，コンテナ内では 443 番ポートで Web アプリへのアクセスを待ち受ける」の記述に注目すると，ホスト OS の 10443 番へのポートへのアクセスが置き換わり，コンテナ内では 443 番ポートで Web アプリへのアクセスとなることが分かる。これによって，Web ブラウザから 10443 番を指定してアクセスすると，コンテナ内の 443 番ポートでアクセスすることになり，（イ）の「https://localhost:10443/」が適切な URL と考えることができる。なお，（ア）には，ポート番号 10443 番の指定がなく，https のデフォルトの 443 番でホスト OS にアクセスすることになるので，不適切である。よって答えは，（イ）となる。

(2) 本文中の空欄 f に入れる適切な字句を，パス名/ファイル名の形式で答える問題である。空欄 f を含む文は，「また，コンテナ内に作成されたファイル "/app/test/test.txt" は，ホスト OS の ▢▢▢f▢▢▢ として作成される」である。ここで，図 2 の「E さんが用いたコンテナの起動コマンドの引数（抜粋）」を確認すると，"-p 10443:443 -v /app/FuncX:/app img-dev_oct" である。この引数の "-v" の意味は，「さらに，-v オプションは，ホスト OS のディレクトリ "/app/FuncX" を，コンテナ内の "/app" にマウントするオプションである」の記述に説明がある。よって，コンテナ内に作成されたファイル "/app/test/test.txt" は，ホスト OS のディレクトリの "/app/FuncX/test/test.txt" に対応する。よって，空欄 f は，「/app/FuncX/test/test.txt」となる。

(3) 本文中の下線③について，起動するコンテナイメージ名を答える問題である。下線③を含む文は，「12 月 1 日リリース向け開発案件をリリースした後の 12 月中旬に，10 月 1 日リリース向け開発で変更を加えた機能 X に処理ロジックの誤りが検出された。この誤りを 12 月中に修正して本番環境へリリースするために，E さんは③あるコンテナイメージを開発用 PC 上で起動させて，機能 X の誤りを修正した」である。修正が必要な機能は，10 月 1 日リリース向け開発で変更を加えた機能 X である。図 1 を参照すると機能 X は，10 月 1 日リリース以降は変更がなく，11 月 1 日リリースと続く 12 月 1 日リリースも同じ機能 X を使用している。誤りを 12 月中に修正して本番環境へリリースするためには，12 月 1 日リリース向け開発用の環境で，機能 X の修正を行う必要がある。表 1 を参照すると，12 月 1 日リリース向け開発用のコンテナイメージは，"img-dev_dec" となる。ちなみに，10 月用の "img-dev_oct" や 11 月用の "img-dev_nov" を使用して機能 X の修正を行うと，機能 Z の変更が適用されておらず，いわゆる，リグレッション（先祖返り）もしくはデグレード（劣化・退行）が起きることになり，不適切となる。よって答えは，「img-dev_dec」となる。

問 5　　テレワーク環境への移行　　　　　　　　　　(R4 秋・AP 午後問 5)

【解答例】

[設問 1]　　(a)　カ　　(b)　イ　　(c)　ウ

[設問 2]　　(1)　Web サーバ，本社 VPN サーバ

　　　　　　(2)　(d)　ワンタイムパスワード

　　　　　　(3)　(e)　認証サーバ

[設問 3]　　(1)　イ

　　　　　　(2)　(f) 1.6　　(g) 192

　　　　　　(3)　Web 会議サービス，本社 VPN サーバ

【解説】

　テレワーク環境への移行というテーマで，設問 1，2 がネットワークセキュリティ分野の認証，設問 3 がネットワーク設計分野のネットワーク帯域について問われている。通常は，20 ~ 30 字程度で解答する記述式の設問が二つないしは三つ設定されているが，この問題は，記述は求められず字句を答える形式である。このため，解答しやすい設問が多く，基本的なネットワークに関する知識を有していれば，取り組みやすい問題といえる。

[設問 1]

　空欄 a，b は，〔W 社が採用したリモートアクセス方式〕の冒頭の「今回 Y さんが採用したリモートアクセス方式は，｜　a　｜で暗号化された｜　b　｜通信を用いたインターネット VPN 接続機能によって，社員がリモート PC の Web ブラウザから VPN サーバを経由して本社と各営業所の内部ネットワークの PC（以下，内部 PC という）を遠隔操作する方式である」という記述の中にある。

　後半部分の「リモート PC の Web ブラウザから VPN サーバを経由して本社と各営業所の内部ネットワークの PC（以下，内部 PC という）を遠隔操作する方式」という説明から，この通信は，Web ブラウザに標準的に組み込まれている TLS（Transport Layer Security）によって暗号化する HTTP over TLS，つまり HTTPS 通信であると判断できる。したがって，空欄 a には TLS（カ），空欄 b には HTTPS（イ）が入る。

　空欄 c は，〔W 社が採用したリモートアクセス方式〕の末尾の「なお，本社 VPN サーバと各営業所の VPN サーバとの間を接続する通信で用いられている暗号化機能は，TLS（a）とは異なり，ネットワーク層で暗号化する｜　c　｜を用いている」という記述の中にある。

　TLS は，トランスポート層におけるセキュリティを確保するために用いられるプロトコルであるのに対し，ネットワーク層において，暗号化などのセキュリティを確保するためのプロトコルとしては，解答群の中では IPSec（IP Security Protocol）が該当する。したがって，空欄 c には IPSec（ウ）が入る。

　その他の用語の意味は，次のとおりである。

ア：FTP（File Transfer Protocol）……FTP クライアントと FTP サーバとの間において，ファイル転送を行うためのプロトコルである。

エ：Kerberos……通常，Kerberos（ケルベロス）認証と呼ばれ，共通鍵暗号による認証と，クライアントとサーバとの間においてやり取りするデータを暗号化するためのプロトコルで，シングルサインオンを実現する方式の一つとして利用されている。

オ：LDAP（Lightweight Directory Access Protocol）……コンピュータごと，アプリケーションごとに個別に管理されていたユーザ情報を，企業や組織全体のディレクトリ情報として格納し，統括的に管理するサーバにアクセスするためのプロトコルである。

［設問2］

(1) この設問は，下線①について，どのサーバの認証機能を利用するために必要な証明書かを，図1中のサーバ名を用いて全て答えるものである。なお，下線①を含む記述は，〔リモートアクセスの認証処理〕の冒頭の「Web サーバにリモートアクセス認証で必要なソフトウェアをインストールして，あらかじめ社員ごとに払い出されたリモートアクセス用 ID などを登録しておく。また，①リモート PC にはリモートアクセスに必要な2種類の証明書をダウンロードする」である。

まず，「Web サーバにリモートアクセス認証で必要なソフトウェアをインストールして」とあるので，Web サーバの認証機能を利用するために必要な証明書であると判断できる。

次に，下線①から，証明書は，PC がリモートアクセスする際に利用されるものである。そして，本文には「第一段階の認証処理は，本社 VPN サーバにリモートPC の Web ブラウザから VPN 接続をする際の認証である。…（中略）… このリモートログイン専用のページにアクセスする際には，リモート PC 上の証明書が利用される」と記述されている。この記述から，証明書は，リモート PC の Web ブラウザから本社 VPN サーバに VPN 接続する際にも用いられると判断できる。したがって，解答は "Web サーバ，本社 VPN サーバ" になる。

一方，〔W社の各サーバの機能〕の4点目に「認証サーバでは，社員の ID，パスワードなどを管理して，PC やファイル共有サーバへのログイン認証を行っている」とあるので，認証処理は認証サーバでも行われる。しかし，認証サーバで用いられる認証情報は，社員の ID，パスワードなどであり，証明書を用いるとは説明されていないので，認証サーバを答えてはいけない。

なお，認証の手順についての説明がないので断定はできないが，一般的には，ダウンロードする2種類の証明書とは，クライアントであるリモート PC の正当性を証明するための「クライアント証明書」と，Web サーバや本社 VPN サーバのサーバ証明書の検証に必要となる「CA のルート証明書」であると考えられる。

(2) 空欄 d は，「まず，社員は Web サーバのリモートログイン専用のページにアクセスして，リモートアクセス用の ID を入力することによって VPN 接続に必要で一定

時間だけ有効な ⬚ d ⬚ を入手する。このリモートログイン専用のページにアクセスする際には、リモート PC 上の証明書が利用される。次に Web ブラウザから本社 VPN サーバにアクセスして、リモートアクセス用の ID と ⬚ d ⬚ を入力することによってリモート PC 上の証明書と合わせて VPN 接続の認証が行われる」という記述の中にある。

リモートアクセス用の ID とともに入力するものなので、普通に考えればパスワードである。ただし、最初の空欄 d の前に「一定時間だけ有効な」という修飾語、また、片仮名 10 字の字句という条件もあるので、これらに該当するのは、ワンタイムパスワードである。したがって、空欄 d には"ワンタイムパスワード"が入る。

(3) 空欄 e は、「第二段階の認証処理は、通常社内で内部 PC にログインする際に利用する ID とパスワードを用いて ⬚ e ⬚ で行われる」という記述の中にある。

〔W 社の各サーバの機能〕の 4 点目に「認証サーバでは、社員の ID、パスワードなどを管理して、PC やファイル共有サーバへのログイン認証を行っている」と説明されているので、図 1 (W 社のネットワーク構成) の中で、社内で内部 PC にログインする際に利用する ID とパスワードを用いて認証を行うサーバは、認証サーバであると判断できる。したがって、空欄 e には"認証サーバ"が入る。

〔設問 3〕
(1) この設問は、下線②について、要因となるのはどのようなことか、適切な記述を解答群の中から選び、記号で答えるものである。なお、下線②を含む記述は、「本社のインターネット接続回線を流れる通信量を通信の種類ごとに調べたところ、Web 会議サービスの通信量が特に多い。この Web 会議サービスの②通信経路に関する要因のほかに、映像通信が集中して通信量が増大することが要因となったのではないかと考え、利用者 1 人当たりの 10 分間の平均転送データ量を実測した」である。

通信経路に関する要因ということに注目して、解答群を順に確認していくと、次のようになる。

ア:全ての通信が営業所 1 内の UTM を通るという事象は、UTM の負荷に関するものであり、通信経路に関する要因とは考えられない。

イ:全ての通信が本社のインターネット接続回線を通るという事象は、通信経路に関する要因に該当する。

ウ:社員の 60%が Web 会議サービスを利用するという事象は、利用率に関するものであり、通信経路に関する要因とは考えられない。

エ:本社 VPN サーバの認証処理を利用しないという事象は、認証に関するものであり、通信経路に関する要因とは考えられない。

オ:本社のファイル共有サーバと本社の内部 PC との通信は本社の内部ネットワーク内を通るという事象は、通信経路とは関係するが、内部ネットワークを流れる通信量に関するものであり、本社のインターネット接続回線を流れる通信量とは関係しないので、下線②の要因とは考えられない。

以上のことから、解答は(イ)となる。

(2) 空欄 f は,「利用者 1 人当たりの 10 分間の平均転送データ量を実測した。その結果は,映像と音声を用いた通信方式の場合で 120M バイトであった。これを通信帯域に換算すると [f] M ビット／秒となる」という記述の中にある。

利用者 1 人当たりの 10 分間の平均転送データ量が 120M バイトであったので,これを M ビット／秒の単位に換算すると,

$$通信帯域 = 120（M バイト）／10（分間）$$
$$= 120×8（M ビット）／（10×60（秒間））$$
$$= 120×8（M ビット）／600（秒間）$$
$$= 2×8／10（M ビット／秒）$$
$$= 1.6（M ビット／秒）$$

となる。したがって,空欄 f には "1.6" が入る。

空欄 g は,「社員 200 名のうち 60%の社員が同時にこの Web 会議サービスの通信方式を利用する場合,使用する通信帯域は [g] M ビット／秒となり,この通信だけで本社のインターネット接続回線の契約帯域を超えてしまう」という記述の中にある。

社員 200 名のうち 60%の社員,つまり 120 名が同時に使用する場合に必要になる通信帯域は,

$$通信帯域 = 1.6×120 = 192（M ビット／秒）$$

となる。したがって,空欄 g には "192" が入る。

ちなみに,〔W 社の各サーバの機能〕の最後に「現在利用している本社のインターネット接続回線は,契約帯域が 100M ビット／秒（上り／下り）で帯域非保証型である」と記述されており,契約帯域の 100M ビット／秒を超えていることを確認できる。

(3) この設問は,下線③の設定によって,UTM に設定されたアクセスを許可する,FW 以外の接続先を図 1 中の用語を用いて全て答えるものである。なお,下線③を含む記述は,「Y さんは,本社のインターネット接続回線を流れる通信量を抑える方策として,営業所 1 と営業所 2 に設置された③UTM を利用してインターネットの特定サイトへアクセスする設定と営業所 PC の Web ブラウザに例外設定とを追加した」である。

〔W 社の各サーバの機能〕の 2 点目に「本社,各営業所及び社員のテレワーク環境の PC の Web ブラウザからインターネット上の Web サイトへの接続は,本社のプロキシサーバを経由して行われる」とあるように,営業所 1 と営業所 2 の PC の Web ブラウザが,SaaS 上の Web 会議サービスにアクセスする場合には,本社のプロキシサーバを経由し,プロキシサーバからインターネットへアクセスする通信は,全て本社のインターネット接続回線を流れることになる。

そこで,営業所の PC の Web ブラウザから SaaS 上の Web 会議サービスにアクセスする通信に限り,Web ブラウザのプロキシサーバに関する例外設定リストに登録して,プロキシサーバを経由させないようにする。一方,それ以外の通信については,従来どおりプロキシサーバを利用する。そのために,UTM（Unified Threat

Management）では，SaaS 上の Web 会議サービスにアクセスする通信と，本社
VPN サーバに向けた VPN 通信とを識別し，Web 会議サービスにアクセスする通信
を，直接インターネットに転送するようにすれば，Web 会議サービスに係わる通信
については，本社のインターネット接続回線に流れないようにすることができる。
したがって，UTM に設定されたアクセスを許可する，FW 以外の接続先は "Web
会議サービス，本社 VPN サーバ" になる。

　なお，通常利用する通信経路の帯域不足などの対策として，このように，UTM
などにおいてアクセス先を識別して，該当するものは直接インターネット経由にす
る機能は，ローカルブレイクアウト（LBO；Local Break Out）機能と呼ばれてい
る。

【解答例】

[設問1]　(a) 年月　　(b) ↑　　(c) 従業員 ID　　(d) 情報端末 ID

　　　　　(e) ↓　　　　　　(f) ⮐　　(空欄 c, d は順不同)

[設問2]　オ

[設問3]　(j) SELECT(契約 ID, 暗証番号)

　　　　　(k) CHAR(4) DEFAULT '1234' NOT NULL

　　　　　(l) PRIMARY KEY

　　　　　(m) FOREIGN KEY

【解説】

　スマートデバイス管理システムのデータベース設計に関する問題である。

　要件に基づいて設計された E-R 図の穴埋め，SQL 文の穴埋めなどの基礎的な問題となっており，要件を読み解く理解力とデータベースに関する基礎知識が求められる。過去問題などを反復して学習していれば解答できる問題であるため，落ち着いて確実に点数を確保したい。

[設問1]

　管理台帳の項目とヒアリング結果を基に K さんが作成した E-R 図の，穴埋め問題である。エンティティ間の繋がりや外部キーの関係だけで解答できるものもあるが，しっかり要件を理解していないと誤答になる可能性があるものもある。そのため，一つ一つ要件を確認していきながら解答することが肝要である。

・空欄 a：請求エンティティの属性である。まず，請求エンティティと他のエンティティの関連を見ると，契約エンティティ，部署エンティティと 1 対多の関連がある。1 対多の関連がある場合，多側のエンティティの外部キーが 1 側のエンティティの主キーを参照することになる。しかし，請求エンティティには契約エンティティの主キーである契約 ID，部署エンティティの主キーである部署 ID（請求先部署 ID として）が既に記載されているため，空欄 a は他のエンティティを参照する外部キー（の一部）ではないことが分かる。

　　そこで，表 2「ヒアリング結果」の項番 2 を確認すると，「従業員の異動情報に基づいて請求を年月ごと，部署ごとに管理できるようにする」とある。このことから，請求エンティティでは（請求）年月と請求先部署を管理することが分かる。請求エンティティを再度確認すると，請求先部署 ID はあるが，（請求）年月を示す属性はない。よって，空欄 a は「年月」となる。

・空欄 b：情報端末エンティティと契約エンティティの関連である。まず，情報端末エンティティの属性を見ると，契約エンティティの主キーである契約 ID が外部キーになっていることが分かる。このことから，契約エンティティ一つに対

して，情報端末エンティティが一つ以上あることが分かる。また，表 1「管理
台帳の項目」の交換予定日を見ると，「同一の回線番号のままで 2 年ごとに旧
情報端末から新情報端末への交換を行っており」とあり，同じ回線番号（契約）
が複数の情報端末に設定されることが分かる。問題文には廃棄した情報端末の
レコードは削除するといった記述はないことから，情報端末エンティティと契
約エンティティの関連は多対 1 であり，b は「↑」となる。

・空欄 c，d：利用エンティティの属性である。まず，利用エンティティと他のエンテ
ィティの関連を見ると，情報端末エンティティ，従業員エンティティと 1 対多
の関連がある。1 対多の関連がある場合，多側のエンティティの外部キーが 1
側のエンティティの主キーを参照することになる。しかし，利用エンティティ
には情報端末エンティティの主キーである情報端末 ID，従業員エンティティの
主キーである従業員 ID が記載されていない。このことから，空欄 c，d はこれ
らの外部キーであることが分かる。

よって，空欄 c，d は「従業員 ID」，「情報端末 ID」となる（順不同）。情報
端末 ID と従業員 ID は外部キーであるため，問題文にあるように図 1 の凡例に
従って属性名に破線の下線が必要となる点に注意する。

・空欄 e：利用エンティティとアプリ追加エンティティの関連である。この関連は，
表 2「ヒアリング結果」の項番 3「業務上必要な機能やアプリについては，（中
略）従業員と情報端末の組合せごとに個別に許可できる仕組み」を実現するも
のである。

まず，アプリ追加エンティティの属性を見ると，利用エンティティの主キー
である利用 ID が外部キーになっていることが分かる。このことから，利用エ
ンティティ一つに対して，アプリ追加エンティティが一つ以上あることが分か
る。

問題文には利用者ごとのアプリ数に関する制約の記載はなく，通常複数のア
プリを追加することが想定できるため，利用エンティティとアプリ追加エンテ
ィティの関連は 1 対多であり，e は「↓」となる。

・空欄 f：部署エンティティに関する関連である。しかし，どのエンティティともつ
ながっていないことから，これは自己参照を示す関連と考えられる。

そこで部署エンティティの属性を見ると，上位部署 ID という外部キーが存
在する。これは，部署の上位の階層の部署を示す部署 ID であると考えられ，
空欄 f が自己参照を示していることの裏付けとなる。

よって，空欄 f は「⇄」となる。自己参照（再帰参照）は，部署のような
階層構造をもつデータを E-R 図で表現する場合に使用する。

［設問2］
表 3，4 の表定義の制約に関する空欄 g〜i に該当する適切な字句の組合せを，解答
群から選ぶ問題である。
表 3 は「契約表の表定義」であり，契約 ID は図 1「新システムの E-R 図（抜粋）」

より主キーであることが分かる。また，表4の「料金プラン表の表定義」における料金プランコードも，図1より主キーであることが分かる。問題文には，「主キーに対してはUNIQUE制約を指定せず，非NULL制約は指定するものとする」とある。そのため，主キーである契約ID，料金プランコードについては，主キー制約＝Y（空欄g），UNIQUE制約＝N（空欄h），非NULL制約＝Y（空欄i）と設定する必要がある。よって，解答群でこれに該当する（オ）が解答となる。

なお，この問題の図1には存在しないが，複数の属性で構成される主キーも存在するため，主キーの（個々の）属性にUNIQUE制約は設定できない。一般に主キー制約＝UNIQUE制約＋非NULL制約である。

[設問3]
図2，3のSQL文の穴埋め問題である。

図2は表などにアクセス制御を設定するGRANT文に関する問題であり，図3は料金プラン表を作成するCREATE TABLE文に関する問題である。いずれも，SQL文の文法をしっかり覚えているかどうかが重要となるため，文法を覚えていれば難易度はそれほど高くない問題である。

・空欄j：表3「契約表の表定義」に従って，契約表にアクセス制御を設定するSQL文の穴埋め問題である。そこで表3を見ると，契約ID及び暗証番号にそれぞれ「上長（ユーザアカウント名：ADMIN）による参照が必要」というアクセス制御を設定する必要があることが分かる。

【GRANT文の構文】
GRANT 権限[(列名, …)] ON オブジェクト名 TO ユーザ [WITH GRANT OPTION]

【権限】
SELECT：参照，　INSERT：行の挿入，　DELETE：行の削除，　UPDATE：データ更新

表3の表定義より，ユーザ：ADMINに対してオブジェクト名：契約表の列名：契約ID及び暗証番号に対して権限：SELECTを設定するものと考えられる。GRANTの構文よりこれを実現するSQL文は，次のようになる。

GRANT SELECT(契約ID, 暗証番号) ON 契約 TO ADMIN

よって，空欄jは「SELECT(契約ID, 暗証番号)」となる。

なお，WITH GRANT OPTIONを設定すると，権限を与えられたユーザ（問題ではADMIN）が他のユーザに同じ権限を与えることができるようになる。このアクセス制御は，表2「ヒアリング結果」の項番4「暗証番号は運用管理担当者の上長しか参照できないようにアクセスを制御する」を実現するための

ものであり，上長以外のユーザに設定できてはならないため WITH GRANT OPTION を設定してはいけない。

・空欄 k：料金プラン表の通信事業者コードに関する列定義の問題である。表 4「料金プラン表の表定義」を見ると，通信事業者コードはデータ型：CHAR(4)，非 NULL 制約：Y，初期値：1234 であることが分かる。これを基に，構文に従って空欄を埋めればよい。

【列定義の構文】
列名 データ型[UNIQUE | PRIMARY KEY] [NOT NULL] [DEFAULT 初期値]

よって，空欄 k は「CHAR(4) DEFAULT '1234' NOT NULL」となる。なお，通信事業者コードは長さ 4 文字の文字型であるため，初期値：1234 は " ' "（シングルコーテーション）でくくる必要がある。

・空欄 l：料金プラン表の料金プランコードに関する表定義の問題である。表 4「料金プラン表の表定義」と設問 2 の解答から，料金プランコードはデータ型：CHAR(8)，主キー制約：Y，非 NULL 制約：Y であることが分かる。しかし，図 3 の SQL 文の料金プランコードの定義ではデータ型と非 NULL 制約の指定しかない。よって，空欄 l は主キー制約に関する設定であることが分かる。

【表定義の主キー制約に関する構文】
PRIMARY KEY(列名[, …])

よって，空欄 l は「PRIMARY KEY」となる。

・空欄 m：料金プラン表の通信事業者コードに関する表定義の問題である。通信事業者コードの列定義は空欄 k で設定しているが，表 4「料金プラン表の表定義」を見るとその他の指定内容に "通信事業者表への外部キー" という記載があり，この設定がまだできていないことが分かる。また，空欄 m を含む行に "REFERENCES 通信事業者(通信事業者コード)" という記載があることからも，外部キーの設定であることが分かる。

【表定義の外部キーに関する構文】
FOREIGN KEY(列名[, …]) REFERENCES 表名(列名[, …])

よって，空欄 m は「FOREIGN KEY」となる。

【解答例】

［設問 1 ］　(1)　(a) ノイズなどによる誤動作を防ぐため
　　　　　　　　　　(b) 40
　　　　　　　(2)　100,000
［設問 2 ］　(1)　(a) メイン　　　(b) 管理サーバ
　　　　　　　(2)　(c) ア　　　(d) エ
［設問 3 ］　(1)　(e) ロック解除完了　　　(f) センサーで検知　　　(g) ロックを掛け
　　　　　　　　　　(h) 完了
　　　　　　　(2)　管理情報を更新し，管理サーバへ送信する。

【解説】

　シェアリングシステムに関する，組込みシステムの問題である。リアルタイムシステムの問題であるが，特にリアルタイム OS やタスク設計に関する知識はなくても，問題文をよく読めば，解ける設問が多い。ただし，設問 1(1)の複数回センサー出力を読出しする理由を答える問題や，設問 1(2)のカウントダウンタイマーに設定する値を求める計算問題は，組込みシステムやマイコンのタイマー機構の知識がないと，難しく感じられるかもしれない。

［設問 1 ］

　貸出機の処理について答える問題である。

(1)　本文中の下線①について答える。なお，下線①は，「①制御部は，傘検知部のセンサー出力の変化を検出すると 10 ミリ秒周期で出力を読み出し，5 回連続で同じ値が読み出されたときに，確定と判断し，その値を確定値とする」である。

　(a)　制御部が確定値を算出するのに，複数回センサー出力を読出しする理由を答える問題である。センサーに関する記述を探すと，〔傘貸出機の処理〕に「ロック機構の傘検知部は，傘検知部を通過する傘を検知する光センサー（以下，センサーという）…」がある。この光センサーは，「傘検知部を通過する傘を検知する」から，透過型の光センサーであることが分かる。透過型の光センサーは，投光側の発光部と，受光側のセンサーから構成され，投光側からの光をセンサーで検知することにより，傘の通過を検知することができる。受光側のセンサーは，フォト（光）トランジスタなどの受光素子と出力判定回路から成る。受光素子の出力はアナログ値であるため，出力判定回路によって，透過型の光センサーの出力を，検知なし（オフ）又は検知あり（オン）のデジタル値として出力する。このとき，受光素子への入射光が強く，センサーのアナログ値がある値（しきい値）よりも大きい場合は，センサーの出力は検知なし（オフ）を，逆に光が弱く，受光素子のアナログ値がしきい値よりも小さければ，センサーは検知あり（オン）を，出力する。

　透過型光センサーのデジタル出力は図 A 上のように，オン，オフが安定している状態が理想的である（ここでは，オンを 1，オフを 0 で示している）。光センサーの出力の値が，しきい値の前後の状態になると，図 A 下のように，デジタル出力のオフとオフが不安定に変化する状態が発生する。これは，光センサーの出力がしきい値前後の場合には外部からのノイズの影響によって，不安定にオン，オフの状態になる可能性があるためである。また，一般的な透明なビニール傘の場合，光が透過するため，これも，センサーの出力が不安定になる要因となる。それによって，透過型光センサーのデジタル出力は，図のように，オンとオフが不安定に変動する場合がある。

理想的なセンサーの出力

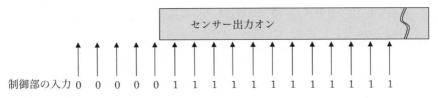

不安定な状態を含むセンサーの出力

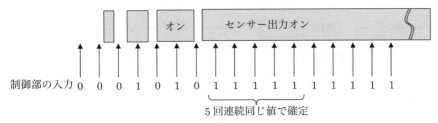

　※センサーの出力がオンの場合，制御部の入力ポートに，1 が入るとする

図 A　センサーの出力

　通過する傘の本数をカウントする処理において，図 A 下のように出力のオンとオフが不安定に変動すると，実際には 1 本の傘の通過であっても，2 本，3 本と誤検知を行う可能性がある。そのため，光センサーで傘の通過を正しく検知するには，オンとオフが不安定に変動する可能性があることを前提にして設計を行う必要がある。そこで，下線①の記述にあるように，一定間隔で複数回センサー出力を読み出し，5 回連続で同じ値が読み出されたときに確定と判断し，その値を確定値とすることにより，センサーの誤検知を防止することができる。よって答えは，「ノイズなどによる誤動作を防ぐため」などとなる。

　なお，このような，デジタル入力におけるオンとオフが不安定に変動する現象

は，単純な機械式スイッチでも見られ，チャタリング現象やバウンズ現象と呼ばれている。これらの対策には，ハードウェアで解決する方法や，ソフトウェアで解決する方法がある。ソフトウェアで対策を行う場合には，この設問のセンサーと同じように，一定間隔で複数回センサー出力を読み出し，出力が安定したことを確認する方式が取られることが多い。

(b) 制御部がセンサー出力の変化を検出してからセンサー出力の確定ができるまで最小で何ミリ秒かを求める。前述のように「制御部は，傘検知部のセンサー出力の変化を検出すると 10 ミリ秒周期で出力を読み出し，5 回連続で同じ値が読み出されたときに，確定と判断し，その値を確定値とする」の記述から，最低でも5 回連続で同じ値を検知するまで，確定と判断しない。最初の 1 回目を検出してから 5 回目まで 4 周期分の時間が掛かる。そのため，確定と判断するまでには，最低でも 10 ミリ秒×4＝40 ミリ秒遅れることになる。よって答えは，「40」となる。

(2) ロックを解除した後の異常を判断するために使う，タイマーに設定する値が問われている。「傘貸出機が貸出し，返却を行うためのロックを解除した後 10 秒経過しても傘の貸出し，返却が行われなかった場合は，異常と判断し，ロックを掛ける」の記述より，10 秒経過すると異常と判断することが分かり，この 10 秒を，カウントダウンタイマーで計時することになる。カウントダウンタイマーは，その名のとおり，カウントダウン方式で計時するタイマーであり，その概要を，図 B に示す。

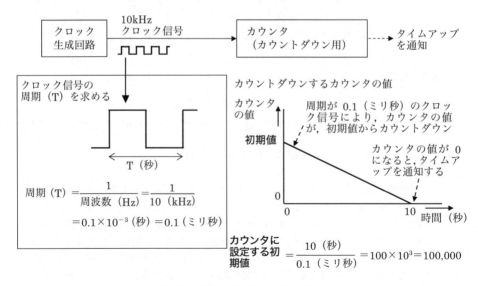

図B　カウントダウンタイマー

一般に組込みマイコンのタイマーにはレジスタの一種であるカウンタ（計数器）

があり，このカウンタの値をクロック信号によって，カウントアップ又はカウントダウンする。ここではカウントダウンタイマーであるから，カウンタに初期値を設定してからタイマーのスタートを行い，その後の動作は，クロック信号の入力ごとに，カウンタ値を1減じる（デクリメントする）動作を繰り返す。また，設問文の「タイマーの値が0になったときに異常と判断」の記述からも分かるように，カウントの値が0になると，タイムアップして，プロセッサに通知する（一般的には，タイマーからの通知には，割込み要求が使われることが多い）。このカウントダウンタイマーを使用するには，計時したい時間に相当する初期値が必要であるが，この設問では，10秒を計時するため，初期値として10秒に相当する値を設定する必要がある。この初期値を求めるには，クロックの周期（秒）が必要となる。設問文に「10kHzのカウントダウンタイマーを使用」と記述があるので，カウントダウンタイマーのクロック信号の周波数は，10kHzであることが分かる。周波数（f）とクロックの1周期（T）は，逆数の関係があり，$T = 1 / f$（Hz）の式で表すことができる。これによって，10kHzのクロック（f）の周期（T）は，$T（秒）= 1 / 10$（kHz）となる。設問文に $1k = 10^3$ とあるから，周期は，$T = 0.1 \times 10^3$（秒）となる。よって，カウントダウンタイマーに設定する初期値は，10（秒）$\div 0.1 \times 10^3$（秒）$= 100 \times 10^3 = 100,000$ となる。よって答えは，「100,000」となる。

[設問2]

制御部の主なタスクについて問われている。

(1) 貸出タスクがロックを解除した後，利用者が傘を取り出さなかった場合の処理について，文章中の空欄に入れる適切な字句を答える。空欄を含む文は「貸出タスクがロックを解除したにもかかわらず，利用者が傘を取り出さなかった場合は，貸出タスクが異常と判断し，　　a　　タスクに送信する。"異常終了"を受けた　　a　　タスクは，　　b　　に異常終了を送信する」である。

　　・空欄a：貸出タスクの処理について問われているので，表1の貸出タスクの処理概要から関連する記述を探すと「ロックを解除した後，10秒経過しても傘が取り出されなかった場合は，傘貸出機のロックを掛け，メインタスクへ"異常終了"を送信する」を見つけることができる。つまり，空欄aは「メイン」タスクであることが分かる。

　　・空欄b：前述のように，空欄aはメイン（タスク）である。そこで，表1のメインタスクの処理概要を参照すると，「"異常終了"を受けると，異常を知らせる音声をスピーカーから出力し，管理サーバに異常終了を送信する」の記述がある。つまり，空欄bは管理サーバであることが推測できる。よって答えは，「管理サーバ」となる。

(2) 返却時のタスクの処理について，文章中の空欄に入れる適切な字句を解答群の記号で選ぶ。空欄を含む文は「メインタスクは，不正な傘を返却させないように，返却タスクが傘から読み出した　　c　　に対し，　　d　　と異なっていないか確認し，異なっていなければ，返却タスクに"正常"を送信する。返却タスクはメ

インタスクから“正常”を受けるまで，ロックを解除しない」である。

・空欄 c：空欄を含む文に「返却タスクが傘から読み出した…」とあるので，まずは
　　　　表1の返却タスクの処理概要を参照すると，「要求を受けると，センサーで傘
　　　　を検知し，RFID リーダーで RFID タグの情報を読み出し，“RFID 情報”をメ
　　　　インタスクに送信する」の記述が見つかる。これは，表1のメインタスクの
　　　　「“RFID 情報”を受けると，RFID タグの情報を確認し，“正常”又は“異
　　　　常”を必要とする送信元タスクへ送信する」の記述にも対応している。つま
　　　　り，空欄 c は「RFID タグの情報」であり，答えは（ア）である。

・空欄 d：前述の空欄 c が「RFID タグの情報」であるので，空欄の文は，「メイン
　　　　タスクは，不正な傘を返却させないように，返却タスクが傘から読み出した
　　　　「(c)RFID タグの情報」に対し，　　d　　と異なっていないか確認し，異
　　　　なっていなければ，返却タスクに“正常”を送信する」となる。ここで，「不
　　　　正な傘を返却させないように」の意味を考える。傘シェアリングであるため，
　　　　同システムの傘貸出機が貸出し中の傘だけを返却することが，正常な運用で
　　　　ある。そのため，不正な傘とは，同システムの傘貸出機で貸し出していない
　　　　傘を指していると考えられる。よって，空欄 d は「貸出中の傘」と考えられ，
　　　　答えは（エ）である。

［設問3］
　制御部のタスクの処理について問われている。

(1)　文章中の空欄に入れる適切な字句を答える。空欄を含む文は，「傘の貸出しを行
　　う場合，メインタスクから要求を受けた貸出タスクは，傘検知部のセンサーを起動
　　し，傘を検知する。傘が検知されたら RFID リーダーで RFID タグの情報を読み出
　　し，“RFID 情報”をメインタスクに送信する。“RFID 情報”を送信後，傘貸出機
　　のロックを解除し，“　　e　　”をメインタスクに送信する。傘が傘貸出機から
　　取り出されたことを　　f　　すると，傘貸出機の　　g　　，メインタスクへ
　　“　　h　　”を送信する」である。
　　　ここで，空欄 e と空欄 h は，空欄が“　”で括られていることに注意したい。表
　　1の処理概要を見ると，“　”で括られている字句は，“RFID 情報”，“正常”，“異
　　常”，“ロック解除完了”，“完了”，“異常終了”などの，タスク間の通信メッセージ
　　であることが推測できる。

・空欄 e：空欄を含む文に「メインタスクから要求を受けた貸出タスクは，…」と
　　　　あるので，まずは表1の貸出タスクの処理概要を参照すると，「要求を受け
　　　　ると，センサーで傘を検知し，RFID リーダーで RFID タグの情報を読み出
　　　　し，“RFID 情報”をメインタスクに送信してから，傘貸出機のロックを解除
　　　　し，“ロック解除完了”をメインタスクに送信する」の記述がある。前述し
　　　　たように空欄 e の前後が“　”で括ってあり，タスク間のメッセージに関す
　　　　る字句が入るので，“RFID 情報”と“ロック解除完了”が該当する。ここで，
　　　　“RFID 情報”は既に送信済みであるから，これに当てはまるのは，“ロック

解除完了"である。つまり，空欄 e の答えは，「ロック解除完了」となる。

・空欄 f～h：表 1 の貸出タスクの処理概要には，続いて「傘が取り出されたことを**センサーで検知**すると，貸出機の**ロックを掛け**，メインタスクへ **"完了"** を送信する」の記述がある。

これを，空欄の文「傘が傘貸出機から取り出されたことを ［ f ］ すると，傘貸出機の ［ g ］，メインタスクへ " ［ h ］ " を送信する」と対比させることによって，空欄 f は，「センサーで検知」が入る。また，空欄 g は，傘貸出機であるから「ロックを掛け」となる。さらに，空欄 h はタスク間のメッセージであるから，「完了」が入ることになる。

(2) "完了" を受けた場合のメインタスクの処理を答える。メインタスクであるから，表 1 のメインタスクの処理概要を参照すると，「"完了" を受けると，管理情報を更新し，管理サーバへ管理情報を送信する」とある。よって答えは，ここから引用して「管理情報を更新し，管理サーバへ送信する」となる。

【解答例】

[設問1]　　(1)　下線①：ウ　　　下線②：ア

　　　　　　(2)　(a) モデレーター

　　　　　　(3)　(b) 二次欠陥

[設問2]　　別グループのリーダー

[設問3]　　(1)　ツールの利用で抽出可能だから

　　　　　　　　＜別解＞　設計途中のレビューで排除されているから

　　　　　　(2)　(c) オ

　　　　　　(3)　集合ミーティングでは欠陥の指摘だけ行う。

【解説】

　本問は，情報共有システムの刷新プロジェクトを題材とした，設計レビューに関する問題である。問題文にも書いてあるとおり，設計上の欠陥を早期に検出できる設計レビューは重要であり，もし設計上の欠陥を検出できずに製造工程以降の後工程に着手してから設計の見直しとなった場合は，工期遅延，コスト増加となる可能性が高い。したがって，設計工程の欠陥は設計工程で検出して見直しておく必要があり，そのための設計レビューは重要である。なお，本問のプロジェクトでは，様々なレビュー技法の中から，設問でも問われている"パスアラウンド"と"インスペクション"を採用している。応用情報技術者としてのシステム開発経験のある受験生であれば，設計レビューを経験しているはずであり，多くの受験生にとっては取り掛かりやすい問題であったといえる。

[設問1]

　〔A 社のレビュー形態〕について考える問題である。

(1)　表1中の下線①及び下線②で採用されているレビュー技法を解答群から選ぶ設問である。

　　・下線①は，「設計者が設計書（作成途中の物も含む）を複数のレビュアに配布又は回覧して，レビュアが欠陥を指摘する」であり，正解は（ウ）の「パスアラウンド」となる。パスアラウンドとは，レビュー対象となる成果物を複数のレビュアに電子メールなどで配布又は回覧し，フィードバックを求めるレビュー技法であり，物理的や時間的な理由で会合がもてない場合などに，レビュアに負担を与えることなく，効率的に実施できる。しかし，レビュアが多忙な場合はフィードバックがない，十分なコメントが得られないなどの欠点がある。

　　・下線②は，「レビュー会議の主催者（以下，モデレーターという）が全体のコーディネートを行う。参加者が明確な役割を受けもち，チェックリストなどに基づいた指摘を行い，正式な記録を残す」であり，正解は（ア）の「インスペクション」となる。インスペクションは，公式なレビューに適用される技法であり，下線②

にあるとおり，仕様書や要件書などのドキュメントに対してチェックリストなど
に基づいて指摘をするもので，レビュアやモデレーターなど各役割を担う関係者
が参加してレビューを行い，正式な記録を残す。なお，この試験では，インスペ
クションの特徴として，モデレーター（moderator；調停者）がコーディネート
するという点を挙げることが多い。

- イ：ウォークスルーは，成果物の作成者が必要に応じてレビュアを招集して開催
  するレビューで，公的なインスペクションと比較して，非公式なレビューに適
  用される技法として扱われることが多い。元来はプログラムの机上チェックを
  意味していたが，設計書などのドキュメントに対するチェックについても含ま
  れるようになっている。
- エ：ラウンドロビンとは，レビュー参加者にモデレーターやレビュアなどの役割
  を均等に割り当てて，持ち回りでレビューを進めていくレビュー技法である。
  参加者の意欲やスキルを高める効果が期待できる。

(2) 表２中の空欄ａに入れる適切な役割を，本文中の字句を用いて解答する設問であ
る。空欄ａの直後に，「集合ミーティングの終了時に，意思決定のルールに従い"合
格"，"条件付合格"，"やり直し"の評価を導く」とあり，これを実施する役割を解
答することとなる。項番２ キックオフミーティングに，「モデレーターは，集合ミー
ティングにおける設計書の評価について，次の基準に基づいて定性的に判断する
ことを説明する」とあり，その後に"合格"，"条件付合格"，"やり直し"の基準が
それぞれ書かれている。この部分から，評価に関する判断をする役割はモデレータ
ーであることが読み取れるので，解答は「モデレーター」となる。

(3) 表２中の空欄ｂに入れる適切な字句を，本文中の字句を用いて解答する設問であ
る。空欄ｂの直前に，「設計書の修正」とあり，直後には「生じさせることなく正
しく行われたことを確認する」とある。これに関連する記述を問題文中から探すと
〔Ａ社の品質管理方針〕に「レビューで見つかった欠陥の修正において，新たな欠
陥である二次欠陥が生じないように確認することを徹底している」と書いてある。
したがって解答は，「二次欠陥」となる。

〔設問２〕

　〔モデレーターの選定〕にある下線③について，プロジェクトマネージャのＢ氏が
モデレーターに選定した人物を，本文中又は表中に登場する人物の中から解答する設
問である。下線③の直前にはＢ氏の考えについて，次のことが書かれている。

- Ｂ氏は，グループのリーダーにモデレーターの経験を積ませたいと考えた
- グループのリーダーは自グループの開発内容に精通しているので，自グループの
  レビュー会議にはモデレーターではなく，レビュアとして参加させる
- Ｂ氏自身は開発メンバーの査定に関わっており，参加者が欠陥の指摘をためらう
  おそれがあると考え，レビュー会議には参加しない

これらのＢ氏の考えに基づくと，モデレーターはＢ氏自身ではなくグループのリー

ダーとなるが，自グループのリーダーはレビュアとして参加するので，モデレーターはできない。一方，表1の設計工程でのレビュー形態を確認すると，「必要に応じて別グループのリーダーの参加を求める」と書いてあり，別グループのリーダーであれば，B氏の考えにもマッチする。したがって解答は，「別グループのリーダー」となる。

なお，前述のB氏の考えの三つ目にある，"人事査定を行う人がレビュー会議に参加しない"ということは，この試験で問われるレビューの原則の一つなので覚えておきたい。

［設問3］

〔レビュー会議におけるレビュー結果の評価〕について考える問題である。本文中に下方管理限界（LCL；Lower Control Limit），上方管理限界（UCL；Upper Control Limit）という言葉が出てくるが，レビュー結果がこの間にある場合は問題がない，逆に，この間にない場合は問題があると，当たりを付けつつ分析，評価を進めることとなる。

(1) 本文中の下線④でLCLを不要とした理由を解答する設問である。レビュー指摘密度がLCLより下回る場合，品質がかなり良いケースと，レビューのやり方が悪く指摘が不十分であるケースに分かれる。レビュー結果を評価する場合，後者の可能性を確認する必要があるが，第1群では不要としている。第1群について，問題文を確認すると，表3に「誤字，脱字，表記ルールの違反の件数を測定する」とあり，設計上の欠陥の指摘ではない。また，表1の，実施時期が「設計途中」のレビュー実施方法には，「誤字，脱字，表記ルール違反は，この段階でできるだけ排除する。誤字，脱字，表記ルール違反のチェックには，修正箇所の候補を抽出するツールを利用する」とあり，修正候補が設計途中でツールを利用して抽出可能であり，そのほとんどが設計途中のレビューで排除されているため，LCLを下回る可能性が高い。したがって解答は，「ツールの利用で抽出可能だから」や「設計途中のレビューで排除されているから」などとなる。なお，UCLのチェックが必要な理由を想定すると，ツールが有効に機能せず，誤字，脱字，表記ルール違反が修正されていない可能性もあるため，レビュー結果の評価で最終的に確認することが考えられる。

(2) 表5中の空欄cに入れる最も適切な対応を解答群から選ぶ設問である。空欄cはグループCに関するB氏の対応であるが，モデレーターにレビュー会議の状況について確認した結果は「特に課題なし」である。図1の「レビューのゾーン分析」によるとグループCのレビュー結果は次のとおりである。

・レビュー工数密度は第1群，第2群共にLCLとUCLの間にあり，しきい値内である。
・第1群のレビュー指摘密度は，UCLを下回っている。
・第2群のレビュー指摘密度は，LCLを下回っている。

以上の結果からグループCの品質は良く，問題はないという当たりをつけつつ解答群の内容について確認する。

ア：第 2 群のレビュー指摘密度は LCL を下回っており，しきい値内ではないため誤りである。

イ，エ：第 2 群のレビュー指摘密度は UCL はおろか，さらに LCL をも下回っている。(1)の解説にもあるとおり，レビュー指摘密度が LCL より下回る場合，品質がかなり良いケースと，レビューのやり方が悪く指摘が不十分であるケースに分かれ，この時点で（イ）の設計不良や（エ）の設計上の欠陥はないとは断定できないため，誤りである。

ウ：レビュー工数密度は，第 1 群，第 2 群共に LCL と UCL の間のしきい値内であり，レビューが不十分とは断定できないため誤りである。

オ：（イ），（エ）の説明と重複するが，レビュー指摘密度が LCL より下回る場合，品質がかなり良いケースとレビューのやり方が悪く指摘が不十分であるケースに分かれ，レビュー結果を評価する場合，後者の可能性を確認する必要がある。"レビューのやり方が悪い"とは，レビューの進め方や体制が悪いこととなるが，具体的には，レビューを時間内で終わらすために十分にレビューを実施できない箇所があった，参加予定の有識者が欠席してしまったなどが考えられる。したがって，レビューの進め方，体制に問題がなかったかを確認して最終判断する必要があり正しい。

　　したがって正解は，（オ）となる。なお，蛇足ではあるが，グループ D の対応について，「しきい値内であり，問題なしと判断した」とあるが，実際のプロジェクトでは，しきい値内であってもレビューのやり方についての確認を行ってから最終判断をした方がよい。ここでは試験の問題であり，「対応」の内容にメリハリをつけるために，このような記述になっていると理解しておくべきである。

(3)　表 5 中の下線⑤の改善方針を解答する設問である。下線⑤はグループ E を対象としているが，表 5 の確認結果には，「集合ミーティングの時間中に，一部の欠陥の修正方法，修正内容の議論が始まってしまい，会議の予定時間を大きくオーバーした」とあり，またそのために，「集合ミーティングの後半部分で取り上げた設計書のレビューがかなり駆け足になった」とある。これらのことから，一部の設計について時間をかけてレビューや対策の議論を行った結果，後半部分のレビューは不十分と言わざるを得ず，第 2 群のレビュー指摘密度は LCL に近く設計品質が良好のように見えるが，レビューにおける後半部分の指摘が不十分とも考えられる。実際のレビューではよくあることだが，レビューはあくまでも欠陥を検出して指摘する場であり，修正方法や修正内容については別途場を設けて議論する必要がある。このことについては，表 1 の「外部設計，内部設計が完了した時点」で実施されるレビュー実施方法にも「レビュー会議の目的は，設計上の欠陥（矛盾，不足，重複など）を検出することである。検出した欠陥の対策は，欠陥の検出とは別のタイミングで議論する」と書かれている。したがって，解答となる改善方針は，「集合ミーティングでは欠陥の指摘だけ行う」などとなる。

【解答例】

［設問1］　(a)　RBS

［設問2］　(1)　AIに知見のあるT社が参画していないから

　　　　　(2)　(b)　ウ

［設問3］　(1)　(c)　遅延なし

　　　　　(2)　項番：2

　　　　　　　期待値：80

［設問4］　プロジェクトの進捗に従ってリスクの特定を継続して行う。

【解説】

　本問は，機械部品を製造販売する中堅企業における，AI機能を利用した新生産計画システムの導入を題材としたリスクマネジメントの問題である。新しいシステムを導入する際，プロジェクトマネージャはプロジェクト計画書を作成するが，その一環としてリスクマネジメントについても計画をし，実行していくこととなる。リスクマネジメント計画を作成する際は，リスクを特定し，特定したリスクに関する定性的分析及び定量的分析を行った上でリスクを評価してリスク対策を決定し，必要な費用を計上した上で，プロジェクトをスタートさせる。また，プロジェクト遂行時はリスクマネジメント計画に基づいてリスクの監視とコントロールを実行していくこととなる。なお，本問ではリスク評価において，定量的分析の一つであるデシジョンツリーを活用している。

　本問は，このようなプロジェクトのリスクマネジメントに関する設問で構成されており，プロジェクトマネージャとしての当該知識があれば，AI開発の経験がなくても解答できる設問である。

［設問1］

　〔リスクマネジメント計画の作成〕について，本文中の空欄aに入れる適切な字句を解答する設問である。空欄aの直前に，「リスクカテゴリに関して，特定された全てのリスクを要因別に区分し，そこから更に個々のリスクが特定できるよう詳細化していくことでリスクを体系的に整理する」とあることから，RBS（Risk Breakdown Structure）であることが分かる。よって正解は，「RBS」である。成果物を基にして作業を詳細化していくのが，WBS（Work Breakdown Structure）であるが，RBSはそのリスク版といえ，体系的にリスクを識別するために構造化しており，WBSと同様にプロジェクトマネジメントの世界標準規格の一つであるPMBOK®（Project Management Body of Knowledge）で定義されている。なお，人的資源，材料などの資源を同様に体系的に識別するRBS（Resource Breakdown Structure）も同じアルファベット3文字のRBSであるので，RBSという言葉が出てきた際は，どちらを論点としているのかは状況に応じて判断するしかない。

〔設問 2〕
　〔リスクの特定〕について考える問題である。
(1)　下線①について，その理由を解答する設問である。下線①の直前にはリスクを特定する方法が書いてあり，次のとおりである。

　　(1)本プロジェクトの K 社内メンバーによるブレーンストーミング
　　(2)K 社の過去のプロジェクトを基に作成したリスク一覧を用いたチェック
　　(3)業務チーム，基盤チームとのミーティングによる整理

　また，下線①には「K 社の現状を考慮する」，「AI 機能の利用に関するリスクの特定ができない」とある。K 社の現状とは問題文の冒頭にある，「K 社はこれまで AI 機能を利用した経験がない」の部分である。その状況において，方法(2)にある過去のプロジェクトを基にしても，AI 機能の利用に関するリスクを特定できるとは思えない。AI に知見のある T 社と技術支援の契約を締結しているので，T 社に参画してもらう必要がある。したがって解答は，「AI に知見のある T 社が参画していないから」などとなる。見直す方法としては，(4)として AI 機能の開発経験がある T 社による技術支援の中でリスクの洗い出しを支援してもらうことを追加するべきである。
(2)　本文中の空欄 b に入れる適切な字句を解答群から選択する設問であるが，選択肢は全て QC 七つ道具である。また，空欄 b の直後には，「リスクとリスクの原因の候補との関係を系統的に図解して分類，整理することが，リスクに関する情報収集や原因の分析に有効である」とあるため，これを実行できる道具を選択することとなる。各選択肢の特徴は次のとおりである。

　　管理図：品質の特性に関する時系列のデータを折れ線グラフで表示し，上方管理
　　　　　　限界線と下方管理限界線を超えた値を異常値として，原因の究明を図る対
　　　　　　象とする。
　　散布図：横軸と縦軸で二つの項目の数値をとり，交点を点で表したものの集合で
　　　　　　あり，二つの項目に相関関係があるかを分析できる。
　　特性要因図：ある事象を発生させる原因を洗い出し，さらにそれぞれに関連する
　　　　　　原因を洗い出して系統的に整理していき，原因を階層構造で示したものであ
　　　　　　る。見た目が魚の骨に似ていることからフィッシュボーン図とも言われ
　　　　　　ている。
　　パレート図：数値が大きい方から並べた棒グラフと累積構成比を示す折れ線グラ
　　　　　　フを表した図であり，全体の中で大きな原因を占めているものは何かを容
　　　　　　易に把握することができる。

　したがって正解は，（ウ）の「特性要因図」である。

[設問3]

〔リスク対策の検討〕について考える問題である。「今の見通しでは，9月は問合せ回数が最大で4回／週で，5回／週以上に増加する週はないが，10月は5回／週以上に増加する週が出る確率が30％と見込まれる」とあることから，10月以降の対応について検討していることが分かる。

(1) 図1中の空欄cに入れる字句を解答する設問である。空欄cはデシジョンツリーの「T社との契約を変更する」の選択であり，つまりT社との契約変更の際の遅延日数を求めることとなる。これに関して，表1の直後に9月第2目の終わりに対応を決定した場合は，「項番1の対応の場合，T社との契約変更が9月末に完了でき，10月に問合せ回数が5回／週以上の週があっても対応することが可能となる」とあり，遅延がないことが分かる。したがって解答は，「遅延なし」となる。

(2) 表2におけるL君が選択する対応を解答する設問である。「追加コスト合計の最大値の期待値が最も小さい対応を選択する」とあるため，表2を完成させる必要がある。なお，9月第2週目の終わりに，問合せ回数増加の発生確率が今の見通しから変わらないことが条件となっている。

　　表2を完成させた結果は次のとおりである。

項番	対応	対応に要する追加コスト（万円）	10月の1週間当たりの問合せ回数	発生確率	最大遅延日数（日）	遅延によって発生する追加コストの最大値（万円）	追加コスト合計の最大値の期待値（万円）
1	T社との契約を変更し問合せへの回答回数を増やす。	100	ある週で5回〜8回	30%	0	100	100
			全ての週で4回以下	70%	0	100	
2	M君がT社講習を受け，問合せに回答する。	50	ある週で5回〜8回	30%	5	150	80
			全ての週で4回以下	70%	0	50	
3	何もしない。	0	ある週で5回〜8回	30%	20	400	120
			全ての週で4回以下	70%	0	0	

　　各項番の算出根拠を次に示す。

項番1：T社との契約を変更し問合せへの回答回数を増やす。

・対応に要する追加コスト

　　表1より，契約変更手続日数が10日，対応に要する追加コストが10万円／日であることから，10万円／日×10日＝100万円となる。

・最大遅延日数

　　図1より，共に遅延なしのため，共に0日となる。

・遅延によって発生する追加コストの最大値

　　問合せ回数に限らず，契約変更手続を行うため，共に100万円となる。

・追加コスト合計の最大値の期待値

　　共に100万円のため，100万円となる。

項番 2：M 君が T 社講習を受け，問合せに回答する。

・対応に要する追加コスト

　　表 1 より，M 君の講習受講費用のプロジェクトでの負担額であり，50 万円となる。

・最大遅延日数

　　問合せ回数がある週で 5 回〜8 回で，項番 2 の対応の場合は，「要件定義は当初予定から最大 5 日遅れ」とあるため，5 日となる。

　　問合せ回数が全ての週で 4 回以下の場合は当初の予定どおりであるため遅延はなく 0 日となる。

・遅延によって発生する追加コストの最大値

　　問合せ回数がある週で 5 回〜8 回の場合は，遅延する稼働日 1 日当たりで 20 万円の追加コストが発生するので，次のとおりである。

　　50 万円＋20 万円×5 日＝150 万円

　　問合せ回数が全ての週で 4 回以下の場合は講習受講費用の 50 万円だけとなる。

・追加コスト合計の最大値の期待値

　　150 万円×0.3＋50 万円×0.7＝80 万円となる。

項番 3：何もしない。

・対応に要する追加コスト

　　表 1 より，0 円となる。

・最大遅延日数

　　問合せ回数がある週で 5 回〜8 回で，何も対策をしない場合は，「要件定義の完了は稼働日で最大 20 日遅延する」とあるため，20 日となる。

　　問合せ回数が全ての週で 4 回以下の場合は当初の予定どおりであるため遅延はなく 0 日となる。

・遅延によって発生する追加コストの最大値

　　問合せ回数がある週で 5 回〜8 回の場合は，遅延する稼働日 1 日当たりで 20 万円のコストが発生するので，次のとおりである。

　　20 万円×20 日＝400 万円

　　問合せ回数が全ての週で 4 回以下の場合は運が良かったこととなり 0 円となる。

・追加コスト合計の最大値の期待値

　　400 万円×0.3＋0 円×0.7＝120 万円となる。

　したがって解答は，追加コスト合計の最大値の期待値が最も小さい項番「2」となり，その値は「80（万円）」となる。

［設問 4］

　〔リスクマネジメントの実施〕の本文中の下線②について，リスクマネジメントの

進め方に追加する活動を解答する設問である。PMBOK®第6版11.7リスクの監視に，「リスクの監視は，プロジェクトを通して，合意済みリスク対応計画の実行を監視し，特定したリスクを追跡し，新しいリスクを特定し分析し，そしてリスク・プロセスの有効性を評価するプロセスである」という記載があるように，プロジェクトの進行中はリスクを監視してコントロールする必要がある。

下線②の直前には，「L君は，現時点でのリスクと対応を整理したことで，本プロジェクトのリスクの特定を完了したと考え，今後はこれまでに特定したリスクを対象にプロジェクト完了まで定期的にリスクへの対応の進捗をレビューしていく進め方とし，上司に報告した」とあり，L君の見解としてはリスクの特定や対応策の策定は既に完了しており，その進捗管理だけで十分とのことである。しかし，リスク対応策の実施状況を監視して必要に応じて対応策を見直すこともあり，また新たなリスクの発生を監視する必要がある。上司からリスクマネジメントとして不十分と指摘された点はこのようなことであり，したがって解答は，「プロジェクトの進捗に従ってリスクの特定を継続して行う」などとなる。なお，既知のリスクへの対応費用は問題文にあるコンティンジェンシー予備であるが，事前に識別できなかった未知のリスクへの対応費用としては，コンティンジェンシー予備とは別にマネジメント予備を確保していく必要がある。解答例にある新たなリスクが発生した際はマネジメント予備で対応する。

問 10 　　サービス変更の計画　　　　　　　　　　　(R4 秋-AP 午後問 10)

【解答例】

[設問 1] 　　売掛金の回収率を高める。

[設問 2] 　　(a) 　6

　　　　　　作業内容：業務変更のための業務設計

[設問 3] 　　(1) 　(b) 　1.1 　　　(c) 　46.2 　　　(d) 　11.0

　　　　　　(2) 　項番：2

　　　　　　　　　内容：運用費用の予算を超過する。

　　　　　　　　　根拠：1 か月当たりの平均作業工数の増加が 10% 超となる。

【解説】

　サービスの変更を題材に，今までの予算に対する変更を加味した稼働の妥当性や予算的な確保がなされているかの検証が問われている。問題文の中では，複数の組織が存在し，かつ組織ごとに対応する業務なども複数存在している。問題文に記載されている組織ごとの作業範囲などを注意深く読み，各組織の役割を把握し，取り違えることなく対応することが望まれる。状況把握さえつかめていれば，さほど問題の難易度は高くないと思われる。

[設問 1]

　下線①の「変更を実施して得られる成果」について問われている。問題文の〔受注サービスの変更〕には，これまで営業部では受注してから商品を出荷するまでに，信用情報の確認を行っていたことが記されている。さらに「このほど，売掛金の回収率を高めるという営業部の方針で，与信管理を強化することとなり，受注時点で与信限度額チェックを行うことにした」とある。今まで受注後～出荷までに行っていた信用情報の確認を，売掛金の回収率を高めるために受注時点で行うことが示されている。よって解答は「売掛金の回収率を高める」などとすればよい。

[設問 2]

　空欄 a に入る作業を表 1 の作業項目の中から一つ選び，作業項目の先頭に記した番号を答える。また下線②の漏れていた作業内容についても問われている。

　この設問文の流れからすると，漏れている作業を洗い出せば，作業項目の先頭に記した番号も分かるため，先に漏れている作業から洗い出すこととする。

　〔追加作業項目の洗い出し〕から一つずつ検証していく。

問題文の該当箇所 (〔追加作業項目 の洗い出し〕)	作業	発生する作業	表1の対象 作業の作業 項目番号
1点目	利用者管理	サービス利用の権限を与える利用者として M社要員の登録と削除	1.
	サービスデ スク業務	利用者からの与信管理業務の機能について の問合せ対応とFAQの作成・更新	2.3.
2点目	ジョブ運用	"信用情報取得ジョブ"の追加	4.
		各処理の正常完了確認／マニュアルに従っ た再実行	5.
3点目	業務設計	業務変更のための業務設計(開発課)	////////
	臨時作業	機能アップグレードの適用(開発課)	6.
4点目	臨時作業	パッチの適用と結果確認	7.

　上記の表より,情報システム部の開発課が行う業務変更のための業務設計が追加作業項目に挙げられていないことが分かる。よって,空欄 a の作業項目番号は「6」であり,漏れていた作業内容は「業務変更のための業務設計」などと解答すればよい。

[設問3]
(1) 表4内の空欄b～dに入る数値が問われている。
・空欄b:まず,利用者管理の発生頻度を算定する。〔サービス運用に必要な作業工数の算出〕に「利用者管理及びサービスデスク業務の発生頻度は,今回予定しているM社の要因の利用者追加によって,それぞれ10%増加する」との記載があり,これ以外に利用者管理の発生頻度に関する記述はない。表2の発生頻度が5.0であることから5.0×1.1=5.5となる。「利用者管理及びサービスデスク業務について1回当たりの平均作業工数は変わらない」との記載から表2の1回当たりの平均作業工数は0.2であり,よって空欄bは0.2×5.5=1.1なので「1.1」とすればよい。
・空欄c:まず,サービスデスク業務の発生頻度を算定する。〔サービス運用に必要な作業工数の算出〕に「利用者管理及びサービスデスク業務の発生頻度は,今回予定しているM社の要員の利用者追加によって,それぞれ10%増加する」との記載がある。また,「与信管理業務の機能の追加によって問合せが増加するので,サービスデスク業務の発生頻度は,利用者追加によって増加した発生頻度から,更に5%増加する」とある。このため,表2の発生頻度が80.0であることから80.0×1.1×1.05=92.4となる。表2上の作業工数が0.5であることから,0.5×92.4=46.2となる。よって,空欄cは「46.2」とすればよい。
・空欄d:表3に信用情報取得ジョブ1回当たりの実施時間が示されている。"実施内容の種別"で"運用担当者の確認作業"に該当するものを計算すると6+8

＋10＝24 分となる。480 分を 1 日として計算することが示されていることから，24÷480＝0.05 となり，これが追加の作業工数となる。元の 0.5 に 0.05 を加えて 1 日当たりの平均作業工数は 0.55 となる。発生頻度は 20.0 で変わらないことから，0.55×20.0＝11.0 となる。よって空欄 d は「11.0」とすればよい。

(2)　前述の(1)より次の表の状況になることが算定される。

　なお予算は冒頭の文章から「業務サービス課では，運用費用の予算は，各サービスの作業ごとの 1 か月当たりの平均作業工数の見積りを基に作成している。(中略) 今年度は，各サービスの作業ごとに前年度の 1 か月当たりの平均作業工数の実績に対して 10%の工数増加を想定して見積もった予算が確保されている」という記載がある。そのため，予算は表 2 の 1 か月当たりの平均作業工数（人日）に 1.1 を乗じた値となる。

項番	作業	追加作業を加味した 1ヶ月の平均作業工数 （人日）	予算 （表 2 の 10%増の値）
1	利用者管理	1.1	1.1
2	サービスデスク業務	46.2	44.0
3	ジョブ運用	11.0	11.0

　表によると，サービスデスク業務が確保している予算を超過する値となっていることが分かる。よって解答は次のようになる。

　問題点があると考えた作業項番は「2」，問題点の内容は「運用費用の予算を超過する」，問題点があると考えた根拠は「1 か月当たりの平均作業工数の増加が 10% 超となる」などとすればよい。

【解答例】

[設問1]　(a)　従業員の異動，退職などの状況

　　　　　(b)　終了届の記載内容　　　(空欄 a，b は順不同)

[設問2]　(c)　セキュリティ点検を適切に実施

[設問3]　(d)　貸与 PC の紛失日

　　　　　(e)　システム部への届出日　　　(空欄 d，e は順不同)

[設問4]　(f)　リスク評価

　　　　　(g)　Web 会議システム

[設問5]　(h)　不備事項の是正状況をモニタリング

【解説】

　テレワーク環境導入後の管理状況について，情報セキュリティの観点で実施する監査がテーマである。

　情報通信技術の進歩に伴い，テレワーク環境の構築が容易になり，業務効率化や働き方改革を目的に，企業におけるテレワークの導入が急速に進んできている。

　しかし，こうしたテレワーク環境の導入は，システム構成や利用形態の多様化を生むこととなり，それに応じたセキュリティ対策や情報セキュリティ関連規程の検討・整備が必要となる。そのため，テレワーク環境の情報セキュリティ管理をテーマとする監査は，最近の重要な監査テーマの一つとなっている。

　本問は，予備調査で把握した内容に基づき，監査で確認すべき点について，問題文中の空欄に入れる適切な字句を答える問題である。解答に当たっては，できるだけ問題文中に出てくる用語を使って答えるとよい。

[設問1]

　〔内部監査部長の指示〕(1)の記述中にある空欄 a，b に入れる適切な字句を答える問題である。

　空欄 a, b は，「表1項番1について，　　a　　と　　b　　を照合した結果と，セキュリティ点検の結果との整合性を確認すること」という記述の中にある。

　表 1 項番 1 は，「テレワーク環境の利用者の管理状況」の点検項目に関する「テレワーク環境を利用する必要がなくなった従業員について，終了届をシステム部に提出しているか」が点検内容となっているため，当該点検において照合すべき内容を答えればよい。

　〔テレワーク環境の利用状況〕(2)に「各部のシステム管理者は，従業員が異動，退職などに伴い，テレワーク環境の利用を終了する場合に，テレワーク環境利用終了届（以下，終了届という）を作成し，システム部に提出する」とあることから，表1項番1の点検内容は，従業員の異動，退職などの状況と終了届の記載内容を照合すれば確認できることになる。

したがって，解答としては，15字以内で「従業員の異動，退職などの状況」と「終了届の記載内容」とすればよい。

［設問2］
　〔内部監査部長の指示〕(2)の記述中にある空欄cに入れる適切な字句を答える問題である。
　空欄cは，「表1項番2について，業務管理部におけるセキュリティ点検の結果を考慮して，システム管理者が　　c　　しているかどうか，確認すること」という記述の中にある。
　表1項番2は，「テレワーク環境に関するセキュリティ要件の周知状況」の点検項目に関する「テレワーク環境への接続に利用するWi-Fiについて，セキュリティ要件は周知されているか」の点検内容であり，また，業務管理部におけるセキュリティ点検の結果とは，〔情報セキュリティ管理状況の点検〕(3)の「業務管理部…（中略）…のシステム管理者は，テレワーク環境導入後のセキュリティ点検の結果，表1の項番2…（中略）…について，不備事項を報告していなかった」を指す。
　〔テレワーク環境に関して発生した問題〕(1)に「X年5月20日に，業務管理部の従業員が，セキュリティ要件を満たさないWi-Fiを利用してテレワーク環境に接続したことによって，貸与PCのハードディスクにダウンロードされた顧客の個人情報が漏えいする事案が発生した」とあるにもかかわらず，業務管理部のシステム管理者は，点検結果として，「テレワーク環境に関するセキュリティ要件の周知状況」に関する不備事項を報告していないことから，業務管理部のセキュリティ点検は適切に実施されていなかったことが分かる。
　そのため，内部監査部長は，このような業務管理部におけるセキュリティ点検の結果を考慮して，システム管理者がセキュリティ点検を適切に実施しているかどうか，確認することを指示したのである。
　したがって，解答としては，15字以内で「セキュリティ点検を適切に実施」とすればよい。

［設問3］
　〔内部監査部長の指示〕(3)の記述中にある空欄d，eに入れる適切な字句を答える問題である。
　空欄d，eは，「表1項番3について，紛失届に記載されている　　d　　と　　e　　を照合した結果と，セキュリティ点検の結果との整合性を確認すること」という記述の中にある。
　表1項番3は，「貸与PCの管理状況」の点検項目に関する「貸与PCを紛失した場合，遅くとも紛失日の翌日までに，紛失届をシステム部に提出しているか」の点検内容なので，紛失届に記載されている項目の中から，「貸与PCを紛失した日」と「紛失届をシステム部に提出した日」を示す記載項目を答えればよい。
　〔テレワーク環境に関して発生した問題〕(2)に「各部のシステム管理者は，従業員

が貸与 PC を紛失した場合，貸与 PC の PC 管理番号，紛失日，紛失状況，最終利用日，システム部への届出日などを紛失届に記載し，遅くとも紛失日の翌日までに，システム部に提出する。システム部は，提出された紛失届の記載内容を確認し，受付日を記載した後に，紛失届の写しをシステム管理者に返却する」とある。

この記述から，「貸与 PC を紛失した日」としては，紛失届に「貸与 PC の紛失日」が記載されていることが分かる。また，「紛失届をシステム部に提出した日」としては，「システム部への提出日」があることが分かる。この「貸与 PC の紛失日」と「システム部への提出日」を照合することで，紛失日の翌日までに，紛失届がシステム部に提出されていることが確認できる。

したがって，解答としては，10 字以内で「貸与 PC の紛失日」と「システム部への提出日」とすればよい。

［設問4］
〔内部監査部長の指示〕(4)の記述中にある空欄 f，g に入れる適切な字句を答える問題である。

空欄 f，空欄 g は，「表 1 項番 4 について，システム部が ［　f　］ の結果に基づいて，X 年 8 月のセキュリティ点検対象のアプリケーションシステムとして，［　g　］ の追加を検討したかどうか，確認すること」という記述の中にある。

表 1 項番 4 は，「アプリケーションシステムの利用権限の設定状況」の点検項目に関する「セキュリティ点検対象のアプリケーションシステムに対して，適切な利用権限が設定されているか」の点検内容なので，点検対象のアプリケーションシステムの追加検討がどのように行われるのかを，問題文から探す。

〔情報セキュリティ管理状況の点検〕(2)に「システム部は，毎年 1 月に，利用されるアプリケーションシステムなどのリスク評価結果に基づき，セキュリティ点検の項目及び内容を決定する。また，新規システムの導入，システム環境の変化などに応じて，リスク評価を随時行い，その評価結果に基づき，セキュリティ点検の項目及び内容を見直すことになっている」とある。

この記述から，セキュリティ点検の項目及び内容については，新規システムの導入，システム環境の変化などに応じて随時行う「リスク評価」に基づき，見直すこととなっており，空欄 f には「リスク評価」が入ることが分かる。

次に，空欄 g には，X 年 8 月のセキュリティ点検対象として，追加を検討する必要があるアプリケーションシステムが入るので，問題文から関連する記述を探す。

〔情報セキュリティ管理状況の点検〕(2)に「各部のシステム管理者は，前回点検日以降 3 か月間を対象にして，セキュリティ点検を実施する」とあり，また，〔情報セキュリティ管理状況の点検〕(1)に「X 年の年間計画では，2 月，5 月，8 月，11 月の最終営業日にセキュリティ点検を実施することになっている」とされているので，X 年 8 月のセキュリティ点検では，前回点検日である 5 月の最終営業日以降 3 か月間を対象にしてセキュリティ点検を実施することが分かる。

5 月の最終営業日以降 3 か月間において，リスク評価に影響を生じるような新規シ

ステムの導入，システム環境の変化などについて，記述されている箇所がないかを問
題文から探すと，〔テレワーク環境の利用状況〕(3)に「Web 会議システムは，X 年 6
月から社内及びテレワーク環境で利用可能となっている」とある。

このことから，空欄 g の X 年 8 月のセキュリティ点検対象として，追加を検討する
必要があるアプリケーションシステムは，Web 会議システムであることが分かる。

したがって解答としては，10 字以内で，空欄 f を「リスク評価」，空欄 g を「Web
会議システム」とすればよい。

〔設問 5〕
〔内部監査部長の指示〕(5)の記述中にある空欄 h に入れる適切な字句を答える問題
である。

空欄 h は，「セキュリティ点検で不備事項が発見された場合，システム管理者が不
備事項の是正状況を報告しているかどうか確認するだけでは，監査手続として不十分
である。システム部が ┌─── h ───┐ しているかどうかについても確認すること」とい
う記述の中にある。

不備状況の是正に関する記述を問題文から探すと，〔情報セキュリティ管理状況の
点検〕(1)に「各部のシステム管理者は，年間計画に基づき，セキュリティ点検を実施
し，点検結果，及び不備事項の是正状況をシステム部に報告する。システム部は，点
検結果を確認し，また，不備事項の是正状況をモニタリングする」とある。

この記述から，システム部は，単に不備事項の報告を受けるだけでなく，不備事項
の是正状況をモニタリングする必要があることが分かる。

したがって，解答としては，20 字以内で「不備事項の是正状況をモニタリング」と
すればよい。

午後問題　IPA 発表の解答例

問1

出題趣旨
マルウェアの侵入手法は巧妙化し，社内ネットワークへの侵入防止がますます困難になっている。最近では，EMOTET と呼ばれるマルウェアが世界中に蔓延し，甚大な被害をもたらした。 　本問では，巧妙化したマルウェアへの対応策を題材に，社内ネットワークへの侵入の早期発見と侵入後の活動を抑止するための方策の理解について問う。

設問			解答例・解答の要点	備考
設問1	(1)	a	ア	
		b	ケ	
		c	ク	
	(2)		ア	
設問2	(1)		稼働中のホストの IP アドレス	
	(2)		ウ	
	(3)		ア	
設問3	(1)		ICMP エコー要求パケットの連続した送信	
	(2)		マルウェアに感染した PC を隔離する。	
	(3)		EDR が保存するログの分析	

採点講評
問 1 では，巧妙化したマルウェアへの対応策を題材に，社内ネットワークへの侵入の早期発見と侵入後の活動を抑止するための方策について出題した。全体として正答率は平均的であった。 　設問 1 は，(1)，(2)とも，正答率が高かった。ネットワークセキュリティの基本技術については，理解されていることがうかがえた。 　設問 2(1)は，正答率がやや低かった。ICMP エコー要求パケットにはポート番号は含まれず，宛先 IP アドレスのホスト自体が稼働しているかどうかを判断するために利用されることを理解してほしい。 　設問 3(1)は，正答率が低かった。本文中に記述されたマルウェア X の動作内容を基に，ICMP エコー要求パケットが連続して送信されることが，業務処理による通信ではなくマルウェア X の侵入後の活動によって発生する事象であることを導き出してほしい。

問2

出題趣旨

昨今，競争環境が厳しくなっており，企業が生き残るためには，外部環境や内部環境を正確に把握した上で，経営戦略を策定することが重要になっている。

本問では，教育サービス業の新規事業開発を題材に，目標利益を確保しつつ成長を目指すための経営戦略の策定，及び新規事業開発プロセスについての基本的な理解，並びに財務計画の策定の理解について問う。

設問			解答例・解答の要点	備考
設問1	(1)	強み	業界に先駆けた教育コンテンツの整備力	
		機会	リスキリングのニーズの高まり	
	(2)	イ		
設問2	(1)	大手製造業の同業他社へ展開するため		
	(2)	a	ウ	
設問3	(1)	b	カ	
		c	イ	
	(2)	d	サブスクリプション	
設問4	(1)	・新規事業のミッションを遂行すること ・競争優位性のある教育SaaSの提供		
	(2)	e	40	
		f	80	

採点講評

問2では，教育サービス業の新規事業開発を題材に，経営戦略の策定，及び新規事業開発プロセスについての基本的な理解，並びに財務計画の策定について出題した。全体として正答率は平均的であった。

設問1(1)は，正答率がやや高く，経営戦略の策定の前提となるSWOT分析については，よく理解されていることがうかがえた。

設問4(2)は，正答率が低かった。計画の実行を適切にマネジメントすることで，変動費を抑える設定であるが，損益分岐点についての理解が不足していると思われる解答が散見された。財務計画を立案する際には，何年目に累積損失を0にできるかという視点が重要な判断ポイントであり，是非理解を深めてほしい。

問3

設問			解答例・解答の要点	備考
設問1	(1)		3	
	(2)	ア	2	
設問2		イ	paths[sol_num][k]	
		ウ	stack_top − 1	
		エ	maze[x][y]	
設問3		オ	sol_num	
設問4	(1)	カ	5，3	
	(2)	キ	22	
		ク	3	

問4

出題趣旨

　昨今，ソフトウェアの開発サイクルの短縮に伴い，開発用 PC の開発環境としてコンテナ型仮想化技術を用いた開発環境が普及しつつある。

　本問では，レストランの予約サービスにおける開発環境の構築を題材に，コンテナ型仮想化技術に関する基本的な理解と，開発環境構築における設計能力について問う。

設問			解答例・解答の要点	備考
設問 1	(1)	a	ウ	順不同
		b	エ	
		c	イ	
	(2)		エ	
設問 2	(1)		開発期間中に頻繁に更新されるから	
	(2)	d	10.1.2	
		e	15.3.3	
設問 3	(1)		イ	
	(2)	f	/app/FuncX/test/test.txt	
	(3)		img-dev_dec	

採点講評

　問 4 では，レストランの予約サービスにおける開発環境の構築を題材に，コンテナ型仮想化技術について出題した。全体として正答率は平均的であった。

　設問 1(1)の a，b は，正答率が平均的であった。サーバ型仮想化技術に関する基本的な理解として，ハイパーバイザーやホスト OS などの用語を問うた。仮想化技術は昨今の情報システム構築において欠かすことができないので，その理解を深めてほしい。

　設問 1(2)は，正答率が低かった。仮想化技術の進化によって，ハイパーバイザー型，ホスト型，コンテナ型など利用可能な仮想化技術が増えてきているので，それぞれの特徴を十分に理解した上で適切なものを選択する能力を習得してほしい。

問5

出題趣旨

　多くの企業ではリモートアクセスによるテレワークや Web 会議サービスの導入が行われることとなり，テレワークへの移行やそれに伴うネットワーク運用に際して幾つかの共通の課題が散見された。
　本問では，テレワークへの移行や Web 会議サービスの導入事例を題材に，企業ネットワークにおける運用管理や障害対応に関する基本的な理解や留意事項について問う。

設問			解答例・解答の要点	備考
設問1		a	カ	
		b	イ	
		c	ウ	
設問2	(1)		Web サーバ，本社 VPN サーバ	
	(2)	d	ワンタイムパスワード	
	(3)	e	認証サーバ	
設問3	(1)		イ	
	(2)	f	1.6	
		g	192	
	(3)		Web 会議サービス，本社 VPN サーバ	

採点講評

　問5では，テレワークへの移行や Web 会議サービスの導入事例を題材に，企業ネットワークにおける運用管理や障害対応に関する基本的な理解や留意事項について出題した。全体として正答率はやや高かった。
　設問2(1)は，正答率が低かった。リモートアクセスの認証処理で用いられる2種類の証明書をどのサーバの認証機能で利用するのかを，問題文中の第一段階の認証処理で示された処理の流れの中から丁寧に読み取り，正答を導き出してほしい。
　設問3(1)(2)は，正答率がやや高かった。今回のテレワーク移行中に発生したシステムトラブルの要因やネットワークの通信帯域の計算については，正しく理解されていることがうかがえた。

問6

	出題趣旨

　近年，働き方改革及びリモートワークの普及に伴い，企業におけるスマートデバイスの活用が増えている。
　本問では，スマートデバイス管理システムを題材に，E-R 図や表定義，SQL 文（データ定義言語，データ制御言語）の基本的な理解と，関係モデルを設計・実装する能力を問う。

設問		解答例・解答の要点	備考
設問 1	a	年月	
	b	↑	
	c	従業員 ID	順不同
	d	情報端末 ID	
	e	↓	
	f	⟨⟩	
設問 2	オ		
設問 3	j	SELECT (契約 ID, 暗証番号)	
	k	CHAR(4) DEFAULT '1234' NOT NULL	
	l	PRIMARY KEY	
	m	FOREIGN KEY	

採点講評

　問 6 では，スマートデバイス管理システムを題材に，E-R 図や表定義，SQL 文について出題した。全体として正答率はやや低かった。
　設問 1 の a は，正答率がやや低かった。"部署 ID" と誤って解答した受験者が多かった。請求を部署ごとだけではなく年月ごとでも管理するという要件の理解が不十分であると考えられる。落ち着いて要件を把握するよう心掛けてもらいたい。
　設問 1 の b は，正答率がやや高かった。一方で，情報端末と契約の関係を 1 対 1 とする解答が散見された。同一の回線番号のままで定期的に情報端末を交換するという管理方法が示す意味の理解が不十分であることの結果と思われる。関連のカーディナリティを正しく捉えて表現することはデータベースの概念設計を行う上で重要なので，注意深く読んで，正答を導き出してほしい。
　設問 3 は，正答率が低かった。GRANT 文は表に対する権限を付与するために使用される基本的な DCL（データ制御言語）であり，また CREATE TABLE 文は表を作成するために使用される基本的な DDL（データ定義言語）である。いずれも基本的な SQL 文であり，構文を覚えておいてほしい。

問7

設問			解答例・解答の要点	備考
設問1	(1)	(a)	ノイズなどによる誤動作を防ぐため	
		(b)	40	
	(2)		100,000	
設問2	(1)	a	メイン	
		b	管理サーバ	
	(2)	c	ア	
		d	エ	
設問3	(1)	e	ロック解除完了	
		f	センサーで検知	
		g	ロックを掛け	
		h	完了	
	(2)		管理情報を更新し，管理サーバへ送信する。	

問8

出題趣旨
設計レビューの重要性は認識されており，その方法も改善されつつあるものの，設計レビューが人間の知的活動に大きく依存しているので，その効果が見えにくい傾向にある。 　本問では，システム開発における設計レビューの実施を題材に，設計レビューに関する基本的な理解，及び適切な品質評価に向けた施策の理解について問う。

設問			解答例・解答の要点	備考
設問1	(1)	下線①	ウ	
		下線②	ア	
	(2)	a	モデレーター	
	(3)	b	二次欠陥	
設問2			別グループのリーダー	
設問3	(1)		・ツールの利用で抽出可能だから ・設計途中のレビューで排除されているから	
	(2)	c	オ	
	(3)		集合ミーティングでは欠陥の指摘だけ行う。	

採点講評
問8では，システム開発における設計レビューの実施を題材に，設計レビュー，及び適切な品質評価に向けた施策について出題した。全体として正答率は平均的であった。 　設問3(1)は，正答率が低かった。UCL，LCLを設けている理由は，値が大き過ぎるときも小さ過ぎるときも，何らかの問題が存在するおそれがあるからである。レビュー指摘密度が低い場合は，品質が高い場合と，レビューのプロセスなどに問題があり，欠陥が検出できていない場合とが考えられる。品質が高いと判断できる理由を，問題文中や表に示された状況から読み取り，正答を導き出してほしい。 　設問3(2)は，正答率が低かった。定量品質指標や，それらのデータの可視化と分析方法は，品質管理における重要な概念なので，是非理解を深めてほしい。 　設問3(3)は，正答率がやや低かった。インスペクションの集合ミーティングでは，欠陥の検出が重要である。修正方法，修正内容まで深入りせずに，欠陥をもっと検出するために時間を使うべきであることを理解してほしい。

問9

設問		解答例・解答の要点		備考
設問1	a	RBS		
設問2	(1)	AI に知見のある T 社が参画していないから		
	(2)	b	ウ	
設問3	(1)	c	遅延なし	
	(2)	項番	2	
		期待値	80	
設問4		プロジェクトの進捗に従ってリスクの特定を継続して行う。		

	採点講評

問 9 では，機械部品を製造販売する中堅企業のプロジェクトのリスクマネジメントを題材に，リスクの特定，リスクの評価及びリスクへの対応の考え方，並びにデシジョンツリーを用いた対応の評価について出題した。全体として正答率は平均的であった。

設問 1 は，正答率が低かった。RBS（リスクブレークダウンストラクチャ）はリスクカテゴリの検討を行うのに有効な手法なので，理解を深めてほしい。

設問 2(1)は，正答率が高かった。ブレーンストーミングや，過去のプロジェクトを基に作成したリスク一覧を用いたチェックはリスクの特定に有効な方法であるが，過去に経験のない技術を使用する場合には有識者を参画させるなど，状況に応じた適用が必要であることが理解されているようであった。

設問 3(2)は，正答率がやや低かった。追加コスト合計の最大値の期待値は，対応に要する追加コストと，遅延によって発生する追加コストの最大に発生確率を乗じたものを足し合わせることで求める必要がある。計算式自体は複雑ではないので，落ち着いて計算するよう心掛けてもらいたい。

問 10

出題趣旨
昨今，DX の進展などによって業務のスピーディーで継続的な改善が行われる中で，サービス内容の変更に対して適切な管理の実施が求められている。 　本問では，中堅の食品販売会社における受注サービスの変更を題材に，サービス内容の変更時に必要となるサービス運用における変更点の洗い出し，及び運用に必要な作業工数の算出に関する基本的な理解について問う。

設問			解答例・解答の要点	備考
設問 1			売掛金の回収率を高める。	
設問 2		a	6	
		作業内容	業務変更のための業務設計	
設問 3	(1)	b	1.1	
		c	46.2	
		d	11.0	
	(2)	項番	2	
		内容	運用費用の予算を超過する。	
		根拠	1 か月当たりの平均作業工数の増加が 10%超となる。	

採点講評
問 10 では，中堅の食品販売会社における受注サービスの変更を題材に，サービス内容の変更時に必要となるサービス運用における変更点の洗い出し，及び運用に必要な作業工数の算出について出題した。全体として正答率は平均的であった。 　設問 1 は，正答率が平均的であったが，N 社パッケージ導入や与信データベース構築を成果とする解答が散見された。これらは，売掛金の回収率を高めるという成果を達成するための手段であり，変更を実施して得られる成果は，サービス運用が開始した後に成果の達成を検証するために，測定可能で定量的な指標として定義する必要があることを理解してほしい。 　設問 3(1)の d は，正答率が低かった。追加されたジョブに要する運用担当者の確認作業の実施時間から作業工数を算出すべきところを，システム処理時間を加算して計算した解答が散見された。計算式自体は複雑ではないので，落ち着いて計算するよう心掛けてもらいたい。

午後解答

問 11

	出題趣旨

　業務改革の推進，感染症拡大への対応などを背景に，テレワーク環境の利用が常態化する中で，情報セキュリティの確保が重要な課題となっている。このような状況の下，業務部門などが自部門の情報セキュリティ管理状況を点検し，さらにシステムリスク管理の機能を担う部門が不備事項の是正状況をモニタリングする場合がある。

　本問では，テレワーク環境の監査を題材として，情報セキュリティ管理状況の点検の実効性を確認する場合に，システム監査人に求められる能力・知識を問う。

設問		解答例・解答の要点	備考
設問 1	a	従業員の異動，退職などの状況	順不同
	b	終了届の記載内容	
設問 2	c	セキュリティ点検を適切に実施	
設問 3	d	貸与 PC の紛失日	順不同
	e	システム部への届出日	
設問 4	f	リスク評価	
	g	Web 会議システム	
設問 5	h	不備事項の是正状況をモニタリング	

	採点講評

　問 11 では，テレワーク環境の監査を題材に，情報セキュリティ管理状況の点検の実効性などを重点的に確認する監査手続について出題した。全体として正答率は平均的であった。

　設問 1 は，正答率が低かった。テレワーク環境の利用者を管理するために，業務部門などのシステム管理者がどのような役割を担うのかを理解した上で，適切な監査手続を導き出してほしい。

　設問 2 は，正答率がやや低かった。テレワーク環境に関して発生した問題を考慮して，情報セキュリティ管理状況の点検の実効性を確認するために，適切な監査手続を導き出してほしい。

　設問 5 は，正答率が平均的であった。情報セキュリティ管理状況の点検で不備事項が発見された場合，システムリスク管理を担う部門がどのような役割を担うのかを理解した上で，適切な監査手続を導き出してほしい。

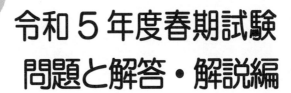

令和5年度春期試験
問題と解答・解説編

問題を解き，**解答・解説**でポイントを確認してください

令和5年度 春期
応用情報技術者試験
午前 問題

| 試験時間 | 9:30 ～ 12:00 （2時間30分） |

注意事項

1. 試験開始及び終了は，監督員の時計が基準です。監督員の指示に従ってください。

2. 試験開始の合図があるまで，問題冊子を開いて中を見てはいけません。

3. **答案用紙への受験番号などの記入は，試験開始の合図があってから始めてください。**

4. 問題は，次の表に従って解答してください。

問題番号	問1 ～ 問80
選択方法	全問必須

5. 答案用紙の記入に当たっては，次の指示に従ってください。

(1) 答案用紙は光学式読取り装置で読み取った上で採点しますので，B 又は HB の黒鉛筆で答案用紙の<u>マークの記入方法</u>のとおりマークしてください。マークの濃度がうすいなど，<u>マークの記入方法</u>のとおり正しくマークされていない場合は，読み取れないことがあります。特にシャープペンシルを使用する際には，マークの濃度に十分注意してください。訂正の場合は，あとが残らないように消しゴムできれいに消し，消しくずを残さないでください。

(2) <u>受験番号欄</u>に受験番号を，<u>生年月日欄</u>に<u>受験票の生年月日</u>を記入及びマークしてください。答案用紙の<u>マークの記入方法</u>のとおりマークされていない場合は，採点されないことがあります。生年月日欄については，受験票の生年月日を訂正した場合でも，訂正前の生年月日を記入及びマークしてください。

(3) <u>解答</u>は，次の例題にならって，<u>解答欄</u>に一つだけマークしてください。答案用紙の<u>マークの記入方法</u>のとおりマークされていない場合は，採点されません。

〔例題〕 春期の情報処理技術者試験が実施される月はどれか。

　　　ア 2　　　イ 3　　　ウ 4　　　エ 5

　　　正しい答えは"ウ 4"ですから，次のようにマークしてください。

| 例題 | ⑦ ④ ● ⑤ |

注意事項は問題冊子の裏表紙に続きます。
こちら側から裏返して，必ず読んでください。

6. 退室可能時間中に退室する場合は，手を挙げて監督員に合図し，答案用紙が回収されてから静かに退室してください。

退室可能時間	10:30 ～ 11:50

7. **問題に関する質問にはお答えできません。**文意どおり解釈してください。

8. 問題冊子の余白などは，適宜利用して構いません。ただし，問題冊子を切り離して利用することはできません。

9. 試験時間中，机上に置けるものは，次のものに限ります。

なお，会場での貸出しは行っていません。

受験票，黒鉛筆及びシャープペンシル（B 又は HB），鉛筆削り，消しゴム，定規，時計（時計型ウェアラブル端末は除く。アラームなど時計以外の機能は使用不可），ハンカチ，ポケットティッシュ，目薬

これら以外は机上に置けません。使用もできません。

10. 試験終了後，この問題冊子は持ち帰ることができます。

11. 答案用紙は，いかなる場合でも提出してください。回収時に提出しない場合は，採点されません。

12. 試験時間中にトイレへ行きたくなったり，気分が悪くなったりした場合は，手を挙げて監督員に合図してください。

13. 午後の試験開始は 13:00 ですので，12:40 までに着席してください。

試験問題に記載されている会社名又は製品名は，それぞれ各社又は各組織の商標又は登録商標です。

なお，試験問題では，™ 及び ® を明記していません。

問題文中で共通に使用される表記ルール

各問題文中に注記がない限り，次の表記ルールが適用されているものとする。

1．論理回路

図記号	説明
	論理積素子（AND）
	否定論理積素子（NAND）
	論理和素子（OR）
	否定論理和素子（NOR）
	排他的論理和素子（XOR）
	論理一致素子
	バッファ
	論理否定素子（NOT）
	スリーステートバッファ
	素子や回路の入力部又は出力部に示される○印は，論理状態の反転又は否定を表す。

2．回路記号

図記号	説明
	抵抗（R）
	ダイオード（D）
	接地

問1 0 以上 255 以下の整数 n に対して,

$$next(n) = \begin{cases} n+1 & (0 \leqq n < 255) \\ 0 & (n = 255) \end{cases}$$

と定義する。next(n)と等しい式はどれか。ここで, x AND y 及び x OR y は, それぞれ x と y を 2 進数表現にして, 桁ごとの論理積及び論理和をとったものとする。

ア (n+1) AND 255   イ (n+1) AND 256

ウ (n+1) OR 255   エ (n+1) OR 256

問2 平均が 60, 標準偏差が 10 の正規分布を表すグラフはどれか。

ア
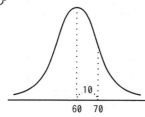

イ
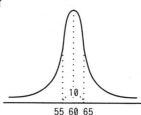

ウ
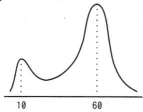

エ
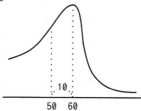

問3　AI における機械学習で，2 クラス分類モデルの評価方法として用いられる ROC 曲線の説明として，適切なものはどれか。

　　ア　真陽性率と偽陽性率の関係を示す曲線である。

　　イ　真陽性率と適合率の関係を示す曲線である。

　　ウ　正解率と適合率の関係を示す曲線である。

　　エ　適合率と偽陽性率の関係を示す曲線である。

問4　ドップラー効果を応用したセンサーで測定できるものはどれか。

　　ア　血中酸素飽和度　　　　　　　　イ　血糖値

　　ウ　血流量　　　　　　　　　　　　エ　体内水分量

問5　要求に応じて可変量のメモリを割り当てるメモリ管理方式がある。要求量以上の大きさをもつ空き領域のうちで最小のものを割り当てる最適適合（best-fit）アルゴリズムを用いる場合，空き領域を管理するためのデータ構造として，メモリ割当て時の平均処理時間が最も短いものはどれか。

　　ア　空き領域のアドレスをキーとする 2 分探索木

　　イ　空き領域の大きさが小さい順の片方向連結リスト

　　ウ　空き領域の大きさをキーとする 2 分探索木

　　エ　アドレスに対応したビットマップ

問6　従業員番号と氏名の対が n 件格納されている表に線形探索法を用いて，与えられた
　　従業員番号から氏名を検索する。この処理における平均比較回数を求める式はどれか。
　　ここで，検索する従業員番号はランダムに出現し，探索は常に表の先頭から行う。ま
　　た，与えられた従業員番号がこの表に存在しない確率を a とする。

ア　$\dfrac{(n+1)\ na}{2}$

イ　$\dfrac{(n+1)\ (1-a)}{2}$

ウ　$\dfrac{(n+1)\ (1-a)}{2} + \dfrac{n}{2}$

エ　$\dfrac{(n+1)\ (1-a)}{2} + na$

問7　配列に格納されたデータ 2，3，5，4，1 に対して，クイックソートを用いて昇順
　　に並べ替える。2 回目の分割が終わった状態はどれか。ここで，分割は基準値より小
　　さい値と大きい値のグループに分けるものとする。また，分割のたびに基準値はグル
　　ープ内の配列の左端の値とし，グループ内の配列の値の順番は元の配列と同じとする。

ア　1，2，3，5，4

イ　1，2，5，4，3

ウ　2，3，1，4，5

エ　2，3，4，5，1

問8　動作周波数 1.25GHz のシングルコア CPU が 1 秒間に 10 億回の命令を実行するとき，
　　この CPU の平均 CPI (Cycles Per Instruction) として，適切なものはどれか。

ア　0.8　　　　　　イ　1.25　　　　　　ウ　2.5　　　　　　エ　10

問9　全ての命令が5ステージで完了するように設計された，パイプライン制御の CPU が
ある。20 命令を実行するには何サイクル必要となるか。ここで，全ての命令は途中
で停止することなく実行でき，パイプラインの各ステージは1サイクルで動作を完了
するものとする。

ア　20　　　　　　イ　21　　　　　　ウ　24　　　　　　エ　25

問10　キャッシュメモリへの書込み動作には，ライトスルー方式とライトバック方式があ
る。それぞれの特徴のうち，適切なものはどれか。

ア　ライトスルー方式では，データをキャッシュメモリだけに書き込むので，高速に
書込みができる。
イ　ライトスルー方式では，データをキャッシュメモリと主記憶の両方に同時に書き
込むので，主記憶の内容は常にキャッシュメモリの内容と一致する。
ウ　ライトバック方式では，データをキャッシュメモリと主記憶の両方に同時に書き
込むので，速度が遅い。
エ　ライトバック方式では，読出し時にキャッシュミスが発生してキャッシュメモリ
の内容が追い出されるときに，主記憶に書き戻す必要が生じることはない。

問11　フラッシュメモリにおけるウェアレベリングの説明として，適切なものはどれか。

ア　各ブロックの書込み回数がなるべく均等になるように，物理的な書込み位置を選
択する。
イ　記憶するセルの電子の量に応じて，複数のビット情報を記録する。
ウ　不良のブロックを検出し，交換領域にある正常な別のブロックで置き換える。
エ　ブロック単位でデータを消去し，新しいデータを書き込む。

問12　有機 EL ディスプレイの説明として，適切なものはどれか。

ア　電圧をかけて発光素子を発光させて表示する。

イ　電子ビームが発光体に衝突して生じる発光で表示する。

ウ　透過する光の量を制御することで表示する。

エ　放電によって発生した紫外線で，蛍光体を発光させて表示する。

問13　スケールインの説明として，適切なものはどれか。

ア　想定される CPU 使用率に対して，サーバの能力が過剰なとき，CPU の能力を減らすこと

イ　想定されるシステムの処理量に対して，サーバの台数が過剰なとき，サーバの台数を減らすこと

ウ　想定されるシステムの処理量に対して，サーバの台数が不足するとき，サーバの台数を増やすこと

エ　想定されるメモリ使用率に対して，サーバの能力が不足するとき，メモリの容量を増やすこと

問14 CPU と磁気ディスク装置で構成されるシステムで，表に示すジョブ A，B を実行する。この二つのジョブが実行を終了するまでの CPU の使用率と磁気ディスク装置の使用率との組合せのうち，適切なものはどれか。ここで，ジョブ A，B はシステムの動作開始時点ではいずれも実行可能状態にあり，A，B の順で実行される。CPU 及び磁気ディスク装置は，ともに一つの要求だけを発生順に処理する。ジョブ A，B とも，CPU の処理を終了した後，磁気ディスク装置の処理を実行する。

単位 秒

ジョブ	CPU の処理時間	磁気ディスク装置の処理時間
A	3	7
B	12	10

	CPU の使用率	磁気ディスク装置の使用率
ア	0.47	0.53
イ	0.60	0.68
ウ	0.79	0.89
エ	0.88	1.00

問15 コンピュータシステムの信頼性を高める技術に関する記述として，適切なものはどれか。

ア フェールセーフは，構成部品の信頼性を高めて，故障が起きないようにする技術である。

イ フェールソフトは，ソフトウェアに起因するシステムフォールトに対処するための技術である。

ウ フォールトアボイダンスは，構成部品に故障が発生しても運用を継続できるようにする技術である。

エ フォールトトレランスは，システムを構成する重要部品を多重化して，故障に備える技術である。

問16　3台の装置 X ～ Z を接続したシステム A，B の稼働率に関する記述のうち，適切な
　　ものはどれか。ここで，3台の装置の稼働率は，いずれも 0 より大きく 1 より小さい
　　ものとし，並列に接続されている部分は，どちらか一方が稼働していればよいものと
　　する。

A   B

　ア　各装置の稼働率の値によって，A と B の稼働率のどちらが高いかは変化する。

　イ　常に A と B の稼働率は等しい。

　ウ　常に A の稼働率は B より高い。

　エ　常に B の稼働率は A より高い。

問17 仮想記憶システムにおいて，ページ置換えアルゴリズムとして FIFO を採用して，仮想ページ参照列 1, 4, 2, 4, 1, 3 を 3 ページ枠の実記憶に割り当てて処理を行った。表の割当てステップ "3" までは，仮想ページ参照列中の最初の 1, 4, 2 をそれぞれ実記憶に割り当てた直後の実記憶ページの状態を示している。残りを全て参照した直後の実記憶ページの状態を示す太枠部分に該当するものはどれか。

割当て ステップ	参照する 仮想ページ番号	実記憶ページの状態		
1	1	1	−	−
2	4	1	4	−
3	2	1	4	2
4	4			
5	1			
6	3			

ア
1	3	4

イ
1	4	3

ウ
3	4	2

エ
4	1	3

問18 仮想記憶方式に関する記述のうち，適切なものはどれか。

ア LRU アルゴリズムは，使用後の経過時間が最長のページを置換対象とするページ置換アルゴリズムである。

イ アドレス変換をインデックス方式で行う場合は，主記憶に存在する全ページ分のページテーブルが必要になる。

ウ ページフォールトが発生した場合は，ガーベジコレクションが必要である。

エ ページングが繰り返されるうちに多数の小さな空きメモリ領域が発生することを，フラグメンテーションという。

問19　ハッシュ表の理論的な探索時間を示すグラフはどれか。ここで，複数のデータが同じハッシュ値になることはないものとする。

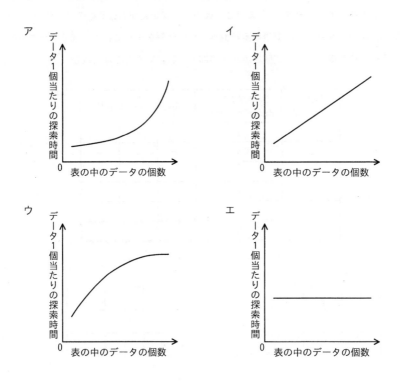

ア

データ1個当たりの探索時間

0　表の中のデータの個数

イ

データ1個当たりの探索時間

0　表の中のデータの個数

ウ

データ1個当たりの探索時間

0　表の中のデータの個数

エ

データ1個当たりの探索時間

0　表の中のデータの個数

問20　コンテナ型仮想化の環境であって，アプリケーションソフトウェアの構築，実行，管理を行うためのプラットフォームを提供する OSS はどれか。

ア　Docker　　　　イ　KVM　　　　ウ　QEMU　　　　エ　Xen

問21 NAND 素子を用いた次の組合せ回路の出力 Z を表す式はどれか。ここで，論理式中の "・" は論理積，"＋" は論理和，"$\overline{X}$" は X の否定を表す。

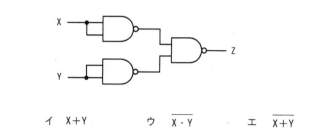

ア X・Y   イ X＋Y   ウ $\overline{X・Y}$ エ $\overline{X＋Y}$

問22 図1の電圧波形の信号を，図2の回路に入力したときの出力電圧の波形はどれか。ここで，ダイオードの順電圧は 0V であるとする。

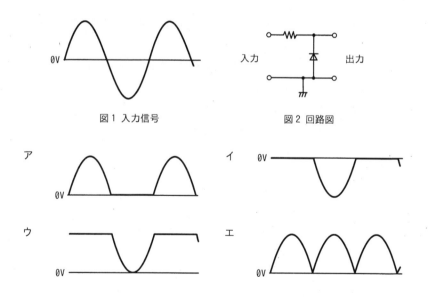

図1 入力信号   図2 回路図

問23 車の自動運転に使われるセンサーの一つである LiDAR の説明として，適切なものはどれか。

ア　超音波を送出し，その反射波を測定することによって，対象物の有無の検知及び対象物までの距離の計測を行う。

イ　道路の幅及び車線は無限遠の地平線で一点（消失点）に収束する，という遠近法の原理を利用して，対象物までの距離を計測する。

ウ　ミリ波帯の電磁波を送出し，その反射波を測定することによって，対象物の有無の検知及び対象物までの距離の計測を行う。

エ　レーザー光をパルス状に照射し，その反射光を測定することによって，対象物の方向，距離及び形状を計測する。

問24　NFC（Near Field Communication）の説明として，適切なものはどれか。

ア　静電容量式のタッチセンサーで，位置情報を検出するために用いられる。

イ　接触式 IC カードの通信方法として利用される。

ウ　通信距離は最大 10 m 程度である。

エ　ピアツーピアで通信する機能を備えている。

問25　コンピュータグラフィックスに関する記述のうち，適切なものはどれか。

　　ア　テクスチャマッピングは，全てのピクセルについて，視線と全ての物体との交点を計算し，その中から視点に最も近い交点を選択することによって，隠面消去を行う。

　　イ　メタボールは，反射・透過方向への視線追跡を行わず，与えられた空間中のデータから輝度を計算する。

　　ウ　ラジオシティ法は，拡散反射面間の相互反射による効果を考慮して拡散反射面の輝度を決める。

　　エ　レイトレーシングは，形状が定義された物体の表面に，別に定義された模様を張り付けて画像を作成する。

問26　JSON 形式で表現される図 1，図 2 のような商品データを複数の Web サービスから取得し，商品データベースとして蓄積する際のデータの格納方法に関する記述のうち，適切なものはどれか。ここで，商品データの取得元となる Web サービスは随時変更され，項目数や内容は予測できない。したがって，商品データベースの検索時に使用するキーにはあらかじめ制限を設けない。

```
{
  "_id":"AA09",
  "品名":"47 型テレビ",
  "価格":"オープンプライス",
  "関連商品 id": [
    "AA101",
    "BC06"
  ]
}
```

図1　A 社 Web サービス
　　の商品データ

```
{
  "_id":"AA10",
  "商品名":"りんご",
  "生産地":"青森",
  "価格":100,
  "画像 URL":"http://www.example.com/apple.jpg"
}
```

図2　B 社 Web サービスの商品データ

ア　階層型データベースを使用し，項目名を上位階層とし，値を下位階層とした 2 階層でデータを格納する。

イ　グラフデータベースを使用し，商品データの項目名の集合から成るノードと値の集合から成るノードを作り，二つのノードを関係付けたグラフとしてデータを格納する。

ウ　ドキュメントデータベースを使用し，項目構成の違いを区別せず，商品データ単位にデータを格納する。

エ　関係データベースを使用し，商品データの各項目名を個別の列名とした表を定義してデータを格納する。

問27　クライアントサーバシステムにおけるストアドプロシージャの記述として，誤っているものはどれか。

ア　アプリケーションから一つずつ SQL 文を送信する必要がなくなる。

イ　クライアント側の CALL 文によって実行される。

ウ　サーバとクライアントの間での通信トラフィックを軽減することができる。

エ　データの変更を行うときに，あらかじめ DBMS に定義しておいた処理を自動的に起動・実行するものである。

問28　データベースシステムの操作の説明のうち，べき等（idempotent）な操作の説明はどれか。

ア　同一の操作を複数回実行した結果と，一回しか実行しなかった結果が同一になる操作

イ　トランザクション内の全ての処理が成功したか，何も実行されなかったかのいずれかの結果にしかならない操作

ウ　一つのノードへのレコードの挿入処理を，他のノードでも実行する操作

エ　複数のトランザクションを同時に実行した結果と，順番に実行した結果が同一になる操作

問29 UML を用いて表した図のデータモデルの a, b に入れる多重度はどれか。

〔条件〕

(1) 部門には 1 人以上の社員が所属する。

(2) 社員はいずれか一つの部門に所属する。

(3) 社員が部門に所属した履歴を所属履歴として記録する。

	a	b
ア	0..*	0..*
イ	0..*	1..*
ウ	1..*	0..*
エ	1..*	1..*

問30 図のような関係データベースの"注文"表と"注文明細"表がある。"注文"表の行を削除すると, 対応する"注文明細"表の行が, 自動的に削除されるようにしたい。参照制約定義の削除規則（ON DELETE）に指定する語句はどれか。ここで, 図中の実線の下線は主キーを, 破線の下線は外部キーを表す。

ア CASCADE　　　イ INTERSECT　　　ウ RESTRICT　　　エ UNIQUE

問31　通信技術の一つである PLC の説明として，適切なものはどれか。

　　ア　音声データを IP ネットワークで伝送する技術
　　イ　電力線を通信回線として利用する技術
　　ウ　無線 LAN の標準規格である IEEE 802.11 シリーズの総称
　　エ　無線通信における暗号化技術

問32　100M ビット／秒の LAN と 1G ビット／秒の LAN がある。ヘッダーを含めて 1,250 バイトのパケットを N 個送付するときに，100M ビット／秒の LAN の送信時間が 1G ビット／秒の LAN より 9 ミリ秒多く掛かった。N は幾らか。ここで，いずれの LAN においても，パケットの送信間隔（パケットの送信が完了してから次のパケットを送信開始するまでの時間）は 1 ミリ秒であり，パケット送信間隔も送信時間に含める。

　　ア　10　　　　　　　イ　80　　　　　　　ウ　100　　　　　　　エ　800

問33　1 個の TCP パケットをイーサネットに送出したとき，イーサネットフレームに含まれる宛先情報の，送出順序はどれか。

　　ア　宛先 IP アドレス，宛先 MAC アドレス，宛先ポート番号
　　イ　宛先 IP アドレス，宛先ポート番号，宛先 MAC アドレス
　　ウ　宛先 MAC アドレス，宛先 IP アドレス，宛先ポート番号
　　エ　宛先 MAC アドレス，宛先ポート番号，宛先 IP アドレス

問34 IP ネットワークのプロトコルのうち，OSI 基本参照モデルのトランスポート層に位置するものはどれか。

　　ア　HTTP　　　　　　イ　ICMP　　　　　　ウ　SMTP　　　　　エ　UDP

問35 モバイル通信サービスにおいて，移動中のモバイル端末が通信相手との接続を維持したまま，ある基地局経由から別の基地局経由の通信へ切り替えることを何と呼ぶか。

　　ア　テザリング　　　　　　　　　　イ　ハンドオーバー
　　ウ　フォールバック　　　　　　　　エ　ローミング

問36 ボットネットにおいて C&C サーバが担う役割はどれか。

　　ア　遠隔操作が可能なマルウェアに，情報収集及び攻撃活動を指示する。
　　イ　攻撃の踏み台となった複数のサーバからの通信を制御して遮断する。
　　ウ　電子商取引事業者などへの偽のデジタル証明書の発行を命令する。
　　エ　不正な Web コンテンツのテキスト，画像及びレイアウト情報を一元的に管理する。

問37　セキュア OS を利用することによって期待できるセキュリティ上の効果はどれか。

　　ア　1 回の利用者認証で複数のシステムを利用できるので，強固なパスワードを一つ
　　　だけ管理すればよくなり，脆弱なパスワードを設定しにくくなる。

　　イ　Web サイトへの通信路上に配置して通信を解析し，攻撃をブロックすることがで
　　　きるので，Web アプリケーションソフトウェアの脆弱性を悪用する攻撃から Web サ
　　　イトを保護できる。

　　ウ　強制アクセス制御を設定することによって，ファイルの更新が禁止できるので，
　　　システムに侵入されてもファイルの改ざんを防止できる。

　　エ　システムへのログイン時に，パスワードのほかに専用トークンを用いて認証が行
　　　えるので，パスワードが漏えいしても，システムへの侵入を防止できる。

問38　メッセージに RSA 方式のデジタル署名を付与して 2 者間で送受信する。そのときの
　　デジタル署名の検証鍵と使用方法はどれか。

　　ア　受信者の公開鍵であり，送信者がメッセージダイジェストからデジタル署名を作
　　　成する際に使用する。

　　イ　受信者の秘密鍵であり，受信者がデジタル署名からメッセージダイジェストを取
　　　り出す際に使用する。

　　ウ　送信者の公開鍵であり，受信者がデジタル署名からメッセージダイジェストを取
　　　り出す際に使用する。

　　エ　送信者の秘密鍵であり，送信者がメッセージダイジェストからデジタル署名を作
　　　成する際に使用する。

問39　"政府情報システムのためのセキュリティ評価制度（ISMAP）"の説明はどれか。

 ア　個人情報の取扱いについて政府が求める保護措置を講じる体制を整備している事業者などを評価して，適合を示すマークを付与し，個人情報を取り扱う政府情報システムの運用について，当該マークを付与された者への委託を認める制度

 イ　個人データを海外に移転する際に，移転先の国の政府が定めた情報システムのセキュリティ基準を評価して，日本が求めるセキュリティ水準が確保されている場合には，本人の同意なく移転できるとする制度

 ウ　政府が求めるセキュリティ要求を満たしているクラウドサービスをあらかじめ評価，登録することによって，政府のクラウドサービス調達におけるセキュリティ水準の確保を図る制度

 エ　プライベートクラウドの情報セキュリティ全般に関するマネジメントシステムの規格にパブリッククラウドサービスに特化した管理策を追加した国際規格を基準にして，政府情報システムにおける情報セキュリティ管理体制を評価する制度

問40　ソフトウェアの既知の脆弱性を一意に識別するために用いる情報はどれか。

 ア　CCE (Common Configuration Enumeration)
 イ　CVE (Common Vulnerabilities and Exposures)
 ウ　CVSS (Common Vulnerability Scoring System)
 エ　CWE (Common Weakness Enumeration)

問41　TPM (Trusted Platform Module) に該当するものはどれか。

　　ア　PC などの機器に搭載され，鍵生成，ハッシュ演算及び暗号処理を行うセキュリ
　　　　ティチップ
　　イ　受信した電子メールが正当な送信者から送信されたものであることを保証する送
　　　　信ドメイン認証技術
　　ウ　ファイアウォール，侵入検知，マルウェア対策など，複数のセキュリティ機能を
　　　　統合したネットワーク監視装置
　　エ　ログデータを一元的に管理し，セキュリティイベントの監視者への通知及び相関
　　　　分析を行うシステム

問42　デジタルフォレンジックスの手順は収集，検査，分析及び報告から成る。このとき，
　　デジタルフォレンジックスの手順に含まれるものはどれか。

　　ア　サーバとネットワーク機器のログをログ管理サーバに集約し，リアルタイムに相
　　　　関分析することによって，不正アクセスを検出する。
　　イ　サーバのハードディスクを解析し，削除されたログファイルを復元することによ
　　　　って，不正アクセスの痕跡を発見する。
　　ウ　電子メールを外部に送る際に，本文及び添付ファイルを暗号化することによって，
　　　　情報漏えいを防ぐ。
　　エ　プログラムを実行する際に，プログラムファイルのハッシュ値と脅威情報を突き
　　　　合わせることによって，プログラムがマルウェアかどうかを検査する。

問43　公衆無線 LAN のアクセスポイントを設置するときのセキュリティ対策とその効果の
　　　組みとして，適切なものはどれか。

	セキュリティ対策	効果
ア	MAC アドレスフィルタリングを設定する。	正規の端末の MAC アドレスに偽装した攻撃者の端末からの接続を遮断し，利用者のなりすましを防止する。
イ	SSID を暗号化する。	SSID を秘匿して，SSID の盗聴を防止する。
ウ	自社がレジストラに登録したドメインを，アクセスポイントの SSID に設定する。	正規のアクセスポイントと同一の SSID を設定した，悪意のあるアクセスポイントの設置を防止する。
エ	同一のアクセスポイントに無線で接続している端末同士のアクセスポイント経由の通信を遮断する。	同一のアクセスポイントに無線で接続している他の端末に，公衆無線 LAN の利用者がアクセスポイントを経由してアクセスすることを防止する。

問44　スパムメール対策として，サブミッションポート（ポート番号 587）を導入する目
　　　的はどれか。

　　ア　DNS サーバに SPF レコードを問い合わせる。
　　イ　DNS サーバに登録されている公開鍵を使用して，デジタル署名を検証する。
　　ウ　POP before SMTP を使用して，メール送信者を認証する。
　　エ　SMTP-AUTH を使用して，メール送信者を認証する。

問45　次に示すような組織の業務環境において，特定の IP セグメントの IP アドレスを幹部の PC に動的に割り当て，一部のサーバへのアクセスをその IP セグメントからだけ許可することによって，幹部の PC だけが当該サーバにアクセスできるようにしたい。利用するセキュリティ技術として，適切なものはどれか。

〔組織の業務環境〕

・業務ではサーバにアクセスする。サーバは，組織の内部ネットワークからだけアクセスできる。

・幹部及び一般従業員は同一フロアで業務を行っており，日によって席が異なるフリーアドレス制を取っている。

・各席には有線 LAN ポートが設置されており， PC を接続して組織の内部ネットワークに接続する。

・ネットワークスイッチ 1 台に全ての PC とサーバが接続される。

ア　IDS　　　　　　　　　　　　　イ　IP マスカレード
ウ　スタティック VLAN　　　　　　エ　認証 VLAN

問46　モジュールの独立性を高めるには，モジュール結合度を低くする必要がある。モジュール間の情報の受渡し方法のうち，モジュール結合度が最も低いものはどれか。

ア　共通域に定義したデータを関係するモジュールが参照する。
イ　制御パラメータを引数として渡し，モジュールの実行順序を制御する。
ウ　入出力に必要なデータ項目だけをモジュール間の引数として渡す。
エ　必要なデータを外部宣言して共有する。

問47　値引き条件に従って，商品を販売する。決定表の動作指定部のうち，適切なものはどれか。

〔値引き条件〕

① 上得意客（前年度の販売金額の合計が 800 万円以上の顧客）であれば，元値の 3% を値引きする。
② 高額取引（販売金額が 100 万円以上の取引）であれば，元値の 3% を値引きする。
③ 現金取引であれば，元値の 3% を値引きする。
④ ① ～ ③ の値引き条件は同時に適用する。

〔決定表〕

上得意客である	Y	Y	Y	Y	N	N	N	N
高額取引である	Y	Y	N	N	Y	Y	N	N
現金取引である	Y	N	Y	N	Y	N	Y	N
値引きしない								
元値の 3%を値引きする				動作指定部				
元値の 6%を値引きする								
元値の 9%を値引きする								

ア

—	—	—	—	—	—	—	X
—	—	X	X	—	X	—	—
—	X	—	—	—	—	X	—
X	—	—	—	X	—	—	—

イ

—	—	X	—	—	—	—	X
—	X	—	—	—	X	X	—
—	—	—	X	X	—	—	—
X	—	—	—	—	—	—	—

ウ

—	—	—	—	—	—	—	X
—	—	—	X	—	X	X	—
—	X	X	—	X	—	—	—
X	—	—	—	—	—	—	—

エ

—	—	—	X	—	—	—	X
—	X	—	—	—	X	—	—
—	—	X	—	—	—	X	—
X	—	—	—	X	—	—	—

R5春-26

問48 スクラムでは，一定の期間で区切ったスプリントを繰り返して開発を進める。各スプリントで実施するスクラムイベントの順序のうち，適切なものはどれか。

〔スクラムイベント〕
  1：スプリントプランニング   2：スプリントレトロスペクティブ
  3：スプリントレビュー   4：デイリースクラム

  ア 1 → 4 → 2 → 3   イ 1 → 4 → 3 → 2
  ウ 4 → 1 → 2 → 3   エ 4 → 1 → 3 → 2

問49 日本国特許庁において特許 A を取得した特許権者から，実施許諾を受けることが必要になる場合はどれか。

  ア 特許 A と同じ技術を家庭内で個人的に利用するだけの場合
  イ 特許 A と同じ技術を利用して日本国内で製品を製造し，その全てを日本国外に輸出する場合
  ウ 特許 A の出願日から 25 年を越えた後に，特許 A と同じ技術を新たに事業化する場合
  エ 特許 A の出願日より前に特許 A と同じ技術を独自に開発し，特許 A の出願日に日本国内でその技術を用いた製品を製造販売していたことが証明できる場合

問50　サーバプロビジョニングツールを使用する目的として，適切なものはどれか。

ア　サーバ上のサービスが動作しているかどうかを，他のシステムからリモートで監視する。
イ　サーバにインストールされているソフトウェアを一元的に管理する。
ウ　サーバを監視して，システムやアプリケーションのパフォーマンスを管理する。
エ　システム構成をあらかじめ記述しておくことによって，サーバを自動的に構成する。

問51　プロジェクトマネジメントにおける"プロジェクト憲章"の説明はどれか。

ア　プロジェクトの実行，監視，管理の方法を規定するために，スケジュール，リスクなどに関するマネジメントの役割や責任などを記した文書
イ　プロジェクトのスコープを定義するために，プロジェクトの目標，成果物，要求事項及び境界を記した文書
ウ　プロジェクトの目標を達成し，必要な成果物を作成するために，プロジェクトで実行する作業を階層構造で記した文書
エ　プロジェクトを正式に認可するために，ビジネスニーズ，目標，成果物，プロジェクトマネージャ，及びプロジェクトマネージャの責任・権限を記した文書

問52　クリティカルチェーン法に基づいてスケジュールネットワーク上にバッファを設ける。クリティカルチェーン上にないアクティビティが遅延してもクリティカルチェーン上のアクティビティに影響しないように，クリティカルチェーンにつながっていくアクティビティの直後に設けるバッファはどれか。

ア　合流バッファ　　　　　　　　イ　資源バッファ
ウ　フレームバッファ　　　　　　エ　プロジェクトバッファ

問53 過去のプロジェクトの開発実績に基づいて構築した作業配分モデルがある。システム要件定義からシステム内部設計までをモデルどおりに進めて228日で完了し，プログラム開発を開始した。現在，200本のプログラムのうち100本のプログラムの開発を完了し，残りの100本は未着手の状況である。プログラム開発以降もモデルどおりに進捗すると仮定するとき，プロジェクトの完了まで，あと何日掛かるか。ここで，プログラムの開発に掛かる工数及び期間は，全てのプログラムで同一であるものとする。

〔作業配分モデル〕

	システム要件定義	システム外部設計	システム内部設計	プログラム開発	システム結合	システムテスト
工数比	0.17	0.21	0.16	0.16	0.11	0.19
期間比	0.25	0.21	0.11	0.11	0.11	0.21

ア 140　　　イ 150　　　ウ 161　　　エ 172

問54 プロジェクトのリスクマネジメントにおける，リスクの特定に使用する技法の一つであるデルファイ法の説明はどれか。

ア 確率分布を使用したシミュレーションを行う。

イ 過去の情報や知識を基にして，あらかじめ想定されるリスクをチェックリストにまとめておき，チェックリストと照らし合わせることによってリスクを識別する。

ウ 何人かが集まって，他人のアイディアを批判することなく，自由に多くのアイディアを出し合う。

エ 複数の専門家から得られた見解を要約して再配布し，再度見解を求めることを何度か繰り返して収束させる。

問55　JIS Q 20000-1:2020（サービスマネジメントシステム要求事項）によれば，サービスマネジメントシステム（SMS）における継続的改善の説明はどれか。

ア　意図した結果を得るためにインプットを使用する，相互に関連する又は相互に作用する一連の活動

イ　価値を提供するため，サービスの計画立案，設計，移行，提供及び改善のための組織の活動及び資源を，指揮し，管理する，一連の能力及びプロセス

ウ　サービスを中断なしに，又は合意した可用性を一貫して提供する能力

エ　パフォーマンスを向上するために繰り返し行われる活動

問56　JIS Q 20000-1:2020（サービスマネジメントシステム要求事項）によれば，組織は，サービスレベル目標に照らしたパフォーマンスを監視し，レビューし，顧客に報告しなければならない。レビューをいつ行うかについて，この規格はどのように規定しているか。

ア　SLA に大きな変更があったときに実施する。

イ　あらかじめ定めた間隔で実施する。

ウ　間隔を定めず，必要に応じて実施する。

エ　サービス目標の未達成が続いたときに実施する。

問57　A社は，自社がオンプレミスで運用している業務システムを，クラウドサービスへ段階的に移行する。段階的移行では，初めにネットワークとサーバを IaaS に移行し，次に全てのミドルウェアを PaaS に移行する。A社が行っているシステム運用作業のうち，この移行によって不要となる作業の組合せはどれか。

〔A社が行っているシステム運用作業〕
① 業務システムのバッチ処理のジョブ監視
② 物理サーバの起動，停止のオペレーション
③ ハードウェアの異常を警告する保守ランプの目視監視
④ ミドルウェアへのパッチ適用

	IaaS への移行によって不要となるシステム運用作業	PaaS への移行によって不要となるシステム運用作業
ア	①	②，④
イ	①，③	②
ウ	②，③	④
エ	③	②，④

問58　システム監査基準（平成 30 年）における予備調査についての記述として，適切なものはどれか。

ア　監査対象の実態を把握するために，必ず現地に赴いて実施する。

イ　監査対象部門の事務手続やマニュアルなどを通じて，業務内容，業務分掌の体制などを把握する。

ウ　監査の結論を裏付けるために，十分な監査証拠を入手する。

エ　調査の範囲は，監査対象部門だけに限定する。

問59　システム監査基準（平成 30 年）における監査手続の実施に際して利用する技法に関する記述のうち，適切なものはどれか。

　　ア　インタビュー法とは，システム監査人が，直接，関係者に口頭で問い合わせ，回答を入手する技法をいう。

　　イ　現地調査法は，システム監査人が監査対象部門に直接赴いて，自ら観察・調査する技法なので，当該部門の業務時間外に実施しなければならない。

　　ウ　コンピュータ支援監査技法は，システム監査上使用頻度の高い機能に特化した，しかも非常に簡単な操作で利用できる専用ソフトウェアによらなければならない。

　　エ　チェックリスト法とは，監査対象部門がチェックリストを作成及び利用して，監査対象部門の見解を取りまとめた結果をシステム監査人が点検する技法をいう。

問60　金融庁"財務報告に係る内部統制の評価及び監査の基準（令和元年）"における，内部統制に関係を有する者の役割と責任の記述のうち，適切なものはどれか。

　　ア　株主は，内部統制の整備及び運用について最終的な責任を有する。

　　イ　監査役は，内部統制の整備及び運用に係る基本方針を決定する。

　　ウ　経営者は，取締役及び執行役の職務の執行に対する監査の一環として，独立した立場から，内部統制の整備及び運用状況を監視，検証する役割と責任を有している。

　　エ　内部監査人は，モニタリングの一環として，内部統制の整備及び運用状況を検討，評価し，必要に応じて，その改善を促す職務を担っている。

問61　情報化投資計画において，投資効果の評価指標である ROI を説明したものはどれか。

　　ア　売上増やコスト削減などによって創出された利益額を投資額で割ったもの

　　イ　売上高投資金額比，従業員当たりの投資金額などを他社と比較したもの

　　ウ　現金流入の現在価値から，現金流出の現在価値を差し引いたもの

　　エ　プロジェクトを実施しない場合の，市場での競争力を表したもの

問62　B. H. シュミットが提唱した CEM（Customer Experience Management）における，カスタマーエクスペリエンスの説明として，適切なものはどれか。

ア　顧客が商品，サービスを購入・使用・利用する際の，満足や感動
イ　顧客ロイヤルティが失われる原因となる，商品購入時のトラブル
ウ　商品の購入数・購入金額などの数値で表される，顧客の購買履歴
エ　販売員や接客員のスキル向上につながる，重要顧客への対応経験

問63　ビッグデータの利活用を促す取組の一つである情報銀行の説明はどれか。

ア　金融機関が，自らが有する顧客の決済データを分析して，金融商品の提案や販売など，自らの営業活動に活用できるようにする取組
イ　国や自治体が，公共データに匿名加工を施した上で，二次利用を促進するために共通プラットフォームを介してデータを民間に提供できるようにする取組
ウ　事業者が，個人との契約などに基づき個人情報を預託され，当該個人の指示又は指定した条件に基づき，データを他の事業者に提供できるようにする取組
エ　事業者が，自社工場における IoT 機器から収集された産業用データを，インターネット上の取引市場を介して，他の事業者に提供できるようにする取組

問64　システム要件定義プロセスにおいて，トレーサビリティが確保されていることを説明した記述として，適切なものはどれか。

ア　移行マニュアルや運用マニュアルなどの文書化が完了しており，システム上でどのように業務を実施するのかを利用者が確認できる。

イ　所定の内外作基準に基づいて外製する部分が決定され，調達先が選定され，契約が締結されており，調達先を容易に変更することはできない。

ウ　モジュールの相互依存関係が確定されており，以降の開発プロセスにおいて個別モジュールの仕様を変更することはできない。

エ　利害関係者の要求の根拠と成果物の相互関係が文書化されており，開発の途中で生じる仕様変更をシステムに求められる品質に立ち返って検証できる。

問65　情報システムの調達の際に作成される RFI の説明はどれか。

ア　調達者から供給者候補に対して，システム化の目的や業務内容などを示し，必要な情報の提供を依頼すること

イ　調達者から供給者候補に対して，対象システムや調達条件などを示し，提案書の提出を依頼すること

ウ　調達者から供給者に対して，契約内容で取り決めた内容に関して，変更を要請すること

エ　調達者から供給者に対して，双方の役割分担などを確認し，契約の締結を要請すること

問66　組込み機器の開発を行うために，ベンダーに見積りを依頼する際に必要なものとして，適切なものはどれか。ここで，システム開発の手順は共通フレーム 2013 に沿うものとする。

　　　ア　納品書　　　　　イ　評価仕様書　　　ウ　見積書　　　　エ　要件定義書

問67　Web で広告費を 600,000 円掛けて，単価 1,500 円の商品を 1,000 個販売した。ROAS (Return On Advertising Spend) は何％か。

　　ア　40　　　　　　イ　60　　　　　　ウ　250　　　　　エ　600

問68　バランススコアカードで使われる戦略マップの説明はどれか。

　　ア　切り口となる二つの要素を X 軸，Y 軸として，市場における自社又は自社製品の
　　　　ポジションを表現したもの
　　イ　財務，顧客，内部ビジネスプロセス，学習と成長という四つの視点を基に，課題，
　　　　施策，目標の因果関係を表現したもの
　　ウ　市場の魅力度，自社の優位性という二つの軸から成る四つのセルに自社の製品や
　　　　事業を分類して表現したもの
　　エ　どのような顧客層に対して，どのような経営資源を使用し，どのような製品・サ
　　　　ービスを提供するのかを表現したもの

問69　新規ビジネスを立ち上げる際に実施するフィージビリティスタディはどれか。

　　ア　新規ビジネスに必要なシステム構築に対する IT 投資を行うこと
　　イ　新規ビジネスの採算性や実行可能性を，調査・分析し，評価すること
　　ウ　新規ビジネスの発掘のために，アイディアを社内公募すること
　　エ　新規ビジネスを実施するために必要な要員の教育訓練を行うこと

問70　企業と大学との共同研究に関する記述として，適切なものはどれか。

ア　企業のニーズを受け入れて共同研究を実施するための機関として，各大学に TLO
（Technology Licensing Organization）が設置されている。

イ　共同研究で得られた成果を特許出願する場合，研究に参加した企業，大学などの
法人を発明者とする。

ウ　共同研究に必要な経費を企業が全て負担した場合でも，実際の研究は大学の教職
員と企業の研究者が対等の立場で行う。

エ　国立大学法人が共同研究を行う場合，その研究に必要な費用は全て国が負担しな
ければならない。

問71　IoT を支える技術の一つであるエネルギーハーベスティングを説明したものはどれ
か。

ア　IoT デバイスに対して，一定期間のエネルギー使用量や稼働状況を把握して，電
力使用の最適化を図る技術

イ　周囲の環境から振動，熱，光，電磁波などの微小なエネルギーを集めて電力に変
換して，IoT デバイスに供給する技術

ウ　データ通信に利用するカテゴリ 5 以上の LAN ケーブルによって，IoT デバイスに
電力を供給する技術

エ　必要な時だけ，デバイスの電源を ON にして通信を行うことによって，IoT デバ
イスの省電力化を図る技術

問72　アグリゲーションサービスに関する記述として，適切なものはどれか。

ア　小売販売の会社が，店舗や EC サイトなどあらゆる顧客接点をシームレスに統合し，どの顧客接点でも顧客に最適な購買体験を提供して，顧客の利便性を高めるサービス

イ　物品などの売買に際し，信頼のおける中立的な第三者が契約当事者の間に入り，代金決済等取引の安全性を確保するサービス

ウ　分散的に存在する事業者，個人や機能への一括的なアクセスを顧客に提供し，比較，まとめ，統一的な制御，最適な組合せなどワンストップでのサービス提供を可能にするサービス

エ　本部と契約した加盟店が，本部に対価を支払い，販売促進，確立したサービスや商品などを使う権利を受け取るサービス

問73　各種センサーを取り付けた航空機のエンジンから飛行中に収集したデータを分析し，仮想空間に構築したエンジンのモデルに反映してシミュレーションを行うことによって，各パーツの消耗状況や交換時期を正確に予測できるようになる。このように産業機器などに IoT 技術を活用し，現実世界や物理的現象をリアルタイムに仮想空間で忠実に再現することを表したものはどれか。

ア　サーバ仮想化　　　　　　　　　イ　スマートグリッド
ウ　スマートメーター　　　　　　　エ　デジタルツイン

問74　事業部制組織の特徴を説明したものはどれか。

ア　ある問題を解決するために一定の期間に限って結成され，問題解決とともに解散する。

イ　業務を機能別に分け，各機能について部下に命令，指導を行う。

ウ　製品，地域などで構成された組織単位に，利益責任をもたせる。

エ　戦略的提携や共同開発など外部の経営資源を積極的に活用することによって，経営環境に対応していく。

問75　ビッグデータ分析の手法の一つであるデシジョンツリーを活用してマーケティング施策の判断に必要な事象を整理し，発生確率の精度を向上させた上で二つのマーケティング施策 a，b の選択を行う。マーケティング施策を実行した場合の利益増加額（売上増加額－費用）の期待値が最大となる施策と，そのときの利益増加額の期待値の組合せはどれか。

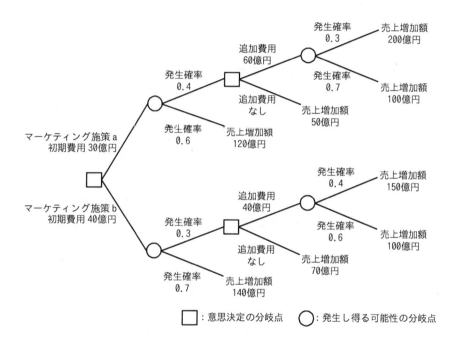

	施策	利益増加額の期待値（億円）
ア	a	70
イ	a	160
ウ	b	82
エ	b	162

問76　原価計算基準に従い製造原価の経費に算入する費用はどれか。

　　ア　製品を生産している機械装置の修繕費用
　　イ　台風で被害を受けた製品倉庫の修繕費用
　　ウ　賃貸目的で購入した倉庫の管理費用
　　エ　本社社屋建設のために借り入れた資金の支払利息

問77　会社の固定費が 150 百万円，変動費率が 60%のとき，利益 50 百万円が得られる売上高は何百万円か。

　　ア　333　　　　　　　イ　425　　　　　　　ウ　458　　　　　　　エ　500

問78　ソフトウェア開発を，下請法の対象となる下請事業者に委託する場合，下請法に照らして，禁止されている行為はどれか。

　　ア　継続的な取引が行われているので，支払条件，支払期日などを記載した書面をあらかじめ交付し，個々の発注書面にはその事項の記載を省略する。
　　イ　顧客が求める仕様が確定していなかったので，発注の際に，下請事業者に仕様が未記載の書面を交付し，仕様が確定した時点では，内容を書面ではなく口頭で伝える。
　　ウ　顧客の都合で仕様変更の必要が生じたので，下請事業者と協議の上，発生する費用の増加分を下請代金に加算することによって仕様変更に応じてもらう。
　　エ　振込手数料を下請事業者が負担する旨を発注前に書面で合意したので，親事業者が負担した実費の範囲内で振込手数料を差し引いて下請代金を支払う。

問79　労働者派遣法において，派遣元事業主の講ずべき措置等として定められているもの
　　　はどれか。

　　ア　派遣先管理台帳の作成
　　イ　派遣先責任者の選任
　　ウ　派遣労働者を指揮命令する者やその他関係者への派遣契約内容の周知
　　エ　労働者の教育訓練の機会の確保など，福祉の増進

問80　技術者倫理の遵守を妨げる要因の一つとして，集団思考というものがある。集団思
　　　考の説明として，適切なものはどれか。

　　ア　自分とは違った視点から事態を見ることができず，客観性に欠けること
　　イ　組織内の権威に無批判的に服従すること
　　ウ　正しいことが何かは知っているが，それを実行する勇気や決断力に欠けること
　　エ　強い連帯性をもつチームが自らへの批判的思考を欠いて，不合理な合意へと達す
　　　　ること

令和５年度　春期
応用情報技術者試験
午後　問題

試験時間	13:00 〜 15:30（２時間30分）

注意事項

1. 試験開始及び終了は，監督員の時計が基準です。監督員の指示に従ってください。

2. 試験開始の合図があるまで，問題冊子を開いて中を見てはいけません。

3. <u>答案用紙への受験番号などの記入は，試験開始の合図があってから始めてください。</u>

4. 問題は，次の表に従って解答してください。

問題番号	問１	問２〜問11
選択方法	必須	４問選択

5. 答案用紙の記入に当たっては，次の指示に従ってください。

   (1) B 又は HB の黒鉛筆又はシャープペンシルを使用してください。

   (2) <u>受験番号欄</u>に<u>受験番号</u>を，<u>生年月日欄</u>に<u>受験票の生年月日</u>を記入してください。正しく記入されていない場合は，採点されないことがあります。生年月日欄については，受験票の生年月日を訂正した場合でも，訂正前の生年月日を記入してください。

   (3) <u>選択した問題</u>については，右の例に従って，<u>選択欄の問題番号</u>を〇印で囲んでください。〇印がない場合は，採点されません。問2〜問11 について，５問以上〇印で囲んだ場合は，はじめの４問について採点します。

   (4) 解答は，問題番号ごとに指定された枠内に記入してください。

   (5) 解答は，丁寧な字ではっきりと書いてください。読みにくい場合は，減点の対象になります。

〔問３，問４，問６，問８を選択した場合の例〕

注意事項は問題冊子の裏表紙に続きます。
こちら側から裏返して，必ず読んでください。

6. 退室可能時間中に退室する場合は，手を挙げて監督員に合図し，答案用紙が回収されてから静かに退室してください。

| 退室可能時間 | 13:40 〜 15:20 |

7. **問題に関する質問にはお答えできません。**文意どおり解釈してください。

8. 問題冊子の余白などは，適宜利用して構いません。ただし，問題冊子を切り離して利用することはできません。

9. 試験時間中，机上に置けるものは，次のものに限ります。

なお，会場での貸出しは行っていません。

受験票，黒鉛筆及びシャープペンシル（B 又は HB），鉛筆削り，消しゴム，定規，時計（時計型ウェアラブル端末は除く。アラームなど時計以外の機能は使用不可），ハンカチ，ポケットティッシュ，目薬

これら以外は机上に置けません。使用もできません。

10. 試験終了後，この問題冊子は持ち帰ることができます。

11. 答案用紙は，いかなる場合でも提出してください。回収時に提出しない場合は，採点されません。

12. 試験時間中にトイレへ行きたくなったり，気分が悪くなったりした場合は，手を挙げて監督員に合図してください。

〔問題一覧〕

●問 1（必須）

問題番号	出題分野	テーマ
問 1	情報セキュリティ	マルウェア対策

●問 2～問 11（10 問中 4 問選択）

問題番号	出題分野	テーマ
問 2	経営戦略	中堅の電子機器製造販売会社の経営戦略
問 3	プログラミング	多倍長整数の演算
問 4	システムアーキテクチャ	IT ニュース配信サービスの再構築
問 5	ネットワーク	Web サイトの増設
問 6	データベース	KPI 達成状況集計システムの開発
問 7	組込みシステム開発	位置通知タグの設計
問 8	情報システム開発	バージョン管理ツールの運用
問 9	プロジェクトマネジメント	金融機関システムの移行プロジェクト
問 10	サービスマネジメント	クラウドサービスのサービス可用性管理
問 11	システム監査	工場在庫管理システムの監査

問1　マルウェア対策に関する次の記述を読んで，設問に答えよ。

　　R社は，全国に支店・営業所をもつ，従業員約150名の旅行代理店である。国内の宿泊と交通手段を旅行パッケージとして，法人と個人の双方に販売している。R社は，旅行パッケージ利用者の個人情報を扱うので，個人情報保護法で定める個人情報取扱事業者である。

〔ランサムウェアによるインシデント発生〕

　　ある日，R社従業員のSさんが新しい旅行パッケージの検討のために，R社からSさんに支給されているPC（以下，PC-Sという）を用いて業務を行っていたところ，PC-Sに身の代金を要求するメッセージが表示された。Sさんは連絡すべき窓口が分からず，数時間後に連絡が取れた上司からの指示によって，R社の情報システム部に連絡した。連絡を受けた情報システム部のTさんは，PCがランサムウェアに感染したと考え，①PC-Sに対して直ちに実施すべき対策を伝えるとともに，PC-Sを情報システム部に提出するようにSさんに指示した。

　　Tさんは，セキュリティ対策支援サービスを提供しているZ社に，提出されたPC-S及びR社LANの調査を依頼した。数日後にZ社から受け取った調査結果の一部を次に示す。

・PC-Sから，国内で流行しているランサムウェアが発見された。

・ランサムウェアが，取引先を装った電子メールの添付ファイルに含まれていて，Sさんが当該ファイルを開いた結果，PC-Sにインストールされた。

・PC-S内の文書ファイルが暗号化されていて，復号できなかった。

・PC-Sから，インターネットに向けて不審な通信が行われた痕跡はなかった。

・PC-Sから，R社LAN上のIPアドレスをスキャンした痕跡はなかった。

・ランサムウェアによる今回のインシデントは，表1に示すサイバーキルチェーンの攻撃の段階では　　　a　　　まで完了したと考えられる。

表1 サイバーキルチェーンの攻撃の段階

項番	攻撃の段階	代表的な攻撃の事例
1	偵察	インターネットなどから攻撃対象組織に関する情報を取得する。
2	武器化	マルウェアなどを作成する。
3	デリバリ	マルウェアを添付したなりすましメールを送付する。
4	エクスプロイト	ユーザーにマルウェアを実行させる。
5	インストール	攻撃対象組織のPCをマルウェアに感染させる。
6	C&C	マルウェアとC&Cサーバを通信させて攻撃対象組織のPCを遠隔操作する。
7	目的の実行	攻撃対象組織のPCで収集した組織の内部情報をもち出す。

〔セキュリティ管理に関する評価〕

　Tさんは，情報システム部のU部長にZ社からの調査結果を伝え，PC-Sを初期化し，初期セットアップ後にSさんに返却することで，今回のインシデントへの対応を完了すると報告した。U部長は再発防止のために，R社のセキュリティ管理に関する評価をZ社に依頼するよう，Tさんに指示した。Tさんは，Z社にR社のセキュリティ管理の現状を説明し，評価を依頼した。

　R社のセキュリティ管理に関する評価を実施したZ社は，ランサムウェア対策に加えて，特にインシデント対応と社員教育に関連した取組が不十分であると指摘した。Z社が指摘したR社のセキュリティ管理に関する課題の一部を表2に示す。

表2 R社のセキュリティ管理に関する課題（一部）

項番	種別	指摘内容
1	ランサムウェア対策	PC上でランサムウェアの実行を検知する対策がとられていない。
2	インシデント対応	インシデントの予兆を捉える仕組みが整備されていない。
3		インシデント発生時の対応手順が整備されていない。
4	社員教育	インシデント発生時の適切な対応手順が従業員に周知されていない。
5		標的型攻撃への対策が従業員に周知されていない。

　U部長は，表2の課題の改善策を検討するようにTさんに指示した。Tさんが検討したセキュリティ管理に関する改善策の候補を表3に示す。

表3　Tさんが検討したセキュリティ管理に関する改善策の候補

項番	種別	改善策の候補
1	ランサムウェア対策	②PC 上の不審な挙動を監視する仕組みを導入する。
2	インシデント対応	PC やサーバ機器，ネットワーク機器のログからインシデントの予兆を捉える仕組みを導入する。
3		PC やサーバ機器の資産目録を随時更新する。
4		新たな脅威を把握して対策の改善を行う。
5		インシデント発生時の対応体制や手順を検討して明文化する。
6		脆弱性情報の収集方法を確立する。
7	社員教育	インシデント発生時の対応手順を従業員に定着させる。
8		標的型攻撃への対策についての社員教育を行う。

〔インシデント対応に関する改善策の具体化〕

　　Tさんは，表3の改善策の候補を基に，インシデント対応に関する改善策の具体化を行った。Tさんが検討した，インシデント対応に関する改善策の具体化案を表4に示す。

表4　インシデント対応に関する改善策の具体化案

項番	改善策の具体化案	対応する表3の項番
1	R 社社内に③インシデント対応を行う組織を構築する。	5
2	R 社の情報機器のログを集約して分析する仕組みを整備する。	2
3	R 社で使用している情報機器を把握して関連する脆弱性情報を収集する。	b ，c
4	社内外の連絡体制を整理して文書化する。	d
5	④セキュリティインシデント事例を調査し，技術的な対策の改善を行う。	4

　　検討したインシデント対応に関する改善策の具体化案をU部長に説明したところ，表4の項番5のセキュリティインシデント事例について，特にマルウェア感染などによって個人情報が窃取された事例を中心に，Z 社から支援を受けて調査するように指示を受けた。

〔社員教育に関する改善策の具体化〕

　　Tさんは，表3の改善策の候補を基に，社員教育に関する改善策の具体化を行った。Tさんが検討した，社員教育に関する改善策の具体化案を表5に示す。

表5 社員教育に関する改善策の具体化案

項番	改善策の具体化案	対応する表3の項番
1	標的型攻撃メールの見分け方と対応方法などに関する教育を定期的に実施する。	8
2	インシデント発生を想定した訓練を実施する。	7

　R社では，標的型攻撃に対応する方法やインシデント発生時の対応手順が明確化されておらず，従業員に周知する活動も不足していた。そこで，標的型攻撃の内容とリスクや標的型攻撃メールへの対応，インシデント発生時の対応手順に関する研修を，新入社員が入社する4月に全従業員に対して定期的に行うことにした。

　また，R社でのインシデント発生を想定した訓練の実施を検討した。図1に示す一連のインシデント対応フローのうち，⑤全従業員を対象に実施すべき対応と，経営者を対象に実施すべき対応を中心に，ランサムウェアによるインシデントへの対応を含めたシナリオを作成することにした。

図1　一連のインシデント対応フロー

　Tさんは，今回のインシデントの教訓を生かして，ランサムウェアに感染した際にPC内の重要な文書ファイルの喪失を防ぐために，取り外しできる記録媒体にバックアップを取得する対策を教育内容に含めた。検討した社員教育に関する改善策の具体化案をU部長に説明したところ，⑥バックアップを取得した記録媒体の保管方法について検討し，その内容を教育内容に含めるようにTさんに指示した。

設問1　〔ランサムウェアによるインシデント発生〕について答えよ。

　　(1)　本文中の下線①について，PC-Sに対して直ちに実施すべき対策を解答群の中から選び，記号で答えよ。

　　解答群

　　　ア　怪しいファイルを削除する。　　イ　業務アプリケーションを終了する。
　　　ウ　ネットワークから切り離す。　　エ　表示されたメッセージに従う。

(2) 本文中の　　a　　に入れる適切な攻撃の段階を表1の中から選び，表1の項番で答えよ。

設問2　〔セキュリティ管理に関する評価〕について答えよ。

(1) 表2中の項番3の課題に対応する改善策の候補を表3の中から選び，表3の項番で答えよ。

(2) 表3中の下線②について，PC上の不審な挙動を監視する仕組みの略称を解答群の中から選び，記号で答えよ。

解答群

　　ア　APT　　　　　イ　EDR　　　　　ウ　UTM　　　　　エ　WAF

設問3　〔インシデント対応に関する改善策の具体化〕について答えよ。

(1) 表4中の下線③について，インシデント対応を行う組織の略称を解答群の中から選び，記号で答えよ。

解答群

　　ア　CASB　　　　　イ　CSIRT　　　　　ウ　MITM　　　　　エ　RADIUS

(2) 表4中の　　b　　～　　d　　に入れる適切な表3の項番を答えよ。

(3) 表4中の下線④について，調査すべき内容を解答群の中から全て選び，記号で答えよ。

解答群

　　ア　使用された攻撃手法　　　　　　イ　被害によって被った損害金額
　　ウ　被害を受けた機器の種類　　　　エ　被害を受けた組織の業種

設問4　〔社員教育に関する改善策の具体化〕について答えよ。

(1) 本文中の下線⑤について，全従業員を対象に訓練を実施すべき対応を図1の中から選び，図1の記号で答えよ。

(2) 本文中の下線⑥について，記録媒体の適切な保管方法を20字以内で答えよ。

次の問2～問11については 4 問を選択し，答案用紙の選択欄の問題番号を〇印で囲んで解答してください。

なお，5問以上〇印で囲んだ場合は，はじめの4問について採点します。

問2　中堅の電子機器製造販売会社の経営戦略に関する次の記述を読んで，設問に答えよ。

　　Q社は，中堅の電子機器製造販売会社で，中小のスーパーマーケット（以下，スーパーという）を顧客としている。Q社の主力製品は，商品管理に使用するバーコードを印字するラベルプリンター，及びバーコードを印字する商品管理用のラベル（以下，バーコードラベルという）などの消耗品である。さらに，技術を転用してバーコード読取装置（以下，バーコードリーダーという）も製造販売している。

　　顧客がバーコードラベルを使用する場合は，商品に合った大きさ，厚さ，及び材質のバーコードラベルが必要になり，これに対応してラベルプリンターの設定が必要になる。商品ごとに顧客の従業員がマニュアルを見ながら各店舗でラベルプリンターの画面から操作して設定しているが，続々と新商品が出てくる現在，この設定のスキルの習得は，慢性的な人手不足に悩む顧客にとって負担となっている。

〔現在の経営戦略〕

　　Q社では，ラベルプリンターの機種を多数そろえるとともに，ラベルプリンター及びバーコードリーダーと連携して商品管理や消耗品の使用量管理などを支援するソフトウェアパッケージ（以下，Q社パッケージという）を業界で初めて開発して市場に展開し，①競合がない市場を切り開く経営戦略を掲げ，次に示す施策に基づき積極的に事業展開して業界での優位性を保っている。

・顧客の従業員がQ社パッケージのガイド画面から操作して，接続されている全ての店舗のラベルプリンターの設定を一度に変更することで，これまでと比べて負担を軽減できる。さらに②顧客の依頼に応じて，ラベルプリンターの設定作業を受託する。

・ラベルプリンターの販売価格は他社より抑え，バーコードラベルなどの消耗品の料金体系は，Q社パッケージで集計した使用量に応じたものとする。

・毎年，従来機種を改良したラベルプリンターを開発し，ラベルプリンターが有する様々な便利な機能を最大限活用できるように，Q社パッケージの機能を拡充する。

　　これらの施策の実施によって，Q社は，　　a　　ビジネスモデルを実現し，価格設定や顧客への対応などが受け入れられて，リピート受注を確保でき，業界平均以

上の収益性を維持している。

〔現在の問題点〕

一方で，今後も業界での優位性を維持するには次の問題もある。

・最近開発したラベルプリンターで，設置される環境や操作性などについて，顧客ニーズの変化を十分に把握しきれておらず，顧客満足度が低い機種がある。

・ラベルプリンターは定期的に予防保守を行い，部品を交換しているが，交換する前に故障が発生してしまうことがある。故障が発生した場合のメンテナンスは，顧客の担当者から故障連絡を受けて，高い頻度で発生する故障の修理に必要な部品を持って要員が現場で対応している。しかし，故障部位の詳細な情報は事前に把握できず，修理に必要な部品を持っていない場合は，1回の訪問で修理が完了せず，顧客の業務に影響が出たことがある。また，複数の故障連絡が重なるなど，要員の作業の繁閑が予測困難で，要員が計画的に作業できずに苦慮している。

・多くの顧客では，消費期限が近くなった商品の売れ残りが発生しそうな場合には，消費期限と売れ残りの見通しから予測した時刻に，値引き価格を印字したバーコードラベルを重ねて貼っている。食品の取扱いが多い顧客からは，顧客の戦略目標の一つである食品廃棄量削減を達成するために，値引き価格を印字したバーコードラベルを貼る適切な時刻を通知する機能を情報システムで提供するよう要望を受けているが，現在のQ社パッケージで管理するデータだけでは対応できない。

・ラベルプリンターの製造コストは業界では平均的だが，バーコードリーダーは，開発に多くの要員を割かれていて製造コストは業界での平均よりも高い。バーコードリーダーの製造販売において，他社と差別化できておらず，販売価格を上げられないので利益を確保できていない。

・ラベルプリンターでは，スーパーを顧客とする市場が飽和状態になりつつある中で，大手の事務機器製造販売会社のS社がラベルプリンターを開発して，スーパーを顧客とする事務機器の商社を通して大手のスーパーに納入した。S社は，スーパーとの直接的な取引はないが，今後，Q社が事業を展開している中小のスーパーを顧客とする市場にも進出するおそれが出てきた。

将来に備えて経営戦略を強化することを考えたQ社のR社長は，外部企業へ依頼して，Q社が製造販売する製品と提供するサービスに関する調査を行った。

〔経営戦略の強化〕

調査の結果，R社長は次のことを確認した。

・ラベルプリンターの開発において，顧客ニーズの変化に素早く対応して他社との差別化を図らなければ，顧客満足度が下がり業界での優位性が失われる。

・メンテナンス対応において，故障による顧客業務への影響を減らせば顧客満足度が上がる。顧客満足度を上げれば，既存顧客からのリピート受注率が高まる。

・顧客満足度を上げるためには，製品開発力及びメンテナンス対応力を強めることに加えて，顧客が情報システムに求める機能の提供力を強めることが必要である。

・バーコードリーダーは，Q社のラベルプリンターやQ社パッケージの製造販売と競合せず，POS端末及び中小のスーパーで定評のある販売管理ソフトウェアパッケージを製造販売するU社から調達できる。

そして，Q社及びS社の現状に対して，競争要因別の顧客から見た価値の相対的な高さと，R社長が強化すべきと考えたQ社の計画を図1に示す戦略キャンバス（抜粋）にまとめた。

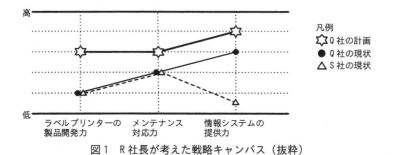

凡例
☆ Q社の計画
● Q社の現状
△ S社の現状

図1　R社長が考えた戦略キャンバス（抜粋）

R社長は戦略キャンバス（抜粋）に基づいて，業界での優位性を維持するために社内の幹部と次に示す重点戦略をまとめた。

(1)　ラベルプリンターの製品開発力

ラベルプリンターの製品開発において，顧客のニーズを聞き，迅速にラベルプリンターの試作品を開発して顧客に確認してもらうことで，従来よりも的確にニーズを取り込めるようにする。

ラベルプリンターの試作や顧客確認などの開発段階での業務量が増えることになるが，　　　　b　　　　。これによって，開発要員を増やさないことと製品開発力

を強化することとの整合性を確保する。

(2) メンテナンス対応力

R 社長は，メンテナンス対応の要員数を変えず，③メンテナンス対応力を強化して顧客満足度を上げることを考えた。具体的には，④Q 社パッケージが，インターネット経由で，Q 社のラベルプリンターの稼働に関するデータ，及びモーターなどの部品の劣化の兆候を示す電圧変化などのデータを収集して適宜 Q 社に送信する機能を実現する。

(3) 情報システムの提供力

Q 社の業界での優位性を更に高めるために，⑤SDGs の一つである"つくる責任，つかう責任"に関して，顧客が食品の廃棄量の削減を達成するための支援機能など，Q 社パッケージの機能追加を促進する。このために，U 社と連携して，Q 社パッケージと U 社の販売管理ソフトウェアパッケージとを連動させる。

設問1　〔現在の経営戦略〕について答えよ。

(1) 本文中の下線①について，Q 社が実行している戦略を解答群の中から選び，記号で答えよ。

解答群

　　ア　コストリーダーシップ戦略　　　イ　市場開拓戦略

　　ウ　フォロワー戦略　　　　　　　　エ　ブルーオーシャン戦略

(2) 本文中の下線②について，Q 社が設定作業を受託する背景にある顧客の課題は何か。25 字以内で答えよ。

(3) 本文中の　　　　a　　　　に入れる適切な字句を解答群の中から選び，記号で答えよ。

解答群

　　ア　Q 社パッケージの販売利益でバーコードラベルなどの消耗品の赤字を補填する

　　イ　バーコードラベルなどの消耗品で利益を確保する

　　ウ　バーコードラベルなどの消耗品を安く販売し，リピート受注を確保する

　　エ　ラベルプリンターの販売利益でバーコードラベルなどの消耗品の赤字を補填する

設問2 〔経営戦略の強化〕について答えよ。

(1) 本文中の ┌── b ──┐ に入れる適切な字句を解答群の中から選び,記号で答えよ。

解答群

ア Q社パッケージの販売を中止し,開発要員をラベルプリンターの開発に振り向ける

イ バーコードリーダーの開発を中止し,開発要員をラベルプリンターの開発に振り向ける

ウ メンテナンス要員をラベルプリンターの開発に振り向ける

エ ラベルプリンターの機種を減らし,開発要員を減らす

(2) 本文中の下線③について,R社長の狙いは何か。〔経営戦略の強化〕中の字句を用い,15字以内で答えよ。

(3) 本文中の下線④について,顧客の業務への影響を減らすために,Q社において可能となることを二つ挙げ,それぞれ15字以内で答えよ。また,それらによって,Q社にとって,どのようなメリットがあるか。〔現在の問題点〕を参考に,15字以内で答えよ。

(4) 本文中の下線⑤の支援機能として,情報システムで提供する機能は何か。35字以内で答えよ。

問3　多倍長整数の演算に関する次の記述を読んで，設問に答えよ。

　　コンピュータが一度に処理できる整数の最大桁には，CPU が一度に扱える情報量に
依存した限界がある。一度に扱える桁数を超える演算を行う一つの方法として，10
を基数とした多倍長整数（以下，多倍長整数という）を用いる方法がある。

〔多倍長整数の加減算〕
　　多倍長整数の演算では，整数の桁ごとの値を，1 の位から順に 1 次元配列に格納し
て管理する。例えば整数 123 は，要素数が 3 の配列に{3, 2, 1}を格納して表現する。
　　多倍長整数の加算は，"桁ごとの加算"の後，"繰り上がり"を処理することで行う。
456＋789 を計算した例を図 1 に示す。

```
桁ごとの加算：{6, 5, 4} ＋ {9, 8, 7} → {6+9, 5+8, 4+7} → {15, 13, 11}
繰り上がり　：{⑮, 13, 11} → {5, ⑭, 11} → {5, 4, ⑫} → {5, 4, 2, ①}
　　　　　　　　1の位の繰り上がり　10の位の繰り上がり　100の位の繰り上がり
```

図 1　456＋789 を計算した例

　　"桁ごとの加算"を行うと，配列の内容は{15, 13, 11}となる。1 の位は 15 にな
るが，15 は 10×1+5 なので，10 の位である 13 に 1 を繰り上げて{5, 14, 11}とする。
これを最上位まで繰り返す。最上位で繰り上がりが発生する場合は，配列の要素数を
増やして対応する。減算も同様に"桁ごとの減算"と"繰り下がり"との処理で計算
できる。

〔多倍長整数の乗算〕
　　多倍長整数の乗算については，計算量を削減するアルゴリズムが考案されており，
その中の一つにカラツバ法がある。ここでは，桁数が 2 のべき乗で，同じ桁数をもっ
た正の整数同士の乗算について，カラツバ法を適用した計算を行うことを考える。桁
数が 2 のべき乗でない整数や，桁数が異なる整数同士の乗算を扱う場合は，上位の桁
を 0 で埋めて処理する。例えば，123×4 は 0123×0004 として扱う。

〔ツリー構造の構築〕

　カラツバ法を適用した乗算のアルゴリズムは，計算のためのツリー構造（以下，ツリーという）を作る処理と，ツリーを用いて演算をする処理から成る。ツリーは，多倍長整数の乗算の式を一つのノードとし，一つのノードは3個の子ノードをもつ。

　M桁×M桁の乗算の式について，乗算記号の左右にある値を，それぞれM/2桁ずつに分けてA，B，C，Dの四つの多倍長整数を作る。これらの整数を使って，①A×C，②B×D，③(A+B)×(C+D)の3個の子ノードを作り，M/2桁×M/2桁の乗算を行う層を作る。(A+B)，(C+D)は多倍長整数の加算の結果であるが，ここでは"桁ごとの加算"だけを行い，"繰り上がり"の処理はツリーを用いて行う演算の最後でまとめて行う。生成した子ノードについても同じ手順を繰り返し，1桁×1桁の乗算を行う最下層のノードまで展開する。

　1234×5678についてのツリーを図2に示す。図2の層2の場合，①は12×56，②は34×78，③は46×134となる。③の(C+D)は，"桁ごとの加算"だけの処理を行うと，10の位が5+7=12，1の位が6+8=14となるので，12×10+14=134となる。

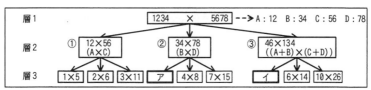

注記　この例では層3が最下層となる。

図2　1234×5678についてのツリー

〔ツリーを用いた演算〕

　ツリーの最下層のノードは，整数の乗算だけで計算できる。最下層以外の層は，子ノードの計算結果を使って，次の式で計算できることが分かっている。ここで，α，β，γは，それぞれ子ノード①，②，③の乗算の計算結果を，Kは対象のノードの桁数を表す。

$$\alpha \times 10^K + (\gamma - \alpha - \beta) \times 10^{K/2} + \beta \quad \cdots\cdots(1)$$

　図2のルートノードの場合，K=4，α=672，β=2652，γ=6164なので，計算結果は次のとおりとなる。

$$672 \times 10000 + (6164 - 672 - 2652) \times 100 + 2652 = 7006652$$

〔多倍長整数の乗算のプログラム〕

　桁数が 2 のべき乗の多倍長整数 val1，val2 の乗算を行うプログラムを作成した。

　プログラム中で利用する多倍長整数と，ツリーのノードは構造体で取り扱う。構造体の型と要素を表 1 に示す。構造体の各要素には，構造体の変数名.要素名でアクセスできる。また，配列の添字は 1 から始まる。

表 1　構造体の型と要素

構造体の型	要素名	要素の型	内容
多倍長整数	N	整数	多倍長整数の桁数
	values	整数の配列	桁ごとの値を管理する 1 次元配列。1 の位の値から順に値を格納する。配列の要素は，必要な桁を全て格納するのに十分な数が確保されているものとする。
ノード	N	整数	ノードが取り扱う多倍長整数の桁数。図 2 の 1234×5678 のノードの場合は 4 である。
	val1	多倍長整数	乗算記号の左側の値
	val2	多倍長整数	乗算記号の右側の値
	result	多倍長整数	乗算の計算結果

　多倍長整数の操作を行う関数を表 2 に，プログラムで使用する主な変数，配列及び関数を表 3 に，与えられた二つの多倍長整数からツリーを構築するプログラムを図 3 に，そのツリーを用いて演算を行うプログラムを図 4 に，それぞれ示す。表 2，表 3 中の p，q，v1，v2 の型は多倍長整数である。また，図 3，図 4 中の変数は全て大域変数である。

表 2　多倍長整数の操作を行う関数

名称	型	内容
add(p, q)	多倍長整数	p と q について，"桁ごとの加算"を行う。
carry(p)	多倍長整数	p について"繰り上がり"・"繰り下がり"の処理を行う。
left(p, k)	多倍長整数	p について，values の添字が大きい方の k 個の要素を返す。p の values が{4, 3, 2, 1}，k が 2 であれば，values が{2, 1}の多倍長整数を返す。
right(p, k)	多倍長整数	p について，values の添字が小さい方の k 個の要素を返す。p の values が{4, 3, 2, 1}，k が 2 であれば，values が{4, 3}の多倍長整数を返す。
lradd(p, k)	多倍長整数	add(left(p, k), right(p, k))の結果を返す。
shift(p, k)	多倍長整数	p を 10^k 倍する。
sub(p, q)	多倍長整数	p と q について，"桁ごとの減算"を行い p−q を返す。

表3 使用する主な変数, 配列及び関数

名称	種類	型	内容
elements[]	配列	ノード	ツリーのノードを管理する配列。ルートノードを先頭に, 各層の左側のノードから順に要素を格納する。図2の場合は, {1234×5678, 12×56, 34×78, 46×134, 1×5, 2×6, …}の順で格納する。
layer_top[]	配列	整数	ルートノードから順に, 各層の左端のノードの, elements配列上での添字の値を格納する。図2の場合は1234×5678, 12×56, 1×5の添字に対応する{1, 2, 5}が入る。
mod(m, k)	関数	整数	mをkで割った剰余を整数で返す。
new_elem(k, v1, v2)	関数	ノード	取り扱う多倍長整数の桁数がkで, v1×v2の乗算を表すノード構造体を新規に一つ作成して返す。
pow(m, k)	関数	整数	mのk乗を整数で返す。kが0の場合は1を返す。
t_depth	変数	整数	ツリーの層の数。図2の場合は3である。
val1, val2	変数	多倍長整数	乗算する対象の二つの値。図2の場合, ルートノードの二つの値で, val1は1234, val2は5678である。
answer	変数	多倍長整数	乗算の計算結果を格納する変数

```
// ツリーの各層の, elements配列上での先頭インデックスを算出する
layer_top[1] ← 1                              // ルートノードは先頭なので1を入れる
for (iを1からt_depth − 1まで1ずつ増やす)
  layer_top[i + 1] ← layer_top[i] +    ウ
endfor

// ツリーを構築する
elements[1] ← new_elem(val1.N, val1, val2)   // ルートノードを用意。桁数はval1の桁数を使う
for (dpを1からt_depth − 1まで1ずつ増やす)    // ルートノードの層から, 最下層以外の層を順に処理
  for (iを1からpow(3, dp − 1)まで1ずつ増やす)  // 親ノードになる層の要素数だけ繰り返す
    pe ← elements[layer_top[dp] + (i − 1)]    // 親ノードの要素を取得
    cn ← pe.N / 2                             // 子ノードの桁数を算出
    tidx ← layer_top[dp + 1] +    エ          // 子ノード①へのインデックス
    elements[tidx    ] ← new_elem(cn, left(  オ  , cn), left(  カ  , cn))
    elements[tidx + 1] ← new_elem(cn, right(  オ  , cn), right(  カ  , cn))
    elements[tidx + 2] ← new_elem(cn, lradd(  オ  , cn), lradd(  カ  , cn))
  endfor
endfor
```

図3 与えられた二つの多倍長整数からツリーを構築するプログラム

```
// 最下層の計算
for (iを1からpow(3, t_depth － 1)まで1ずつ増やす)          // 最下層の要素数は3のt_depth－1乗個
  el ← elements[layer_top[t_depth] + (i － 1)]          // 最下層のノード
  mul ← el.val1.values[1] * el.val2.values[1]          // 最下層の乗算
  el.result.N ← 2                                       // 計算結果は2桁の多倍長整数
  el.result.values[1] ← [    キ    ]                    // 1の位
  el.result.values[2] ← mul / 10                        // 10の位
endfor


// 最下層以外の計算
for (dpをt_depth － 1から1まで1ずつ減らす)               // 最下層より一つ上の層から順に処理
  for (iを1からpow(3, dp － 1)まで1ずつ増やす)           // 各層の要素数だけ繰り返す
    el ← elements[layer_top[dp] + (i － 1)]             // 計算対象のノード
    cidx ← layer_top[dp + 1] + [    エ    ]            // 子ノード①へのインデックス
    s1 ← sub( [    ク    ].result, [    ケ    ].result ) //
    s2 ← sub(s1, elements[cidx + 1].result)            // γ－α－βを計算
    p1 ← shift(elements[cidx].result, el.N)            // α×10^Kを計算
    p2 ← shift(s2, el.N / 2)                            // （γ－α－β）×10^(K/2)を計算
    p3 ← elements[cidx + 1].result                      // βを計算
    el.result ← add(add(p1, p2), p3)                   //
  endfor
endfor


// 繰り上がり処理
answer ← carry(elements[1].result)                     // 計算結果をanswerに格納
```

注記　図4中の [エ] には，図3中の [エ] と同じ字句が入る。

図4　ツリーを用いて演算を行うプログラム

設問1　図2中の [ア   ]，[イ   ] に入れる適切な字句を答えよ。

設問2　図2中の層2にある 46×134 のノードについて，本文中の式(1)の数式は具体
　　　的にどのような計算式になるか。次の式の①〜④に入れる適切な整数を答えよ。

　　　　　（ ① ）×100 ＋ ((（ ② ）－（ ③ ）－84)×10 ＋ （ ④ ）

設問3　図3中の [ウ   ] 〜 [カ   ] に入れる適切な字句を答えよ。

設問4　図4中の [キ   ] 〜 [ケ   ] に入れる適切な字句を答えよ。

設問5　N 桁同士の乗算をする場合，多倍長整数の構造体において，配列 values に必
　　　要な最大の要素数は幾つか。N を用いて答えよ。

問4　IT ニュース配信サービスの再構築に関する次の記述を読んで，設問に答えよ。

　H 社は，IT 関連のニュースを配信するサービスを提供している。このたび，OS や開発フレームワークの保守期間終了を機に，システムを再構築することにした。

〔現状のシステム構成と課題〕

　IT ニュース配信サービスでは，多くの利用者にサービスを提供するために，複数台のサーバでシステムを構成している。配信される記事には，それぞれ固有の記事番号が割り振られている。現状のシステム構成を図1に，ニュースを表示する画面一覧を表1に示す。

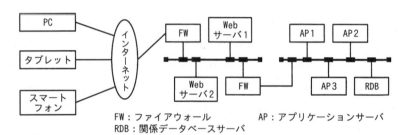

FW：ファイアウォール　　　　　AP：アプリケーションサーバ
RDB：関係データベースサーバ

図1　現状の IT ニュース配信サービスのシステム構成

表1　画面一覧

画面名	概要
IT ニュース一覧	記事に関連する画像，見出し，投稿日時を新しいものから順に一覧形式で表示する。一覧は一定の記事数ごとにページを切り替えることで，古い記事の一覧を閲覧することができる。
IT ニュース記事	IT ニュース一覧画面で記事を選択すると，この画面に遷移し，選択された記事の見出し，投稿日時，本文及び本文内の画像を表示する。さらに，選択された記事と関連する一定数の記事の画像と見出しを一覧形式で表示する。

　現状のシステム構成では，PC，タブレット，スマートフォン，それぞれに最適化した Web サイトを用意している。AP では，RDB とのデータ入出力と HTML ファイルの生成を行っている。また，関連する記事を見つけるために，夜間に Web サーバのアクセスログを RDB に取り込み，URL 中の記事番号を用いたアクセス解析を RDB 上のストア

ドプロシージャによって行っている。

最近，利用者の増加に伴い，通勤時間帯などにアクセスが集中すると，応答速度が遅くなったり，タイムアウトが発生したりしている。

〔新システムの方針〕

この課題を解消するために，次の方針に沿った新システムの構成とする。

・　　　a　　　の機能を用いて，一つの Web サイトで全ての種類の端末に最適な画面を表示できるようにする。

・AP での動的な HTML の生成処理を行わない，SPA (Single Page Application) の構成にする。HTML，スクリプトなどのファイルは Web サーバに配置する。動的なデータは AP から Web API を通して提供し，データ形式は各端末の Web ブラウザ上で実行されるスクリプトが扱いやすい　　　b　　　とする。

・RDB への負荷を減らし，応答速度を短縮するために，キャッシュサーバを配置する。

・IT ニュース一覧画面に表示する記事の一覧のデータと，IT ニュース記事画面に表示する関連する記事に関するデータは，キャッシュサーバに格納する。キャッシュサーバには，これらのデータを全て格納できるだけの容量をもたせる。その上で，記事のデータは，閲覧されたデータをキャッシュサーバに設定したメモリの上限値まで格納する。

・RDB のデータベース構造と，関連する記事を見つける処理は現状の仕組みを利用する。

AP で提供する Web API を表 2 に示す。

表 2　AP で提供する Web API

Web API 名	概要
ITNewsList	表示させたい IT ニュース一覧画面のページ番号を受け取り，そのページに含まれる記事の記事番号，関連する画像の URL，見出し，投稿日時のリストを返す。データは，キャッシュサーバから取得する。
ITNewsDetail	IT ニュース記事画面に必要な見出し，投稿日時，本文，本文内に表示する画像の URL，関連する記事の記事番号のリストを返す。1 件の記事に対して関連する記事は 6 件である。データは，キャッシュサーバに格納されている場合はそのデータを，格納されていない場合は，RDB から取得してキャッシュサーバに格納して利用する。キャッシュするデータは①LFU 方式で管理する。
ITNewsHeadline	IT ニュース記事画面に表示する，関連する記事 1 件分の記事に関する画像の URL と見出しを返す。データは，キャッシュサーバから取得する。

次に，Web ブラウザ上で実行されるスクリプトの概要を表 3 に示す。

表 3　Web ブラウザ上で実行されるスクリプトの概要

画面名	概要
IT ニュース一覧	表示させたい IT ニュース一覧画面のページ番号を指定して Web API "ITNewsList" を呼び出し，取得したデータを一覧表として整形する。
IT ニュース記事	表示させたい記事の記事番号を指定して Web API "ITNewsDetail" を呼び出し，対象記事のデータを取得する。次に，表示させたい記事に関連する記事の記事番号を一つずつ指定して Web API "ITNewsHeadline" を呼び出し，関連する記事の表示に必要なデータを取得する。最後に，取得したデータを文書フォーマットとして整形する。

〔キャッシュサーバの実装方式の検討〕

　キャッシュサーバの実装方式として，次に示す二つの方式を検討する。

(1)　各 AP の内部にインメモリデータベースとして実装する方式

(2)　1 台の NoSQL データベースとして実装する方式

　AP の OS のスケジューラーが 5 分間隔で，IT ニュース一覧画面に表示する記事の一覧と，各記事に関連する記事の一覧のデータを更新する処理を起動する。(1)の場合，各 AP 上のプロセスが内部のキャッシュデータを更新する。(2)の場合，特定の AP 上のプロセスがキャッシュデータを更新する。

　なお，AP の CPU 使用率が高い場合，Web API の応答速度を優先するために，更新処理は行わない。

〔応答速度の試算〕

　新システムにおける応答速度を試算するために，キャッシュサーバの二つの方式をそれぞれテスト環境に構築して，本番相当のテストデータを用いて処理時間を測定した。その結果を表 4 に示す。

表4 テストデータを用いて処理時間を測定した結果

No.	測定内容	測定結果	
		方式(1)	方式(2)
1	Webサーバが IT ニュース一覧画面又は IT ニュース記事画面のリクエストを受けてから，HTML やスクリプトなどのファイルを全て転送するまでの時間	80ms	80ms
2	AP が Web API "ITNewsList" のリクエストを受けてから，応答データを全て転送するまでの時間	100ms	200ms
3	AP が Web API "ITNewsDetail" でリクエストされた対象記事のデータがキャッシュサーバに格納されている割合	60%	90%
4	AP が Web API "ITNewsDetail" のリクエストを受けてから，キャッシュサーバにある対象記事のデータを全て転送するまでの時間	60ms	120ms
5	AP が Web API "ITNewsDetail" のリクエストを受けてから，RDB にある対象記事のデータを全て転送するまでの時間	300ms	300ms
6	AP が Web API "ITNewsHeadline" のリクエストを受けてから，応答データを全て転送するまでの時間	15ms	20ms

注記　ms：ミリ秒

　　インターネットを介した転送時間や Web ブラウザ上の処理時間は掛からないと仮定して応答時間を考える。その場合，IT ニュース一覧画面を初めて表示する場合の応答時間は，方式(1)では 180ms，方式(2)では　　c　　ms である。IT ニュース一覧画面のページを切り替える場合の応答時間は，方式(1)では 100ms，方式(2)では　　d　　ms である。次に，記事をリクエストした際の平均応答時間を考える。Web API "ITNewsDetail" の平均応答時間は，方式(1)では 156ms，方式(2)では　　e　　ms である。したがって，Web API "ITNewsHeadline" の呼び出しも含めた IT ニュース記事画面を表示するための平均応答時間は，方式(1)では　　f　　ms，方式(2)では 258ms となる。

　　以上の試算から，方式(1)を採用することにした。

〔不具合の指摘と改修〕

　　新システムの方式(1)を採用した構成についてレビューを実施したところ，次の指摘があった。

(1)　IT ニュース記事画面の応答速度の不具合

　　IT ニュース記事画面を生成するスクリプトが実際にインターネットを介して実行された場合，試算した応答速度より大幅に遅くなってしまうことが懸念される。

Web API " g " 内から，Web API " h " を呼び出すように
処理を改修する必要がある。

(2) AP の CPU 使用率が高い状態が続いた場合の不具合

AP に処理が偏って CPU 使用率が高い状態が続いた場合，②ある画面の表示内容
に不具合が出てしまう。

この不具合を回避するためには，各 AP の CPU 使用率を監視して，しきい値を超
えた状態が一定時間以上続いた場合，AP をスケールアウトして負荷を分散させる
仕組みをあらかじめ用意する。

(3) 関連する記事が取得できない不具合

関連する記事を見つける処理について，③現状の仕組みのままでは関連する記事
が見つけられない。Web サーバのアクセスログを解析する処理を，AP のアクセスロ
グを解析する処理に改修する必要がある。

以上の指摘を受けて，必要な改修を行った結果，新システムをリリースできた。

設問1 〔新システムの方針〕について答えよ。

(1) 本文中の a に入れる適切な字句を解答群の中から選び，記号で
答えよ。

解答群

ア CSS イ DOM ウ HREF エ Python

(2) 本文中の b に入れる適切な字句を答えよ。

(3) 表 2 中の下線①の方式にすることで，どのような記事がキャッシュサーバ
に格納されやすくなるか。15 字以内で答えよ。

設問2 本文中の c ～ f に入れる適切な数値を答えよ。

設問3 〔不具合の指摘と改修〕について答えよ。

(1) 本文中の g ， h に入れる適切な字句を，表 2 中の Web
API 名の中から答えよ。

(2) 本文中の下線②にある不具合とは何か。35 字以内で答えよ。

(3) 本文中の下線③の理由を，40 字以内で答えよ。

問5 Webサイトの増設に関する次の記述を読んで，設問に答えよ。

　F社は，契約した顧客（以下，顧客という）にインターネット経由でマーケット情報を提供する情報サービス会社である。F社では，マーケット情報システム（以下，Mシステムという）で顧客向けに情報を提供している。Mシステムは，Webアプリケーションサーバ（以下，WebAPサーバという），DNSサーバ，ファイアウォール（以下，FWという）などから構成されるWebサイトとF社の運用PCから構成される。現在，Webサイトは，B社のデータセンター（以下，b-DCという）に構築されている。

　現在のMシステムのネットワーク構成（抜粋）を図1に，DNSサーバbに登録されているAレコードの情報を表1に示す。

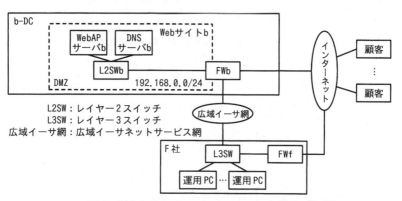

図1　現在のMシステムのネットワーク構成（抜粋）

表1　DNSサーバbに登録されているAレコードの情報

項番	機器名称	サーバのFQDN	IPアドレス
1	DNSサーバb	nsb.example.jp	200.a.b.1/28
2	WebAPサーバb	miap.example.jp	200.a.b.2/28
3	DNSサーバb	nsb.f-sha.example.lan	192.168.0.1/24
4	WebAPサーバb	apb.f-sha.example.lan	192.168.0.2/24

注記1　200.x.y.z（x，y，zは，0〜255の整数）のIPアドレスは，グローバルアドレスである。
注記2　各リソースレコードのTTL（Time To Live）は，604800が設定されている。

〔Mシステムの構成と運用〕

・Mシステムを利用するにはログインが必要である。

・FWb には，DMZ に設定されたプライベートアドレスとインターネット向けのグロー
バルアドレスを1対1で静的に変換する NAT が設定されており，表1に示した内容
で，WebAP サーバ b 及び DNS サーバ b の IP アドレスの変換を行う。

・DNS サーバ b は，インターネットに公開するドメイン example.jp と F 社の社内向け
のドメイン f-sha.example.lan の二つのドメインのゾーン情報を管理する。

・F 社の L3SW の経路表には，b-DC の Web サイト b への経路と①デフォルトルートが
登録されている。

・運用 PC には，②優先 DNS サーバとして，FQDN が nsb.f-sha.example.lan の DNS サ
ーバ b が登録されている。

・F 社の運用担当者は，運用 PC を使用して M システムの運用作業を行う。

〔M システムの応答速度の低下〕

最近，顧客から，M システムの応答が遅くなることがあるという苦情が，M システ
ムのサポート窓口に入ることが多くなった。そこで，F 社の情報システム部（以下，
システム部という）の運用担当者の D 主任は，運用 PC を使用して次の手順で原因究
明を行った。

（ⅰ）　顧客と同じ URL である https://□□□ a □□□/ で WebAP サーバ b にアクセスし，
顧客からの申告と同様の事象が発生することを確認した。

（ⅱ）　FWb のログを検査し，異常な通信は記録されていないことを確認した。

（ⅲ）　SSH を使用し，③広域イーサ網経由で WebAP サーバ b にログインして CPU 使用
率を調べたところ，設計値を超えた値が継続する時間帯のあることを確認した。

この結果から，D 主任は，WebAP サーバ b の処理能力不足が応答速度低下の原因で
あると判断した。

〔Web サイトの増設〕

D 主任の判断を基に，システム部では，これまでのシステムの構築と運用の経験を
生かすことができる，現在と同一構成の Web サイトの増設を決めた。システム部の E
課長は，C 社のデータセンター（以下，c-DC という）に Web サイト c を構築して M シ
ステムを増強する方式の設計を，D 主任に指示した。

D主任は，c-DC に b-DC と同一構成の Web サイトを構築し，DNS ラウンドロビンを利用して二つの Web サイトの負荷を分散する方式を設計した。

D主任が設計した，M システムを増強する構成を図 2 に示す。

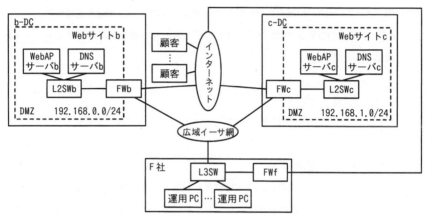

図2　M システムを増強する構成

図 2 の構成では，DNS サーバ b をプライマリ DNS サーバ，DNS サーバ c をセカンダリ DNS サーバに設定する。また，運用 PC には，新たに　　b　　を代替 DNS サーバに登録して，　　b　　も利用できるようにする。

そのほかに，L3SW の経路表に Web サイト c の DMZ への経路を追加する。

DNS サーバ b に追加登録する A レコードの情報を表 2 に示す。

表2　DNS サーバ b に追加登録する A レコードの情報

項番	機器名称	サーバの FQDN	IP アドレス
1	DNS サーバ c	nsc.example.jp	200.c.d.81/28
2	WebAP サーバ c	miap.example.jp	200.c.d.82/28
3	DNS サーバ c	nsc.f-sha.example.lan	192.168.1.1/24
4	WebAP サーバ c	apc.f-sha.example.lan	192.168.1.2/24

注記　各リソースレコードの TTL は，表 1 と同じ 604800 を設定する。

表 2 の情報を追加登録することによって，WebAP サーバ b，c が同じ割合で利用されるようになる。DNS サーバ b，c には　　c　　転送の設定を行い，DNS サーバ b の

情報を更新すると，その内容が DNS サーバ c にコピーされるようにする。

　WebAP サーバのメンテナンス時は，作業を行う Web サイトは停止する必要があるので，次の手順で作業を行う。④メンテナンス中は，一つの Web サイトでサービスを提供することになるので，M システムを利用する顧客への影響は避けられない。

（ⅰ）　事前に DNS サーバ b のリソースレコードの　　d　　を小さい値にする。

（ⅱ）　メンテナンス作業を開始する前に，メンテナンスを行う Web サイトの，インターネットに公開するドメインの WebAP サーバの FQDN に対応する A レコードを，DNS サーバ b 上で無効化する。

（ⅲ）　この後，一定時間経てばメンテナンス作業が可能になるが，作業開始が早過ぎると顧客に迷惑を掛けるおそれがある。そこで，⑤手順(ⅱ)で A レコードを無効化した WebAP サーバの状態を確認し，問題がなければ作業を開始する。

　D 主任は，検討結果を基に作成した Web サイトの増設案を，E 課長に提出した。増設案が承認され実施に移されることになった。

設問 1　〔M システムの構成と運用〕について答えよ。
　（1）　本文中の下線①について，デフォルトルートのネクストホップとなる機器を，図 1 中の名称で答えよ。
　（2）　本文中の下線②の設定の下で，運用 PC から DNS サーバ b にアクセスしたとき，パケットが DNS サーバ b に到達するまでに経由する機器を，図 1 中の名称で全て答えよ。

設問 2　〔M システムの応答速度の低下〕について答えよ。
　（1）　本文中の　　a　　に入れる適切な FQDN を答えよ。
　（2）　本文中の下線③について，アクセス先サーバの FQDN を答えよ。

設問 3　〔Web サイトの増設〕について答えよ。
　（1）　本文中の　　b　　～　　d　　に入れる適切な字句を答えよ。
　（2）　本文中の下線④について，顧客に与える影響を 25 字以内で答えよ。
　（3）　本文中の下線⑤について，確認する内容を 20 字以内で答えよ。

問6　KPI達成状況集計システムの開発に関する次の記述を読んで，設問に答えよ。

　　G社は，創立20年を迎えた従業員500人規模のソフトウェア開発会社である。G社
では，顧客企業や業種業界の変化に応じた組織変更を行ってきた。また，スキルや業
務知識に応じた柔軟な人事異動によって，人材の流動性を高めてきた。

　　G社の組織は，表1の例に示すように最大三つの階層から構成されている。

　　従業員の職務区分には管理職，一般職の二つがあり，1階層から3階層のそれぞれ
の組織には1名以上の従業員が所属している。なお，複数階層，複数組織の兼務は行
わない規定であり，従業員は一つの組織だけに所属する。

表1　G社の組織の例

1階層	2階層	3階層	組織の説明
監査室	−	−	単独階層の組織
総務部	人事課	−	全社共通のスタッフ組織
技術開発部	オープンソース推進課	−	全社共通の開発組織
金融システム本部	証券システム部	証券開発課	業種業界ごとの開発組織

〔KPIの追加〕

　　G社では，仕事にメリハリを付け，仕事の質を向上させることが，G社の業績向上
につながるものと考え，従来のKPIに加え，働き方改革，従業員満足度向上に関する
KPIの項目を今年度から追加することにした。追加したKPIの項目を表2に示す。

表2　追加したKPIの項目

KPI項目名	定量的成果目標	評価方法
年間総労働時間	1,980時間以内／人	・一般職従業員の個人実績を組織単位で集計し，平均値の達成状況を評価する。 ・年度途中入社，年度途中退職した従業員は，評価対象外とする。 ・個人実績の集計は，集計日時点で従業員の所属している直属の組織に対して行う。所属組織の上位階層，又は下位階層の組織の集計には含めない。
年次有給休暇取得日数	16日以上／人	
年間研修受講日数	6日以上／人	

　　追加したKPIの達成状況を把握し，計画的な目標達成を補助するためにKPI達成状
況集計システム（以下，Kシステムという）を開発することになり，H主任が担当と

なった。

K システムでは，次に示す仕組みと情報を提供する。

・従業員各人が，月ごとの目標を設定する仕組み

・日々の実績を月次で集計し，各組織が KPI 達成状況を評価するための情報

〔データベースの設計〕

　G 社では，組織変更と人事異動を管理するためのシステムを以前から運用している。H 主任は，このシステムのための E-R 図を基に，KPI とその達成状況を把握するために，KPI，月別個人目標，及び日別個人実績の三つのエンティティを追加して，K システムのための E-R 図を作成することにした。

　作成した E-R 図（抜粋）を図 1 に示す。K システムでは，この E-R 図のエンティティ名を表名に，属性名を列名にして，適切なデータ型で表定義した関係データベースによってデータを管理する。

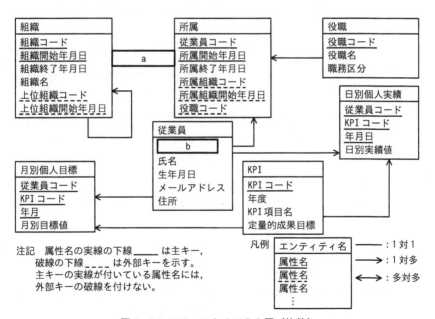

注記　属性名の実線の下線 ＿＿ は主キー，
　　　破線の下線 ＿＿ は外部キーを示す。
　　　主キーの実線が付いている属性名には，
　　　外部キーの破線を付けない。

図 1　K システムのための E-R 図（抜粋）

追加した三つのエンティティを基に新規に作成された表の管理内容と運用方法を表3に示す。

表3　表の管理内容と運用方法

表	管理内容	運用方法
KPI	KPI項目と定量的成果目標を管理する。	・参照だけ（更新は行わない）。
月別個人目標	個人ごとの月別目標値を管理する。	・年度開始時点で在籍している全従業員に対して，当該年度分のレコードを，目標値を0として初期作成する。 ・初期作成したレコードに対して，各人で定量的成果目標を意識した月別目標値を入力し，定期的に見直し，更新する。 ・年度途中入社の従業員については，初期作成レコードが存在しない。月別目標値の入力も行わない。 ・管理職従業員はKPI評価対象外であるが，月別目標値の入力は一般職従業員と同様に行う。
日別個人実績	個人ごとの日別実績値を管理する。	・勤怠管理システム，研修管理システムで管理している追加したKPI項目に関する全従業員の実績値を基に，日次バッチ処理によってレコードを作成する。 ・日別実績のない従業員のレコードは作成しない。

　組織，所属，従業員，及び役職の各表は，以前から運用しているシステムから継承したものである。組織表と所属表では，組織や所属に関する開始年月日と終了年月日を保持し，現在を含む，過去から未来に至るまでの情報を管理している。

　組織表の"組織終了年月日"と所属表の"所属終了年月日"には，過去の実績値，又は予定を設定する。終了予定のない場合は9999年12月31日を設定する。

　なお，組織表の"上位組織コード"，"上位組織開始年月日"には，1階層組織ではNULLを，2階層組織と3階層組織では一つ上位階層の組織の組織コード，組織開始年月日を設定する。また，役職表の"職務区分"の値は，管理職の場合に'01'，一般職の場合に'02'とする。

〔達成状況集計リストの作成〕

　H主任は，各組織がKPI達成状況を評価するための情報として，毎月末に達成状況集計リスト（以下，集計リストという）を作成し，提示することにした。

　集計リスト作成は，オンライン停止時間帯の日次バッチ処理終了後の月次バッチ処理によって，処理結果を一時表に出力して後続処理に連携する方式で行うことにした。

集計リスト作成処理の概要を表4に示す。

表4　集計リスト作成処理の概要

項番	入力表	出力表	集計日における処理内容
1	所属, 役職	従業員_所属_一時	一般職従業員と所属組織の対応表を作成する。
2	月別個人目標	従業員ごと_目標集計_一時	年度開始年月から集計月までの従業員, KPI項目ごとの目標個人集計値を求める。
3	日別個人実績	従業員ごと_実績集計_一時	年度開始年月日から集計日までの従業員, KPI項目ごとの実績個人集計値を求める。
4	項番1～3の出力表	組織ごと_目標実績集計_一時	組織, KPI項目ごとの目標集計値, 実績集計値, 従業員数を求める。
5	項番4の出力表	－	組織, KPI項目ごとの目標集計値, 実績集計値, 従業員数, 目標平均値, 実績平均値を一覧化した集計リストを作成する。

　集計リスト作成処理のSQL文を図2に示す。ここで, TO_DATE関数は, 指定された年月日をDATE型に変換するユーザー定義関数である。関数COALESCE(A,B)は, AがNULLでないときはAを, AがNULLのときはBを返す。また, “:年度開始年月日”, “:年度開始年月”, “:集計年月日”, “:集計年月”は, 該当の値を格納する埋込み変数である。

　H主任は, 図2の項番4のSQL文の設計の際に, 次に示す考慮を行った。

・表2の評価方法に従い, 管理職の従業員データは対象に含めず, 年度途中入社と, 年度途中退職の従業員データについては出力しないように, 抽出日に退職している従業員データを出力しない“従業員_所属_一時表”と, 年度開始時点で入社していない従業員データを出力しない“従業員ごと_目標集計_一時表”を　　c　　によって結合しておく。

・　　c　　による結合結果と, 実績がある場合だけレコードの存在する“従業員ごと_実績集計_一時表”を　　d　　によって結合しておく。また, ①実績個人集計がNULLの際は, 0を設定しておく。

項番	SQL文
1	INSERT INTO 従業員_所属_一時(従業員コード, 組織コード) 　SELECT A.従業員コード, A.所属組織コード FROM 所属 A, 役職 B 　　WHERE TO_DATE(:集計年月日) ┌── e ──┐ A.所属開始年月日 AND A.所属終了年月日 　　AND A.役職コード = B.役職コード AND ┌── f ──┐
2	INSERT INTO 従業員ごと_目標集計_一時(従業員コード, KPIコード, 目標個人集計) 　SELECT 従業員コード, KPIコード, SUM(月別目標値) FROM 月別個人目標 　　WHERE 年月 ┌── e ──┐ :年度開始年月 AND :集計年月 　　┌── g ──┐
3	INSERT INTO 従業員ごと_実績集計_一時(従業員コード, KPIコード, 実績個人集計) 　SELECT 従業員コード, KPIコード, SUM(日別実績値) FROM 日別個人実績 　　WHERE 年月日 ┌── e ──┐ TO_DATE(:年度開始年月日) AND TO_DATE(:集計年月日) 　　┌── g ──┐
4	INSERT INTO ┌── h ──┐ 　(組織コード, KPIコード, 目標組織集計, 実績組織集計, 対象従業員数) 　SELECT A.組織コード, B.KPIコード, SUM(B.目標個人集計), 　　SUM(COALESCE(C.実績個人集計, 0)), ┌── i ──┐ 　　FROM 従業員_所属_一時 A 　　┌── c ──┐ 従業員ごと_目標集計_一時 B 　　ON A.従業員コード = B.従業員コード 　　┌── d ──┐ 従業員ごと_実績集計_一時 C 　　ON B.従業員コード = C.従業員コード AND B.KPIコード = C.KPIコード 　　GROUP BY A.組織コード, B.KPIコード
5	SELECT A.*, A.目標組織集計/A.対象従業員数, A.実績組織集計/A.対象従業員数 　FROM ┌── h ──┐ A ORDER BY A.組織コード, A.KPIコード

図2　集計リスト作成処理

設問1　図1中の ┌── a ──┐ , ┌── b ──┐ に入れる適切なエンティティ間の関連及び属性名を答え，E-R図を完成させよ。

　　なお，エンティティ間の関連及び属性名の表記は，図1の凡例及び注記に倣うこと。

設問2　〔達成状況集計リストの作成〕について答えよ。

　　(1)　本文及び図2中の ┌── c ──┐ ～ ┌── i ──┐ に入れる適切な字句を答えよ。

　　(2)　本文中の下線①に示す事態は，年度開始年月日から集計年月日までの間に，どのデータがどのような場合に発生するか。40字以内で答えよ。

問 7　位置通知タグの設計に関する次の記述を読んで，設問に答えよ。

　　E 社は，GPS を使用した位置情報システムを開発している。今回，超小型の位置通知タグ（以下，PRT という）を開発することになった。

　　PRT は，ペンダント，ブレスレット，バッジなどに加工して，子供，老人などに持たせたり，ペット，荷物などに取り付けたりすることができる。利用者はスマートフォン又は PC（以下，端末という）を用いて，PRT の現在及び過去の位置を地図上で確認することができる。

　　PRT の通信には，通信事業者が提供する IoT 用の低消費電力な無線通信回線を使用する。また，PRT は本体内に小型の電池を内蔵しており，ワイヤレス充電が可能である。長時間の使用が要求されるので，必要な時間に必要な構成要素にだけ電力を供給する電源制御を行っている。

〔位置情報システムの構成〕

　　PRT を用いた位置情報システムの構成を図 1 に示す。

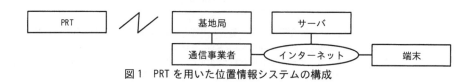

図 1　PRT を用いた位置情報システムの構成

　　端末が PRT に位置情報を問い合わせたときの通信手順を次に示す。

①　端末は，PRT の最新の位置を取得するための位置通知要求をサーバに送信する。サーバは端末からの位置通知要求を受信すると，通信事業者を介して，PRT と通信可能な基地局に位置通知要求を送信する。

②　PRT は電源投入後，基地局から現在時刻を取得するとともに，サーバからの要求を確認する時刻（以下，要求確認時刻という）を受信する。以降の要求確認時刻はサーバから受信した要求確認時刻から 40 秒間隔にスケジューリングされる。PRT は要求確認時刻になると，基地局からの情報を受信する。

③　基地局は要求確認時刻になると，PRT への位置通知要求があればそれを送信する。

④　PRT は基地局からの情報に位置通知要求が含まれているかを確認する処理（以下，

確認処理という）を行い，位置通知要求が含まれていると，基地局，通信事業者を介して，PRT の最新の位置情報をサーバに送信する。

⑤ サーバは PRT から位置情報を受信し，管理する。サーバは端末と通信し，PRT の最新の位置情報，指定された時刻の位置情報を地図情報とともに端末に送信する。端末は，受信した位置情報及び地図情報を基に，PRT の位置を地図上に表示する。

〔PRT のハードウェア構成〕

　PRT のハードウェア構成を図 2 に，PRT の構成要素を表 1 に示す。

注記　太線は，電力供給線を示している。

図 2　PRT のハードウェア構成

表 1　PRT の構成要素

構成要素	説明
制御部	・タイマー，CPU，メモリなどから構成され，PRT 全体の制御を行う。 ・CPU の動作モードには，実行モード及び休止モードがある。実行モードでは命令の実行ができる。休止モードでは命令の実行を停止し，消費電流が最小となる。 ・CPU は休止モードのとき，タイマー，測位モジュール，通信モジュールからの通知を検出すると実行モードとなり，必要な処理が完了すると休止モードとなる。
測位モジュール	・GPS 信号を受信（以下，測位という）して PRT の位置を取得し，位置情報を作成する。 ・電力が供給され，測位可能になると制御部に測位可能通知を送る。 ・制御部からの測位開始要求を受け取ると測位を開始する。測位の開始から 6 秒経過すると測位が完了して，測位結果（PRT の位置取得時の位置情報又は PRT の位置取得失敗）を測位結果通知として制御部に送る。
通信モジュール	・基地局との通信を行う。 ・電力が供給され，通信可能になると制御部に通信可能通知を送る。 ・制御部から受信要求を受け取ると，確認処理を行い，制御部に受信結果通知を送る。 ・制御部から送信要求を受け取ると，該当するデータをサーバに送信する。データの送信が完了すると，送信結果通知を制御部に送る。
通信ライン	・制御部と測位モジュールとの間，又は制御部と通信モジュールとの間の通信を行うときに使用する。 ・通信モジュールとの通信と，測位モジュールとの通信が同時に行われると，そのときのデータは正しく送受信できずに破棄される。
電源部	・制御部からの制御信号によって，測位モジュール及び通信モジュールへの電力の供給を開始又は停止する。

〔PRT の動作仕様〕

・40 秒ごとに確認処理を行い，基地局から受信した情報に位置通知要求が含まれている場合，測位中でなければ，測位を開始する。測位の完了後，PRT の位置を取得したら位置情報を作成する（以下，測位の開始から位置情報の作成までを測位処理という）。測位処理完了後，位置情報をサーバに送信する。また，測位の完了後，PRT の位置取得に失敗したときは，失敗したことをサーバに送信する。

・120 秒ごとに測位処理を行う。失敗しても再試行しない。

・600 秒ごとに未送信の位置情報をサーバに送信する（以下，データ送信処理という）。

〔使用可能時間〕

電池を満充電後，PRT が機能しなくなるまでの時間を使用可能時間という。その間に放電する電気量を電池の放電可能容量といい，単位はミリアンペア時（mAh）である。PRT は放電可能容量が 200mAh の電池を内蔵している。

使用可能時間，放電可能容量，PRT の平均消費電流の関係は，次の式のとおりである。

使用可能時間　＝　放電可能容量　÷　PRT の平均消費電流

PRT が基地局と常に通信が可能で，測位が可能であり，基地局から受信した情報に位置通知要求が含まれていない状態における各処理の消費電流を表 2 に示す。表 2 の状態が継続した場合の使用可能時間は　　a　　時間である。

なお，PRT はメモリのデータの保持などで，表 2 の処理以外に 0.01mA の電流が常に消費される。

表 2　各処理の消費電流

処理名称	周期 （秒）	処理時間 （秒）	処理中の消費電流 （mA）	各処理の平均消費電流 （mA）
確認処理	40	1	4	0.1
測位処理	120	6	10	0.5
データ送信処理	600	1	120	0.2

〔制御部のソフトウェア〕

　最初の設計ではタイマーを二つ用いた。初期化処理で，120 秒ごとに通知を出力する測位用タイマーを設定し，初期化処理完了後，サーバからの要求確認時刻を受信すると，40 秒ごとに通知を出力する通信用タイマーを設定した。しかし，この設計では不具合が発生することがあった。

　不具合を回避するために，タイマーを複数用いず，要求確認時刻を用いて 40 秒ごとに通知を出力するタイマーだけを設定した。このタイマーを用いて，図 3 に示すタイマー通知時のシーケンス図に従った処理を実行するようにした。

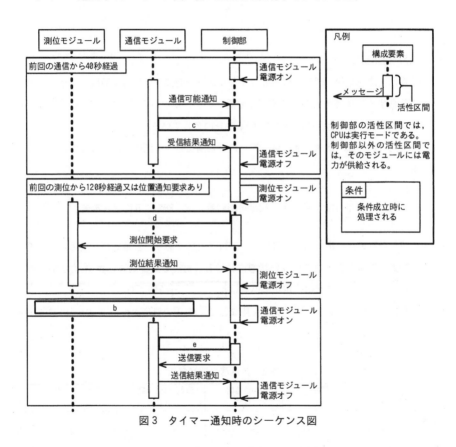

図3　タイマー通知時のシーケンス図

設問1　休止モードは最長で何秒継続するか答えよ。ここで，各処理の処理時間は表2
　　　に従うものとし，通信モジュール及び測位モジュールの電源オンオフの切替え
　　　の時間，通信モジュールの通信時間は無視できるものとする。

設問2　〔使用可能時間〕について，本文中の　　a　　に入れる適切な数値を，小
　　　数点以下を切り捨てて，整数で答えよ。

設問3　〔制御部のソフトウェア〕のタイマー通知時のシーケンス図について答えよ。
　　　(1) 図3中の　　b　　に入れる適切な条件を答えよ。
　　　(2) 図3中の　　c　　～　　e　　に入れる適切なメッセージ名及びメッ
　　　セージの方向を示す矢印をそれぞれ答えよ。

設問4　〔制御部のソフトウェア〕について，タイマーを二つ用いた最初の設計で発
　　　生した不具合の原因を40字以内で答えよ。

問8　バージョン管理ツールの運用に関する次の記述を読んで，設問に答えよ。

　A社は，業務システムの開発を行う企業で，システムの新規開発のほか，リリース後のシステムの運用保守や機能追加の案件も請け負っている。A社では，ソースコードの管理のために，バージョン管理ツールを利用している。

　バージョン管理ツールには，1人の開発者がファイルの編集を開始するときにロックを獲得し，他者による編集を禁止する方式（以下，ロック方式という）と，編集は複数の開発者が任意のタイミングで行い，編集完了後に他者による編集内容とマージする方式（以下，コピー・マージ方式という）がある。また，バージョン管理ツールには，ある時点以降のソースコードの変更内容の履歴を分岐させて管理する機能がある。以降，分岐元，及び分岐して管理される，変更内容の履歴をブランチと呼ぶ。

　ロック方式では，編集開始時にロックを獲得し，他者による編集を禁止する。編集終了時には変更内容をリポジトリに反映し，ロックを解除する。ロック方式では，一つのファイルを同時に1人しか編集できないので，複数の開発者で開発する際に変更箇所の競合が発生しない一方，①開発者間で作業の待ちが発生してしまう場合がある。

　A社では，規模の大きな改修に複数人で取り組むことも多いので，コピー・マージ方式のバージョン管理ツールを採用している。A社で採用しているバージョン管理ツールでは，開発者は，社内に設置されているバージョン管理ツールのサーバ（以下，サーバという）のリポジトリの複製を，開発者のPC上のローカル環境のリポジトリとして取り込んで開発作業を行う。編集時にソースコードに施した変更内容は，ローカル環境のリポジトリに反映される。ローカル環境のリポジトリに反映された変更内容は，編集完了時にサーバのリポジトリに反映させる。サーバのリポジトリに反映された変更内容を，別の開発者が自分のローカル環境のリポジトリに取り込むことで，変更内容の開発者間での共有が可能となる。

　コピー・マージ方式では，開発者間で作業の待ちが発生することはないが，他者の変更箇所と同一の箇所に変更を加えた場合には競合が発生する。その場合には，ソースコードの変更内容をサーバのリポジトリに反映させる際に，競合を解決する必要がある。競合の解決とは，同一箇所が変更されたソースコードについて，それぞれの変更内容を確認し，必要に応じてソースコードを修正することである。

　A社で使うバージョン管理ツールの主な機能を表1に示す。

表１　Ａ社で使うバージョン管理ツールの主な機能

コマンド	説明
ブランチ作成	あるブランチから分岐させて，新たなブランチを作成する。
プル	サーバのリポジトリに反映された変更内容を，ローカル環境のリポジトリに反映させる。
コミット	ソースコードの変更内容を，ローカル環境のリポジトリに反映させる。
マージ	ローカル環境において，あるブランチでの変更内容を，他のブランチに併合する。
プッシュ	ローカル環境のリポジトリに反映された変更内容を，サーバのリポジトリに反映させる。
リバート	指定したコミットで対象となった変更内容を打ち消す変更内容を生成し，ローカル環境のリポジトリにコミットして反映させる。

注記　Ａ社では，ローカル環境での変更内容を，サーバのリポジトリに即時に反映させるために，コミット又はマージを行ったときに，併せてプッシュも行うことにしている。

〔ブランチ運用ルール〕

　　開発案件を担当するプロジェクトマネージャのＭ氏は，ブランチの運用ルールを決めてバージョン管理を行っている。取り扱うブランチの種類を表２に，ブランチの運用ルールを図１に，ブランチの樹形図を図２に示す。

表２　ブランチの種類

種類	説明
main	システムの運用環境にリリースする際に用いるソースコードを，永続的に管理するブランチ。 このブランチへの反映は，他のブランチからのマージによってだけ行われ，このブランチで管理するソースコードの直接の編集，コミットは行わない。
develop	開発の主軸とするブランチ。開発した全てのソースコードの変更内容をマージした状態とする。 main ブランチと同じく，このブランチ上で管理するソースコードの直接の編集，コミットは行わない。
feature	開発者が個々に用意するブランチ。担当の機能についての開発とテストが完了したら，変更内容を develop ブランチにマージする。その後に不具合が検出された場合は，このブランチ上で確認・修正し，再度 develop ブランチにマージする。
release	リリース作業用に一時的に作成・利用するブランチ。develop ブランチから分岐させて作成し，このブランチのソースコードで動作確認を行う。不具合が検出された場合には，このブランチ上で修正を行う。

- 開発案件開始時に，main ブランチから develop ブランチを作成し，サーバのリポジトリに反映させる。
- 開発者は，サーバのリポジトリの複製をローカル環境に取り込み，ローカル環境で develop ブランチから feature ブランチを作成する。ブランチ名は任意である。
- feature ブランチで機能の開発が終了したら，開発者自身がローカル環境でテストを実施する。
- 開発したプログラムについてレビューを実施し，問題がなければ feature ブランチの変更内容をローカル環境の develop ブランチにマージしてサーバのリポジトリにプッシュする。
- サーバの develop ブランチのソースコードでテストを実施する。問題が検出されたら，ローカル環境の feature ブランチで修正し，変更内容を develop ブランチに再度マージしサーバのリポジトリにプッシュする。テスト完了後，feature ブランチは削除する。
- 開発案件に関する全ての feature ブランチがサーバのリポジトリの develop ブランチにマージされ，テストが完了したら，サーバの develop ブランチをローカル環境にプルしてから release ブランチを作成し，テストを実施する。検出された問題の修正は release ブランチで行う。テストが完了したら，変更内容を | a | ブランチと | b | ブランチにマージし，サーバのリポジトリにプッシュして，release ブランチは削除する。

図1　ブランチの運用ルール

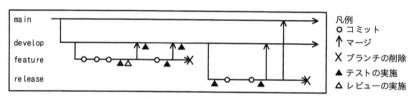

図2　ブランチの樹形図

〔開発案件と開発の流れ〕

　　A 社が請け負ったある開発案件では，A，B，C の三つの機能を既存のリリース済のシステムに追加することになった。

　　A，B，C の三つの追加機能の開発を開始するに当たり，開発者 2 名がアサインされた。機能 A と C は I 氏が，機能 B は K 氏が開発を担当する。開発の流れを図3に示す。

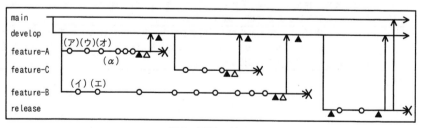

図3　開発の流れ

　Ｉ氏は，機能Ａの開発のために，ローカル環境で [a] ブランチから
feature-A ブランチを作成し開発を開始した。Ｉ氏は，機能Ａについて(ア)，(ウ)，
(オ)の3回のコミットを行ったところで，(ウ)でコミットした変更内容では問題があ
ることに気が付いた。そこでＩ氏は，(α)のタイミングで，②(ア)のコミットの直後
の状態に滞りなく戻すための作業を行い，編集をやり直すことにした。プログラムに
必要な修正を加えた上で [c] した後，③テストを実施し，問題がないことを
確認した。その後，レビューを実施し，[a] ブランチにマージした。

　機能Ｂは機能Ａと同時に開発を開始したが，規模が大きく，開発の完了は機能Ａ，
Ｃの開発完了後になった。Ｋ氏は，機能Ｂについてのテストとレビューの後，ローカ
ル環境上の [a] ブランチにマージし，サーバのリポジトリにプッシュしよう
としたところ，競合が発生した。サーバのリポジトリから [a] ブランチをプ
ルし，その内容を確認して競合を解決した。その後，ローカル環境上の [a]
ブランチを，サーバのリポジトリにプッシュしてからテストを実施し，問題がないこ
とを確認した。

　全ての変更内容を develop ブランチに反映後，release ブランチを develop ブラン
チから作成して④テストを実施した。テストで検出された不具合を修正し，release
ブランチにコミットした後，再度テストを実施し，問題がないことを確認した。修正
内容を [a] ブランチと [b] ブランチにマージし，[b] ブラン
チの内容でシステムの運用環境を更新した。

〔運用ルールについての考察〕

　feature-B ブランチのように，ブランチ作成からマージまでが長いと，サーバのリ
ポジトリ上の develop ブランチとの差が広がり，競合が発生しやすくなる。そこで，
レビュー完了後のマージで競合が発生しにくくするために，随時，サーバのリポジト
リから develop ブランチをプルした上で，⑤ある操作を行うことを運用ルールに追加
した。

設問1　本文中の下線①について，他の開発者による何の操作を待つ必要が発生するの
　　　か。10字以内で答えよ。
設問2　図1及び本文中の [a] ～ [c] に入れる適切な字句を答えよ。

設問3　本文中の下線②で行った作業の内容を，表1中のコマンド名と図3中の字句を用いて40字以内で具体的に答えよ。

設問4　本文中の下線③，④について，実施するテストの種類を，それぞれ解答群の中から選び記号で答えよ。

解答群

　　ア　開発機能と関連する別の機能とのインタフェースを確認する結合テスト

　　イ　開発機能の範囲に関する，ユーザーによる受入れテスト

　　ウ　プログラムの変更箇所が意図どおりに動作するかを確認する単体テスト

　　エ　変更箇所以外も含めたシステム全体のリグレッションテスト

設問5　本文中の下線⑤について，追加した運用ルールで行う操作は何か。表2の種類を用いて，40字以内で答えよ。

問9　金融機関システムの移行プロジェクトに関する次の記述を読んで，設問に答えよ。

　　P社は，本店と全国30か所の支店（以下，拠点という）から成る国内の金融機関である。P社は，土日祝日及び年末年始を除いた日（以下，営業日という）に営業をしている。P社では，金融商品の販売業務を行うためのシステム（以下，販売支援システムという）をオンプレミスで運用している。

　　販売支援システムは，営業日だけ稼働しており，拠点の営業員及び拠点を統括する商品販売部の部員が利用している。販売支援システムの運用・保守及びサービスデスクは，情報システム部運用課（以下，運用課という）が担当し，サービスデスクが解決できない問合せのエスカレーション対応及びシステム開発は，情報システム部開発課（以下，開発課という）が担当する。

　　販売支援システムのハードウェアは，P社内に設置されたサーバ機器，拠点の端末，及びサーバと端末を接続するネットワーク機器で構成される。

　　販売支援システムのアプリケーションソフトウェアのうち，中心となる機能は，X社のソフトウェアパッケージ（以下，Xパッケージという）を利用しているが，Xパッケージの標準機能で不足する一部の機能は，Xパッケージをカスタマイズしている。

　　販売支援システムのサーバ機器及びXパッケージはいずれも来年3月末に保守契約の期限を迎え，いずれも老朽化しているので以後の保守費用は大幅に上昇する。そこで，P社は，本年4月に，クラウドサービスを活用して現状のサーバ機器導入に関する構築期間の短縮やコストの削減を実現し，さらにXパッケージをバージョンアップして大幅な機能改善を図ることを目的に移行プロジェクトを立ち上げた。X社から，今回適用するバージョンは，OSやミドルウェアに制約があると報告されていた。

　　開発課のQ課長が，移行プロジェクトのプロジェクトマネージャ（PM）に任命され，移行プロジェクトの計画の作成に着手した。Q課長は，開発課のR主任に現行の販売支援システムからの移行作業を，同課のS主任に移行先のクラウドサービスでのシステム構築，移行作業とのスケジュールの調整などを指示した。

〔ステークホルダの要求〕

　　Q課長は，移行プロジェクトの主要なステークホルダを特定し，その要求を確認することにした。

経営層からは，保守契約の期限前に移行を完了すること，顧客の個人情報の漏えい防止に万全を期すこと，重要なリスクは組織で迅速に対応するために経営層と情報共有すること，クラウドサービスを活用する新システムへの移行を判断する移行判定基準を作成すること，が指示された。

　商品販売部からは，5 拠点程度の単位で数回に分けて切り替える段階移行方式を採用したいという要望を受けた。商品販売部では，過去のシステム更改の際に，全拠点で一斉に切り替える一括移行方式を採用したが，移行後に業務遂行に支障が生じたことがあった。その原因は，サービスデスクでは対応できない問合せが全拠点から同時に集中した際に，システム更改を担当した開発課の要員が新たなシステムの開発で繁忙となっていたので，エスカレーション対応する開発課のリソースがひっ迫し，問合せの回答が遅くなったことであった。また，切替えに伴う拠点での営業日の業務停止は，各拠点で特別な対応が必要になるので避けたい，との要望を受けた。

　運用課からは，移行後のことも考えて移行プロジェクトのメンバーと緊密に連携したいとの話があった。

　情報システム部長は，段階移行方式では，各回の切替作業に 3 日間を要するので，拠点との日程調整が必要となること，及び新旧システムを並行して運用することによって情報システム部の負担が過大になることを避けたいと考えていた。

〔プロジェクト計画の作成〕

　Q 課長は，まず，ステークホルダマネジメントについて検討した。Q 課長は経営層，商品販売部及び情報システム部が参加するステアリングコミッティを設置し，移行プロジェクトの進捗状況の報告，重要なリスク及び対応方針の報告，最終の移行判定などを行うことにした。

　次に，Q 課長は，移行方式について，全拠点で一斉に切り替える①一括移行方式を採用したいと考えた。そこで，Q 課長は，商品販売部に，サービスデスクから受けるエスカレーション対応のリソースを拡充することで，移行後に発生する問合せに迅速に回答することを説明して了承を得た。

　現行の販売支援システムのサーバ機器及び X パッケージの保守契約の期限である来年 3 月末までに移行を完了する必要がある。Q 課長は，移行作業の期間も考慮した上で，切替作業に問題が発生した場合に備えて，年末年始に切替作業を行うことにした。

　Q課長は，移行の目的や制約を検討した結果，IaaS型のクラウドサービスを採用することにした。IaaSベンダーの選定に当たり，Q課長は，S主任に，新システムのセキュリティインシデントの発生に備えて，セキュリティ対策をP社セキュリティポリシーに基づいて策定することを指示した。S主任は，候補となるIaaSベンダーの技術情報を基に，セキュリティ対策を検討すると回答したが，Q課長は，②具体的なセキュリティ対策の検討に先立って実施すべきことがあるとS主任に指摘した。S主任は，Q課長の指摘を踏まえて作業を進め，セキュリティ対策を策定した。

　最後に，Q課長は，これまでの検討結果をまとめ，IaaSベンダーに③RFPを提示し，受領した提案内容を評価した。その評価結果を基にW社を選定した。

　Q課長は，これらについて経営層に報告して承認を受けた。

〔移行プロジェクトの作業計画〕

　R主任とS主任は協力して，移行手順書の作成，移行ツールの開発，移行総合テスト，営業員の教育・訓練及び受入れテスト，移行リハーサル，本番移行，並びに移行後の初期サポートの各作業の検討を開始した。各作業は次のとおりである。

(1)　移行手順書の作成

　　移行に関わる全作業の手順書を作成し，関係するメンバーでレビューする。

(2)　移行ツールの開発

　　移行作業の実施に当たって，データ変換ツール，構成管理ツールなどのX社提供の移行ツールを活用するが，XパッケージをカスタマイズしたX機能に関しては，X社提供のデータ変換ツールを利用することができないので，移行に必要なデータ変換機能を開発課が追加開発する。

(3)　移行総合テスト

　　移行総合テストでは，移行ツールが正常に動作し，移行手順書どおりに作業できるかを確認した上で，移行後のシステムの動作が正しいことを移行プロジェクトとして検証する。R主任は，より本番移行に近い内容で移行総合テストを実施する方が検証漏れのリスクを軽減できると考えた。ただし，P社のテスト規定では，個人情報を含んだ本番データはテスト目的に用いないこと，本番データをテスト目的で用いる場合には，その必要性を明らかにした上で，個人情報を個人情報保護法及び関連ガイドラインに従って匿名加工情報に加工する処置を施して用いること，と定

められている。そこで，R 主任は本番データに含まれる個人情報を匿名加工情報に加工して移行総合テストに用いる計画を作成した。Q 課長は，検証漏れのリスクと情報漏えいのリスクのそれぞれを評価した上で，R 主任の計画を承認した。その際，PM である Q 課長だけで判断せず，④ある手続を実施した上で対応方針を決定した。

(4) 営業員の教育・訓練及び受入れテスト

　　商品販売部の部員が，S 主任及び拠点の責任者と協議しながら，営業員の教育・訓練の内容及び実施スケジュールを計画する。これに沿って，営業日の業務後に受入れテストを兼ねて，商品販売部の部員及び全営業員に対する教育・訓練を実施する。

(5) 移行リハーサル

　　移行リハーサルでは，移行総合テストで検証された移行ツールを使った移行手順，本番移行の当日の体制，及びタイムチャートを検証する。

(6) 本番移行

　　移行リハーサルで検証した一連の手順に従って切替作業を実施する。本番移行は本年 12 月 31 日～来年 1 月 2 日に実施することに決定した。

(7) 移行後の初期サポート

　　移行後のトラブルや問合せに対応するための初期サポートを実施する。初期サポートの実施に当たり，Q 課長は，移行後も，システムが安定稼働して拠点からサービスデスクへの問合せが収束するまでの間，⑤ある支援を継続するよう S 主任に指示した。

　　Q 課長は，これらの検討結果を踏まえて，⑥新システムの移行可否を評価する上で必要な文書の作成に着手した。

〔リスクマネジメント〕

　　Q 課長は，R 主任に，主にリスクの定性的分析で使用される　　　a　　　を活用し，分析結果を表としてまとめるよう指示した。さらに，リスクの定量的分析として，移行作業に対して最も影響が大きいリスクが何であるかを判断することができる　　　b　　　を実施し，リスクの重大性を評価するよう指示した。

　　リスクの分析結果に基づき，R 主任は，各リスクに対して，対応策を検討した。Q 課長は，来年 3 月末までに本番移行が完了しないような重大なリスクに対して，プロジ

ェクトの期間を延長することに要する費用の確保以外に，現行の販売支援システムを稼働延長させることに要する費用面の⑦対応策を検討すべきだ，とR主任に指摘した。

R主任は，指摘について検討し，Q課長に説明をして了承を得た。

設問1　〔プロジェクト計画の作成〕について答えよ。

   (1)　本文中の下線①について，情報システム部にとってのメリット以外に，どのようなメリットがあるか。15字以内で答えよ。

   (2)　本文中の下線②について，実施すべきこととは何か。最も適切なものを解答群の中から選び，記号で答えよ。

   解答群

     ア　過去のセキュリティインシデントの再発防止策検討

     イ　過去のセキュリティインシデントの被害金額算出

     ウ　セキュリティ対策の訓練

     エ　セキュリティ対策の責任範囲の明確化

   (3)　本文中の下線③について，Q課長が重視した項目は何か。25字以内で答えよ。

設問2　〔移行プロジェクトの作業計画〕について答えよ。

   (1)　本文中の下線④について，Q課長が実施することにした手続とは何か。35字以内で答えよ。

   (2)　本文中の下線⑤について，どのような支援か。25字以内で答えよ。

   (3)　本文中の下線⑥について，どのような文書か。本文中の字句を用いて10字以内で答えよ。

設問3　〔リスクマネジメント〕について答えよ。

   (1)　本文中の　　a　　，　　b　　に入れる適切な字句を解答群の中から選び，記号で答えよ。

   解答群

     ア　感度分析　　　　　　　　イ　クラスタ分析

     ウ　コンジョイント分析　　　エ　デルファイ法

     オ　発生確率・影響度マトリックス

   (2)　本文中の下線⑦について，来年3月末までに本番移行が完了しないリスクに対して検討すべき対応策について，20字以内で具体的に答えよ。

問10 クラウドサービスのサービス可用性管理に関する次の記述を読んで,設問に答えよ。

　L社は,大手の自動車部品製造販売会社である。2023年4月現在,全国に八つの製造拠点をもち,L社の製造部は,昼勤と夜勤の2交替制で部品を製造している。L社の経理部は,基本的に昼勤で経理業務を行っている。L社のシステム部では,基幹系業務システムを,L社本社の設備を使って,オンプレミスで運用している。また,会計系業務システムは,2023年1月に,オンプレミスでの運用からクラウド事業者M社の提供するSaaS(以下,Sサービスという)に移行した。L社の現在の業務システムの概要を表1に示す。

表1　L社の現在の業務システムの概要

項番	業務システム名称	業務システムの運用形態
1	基幹系 [1]	自社開発のアプリケーションソフトウェアをオンプレミスで運用
2	会計系 [2]	Sサービスを利用

注 [1]　対象は,販売管理,購買管理,在庫管理,生産管理,原価管理などの基幹業務
注 [2]　対象は,財務会計,管理会計,債権債務管理,手形管理,給与計算などの会計業務

〔L社のITサービスの現状〕

　システム部は,L社内の利用者を対象に,業務システムをITサービスとして提供し,サービス可用性やサービス継続性を管理している。

　システム部では,ITILを参考にして,サービス可用性として異なる3種の特性及び指標を表2のとおり定めている。

表2　サービス可用性の特性及び指標

特性	説明	指標
可用性	あらかじめ合意された期間にわたって,要求された機能を実行するITサービスの能力	サービス稼働率
a　性	ITサービスを中断なしに,合意された機能を実行できる能力	MTBF
保守性	ITサービスに障害が発生した後,通常の稼働状態に戻す能力	MTRS

午後問題

　基幹系業務の IT サービスは，生産管理など事業が成功を収めるために不可欠な重要事業機能を支援しており，高可用性の確保が必要である。基幹系業務システムでは，L 社本社建屋内にシステムを 2 系統用意してあり，本番系システムのサーバの故障や定期保守などの場合は，予備系のサーバに切り替えて IT サービスの提供を継続できるシステム構成を採っている。また，ストレージに保存されているユーザーデータファイルがマルウェアによって破壊されるリスクに備え，定期的にユーザーデータファイルのフルバックアップを磁気テープに取得している。バックアップを取得する磁気テープは 2 組で，1 組は本社建屋内に保存し，もう 1 組は災害に対する脆弱性を考える必要があるので，遠隔地に保管している。

〔S サービスのサービス可用性〕
　システム部の X 氏は，会計系業務システムに S サービスを利用する検討を行った際，M 社のサービスカタログを基にサービス可用性に関する調査を行い，その後，L 社と M 社との間で SLA に合意し，2023 年 1 月から S サービスの利用を開始した。M 社が案内している S サービスのサービスカタログ（抜粋）を表 3 に，L 社と M 社との間で合意した SLA のサービスレベル目標を表 4 に示す。

表3　S サービスのサービスカタログ（抜粋）

サービスレベル項目	説明	サービスレベル目標
サービス時間	サービスを提供する時間	24 時間 365 日（計画停止時間を除く）
サービス稼働率	（サービス時間 － サービス停止時間 [1]）÷ サービス時間 × 100（%）	月間目標値 99.5%以上
計画停止時間	定期的なソフトウェアのバージョンアップや保守作業のために設ける時間。サービスは停止される。	毎月 1 回午前 2 時～午前 5 時

注 [1]　インシデントの発生などによって，サービスを提供できない時間（計画停止時間を除く）。

表4　L 社と M 社との間で合意した SLA のサービスレベル目標

サービスレベル項目	合意した SLA のサービスレベル目標
サービス時間	L 社の営業日の午前 6 時～翌日午前 2 時（1 日 20 時間）
サービス稼働率	月間目標値 99.5%以上
計画停止時間	なし

2023 年 1 月は，S サービスでインシデントが発生してサービス停止した日が 3 日あったが，サービス停止の時間帯は 3 日とも表 4 のサービス時間の外だった。よって，表 4 のサービス稼働率は 100％である。仮に，サービス停止の時間帯が 3 日とも表 4 のサービス時間の内の場合，サービス停止の月間合計時間が ［　b　］ 分以下であれば，表 4 のサービス稼働率のサービスレベル目標を達成する。ここで，1 月の L 社の営業日の日数を 30 とする。

3 月は，表 4 のサービス時間の内に S サービスでインシデントが発生した日が 1 日あった。復旧作業に時間が掛かったので，表 4 のサービス時間の内で 90 分間サービス停止した。3 月の L 社の営業日の日数を 30 とすると，サービス稼働率は 99.75％となり，3 月も表 4 のサービスレベル目標を達成した。しかし，このインシデントは月末繁忙期の日中に発生したので，L 社の取引先への支払業務に支障を来した。

X 氏は，サービス停止しないことはもちろんだが，サービス停止した場合に迅速に対応して回復させることも重要だと考えた。そこで，X 氏は M 社の責に帰するインシデントが発生してサービス停止したときの①サービスレベル項目を表 4 に追加できないか，M 社と調整することにした。

また，今後，経理部では，勤務時間を製造部に合わせて，交替制で夜勤を行う勤務体制を採って経理業務を行うことで，業務のスピードアップを図ることを計画している。この場合，会計系業務システムのサービス時間を見直す必要がある。そこで，X 氏は，表 4 のサービスレベル目標の見直しが必要と考え，表 3 のサービスカタログを念頭に，②経理部との調整を開始することにした。

〔基幹系業務システムのクラウドサービス移行〕

2023 年 1 月に，L 社は BCP の検討を開始し，システム部は地震が発生して基幹系業務システムが被災した場合でもサービスを継続できるようにする対策が必要になった。X 氏が担当になって，クラウドサービスを利用して BCP を実現する検討を開始した。

X 氏は，まず M 社が提供するパブリッククラウドの IaaS（以下，I サービスという）を調査した。I サービスのサービスカタログでは，サービスレベル項目としてサービス時間及びサービス稼働率の二つが挙げられていて，サービスレベル目標は，それぞれ 24 時間 365 日及び月間目標値 99.99％以上になっていた。I サービスでは，物理サーバ，ストレージシステム，ネットワーク機器などの IT 基盤のコンポーネント

（以下，物理基盤という）は，それぞれが冗長化されて可用性の対策が採られている。また，ハイパーバイザー型の仮想化ソフト（以下，仮想化基盤という）を使って，1台の物理サーバで複数の仮想マシン環境を実現している。

　次に，X氏は，Iサービスを利用した災害対策サービスについて，M社に確認した。災害対策サービスの概要は次のとおりである。

・M社のデータセンター（DC）は，同時に被災しないように東日本と西日本に一つずつある。通常時は，L社向けのIサービスは東日本のDCでサービスを運営する。東日本が被災して東日本のDCが使用できなくなった場合は，西日本のDCでIサービスが継続される。

・西日本のDCのIサービスにもユーザーデータファイルを保存し，東日本のDCのIサービスのユーザーデータファイルと常時同期させる。東日本のDCの仮想マシン環境のシステムイメージは，システム変更の都度，西日本のDCにバックアップを保管しておく。

　M社の説明を受け，X氏は次のように考えた。

・地震や台風といった広範囲に影響を及ぼす自然災害に対して有効である。

・災害対策だけでなく，物理サーバに機器障害が発生した場合でも業務を継続できる。

・西日本のDCのIサービスのユーザーデータファイルは，東日本のDCのIサービスのユーザーデータファイルと常時同期しているので，現在行っているユーザーデータファイルのバックアップの遠隔地保管を廃止できる。

　X氏は，上司にM社の災害対策サービスを採用することで効果的にサービス可用性を高められる旨を報告した。しかし，上司から，③X氏の考えの中には見直すべき点があると指摘されたので，X氏は修正した。

　さらに，上司はX氏に，M社に一任せずに，M社と協議して実質的な改善を継続していくことが重要だと話した。そこで，X氏は，サービス可用性管理として，サービスカタログに記載されているサービスレベル項目のほかに，④可用性に関するKPIを設定することにした。また，基幹系業務システムの災害対策を実現するに当たって，コストの予算化が必要になる。X氏は，災害時のサービス可用性確保の観点でサービス継続性を確保するコストは必要だが，コストの上昇を抑えるために災害時に基幹系業務システムを一部縮退できないか検討した。そして，事業の視点から捉えた機能ご

との⑤判断基準に基づいて継続する機能を決める必要があると考えた。

設問1　〔L社のITサービスの現状〕について答えよ。

　　(1)　表2中のMTBF及びMTRSについて，適切なものを解答群の中から選び，記号で答えよ。

　　　解答群

　　　　ア　MTBFの値は大きい方が，MTRSの値は小さい方が望ましい。

　　　　イ　MTBFの値は大きい方が，MTRSの値も大きい方が望ましい。

　　　　ウ　MTBFの値は小さい方が，MTRSの値は大きい方が望ましい。

　　　　エ　MTBFの値は小さい方が，MTRSの値も小さい方が望ましい。

　　(2)　表2中の　　　a　　　に入れる適切な字句を，5字以内で答えよ。

設問2　〔Sサービスのサービス可用性〕について答えよ。

　　(1)　本文中の　　　b　　　に入れる適切な数値を答えよ。なお，計算結果で小数が発生する場合，答えは小数第1位を四捨五入して整数で求めよ。

　　(2)　本文中の下線①について，X氏は，M社の責に帰するインシデントが発生してサービス停止したときのサービスレベル項目を追加することにした。追加するサービスレベル項目の内容を20字以内で答えよ。

　　(3)　本文中の下線②について，経理部と調整すべきことを，30字以内で答えよ。

設問3　〔基幹系業務システムのクラウドサービス移行〕について答えよ。

　　(1)　Iサービスを使ってL社が基幹系業務システムを運用する場合に，M社が構築して管理する範囲として適切なものを，解答群の中から全て選び，記号で答えよ。

　　　解答群

　　　　ア　アプリケーションソフトウェア　イ　仮想化基盤

　　　　ウ　ゲストOS　　　　　　　　　　　エ　物理基盤

　　　　オ　ミドルウェア

　　(2)　本文中の下線③について，上司が指摘したX氏の考えの中で見直すべき点を，25字以内で答えよ。

　　(3)　本文中の下線④について，クラウドサービスの可用性に関連するKPIとして適切なものを解答群の中から選び，記号で答えよ。

解答群

  ア　M 社が提供するサービスのサービス故障数

  イ　M 社起因のインシデントの問題を解決する変更の件数

  ウ　M 社の DC で実施した災害を想定した復旧テストの回数

  エ　M 社のサービスデスクが回答した問合せ件数

  オ　SLA のサービスレベル目標が達成できなかった原因のうち，ストレージ
　　容量不足に起因する件数

(4)　本文中の下線⑤の判断基準とは何か。本文中の字句を用いて，15 字以内で
　答えよ。

問11　工場在庫管理システムの監査に関する次の記述を読んで，設問に答えよ。

　　Y 社は製造会社であり，国内に 5 か所の工場を有している。Y 社では，コスト削減，製造品質の改善などの生産効率向上の目標達成が求められており，あわせて不正防止を含めた原料の入出庫及び生産実績の管理の観点から，情報の信頼性向上が重要となっている。このような状況を踏まえ，内部監査室長は，工場在庫管理システムを対象に工場での運用状況の有効性についてシステム監査を実施することにした。

〔予備調査の概要〕
　　監査担当者が予備調査で入手した情報は，次のとおりである。
(1)　工場在庫管理システム及びその関連システムの概要を，図 1 に示す。

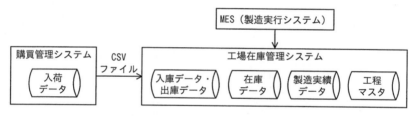

図 1　工場在庫管理システム及びその関連システムの概要

　①　工場在庫管理システムは，原料の入庫データ・出庫データ，原料・仕掛品の在庫データ，仕掛品の工程別の製造実績データ及び工程マスタを有している。また，工程マスタには，仕掛品の各製造工程で消費する原料標準使用量などが登録されている。
　②　原料の入庫データは，購買管理システムの入荷データから入手する。また，製造実績データは，製造工程を制御・管理している MES の工程実績データから入手する。
　③　工程マスタ，入庫データ・出庫データなどの入力権限は，工場在庫管理システムの個人別の利用者 ID とパスワードで制御している。過去の内部監査において，工場の作業現場の PC が利用後もログインされたまま，複数の工場担当者が

　　利用していたことが指摘されていた。

　④　工場在庫管理システムの開発・運用業務は，本社のシステム部が行っている。

(2)　工場在庫管理システムに関するプロセスの概要は，次のとおりである。

　①　工場担当者が購買管理システムの当日の入荷データを CSV ファイルにダウンロードし，件数と内容を確認後に工場在庫管理システムにアップロードすると，入庫データの生成及び在庫データの更新が行われる。工場担当者は，作業実施結果として，作業実施日及びエラーの有無を入庫作業台帳に記録している。

　②　製造で消費された原料の出庫データは，製造実績データ及び工程マスタの原料標準使用量に基づいて自動生成（以下，出庫データ自動生成という）される。このため，実際の出庫実績を工場在庫管理システムに入力する必要はない。また，工程マスタは，目標生産効率を考慮して，適宜，見直しされる。

　③　仕掛品については，MES から日次で受信した工程実績データに基づいて，日次の夜間バッチ処理で，製造実績データ及び在庫データが更新される。

　④　工場では，本社管理部の立会いの下で，原料・仕掛品の実地棚卸が月次で行われている。工場担当者は，保管場所・在庫種別ごとに在庫データを抽出し，実地棚卸リストを出力する。工場担当者は，実地棚卸リストに基づいて実地棚卸を実施し，在庫の差異があった場合には実地棚卸リストに記入し，在庫調整入力を行う。この入力に基づいて，原料の出庫データ及び原料・仕掛品の在庫データの更新が行われる。

　⑤　工場では，工場在庫管理システムから利用者 ID，利用者名，権限，ID 登録日，最新利用日などの情報を年次で利用者リストに出力し，不要な利用者 ID がないか確認している。この確認結果として，不要な利用者 ID が発見された場合は，利用者 ID が削除されるように利用者リストに追記する。

〔監査手続の作成〕

　監査担当者が作成した監査手続案を表 1 に示す。

表1 監査手続案

項番	プロセス	監査手続
1	原料の入庫	① CSVファイルのアップロードが実行され，実行結果としてエラーの有無が記載されているか入庫作業台帳を確かめる。
2	原料の出庫	① 出庫データ自動生成の基礎となる工程マスタに適切な原料標準使用量が設定されているか確かめる。
3	仕掛品の在庫	① 工程マスタの工程の順番がMESと一致しているか確かめる。 ② 当日にMESから受信した工程実績データに基づいて，仕掛品の在庫が適切に更新されているか確かめる。
4	実地棚卸	① 実地棚卸リストに実地棚卸結果が適切に記載されているか確かめる。 ② 実地棚卸で判明した差異が正確に在庫調整入力されているか確かめる。
5	共通（アクセス管理）	① 工場内PCを観察し，作業現場のPCが　　a　　されたままになっていないか確かめる。 ② 利用者リストを閲覧し，長期間アクセスのない工場担当者を把握し，利用者IDが適切に削除されるように記載されているか確かめる。

内部監査室長は，表1をレビューし，次のとおり監査担当者に指示した。

(1) 表1項番1の①は，　　b　　を確かめる監査手続である。これとは別に不正リスクを鑑み，アップロードしたCSVファイルと　　c　　との整合性を確保するためのコントロールに関する追加的な監査手続を作成すること。

(2) 表1項番2の①は，出庫データ自動生成では　　d　　が発生する可能性が高いので，設定される工程マスタの妥当性についても確かめること。

(3) 表1項番3の②は，　　e　　を確かめる監査手続なので，今回の監査目的を踏まえて実施の要否を検討すること。

(4) 表1項番4の①の前提として，　　f　　に記載された　　g　　の網羅性が確保されているかについても確かめること。

(5) 表1項番4の②は，在庫の改ざんのリスクを踏まえ，差異のなかった　　g　　について在庫調整入力が行われていないか追加的な監査手続を作成すること。

(6) 表1項番5の②は，不要な利用者IDだけでなく，　　h　　を利用してアクセスしている利用者も検出するための追加的な監査手続を作成すること。

午後問題

設問1　〔監査手続の作成〕の [a] に入れる適切な字句を5字以内で答えよ。

設問2　〔監査手続の作成〕の [b] ， [c] に入れる最も適切な字句の組合せを解答群の中から選び，記号で答えよ。

解答群

		b	c
ア		自動処理の正確性・網羅性	工場在庫管理システムの在庫データ
イ		自動処理の正確性・網羅性	工場在庫管理システムの入庫データ
ウ		自動処理の正確性・網羅性	購買管理システムの入荷データ
エ		手作業の正確性・網羅性	工場在庫管理システムの在庫データ
オ		手作業の正確性・網羅性	工場在庫管理システムの入庫データ
カ		手作業の正確性・網羅性	購買管理システムの入荷データ

設問3　〔監査手続の作成〕の [d] に入れる最も適切な字句を解答群の中から選び，記号で答えよ。

解答群

　　ア　工程間違い　　　　　　　　イ　在庫の差異
　　ウ　製造実績の差異　　　　　　エ　入庫の差異

設問4　〔監査手続の作成〕の [e] に入れる最も適切な字句を解答群の中から選び，記号で答えよ。

解答群

　　ア　自動化統制　　　　　　　　イ　全社統制
　　ウ　手作業統制　　　　　　　　エ　モニタリング

設問5　〔監査手続の作成〕の [f] ～ [h] に入れる適切な字句を，それぞれ10字以内で答えよ。

●令和 5 年度春期
午前問題　解答・解説

問 1　ア　　　　　　　　　　　　　　定義された関数と等しい式 (R5 春・AP 問 1)

　　next(n)と等しい式の結果は，$0 \leqq n < 255$ のとき $n+1$，$n=255$ のとき 0 となる。したがって，まず $n=0$ のときは 1 となり，$n < 255$ の間は n に 1 加算した答えが求められるものでなくてはいけない。選択肢の論理式は全て，論理演算子（AND や OR）の左側が $(n+1)$ であり，$0 \leqq n < 255$ のときには，この左側の値がそのまま演算結果となる論理式である必要がある。　方，論理演算了の右側は 255，256 であるが，これらは，2 進数表現でそれぞれ 011111111，100000000 であり，AND や OR を取ったときに左側の値（$0 \leqq n < 255$）がそのまま演算結果となるのは，x AND 255 だけである。

　　255 を 9 ビットで表現すると 011111111 で，先頭の 0 に続いて 1 が 8 ビット並ぶ。よって，$n+1$ が 8 ビットで表現できる 255 以下であれば，$(n+1)$ AND 255 $=n+1$ となり，$n+1$ が 256 になると$(n+1)$ AND 255$=0$ となる。したがって，（ア）の$(n+1)$ AND 255 は，$0 \leqq n < 255$ のとき $n+1$，$n=255$ のとき 0 となり，正解であることが分かる。

　　n として，0（$=(000000000)_2$）や 255（$=(011111111)_2$）という特徴的な値を選んで，論理式の結果を調べても正解を求めることができる。なお，論理式の左側は，n ではなく，$n+1$ であることに注意。

① $n=0$ のとき，$n+1=1$ となるような論理式を選ぶ。

ア：$(000000001)_2$ AND $(011111111)_2=(000000001)_2=\underline{(1)_{10}}$

イ：$(000000001)_2$ AND $(100000000)_2=(000000000)_2=(0)_{10}$

ウ：$(000000001)_2$ OR $(011111111)_2=(011111111)_2=(255)_{10}$

エ：$(000000001)_2$ OR $(100000000)_2=(100000001)_2=(257)_{10}$

② $n=255$ のとき，$n+1$（$=256$）との論理演算の結果が 0 になるかを確認する。

ア：$(100000000)_2$ AND $(011111111)_2=(000000000)_2=\underline{(0)_{10}}$

イ：$(100000000)_2$ AND $(100000000)_2=(100000000)_2=(256)_{10}$

ウ：$(100000000)_2$ OR $(011111111)_2=(111111111)_2=(511)_{10}$

エ：$(100000000)_2$ OR $(100000000)_2=(100000000)_2=(256)_{10}$

　　以上からも，（ア）が正解であることが確認できる。

　正規分布を表すグラフは，左右対称の山が一つで，裾は滑らかに横軸に近付く形をとる。また，標準偏差は個々のデータが平均からどの程度離れているかを表した統計の指標で，正規分布のグラフにおける平均と標準偏差の関係は次図のようになる。したがって，（ア）が正しいグラフである。

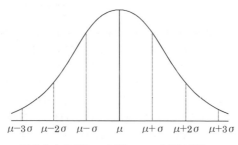

正規分布曲線（μ は平均，　σ は標準偏差）

　イ：標準偏差は中央の平均からの個々のデータの離れ具合を示すので，誤りである。

　ウ，エ：左右対称の曲線ではないため，正規分布とはいえない。

　AI における機械学習において，入力したデータから予測を行い，二つのグループ（クラスという）に分類することを 2 クラス分類という。例えば，動物の顔のデータを入力して，それが「犬の顔」か「犬の顔以外」であるかを予測し，二つのクラスに分類する例などが該当する。なお，AI の機械学習では，入力から出力（結果）を得るための仕組みを「モデル」と呼ぶので，2 クラス分類モデルとは，2 クラス分類を行うための仕組みというような意味である。

　2 クラス分類モデルの評価を行うために正解率（予測結果の何 % が正解であるか）などの評価指標を用いるが，評価指標の値は，次の四つの値のいずれかを組み合せて計算する。なお，「犬の顔」の 2 クラス分類の例では，「陽性」とは「犬の顔」，「陰性」とは「犬の顔以外」が該当する。

　　① 真の値が陽性で予測結果が陽性（TP；True Positive）
　　② 真の値が陽性で予測結果が陰性（FN；False Negative）
　　③ 真の値が陰性で予測結果が陽性（FP；False Positive）
　　④ 真の値が陰性で予測結果が陰性（TN；True Negative）

　この四つの値からなる行列を混同行列といい，その内容と例を表に示す。

表　混同行列

		予測結果	
		陽性 [犬の顔]	陰性 [犬の顔以外]
真の値	陽性 [犬の顔]	①真陽性（TP） 犬の顔なので正解	②偽陰性（FN） 犬の顔以外と予測したが，犬の顔だったので不正解
	陰性 [犬の顔以外]	③偽陽性（FP） 犬の顔と予測したが，犬の顔以外だったので不正解	④真陰性（TN） 犬の顔以外だったので正解

評価指標は混同行列の値を用いて次のように定義される。

・直陽性率 $= \dfrac{TP}{TP+FN}$ 　（真の値が「犬の顔」であったとき，「犬の顔」と予測した割合）

・偽陽性率 $= \dfrac{FP}{FP+TN}$ 　（真の値が「犬の顔以外」であったとき，「犬の顔」と予測した割合）

・正解率 $= \dfrac{TP+TN}{TP+FP+TN+FN}$ 　（真の値と予測結果が一致（正解）した割合）

・適合率 $= \dfrac{TP}{TP+FP}$ 　（予測結果が「犬の顔」のとき，真の値も「犬の顔」だった割合）

　2 クラス分類モデルの評価方法に用いられる ROC 曲線（Receiver Operating Characteristic curve；受信者動作特性曲線）は，縦軸に真陽性率，横軸に偽陽性率をとり，二つの値の関係を示す曲線なので，（ア）が正解である。

　陽性と陰性の判断基準を変えながら図に示すようなグラフを作成する。このとき，ROC 曲線の下の AUC（Area Under the ROC Curve）と呼ばれる部分の面積は全体を 1.0 として 0.0〜1.0 の範囲の値になるが，偽陽性率が低く真陽性率が高いものほど予測性能が高いと評価するので，1.0 に近づくほど予測性能が高いと判断することができる。

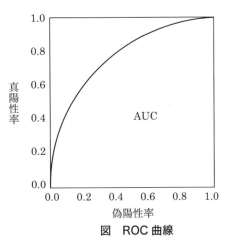

図　ROC 曲線

　ドップラー効果は，音源や光源などの波の発生源が移動したり，観測者が移動したりすると，観測される周波数が実際と異なる現象をいう。音源の移動に関する身近な例として，走行中の救急車のサイレンの音が挙げられる。救急車のサイレンは近づいてくると高い音になり，遠ざかっていくと低い音になる。これは，音源（救急車のサイレン）が近づいてくると周波数が高くなって高い音に聞こえ，遠ざかっていくと周波数が低くなって低い音に聞こえるためである。光にもドップラー効果による現象があり，発生源と観測者が近づいてくると周波数が高くなり，遠ざかっていくと低くなる。この性質を利用して，皮膚表面近くの毛細血管中を流れる血液にレーザー光を当て，血液当が移動する速度に応じて変化した周波数を基に血流量を測定することができる。したがって，（ウ）が正解である。

ア：血中酸素飽和度…血液中の酸素の割合を表す。具体的には，心臓から全身に運ばれる血液（動脈血）中の赤血球に含まれるヘモグロビンのうち酸素と結合しているものの割合を示す数値で，二つの異なる波長の LED 光を指などの測定部位に当て，光の吸収度から酸素飽和度を算出する。測定機器であるパルスオキシメーターは，コロナ禍において広く利用されることとなった。

イ：血糖値…血液中のグルコース（ブドウ糖）の量のことで，食べ物が消化される過程で作られたグルコースが腸から吸収されて血液中に取り込まれるとその値が上昇する。一般的な測定方法では，採取した少量の血液にグルコースに反応する酵素を加え，物質の変化とともに発生した電子に電圧をかけ，流れる電流の量によってグルコースの量を算出する。

エ：体内水分量…体内にある水分の量のことで，血液，リンパ液，細胞内外の液などの合計である。年齢や性別によって若干の差はあるが，健康な成人の体重に対する体内水分量は 6 割程度である。簡便な測定方法として，人体に弱い電流を流すと発生する抵抗値から，体内水分量を算出する。これは，水分量が多いと電流が流れやすく，少ないと流れにくいという性質を利用したものである。

　最適適合（best-fit）アルゴリズムによる可変量メモリの割当てには，要求量以上の大きさがあり，かつ最小の空き領域を最も早く検索できる管理方法が適している。したがって，空き領域の大きさ（サイズ）をキーとして効率的に検索できる 2 分探索木がメモリ割当て時の平均処理時間が最も短いといえる。したがって，（ウ）が正解である。

ア：「空き領域のアドレスをキーとする 2 分探索木」は，空き領域の大きさによる検索には適さない。

イ：「空き領域の大きさが小さい順の片方向連結リスト」は，小さな空き領域の検索には適しているが，大きな空き領域が必要な場合には，後方まで検索する必

要があり，効率的とはいえない。

エ：「アドレスに対応したビットマップ」は，空き領域の大きさとは無関係なので，不適切である。

問6　エ

「検索する従業員番号はランダムに出現し，探索は常に表の先頭から行う」という条件が与えられている。まず，表に存在する場合について考えると，1 件目で見つかる場合から，最後の n 件目で見つかる場合までの平均を求めなくてはならない。平均値は，$(1+2+\cdots\cdots+n)／n$ であるが，分子の$(1+2+\cdots\cdots+n)$ は $1+n=n+1$，$2+(n-1)=n+1$，…というように，先頭と末尾からそれぞれ同じだけ離れた位置になる 2 数の和が n+1 になることに着目すると，$n(n+1)／2$ と変形できる。平均比較回数は，この値を n で割ったものなので $(n+1)／2$ となる。

次に，表に存在しない場合については，必ず n 件を検索するから，平均比較回数は，n である。ここで，表に存在する確率は$(1-a)$であり，表に存在しない確率は a であるので，全体の平均比較回数はそれぞれの発生確率と回数を掛けて合計すればよい。したがって，次のようになり，（エ）が正解である。

$$\frac{(n+1)(1-a)}{2}+na$$

問7　ア

クイックソートは，対象となるデータ列を基準に従って分割し，分割されたデータ列に対して同様の処理を繰り返してソートを行う方法である。分割統治法によるアルゴリズムの一つで，グループの分け方や基準値の選び方には幾つか方法があり，通常の場合，プログラムでは再帰呼出しが用いられる。

配列に格納されたデータ列を昇順に並べ替えるために，問題文にある次の三つの条件に従って分割を進めたときの様子を図に示す。

・分割は基準値より小さい値と大きい値のグループに分ける。
・基準値は分割のたびにグループ内の配列の左端の値とする。
・グループ内の配列の値の順番は元の配列と同じとする。

（初めの配列）	2　3　5　4　1	：基準となる値
（1 回目の分割終了）	1｜2｜3　5　4	基準値 2 より小さい値（1）と大きい値（3, 5, 4）のグループに分ける。
（2 回目の分割開始）	1｜2｜3　5　4	1, 2 は分割を終了し，(3, 5, 4) のグループに対して基準値を 3 として分割を行う。
（2 回目の分割終了）	1｜2｜3｜5　4	基準値 3 より小さい値はなく，大きい値 (5, 4) のグループだけを分ける。
（3 回目の分割開始）	1｜2｜3｜5　4	1, 2, 3 は分割を終了し，(5, 4) のグループに対して基準値を 5 として分割を行う。
（3 回目の分割終了）	1｜2｜3｜4｜5	基準値 5 より小さい値（4）を分けると，全てのデータに対する分割が終了し，昇順に並べ替えられた。

図　分割の様子

図の（2 回目の分割終了）の状態をみると，データ列は 1, 2, 3, 5, 4 となっているので，（ア）が正解である。

問8　イ

　動作周波数 1.25GHz のシングルコア CPU とは，1 秒間の動作回数（1 秒間のクロック数）が 1.25G＝1.25×10^9 回で，CPU に内蔵された処理の中枢部分（コア）が 1 セットであるような CPU ということである。シングルコアは，中枢部分を複数セット内蔵するマルチコアと対比して用いられる用語で，シングルコア CPU は命令を逐次に実行し，マルチコア CPU が行う命令の並行処理は行わない。

　この CPU が 1 秒間に 10 億＝1.0×10^9 回の命令を実行するときの平均 CPI を求める。CPI（Cycles Per Instruction）とは，1 命令を実行するのに必要なクロック数のことで，求めるクロック数を x とし，クロック数と命令数の比を考えると次の式が成り立つ。

（CPU のクロック数）（実行する命令数）　　（必要なクロック数）（1 命令）
　　1.25×10^9　　：　　1.0×10^9　　＝　　　　x　　：　　1

　この式を解くと，
　$1.0 \times 10^9 \times x = 1.25 \times 10^9 \times 1$
　　　　　　x＝1.25
となるので，（イ）が正解である。

問9 ウ　命令実行に必要なサイクル数の計算 (R5春-AP 問9)

　全ての命令が5ステージで完了し，1ステージは1サイクルで動作を完了するという条件なので，5サイクルで完了する命令と考えればよい。なお，20命令の実行イメージを図に示すと次のようになるが，五つの命令ステージとして，命令フェッチ (IF)，命令デコード (ID)，オペランドアドレス計算 (OA)，オペランドフェッチ (OF)，実行 (EX) を想定し，命令1〜20を網掛け部分で表している。

サイクル	1	2	3	4	5	……	20	21	22	23	24
IF	1	2	3	4	5	……	20				
ID		1	2	3	4	……	19	20			
OA			1	2	3	……	18	19	20		
OF				1	2	……	17	18	19	20	
EX					1	……	16	17	18	19	20	←完了

　この表から分かるように，実行サイクル数である5サイクル目に命令1の実行 (EX) が完了し，その後，1サイクルごとに残りの19個（命令2〜20）の命令が一つずつ完了していく。したがって，20命令を実行するためには，24サイクル必要となる（ウ）。

　なお，全ての命令が n サイクルで完了する場合，n サイクル目に最初の命令の実行が完了し，その後，1サイクルごとに一つずつ実行が完了していく。つまり，最初の $n-1$ サイクル目までは命令の実行が完了していないが，その後は1サイクルごとに1命令ずつ実行が完了していくので，n サイクルの命令 m 個の実行に要するサイクル数は，$(n-1)+m$ と一般化できる。この問題の場合，$(5-1)+20 = 24$ である。

問10 イ　キャッシュメモリの書込み動作 (R5春-AP 問10)

　キャッシュメモリへの書込みを行った場合，その内容をどこかのタイミングで主記憶へも反映しなくてはいけないが，その反映のタイミングには，ライトスルー方式とライトバック方式がある。前者のライトスルー方式は，キャッシュメモリへの書込みが行われたタイミングで同時に主記憶にも書き込む方式であり，主記憶の内容は常にキャッシュメモリの内容と一致する。したがって，（イ）が適切である。なお，後者のライトバック方式は，書込みをキャッシュメモリだけに行い，キャッシュメモリ中の該当の部分が追い出される時点で，主記憶に反映する方式である。

ア：ライトバック方式の特徴である。
ウ，エ：ライトスルー方式の特徴である。ライトバック方式の場合，（エ）のようにキャッシュミスが発生し，新たなデータをキャッシュにロードするためにデ

ータが追い出されるタイミングで，主記憶への反映（書戻し）が必要になる。

問 11　ア　　　　　　　　　フラッシュメモリにおけるウェアレベリングの説明（R5 春・AP 問 11）

　フラッシュメモリは，電源を切ってもデータが失われない不揮発性メモリで，USB メモリやスマートフォンなど身の回りの製品に広く使われている。フラッシュメモリは，書込みや消去を繰り返すと劣化が進み，やがて使用できなくなる。一般的なフラッシュメモリでは，各ブロックは数千から最大 10 万回程度の書込みと消去を繰り返すと寿命がくるといわれ，製品によって差があるが，いずれにしても回数に制限がある。同じブロックへの書込みが集中すると，その部分だけが劣化して使用できなくなるため，フラッシュメモリ全体の寿命を少しでも延ばすために，ウェアレベリングという方法で，各ブロックの書込み回数がなるべく均等になるように，物理的な書込み位置を選択する方法が採用されている。したがって，（ア）が正解である。

イ：MLC（Multi Level Cell）の説明である。MLC は，データを記憶する最小単位のセルの電子量に応じた情報を表すことで，複数のビット情報を記録できるセルの総称である。例えば，図 A のようにセルの電子量（網掛部分）を変化させると，4 通りの状態を作ることができるので，それぞれ値に対応させて 4 値 2 ビットの情報を記録できる。電子の量をさらに多段階に分け，8 値 3 ビット，16 値 4 ビットの情報を記録することも可能である。しかし，多段階にすると，寿命が短くなるというデメリットもある。

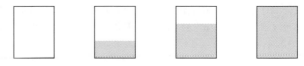

図 A　MLC

　一方，SLC（Single Level Cell）は，図 B のように各セルの電子の有無で 0 と 1 の 2 値を表し，1 ビットの情報を記録する。図 A の MLC は，セルに SLC の 2 倍の情報を記録することができる。

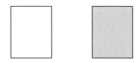

図 B　SLC

　なお，通常は 4 値 2 ビットのものを MLC と呼び，8 値 3 ビットのものは TLC（Triple Level Cell），16 値 4 ビットのものは QLC（Quad Level Cell）と呼ばれる。

ウ：不良ブロック置換の説明である。ブロックは書込みを繰り返すと劣化が進む
ので，不良ブロックの検出と置換の機能をもつ。

エ：フラッシュメモリ上のデータを「書き換える」方式の説明である。フラッ
シュメモリ上のデータの「書換え」は，ブロック単位でデータを消去してから，
新しいデータを書き込むブロックアクセス方式で行うので，データを記憶する
最小単位であるセルごとに消去や書込みをすることはできない。

問 12　ア

　有機 EL（Electro Luminescence）ディスプレイは，電圧を加えると自ら発光
する発光素子としての有機化合物をガラス基板に挟んだ構造の表示装置であり，
（ア）が正解である。液晶ディスプレイとは異なりバックライトを必要としない
ので，その分消費電力が小さく，画面表示に必要な電圧も低い。スマートフォン，
携帯電話，TV 用の大型ディスプレイなどで利用されている。

イ：CRT（Cathode Ray Tube；陰極線管又はブラウン管）ディスプレイに関す
る説明である。

ウ：液晶自体が発光しない液晶ディスプレイに関する説明である。透過する光は，
バックライトによって得る。液晶ディスプレイでは，外光やフロントライトを
用いるものもあるが，バックライトを用いるものが主流である。

エ：プラズマディスプレイに関する説明である。照明用の蛍光管の原理と同じも
のである。

問 13　イ

　スケールインは，システムが使用するサーバの処理能力を，負荷状況に応じて
調整する方法の一つである。想定されるシステムの処理量に対して，システムを
構成するサーバの台数が過剰であるとき，サーバの台数を減らし，システムのリ
ソースの最適化・無駄なコストの削減を図る方法を，スケールインと呼ぶ。した
がって，（イ）が正解である。

　スケールインと対義語の関係にあるスケールアウトは，（ウ）の説明にあるよう
に，想定されるシステムの処理量に対して，サーバの台数が不足するとき，サー
バの台数を増やすことである。なお，スケールインとスケールアウトは，サーバ
の台数に着目した方法で，複数のサーバに処理を分散できる分散システムを前提
とした手法である。また，（ア）はスケールダウン，（エ）はスケールアップの説
明である。この二つも対義語の関係にあり，こちらは，CPU やメモリなどのスペ
ックに着目して，装置単体の性能を調整する手法である。

この問題の条件は，次のとおりである。
    ① ジョブ A，B はいずれも実行可能であり，A，B の順で実行される。
    ② CPU 及び磁気ディスク装置は，ともに一つの要求だけを発生順に処理する。
    ③ ジョブ A，B とも，CPU の処理を終了した後，磁気ディスク装置の処理を実行する。
これらの条件を基に，ジョブ A，B の処理状況を図示すると，次のようになる。

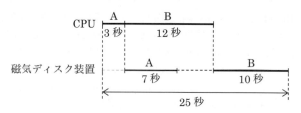

　図から，二つのジョブの実行終了までの時間は 25 秒である。このうち，CPUの処理時間は 15 秒なので，CPU の使用率は，15／25＝0.60，また，磁気ディスク装置の処理時間は 17 秒なので，磁気ディスク装置の使用率は，17／25＝0.68となる。したがって，（イ）が正しい。

　フォールトトレランスとは，故障（フォールト；fault）に対する耐性（トレランス；tolerance）という意味で，システムを構成する重要部品を多重化して故障に備え，部品の故障が発生しても全体としては正しく動作するように設計する技術なので，（エ）が適切である。なお，フォールトトレランスなシステムでは，部品の多重化だけでなく，システムを停止させずに故障した部品の修理や交換ができるような工夫がされている。また，この問題では，フォールトトレランスを，フェールソフトやフェールセーフなどの技術と同列の一つの技術として扱っているが，フェールソフトなどを含めた広い意味での障害に対する耐性を表す用語として使われることもあるので，注意する必要がある。
ア：フェールセーフは，システムの一部に故障や障害が発生したとき，その影響が安全（セーフ；safe）側に作動するように設計する技術である。例えば，交通信号であれば，故障時に全て赤信号にするなど，安全な状態にしてからシステムを停止する。なお，この記述は，フォールトアボイダンスに関するものである。
イ：フェールソフトは，ソフトウェアだけでなくハードウェアを含めて，故障が発生した要素を切り離すなどして，機能や処理能力の低下はあるものの，シス

テムの全面停止とはならない状態で運転を維持できるように設計する技術である。なお，フェールソフトのソフト（soft）とは，ソフトウェアのことではなく，柔軟というような意味でである。

ウ：フォールトアボイダンスは，故障を避ける（アボイダンス；avoidance）という意味で，（ア）の記述のように，構成部品の信頼性を高めて，故障が起きないようにする技術である。なお，この記述は，フェールソフトに関するものである。

問16 エ   システムの稼働率の比較 (R5 春-AP 問16)

装置 X, Y, Z の稼働率をそれぞれ x, y, z として，システム A, B の稼働率を求めると次のようになる。

$$システム A = \{1-(1-x)(1-y)\} \times z = \{1-(1-x-y+xy)\} \times z$$
$$= (x+y-xy) \times z$$
$$= xz+yz-xyz$$
$$システム B = 1-(1-xz)(1-y) = 1-(1-xz-y+xyz)$$
$$= xz+y-xyz$$

二つの稼働率を比較するためには，一方から他方を引き，その正・負で稼働率の大小を判断すればよい。ここでは，次のようになる。

$$システム A - システム B = (xz+yz-xyz)-(xz+y-xyz) = yz-y = y(z-1)$$

y と z はいずれも0より大きく1より小さいので，次のようになる。

$$y(z-1) < 0 \qquad ((z-1)<0 であるため)$$

$$システム A - システム B < 0$$

したがって，システム B の稼働率の方がシステム A の稼働率よりも必ず大きくなるので，正解は（エ）である。

なお，この問題のように，試験対策として暗記した稼働率の公式だけでは正解が導けないような問題の場合，個々の装置の状態を稼働（○），故障（×）とした組合せで考えてみてもよい。この問題では，どちらも3台の装置で構成されるシステムであり，各装置の状態の組合せは次のように8通りとなる。

	X	Y	Z	システム A	システム B
①	○	○	○	○	○
②	○	○	×	×	○
③	○	×	○	○	○
④	○	×	×	×	×
⑤	×	○	○	○	○
⑥	×	○	×	×	○
⑦	×	×	○	×	×
⑧	×	×	×	×	×

この8通りの状態について，問題の図を見ながらシステムA，Bそれぞれの稼働可否を考えると，システムAは①，③，⑤のときだけ稼働できるが，システムBはこの三つの場合に加えて②と⑥のときも稼働可能なので，システムBの稼働率の方が常に高いことが分かる。

問17　ウ　　　　　　　FIFOによるページ置換えアルゴリズム (R5春·AP 問17)

FIFO（First In First Out）によるページ置換えアルゴリズムは，いつ参照されたかではなく，最も古いページ（最初に読み込まれたページ）を置き換える方式である。問題の表は，ステップ"4"～"6"を含めて次のようになる。

割当て ステップ	参照する 仮想ページ番号	実記憶ページ の状態			備　　考
1	1	1	－	－	1ページ参照（実記憶ページに入る）
2	4	1	4	－	4ページ参照（実記憶ページに入る）
3	2	1	4	2	2ページ参照（実記憶ページに入る）
4	4	1	4	2	4ページ参照（既に実記憶ページにある）
5	1	1	4	2	1ページ参照（既に実記憶ページにある）
6	3	3	4	2	3ページ参照(最も古い1ページ目が置き換えられる)

よって，（ウ）が該当する。

問18　ア　　　　　　　　　仮想記憶方式に関する記述 (R5春·AP 問18)

仮想記憶方式における代表的なページ置換アルゴリズムには，FIFO（First In First Out），LRU（Least Recently Used），LFU（Least Frequently Used）アルゴリズムがあり，LRUアルゴリズムは，（ア）にあるように，使用後の経過時間が最長のページを置換対象とするものである。ちなみに，FIFOはページイン後の経過時間が最長のページが，LFUでは直前の一定時間の間の参照回数が最も少ないページが置換対象となる。

イ：仮想記憶方式におけるページテーブルとは，仮想アドレスから主記憶上の実アドレスへ変換するために参照するテーブルで，仮想記憶のページごとに，主記憶に存在するか否か，主記憶上のページ番号などの情報をもつ。主記憶の全ページ数分ではなく，基本的に，仮想空間の全ページ数分必要である。なお，アドレス変換の「インデックス方式」というのは，一般的な用語ではないが，仮想記憶のページ番号を検索キー（インデックス）としたテーブルを使う方式というように解釈できる。

ウ：ページフォールトが発生した場合には，必要なページを主記憶に読み込む。また，ガーベジコレクションは，メモリリークによって未解放になっている主

記憶領域を解放する操作であり，ページフォールトとは無関係である。

エ：メモリの獲得や解放を繰り返すことによって，多数の小さな空きメモリ領域が発生し，メモリ領域が断片化する現象をフラグメンテーションと呼ぶが，ページングの繰返しによって発生するわけではない。なお，ページサイズが大き過ぎるような場合，多くのページ内に未使用領域を含むことがあるが，この現象を内部フラグメンテーションと呼ぶ。また，この内部フラグメンテーションに対して，一般的なフラグメンテーションを外部フラグメンテーションと呼ぶことがある。

問 19　エ

ハッシュ表の探索時間を示すグラフ（R5 春-AP 問 19）

ハッシュ表探索では，データの値そのものから計算して格納位置を決め（計算に用いる関数をハッシュ関数という），探索するときも同じ計算方法でデータの値から格納位置を求めてアクセスする。

この問題では，「複数のデータが同じハッシュ値になることはない」（シノニムが発生しない）とあるため，表の中のデータの個数に関わらず，データの値からハッシュ関数で格納位置が一意に決まる。したがって，探索時間は一定となり，正解は（エ）となる。

問 20　ア

コンテナ型仮想化環境のプラットフォームを提供する OSS（R5 春-AP 問 20）

コンテナ型仮想化は，システムの仮想化技術の一つである。図に示すように，アプリケーションの起動に必要なプログラムやライブラリーなどをコンテナと呼ばれる単位にまとめ，ホスト OS 上で動作する仮想化ソフトウェアによって，独立性を保ちながら複数動作させる。この環境において，アプリケーションソフトウェアの構築，実行，管理を行うためのプラットフォーム（図のコンテナ型仮想化ソフトウェアに該当）を提供する OSS（オープンソースソフトウェア）として Docker が挙げられる。したがって，（ア）が正解である。なお，Docker は 2013 年に公開され，広く利用されている仮想化ソフトウェアの一つである。

図　コンテナ型仮想化

その他の選択肢は，いずれも Linux 上で仮想化の環境を構築するためのプラットフォームを提供する OSS である。

イ：KVM（Kernel-based Virtual Machine）…コンテナ型仮想化ではなく，ハイパバイザ型仮想化のソフトウェアである。ハイパバイザ上に複数の仮想サーバを生成し，ゲスト OS と呼ばれる OS を稼働させる。

ウ：QEMU（Quick Emulator）…KVM とセットで用いられることが多く，本来の環境とは異なる環境で動作できるように（エミュレート）することによって，アプリケーションがゲスト OS 上で動作できるようにする機能をもつ。

エ：Xen（ゼン）…KVM と同様にハイパバイザ型仮想化のソフトウェアで，提供する機能や領域が，KVM より柔軟で広いとされている。

問 21　イ　　　　　　　　　　　　　　NAND 素子を用いた組合せ回路（R5 春·AP 問 21）

次の図において，①の NAND 素子の二つの入力の値が同じ値となり，また，②の NAND 素子の二つの入力の値も同じになるので，混乱してしまいがちだが，冷静に真理値表を書いていけば解答を導き出せる。なお，真理値表の作成に当たっては，NAND とは，NOT AND，つまり，AND 演算と逆の真理値をとること，また，①が X NAND X，②が Y NAND Y であり，X NAND Y ではないことに注意する。

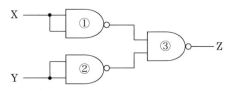

X	Y	①（X NAND X）	②（Y NAND Y）	Z：③（① NAND ②）
0	0	1	1	0
0	1	1	0	1
1	0	0	1	1
1	1	0	0	1

ここで，選択肢の出力結果が Z と同じものを探してみる。

X	Y	(ア) X・Y	(イ) X＋Y	(ウ) $\overline{X \cdot Y}$	(エ) $\overline{X＋Y}$
0	0	0	0	1	1
0	1	0	1	1	0
1	0	0	1	1	0
1	1	1	1	0	0

この結果，Z と X+Y が同じなので，（イ）が正解になることが分かる。

なお，X NAND X (=$\overline{\text{X AND X}}$)=$\overline{\text{X}}$ なので，①は $\overline{\text{X}}$，②は $\overline{\text{Y}}$ である。よって，③の結果は，$\overline{\text{X}}$ NAND $\overline{\text{Y}}$ = $\overline{\overline{\text{X}} \text{ AND } \overline{\text{Y}}}$ = $\overline{\overline{\text{X}}}$ OR $\overline{\overline{\text{Y}}}$ = X OR Y = X +Y と変形でき（ド・モルガンの法則を利用），（イ）の正解を導くこともできる。

問22　ア　　　　　回路に信号を入力したときの出力電圧の波形（R5 春・AP 問 22）

図1として示された電圧波形の信号は交流電流と呼ばれ，一定時間ごとに電流の流れる向きや電圧が変化する。この信号を図2の回路に入力したときの出力電圧の波形を考える。なお，図2の回路図に使われている回路記号については，本試験の問題冊子 P.2 に説明されているが，機能などの説明と合わせて表に示す。

表　回路記号

図記号	名称	説明
—\/\/\/—	抵抗（R）	電流の流れを制御する。回路に流れる電流を一定に保ったり，他の部品に大きな電流が流れないよう制限したりする役割をもつ。
—▷⊦—	ダイオード（D）	順方向の電圧だけを取り出し，電流が一方向に流れるようにする（整流作用）。
⊣⊤⊤	接地	機器を構成する部品の電位を調整するために筐体に接続する。

電流が流れる

$\longrightarrow$

$\longleftarrow\text{--------}$

電流が流れない

図A　ダイオードの記号と性質

回路図中のダイオードには，順方向には電流が流れるが，逆方向には電流が流れないという整流作用がある。このため，図1の入力信号を回路図の入力側に接続すると，順方向のときは電流が流れ，逆方向のときは電流が流れないので，図Bに示すように，出力側の電圧は順方向（＋）の部分だけ入力信号と同じ波形が出力され，逆方向（−）の部分は 0V になる。したがって，（ア）が正解である。

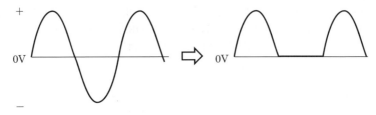

図 B　出力電圧の波形

問 23　エ
車の自動運転に使われるセンサーLiDAR の説明 (R5 春-AP 問 23)

　電波（電磁波）を利用して航空機や雨雲などを探索するレーダー（RADAR；RAdio Detecting And Ranging（電波検出と測距））は一般的に知られているが，LiDAR（ライダー）とは，Light Detection And Ranging（光検出と測距）の略で，電波の代わりにレーザー光などの光（Light）を利用して，対象物までの距離を計測する技術である。照射面の奥行の変化を格子状に検出することができるので，距離以外にも対象物の向きや形状を特定できることが特徴であり，(ア)～(ウ)のような手法と比べて測定精度が高く，車の自動運転のセンサーとして利用されている。したがって，(エ)が正解である。

　なお，LiDAR は，スマートフォンにも搭載され，撮影する被写体までの距離測定や，アプリを利用した 3D スキャナなど，身近なところでも利用されている。

ア：「超音波を送出し，その反射波を測定することによって，対象物の有無の検知及び対象物までの距離の計測を行う」方法は，超音波による計測技術であり，魚群探知器などで利用されており，車では車体近くの障害物検出に利用されている。

イ：「道路の幅及び車線は無限遠の地平線で一点（消失点）に収束する，という遠近法の原理を利用して，対象物までの距離を計測する」方法は，カメラ画像の視野平面を解析することで被写体までの距離を算出する技術であり，写真測量などに利用されており，車では単眼カメラを用いた距離測定方式の一つとして利用されている。

ウ：「ミリ波帯の電磁波を送出し，その反射波を測定することによって，対象物の有無の検知及び対象物までの距離の計測を行う」方法は，ミリ波レーダーと呼ばれる計測技術であり，車の自動運転用のセンサーにも利用されているが，電磁波を使うので，LiDAR ではない。

問 24　エ
NFC（Near Field Communication）の説明 (R5 春-AP 問 24)

　NFC（Near Field Communication）は，電波による近距離無線通信技術で，

IC カード型乗車券の Suica などに利用されており，非接触通信とも呼ばれる。NFC には次の三つの動作モードがあり，ピアツーピア（peer to peer，P2P）通信が可能なので，（エ）が正解である。

- ・カードエミュレーションモード：IC タグや IC カードの代替
- ・リーダ／ライタモード：IC タグや IC カードの読み書き
- ・ピアツーピアモード：NFC 端末同士の 1 対 1 の通信

ア，イ：上記の説明にあるように，NFC は電波を利用した近距離無線通信技術であり，接触型のタッチセンサーや接触式 IC カードには利用されない。

ウ：通信範囲は，周波数帯や規格によるが，純粋な近距離はおおむね数 cm から数 m 程度ある。なお，よく似た通信技術の Bluetooth では，数 10m〜100m 程度までの通信が可能である。

問 25　ウ　　コンピュータグラフィックスに関する記述（R5 春-AP 問 25）

ラジオシティ法は，3 次元の数値情報からグラフィック画像を表示（生成）するための計算方法の一つであり，光の相互反射を利用して物体表面の光のエネルギーを算出することで，物体表面の輝度を決める。また，物体の表面で様々な方向に反射光が拡散していくことで，このような反射が多い粗く光沢のない素材の表面を拡散反射面と呼ぶ。ラジオシティ法は，拡張反射面だけを対象とした手法ではないが，拡張反射面に対する輝度計算においては，拡張反射面の相互反射による効果が考慮されるので，（ウ）が正しい。

ア：Z バッファ法に関する記述である。なお，隠面消去とは，立体の底や裏など，隠れて見えない面を消去して表示しないようにすることである。また，Z バッファ法の Z は，2 次元の XY 軸に対して，奥行（視点からの距離）が Z 軸であることに由来する。

イ：ボリュームレンダリング法に関する記述である。メタボールは，物体を球や楕円体の集合として擬似的にモデル化する手法である。

エ：テクスチャマッピングに関する記述である。レイトレーシングは，光源からの光線の経路を計算することで，光の反射や透過などを表現して物体の形状を描画する手法である。

問 26　ウ　　JSON 形式で表現されるデータのデータベース格納方法（R5 春-AP 問 26）

JSON（JavaScript Object Notation）は，テキスト形式の構造化されたデータの記述方式で，XML（Extensible Markup Language）よりもシンプルで軽量という特徴がある。図 1，図 2 の商品データは，"項目名"："内容"という形式でデータが記述されていて，{ } で囲まれた範囲が 1 件の商品データである。また，1 件の商品データは，項目数や項目名は一定ではなく，一つの項目に複数の値が含まれることもある。

ドキュメントデータベースは，JSON や XML のような不定形のデータをドキュメントとして格納する。そのため，項目構成の違いがあっても，1 件の商品データを 1 件のドキュメントとして扱うことができる。また，検索時に使用するキーにも制限がなく，任意の項目を使用できる。したがって，問題の商品データベースとして蓄積する際のデータ格納方法としては，（ウ）が正しい。

　その他の格納方法には，次のような問題がある。

ア：階層型データベースは，木構造のような階層構造によってデータを格納する。この記述のように，項目名を上位階層とし，値を下位階層とした 2 階層の場合，1 件の商品データが異なる複数の木に分けて格納されるが，1 件の商品データとしてのまとまりを示すものがないので，検索時に，1 件の商品データとして抽出することができない。

イ：グラフとは，ノード間を線分で結んだものであり，この構造によるデータベースがグラフデータベースである。この記述のように，商品データの項目名の集合から成るノードと値の集合から成るノードを作り，二つのノードを関係付けたグラフでは，（ア）と同様に，1 件の商品データとしてのまとまりを示すものがないので，検索時に，1 件の商品データとして抽出することができない。

エ：関係データベースは，列名とデータ型などで定義した表にデータを格納する。データを格納する前に表の定義が必要になるため，「項目数や内容が予測できない」データを格納するためには適さない。また，図 1 の関連商品 ID のような，一つの項目に複数の値を含むようなデータを格納することはできない。

問 27　エ　　　　　　　　　　　　　　　ストアドプロシージャ（R5 春-AP 問 27）

　通常，クライアント側からサーバに，関係データベースの処理を依頼する場合，クライアントとサーバの間で SQL 文と結果のやり取りが発生する。ストアドプロシージャは，よく利用される SQL 文をあらかじめサーバに登録しておき，クライアントからは，プロシージャを指定した CALL 文によって実行する。

　ストアドプロシージャによって，「クライアントとサーバ間のトラフィックの軽減」，「誤った SQL の発行防止」，「SQL によるデータベース操作権限の強化」などが期待できる。（ア）～（ウ）は，ストアドプロシージャの記述として適切であるが，（エ）は，トリガーの説明であり，ストアドプロシージャの記述としては誤っているので，（エ）が正解である。なお，トリガーとは，データの変更など，あらかじめ指定したイベントが発生した場合に，プロシージャ（一連の SQL 文）を自動的に実行する仕組みである。

問 28　ア　　　　　　　　　　　べき等（idempotent）な操作の説明（R5 春-AP 問 28）

　データベースシステムの操作のうち，同一の操作を複数回実行しても，一回しか実行しなかった場合の結果と同一になるものを，べき等（idempotent）な操作

という。したがって，（ア）が正解である。例えば，処理の途中でエラーが起きたり，誤った操作を行ったりした結果，同一の操作を何度も行い，システムに対して同一の要求を複数回出してしまった場合でも，受信側では1回だけ処理を行い，その他の要求を破棄するなどの方法で実現する。

イ：データベースシステムの操作を行う上で重要な四つの性質である ACID 特性のうちの原子性（Atomicity）に該当する操作の説明である。

ウ：レプリケーション（replication；複製）の説明である。

エ：ACID 特性のうちの独立性（Isolation）に該当する操作の説明である。

問29 エ　　　　　　　　　　UMLを用いて表した図のデータモデルの多重度（R5春·AP 問29）

　UML クラス図の多重度は，関連を示す線の両端に「最小値..最大値」の形式で記述する。最小値は，対応するインスタンス（実現値）が存在しないことが許される場合は 0，一つ以上の場合は 1 である。最大値に制限がない場合，*と表記する。また，最大，最小値がなく固定値の場合には，その固定値を表記する。

　空欄 a は，条件(1)に「部門には 1 人以上の社員が所属する」とあり，人数の上限は条件にないので，部門から見た多重度は「1..*」である。空欄 b は，条件(3)に「社員が部門に所属した履歴を所属履歴として記録する」とあり，社員には最低一つの所属履歴があり，一般に複数の所属履歴があるので，社員から見た多重度は「1..*」である。したがって，（エ）が正解である。なお，1 件の所属履歴と関連をもつ部門，社員はそれぞれ一つなので，空欄の反対にある多重度は，それぞれ「1」になっている。

　部門と社員は，一般に多対多の関連があるが，多対多の関連をもつデータは，そのままでは関係データベースに格納できないので，その関連を示す新たなエンティティ（連関エンティティと呼ばれる）を作成して，1 対多と多対 1 の二つの関連に分解する。

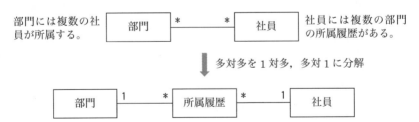

問30 ア　　　　　　　　　　SQL文のON DELETE句に指定する語句（R5春·AP 問30）

　"注文明細"の注文番号のように，その値によって参照する"注文"に対する外部キーとして定義すると，参照関係を維持するために表の間の制約（参照制約）

が生じる。そして，参照される表"注文"の行を削除したときなどの，参照表"注文明細"の行の扱いは参照制約動作と呼ばれ，テーブル作成時に，削除であればON DELETE 句のオプションとして指定する。オプションには次のものがある。

　CASCADE……参照表の対応する行（外部キーの値が同じ）を削除する。

　NO ACTION……参照表に対応する行があるときにはエラーにする。

　RESTRICT……NO ACTION と同じ。

　SET NULL……参照表の対応する行の外部キーの値を NULL にする。

　SET DEFAULT……参照表の対応する行の外部キーの値をあらかじめ指定されているデフォルト値にする。

　主キー側の表"注文"の行を削除すると，参照する側の表"注文明細"の対応する行が自動的に削除されるようにする指定は，CASCADE なので（ア）が正解である。

イ：複数の SELECT 文の間をつなぐ演算子として，問合せ結果を統合（和）する UNION と同様に，問合せ結果の共通部分（積）を求める場合に指定するのが INTERSECT である。

ウ：RESTRICT は，参照する側の表に対応する行があるとき，削除操作をエラーにする指定である。

エ：UNIQUE は，表中の項目の値に対する制約として，複数の行で値の重複を許さないときに指定する。なお，NULL 値による重複は認められる。

問 31 イ　　　　　　　　　　　　　　　PLC の説明（R5 春·AP 問 31）

　PLC（Power Line Communication）とは，その名のとおり，電力線（Power Line）を通信回線として利用する技術のことである。したがって，（イ）が正しい。電力線は，データ伝送に使うことを想定したケーブルではないことから，通信に使える帯域が 10 kHz～450 kHz に制限され，10 k ビット／秒程度の低速なデータ通信に限定されていた。その後，家庭内の電力線を LAN 用の回線としても利用できるように総務省令が改正され，屋内に限り 2 MHz～30 MHz の帯域を使用した高速な通信が可能になっている。

　その他の記述が示すものは，次のとおりである。

ア：音声データを IP ネットワークで伝送する技術は，VoIP（Voice over IP）である。

ウ：IEEE 802.11 シリーズ（無線 LAN の標準規格の総称）

エ：無線通信における暗号化技術には，WEP（Wired Equivalent Privacy）や TKIP（Temporal Key Integrity Protocol），CCMP（Counter mode with CBC-MAC Protocol）などがある。

問32　ウ

　　LAN における送信時間は,

　　（1 パケットの送信時間）×（パケット数）+（パケット送信間隔の合計）

で算出される。この問題のようにパケット送信間隔が 1 ミリ秒で, パケット数が N 個のときのパケット送信間隔の合計は $1 \times 10^{-3} \times (N-1)$（秒）になる。そのため, 100M ビット／秒の LAN において, ヘッダーを含めて 1,250 バイトのパケット N 個の送信時間（秒）は,

$$\frac{1,250 （バイト）\times 8 （ビット／バイト）}{100 \times 10^6 （ビット／秒）} \times N + 1 \times 10^{-3} \times (N-1) \cdots ①$$

になる。同様に, 1G ビット／秒の LAN における送信時間（秒）は,

$$\frac{1,250 （バイト）\times 8 （ビット／バイト）}{1 \times 10^9 （ビット／秒）} \times N + 1 \times 10^{-3} \times (N-1) \cdots ②$$

になる。そして, ①の送信時間は, ②の送信時間よりも 9 ミリ秒多く掛かったことから, ①－②＝9×10^{-3}（秒）になるので次の等式が成り立つ。

$$\left(\frac{1,250 \times 8}{100 \times 10^6} - \frac{1,250 \times 8}{1 \times 10^9} \right) \times N = 9 \times 10^{-3} \cdots ③$$

　　ここで, $1,250 \times 8 = 10,000 = 1 \times 10^4$ なので, ③の左辺は次のように変形できる。

$$\left(\frac{1 \times 10^4}{100 \times 10^6} - \frac{1 \times 10^4}{1 \times 10^9} \right) \times N = \left(\frac{10 \times 10^4}{1 \times 10^9} - \frac{1 \times 10^4}{1 \times 10^9} \right) \times N \quad \cdots 分母を 1 \times 10^9 に$$

$$= \frac{9 \times 10^4}{1 \times 10^9} \times N = 9 \times 10^{-5} \times N$$

　　したがって, ③の等式は $9 \times 10^{-5} \times N = 9 \times 10^{-3}$ となり, $N = 100 (= 10^2)$ なので, （ウ）が正しい。

問33　ウ

　　イーサネット（Ethernet）は IEEE802.3 委員会によって標準化されたネットワークの規格で, イーサネットフレームはイーサネットで送受信される伝送単位（パケット）である。また, TCP/IP のプロトコル体系では, データリンク層の伝送単位をフレームと呼び, イーサネットフレームはデータリンク層で送受信される。一般に, 階層型ネットワークアーキテクチャに基づくプロトコルでは, 上位階層プロトコルの伝送単位であるパケット（ヘッダー＋データ）が, その下の階層プロトコルではデータとして扱われ, 伝送のためのヘッダーが付けられる。

　　トランスポート層の TCP パケットの前には, すぐ下の層であるネットワーク層の IP ヘッダーが付けられ IP パケットになる。さらに, その下の層であるデー

タリンク層のイーサネットヘッダーが IP パケットの前に付けられたイーサネットフレームとして LAN 上に送出される。このとき，宛先 MAC アドレスはイーサネットヘッダー，宛先 IP アドレスは IP ヘッダー，宛先ポート番号は TCP ヘッダーに含まれるので，送出順序は宛先 MAC アドレス，宛先 IP アドレス，宛先ポート番号の順になり，（ウ）が正解である。

←——————— 送信の方向

イーサネットヘッダー	IP ヘッダー	TCP ヘッダー	データ

イーサネットヘッダー：宛先 MAC アドレスを含む
IP ヘッダー：宛先 IP アドレスを含む
TCP ヘッダー：宛先ポート番号を含む

図　イーサネットフレーム

問 34　エ　　　　　　　　　　ネットワーク層に属するプロトコル（R5 春-AP 問 34）

　OSI 基本参照モデルのトランスポート層は，上位層のアプリケーション機能が求めるサービスと，下位層の通信機能が提供するサービスとのギャップを埋める（調整する）ための機能を提供する層であり，この層に位置する代表的なプロトコルには TCP と UDP がある。したがって，（エ）の UDP が正解である。

　TCP（Transmission Control Protocol）は，通信に先立ちコネクションを設定するコネクション型で，到達確認や再送機能があり，信頼性の高い通信を実現するためのプロトコルである。一方の UDP（User Datagram Protocol）は，コネクションレス型のプロトコルであり，到達確認や再送機能をもたないため，TCP に比べて信頼性は劣るが，通信性能の面では優れている。TCP/IP を利用するアプリケーションでは，信頼性と通信性能のどちらを優先するかによって，TCP と UDP を選択して利用することで，IP 以下が同じプロトコルであっても，求めるサービスレベルの通信機能が利用できる。

ア：HTTP（HyperText Transfer Protocol）……Web サーバと Web ブラウザ間で主に HTML データを交換するプロトコルで，アプリケーション層に位置する。

イ：ICMP（Internet Control Message Protocol）……IP パケットの転送中に発生したエラーメッセージや，IP レベルの照会メッセージを転送するためのプロトコルであり，ネットワーク層に位置する。また，通信の診断などに利用される ping コマンドは，この ICMP を利用している。なお，ネットワーク層に位置するプロトコルには，よく知られた IP（Internet Protocol）の他に，IP パケットを暗号化して送受信するための IPsec（Security Architecture for Internet Protocol）などがある。

ウ：SMTP（Simple Mail Transfer Protocol）……メールクライアントからメールサーバへ，及びメールサーバ間でのメール送信を行うプロトコルで，アプリケーション層に位置する。

問 35　イ　　接続を維持したまま別の基地局経由の通信に切り替えること（R5 春-AP 問 35）

　モバイル通信サービスにおいて，移動中のモバイル端末が通信相手との接続を維持したまま，ある基地局経由から別の基地局経由の通信へ切り替えることをハンドオーバーと呼ぶ。したがって，（イ）が正しい。

　通信中の基地局は，モバイル端末の通信状態の情報を基にして，モバイル端末に対して別の基地局への切替えを指示するとともに，切替え後の基地局に対して切替えを要求する。その後，通信する基地局が自動的に切り替えられる。切替え前の基地局と切替え後の基地局では，当該モバイル端末の通信の情報を連携して，モバイル端末と通信相手との接続を維持する。なお，無線 LAN 環境において，移動中の無線 LAN 端末が別の無線アクセスポイントへ接続を切り替えることもハンドオーバーと呼ばれる。

ア：テザリングは，PC などを，スマートフォンなどのモバイル端末を経由してインターネットに接続することである。PC などは，モバイル端末と無線 LAN や USB ケーブル経由で通信し，モバイル端末は基地局経由でインターネットに接続する。

ウ：フォールバック（縮退）は，一般に，システム障害時などに機能や性能を制限してでも，サービスは継続するという考え方である。モバイル通信サービスでは，例えば，5G の通信において，通信品質が低下した際に一時的に 4G の通信に切り替えることなどが該当する。

エ：モバイル通信サービスにおけるローミングは，契約している通信事業者とは別の事業者の基地局経由の通信サービスを利用することである。

問 36　ア　　ボットネットにおいて C&C サーバが担う役割（R5 春-AP 問 36）

　コンピュータの利用者にとって有害なソフトウェアの総称を「マルウェア」という。ボットはマルウェアの一種で，マルウェアに感染したコンピュータなどの機器を，ネットワークを通じて外部から遠隔操作するために送り込まれるプログラムである。また，ボットネットとは，ボットに感染したコンピュータや機器で構成されたネットワークのことであり，ボットネットの構成機器に対して外部から指令を与えるサーバが C&C サーバ（Command and Control server）である。C&C サーバは，感染したコンピュータネットワーク内の情報を攻撃元のサーバへ送信する命令を出して情報を盗む攻撃や，データを暗号化して復号するための金銭を要求するランサムウェアの攻撃，攻撃先を指定してボットネットの構成機器に一斉に攻撃命令を出す DDos 攻撃（Distributed Denial of service attack）など

に用いられる。したがって，（ア）が正解である。

問 37 ウ
セキュア OS のセキュリティ上の効果（R5 春-AP 問 37）

　OS の脆弱性の対策として，OS のセキュリティ機能を強化したものをセキュア
OS という。セキュア OS は，アクセス権限の管理機能が強化されていて，強制
アクセス制御（MAC；Mandatory Access Control）と呼ばれる機能を有している。
強制アクセス制御とは，システム管理者だけが利用者のアクセス権限を設定でき，
その範囲でのアクセスを利用者に強制するもので，この機能によってファイルの
更新を禁止すれば，システムに侵入されてもファイルの改ざんを防止できる。し
たがって，（ウ）が正解である。なお，強制アクセス制御に対して，利用者が自身
でアクセス権限を設定できる方式を，任意アクセス制御（DAC；Discretionary
Access Control）と呼ぶ。

　外部からの攻撃によるファイルの改ざんを防止するためにファイルの更新を禁
止した場合，システムの利便性が大きく失われるため，実際の運用が可能なのか
という点には疑問があるが，この問題では，機能的に可能かということが問われ
ているので，気にする必要はない。

ア：シングルサインオン（SSO）の効果である。一度の認証で複数のシステムに
　　アクセスができ，パスワードの管理がしやすくなる。一方で，そのパスワード
　　が流出すると，全てのシステムにアクセス可能になるというデメリットがある。
イ：WAF（Web Application Firewall）の効果である。ファイアウォールや IDS
　　などでは防げないアプリケーション層への攻撃を防ぐために，WAF によるセキ
　　ュリティ対策が必要になる。
エ：二段階認証の効果である。この記述は，パスワードによる認証と専用トーク
　　ンを使ったワンタイムパスワードによる認証を二段階で行う二段階認証方式の
　　他に，パスワードという知識要素と，専用トークンという所有要素を使う点か
　　ら，二要素認証方式という捉え方もできる。

問 38 ウ
デジタル署名の検証鍵と使用方法（R5 春-AP 問 38）

　RSA 方式は，公開鍵暗号の代表的な方式である。デジタル署名では，秘密鍵で
暗号化したデータを公開鍵で復号することで，検証する。このとき，具体的には，
次の手順で暗号化，復号を行う。

　ここで，秘密鍵は，署名者の秘密鍵，公開鍵は署名者の公開鍵である。なお，
送信対象のデータ自体の暗号化は必須ではないので，この手順では割愛している。

表 検証手順

	誰が	何をするか
①	署名者（送信者）	対象データのメッセージダイジェスト（ハッシュ値）を作成する。
②	署名者（送信者）	①のメッセージダイジェストを秘密鍵で暗号化する。
③	署名者（送信者）	対象データ自体に②で暗号化したメッセージダイジェスト，公開鍵証明書を添付し，署名付きデータとする。
④	署名者（送信者）	署名付きデータを送付，あるいは公開する。
⑤	受信者	公開鍵証明書に含まれる公開鍵を抽出する。
⑥	受信者	署名付きデータの中の対象データのメッセージダイジェスト（ハッシュ値）を作成する。
⑦	受信者	署名付きデータの中の暗号化されたメッセージダイジェスト②を，⑤で抽出した公開鍵で復号する。
⑧	受信者	⑥の結果と，⑦の結果を突き合わせ，一致していれば署名者が署名をし，その後，改ざんされていないと確認できる。

　問題文の「検証鍵」は，表の⑤の送信者の公開鍵に当たる。そして，「デジタル署名からメッセージダイジェストを取り出す」は，表の⑦の復号に該当する。
　したがって，（ウ）が正解である。
ア，イ：デジタル署名では，受信者の秘密鍵も公開鍵も使用しない。
エ：送信者の秘密鍵を，受信者が知ってしまったら，公開鍵暗号方式が成立しなくなる。

問39　ウ　　政府情報システムのためのセキュリティ評価制度（ISMAP）（R5春-AP 問39）

　"政府情報システムのためのセキュリティ評価制度（ISMAP；Information system Security Management and Assessment Program）"は，政府が求めるセキュリティ要求を満たしているクラウドサービスをあらかじめ評価，登録することによって，政府のクラウドサービス調達におけるセキュリティ水準の確保を図る制度である。したがって，（ウ）が正しい。
　ISMAP では，クラウドサービス事業者が申請を行い，セキュリティ要求事項（ISMAP 管理基準）への適合状況の審査を経て，ISMAP クラウドサービスリストもしくは低リスク用途の SaaS を対象とする ISMAP-LIU（ISMAP for Low-Impact Use）クラウドサービスリストに登録，公開される。政府の調達は，原則として，これらのリストに掲載されているクラウドサービスの中から行われる。
　（ア），（イ），（エ）については，いずれも説明のとおりの制度はない。次に，

関連する事項を補足する。

ア：個人情報の取扱いに関しては，JIS Q 15001（個人情報保護マネジメントシステム－要求事項）に準拠した"プライバシーマークにおける個人情報保護マネジメントシステム構築・運用指針"に基づいて事業者を評価し，適合を示すマークを付与するプライバシーマーク制度がある。ただし，政府が求める保護措置を講ずることを評価する制度ではない。

イ：個人データの海外への移転には，提供や委託などがある。提供については，原則として本人の同意が必要である。委託については，移転先が個人情報保護委員会の定める体制を整備しているなどの条件を満たす場合に限って，本人の同意のない移転が可能である。なお，これらは個人情報保護法で規定されているが，制度化はされていない。

エ：クラウドサービスに関しては，JIS Q 27001（情報セキュリティマネジメントシステム－要求事項）に基づく ISMS 認証を前提として，ISO/IEC 27017（ISO/IEC 27002 に基づくクラウドサービスのための情報セキュリティ管理策）に基づく認証基準への適合を評価する制度として，ISMS クラウドセキュリティ認証がある。ただし，説明のとおりの国際規格はない。

問 40　イ　　　　ソフトウェアの既知の脆弱性を一意に識別するために用いる情報（R5 春-AP 問 40）

ソフトウェアの既知の脆弱性を一意に識別するために用いる情報は，CVE（Common Vulnerabilities and Exposures；共通脆弱性識別子）である。したがって，（イ）が正しい。

CVE は，個別のソフトウェア製品中の脆弱性を識別するもので，米国政府の支援を受けた非営利団体の MITRE（マイター）社が採番している。日本で使用されているソフトウェアなどの脆弱性関連情報とその対策情報を提供する脆弱性対策ポータルサイトの JVN（Japan Vulnerability Notes）では，JVN 独自の脆弱性識別番号に加えて，CVE の情報も提供されている。

ア：CCE（Common Configuration Enumeration；共通セキュリティ設定一覧）は，セキュリティに関連するシステム設定項目を識別するために用いる情報である。

ウ：CVSS（Common Vulnerability Scoring System；共通脆弱性評価システム）は，情報システムの脆弱性の深刻度の評価手法である。基本評価基準，現状評価基準，環境評価基準という三つの基準が用いられる。

エ：CWE（Common Weakness Enumeration；共通脆弱性タイプ一覧）は，ソフトウェアの脆弱性の種類を識別するために用いる情報である。

問 41　ア　　　　　　　　　　　　　　　　　　TPM に該当するもの（R5 春-AP 問 41）

TPM（Trusted Platform Module）は，PC などの機器のマザーボード上に搭

載され，公開鍵ペアや共通鍵の元になる乱数の生成，ハッシュ演算及び暗号処理を行うセキュリティチップである。したがって，（ア）が正解である。TPM は，外部から TPM 内の鍵などの秘密情報を読み出せない特性である耐タンパ性をもっている。なお，TPM の Trusted Platform とは，信頼基盤というような意味である。

その他は，次のようなセキュリティ技術や装置である。

イ：送信ドメイン認証技術には，SPF（Sender Policy Framework）や DKIM（Domain Keys Identified Mail）などがある。SPF では，送信元のドメインの DNS サーバに登録されている認証対象の IP アドレスと，電子メールを受信した際の送信元の IP アドレスを照合して，送信元を認証する。DKIM では，送信側のメールサーバが電子メールに付与したデジタル署名を，受信したメールサーバが検証して，送信元を認証する。

ウ：UTM（Unified Threat Management；統合脅威管理）装置に該当する。

エ：SIEM（Security Information and Event Management；セキュリティ情報及びイベント管理，「シーム」と読む）に該当する。

問 42　イ　　デジタルフォレンジックスの手順に含まれるもの（R5 春·AP 問 42）

デジタルフォレンジックス（Digital Forensics）は，不正アクセスなどのコンピュータに関する犯罪の法的な証拠性を確保できるように，情報の完全性を保護し，データの厳密な保管，引渡し管理を維持しながら，データの識別，収集，検査，科学的手法を適用した分析，報告を行う一連の活動である。サーバのハードディスクを解析し，削除されたログファイルを復元することによって，不正アクセスの痕跡を発見することは，デジタルフォレンジックスの分析の手順に該当する。したがって，（イ）が正しい。

その他の（ア），（ウ），（エ）は，攻撃に対する監視や予防に関する手順で，いずれもセキュリティインシデントが発生する前に実行される。デジタルフォレンジックスは，発生したセキュリティインシデントに対して実行する活動なので，これらは手順に含まれない。

問 43　エ　　公衆無線 LAN のアクセスポイント設置におけるセキュリティ対策（R5 春·AP 問 43）

公衆無線 LAN のアクセスポイントを設置するときのセキュリティ対策なので，不特定多数の人が使うことを想定する。その場合，アクセスポイントに無線で接続し，そこを経由して使いたいサービスを利用するのが一般的な使い方である。しかし，アクセスポイントに接続している他の端末の IP アドレスなどの情報を調べることもできるので，その情報を使えば，アクセスポイントを経由して他の端末に無断でアクセスすることも可能である。

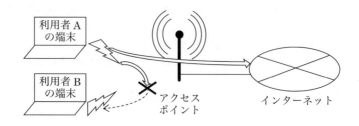

　不特定多数の人が使うということは悪意のある人がアクセスポイントを使う可能性もあり，こうした人による不正アクセスを防ぐためには，同一のアクセスポイントに無線で接続している端末同士の通信を，アクセスポイントで遮断する対策が有効である。したがって，(エ) が適切である。

ア：MAC アドレスフィルタリングは，未登録の端末を接続させないための対策である。しかし，不特定多数が使う公衆無線 LAN では，利用可能な MAC アドレスをあらかじめ登録しておくことは不可能であり，フィルタリングを実施できないため，なりすましを防止することもできない。

イ：SSID (Service Set Identification) は無線 LAN の識別子で，無線 LAN のアクセスポイントは，自身の SSID を定期的に発信して利用者に自身の存在を知らせている。この SSID を秘匿するためには，SSID の暗号化ではなく，SSID の発信を行わないようにする，SSID ステルス機能を使う。

ウ：SSID には，任意の値が設定可能であり，自社のドメインを SSID としても同一の SSID を設定できるので，悪意のあるアクセスポイントの設置は防止できない。なお，レジストラとは，利用者からの依頼によって，レジストリと呼ばれるドメイン名の管理データベースに，ドメイン情報を登録する業者のことである。

問 44　エ　　　　　　　　　　　　　　　サブミッションポートを導入する目的 (R5 春-AP 問 44)

　サブミッションポート（ポート番号 587）は，プロバイダが実施しているスパムメール対策の OP25B (Outbound Port25 Blocking) と合わせて導入され，SMTP-AUTH (SMTP-Authentication) を使ってメール送信者を認証するので，(エ) が正解である。

　OP25B は，プロバイダのメールサーバを経由せずにインターネットへ送信される SMTP (Simple Mail Transfer Protocol) 通信（ポート番号 25）を遮断するセキュリティ対策である。なお，アウトバウンド (outbound) 通信とは，インターネットへ向かう通信を意味する。

　OP25B を導入した場合，プロバイダの会員はプロバイダのメールサーバを経由したメールは送信できる。一方，インターネット接続だけの目的でプロバイダを利用し，他のメールサーバからメールを送信しようとすると，SMTP が遮断され

てメールを送信できないという不都合が生じる。そこで，サブミッションポート
を使用して，インターネット経由で自分のメールサーバへ接続する仕組みが使わ
れる。そして，サブミッションポートへの接続時には，SMTP-AUTH によるメー
ル送信者の認証を行い，不正なメール送信を防止している。

ア：送信ドメイン認証の SPF（Sender Policy Framework）では，受信側のメー
ルサーバが，送信側の DNS サーバに登録されている SPF レコードを問い合わ
せて，送信側メールサーバの IP アドレスの適切性を検証する。

イ：送信ドメイン認証の DKIM（Domain Keys Identified Mail）では，受信側
のメールサーバが，送信側の DNS サーバに登録されている公開鍵を用いて，
メールに付与されたデジタル署名を検証する。

ウ：POP before SMTP は，メールサーバがメール送信者を認証する仕組みであ
る。SMTP は，当初，送信者認証機能をもっていないことから，認証機能のあ
る POP（Post Office Protocol）を使って送信者を認証する，POP before SMTP
が使用された。しかし，POP の認証単位は，メールの送信者単位ではなく，IP
アドレス単位に行われるので，例えば，NAPT（Network Address Port
Translation）ルータ配下にある端末は，最初の端末が認証されると，それ以外
の端末は，認証されることなく，メールを送信できるという問題点があった。
その後，メールサーバもメールクライアントも SMTP-AUTH をサポートする
ようになったので，POP before SMTP は，あまり利用されなくなっている。

問 45 エ   特定の IP セグメントからだけアクセス許可するセキュリティ技術 (R5 春·AP 問 45)

　フリーアドレス制の座席を採用している業務環境において，特定の PC に対し
て特定の IP セグメントの IP アドレスを割り当て，一部のサーバへのアクセスを
その IP セグメントからだけ許可するために利用する技術は，認証 VLAN である。
したがって，（エ）が正しい。

　VLAN（Virtual LAN）は，物理的な LAN の接続構成と論理的な LAN の構成
とを分離する技術で，認証 VLAN では，認証結果に基づいて VLAN を動的に割
り当てる。認証 VLAN には複数の方式があるが，その一つであるネットワークス
イッチへの接続時に IEEE802.1X による認証を行い，ネットワークスイッチが
DHCP サーバ機能をもつ方式について，認証 VLAN を利用するサーバアクセス
の例を図に示す。

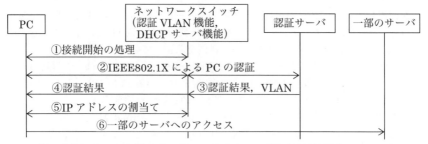

図　認証 VLAN を利用するサーバアクセスの例（図は簡略化している）

① PC は，有線 LAN ポートに接続されると，ネットワークへの接続を開始する。
② PC は，ネットワークスイッチ経由で認証サーバと通信を行い，IEEE802.1X によって認証される。
③，④ 認証サーバは，認証結果と当該 PC 用の VLAN-ID を応答する。ネットワークスイッチは，当該 PC の接続ポートの VLAN を動的に設定し，認証結果を PC に通知する。
⑤ ネットワークスイッチの DHCP サーバ機能によって，当該 VLAN-ID に対応する特定の IP セグメントの IP アドレスが割り当てられる。
⑥ PC は，ネットワークスイッチのアクセス制御の設定に従って，許可された一部のサーバにアクセスする。

　その他は次のとおりで，本問の要件の実現において，いずれも利用されない。
ア：IDS（Intrusion Detection System；侵入検知システム）は，ネットワーク経由の攻撃を検知する技術である。
イ：IP マスカレードは，NAPT（Network Address and Port Translation）と同様で，IP アドレスとポート番号の組みを変換する技術である。
ウ：スタティック VLAN は，ネットワークスイッチのポートに VLAN を静的に設定する技術であり，PC によって異なる IP セグメントを使うフリーアドレス制の業務環境では利用できない。

問 46　ウ　　　　　モジュール結合度が最も低い情報の受渡し方法（R5 春·AP 問 46）

　モジュール結合度はモジュール間の関連性の尺度で，七つのタイプに分類される。一般に結合度は低いほどよいとされている。高いもの（つまり，よくないもの）から順に並べると，次のようになる。(7)の非直接結合とは，モジュール間に何の関係もないというものであり，理想的な結合ではあるが，現実的にはほとんどあり得ないので，(1)～(6)の六つのタイプに分類して考えるのが一般的である。

(1) 内容結合　　　　　（モジュール結合度が高い）よくない
(2) 共通結合
(3) 外部結合
(4) 制御結合
(5) スタンプ結合
(6) データ結合
(7) 非直接結合　　　　（モジュール結合度が低い）よい

　このうち，モジュール結合度の最も低い(6)のデータ結合は「データ項目だけを
モジュール間の引数として渡す」結合形態であるので，（ウ）が正解である。
　その他の選択肢は，それぞれ次のとおりである。
ア：「共通域に定義したデータを関係するモジュールが参照する」結合形態は(2)
　　の共通結合に当たる。
イ：「制御パラメータを引数として渡し，モジュールの実行順序を制御する」形態
　　は(4)の制御結合である。この形態では，相手のモジュールの内部ロジックを意
　　識する必要があるため，モジュール結合度は高くなる。
エ：「必要なデータを外部宣言して共有する」形態は(3)の外部結合に当たる。
　選択肢にないものとして，(1)の内容結合とは，呼出元（先）のモジュール内部
を直接参照・更新するような結合形態，(5)のスタンプ結合は，構造体のポインタ
を引数にして渡す場合などで，受け取る側がこのデータ構造を意識して，必要な
データを利用するという結合形態である。

問 47　ウ　　　　　　　　　　　　条件に従った決定表の動作指定部の設定（R5 春・AP 問 47）

　決定表は取り得る条件を記述した上部の「条件記述部」，「条件指定部」と，そ
の条件を満たす場合の動作を記述した下部の「動作記述部」，「動作指定部」から
構成される表である。複雑な条件を整理して動作と対応させるのに適しており，
要件定義の記述やプログラムの制御条件漏れのチェックやテストケースの洗出し
などで利用されている。

図　決定表の記述内容

条件記述部	条件指定部
動作記述部	動作指定部

　決定表の条件記述部に記述した条件が成立するときは，条件指定部に“Y”（Yes）
を，条件が不成立のときは“N”（No）を記入して場合分けをする。そして，条
件指定部の条件ごとに，実行する動作指定に“X”（eXecute）を，実行しない動

作に"−"（ハイフン）を記入する。

　この問題では，〔値引き条件〕に対応させて，正しい値引きをする動作を調べていくが，動作指定部を示す選択肢の左から2列目の動作は，「上得意客がY，高額取引がY，現金取引がN」の場合なので，条件の①と②が該当し，元値の3＋3＝6％を値引きすることになる。この時点で動作指定部の上から3行目がXとなっている（ア），（ウ）が正解候補になる。

　次に，選択肢の左から3列目の動作は，「上得意客がY，高額取引がN，現金取引がY」の場合なので，条件の①と③が該当し，元値の3＋3＝6％を値引きすることになる。これより，動作指定部の上から3行目がXとなっている（ウ）が正解になる。

　なお，〔値引き条件〕では，①～③の条件に一つ合致するごとに，3％ずつ値引きが増えることになっているので，各列の条件指定部に記述されている「Y」の数を数えれば，何％値引きするかが分かる。

問48　イ　　　　　　　各スプリントで実施するスクラムイベントの順序 (R5 春·AP 問 48)

　スクラム（scrum）は，代表的なアジャイル開発手法の一つである。最終成果物の完成（プロダクトゴール）に至るまでに中間成果物の作成と改良を繰り返すが，一定の期間で区切った短い開発サイクルをスプリント（sprint）という。

　1回のスプリントには，計画～実施～評価～振返りの一連の工程（スクラムイベント）が組み込まれているが，問題に示されたスクラムイベントの概要は，それぞれ次のとおりである。

1：スプリントプランニング……チーム全員で参加し，スプリントでやるべきものを決定する。達成できるプランニング（計画）を考え，プロダクトオーナーとの間でコミットメントする。
2：スプリントレトロスペクティブ……スプリント振返りとも呼ばれ，スプリントレビューの後，スクラムチームで何がうまくいき，何がうまくいかなかったのかを議論し，継続的なプロセス改善を促進する活動である。
3：スプリントレビュー……プロダクトについてのレビュー（評価）を実施する。成果物の検査と対応のため，プロジェクトの利害関係者全員が参加する。
4：デイリースクラム……1日の作業の開始時に開発チームが実施する活動である。その日に行う作業内容や，問題の発生状況など15分で確認をする。

　これらのスクラムイベントを「計画～実施～評価～振返り」の順序で並べると，1 → 4 → 3 → 2となるので，（イ）が正解である。

問49　イ　　　　　　　特許を取得した特許権者から実施許諾が必要になる場合 (R5 春·AP 問 49)

　特許における実施許諾とは，特許となっている発明（技術）を使って製品の製

造・販売する権利を，第三者に公式に許可することである。同じ技術を利用して国内で製造したものを，日本国外に輸出する場合も特許権者から実施許諾を受ける必要があるので，（イ）の場合が正解である。

ア：特許権は「業として特許発明の実施をする権利」であり，営利を目的とせず，家庭内で個人的に利用するだけの場合であれば，権利の侵害には当たらず，実施許諾を受ける必要はない（特許法第 68 条：特許権の効力）。

ウ：特許権の存続期間は，特許出願の日から 20 年なので，25 年を越えた後で同じ技術を事業化するのであれば，実施許諾を受ける必要はない（特許法第 67 条：存続期間）。

エ：特許 A の出願日よりも前から特許 A と同じ技術を独自に開発して，日本国内でその技術を用いた製品を製造販売していたことが証明できる場合は，そのまま製造し販売できる通常実施権があり，実施許諾を受ける必要はない（特許法第 79 条：先使用による通常実施権）。

問 50　エ　　　　サーバプロビジョニングツールを使用する目的（R5 春-AP 問 50）

プロビジョニング（provisioning）は，利用者からの要求など，必要に応じてネットワーク設備やシステムリソースを提供することである。サーバプロビジョニングツールとは，ネットワークを使用するために必要なサーバ設定をするためのツールであり，ソフトウェアを備えたサーバを準備し，ネットワーク操作の準備を整えることを目的として使用される。サーバプロビジョニングツールを使用すると，企業にとって適切なシステムやデータ，システム構成をあらかじめ記述しておくことによって，サーバを自動的に構成することができる。したがって，（エ）が正解である。

ア：「サーバ上のサービスが動作しているかどうかを，他のシステムからリモートで監視する」のは，ネットワークを使用するために必要なサーバ設定に該当しない。

イ：「サーバにインストールされているソフトウェアを一元的に管理する」のは，ネットワークを使用するために必要なサーバ設定に該当しない。

ウ：「サーバを監視して，システムやアプリケーションのパフォーマンスを管理する」のは，ネットワークを使用するために必要なサーバ設定に該当しない。

問 51　エ　　　プロジェクトの立上げプロセスで作成する"プロジェクト憲章"（R5 春-AP 問 51）

プロジェクト憲章は，プロジェクトを正式に許可するために作成される文書で，プロジェクトマネージャを特定し，プロジェクトマネージャの責任と権限が記述される。この他，ビジネスニーズ，プロジェクトの目標，成果物，概算の予算，前提や制約などが文書化されるので，（エ）が正解である。

ア：プロジェクトマネジメント計画書の説明である。スケジュール，リスクの他

に，課題，変更管理，コスト，コミュニケーション，構成管理，品質，健康，環境などに関するマネジメントの役割・責任・組織などが記述される。

イ：プロジェクトスコープ規定書（又は記述書）の説明である。スコープを明確に定義することを目的としている。

ウ：WBS（Work Breakdown Structure）の説明である。WBS では階層が下がるごとに作業が詳細に記述される。

問52　ア　　クリティカルチェーン法でアクティビティの直後に設けるバッファ（R5 春-AP 問 52）

クリティカルチェーン法（CPM；Critical Path Method）とは，プロジェクトを完了させるために実行しなければならないタスクを明らかにする手法であり，クリティカルチェーン（クリティカルパス）とは，プロジェクトの全工程を最短時間で完了するために重要な作業経路（最も長い時間を要するタスクの連鎖）のことである。クリティカルチェーン法では，リソースの不足や競合が発生することを前提として，プロジェクトの不確実性に対応するためのバッファ（余裕日数）を配置しておく。バッファには，大きく分けると合流バッファ（フィーディングバッファ）とプロジェクトバッファ（所要期間バッファ）の二つがある。クリティカルチェーン上にないアクティビティが遅延してもクリティカルチェーン上のアクティビティに影響しないように，クリティカルチェーンにつながっていくアクティビティの直後に設けるバッファは「合流バッファ」である。したがって，（ア）が正解である。

イ：「資源バッファ」は，制約されている資源の遅れを考慮するもので，常に使用するのではなく，対象となるタスクがあるときだけ，そのタスクの後に配置する。

ウ：「フレームバッファ」は，クリティカルチェーン法ではなく，コンピュータ内部で一画面分の表示内容を記憶するメモリ領域やメモリ装置のことである。

エ：「プロジェクトバッファ」は，プロジェクトのクリティカルチェーンを守るために，クリティカルチェーンの最後に配置されるものであり，プロジェクトの進捗具合によって増減されていく安全余裕のためのバッファである。

問53　イ　　作業配分モデルにおける完了日数の算出（R5 春-AP 問 53）

作業配分モデルはプロジェクト全体を 1 として，各工程に対する工数と期間の比率を示したものである。問題では作業に掛かった日数が示されているので，期間比を使って計算する。

システム要件定義からシステム内部設計までをモデルどおりに進めたことから，これらの期間比は 0.25＋0.21＋0.11＝0.57 となる。これを 228 日で完了したということから，プロジェクト全体の完了までに掛かる全体の日数を求めると，

$$228／0.57＝228／(57／100)＝228×(100／57)＝400（日）$$

となる。

現時点でプログラム開発は，200 本のうちの 100 本を完了し，残りの 100 本が未着手という状況である。プログラム開発の期間比は 0.11 なので，掛かる日数は 400×0.11＝44（日）となるが，現時点では 100／200（本）を完成させた状態なので，ここまでに掛かった日数は，

　　　44×(100／200)＝22（日）

である。

以上から，プロジェクトの完了までに掛かる残りの日数は，全体の 400 日からシステム内部設計までの 228 日と途中までのプログラム開発の 22 日を引いて，

　　　400−(228＋22)＝400−250＝150（日）

となる。

したがって，（イ）が正解である。

問 54　エ　デルファイ法の説明（R5 春・AP 問 54）

プロジェクトのリスクマネジメントにおけるリスクの特定は，プロジェクトの目標にプラス又はマイナスの影響を与える潜在的なリスクを洗い出し，その特性を決めることである。JIS Q 21500:2018（プロジェクトマネジメントの手引）によれば，リスクの特定を行うに当たって，「プロジェクト顧客，プロジェクトスポンサ，プロジェクトマネージャ，プロジェクトマネジメントチーム，プロジェクトチーム，上級管理者，使用者，リスクマネジメントの専門家，プロジェクト運営委員会のほかの構成員，対象分野の専門家など，多様な参加者が関係することが望ましい」としており，対象分野の専門家が関係することもある。

プロジェクトのリスク特定におけるデルファイ法は，リスクを特定するため，対象分野の専門家に判断を仰ぐ技法である。専門家に対して，プロジェクトでどのようなリスクが発生しそうかを文書で質問し回答してもらい，この回答で得られた見解を要約して再配布し，再度同じ質問を行うことを繰り返す中で専門家の意見を収束していく手法である。したがって，（エ）が正解である。

なお，選択肢として取り上げられている各技法は，リスク特定に特化した技法ではなく，様々な分野で利用されている

ア：確率に基づくモンテカルロ分析の説明である。プロジェクトの納期が守れる確率や，コストが予算内に収まる確率を出すときなどに使われる。

イ：過去の経験や知識から，想定されるリスクをチェックリストにまとめておきリスクを識別する方法は，チェックリスト法である。

ウ：何人かが集まって，自由に多くのアイディアを出していく方法は，ブレーンストーミング法である。

問 55 エ　　　サービスマネジメントシステム（SMS）における継続的改善（R5 春・AP 問 55）

　　JIS Q 20000-1:2020（サービスマネジメントシステムの要求事項）では，サービス提供者に対する要求事項として，サービスマネジメントシステムを計画，確立，導入，運用，監視，レビュー，維持及び改善などが規定されている。

　　この規格の「3.1 マネジメントシステム規格に固有の用語」では用語が定義されており，「継続的改善」は「パフォーマンスを向上するために繰り返し行われる活動」とされており，（エ）が正解である。なお，継続的改善をする内容として，提供するサービスの改善に加え，サービスマネジメントシステムの改善もサービス提供者に求めている。

　　その他の選択肢は JIS Q 20000-1:2020 における次の用語の説明である。

ア：プロセスの説明である。

イ：サービスマネジメントの説明である。

ウ：サービス継続の説明である。

問 56 イ　　　JIS Q 20000-1 におけるレビュー実施時期に関する規定（R5 春・AP 問 56）

　　JIS Q 20000-1:2020 では，サービス提供者に対する要求事項が規定されている。要求されている事項は，サービスマネジメントシステムの計画，確立，導入，運用，監視，レビュー，維持及び改善である。

　　この規格の「8.3.3 サービスレベル管理」では，組織として，一つ以上の SLA を顧客と合意しなければならないとしており，レビューについては，「あらかじめ定めた間隔で，組織は，次の事項を監視し，レビューし，報告しなければならない」として，次の事項を挙げている。

　　・サービスレベル目標に照らしたパフォーマンス

　　・SLA の作業負荷限度と比較した，実績及び周期的な変化

　　したがって，（イ）が正解である。

ア，エ：レビューのタイミングとしては望ましいが，規格の中での要求事項としては規定されていない。

ウ：規格では定期的なレビューが求められているので，適切ではない。

問 57 ウ　　　IaaS と PaaS への移行で不要となるシステム運用作業（R5 春・AP 問 57）

　　IaaS（Infrastructure as a Service）は，物理サーバやネットワークなどのインフラストラクチャをインターネット経由でサービスとして提供するもので，IaaS に移行した企業はインフラストラクチャの調達，設定，管理といった作業は不要となる。一方，PaaS（Platform as a Service）は，アプリケーション開発に必要なソフトウェア機能とツールをインターネット経由でサービスとして提供するもので，PaaS に移行した企業はアプリケーションやデータを管理するとい

った作業は不要となる。

①:「業務システムのバッチ処理のジョブ監視」といったアプリケーションの運用は IaaS や PaaS の業者ではなく，A 社が実施する。

②:「物理サーバの起動，停止のオペレーション」は，IaaS の業者が実施するため，移行によって A 社の作業は不要となる。

③:「ハードウェアの異常を警告する保守ランプの目視監視」は，IaaS の業者が実施するため，移行によって A 社の作業は不要となる。

④:「ミドルウェアへのパッチ適用」は，PaaS の業者が実施するため，移行によって A 社の作業は不要となる。

したがって，（ウ）が正解である。

問 58　イ

システム監査基準（平成 30 年）によると，「Ⅳ. システム監査実施に係る基準」の「【基準 8】 監査証拠の入手と評価」の＜解釈指針＞2.(1)前段に「予備調査によって把握すべき事項には，例えば，監査対象（情報システムや業務等）の詳細，事務手続やマニュアル等を通じた業務内容，業務分掌の体制などがある」と記載されている。したがって，（イ）が正解である。

ア:「監査対象の実態を把握するために，必ず現地に赴いて実施する」わけではない。システム監査基準によると，「Ⅳ. システム監査実施に係る基準」の【基準 8】 監査証拠の入手と評価」の＜解釈指針＞2.(2)に「予備調査で資料や必要な情報を入手する方法には，例えば，関連する文書や資料等の閲覧，監査対象部門や関連部門へのインタビューなどがある」と記載されている。

ウ:「監査の結論を裏付けるために，十分な監査証拠を入手する」プロセスは，予備調査ではなく，本調査で実施する。システム監査基準によると，「Ⅳ. システム監査実施に係る基準」の「【基準 8】 監査証拠の入手と評価」の＜解釈指針＞2.に「監査手続は，監査対象の実態を把握するための予備調査（事前調査ともいう。），及び予備調査で得た情報を踏まえて，十分かつ適切な監査証拠を入手するための本調査に分けて実施される」と記載されている。

エ:「調査の範囲は，監査対象部門だけに限定する」わけではない。システム監査基準によると，「Ⅳ. システム監査実施に係る基準」の「【基準 8】 監査証拠の入手と評価」の＜解釈指針＞2.(1)後段に「なお，監査対象部門のみならず，関連部門に対して照会する必要がある場合もある」と記載されている。

問 59　ア

「システム監査基準」は，情報システムのガバナンス，マネジメント又はコントロールを点検・評価・検証する業務の品質を確保し，有効かつ効率的な監査を実現するためのシステム監査人の行為規範である。

同基準の【基準8】監査証拠の入手と評価では,「システム監査人は,システム監査を行う場合,適切かつ慎重に監査手続を実施し,監査の結論を裏付けるための監査証拠を入手しなければならない」と規定している。また,その<解釈指針>3では「監査手続の適用に際しては,チェックリスト法,ドキュメントレビュー法,インタビュー法,ウォークスルー法,突合・照合法,現地調査法,コンピュータ支援監査技法などが利用できる」とあり,選択肢にある技法を含め七つの技法が紹介されている。その中の<解釈指針>3.(3)で,「インタビュー法とは,監査対象の実態を確かめるために,システム監査人が,直接,関係者に口頭で問い合わせ,回答を入手する技法をいう」とあるので,(ア)が正解である。

他の選択肢は,第三者であるシステム監査人が通常の業務時間内で効率的に実施することを考えれば常識的に誤りと分かる部分もあるが,以下,システム監査基準の記述を基に補足しておく。

イ:【基準8】<解釈指針>3.(6)に,「現地調査法とは,システム監査人が,被監査部門等に直接赴き,対象業務の流れ等の状況を,自ら観察・調査する技法をいう」とあるので,選択肢の前段部分は適切であるが,「当該部門の業務時間外に実施しなければならない」という記述が不適切である。業務時間外では,対象業務の流れなどの状況を,自ら観察・調査することができない。

ウ:【基準8】<解釈指針>3.(7)に,「コンピュータ支援監査技法とは,監査対象ファイルの検索,抽出,計算等,システム監査上使用頻度の高い機能に特化した,しかも非常に簡単な操作で利用できるシステム監査を支援する専用のソフトウェアや表計算ソフトウェア等を利用してシステム監査を実施する技法をいう」とあるので,専用のソフトウェアに限定されているわけではない。

エ:【基準8】<解釈指針>3.(1)に,「チェックリスト法とは,システム監査人が,あらかじめ監査対象に応じて調整して作成したチェックリスト(通例,チェックリスト形式の質問書)に対して,関係者から回答を求める技法をいう」とあるので,監査対象部門がチェックリストを作成するわけではない。

問60　エ　　　　　　　　　　　　　　　内部統制関係者の役割と責任(R5春·AP 問60)

日本の金融庁が公表している「財務報告に係る内部統制の評価及び監査の基準(令和元年)」は,内部統制の基本的枠組みとして,経営者による財務報告に係る内部統制の評価及び報告の基準と,監査人による財務報告に係る内部統制の監査の基準の前提となる内部統制の概念的な枠組みを示したものである。

この基準の中の「内部統制に関係を有する者の役割と責任」では,組織内で内部統制に関わる人たちの役割と責任が説明されていて,概要は次のとおりである。

(1) 経営者……取締役会が決定した基本方針に基づき内部統制を整備・運用する役割と責任を有する最終的責任者である。その責任を果たすため社内組織を通じて内部統制の整備,運用(モニタリングを含む)を行う。

(2) 取締役会……内部統制の整備・運用の基本方針を決定する。また,経営者に

よる内部統制の整備，運用に対する監督責任を有する。

(3) 監査役等……独立した立場から内部統制の整備及び運用の状況を監視，検証する役割と責任を有する。

(4) 内部監査人……モニタリングの一環として内部統制の整備及び運用状況を検討，評価し，必要に応じてその改善を促す職務を担う。

(5) 組織内のその他の者……内部統制は組織内の全ての者によって遂行されるプロセスであり，それぞれ自らの職務との関連において，内部統制の整備及び運用における一定の役割を担う。

上記のうち，(4)の内部監査人について記述している選択肢（エ）が正解である。

ア：最終的な責任者は経営者であり，株主ではない。

イ：内部統制の整備及び運用に係る基本方針を決定するのは，「監査役」ではなく，「取締役会」である。

ウ：独立した立場から，内部統制の整備及び運用状況を監視，検証する役割と責任を有するのは，「経営者」ではなく，「監査役等」である。

問 61　ア

ROI（Return On Investment；投資利益率）は，投資価値の評価指標の一つである。情報化投資による増加利益を投資額で割った比率で，「効果金額（増加利益額）／投資額」で計算され，投下した総資本がどのくらいの利益を生みだしているかの尺度となる。したがって，（ア）が正解である。

イ：情報化投資比率を用いたベンチマーク（他社比較）の説明である。

ウ：投資価値の評価指標の一つである，NPV（Net Present Value；正味現在価値）の説明である。現金流入（将来にわたって得ることのできる金額）の現在価値から，現金流出（情報化投資額）の現在価値を引いて計算される。簡単にいうと「回収額－投資額」の現在価値と理解してよい。

エ：プロジェクトを実施しない場合の市場競争における機会損失に関する評価結果の説明である。

問 62　ア

CEM（Customer Experience Management）とは顧客の体験や感情を大切にし，顧客にとって良質な体験と，気持ち良いサービスを提供して，他との差別化を図る戦略である。米国のバーンド・H・シュミット教授が著書「経験価値マーケティング（Experiential Marketing）」でカスタマーエクスペリエンスを提唱した。これによると，消費者は製品・サービスの特性や便益性だけを求めているわけではない。心地よい経験（価値）が消費者を惹きつける。もはや商品の機能や性質だけで競合他社に勝つことはできない。カスタマーエクスペリエンスは，消費者が商品やサービスを購入するときから利用する際に感じる，満足感や感動と

いった経験を指している。したがって（ア）が適切である

イ：顧客ロイヤルティとは，顧客が企業やブランド，製品に対して感じている信頼や愛着のことで，顧客ロイヤルティを定量化する指標に NPS（Net Promoter Score）がある。商品購入時のトラブルがあれば，顧客ロイヤルティが失われる可能性は高いといえる。

ウ：CRM と呼ばれる顧客情報管理をする際に活用されるデータとなり得る，顧客の販売履歴の説明である。CRM システムでは，顧客に関する情報を把握し，顧客の購買履歴も管理される。顧客情報を管理することで，顧客満足度を上げて顧客との良好な関係を構築していく。

エ：顧客側ではなく，サービスを提供する側のスキルを表している説明である。

問 63　ウ　　　　　ビッグデータの利活用を促す情報銀行の説明（R5 春·AP 問 63）

平成 30 年 6 月に総務省及び経済産業省が取りまとめた「情報信託機能の認定に係る指針 ver1.0」によると，「情報銀行（情報利用信用銀行）とは，個人とのデータ活用に関する契約等に基づき，PDS（Personal Data Store）等のシステムを活用して個人のデータを管理するとともに，個人の指示又は予め指定した条件に基づき個人に代わり妥当性を判断の上，データを第三者（他の事業者）に提供する事業」と定義されている。

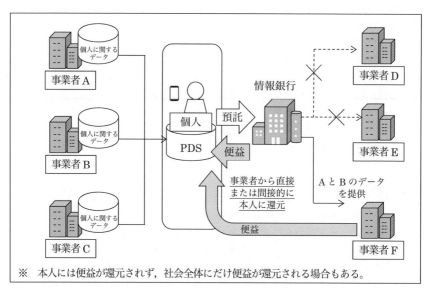

図　情報銀行のイメージ

同指針はその後見直しが行われ，2021 年 8 月に「情報信託機能の認定に係る指

針 ver2.1」が公表されている。ビッグデータの利活用を推進するために，個人情報を個人関与の下でデータ流通・活用を進める仕組みが必要となり，情報銀行の仕組みができた。したがって，（ウ）が正解である。

ア：金融機関が自ら持っている顧客データの利活用の取組であり，情報銀行の説明ではない。

イ：国や自治体が提供するオープンデータや地域情報プラットフォームの取組であり，情報銀行の説明ではない。

エ：IoT データの利活用の取組であり，情報銀行の説明ではない。

問 64　エ　システム要件定義プロセスにおけるトレーサビリティ（R5 春-AP 問 64）

　トレーサビリティとは追跡可能性と訳されるように，システム要件定義プロセスにおいて提示した要求が，開発工程の各段階でどのように変更され，その変更が最終的にシステムのどの部分で実装・テストされたのかを追跡できるようにし，品質を検証することである。したがって，（エ）が正解である。

ア：移行マニュアルや運用マニュアルが文書化されていることで，移行性や運用・保守性は確認できるが，トレーサビリティの確保の説明とは関係ない。

イ：調達先の管理の記述であるため，サプライチェーンマネジメントに関する説明である。内外作基準とは，各工程の設計書やプロダクトコードを社内の要員で作る（内製）か，外部委託する（外製）かの基準を定めたものであり調達先の選定に利用するが，トレーサビリティの確保の説明とは関係ない。

ウ：結合度に関する説明である。モジュール結合度には，

弱　　　　　　　　　　　　　　　　　　　　　　　　　　　　強

データ結合，スタンプ結合，制御結合，外部結合，共通結合，内容結合

があり，モジュール結合度が強いとモジュールの変更が他のモジュールにも影響を与え，修正の工数が増加するため，モジュール結合度は弱い方が良い設計とされている。モジュール間に相互依存関係が存在すると，片方のモジュールを修正するともう片方のモジュールも修正が必要となり，仕様変更が難しくなることがある。

問 65　ア　RFI の説明（R5 春-AP 問 65）

　情報システムの調達の際に用いられる RFI（Request For Information）は，情報システムの調達において，システムの要件を実現するために現在の状況において利用可能な技術・製品，供給者（ベンダー）の製品・サービスの導入実績など実現手段に関する情報の提供を，調達者側から供給者候補に依頼すること，又はその依頼文書である。したがって，（ア）が正解である。

イ：RFP（Request For Proposal；提案依頼書）の説明である。

ウ：RFC（Request For Change；変更依頼書）の説明である。

エ：契約締結要請のことだが，特別な名称などはない。なお，役割分担や契約範囲などを確認するのは SOW（Statement Of Work；作業範囲記述書）であるが，通常，それは契約の締結を要請するところまでを含んではいない。

問 66 エ　　　　　　　　　　　ベンダーに見積りを依頼する際に必要なもの（R5 春-AP 問 66）

共通フレームとは，ソフトウェアの構想から開発，運用，保守，廃棄に至るまでのライフサイクルを通じて必要な作業項目，役割などを包括的に規定した共通の枠組みであり，何を実施するべきかが記述されている，「IT システム開発の作業規定」である。共通フレーム 2013 では，システム化の方向性→システム化計画→要件定義→設計→製作と進んでいくが，要件の不確定さによって見積りの精度が変わるため，多段階の見積り方式の活用が推奨されている。

ア：納品書は，ベンダーが成果物を納品する際に発行する文書であり，見積りを依頼する際に必要なものではない。

イ：評価仕様書は，テストによる評価や成果物の受入れをする際の評価項目が記載された仕様書であり，見積りを依頼する際に必要なものではない。

ウ：見積書は，ベンダーが見積りを行った結果として発行する文書であり，見積りを依頼する際に必要なものではない。

エ：要件定義の完了時点でベンダーに見積りを依頼する際には，要件定義書を提示する。要件定義書には業務フローや E-R 図，画面・帳票レイアウト，非機能要件などが記載されており，この要件定義書に沿ってベンダーは見積りを行う。したがって，（エ）が正解である。

問 67 ウ　　　　　　　　　　広告費を掛けて販売したときの ROAS の計算（R5 春-AP 問 67）

ROAS（Return On Advertising Spend；ロアス）とは，広告費に対する売上高の割合を示す指標であり，広告費用の回収率（費用対効果）を表す。

ROAS の計算式は

ROAS（%）＝ 売上高（円）÷ 広告費（円）× 100（%）

であり，ここで，売上高は販売個数（個）× 単価（円）であるため，

1,000（個）× 1,500（円）＝ 1,500,000（円）

となり，

ROAS（%）＝ 1,500,000（円）÷ 600,000（円）× 100（%）＝ 250（%）

と計算できる。したがって，（ウ）が正解である。

問 68 イ　　　　　　　　　　バランススコアカードで使われる戦略マップの説明（R5 春-AP 問 68）

バランススコアカードでは，財務の視点，顧客の視点，業務（内部ビジネス）

プロセスの視点，学習と成長の視点の四つの視点ごとに目標や KPI（Key Performance Indicator；重要業績評価指標）などを設定する。戦略マップとは，戦略目標間の因果関係を図示するものであるが，バランススコアカードで使われる戦略マップは四つの視点ごとの課題や施策，目標の因果関係を，次のように図示するものである。

したがって，（イ）が正解である。

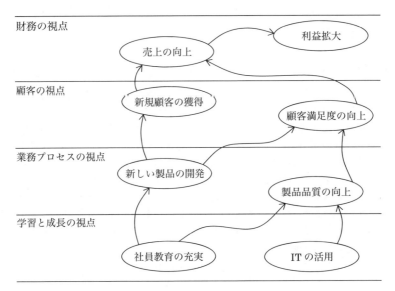

図　バランススコアカードの戦略マップの例

ア：市場における自社の位置付けを示すポジショニングマップの説明である。

ウ：市場と自社製品の関係を示すプロダクトポートフォリオマネジメント（PPM；Product Portfolio Management）の説明である。内的な自社の優位性と外的な市場分析の組合せで表す場合，投資優先度スクリーン（Investment Priority Screen）と呼ばれ，製品成長率と市場占有率の組合せで表現した図は，成長率・市場占有率マトリックスと呼ばれる。

エ：顧客層，経営資源，提供すべき製品・サービスなどを対応させて分析する図表は，ターゲットマーケティングなどを進めるために使われるものだが，特定の名称はない。

問 69　イ　　新規ビジネス立上げで実施するフィージビリティスタディ（R5 春-AP 問 69）

フィージビリティスタディ（feasibility study）は，採算性調査や実行可能性調

査などと呼ばれ，新規ビジネスの投資判断に際して，事前に採算性や実行可能性を調査・分析することで客観的な評価ができる。したがって，（イ）が正解である。

ア：「IT 投資」は新規ビジネスの採算性や実行可能性を調査するフィージビリティスタディの後に行われることである。

ウ：「新規ビジネスの発掘のために，アイディアを社内公募すること」は，フィージビリティスタディの前に行われることである。

エ：「新規ビジネスを実施するために必要な要員の教育訓練を行うこと」は，新規ビジネスの内容が決まった後から新規ビジネス開始前までに行われることである。

問70　ウ　　　　　　　　　　　　　企業と大学との共同研究（R5 春-AP 問 70）

　　企業と大学の共同研究は，企業に所属する研究者と大学での学術研究の従事者が，共通の課題などについて共同して行う研究である。共同研究では，企業と大学で相互に研究費，研究設備などを提供しあい，企業と大学が対等の立場で優れた研究成果の創出を目指すことになる。経費についても，企業は共同研究に必要となる備品，消耗品，旅費などを負担し，大学は共同研究に必要となる大学の施設・設備の維持・管理費，光熱費などを負担するような場合が考えられる。共同研究に必要な経費の分担について特定の取決めはなく，共同研究に必要な経費を企業が全て負担してもかまわない。ただし，企業が全経費を負担するような場合であっても，研究に関しては企業と大学が対等の立場で進める必要がある。したがって，（ウ）が適切である。

ア：TLO（Technology Licensing Organization；技術移転機関）は，大学が所有する技術を特許化し，民間にライセンス供与する機関であり，共同研究を実施する機関ではない。

イ：共同研究の成果について特許を出願する場合は，研究者全員の共同で特許を出願しなければならない。企業や大学などの法人を特許の発明者とするものではない。

エ：国立大学法人が共同研究を行う場合，企業からの費用の負担があっても問題はなく，費用の全てを国が負担する必要はない。

問71　イ　　　　　　　　　　　　　エネルギーハーベスティングの説明（R5 春-AP 問 71）

　　エネルギーハーベスティング（Energy Harvesting）とは，周囲の環境から太陽光，振動，温度差，風などの微小なエネルギーを収穫（ハーベスト）し，そのエネルギーを電力に変換する技術のことであり，エネルギーハーベスティングされた電力を多くの電力を必要としない IoT デバイスに供給することで，外部電源を必要とせずに IoT デバイスを動かし続けることができるようになる。したがって，（イ）が正解である。

ア：エアコンや冷蔵庫などの比較的電力使用量が多い IoT デバイスの電力使用を最適化する EMS（Energy Management System）技術のことであり，省電力化に貢献はできるが，エネルギーハーベスティングとは異なる概念である。

ウ：PoE（Power over Ethernet）給電のことである。コンセントではなく，LAN ケーブルを利用して電力を供給する技術である。Wi-Fi ルータやスイッチングハブ，ネットワークカメラの給電方法として用いられることがある。

エ：NEDO が提唱するノーマリーオフコンピューティングの説明である。ノーマリーオフコンピューティングは，処理が必要ないときは電源を OFF にして，必要なときだけ電源を ON にすることで省電力化を図る技術であり，IoT デバイスでの活用が期待されている。

問 72　ウ　　アグリゲーションサービスに関する記述（R5 春-AP 問 72）

アグリゲーションとは類似するものを集めることを指す言葉である。アグリゲーションサービスとは，分散的に存在するサービスを集約したもので，利用者はこのアグリゲーションサービスを利用することで，複数のサービスを統一的に利用することができるようになる。したがって（ウ）が正解である。

ア：オムニチャネルに関する記述である。オムニチャネルとは，実店舗や EC サイトなどの様々な販売・流通チャネルを統合することで，顧客に最適な購買体験を提供し，利便性を高めるのに利用される。

イ：エスクローサービスに関する記述である。エスクロー（escrow；第三者預託）サービスとは，物品などの売買において，信頼のおける中立的な第三者（エスクローサービス提供者）に代金決済などの取引を仲介してもらい，安全性を確保するためのサービスのことである。

エ：フランチャイズ契約に関する記述である。フランチャイズ契約とは，本部（フランチャイザー）が加盟店（フランチャイジー）に対し，商標利用や販売促進，営業マニュアルなどを提供する対価として加盟料（ロイヤリティ）を支払う契約である。

問 73　エ　　IoT を活用し現実世界をリアルタイムに仮想空間で再現すること（R5 春-AP 問 73）

現実世界や物理的現象をリアルタイムに仮想空間で忠実に再現する技術や仕組みをデジタルツインという。デジタルツイン（digital twin）とは，現実空間で起こる事象を仮想空間内に双子（twin）のように精巧に再現し，現実空間では直接観測できない事象を仮想空間内で具現化する技術である。IoT 機器を活用することで情報収集をリアルタイムで行い，仮想空間に現象の再現ができる点が特徴である。

したがって，（エ）が正解である。

ア：サーバ仮想化（server virtualization）とは，1 台の物理サーバを複数の仮想

サーバに分割して運用する技術である。CPU や記憶装置などの物理的なサーバリソースを複数の仮想サーバに効率的に割り当てることによって，初期導入や保守・運用に関わるコストを低減できるメリットがある。

イ：スマートグリッド（smart grid）とは，送電ネットワークを供給側・需要側の双方から制御し，送電量の需給バランスを最適化する技術である。現在主流の中央集中的な送電管理では，供給量を超える電力需要が生じた場合に停電の影響が広範囲に及ぶ事態が懸念されるが，スマートグリッドを活用することによって，そのような状態を局所的に解決できると考えられている。

ウ：スマートメーター（smart meter）とは，各戸に設置された電力メーターに通信機能をもたせ，電力の使用状況を詳細，かつリアルタイムに把握できるようにする技術である。検針に関わる労役や時間的なコストを低減できる他，利用状況の「見える化」によって，料金体系の多様化や省エネルギーに対する意識向上などの効果も見込まれる。

問 74　ウ

事業部制組織の特徴 (R5 春-AP 問 74)

事業部制組織とは，企業組織を市場別，地域別，製品別などに分割し，それぞれに利益責任をもたせ，総務，経理，人事など企業運営のために不可欠な機能をもつ部門である間接部門を設けた，管理機能を有する半独立的な組織体で構成する組織形態である。したがって，（ウ）が正解である。

ア：プロジェクトチーム又はタスクフォース（任務組織又は特別作業班）についての記述である。一般的にある程度の期間を要する問題に対応する場合はプロジェクトチーム，比較的短期的に処理が求められる問題に対応する場合はタスクフォースと呼ばれる場合が多い。

イ：機能別組織についての記述である。機能別組織とは，生産や開発，販売などの経営機能単位で編成された組織形態を指す。

エ：アライアンスについての記述である。アライアンス（提携）は，技術力や販売力など，自社で不足している経営資源を他社との提携によって相互補完するために行われる。

問 75　ウ

デシジョンツリーによる利益増加額の期待値計算 (R5 春-AP 問 75)

デシジョンツリーとは，意思決定の分岐点や発生し得る可能性の分岐点をツリー状に洗い出し，それぞれの選択肢の期待値を比較検討することで採用すべき選択肢を決定するために利用する。

次のような手順で，期待値を計算していく。

・期待値の計算は結果ノード（図の右側）から行う。○の発生し得る可能性の分岐点においてはそれぞれの発生確率と金額をかけあわせ，ノードの合計を○の期待値とする。

・追加費用が発生する場合は，売上増加額の期待値から，追加費用を減算する。
・□の意思決定の分岐点においては，分岐のうち期待値が高い方（★）を選択する。

期待値の計算は，結果ノード（図の右側）から行う。

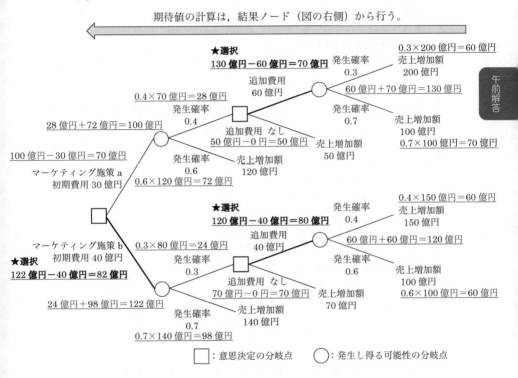

□：意思決定の分岐点　　○：発生し得る可能性の分岐点

　図のように結果ノードから順に期待値を計算すると，マーケティング施策 b の利益増加額の期待値が最大となり，そのときの利益増加額の期待値は 82 億円である。したがって，（ウ）が正解である。

問76　ア

製造原価の経費に算入する費用（R5 春·AP 問 76）

　原価計算基準では，原価要素として製造原価の要素と販売費及び一般管理費の要素に分類される。製造原価の要素としては，製品の生産にかかる費用（直接費，間接費）を算入する。

ア：製品を生産している機械装置の修繕費用は，特定の製品の生産だけに利用される機械装置であれば直接経費，そうでない場合は間接経費として製造原価に算入する。

イ：製品倉庫は完成した製品（販売前）を保管しておく倉庫であるため，販売費及び一般管理費に算入する。

ウ：賃貸目的で購入した倉庫の管理費用は，賃貸を生業として行っている会社で
　あれば販売費及び一般管理費に分類する。賃貸を生業として行っていない会社
　であれば営業外費用に分類する。なお，営業外費用は原価要素にも販売費及び
　一般管理費要素にも該当しない費用である。
エ：本社社屋建設のために借り入れた資金の支払利息は，原価の構成要素ではな
　く，営業外費用に分類する。
　したがって，（ア）が正解である。

問77　エ

　売上高＝費用＋利益＝(固定費＋変動費)＋利益　になるので，この関係を基に
計算することができる。売上高を x とすると，変動費率＝変動費÷売上高　から，
変動費−変動費率×売上高＝0.6×x となる。
　よって，x＝150＋0.6×x＋50
　　　　　x−0.6×x＝150＋50
　　　　　0.4x＝200
　　　　　x＝500（百万円）
　したがって，売上高の正解は（エ）である。
　なお，損益分岐点に関する公式のうち，目標利益達成売上高に関する公式を覚
えている人は次のように計算できる。
　　　　目標利益達成売上高＝(固定費＋目標利益)÷(1−変動費率)
　　　　　　　　　　　　　＝(150百万円＋50百万円)÷(1−0.6)
　　　　　　　　　　　　　＝200百万円÷0.4
　　　　　　　　　　　　　＝500百万円
　なお，変動費率＝変動費÷売上高　であり，通常は売上高が変化しても一定の値
（ここでは60%)を保つ。

問78　イ

　下請代金支払遅延等防止法（以下，下請法）は，下請代金の支払遅れをなくし，
親事業者の下請業者に対する取引を公正なものにして，下請業者の利益を保護す
ることが目的の法律である。この主旨から，代金を決めずに発注したり，代金を
不当に減額したり支払期日を遅らせたりすることを禁じている。下請業者に作業
を委託するに当たっては，委託する内容（仕様）のほか，下請代金の額や支払方
法を決めて書面で通知しなければならないと規定されている。したがって，「発注
の際に，下請事業者に仕様が未記載の書面を交付し，仕様が確定した時点では，
内容を書面ではなく口頭で伝えた」という内容は，この下請法で禁止されている
行為に該当するため，（イ）が正解である。
　なお，下請法第3条（書面の交付等）の条文では「親事業者は，下請事業者に

対し製造委託等をした場合は，直ちに，公正取引委員会規則で定めるところにより下請事業者の給付の内容，下請代金の額，支払期日及び支払方法その他の事項を記載した書面を下請事業者に交付しなければならない」となっている。

ア：継続的な取引において支払条件，支払期日などを記載した書面をあらかじめ交付していれば，個々の発注書面にはその事項の記載を省略しても実害はなく，問題ない。

ウ：顧客の都合で仕様変更が必要になったとき，下請事業者と協議の上，発生する費用の増加分を下請代金に加算することになれば下請事業者に損害を生じないので，問題はない。

エ：振込手数料に関して下請事業者が負担する旨，発注前に書面での合意があれば，正当な取引条件とみなされるので，親事業者が負担した実費の範囲内で振込手数料を差し引いて下請代金を支払っても禁止行為とはならない。

問79　エ　　労働者派遣法において派遣元事業主の講ずべき措置（R5 春-AP 問79）

労働者派遣法において，派遣元事業主が講ずべき措置として定められているものは幾つかあるが，第三十条の七で「各人の希望，能力及び経験に応じた就業の機会及び教育訓練の機会の確保，労働条件の向上その他雇用の安定を図るために必要な措置を講ずることにより，これらの者の福祉の増進を図るように努めなければならない」と定められている。その他は派遣先事業主の講ずべき措置などとして定められているものである。したがって，（エ）が正解である。

ア：派遣先管理台帳は労働者派遣法第四十二条にて派遣先で作成するものとされている。派遣先管理台帳には，就業した日や始業・終業の時刻や休憩した時間を記載する必要があり，３年間保存しなければならない。

イ：派遣先責任者は労働者派遣法第四十一条にて派遣先で選任しなければならないものとされている。

ウ：労働者派遣法第四十一条の一にて派遣先で派遣労働者の業務の遂行を指揮命令する職務上の地位にある者その他の関係者に周知することとされている。

問80　エ　　技術者倫理の遵守を妨げる集団思考の説明（R5 春-AP 問80）

集団思考とは，集団による合意が不合理あるいは危険な意思決定をしばしば容認してしまうことを指す言葉である。アメリカの心理学者であるアーヴィング・ジャニスは集団思考の兆候として，「集団固有のモラルを当然のこととし，その意味を深く検討する気を起させないようにする」や「異議を唱える見解が入ってくるのを防いで集団を保護する」などを提示している。したがって，（エ）が集団思考の説明として，適切である。

ア：自己中心的，又は主観的な思考の説明である。

イ：権威に価値をおき，無批判的に服従することを表す権威主義の説明である。

ウ：自分自身の良心や本心に反していることを知りながら，それを正当化すること
　とを表す自己欺瞞の説明である。

●令和5年度春期
午後問題 解答・解説

問1　マルウェア対策	(R5 春・AP 午後問 1)

【解答例】

［設問1］　(1)　ウ
　　　　　　(2)　(a) 5

［設問2］　(1)　5
　　　　　　(2)　イ

［設問3］　(1)　イ
　　　　　　(2)　(b) 3　　　(c) 6　　　(d) 5　　　(空欄 b, c は順不同)
　　　　　　(3)　ア，ウ

［設問4］　(1)　ア
　　　　　　(2)　PC から切り離して保管する。

【解説】
　ランサムウェアによるインシデントへの対応を題材として，初動対応やサイバーキルチェーンの考察，ランサムウェア対策／インシデント対応／社員教育に関するセキュリティ管理の改善策についての用語や考察問題が出題されている。また，設問 2(2) の正解の EDR と設問 3(1)の正解の CSIRT は，いずれも前回（R4 年度秋期）の午前又は午後試験に登場しているので，過去問題の演習をしていれば，正解できただろう。解答群の中から該当するものを全て選ぶ設問 3(3)と記述式の設問 4(2)については，知識によって差がつくことになったと考えられるが，その他の考察問題は，問題文をよく読めば正解できる。

［設問1］
(1)　下線①について，PC-S に対して直ちに実施すべき対策を選ぶ。下線①を含む記述は，「連絡を受けた情報システム部の T さんは，PC がランサムウェアに感染したと考え，①PC-S に対して直ちに実施すべき対策を伝えるとともに，PC-S を情報システム部に提出するように S さんに指示した」である。
　　ランサムウェアを用いる攻撃の特徴は，感染させた PC 内のファイルや，PC からアクセス可能な装置上のファイルを暗号化した上で，ファイルの復号と引換えに身の代金を要求することである。また，暗号化と並行して，窃取したファイルを外部に流出させる手口も増えている。これらの特徴を考慮すると，ランサムウェアに感染したと考えられる PC-S に対して直ちに実施すべき対策は，アクセス可能な装置

上のファイルの暗号化やファイルの外部流出といった被害の拡大を防ぐために，ネットワークから切り離す対処である。したがって，（ウ）が正しい。

　なお，ランサムウェアに限らず，マルウェアに感染した場合，感染したPCなどをネットワークから切り離すとともに，システム管理者などに報告して指示を仰ぐという対処が一般的に推奨されている。

　その他は，次のように直ちに実施すべき対策には該当しない。

ア：怪しいファイルが特定できたとしても，当該ファイルを削除してしまうとPC-Sの調査に支障が生じるので，怪しいファイルの削除は不適切である。

イ：業務アプリケーションを終了させても，被害の拡大防止やランサムウェアの活動を封じ込める効果はないので，実施すべき対策とはいえない。

エ：問題文の記述によれば，表示されたメッセージは身の代金の要求であるが，被害が明らかではない状況でメッセージに従うべきではない。また，ランサムウェアへの感染が確定した場合でも，身の代金の支払いは攻撃者の活動を助長するなどの理由から，要求に従うことは適切な対応とはいえない。

(2) 空欄aに入れる攻撃の段階を選ぶ。空欄aを含む記述は，「ランサムウェアによる今回のインシデントは，表1に示すサイバーキルチェーンの攻撃の段階では　　　a　　　まで完了したと考えられる」である。

　Z社から受け取った調査結果の2項目に，「ランサムウェアが，取引先を装った電子メールの添付ファイルに含まれていて，Sさんが当該ファイルを開いた結果，PC-Sにインストールされた」とある。このため，表1の項番5の攻撃の段階「インストール」までは完了したことが分かる。また，調査結果の4項目に，「PC-Sから，インターネットに向けて不審な通信が行われた痕跡はなかった」とあるので，表1の項番6の攻撃の段階「C&C（コマンド＆コントロール）」は完了していないと判断できる。したがって，項番5の段階まで完了したと考えられるので，空欄aには「5」が入る。なお，サイバーキルチェーンとは，標的型サイバー攻撃の手順をモデル化して，段階ごとの代表的な攻撃活動を示したものである。

［設問2］

(1) 表2中の項番3の課題に対応する改善策の候補を表3から選ぶ。表2中の項番3の課題は，種別が「インシデント対応」で，指摘内容は「インシデント発生時の対応手順が整備されていない」である。表3の種別が「インシデント対応」の項番2〜項番6の改善策の候補を見ると，項番5の「インシデント発生時の対応体制や手順を検討して明文化する」が対応しており，その他は直接には関係しない。したがって，「5」が正しい。

(2) 下線②（PC上の不審な挙動を監視する仕組み）の略称を選ぶ。PCやサーバなどの機器はエンドポイントと呼ばれ，エンドポイント上の不審な挙動を監視する仕組みは，EDR（Endpoint Detection and Response）である。したがって，（イ）が正しい。EDRは，不審な挙動や攻撃活動の検知（Detection）と，不審なプロセスの停止やPCのネットワークの切離しなどの対処（Response）に関わる機能を提供す

る。

その他の略称は次のとおりである。

ア：APT（Advanced Persistent Threat）は，複数の高度な手口を組み合わせた攻撃活動を長期間継続して行うことが特徴の標的型サイバー攻撃のことである。

ウ：UTM（Unified Threat Management）は，パケットフィルタリングや侵入検知，マルウェアスキャンなどの複数のセキュリティ機能を統合して提供するネットワーク装置であり，統合（型）脅威管理と呼ばれる。

エ：WAF（Web Application Firewall）は，HTTP 通信を監視して，Web アプリケーションの脆弱性を悪用する攻撃を検知，遮断する仕組みである。

［設問 3］

(1) 下線③（インシデント対応を行う組織）の略称を選ぶ。情報セキュリティに関するインシデント対応を行う組織は，CSIRT（Computer Security Incident Response Team；シーサート）と呼ばれる。したがって，（イ）が正しい。

その他の略称は次のとおりである。

ア：CASB（Cloud Access Security Broker；キャスビー）は，クラウドサービスへのアクセスや利用状況を一元的に管理，可視化する仕組みである。

ウ：MITM（Man-In-The-Middle；マンインザミドル）は，端末とサーバ間の通信などに介入して，情報を盗聴したり改ざんしたりする攻撃の手口である。中間者攻撃とも呼ばれる。

エ：RADIUS（Remote Authentication Dial In User Service；ラディウス）は，ネットワーク上で利用者や接続端末を認証するためのプロトコルであり，無線 LAN 環境などでも利用される。

(2) 空欄 b〜d に入れる表 3 の項番を答える。

空欄 b，c は，表 4 の項番 3 の「R 社で使用している情報機器を把握して関連する脆弱性情報を収集する」という改善策の具体化案が対応する，表 3 の項番である。表 4 はインシデント対応に関する改善策の具体化案なので，表 3 の項番 2〜項番 6 のインシデント対応の改善策の候補との関連性を考える。そうすると，具体化案は，表 3 の項番 3 の「PC やサーバ機器の資産目録を随時更新する」と，項番 6 の「脆弱性情報の収集方法を確立する」を合わせて具体化したものと判断できる。したがって，空欄 b，c には「3」と「6」が入る。なお，表 3 のその他の項番は，情報機器の脆弱性情報の収集とは直接関係しない。

空欄 d は，表 4 の項番 4 の「社内外の連絡体制を整理して文書化する」という改善策の具体化案が対応する，表 3 の項番である。連絡体制とは，インシデント対応時の連絡体制であるので，この具体化案は，表 3 の項番 5 の「インシデント発生時の対応体制や手順を検討して明文化する」に対応すると判断できる。したがって，空欄 d には「5」が入る。なお，表 3 のその他の項番は，連絡体制とは直接関係しない。

(3) 下線④について，調査すべき内容を全て選ぶ。下線④は，「セキュリティインシ

デント事例を調査し，技術的な対策の改善を行う」であり，これは，表3の項番4の「新たな脅威を把握して対策の改善を行う」という改善案の具体化案である。また，下線④については，「検討したインシデント対応に関する改善策の具体化案をU部長に説明したところ，表4の項番5のセキュリティインシデント事例について，特にマルウェア感染などによって個人情報が窃取された事例を中心に，Z社から支援を受けて調査するように指示を受けた」と記述されている。解答群を順に検討すると次のようになる。

ア：使用された攻撃手法は，新たな脅威を把握するために必要な情報であり，攻撃手法に応じた技術的な対策を検討する。そのため，調査すべき内容といえる。

イ：被害によって被った損害金額は，実施する対策の優先順位の検討などにおいて参考になる情報ではある。しかし，損害金額と技術的な対策の改善内容は直接には関係しないので，調査すべき内容とはいえない。

ウ：被害を受けた機器の種類は，新たな脅威を把握するために必要な情報であり，標的となっている機器に応じた技術的な対策を検討する。そのため，調査すべき内容といえる。

エ：被害を受けた組織の業種は，特定の業種を標的とする新たな脅威の動向を把握するために有用な情報である。しかし，業種そのものは，技術的な対策の改善内容とは直接には関係しないので，調査すべき内容とはいえない。

以上の検討から，（ア）と（ウ）が正しい。

［設問4］

(1) 下線⑤について，全従業員を対象に訓練を実施すべき対応を選ぶ。下線⑤を含む記述は，「図1に示す一連のインシデント対応フローのうち，⑤全従業員を対象に実施すべき対応と，経営者を対象に実施すべき対応を中心に，ランサムウェアによるインシデントへの対応を含めたシナリオを作成することにした」である。

　図1の対応フローを検討すると次のようになる。

ア：検知／通報（受付）について，検知は，利用者あるいはセキュリティを監視する技術的な仕組みによって行われる。全従業員がインシデントを検知／通報する可能性があるので，対応訓練も全従業員を対象に実施する必要がある。

イ：トリアージとは，受付したインシデントへの対応の要否や優先順位などを判断する対応である。トリアージを実施するのはCSIRTのメンバーになるので，全従業員を対象にする必要はない。

ウ：インシデントレスポンスとは，事象の分析，対応計画の策定と実施，発生した問題が解決されたことの確認などを行う対応である。インシデントレスポンスは，CSIRTのメンバーが中心となって行われ，必要に応じて経営者やシステム部門が関与するものなので，全従業員を対象にする必要はない。

エ：報告／情報公開は，CSIRTに加えて，経営者，広報，法務，システムなどの所管部署が行う対応であり，全従業員を対象にする必要はない。

以上の検討から，（ア）が正しい。

(2) 下線⑥について，記録媒体の適切な保管方法を 20 字以内で答える。下線⑥を含む記述は，「検討した社員教育に関する改善策の具体化案を U 部長に説明したところ，⑥バックアップを取得した記録媒体の保管方法について検討し，その内容を教育内容に含めるように T さんに指示した」である。なお，記録媒体について，一つ前の本文に「取り外しできる記録媒体」と記述されている。

設問 1(1)で述べたように，PC に感染したランサムウェアは，PC からアクセス可能な装置上のファイルも暗号化する。そのため，記録媒体は，バックアップを取得するときだけ PC に装着し，バックアップ作業後は取り外して PC から切り離す必要がある。そのため，記録媒体の保管方法として「PC から切り離して保管する」のように答えるとよい。

【解答例】

［設問 1］　(1)　エ

　　　　　　(2)　設定スキルの習得に人手を割けないこと

　　　　　　(3)　(a)　イ

［設問 2］　(1)　(b)　イ

　　　　　　(2)　リピート受注率を高めること

　　　　　　(3)　可能となること：①タイムリーな予防保守（故障前の部品交換）

　　　　　　　　　　　　　　　　　②詳細な故障部位の把握

　　　　　　　　メリット：要員が計画的に作業できる。

　　　　　　(4)　値引き価格を印字したバーコードラベルを貼る適切な時刻を通知
　　　　　　　　する機能

【解説】

　中堅の電子機器製造販売会社の経営戦略をテーマにした問題である。

　事例に挙げられている企業は，これまで主製品であるラベルプリンターの価格を低
く設定して顧客を取り込み，付随製品であるバーコードラベルなどの消耗品で利益を
確保するビジネスモデルを実現することによって，リピート受注を確保し，業界平均
以上の収益性を維持してきた。しかし，ラベルプリンターを顧客とする市場が飽和状
態になりつつある中で，大手の事務機器製造販売会社が進出するおそれがでてきたこ
とから，将来に備えて現在の経営戦略を強化することとした。

　経営戦略を強化する上で，設問 1 では，現在の経営戦略を表す経営学専門用語や，
顧客の課題，ビジネスモデルについて問われている。設問 2 では，戦略キャンバスに
基づいた製品開発力，メンテナンス対応力を強化して顧客満足度を上げる狙い，顧客
の業務への影響を減らすために可能となる事項や当社のメリット，支援機能として情
報システムで提供する機能について出題されている。このように，本問は経営戦略の
強化について幅広い見識が求められる総合的な事例問題となっている。

［設問 1］

(1)　Q 社が実行している経営戦略用語が問われている。「競合がない市場を切り開く
　経営戦略」とは，競合がない新しい市場を生み出して事業を展開する「ブルーオー
　シャン戦略」のことを意味する。なお，血で血を洗うような競争激化の既存の市場
　を「レッドオーシャン」という。したがって，Q 社が実行している戦略は（エ）の
　「ブルーオーシャン戦略」である。

　　他の選択肢を確認してみる。

　ア：「コストリーダーシップ戦略」とは，他社よりも低い製造コストを実現し，低価
　　格によって競争優位をもたらそうとする戦略のことである。

　イ：「市場開拓戦略」とは，新しい地域や新しい顧客に既存の製品を販売することな

どによって新たに市場を開拓し，売上の拡大を図る戦略のことである。

ウ：「フォロワー戦略」とは，市場におけるリーダー企業やチャレンジャー企業に追随する戦略のことである。

(2) 顧客の課題が問われている。Q 社が設定作業を受託する背景にある顧客の課題が問われているので，顧客のラベルプリンターの設定作業に関する記述を探す。すると，問題文冒頭の 2 段落目に，「顧客がバーコードラベルを使用する場合には，商品に合った大きさ，厚さ，及び材質のバーコードラベルが必要になり，これに対応してラベルプリンターの設定が必要になる」という記述が見つかる。続いて，「商品ごとに顧客の従業員がマニュアルを見ながら各店舗でラベルプリンターの画面から操作して設定しているが，続々と新商品が出てくる現在，この設定のスキルの習得は，慢性的な人手不足に悩む顧客にとって負担となっている」と記載されている。これらの記述から顧客がラベルプリンターを設定することは負担になっており，設定スキルの習得などに人手を割けないことが分かる。だからこそ，「顧客の依頼に応じて，ラベルプリンターの設定作業を受託する」ことが分かる。

以上から，「設定スキルの習得に人手を割けないこと」などと答える。

(3) ビジネスモデルとしての具体的内容が問われている。空欄 a の後の記述に着目すると，空欄 a のビジネスモデルを実現することによって，「リピート受注を確保でき，業界平均以上の収益性を維持」することができることが分かる。その直前には，「価格設定や顧客への対応などが受け入れられて」という記述がある。価格設定については，〔現在の経営戦略〕では，「ラベルプリンターの販売価格は他社より抑え，バーコードラベルなどの消耗品の料金体系は，Q 社パッケージで集計した使用料に応じたものとする」という記述がある。これらの記述から，キャプティブ価格戦略といったビジネスモデルを実現していることが分かる。なお，キャプティブ価格戦略とは，主製品の価格を低く設定して顧客を取り込み，付随製品の継続的な使用でその囲い込みを狙う価格戦略である。

以上から，空欄 a に入るものは（イ）の「バーコードラベルなどの消耗品で利益を確保する」となる。

他の選択肢を確認してみる。

ア：「バーコードラベルなどの消耗品の料金体系は，Q 社パッケージで集計した使用料に応じたものとする」のであれば，「バーコードラベルなどの消耗品の赤字」となるとは考えにくい。

ウ：「ラベルプリンターの販売価格は他社より抑え」，「バーコードラベルなどの消耗品を安く販売」することによって，「業界平均以上の収益性を維持」することができるとは考えられない。

エ：「ラベルプリンターの販売価格は他社より抑え」とあることから，「ラベルプリンターの販売利益でバーコードラベルなどの消耗品の赤字を補填する」ことができるとは考えにくい。

〔設問2〕

(1) 戦略キャンバスに基づいた製品開発力に関する問題である。空欄 b の後の記述から，空欄 b の内容を実施することによって，「開発要員を増やさないことと製品開発力を強化することとの整合性を確保する」ことができることが分かる。空欄 b の前の記述では，「ラベルプリンターの試作や顧客確認などの開発段階」と記載されていることから，開発要員をラベルプリンターの試作や顧客確認などの開発段階に集中させるために，他の開発を中止することが必要となることが分かる。〔経営戦略の強化〕をみると，「バーコードリーダーは，Q 社のラベルプリンターや Q 社のパッケージの製造販売と競合せず，POS 端末及び中小のスーパーで定評のある販売管理ソフトウェアパッケージを製造販売する U 社から調達できる」といった記述がある。これらの記述から，バーコードリーダーを自社開発する必要性は低いことが分かる。

　　以上から，空欄 b に入るものは（イ）の「バーコードリーダーの開発を中止し，開発要員をラベルプリンターの開発に振り向ける」となる。

　　他の選択肢を確認してみる。

ア：「Q 社のパッケージの販売を中止」することは，R 社長が業界での優位性を維持するために社内の幹部とまとめた重点戦略(3)に記載されている「Q 社パッケージの機能追加を促進する」という記述に反することとなる。

ウ：「メンテナンス要員をラベルプリンターの開発に振り向ける」ことは，R 社長が業界での優位性を維持するために社内の幹部とまとめた重点戦略(2)に記載されている「メンテナンス対応の要員数を変えず，メンテナンス対応力を強化して顧客満足度を上げる」という記述に反することとなる。

エ：「ラベルプリンターの機種を減らし，開発要員を減らす」ことは，R 社長が業界での優位性を維持するために社内の幹部とまとめた重点戦略(1)に記載されている「ラベルプリンターの製品開発において，顧客のニーズを聞き，迅速にラベルプリンターの試作品を開発して顧客に確認してもらうことで，従来よりも的確にニーズを取り込めるようにする」という記述に反することとなる。

(2) メンテナンス対応力を強化して顧客満足度を上げる社長の狙いについて問われている。〔経営戦略の強化〕中の字句を用いて解答するという要件があるため，〔経営戦略の強化〕の内容で，「メンテナンス対応力」，「顧客満足度」の用語が出てくるものを探す。すると，「メンテナンス対応において，故障による顧客業務への影響を減らせば顧客満足度が上がる。顧客満足度が上げれば，既存顧客からのリピート受注率が高まる」という記述が見つかる。この記述から，メンテナンス対応力を強化して顧客満足度を上げる社長の狙いは，既存顧客からのリピート受注率を高めることにあると考えられる。

　　以上から，「リピート受注率を高めること」などと答える。

(3) メンテナンス対応力に関し顧客の業務への影響を減らすために可能となること，及び Q 社にとってのメリットについて問われている。下線④には，「Q 社のラベルプリンターの稼働に関するデータ，及びモーターなどの部品の劣化の兆候を示す電

圧変化などのデータを収集して適宜 Q 社に送信する機能を実現する」という記述がある。〔現在の問題点〕を参考に解答するという要件があるため，顧客の業務への影響を減らすために可能となることに関する内容を〔現在の問題点〕で探すと，「ラベルプリンターは定期的に予防保守を行い，部品を交換しているが，交換する前に故障が発生してしまうことがある。故障が発生した場合のメンテナンスは，顧客の担当者から故障連絡を受けて，高い頻度で発生する故障の修理に必要な部品を持って要員が現場で対応している。しかし，故障部位の詳細な情報は事前に把握できず，修理に必要な部品を持っていない場合は，1 回の訪問で修理が完了せず，顧客の業務に影響が出たことがある」という記述が見つかる。この記述から，顧客の業務への影響は，「交換する前に故障が発生してしまうこと」や「故障部位の詳細な情報は事前に把握できず，修理に必要な部品を持っていない場合は，1 回の訪問で修理が完了しないこと」であることが分かる。

　以上から，「Q 社のラベルプリンターの稼働に関するデータ，及びモーターなどの部品の劣化の兆候を示す電圧変化などのデータを収集して適宜 Q 社に送信する機能を実現する」ことによって，顧客の業務への影響を減らすために Q 社において可能となることとして，「タイムリーな予防保守（故障前の部品交換)」，「詳細な故障部位の把握」などと答える。

　〔現在の問題点〕には「また，複数の故障連絡が重なるなど，要員の作業の繁閑が予測困難で，要員が計画的に作業できずに苦慮している」という記述がある。この記述から，「Q 社のラベルプリンターの稼働に関するデータ，及びモーターなどの部品の劣化の兆候を示す電圧変化などのデータを収集して適宜 Q 社に送信する機能を実現する」ことによって，要員が計画的に作業できることが分かる。

　以上から，Q 社にとってのメリットとして，「要員が計画的に作業できる」などと答える。

(4) 支援機能として情報システムで提供する機能が問われている。下線⑤には，「SDGs の一つである "つくる責任，つかう責任" に関して，顧客が食品の廃棄量の削減を達成するための支援機能」と記述されている。食品の廃棄量の削減に関する内容を〔現在の問題点〕で探すと，「顧客の戦略目標の一つである食品廃棄量削減を達成するために，値引き価格を印字したバーコードラベルを貼る適切な時刻を通知する機能を情報システムで提供するよう要望を受けているが，現在の Q 社パッケージで管理するデータだけでは対応できない」という記述が見つかる。この記述から，顧客が食品の廃棄量の削減を達成するための支援機能とは，値引き価格を印字したバーコードラベルを貼るための適切な時刻を通知する機能であることが分かる。

　以上から，情報システムで提供する機能として，「値引き価格を印字したバーコードラベルを貼る適切な時刻を通知する機能」などと答える。

【解答例】

[設問 1]　　ア：3×7　　イ：4×12

[設問 2]　　①48　　②260　　③48　　④84

[設問 3]　　ウ：pow(3, i − 1)　　エ：3*(i − 1)

　　　　　　オ：pe.val1　　　　　　カ：pe.val2　　(空欄オ，カは順不同)

[設問 4]　　キ：mod(mul, 10)　　ク：elements[cidx + 2]

　　　　　　ケ：elements[cidx]

[設問 5]　　2 × N

【解説】

　コンピュータが一度に扱える整数の桁数には限界がある。そこで，一度に扱える桁数を超える演算を行う方法の一つである，10 を基数とした多倍長整数を用いた演算の方法について検討する。この問題では，多倍長整数の乗算を行うアルゴリズムである　カラツバ法を題材に，乗算の対象となる二つの多倍長整数から計算のためのツリー構造を構築し，それを用いて演算を行うプログラムの内容を考える。一次元配列に格納されたツリー構造を構成する各ノードへの添字（インデックス）の求め方が，プログラムの処理を考える上で重要である。

〔多倍長整数の加減算〕

　多倍長整数の演算を行うときは，整数の桁ごとの値を，1 の位から順に 1 次元配列に格納して管理する。例えば，整数 123 は，要素数が 3 の配列に{3, 2, 1}というように格納する。また，多倍長整数の加算は，"桁ごとの加算"の後，"繰り上がり"の調整を行うことで，計算結果を求める。

加算の例　456＋789 を計算する。

① 整数を配列に格納して，加算の式を表す。{6, 5, 4}＋{9, 8, 7}

② 桁ごとに加算を行う。　　　　　　　　　　　{6+9, 5+8, 4+7} → {15, 13, 11}

③ 繰り上がりを処理する。要素の値が 10 以上の場合は，一つ上の位に繰り上がりを行う。例えば，1 の位の 15 は 10×1＋5 なので，1 の位は 5，10 の位は元の 13 に 1 を繰り上げて 14 とする。最上位で繰り上がりが発生するので，配列の要素数を増やして対応する。

　　{15, 13, 11} → {5, 14, 11} → {5, 4, 12} → {5, 4, 2, 1}

　　　　1 の位の繰り上がり　　10 の位の繰り上がり　　100 の位の繰り上がり

④ 答えは，1245 である。

　多倍長整数の減算は，"桁ごとの減算"の後，"繰り下がり"の調整を行うことで，
計算結果を求める。

減算の例　987－789 を計算する。

① 整数を配列に格納して，減算の式を表す。{7, 8, 9}－{9, 8, 7}
② 桁ごとに減算を行う。　　　　　　　　　　{7－9, 8－8, 9－7} → {－2, 0, 2}
③ 繰り下がりを処理する。要素の値が 0 未満の場合は，一つ上の位から繰り下がり
　を行う。例えば，1 の位の－2 は 10×（－1）＋8 なので，1 の位は 8，10 の位は元の
　0 から 1 を繰り下げて－1 とする。

　　　{－2, 0, 2} → {8, －1, 2} → {8, 9, 1}

　　　　1 の位の繰り下がり　　　10 の位の繰り下がり

④ 答えは，198 である。

〔多倍長整数の乗算〕
　多倍長整数の乗算は，計算量を削減するアルゴリズムとして考案された方法の一つ
であるカラツバ法を用いる。ここでは，桁数が 2 のべき乗で，同じ桁数をもつ正の整
数同士の乗算について，カラツバ法を適用した計算を行う。桁数が 2 のべき乗でない
場合や，二つの整数の桁数が異なる場合には，上位の桁を 0 で埋めて処理する。例え
ば，123×4 は 0123×0004 として扱う。
　カラツバ法を適用した乗算のアルゴリズムは，(1) ツリー構造（以下，ツリーとい
う）の構築と，(2) ツリーを用いた演算の処理から成る。
(1)　ツリーの構築
　　演算のためのツリーを作る処理である。作成するツリーは，多倍長整数の乗算の
　式を一つのノードとして, そのノードを親とする 3 個の子ノードをもつようにする。
　　M 桁×M 桁の乗算の式では，乗算記号の左右にある値を，それぞれ M/2 桁ずつ
　に分けて A，B，C，D の四つの多倍長整数を作る。このとき，M は 2 のべき乗で
　あるから M/2 は割り切れ，四つの同じ桁数の多倍長整数が作られる。これらの整数
　を使って，①A×C，②B×D，③(A＋B)×(C＋D)の 3 個の子ノードを作り，M/2 桁
　×M/2 桁の乗算を行う層を作る。③の(A＋B)，(C＋D)は多倍長整数の加算結果であ
　るが，ここでは"桁ごとの加算"だけを行い，"繰り上がり"の処理はツリーを用い
　て行う演算の最後でまとめて行う。以降，生成した子ノードについても同じ手順を
　繰り返し，1 桁×1 桁の乗算を行う最下層のノードまで処理を進める。
　　4 桁×4 桁の 1234×5678 を例に考えると，問題の図 2 に注釈説明を加えた次の
　図 A に示すように層 1～3 の三つの層から成るツリーができる。

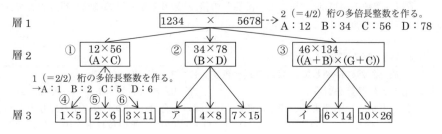

図A　1234×5678 についてのツリー（図2）

・層1は元の乗算の式である。

・層2は，2（＝4/2）桁の四つの多倍長整数 A：12，B：34，C：56，D：78 を用いて，①は A×C＝12×56，②は B×D＝34×78，③は(A+B)×(C+D)＝46×134 の三つのノードとなる。③では "桁ごとの加算" だけを行うので，(A+B)は 12＋34＝46 となり，(C+D)は 10 の位が5＋7＝12，1 の位が6＋8＝14 となるが，図A（図2）では表記を簡潔にするために，各桁の "繰り上がり" の処理を行った結果の 134（＝12×10＋14）を記している。

・層3の①の子ノードの部分④〜⑥は，1（＝2/2）桁の四つの多倍長整数 A：1，B：2，C：5，D：6 を用いて，④は A×C＝1×5，⑤は B×D＝2×6，⑥は(A+B)×(C+D)＝3×11 となる。

(2) ツリーを用いた演算

ツリーの最下層のノードは，整数の乗算だけで計算できる。最下層以外の層は子ノードの計算結果を使って，式(1)で計算できる。式(1)中の，α，β，γ は，それぞれ子ノード①，②，③の乗算の計算結果を，K は対象のノードの桁数を表す。

$$\alpha \times 10^K + (\gamma - \alpha - \beta) \times 10^{K/2} + \beta \quad \cdots\cdots(1)$$

図A（図2）のルートノードの場合，K＝4，α＝672（＝①12×56），β＝2652（＝②34×78），γ＝6164（＝③46×134）なので，計算結果が次のように求められる。

1234×5678＝672×10000＋(6164−672−2652)×100＋2652＝7006652

子ノードの計算結果を使うと，式(1)で乗算の計算結果が求められることを，図A（図2）のルートノードを例に確かめる。ルートノードについて考えるので，K＝4，α＝12×56（＝672），β＝34×78（＝2652），γ＝46×134（＝6164）として式を変形していくと，次のように式(1)が得られることが分かる。

$$1234 \times 5678 \quad \cdots \boxed{1234 = 1200 + 34,\ 5678 = 5600 + 78\ \text{とする。}}$$

$$= (12 \times 100 + 34) \times (56 \times 100 + 78) \quad \cdots \boxed{\text{式を展開して整理}}$$

$$= (12 \times 100) \times (56 \times 100) + (12 \times 100) \times 78 + 34 \times (56 \times 100) + 34 \times 78$$

$$= 12 \times 56 \times 100 \times 100 + 12 \times 78 \times 100 + 34 \times 56 \times 100 + 34 \times 78$$

$$= 12 \times 56 \times 10000 + (12 \times 78 + 34 \times 56) \times 100 + 34 \times 78$$

$$= 12 \times 56 \times 10^4 + (12 \times 78 + 34 \times 56) \times 10^2 + 34 \times 78 \quad \cdots \boxed{(\ )\ \text{内を}\ \gamma - \alpha - \beta\ \text{に変形}}$$

$$= 12 \times 56 \times 10^4 + \{12 \times (\underline{56} + 78) + 34 \times (56 + \underline{78}) - \underline{12 \times 56} - \underline{34 \times 78}\} \times 10^2 + 34 \times 78$$

$$= \underline{12 \times 56} \times 10^4 + \{\underline{(12 + 34)(56 + 78)} - \underline{12 \times 56} - \underline{34 \times 78}\} \times 10^2 + \underline{34 \times 78}$$

$$\quad\quad\ \ \alpha \quad\quad\quad\quad\quad\quad \gamma \quad\quad\quad\quad\quad \alpha \quad\quad\quad \beta \quad\quad\quad\quad\quad\quad \beta$$

$$= \alpha \times 10^K + (\gamma - \alpha - \beta) \times 10^{K/2} + \beta \quad \cdots \boxed{K = 4\ \text{であるから,}\ K/2 = 2\ \text{である。}}$$

〔多倍長整数の乗算のプログラムで利用する構造体の型〕

プログラムで利用するデータ構造として,表 1 に挙げられている「多倍長整数」とツリーを構成する「ノード」の二つの構造体の型が重要である。この二つの構造体の型について,それぞれの型の変数にデータが格納された例を図 B,図 C に示す。

例 多倍長整数 34 を多倍長整数の構造体の変数に格納する。

	N	values	
多倍長整数	2	4	3

・桁数(N)は 2
・桁ごとの値(values)は,1 の位から順に格納するので,{4, 3}である。

図 B 多倍長整数の構造体の変数にデータを格納した例

例 図 A 中の層 3 にある⑤のノードである「2×6」を,ノード構造体の変数に格納する。

	N	val1		val2		result	
ノード	1	1	2	1	6	2	2	1

・ノードの桁数(N)は 1
・左側の値(val1)は,1 桁で{2}
・右側の値(val2)は,1 桁で{6}
・計算結果(result)12 は,2 桁で{2, 1}

図 C ノード構造体の変数にデータを格納した例

〔設問 1〕

図 2(図 A)中の空欄に入れる適切な数式を考える。同じ位置にある,①のノードの子ノード④(図 A)の作り方を参考に考えるとよい。

・空欄ア:②のノードでは 2 桁×2 桁の乗算を行っているので,層 3 では 1(=2/2)桁ずつに分けた A,B,C,D の四つの多倍長整数を使って,子ノードを作る。②のノードの乗算は 34×78 であるから,A:3,B:4,C:7,D:8 となる。空欄アには,層 2 の①のノードと同様に A×C を入れるので,3×7 となる。したがって,空欄アは「3×7」である。また,②のノードの他の二つの子ノードの内容をみると,B×D=4×8,(A+B)×(C+D)=(3+4)×(7+8)=7×15 が入

っていることが確かめられる。

・空欄イ：ツリーの構築の際には，"桁ごとの加算"だけを行い，"繰り上がり"の処理は行わないことから，③のノードの乗算である $46 \times 134 = (12+34) \times (56+78)$ の「$12+34$」と「$56+78$」を，図1で用いた配列に格納した形で"桁ごとの加算"を行うと，次のようになっている。

  {2, 1}+{4, 3} → {6, 4}   10の位が4，1の位が6である。
  {6, 5}+{8, 7} → {14, 12}   10の位が12，1の位が14である。

 この結果から，③のノードの子ノードを作るときに用いる四つの多倍長整数は，A：4，B：6，C：12，D：14となる。空欄イには，A×Cを入れるので，4×12 となる。したがって，空欄イは「4×12」である。また，③のノードの他の二つの子ノードの内容をみると，B×D=6×14，(A+B)×(C+D)=$(4+6) \times (12+14)=10 \times 26$ が入っていることが確かめられる。

 なお，③のノードのA～Dの値については，空欄イの次にある「B×D」を格納する子ノードが「6×14」なので，Bが6，Dが14，そして，その次にある「(A+B)×(C+D)」を格納するノードが「10×26」なので，A+B=10からA：4（=10−6(B)），C+D=26からC：12（=26−14(D)）というように考えても求められる。

［設問2］
 図2（図A）中の層2にある③のノード「46×134」について，式(1)の数式が具体的にどのようになるかを考える。このノードの値は，層3にある子ノードの計算結果を使って求める。3個の子ノードの内容は，左から 4×12（空欄イ），6×14，10×26 であるが，それぞれ α，β，γ に対応するので，$\alpha = 48$，$\beta = 84$，$\gamma = 260$ になる。また，Kは対象のノードの桁数を表すが，層2のノードの桁数が2であることから，K=2になる。式(1)に，α，β，γ，Kの値を代入すると，計算式は次のようになる。

$$\alpha \times 10^K + (\gamma - \alpha - \beta) \times 10^{K/2} + \beta$$
$$= 48 \times 10^2 + (260 - 48 - 84) \times 10^1 + 84$$
$$= \underline{48} \times 100 + (\underline{260} - \underline{48} - 84) \times 10 + \underline{84}$$
   ①   ② ③   ④

したがって，正解は①48，②260，③48，④84となる。

［設問3］
 図3に示す与えられた二つの多倍長整数 val1 と val2 からツリーを構築するプログラムに関する設問である。表2の「多倍長整数の操作を行う関数」，表3の「使用する主な変数，配列及び関数」を参考にしながら，プログラムの内容を考える。なお，プログラム内で使われる変数は全て大域変数であり，配列の添字は1から始まる点に注意する。

 図3の「与えられた二つの多倍長整数からツリーを構築するプログラムの概要」を図Dに示す。

```
// ツリーの各層の, elements 配列上での先頭インデックスを算出する
layer_top[1] ← 1          //ルートノードは先頭なので 1 を入れる
for (i を 1 から t_depth - 1 まで 1 ずつ増やす)
  layer_top[i + 1] ← layer_top[i] + [ ウ ]
endfor
```

> 各層の左端ノードの配列 elements 上での添字の値を配列 layer_top に層 1 から最下層まで格納する。図 2 の場合は, {1, 2, 5}が入る。

```
// ツリーを構築する    val1×val2 のノードを作成
elements[1] ← new_elem(val1.N,val1,val2)   //ルートノードを用意。
```
桁数は val1 の桁数を使う

親ノードになるルートから最下層の一つ上の層までを処理する

```
for (dp を 1 から t_depth - 1 まで 1 ずつ増やす)  //ルートノードの層から,
                                              最下層以外の層を順に処理
  3 個の子ノードを作る処理
  for (i を 1 から pow(3,dp - 1)まで 1 ずつ増やす)  //親ノードになる層の要素数
                                                 だけ繰り返す
    pe ← elements[layer_top[dp] + (i - 1)]   //親ノードの要素を取得
    cn ← pe.N / 2                            //子ノードの桁数を算出
    tidx ← layer_top[dp + 1] + [ エ ]        //子ノード①へのインデックス
子①elements[tidx    ] ← new_elem(cn,left([ オ ], cn),left([ カ ], cn))
ノ②elements[tidx + 1] ← new_elem(cn,right([ オ ], cn),right([ カ ], cn))
ド③elements[tidx + 2] ← new_elem(cn,lradd([ オ ], cn),lradd([ カ ], cn))
  endfor
endfor
```

図 D　与えられた二つの多倍長整数からツリーを構築するプログラムの概要

・空欄ウ：ツリーのノードは, 配列 elements 上に, ルートノードを先頭として各層の左側のノードから順に要素を格納する。例えば, 図 2 (図 A) の場合には, {1234×5678, 12×56, 34×78, 46×134, 1×5, 2×6, …}の順に格納する。このとき, 各層の左端 (先頭) のノードの添字は, {1, 2, 5}となる。また, 各層のノードの数は, 層 1 が 1 (=3^0) 個, 層 2 が 3 (=3^1) 個, 層 3 が 9 (=3^2) 個, 層 n であれば 3^{n-1} 個となる。このことから, 各層の左端のノードの添字は, 図 E に示すように, その親ノードの左端のノードの添字に親の層のノードの個数を加算したものになる。

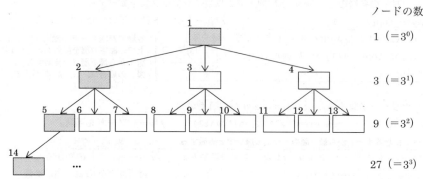

注記　ノードの左上の数字は，配列 elements 上の添字を表す。

図 E　各層の左端のノードの添字

　　空欄ウのある配列 layer_top には，各層の左端のノードの添字を格納するが，各要素の値は，layer_top[1]を 1 として，以降は親ノードの層の左端のノードの添字に親の層のノードの個数を加算したものになる。空欄ウを含む文を繰り返す for 文の制御変数 i は親ノードの層を表し，親ノードとなり得る，最下層の一つ上の層を表す t_depth−1 まで処理を繰り返す。layer_top[i]には親ノードの層の左端のノードの添字が格納されているので，それに親の層のノードの個数 3^{i-1} を加算すると，子ノードの層の左端のノードの添字 layer_top[i+1] を求めることができる。ここで，3^{i-1} は表 3 の関数 pow を用いて pow(3, i−1) として求めるので，空欄ウは「pow(3, i − 1)」となる。

・空欄エ：入れ子の構造になっている二つの for 文の中にあるので，まず for 文の役割を考える。外側の for 文では，制御変数を dp としてルートノードの層から最下層以外の層まで順に処理する。内側の for 文では，制御変数を i として親ノードになる層の要素数だけ子ノードを作る処理を繰り返す。空欄エを含む文を実行するとき，変数 dp は親ノードの層の番号を，変数 i は対象の親ノードが層内の左から何番目に位置するかを表している。子ノード①の配列 elements 上の添字を表す変数 tidx は，子ノードの層（層の番号は dp+1）の左端のノードの添字を格納した layer_top[dp+1]に，子の層内での位置を加算することで求める。親ノードが層内の左から i 番目に位置するとき，その子の層内では子ノード①の前（図 E では左）に 3*(i−1)個のノードが存在するので，layer_top[dp+1]に「3*(i−1)」を加算することで，子ノード①の添字である変数 tidx を求めることができる。例えば，図 E において，親ノードの配列 elements 上の添字が 3 のとき，そのノードは層 2 内で左から 2 番目に位置する。そのとき，子ノード①の前（図 E では左）に，層 3 のノードが 3×(2−1)=3 個存在する。そこで，層 3 の左端のノードの添字 5 に 3 を加算して，子ノード①の添字は 8 であると求めることができる。したがって，空欄エは「3*(i − 1)」となる。

・空欄オ，カ：3 個の子ノード①，②，③を作り，それぞれ要素の値を設定する部分
　である。表 3 の関数 new_elem を用いて，new_elem(k,v1,v2)とすると，取り
　扱う多倍長整数の桁数が k で，v1×v2 の乗算を表すノード構造体を新規に作
　成できる。また，表 2 の関数 left と関数 right を使用すると，親ノードに格納
　されている二つの多倍長変数を四つに分割することができる。このとき，子ノ
　ードの多倍長整数の桁数は，親ノードの桁数（pe.N）を 2 で割った値として変
　数 cn に求められているので，これを使用する。例えば，図 2（図 A）の層 1
　の 1234×5678 では，変数 val1 の値 1234 は{4, 3, 2, 1}，変数 val2 の値 5678
　は{8, 7, 6, 5}として桁ごとに配列に格納されている。ここから，A：12，B：
　34，C：56，D：78 と分割するために，left(val1,2)とすると添字が大きい方の
　2 個の要素{2, 1}が返されるが，これが A：12 である。そして，right(val1,2)
　としたときに返される添字が小さい方の 2 個の要素{4, 3}が，B：34 である。
　同様に，C：56 は left(val2,2)，D：78 は right(val2,2)とすると求められる。
・子ノード①は，A×C であり，A は親ノードの要素の乗算記号の左側の値
　（pe.val1）から，C は親ノードの要素の乗算記号の右側の値（pe.val2）か
　ら，それぞれ添字の大きい方の変数 cn が表す桁数分を取り出す。よって，
　プログラム文は次のようになる。

　　　elements[tidx] ← new_elem(cn,left(**pe.val1**, cn),left(**pe.val2**, cn))

・子ノード②は，B×D であり，B は親ノードの要素の乗算記号の左側の値
　（pe.val1）から，D は親ノードの要素の乗算記号の右側の値（pe.val2）か
　ら，それぞれ添字の小さい方の変数 cn が表す桁数分を取り出す。よって，
　プログラム文は次のようになる。

　　　elements[tidx + 1] ← new_elem(cn,right(**pe.val1**, cn),right(**pe.val2**, cn))

　　ここまでで，空欄オ，カの内容を確かめることができる。したがって，空
　欄オは「**pe.val1**」，空欄カは「**pe.val2**」となる。なお，空欄オ，カは順不
　同である。

・子ノード③は，(A+B)×(C+D)であり，空欄オ，カのある 3 番目の行では，
　表 2 の関数 lradd を用いて，A+B と C+D を作っている。まず，空欄オの
　ある部分は，

　　　lradd(**pe.val1**,cn)＝add(left(**pe.val1**,cn),right(**pe.val1**,cn))

　であり，A（＝left(pe.val1,cn)）＋B（right(pe.val1,cn)）を表していること
　が分かる。同様に，空欄カのある部分は，

　　　lradd(**pe.val2**,cn)＝add(left(**pe.val2**,cn),right(**pe.val2**,cn))

　であり，C+D を表している。

[設問 4]

　図 4 のツリーを用いて演算を行うプログラムの中の空欄について考える。ツリーを
用いた計算では，ツリーの最下層のノードは整数の乗算だけで計算を行うが，最下層

以外の層では，子ノードの計算結果を使って式(1)の計算を行う。また，“繰り上がり”は，途中の計算では行わず，表2の関数 carry を使って最後にまとめて処理する。プログラムは，「最下層の計算」，「最下層以外の計算」，「繰り上がり処理」から成る。

```
// 最下層の計算    最下層のノードの数だけ繰り返す。
for （i を 1 から pow(3, t_depth - 1) まで 1 ずつ増やす）  //最下層の要素数は
          最下層の左端（先頭）のノードの添字                 3 の t_depth-1 乗個
  el ← elements[layer_top[t_depth] + (i - 1)]      //最下層のノード
  mul ← el.val1.values[1] * el.val2.values[1]      //最下層の乗算
  el.result.N ← 2   桁数の設定                       //計算結果は 2 桁の多倍長整数
  el.result.values[1] ←    キ                       //1 の位
  el.result.values[2] ← mul / 10                   //10 の位
endfor
```

図F　最下層の計算のプログラム

・空欄キ：最下層の計算において，1 の位の値を設定する文の中にある。最下層のノードの数は，ツリーの層の数を表す変数 t_depth を使って $3^{t\_depth-1}$ で表すことができるので，最下層の計算は for 文で 1 から $3^{t\_depth-1}$ まで繰り返す構造になっている。なお，$3^{t\_depth-1}$ は，関数 pow を用いて，pow(3, t_depth - 1) として求める。また，配列 elements に格納されている最下層ノードを左端から順に変数 el で参照する。このとき，最下層左端のノードの添字(layer_top[t_depth])に i−1 を加算することで，該当する i 番目のノードを指定できるので，そのノードの二つの値を用いて乗算を行い，計算結果を変数 mul に格納する。例えば，参照するノードが図2（図A）の最下層の左から 2 番目の「2×6」であれば，図G のように計算結果が格納される。1 の位の数は，乗算結果である変数 mul の値を 10 で割った剰余を求めることで得ることができるので，表3の関数 mod を用いて，mod(mul,10) とする。したがって，空欄キは「mod(mul, 10)」となる。また，10 の位の数は，10 で割った商なので，mul / 10 である。

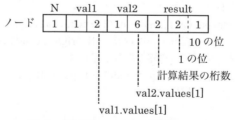

図G　最下層のノードの計算

・空欄ク，ケ：最下層以外の計算において，式(1)の計算の一部を行う文中にある。ま

ず，全体をみると，図 H に示すように，二つの for 文が入れ子の構造になっている。外側の for 文では，制御変数を dp として最下層より一つ上の層からルートノードの層（層 1）まで順に処理するが，子ノードの計算結果を使って親のノードの計算を行うために，ツリーの下層から順に上にさかのぼる形となっている。内側の for 文では，制御変数を i として，その層の要素数（3^{dp-1} 個）だけ処理を繰り返す。二つの for 文の中では，最下層以外の層のノードについて，子ノードの計算結果を使って式(1)の計算を行う。

// 最下層以外の計算　　　**最下層の一つ上の層からルートノードの層までを処理**

```
for (dp を t_depth - 1から1まで1ずつ減らす)      //最下層より一つ上の層から
                                                  順に処理
  各層の要素数だけ式(1)の計算を繰り返す処理
  for (i を1から pow(3,dp - 1)まで1ずつ増やす)    //各層の要素数だけ繰り返す
    el ← elements[layer_top[dp] + (i - 1)]        //計算対象のノード
    cidx ← layer_top[dp + 1] +  エ:3*(i-1)        //子ノード①へのインデックス
    s1 ← sub(   ク   .result,    ケ   .result) … γ-αを計算
    s2 ← sub(s1, elements[cidx + 1].result)       //γ-α-βを計算
    p1 ← shift(elements[cidx].result, el.N)       //α×10^K を計算
    p2 ← shift(s2, el.N / 2)                      //(γ-α-β)×10^{K/2} を計算
    p3 ← elements[cidx + 1].result                //βを計算
    el.result ← add(add(p1, p2), p3) … α×10^K+(γ-α-β)×10^{K/2}+βを計算
  endfor
endfor
```

図 H　最下層以外のノードの計算のプログラム

　空欄ク，ケのある計算式によって変数 s1 に求めた値は，次の行の変数 s2 の計算式で使われている。その行のコメントによれば，変数 s2 には $\gamma - \alpha - \beta$ の値が設定されるが，計算式中にある elements[cidx + 1].result は子ノード②の計算結果，すなわち β なので，この値を減算する変数 s1 は $\gamma - \alpha$ の部分に該当する。つまり，変数 s1 は，子ノード③の計算結果である γ から子ノード①の計算結果である α を減算した値なので，elements[cidx + 2].result と elements[cidx].result の差を設定する。したがって，空欄クは「elements[cidx + 2]」，空欄ケは「elements[cidx]」となる。

　以降に空欄はないが，最後にルートノードの計算結果（elements[1].result）に格納されている数値に対して，表 2 の関数 carry を用いて繰り上がり処理を行い，計算結果を変数 answer に格納している。

[設問5]
　N 桁同士の乗算をする場合，多倍長整数の構造体において，その要素である配列

values に必要な最大の要素数を求めるために，まず 4 桁同士の乗算をする場合を例に考える。4 桁の多倍長整数 A と B があるとき，A×B を行うと，その計算結果の桁数は 4 桁より大きくなることがあるので，必要な最大の要素数は幾つになるのかを見積もる。A と B は両方とも $10000 = 10^4$ 未満の数値になることから，A×B を行うと，次の式が成り立つ。

$$A < 10^4, \quad B < 10^4$$
$$A \times B \; < 10^4 \times 10^4 = 10^8$$

よって，4 桁同士の乗算の場合，計算結果は 10^8 を超えることはなく，最大 8 桁になる。N 桁同士の乗算の場合も同様に考えることができる。

$$A < 10^N, \quad B < 10^N$$
$$A \times B \; < 10^N \times 10^N = 10^{2N}$$

したがって，計算結果は最大 $2 \times N$ 桁になり，配列 values に必要な最大の要素数は「2 × N」となる。

問 4 　　IT ニュース配信サービスの再構築 　　　　(R5 春·AP 午後問 4)

【解答例】

[設問 1]　(1)　(a)　ア
　　　　　　(2)　(b) JSON
　　　　　　(3)　参照回数の多い記事
[設問 2]　(c) 280　　(d) 200　　(e) 138　　(f) 246
[設問 3]　(1)　(g) ITNewsDetail　　(h) ITNewsHeadline
　　　　　　(2)　IT ニュース一覧と各記事に関連する記事の一覧が更新されない。
　　　　　　(3)　記事間の遷移が Web サーバのアクセスログの URL では解析できないから

【解説】

　IT ニュース配信サービスの再構築に関するシステムアーキテクチャの問題である。設問 1 では，SPA（Single Page Application）がテーマに出るなど目新しさもあるが，現在の一般的な Web システムに関する知識があれば解答できる。設問 2 では，計算問題があり，難しく感じられるかもしれないが，これも，キャッシュに関する基礎知識の応用で解答できる問題である。設問 3 では，不具合の指摘と改修について問われているが，問題文中のシステムの処理内容と Web API に関する説明をよく読めば，解答できる問題である。

[設問 1]
　〔新システムの方針〕について問われている。
(1)　本文中の空欄 a に入れる適切な字句を解答群の中から記号で選ぶ問題である。
　　　該当する空欄がある文は「・ 　 a 　 の機能を用いて，一つの Web サイトで全ての種類の端末に最適な画面を表示できるようにする」である。〔現状のシステム構成と課題〕には，「現状のシステム構成では，PC，タブレット，スマートフォン，それぞれに最適化した Web サイトを用意している。AP では，RDB とのデータ入出力と HTML ファイルの生成を行っている」の記述があり，利用者の端末に合わせた HTML を別々の Web サイトで生成していることが分かる。一つの Web サイトで全ての種類の端末に最適な画面を表示するには，コンテンツの本体である HTML とスタイルシート（Web ページの見栄えや体裁の部分）を分ける必要がある。この Web ページの見栄えや体裁（フォントの種類や大きさ，デザインや全体のレイアウトなど）を表現できるプログラミング言語が CSS（Cascading Style Sheets）である。よって，解答は（ア）となる。
(2)　本文中の空欄 b に入れる適切な字句を答える問題である。
　　　該当する空欄がある文は「・AP での動的な HTML の生成処理を行わない，SPA（Single Page Application）の構成にする。HTML，スクリプトなどのファイルは Web サーバに配置する。動的なデータは AP から Web API を通して提供し，

データ形式は各端末の Web ブラウザ上で実行されるスクリプトが扱いやすい
  b とする」である。

　SPA（Single Page Application）とは，Web ブラウザ側でアプリケーションを実行させ，ページの遷移を行うことなく，同じ Web ページ上でコンテンツの切替えを行う構成又はアプリケーションのことである。そのためには，Web ブラウザ側でアプリケーションを動作させる必要があり，最初に Web サーバから，初期の画面構成に必要なスクリプトを読み込む必要がある。スクリプトは，一般的に JavaScript が使われるが，同言語と親和性が高いデータ定義方法が JSON（JavaScript Object Notation）である。よって，解答は「JSON」となる。

(3) 表 2 中の下線①の方式にすることで，どのような記事がキャッシュサーバに格納されやすくなるかを答える問題である。該当する箇所がある文は，表 2 の ITNewsDetail の概要の「キャッシュするデータは①LFU 方式で管理する」である。LFU（Least Frequently Used）は，キャッシュの管理方式の一つで，最も使用頻度が低いもの（least）データから順に破棄する方式である。よって，最も使用頻度が低いものから，キャッシュから排除されるので，リクエストの回数が多い記事はキャッシュに残り，リクエストの回数が少ない記事は排除される。よって，解答は，「参照回数の多い記事」などとなる。

〔設問 2〕

　本文中の空欄 c〜f に入れる数値が問われている。該当する空欄は，〔応答速度の試算〕の表 4 の後に記述がある。

・空欄 c：該当する空欄を含む文は，「IT ニュース一覧画面を初めて表示する場合の応答時間は，方式(1)では 180ms，方式(2)では　 c 　ms である」である。表 4 の No.1 の測定内容が「Web サーバが IT ニュース一覧画面又は IT ニュース記事画面のリクエストを受けてから，HTML やスクリプトなどのファイルを全て転送するまでの時間」，No.2 が，「AP が Web API "ITNewsList" のリクエストを受けてから，応答データを全て転送するまでの時間」であり，IT ニュース一覧画面を初めて表示する場合の応答時間は，No.1 と No.2 の合計と考えられる。まず，方式(1)を確認すると，表 4 の No.1 の 80ms と No.2 の 100ms であるから，合計は 180ms となり，整合性がある。よって，方式(2)も，同様に No.1 と No.2 の合計と考えられ，No.1 の 80ms と No.2 の 200ms であるから，合計は 280ms となる。

　　　よって，空欄 c は「280（ms）」となる。

・空欄 d：該当する空欄を含む文は，「IT ニュース一覧画面のページを切り替える場合の応答時間は，方式(1)では 100ms，方式(2)では　 d 　ms である」である。

　　　これは，No.2 の処理と考えることができ，表 4 の No.2 の方式(1)にある測定結果が 100ms であるので，整合性がある。No.2 の方式(2)は 200ms とあるので，空欄 d は，200ms が入る。よって，空欄 d は「200（ms）」となる。

・空欄 e：該当する空欄を含む文は、「次に、記事をリクエストした際の平均応答時間を考える。Web API "ITNewsDetail" の平均応答時間は、方式(1)では 156ms、方式(2)では [e] ms である」である。この処理では、キャッシュサーバのキャッシュにデータがある（ヒットする）場合と、キャッシュにデータがなく RDB から読み出す場合の 2 パターンがある。

　ここで、キャッシュがあるシステムの平均アクセス時間（又は実効アクセス時間）を求める式の知識が必要である。午前の問題では、キャッシュメモリとメインメモリの平均アクセス時間を求める問題として、よく出題されている。

　キャッシュに必要なデータが存在する確率をヒット率とすると、

平均アクセス時間＝キャッシュメモリのアクセス時間×ヒット率
　　　　　　　　＋メインメモリのアクセス時間×（1－ヒット率）…式 1

で求めることができる。

　この問題においては、No.4 が「AP が Web API "ITNewsDetail" のリクエストを受けてから、キャッシュサーバにある対象記事のデータを全て転送するまでの時間」で、No.3 が「AP が Web API "ITNewsDetail" でリクエストされた対象記事のデータがキャッシュサーバに格納されている割合」であるから、No.4 がキャッシュサーバにヒットした場合の応答時間で、No.3 がヒット率である。また、No.5 が「AP が Web API "ITNewsDetail" のリクエストを受けてから、RDB にある対象記事のデータを全て転送するまでの時間」であるから、No.5 が RDB から読み出す場合の応答時間であり、そのヒットしない割合（率）は 1－ヒット率となる。

　ここで、方式(1) の場合を考える。No.4（キャッシュサーバにヒットした場合の応答時間）が 60ms で、No.3 がヒット率で 60%なので 0.6、No.5（RDB から読み出す場合の応答時間）が 300ms となる。よって式 1 に当てはめると、方式(1)の平均アクセス時間＝60ms×0.6＋300ms×（1－0.6）となり、計算すると 156ms になる。同様にして方式(2)の場合を考えると、No.4 が 120ms で、No.3 がヒット率で 90%なので 0.9、No.5 が 300ms となる。よって、式 1 に当てはめると、方式(2)の平均アクセス時間＝120ms×0.9＋300m×（1－0.9）となり、計算すると 138 ms になる。よって、空欄 e は、「138（ms）」となる。

・空欄 f：該当する空欄を含む文は、「したがって、Web API "ITNewsHeadline" の呼び出しも含めた IT ニュース記事画面を表示するための平均応答時間は、方式(1)では [f] ms、方式(2)では 258ms となる」である。

　この「Web API "ITNewsHeadline" の呼び出し…」は、No.6 の「AP が Web API "ITNewsHeadline" のリクエストを受けてから、応答データを全て転送するまでの時間」に該当するので、これを含めた応答時間を求める必要がある。ここで、Web API "ITNewsHeadline" の呼び出しは、関連した記事の表示の 6 件分であるので、同 API は 6 回呼び出され、その分の時間が必要になる点に注意したい。

　ここで、値が分かっている方式(2)を考えると、空欄 e は 138ms であり、ま

た No.6 の方式(2)の値は 20ms であるため，平均応答時間＝138ms＋20ms×6 ＝258ms となり，整合性がある。次に，空欄 f の方式(1)の平均応答時間は，156ms ＋15ms×6＝246ms となる。よって，空欄 f は，「246（ms）」となる。

［設問3］
〔不具合の指摘と改修〕について問われている。

(1) 本文中の空欄 g，h に入れる適切な字句を，表2中の Web API 名の中から答える問題である。該当する文は，(1)IT ニュース記事画面の応答速度の不具合の「IT ニュース記事画面を生成するスクリプトが実際にインターネットを介して実行された場合，試算した応答速度より大幅に遅くなってしまうことが懸念される。Web API" <u>g</u> "内から，Web API" <u>h</u> "を呼び出すように処理を改修する必要がある」である。

表2中の Web API を確認すると，該当する API は，ITNewsDetail と ITNewsHeadline の二つだけで，空欄 g，h には，そのどちらかが入る。遅くなるのは，IT ニュース記事画面を生成するスクリプトがインターネットを介して実行された場合であるから，クライアント側でスクリプトが実行され，ITNewsDetail が呼び出され，得られた関連する記事のデータを6件分呼び出すために，ITNewsHeadline を6回呼び出すこととなる。これらは，インターネットを介して行われるため，遅くなって当然である。そこで，最初に呼び出される ITNewsDetail の中にて，ITNewsHeadline を6回呼び出すように変更すれば，インターネットを介したやり取りが減って，応答速度が向上すると考えられる。よって解答は，空欄 g は「ITNewsDetail」，空欄 h は「ITNewsHeadline」となる。

(2) 本文中の下線②にある不具合を答える問題である。該当する文は，(2)AP の CPU 使用率が高い状態が続いた場合の不具合の「AP に処理が偏って CPU 使用率が高い状態が続いた場合，②ある画面の表示内容に不具合が出てしまう」である。関連がありそうな事項を本文から探すと，〔キャッシュサーバの実装方式の検討〕のキャッシュデータの更新について，「なお，AP の CPU 使用率が高い場合，Web API の応答速度を優先するために，更新処理は行わない」の記述がある。このため，アクセスを受け付けた AP の CPU 使用率が高い場合，キャッシュデータの更新がされておらず，古いデータがキャッシュされている可能性がある。そのため，IT ニュース一覧画面の表示内容が古くなり，他の更新済みの AP にアクセスした場合との表示内容が異なる現象の発生が考えられる。よって，解答は，「IT ニュース一覧と各記事に関連する記事の一覧が更新されない」などとなる。

(3) 本文中の下線③の理由を答える問題である。該当する文は，(3)関連する記事が取得できない不具合の「関連する記事を見つける処理について，<u>③現状の仕組みのままでは関連する記事が見つけられない</u>」である。この現状の仕組みについて，関連する項目を探すと，〔現状のシステム構成と課題〕に「現状のシステム構成では，(中略）また，関連する記事を見つけるために，夜間に Web サーバのアクセスログを RDB に取り込み，URL 中の記事番号を用いたアクセス解析を RDB 上のストアド

プロシージャによって行っている」の記述がある。

　これによって，現状のシステム構成では Web サーバで記録されたアクセスログを RDB 上のストアドプロシージャ（ストアドプログラム）によって解析する処理を行っていることが分かる。しかしながら，新システムでは，Web API を活用したシステムとなるため，Web サーバは，HTML と初期画面のスクリプトを転送するだけで，利用者が選択した記事に関連する情報は，Web サーバのアクセスログに記録されない。そのため，Web API を受け付ける AP 側のアクセスログを解析する方法に変更する必要がある。よって，解答は，「記事間の遷移が Web サーバのアクセスログの URL では解析できないから」などとなる。

【解答例】

[設問1]　（1）　FWf

　　　　　（2）　L3SW，FWb，L2SWb

[設問2]　（1）　(a) miap.example.jp

　　　　　（2）　apb.f-sha.example.lan

[設問3]　（1）　(b) DNS サーバ c　　(c) ゾーン　　(d) TTL

　　　　　（2）　M システムの応答速度が低下することがある。

　　　　　（3）　ログイン中の利用者がいないこと

【解説】

　この問題では，Web サイトの増設を題材として，DNS に関する技術的な知識が問われている。具体的には，DNS サーバに登録するリソースレコード，プライマリ DNS サーバとセカンダリ DNS サーバの違い，名前解決で得た情報を DNS サーバが保存する時間の TTL（Time to Live）とそれに伴って発生する問題など，様々な DNS にまつわる問題が取り上げられているが，DNS の仕組みを十分に理解していれば，多くの設問に正解できる。

[設問1]

（1）　この設問は，下線①について，デフォルトルートのネクストホップとなる機器を，図1中の名称で答えるものである。なお，下線①を含む記述は，「F 社の L3SW の経路表には，b-DC の Web サイト b への経路と①デフォルトルートが登録されている」である。なお，デフォルトルートとは，ルータの経路表に登録されていない宛先のパケットを転送するための経路（ルート）のことである。

　　図1（現在の M システムのネットワーク構成（抜粋））を見ると，F 社の L3SW に接続されている経路は，広域イーサ網 → FWb と，FWf → インターネットという二つである。広域イーサ網 → FWb という経路は，Web サイト b へアクセスするための経路で，アクセスする機器は，WebAP サーバ b と DNS サーバ b に限られ，あらかじめ宛先の IP アドレスは特定できる。一方，FWf → インターネットという経路は，インターネットへアクセスするための経路であり，インターネット側にある宛先の IP アドレスは，あらかじめ特定できるわけではない。このように，アクセス先が全て特定できる経路（広域イーサ網への経路）と，特定できない経路（インターネットへの経路）に分けられる場合，一般に，宛先 IP アドレスが特定できないインターネットへの経路をデフォルトルートとして設定し，特定できる経路は経路表に登録する。このため，L3SW の経路表のデフォルトルートのネクストホップ（IP パケットを次に転送する機器）には FWf を指定する。したがって，解答は"FWf"になる。

(2) この設問は，下線②の設定の下で，運用 PC から DNS サーバ b にアクセスした とき，パケットが DNS サーバ b に到達するまでに経由する機器を，図 1 中の名称 で全て答えるものである。なお，下線②を含む記述は，「運用 PC には，②優先 DNS サーバとして，FQDN が nsb.f-sha.example.lan の DNS サーバ b が登録されてい る」である。

　F 社の運用 PC から，DNS サーバ b へアクセスする経路を，図 1 で確認すると， 運用 PC → L3SW → 広域イーサ網 → FWb → L2SWb → DNS サーバ b であ ることが分かる。この経路において，経由する機器を抜き出すと，L3SW，FWb， L2SWb の三つになる。したがって，解答は "L3SW，FWb，L2SWb" になる。

<参考>DNS サーバの名称と DNS の仕組み

　この問題では，優先 DNS サーバと代替 DNS サーバ，プライマリ DNS サーバとセ カンダリ DNS サーバという四つの名称が使用されている。これらの関係を図示する と，おおむね図 A に示すようになる。

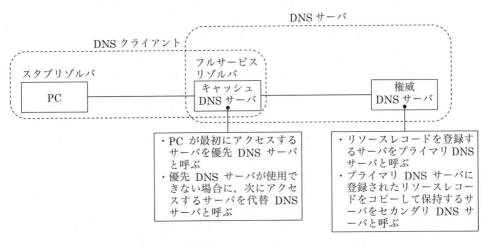

図 A　DNS におけるクライアントとサーバの関係

・リゾルバとは，DNS において名前解決の要求を行う機能のことを，サーバとは， リゾルバからの名前解決要求に対して回答を返す機能のことを示す。
・名前解決とは，Web サーバなどの FQDN (Fully Qualified Domain Name) から， 対応する IP アドレスを得ることなどをいう。
・リソースレコード（資源レコード）とは，名前解決に必要な情報を示すものであ り，FQDN とその IP アドレスの対応関係を示す A レコードのほか，ドメイン名 に対応するメールサーバ名を示す MX レコード，そのドメインにおける権威 DNS サーバ名を示す NS レコードなどがある。

・権威 DNS サーバとは，自身が管理するドメインの情報（DNS ゾーン情報）によって，問合せに応答できる DNS サーバのことで，コンテンツ DNS サーバと呼ばれることも多い。

・キャッシュ DNS サーバとは，クライアントに代わって，権威 DNS サーバへの問合せを行うとともに，応答された情報を一時的に保持（キャッシュ）して，その情報によって問合せに対する応答を行うサーバのことである。

［設問2］

(1) 空欄 a は，「(ⅰ) 顧客と同じ URL である https:// ▢ a ▢ / で WebAP サーバ b にアクセスし，顧客からの申告と同様の事象が発生することを確認した」という記述の中にある。

　　表1（DNS サーバ b に登録されている A レコードの情報）を見ると，WebAP サーバ b の FQDN には，"miap.example.jp" と "apb.f-sha.example.lan" の二つがあるが，空欄の前に「顧客と同じ URL である」と記述されているので，公開ドメイン（example.jp）の "miap.example.jp" にアクセスしたことが分かる。したがって，空欄 a には "miap.example.jp" が入る。

　　なお，顧客が WebAP サーバ b にアクセスする場合は，インターネットを経由するので，表1からグローバルアドレスの "200.a.b.2/28" を使用してアクセスする。このため，"200.a.b.2/28" に対応する FQDN の "miap.example.jp" であると考えることもできる。

(2) この設問は，下線③について，アクセス先サーバの FQDN を答えるものである。なお，下線③を含む記述は，「(ⅲ) SSH を使用し，③広域イーサ網経由で WebAP サーバ b にログインして CPU 使用率を調べたところ，設計値を超えた値が継続する時間帯のあることを確認した」である。

　　広域イーサ網経由で WebAP サーバ b にログインしたことから，運用 PC と WebAP サーバ b にアクセスする経路は，広域イーサ網経由になることが分かる。広域イーサ網経由なので，運用 PC から b-DC にある WebAP サーバ b へのアクセスには，プライベートアドレスをそのまま用いる。表1には，DNS サーバ b に対する A レコードが二つあり，プライベートアドレスは "192.168.0.2/24"，対応するサーバの FQDN は "apb.f-sha.example.lan" である。したがって，アクセス先サーバの FQDN は "apb.f-sha.example.lan" になる。

［設問3］

(1) 空欄 b は，「図2の構成では，DNS サーバ b をプライマリ DNS サーバ，DNS サーバ c をセカンダリ DNS サーバに設定する。また，運用 PC には，新たに ▢ b ▢ を代替 DNS サーバに登録して，▢ b ▢ も利用できるようにする」という記述の中にある。

　　図2（M システムを増強する構成）を見ると，b-DC の DNS サーバ b と，c-DC の DNS サーバ c の二つの DNS サーバが設置されている。また，〔M システムの構

成と運用〕の 5 点目に「運用 PC には，優先 DNS サーバとして，FQDN が nsb.f-sha.example.lan の DNS サーバ b が登録されている」と記述されているので，DNS サーバ c が，代替 DNS サーバとして使用されると判断できる。したがって，空欄 b には "DNS サーバ c" が入る。

なお，プライマリ DNS サーバとセカンダリ DNS サーバなどの関係については，＜参考＞の図 A では，DNS サーバ b と DNS サーバ c を，キャッシュ DNS サーバ兼権威 DNS サーバとして動作させているため分かりにくいが，DNS サーバ b がプライマリ DNS サーバであるとともに優先 DNS サーバ，DNS サーバ c がセカンダリ DNS サーバであるとともに代替 DNS サーバになっている。

空欄 c は，「表 2 の情報を追加登録することによって，WebAP サーバ b，c が同じ割合で利用されるようになる。DNS サーバ b，c には ┌ c ┐ 転送の設定を行い，DNS サーバ b の情報を更新すると，その内容が DNS サーバ c にコピーされるようにする」という記述の中にある。

プライマリ DNS サーバのリソースレコードが更新された場合，その内容をセカンダリ DNS サーバに反映して，情報の同期を図る必要がある。そのために，プライマリ DNS サーバのリソースレコードが更新される都度，更新情報をセカンダリ DNS サーバへ転送するが，この転送を，ゾーン転送と呼ぶ。したがって，空欄 c には "ゾーン" が入る。

空欄 d は，「(ⅰ) 事前に DNS サーバ b のリソースレコードの ┌ d ┐ を小さい値にする」という記述の中にある。

表 1 の注記 2 に「各リソースレコードの TTL（Time To Live）は，604800 が設定されている」と記述されているが，この TTL とは，プライマリ DNS サーバが，リソースレコードをリゾルバに保持させる時間を秒単位で指定するものであり，604800 に指定した場合には，

  604800／3600（秒）＝168（時間）／24＝7（日）

になるので，クライアント（リゾルバ）にはリソースレコードが 7 日間，保持される。例えば，DNS サーバ b（プライマリ DNS サーバ）で，TTL を 604800 に指定すると，F 社が WebAP サーバ b をメンテナンスするために切り離しても，名前解決要求を行ってから 7 日間，顧客のリゾルバは，その IP アドレスを保持している。そして，この間は，その IP アドレスによって WebAP サーバ b へアクセスするため，WebAP サーバ c にアクセスできないことになってしまう。そこで，TTL の時間を小さい値にすれば，リゾルバが保持する WebAP サーバ b の IP アドレスは短い時間で消えるので，顧客のリゾルバは DNS サーバ b に再度，名前解決要求を行い，WebAP サーバ c の IP アドレスを得ることができる。したがって，空欄 d には "TTL" が入る。

(2) この設問は，下線④について，顧客に与える影響を 25 字以内で答えるものである。なお，下線④を含む記述は，「WebAP サーバのメンテナンス時は，作業を行う Web サイトは停止する必要があるので，次の手順で作業を行う。④メンテナンス中は，一つの Web サイトでサービスを提供することになるので，M システムを利用

する顧客への影響は避けられない」である。

　Ｍシステムの Web サイトを増設するのは，現状の WebAP サーバ b の処理能力不足が応答速度低下の原因になっているためである。そして，その対策として Web サイトを増設して，二つのサイトの Web サーバを同じ割合で利用することで処理能力を増強し，Web サーバの処理能力不足による応答速度低下という問題を解決する。しかし，下線④にもあるように「メンテナンス中は，一つの Web サイトでサービスを提供することになるので」，その間は，現状の Ｍ システムと同じ処理能力であり，応答速度が低下する可能性がある。したがって，解答としては「Ｍシステムの応答速度が低下することがある」旨を答えるとよい。

(3)　この設問は，下線⑤について，確認する内容を 20 字以内で答えるものである。なお，下線⑤を含む記述は，「(iii) この後，一定時間経てばメンテナンス作業が可能になるが，作業開始が早過ぎると顧客に迷惑を掛けるおそれがある。そこで，⑤手順(ii)で A レコードを無効化した WebAP サーバの状態を確認し，問題がなければ作業を開始する」である。

　「A レコードを無効化した WebAP サーバの状態を確認」する必要性があるのは，A レコードを無効化した WebAP サーバにログイン中の利用者は，その後も同じサーバにアクセスするからである。このため，メンテナンス作業を開始するには，WebAP サーバへのログイン中の利用者がおらず，その後のアクセスが発生しないことを確認しなければならない。したがって，解答としては「ログイン中の利用者がいないこと」などのように答えるとよい。

問 6　KPI 達成状況集計システムの開発

【解答例】
[設問 1]　(a) →　　(b) 従業員コード

[設問 2]　(1) (c) INNER JOIN　　(d) LEFT OUTER JOIN
　　　　　　　(e) BETWEEN　　　(f) B.職務区分 = '02'
　　　　　　　(g) GROUP BY 従業員コード, KPI コード
　　　　　　　(h) 組織ごと_目標実績集計_一時　　(i) COUNT(*)
　　　　　　(2) 該当従業員の KPI 項目に対する実績データが, 1 件も存在しない場合

【解説】
　ソフトウェア開発会社 G 社における, KPI の達成状況を集計するシステムのデータベース設計に関する問題である。

　過去のデータベース分野の問題と同様, E-R 図の穴埋め, SQL 文の穴埋めが中心となっている。基本的な E-R 図と SQL 文の知識があれば解答できるため, 問題文をしっかりと読み解いて確実に得点したい問題である。また, 設問 2(2)も解答字数は多いものの, 設問で "どのデータがどのような場合に発生するか" とどのような解答を求めているか明記されている。題意に従って解答することで, 得点できる問題である。

[設問 1]
　図 1「K システムのための E-R 図（抜粋)」における, 空欄 a, b を解答する問題である。問題文に記載されている条件をしっかり確認できていれば, 確実に得点できる。
・空欄 a：組織エンティティと所属エンティティ間の関連を解答する問題である。組織エンティティは, 組織コードと組織開始年月日を主キーとしており, 上位組織コードと上位組織開始年月日を外部キーとして, 主キーを自己参照することによって組織の階層構造を表現している。主キーが二つ以上の属性で構成される複合キーとなっているため, G 社の組織変更の際に後継組織が旧組織の組織コードを引き継いで組織開始年月日によって使い分けていることが分かる。
　　所属エンティティは, 従業員コードと所属開始年月日を主キーとし, 所属組織コードと所属組織開始年月日, 役職コードを外部キーとして管理している。問題文の冒頭に「複数階層, 複数組織の兼務は行わない規定であり, 従業員は一つの組織だけに所属する」とあるため, 従業員コードと所属組織コードの組合せを主キーにしなくてもよいことが分かる。ただし, 従業員は「スキルや業務知識に応じた柔軟な人事異動」によって G 社勤続中に複数の所属を経験するため, 所属開始年月日を主キーに含めることで特定の時期における所属する組織をユニークに識別できるようにしている。
　　E-R 図においては, 他のエンティティの主キーを参照する外部キーがあるエンティティの場合, それぞれのエンティティ間に 1 対 1, 1 対多のいずれかの

午後解答

関連が生じる。エンティティ間の関連がいずれになるかは，エンティティに保存されるデータの要件で決まる。

まず，組織エンティティから見た所属エンティティのデータを考える。問題文には「組織には1名以上の従業員が所属している」とあり，一つの組織には複数の従業員が所属していることが分かる。次に所属エンティティから見た組織エンティティのデータを同じように考える。こちらは，問題文に「従業員は一つの組織だけに所属する」とあるため，一人の従業員はある時点では一つの組織に所属していることが分かる。よって，組織エンティティと所属エンティティ間の関連は，組織エンティティが1に対して所属エンティティが多となる1対多の関連となる。

E-R図における1対多の関連は，1側のエンティティから多側のエンティティに向かって矢印を記載するため，空欄aは「→」となる。

・空欄b：空欄bは，従業員エンティティの属性を解答する問題である。空欄b以外の属性は実線の下線がないため，空欄bが従業員エンティティの主キーであることが分かる。

そこで，従業員エンティティと1対多の関連がある所属エンティティと日別個人実績エンティティ，月別個人目標エンティティを確認する。三つのエンティティに共通する属性は，従業員コードである。問題文に従業員にはユニークな従業員コードを付与するといった記載はないが，エンティティ名が従業員であることを考えるとこの従業員コードが従業員エンティティの主キーであると考えられる。

よって，空欄bは「従業員コード」である。なお，設問に「エンティティ間の関連及び属性名の表記は，図1の凡例及び注記に倣うこと」とあるため，注記の記載に倣って主キー項目には実線の下線が必要である。

〔設問2〕
〔達成状況集計リストの作成〕に関する問題である。SQL文基礎知識と，問題文からデータの状態がどのようになっているかをイメージできる力が求められる。問題文をよく読めば難易度はそれほど高くないため，慌てずに落ち着いて確実に得点を獲得したい。

(1) 本文及びSQL文の穴埋め
〔達成状況集計リストの作成〕の問題文や表4「集計リスト作成処理の概要」で説明されている内容に基づいて作成されたSQL文の穴埋め問題である。SQL文の文法に加えて，どのような処理を実施する必要があるかを問題文から読み解く力が求められる。SQL文を順に考えるため，図2の項番に従って穴埋めを考える。

・空欄e, f：空欄e, fは，"従業員_所属_一時表"を作成するSQL文の穴埋めである。
"従業員_所属_一時表"に関する記載を，問題文から抽出する。ただし，空欄eは"従業員ごと_目標集計_一時表"や"従業員ごと_実績集計_一時表"を作成するSQL文にも含まれているため，必要に応じてそちらも確認しながら考

える。

　表 4「集計リスト作成処理の概要」より，"従業員_所属_一時表"は「一般職従業員と所属組織の対応表」となっており，"従業員表"と"所属表"を結合して作成することが分かる。二つの表を無条件で結合すると，これまで雇用された全ての従業員の在籍期間中の所属履歴の一覧表が作成される。しかし，問題文の H 主任が SQL 文の設計の際に考慮した事項には，「管理職の従業員データは対象に含めず」とあるため，結合時に管理職の従業員を除外する条件が必要となる。また，同様に「抽出日に退職している従業員データを出力しない"従業員_所属_一時表"」とあり，結合時の条件として抽出日時点で有効な所属データ，つまり抽出日が"所属表"の所属開始年月日と所属終了年月日の期間内にある所属データだけを結合すると考えられる。

　空欄 e は，項番 1～3 のいずれも前後の記載から日付に関する結合条件であり，項番 1 の場合における，抽出日が所属開始年月日と所属終了年月日の期間内にある所属データを抽出するという条件に該当すると考えられる。評価対象データが特定の範囲内に含まれているかどうかを評価する条件式は，次の二つの表現方法がある。

①不等号を使う方法
　範囲の開始点 ＜ 評価対象データ AND 範囲の終了点 ＞ 評価対象データ
②BETWEEN 述語（演算子）を使う方法
　評価対象データ BETWEEN 範囲の開始点 AND 範囲の終了点

　空欄 e の前後の表現から BETWEEN 述語を使う方法と考えられ，空欄 e は「BETWEEN」となる。

　次に，空欄 f は残る管理職の従業員データを含めないための条件と考えられる。〔データベースの設計〕の最後の部分には「役職表の"職務区分"の値は，管理職の場合に'01'，一般職の場合に'02'とする」とあり，これを踏まえて管理職の従業員データを除いて一般職の従業員だけを抽出する条件を追加すればよい。よって，空欄 f は「B.職務区分 ＝ '02'」となる。SQL 文の FROM 句で"役職表"は B という別名を付けているので，職務区分の表名は B とする点に留意する。

　なお，別名を付けているが，B 以外の別名は付けていないので，「役職.職務区分 ＝ '02'」も別解となり得る。
・空欄 g：空欄 g は，"従業員ごと_目標集計_一時表"及び"従業員ごと_実績集計_一時表"を作成する SQL 文の穴埋めである。まず，空欄 e を含む WHERE 句の抽出条件である期間の条件以外に該当する条件がないかを問題文で確認する。

　表 4 の項番 2 及び 3 を確認すると，"従業員ごと_目標集計_一時表"については「年度開始年月から集計月まで」，"従業員ごと_実績集計_一時表"につい

ては「年度開始年月日から集計日まで」が抽出条件となっている。他に抽出条件となるような記載が問題文にないことから，SQL 文の抽出条件は日付に関する条件である。よって，空欄 g は抽出条件以外の字句となると考えられる。

　　そこで SQL 文の SELECT 句を確認すると，従業員コード，KPI コードごとに SUM 集合関数を使って目標値や実績値を集計していることが分かる。集計グループごとに集計を行う場合，GROUP BY 句を使用して集計グループを指定する必要がある。しかし，項番 2，3 の SQL 文には GROUP BY 句の記載がないため，空欄 g は GROUP BY 句を用いた集計グループの指定であることが分かる。集計グループのキーとなる項目は SELECT 句で指定されている従業員コードと KPI コードと一致しなければならないため，空欄 g は「GROUP BY 従業員コード，KPI コード」となる。

・空欄 h：空欄 h は，項番 4 の SQL 文において，INSERT 文でデータを挿入する表名である。空欄 h 直後の項目名を見ると，「(組織コード，KPI コード，目標組織集計，実績組織集計，対象従業員数)」となっており，組織コード，KPI コードごとの目標値，実績値，従業員数をまとめた表であることが分かる。表 4 を見ると，該当する出力表として"組織ごと_目標実績集計_一時表"があるため，これが該当すると考えられる。よって，空欄 h は「組織ごと_目標実績集計_一時」である。

・空欄 c，d：空欄 c，d は，項番 4 の SQL 文における"従業員_所属_一時表"と"従業員ごと_目標集計_一時表"及び"従業員ごと_実績集計_一時表"の結合条件に関する穴埋めである。また，問題文の H 主任の SQL 文の設計の際の考慮の記載にも空欄 c，d があり，いずれも空欄の後に「によって結合しておく」とあることから，空欄 c，d には結合方法に関する字句が入ると考えられる。

　　結合の方法は，二つの表のデータをどのように出力するかによって，次の表に示す四つの種類がある。これを踏まえて，空欄に入る字句を考える。

　　まず，空欄 c を含む考慮の記載には，「年度途中入社と，年度途中退職の従業員データについては出力しない」とあり，それを実現するために「抽出日に退職している従業員データを出力しない"従業員_所属_一時表"と，年度開始時点で入社していない従業員データを出力しない"従業員ごと_目標集計_一時表"」を空欄 c で結合するとある。"従業員_所属_一時表"には年度開始時点で入社していない従業員データが含まれ，"従業員ごと_目標集計_一時表"には抽出日に退職している従業員データも含まれている。そのため，両方の条件を満足するためには"従業員_所属_一時表"と"従業員ごと_目標集計_一時表"の両方に存在するデータだけを抽出する必要がある。次の表と照らし合わせると内（内部）結合であることが分かるため，空欄 c は「INNER JOIN」となる。

　　次に空欄 d を含む考慮の記載には，「　　c　　　による結合結果と，実績がある場合だけレコードの存在する"従業員ごと_実績集計_一時表"を　　d　　によって結合しておく」とある。ただし，「実績個人集計が NULL の際は，0 を設定しておく」ともあり，"従業員ごと_実績集計_一時表"にデータのない

場合も出力が必要であることが分かる。空欄cによる結合結果は次表の書式における表Aに当たるため、表A側に存在する全てのデータを出力する必要がある。よって、左外（外部）結合を行う必要があるため、空欄dは「LEFT OUTER JOIN」である。

表　結合方法による出力結果の違い

結合方法	出力結果	書式
内結合	結合キーとなるデータが、表Aと表Bの両方に存在するデータを出力する	FROM 表A INNER JOIN 表B ON 表A.キー = 表B.キー
左外結合	結合キーとなるデータが、表Aに存在するデータを全て出力する	FROM 表A LEFT OUTER JOIN 表B ON 表A.キー = 表B.キー
右外結合	結合キーとなるデータが、表Bに存在するデータを全て出力する	FROM 表A RIGHT OUTER JOIN 表B ON 表A.キー = 表B.キー
完全外結合	結合キーとなるデータが、表Aか表Bのどちらかに存在するデータを出力する	FROM 表A FULL OUTER JOIN 表B ON 表A.キー = 表B.キー

・空欄i：空欄iは、項番4のSQL文において、SELECT句の出力項目である。INSERT文の挿入項目から、対象従業員に当たる項目であることが分かる。

　　FROM句以降の条件で結合されたデータ数は、組織コード数×KPIコード数×年度途中で退職した従業員と年度開始当初に入社していない従業員を除いた従業員数となる。そのため、組織コードごと、KPIコードごとの従業員数を集計するには、COUNT集合関数を使用すればよい。COUNT集合関数はCOUNT（項目名）で項目の件数を集計することができるが、出力表の行数を集計する場合は項目を指定せずCOUNT(*)とすればよい。よって、空欄iは「COUNT(*)」である。

　　ただし、この問題においては全ての出力データに従業員コードが存在するため、「COUNT (A.従業員コード)」でも同様の結果を得ることができる。この場合、従業員コードは非NULLであるが、NULLが含まれる列の場合は、NULLの行はカウントされないので(*)を使うのが原則である。

(2) 下線①が発生するケース

　　下線①にある「実績個人集計がNULL」となることが、どういった場合に発生するかを具体的に答える問題である。図2項番3のSQL文より、集計の基となる"従業員ごと_実績集計_一時表"は"日別個人実績表"を集計して作成している。しかし、表3の日別個人実績の運用方法より、「日別実績のない従業員のレコードは作成しない」とあり、従業員のKPIに関係する日別実績がない場合に"日別個人実績表"にデータが作成されないことが分かる。例えば、出産休暇や育児休暇のような年次有給休暇以外の休暇を取得すると、労働時間も年次有給休暇取得も研修受講も該当しないため、その日の日別実績が作成されないことになる。このような状態が年度開始年月日から集計年月日まで続くと"日別個人実績表"にその従業員のKPI

に関する実績が全く存在しなくなるため、"従業員ごと_実績集計_一時表"を作成する際に実績個人集計がNULLとなる。

　設問には「どのデータがどのような場合に発生するか」と記載されているため、データの状態を具体的に答える必要がある。よって、「該当従業員のKPI項目に対する実績データが、1件も存在しない場合」などが解答となる。

問7　位置通知タグの設計

【解答例】

[設問1]　39

[設問2]　(a) 246

[設問3]　(1) (b) 前回の送信から600秒経過又は位置通知要求あり

　　　　　(2) (c) メッセージ名：受信要求　メッセージの方向：←

　　　　　　　　 (d) メッセージ名：測位可能通知　メッセージの方向：→

　　　　　　　　 (e) メッセージ名：通信可能通知　メッセージの方向：→

[設問4]　通信モジュールとの通信と測位モジュールとの通信が同時に発生した。

【解説】

　位置通知タグの設計に関する，組込みシステム開発の問題である。設問1では，CPUの休止モードの継続時間が問われているが，CPUの動作モードや処理の周期が問題文に書かれているので，よく読めば簡単な計算で答えを求めることができる設問である。設問2は，電気に関する計算問題であるが，その考え方が問題文中で丁寧に示されており，それに沿って計算すればよい。設問3は，制御部のソフトウェアに関する問題であり，シーケンス図の書き方が，これまでの過去問題ではあまりないパターンであり，難しく感じられるかもしれないが，本文をよく読めば解答の糸口が見つかる設問である。設問4は最初の設計で発生したタイマーの不具合が問われているが，タイマーの周期に着目できればよい。

[設問1]

　休止モードは最長で何秒継続するか問われている。休止モードを確認すると，表1「PRTの構成要素」の制御部に「・CPUの動作モードには，実行モード及び休止モードがある。実行モードでは命令の実行ができる。休止モードでは命令の実行を停止し，消費電流が最小となる」及び「・CPUは休止モードのとき，タイマー，測位モジュール，通信モジュールからの通知を検出すると実行モードとなり，必要な処理が完了すると休止モードとなる」の記述がある。また，各処理の処理時間は表2に従うので，その中で，最も周期が短い処理は，確認処理の40秒周期である。制御部にはタイマーがあり，タイマーからの40秒ごとの通知で，CPUが休止モードから動作モードに移行し，確認処理が実行されることになる。この処理時間は1秒であるため，確認処理が完了すると休止モードとなる。よって，確認処理以外が実行されないことを前提にすると，40秒の周期のうち，1秒間が動作モードで，残りは休止モードとなり，40秒－1秒間＝39秒が休止モードの時間となる。確認処理以外の他の処理が動作すると，休止モードの時間は短くなるので，39秒が休止モードの最長の時間となる。よって，答えは，「39（秒)」となる。

［設問2］

　〔使用可能時間〕について，本文中の空欄aに入れる適切な数値が問われている。本文中の空欄aは，〔使用可能時間〕に「PRTが基地局と常に通信が可能で，測位が可能であり，基地局から受信した情報に位置通知要求が含まれていない状態における各処理の消費電流を表2に示す。表2の状態が継続した場合の使用可能時間は　　a　　時間である」の記述がある。また，使用可能時間は「電池を満充電後，PRTが機能しなくなるまでの時間を使用可能時間という。その間に放電する電気量を電池の放電可能容量といい，単位はミリアンペア時（mAh）である。PRTは放電可能容量が200mAhの電池を内蔵している」の記述から，200mAhである。なお，ミリアンペア時（mAh）は，電池などの容量を表す単位で，200mAhの電池の場合は，200mAの電流を1時間（h）取り出せることを意味する。電気の計算問題であるので，難しく感じられるかもしれないが，この問題では，

　　　　　使用可能時間　＝　放電可能容量　：　PRTの平均消費電流…式1
が示されているので，この式に必要な値を入れることによって，使用可能時間を求めることができる。放電可能容量は，200mAhであるので，後は，PRTの平均消費電流を表2から求めればよい。

　表2の各処理の平均消費電流（mA）の各項目は，確認処理が0.1mA，測位処理が0.5mA，データ送信処理が0.2mAである。これらを足すと，各処理の平均消費電流の和は0.1＋0.5＋0.2＝0.8mAとなる。ここで，注意すべき点は，「なお，PRTはメモリのデータの保持などで，表2の処理以外に0.01mAの電流が常に消費される」の記述にあるように，処理の有無に関わらず0.01mAの電流が常に流れていることである。よって，各処理の平均消費電流の和に0.01mAを加える必要があり，全体でのPRTの平均消費電流は0.8＋0.01＝0.81mAとなる。これを，式1に代入すると，

　　　　　使用可能時間　＝　200mAh　÷　0.81mA≒246.913（時間）　となる。
答えは，小数点以下を切り捨てて，整数で答えるので，「246」となる。

［設問3］

　〔制御部のソフトウェア〕のタイマー通知時のシーケンス図について問われている。
(1) 図3中の空欄bに入れる適切な条件を答える問題である。

　　凡例をみると，空欄bは条件であり，その条件が成立するときに，該当する処理が行われる。空欄bの上には，上から順に「前回の通信から40秒経過」，「前回の測位から120秒経過又は位置通知要求あり」の条件があり，いずれも経過時間が含まれている。そこで，〔PRTの動作仕様〕を参照すると，「・600秒ごとに未送信の位置情報をサーバに送信する（以下，データ送信処理という）」の記述がある。該当する処理の制御部（の縦線）が通信モジュール電源オンの処理を行い，その後，通信モジュールから制御部への空欄eのメッセージの通知，その応答である送信要求…（以下省略）の一連が続き，処理が終わると，通信モジュール電源オフの処理を行っているので，位置情報をサーバに送信していることが分かる。よって，600秒ごとに送信するので，条件としては，他の条件の記述に倣い「前回の送信から600

秒経過」と考えられる。また、「未送信の位置情報」があることも、条件に必要と考えられる。ここで、制御部の活性区間（長方形）に注目すると、「前回の通信から 40 秒経過」の処理と「前回の測位から 120 秒経過又は位置通知要求あり」の間で継続している。また、その後の空欄 b の処理において継続している。すなわち、これらの処理は、40 秒や 120 秒ごとに実行される単独の処理だけではなく、連続した一連の処理の場合もあることになる。「前回の測位から 120 秒経過又は位置通知要求あり」の処理では、制御部は、測位モジュールの電源をオンにして、測位開始要求メッセージを測位モジュールに通知し、その応答として、測位結果通知を受けている。同処理では、位置情報をサーバに送信していないため、未送信の位置情報があることになる。そこで、空欄 b の処理では、未送信の位置情報をサーバに送信する必要がある。

　　よって、解答は「前回の送信から 600 秒経過又は位置通知要求あり」などとなる。

(2) 図 3 中の空欄 c ～ e に入れる、メッセージ名とメッセージの方向の矢印を答える問題である。

・空欄 c：空欄 c のメッセージの直前に、通信モジュールから制御部へ向けて通信可能通知メッセージがある。

　　表 1 の通信モジュールの説明には「・制御部から受信要求を受け取ると、確認処理を行い、制御部へ受信結果通知を送る」の記述がある。通信モジュールから制御部への受信結果通知メッセージは、空欄 c の後に発行されているため、空欄 c は、制御部への通信モジュール受信要求メッセージと考えられる。よって、解答のメッセージ名は「受信要求」、メッセージの方向は「←」となる。

・空欄 d：空欄 d のメッセージは、その直前に測位モジュールの電源オンが実行されており、測位モジュールの活性化した直後のメッセージである。表 1 の測位モジュールの説明には、「・電力が供給され、測位可能になると制御部に測位可能通知を送る」の記述がある。

　　つまり、空欄 d は、測位モジュールから制御部への測位可能通知メッセージと考えられる。よって、解答のメッセージ名は「測位可能通知」、メッセージの方向は「→」となる。

・空欄 e：空欄 e のメッセージの直前に、通信モジュールの電源オンが実行されており、空欄 e は、通信モジュールの活性化した直後のメッセージである。表 1 の通信モジュールの説明には、「・電力が供給され、通信可能になると制御部に通信可能通知を送る」とあるので、空欄 e は、通信モジュールから制御部への通信可能通知メッセージと考えられる。よって、解答のメッセージ名は「通信可能通知」、メッセージの方向は「→」となる。

［設問 4］

　〔制御部のソフトウェア〕について、タイマーを二つ用いた最初の設計で発生した不具合の原因を答える問題である。

最初の設計とは，「最初の設計ではタイマーを二つ用いた。初期化処理で，120 秒
ごとに通知を出力する測位用タイマーを設定し，初期化処理完了後，サーバからの要
求確認時刻を受信すると，40 秒ごとに通知を出力する通信用タイマーを設定した」で
ある。この設計で発生する不具合が問われているが，二つのタイマーを用いると，120
秒は 40 秒の倍数であるから，タイマーからの通知が同時に発生することなる。よっ
て，解答は「通信モジュールとの通信と測位モジュールとの通信が同時に発生した」
などとなる。

問8　バージョン管理ツールの運用

(R5 春·AP 午後問 8)

【解答例】

［設問1］　ロックの解除

［設問2］　(a) develop　　　(b) main　　　(c) コミット

［設問3］　（オ）のコミットをリバートし，次に（ウ）のコミットをリバートする。

［設問4］　下線③：ウ
　　　　　　下線④：エ

［設問5］　develop ブランチの内容を feature ブランチにマージする。

【解説】

　情報システム開発における，ソースコードの管理を目的とした，バージョン管理ツールの運用に関する問題である。情報システム開発のプロジェクトでは，ソースコードを適切に管理することは重要であり，もし適切に管理できなければ，ソースコードに追加したはずの機能が反映されなかったり，修正したはずのバグが再発したりする。また，新しいバージョンのソースコードが以前より悪化する，いわゆるデグレードが発生し，余計な修正工数が必要になるとともにシステム全体の品質が悪くなってしまう事態になることもある。このため，実際の情報システム開発プロジェクトでは，ライブラリ管理チームなどと呼ばれるチームを設置して，ソースコードのバージョン管理を適切に行う手順や仕組みを確立し，開発チームへのソースコードの払出し，テスト実施後の受入れを着実に行うようにしている。また，昨今では問題文にあるようなバージョン管理ツールが多く出回っており，この問題は，そうしたバージョン管理ツールを活用した運用に関する設問によって構成されている。

［設問1］

　本文中の下線①について，開発者間で発生する作業の待ちについて，その内容を解答する設問である。なお，バージョン管理ツールには，次の二つの方式があることが問題文の冒頭で述べられている。

　　ロック方式：1 人の開発者がファイルの編集を開始するときにロックを獲得し，他
　　　　　　　　者による編集を禁止する方式

　　コピー・マージ方式：編集は複数の開発者が任意のタイミングで行い，編集完了後
　　　　　　　　　　　　に他者による編集内容とマージする方式

　この設問で問われているロック方式については，「ロック方式では，編集開始時にロックを獲得し，他者による編集を禁止する。編集終了時には変更内容をリポジトリに反映し，ロックを解除する」とあり，ロックの獲得によって他者による編集を禁止し，ロックの解除によって他者が編集できるように禁止が解除される。つまり，他の開発者はロックが解除されるまで待たされることとなり，解答は，「ロックの解除」となる。

［設問2］

図1及び本文中の空欄a～cに入れる適切な字句を解答する設問である。

・空欄a, 空欄b：空欄a, bについてはセットで考える。図1の最後に,「テストが完了したら, 変更内容を [a] ブランチと [b] ブランチにマージし, サーバのリポジトリにプッシュして, release ブランチは削除する」とあり, これは図2の右側にある2本の「↑」(マージ) と「×」(ブランチの削除)の動作を指している。したがって, 空欄a, bは main ブランチと develop ブランチとなる。

次にこの二つの違いを確認すると, 図3の直後に,「I氏は, 機能Aの開発のために, ローカル環境で [a] ブランチから feature-A ブランチを作成し, 開発を開始した」とある。これは図1の箇条書き2点目にある,「開発者は, サーバのリポジトリの複製をローカル環境に取り込み, ローカル環境で develop ブランチから feature ブランチを作成する。ブランチ名は任意である」の手順を実施したものなので, 空欄aは develop ブランチであることが分かる。後続の記述においても, 二つ目, 三つ目, 五つ目の空欄aは, 図1の箇条書き4点目の手順を実施していることからも, 空欄aが develop ブランチであることを確認できる。これによって, 消去法で空欄bは main ブランチとなるが, 〔開発案件と開発の流れ〕の最後に,「修正内容を [a] ブランチと [b] ブランチにマージし, [b] ブランチの内容でシステム運用環境を更新した」とあり, システム運用環境を更新する内容は空欄bのブランチの内容となる。これについては, 表2の main ブランチの説明に「システム運用環境にリリースする際に用いるソースコードを, 永続的に管理するブランチ」とあり, 空欄bのシステム運用環境にリリースする際に用いるソースコードが main ブランチであることを確認できる。

したがって, 解答は, 空欄aが「develop」, 空欄bが「main」である。

・空欄c：空欄cを含む文は,「プログラムに必要な修正を加えた上で [c] した後, ③テストを実施し, 問題がないことを確認した」とあり, これは図3の(α)のタイミングの後の作業を指しているが,「○」が三つあり, その後が「▲」となっている。「○」は図2の凡例から,「コミット」であり,「▲」は「テストの実施」であることから, 空欄cは「コミット」となる。つまり, 改めて3回のコミットを行った上でテストを実施したことが分かる。

［設問3］

本文中の下線②「(ア) のコミットの直後の状態に滞りなく戻すための作業」についてその作業の内容を, 表1中のコマンド名と図3中の字句を用いて解答する設問である。

下線②の直前に,「I氏は, 機能Aについて (ア), (ウ), (オ) の3回のコミットを行ったところで, (ウ) でコミットした変更内容では問題があることに気が付いた」とあり, (ア) のコミットまでは問題がなかったため, (ア) のコミットの直後まで戻す

こととなる。表 1 のコマンドを確認すると，リバートは「指定したコミットで対象となった変更内容を打ち消す変更内容を生成し，ローカル環境のリポジトリにコミットして反映させる」とあり，このコマンドを使用することとなる。データベース更新時のロールバック処理と同じ概念と考えてよい。しかし，順番を間違えてはいけない。最初に（オ）のコミットによる変更内容を打ち消す処理をリバートコマンドで行い，問題のある変更内容を含むにせよ（ウ）のコミットの直後に戻し，次に（ウ）のコミットによる変更内容を打ち消す処理をリバートコマンドで行うこととなる。したがって解答は，「(オ)のコミットをリバートし，次に（ウ）のコミットをリバートする」などとなる。

［設問 4］
　本文中の下線③，下線④について，実施するテストの種類を解答群の中から選ぶ設問である。

・下線③：空欄 c と関係するが，図 3 の（α）のタイミングの後で，改めて 3 回のコミットを行った後に実施したテスト「▲」の種類となる。これは，図 3 にあるとおり，feature-A ブランチ上でのテストであり，つまり機能 A の機能内のテストとなる。したがって，「プログラムの変更箇所が意図どおりに動作するかを確認する単体テスト」である（ウ）が解答となる。

・下線④：下線④を含む文は，「全ての変更内容を develop ブランチに反映後，release ブランチを develop ブランチから作成して④テストを実施した」とあり，〔開発案件と開発の流れ〕の最後にあるこの部分は，図 3 の開発の流れの最後であり，右端にある長い「↑」を含む release ブランチで実施されているテストの，「▲」が該当する。図 3 の開発の流れは，A 社が請け負った機能 A〜C の開発案件に関するものであるが，開発したこれらの機能は「既存のリリース済のシステムに追加」される。このような機能追加の開発案件では，通常，機能追加後のリリース用のソフトウェアに対してリグレッションテストを行い，追加した機能によって既存機能がデグレードしていないことを確認する。したがって，（エ）の「変更箇所以外も含めたシステム全体のリグレッションテスト」が解答になる。

　なお，（ア）の「開発機能と関連する別の機能とのインタフェースを確認する結合テスト」とは，今回の開発機能と，リリース済みの既存機能とのインタフェースを確認する結合テストである。図 1 の箇条書き 4 点目と 5 点目に「問題がなければ feature ブランチの変更内容をローカル環境の develop ブランチにマージしてサーバのリポジトリにプッシュする」，「サーバの develop ブランチのソースコードでテストを実施する」とあるが，サーバの develop ブランチにはリリース済みの既存機能のソースコードも含まれていると考えられるので，図 3 では，feature-A〜feature-C の三つのブランチからのマージ後，develop ブランチで行われているそれぞれのテスト（▲）が該当する。また，（イ）の「開発機能の範囲に関する，ユーザーによる受入れテスト」は，A 社が担当する開発の範囲外である。

［設問5］

　本文中の下線⑤について，追加した運用ルールで行う操作を表2の種類を用いて解答する設問である。下線⑤がある〔運用ルールについての考察〕には，「feature-B ブランチのように，ブランチ作成からマージまで長いと，サーバのリポジトリ上の develop ブランチとの差が広がり，競合が発生しやすくなる。そこで…」とあり，この解決に向けての運用ルールの追加であることが分かる。

　競合については問題文の表1の直前の部分に，「コピー・マージ方式では，開発者間で作業の待ちが発生することはないが，他者の変更箇所と同一の箇所に変更を加えた場合には競合が発生する。その場合には，ソースコードの変更内容をサーバのリポジトリに反映させる際に，競合を解決する必要がある。競合の解決とは，同一箇所が変更されたソースコードについて，それぞれの変更内容を確認し，必要に応じてソースコードを修正することである」とあり，競合が発生するとソースコードの確認及び修正が必要となり，余計な修正工数が必要となるとともにデグレードが発生する可能性もあり，競合の発生は極力避けたいと考えられる。

　それでは，競合が発生しないためにはどのような操作が必要となるかであるが，下線⑤の直前に，「随時，サーバのリポジトリから develop ブランチをプルした上で」とあり，下線⑤はこの後続の操作となる。図3の後の二つ目の段落には，機能Bについて，競合が発生した経緯が記述されており，その際の対処は，設問2 空欄aの解答を含めて，「サーバのリポジトリから develop ブランチをプルし，その内容を確認して競合を解決した」とあり，この作業を随時行えば競合が発生しにくくなる，あるいは発生していたとしても大きな差分はないこととなる。そして，「その内容を確認して競合を解決した」としており，競合を解決するための具体的操作は記述されていない。ここに記述がないのは設問5の解答になってしまうからと推測できる。図3に即して具体的な操作を考えると，develop ブランチの内容を featue-B ブランチにマージして，機能A，機能Cによる変更内容を併合して競合を確認し，競合があれば，それを解決するために変更するということとなる。このことを運用ルールとして追加する"操作"に着目すると，解答としては，「develop ブランチの内容を feature ブランチにマージする」などとなる。

問 9　　金融機関システムの移行プロジェクト　　(R5 春·AP 午後問 9)

【解答例】

[設問 1]　　(1)　営業日に業務の停止が不要

　　　　　　(2)　エ

　　　　　　(3)　IaaS 利用による構築期間とコスト

[設問 2]　　(1)　ステアリングコミッティで本番データを用いたテストの承認を得
　　　　　　　　る。

　　　　　　(2)　エスカレーション対応の開発課リソースの拡充

　　　　　　(3)　移行判定基準書

[設問 3]　　(1)　(a)　オ　　　　(b)　ア

　　　　　　(2)　追加発生する保守費用の確保

【解説】

　本問は，金融機関における金融商品の販売業務を行うためのシステムを題材とした，オンプレミスでの運用からクラウドサービスを活用した運用への移行プロジェクトの問題である。クラウドサービスを活用した運用への移行プロジェクトにおいても，ステークホルダの要求を確認しつつ，プロジェクト計画を作成する必要がある。プロジェクト計画については，経営陣を含めた関係者の承認を得る必要があるが，本問のようにステアリングコミッティを設置することは，やり方の一つである。ステアリングコミッティへの付議内容は，移行方式，スケジュール，クラウドサービスのタイプ，選定するベンダーなどの対応方針や重要なリスクであり，プロジェクト計画策定後は移行に向けての詳細な作業計画を作成し，またリスクマネジメントを継続して実施し，重要な点については随時ステアリングコミッティに付議して承認を得てから，決定事項に基づいてプロジェクトを推進していく。これらは，プロジェクトマネージャの役割であり，本問はこれらの設問で構成されている。

[設問 1]

　〔プロジェクト計画の作成〕について考える問題である。

(1)　下線①の一括移行方式について，情報システム部にとってのメリット以外のメリットを解答する設問である。移行方式は，全拠点で一斉に切り替える一括移行方式と数回に分けて切り替える段階移行方式があり，P 社における過去のシステム更改時は一括移行方式を採用している。どちらの方式にもメリット，デメリットがあるが，〔ステークホルダの要求〕の最後に，「拠点との日程調整が必要となること，及び新旧システムを並行して運用することによって情報システム部の負担が過大になることを避けたいと考えていた」とあるが，この問題を回避することは情報システム部のメリットであり，解答から除外される。この文の前に「切替えに伴う拠点での営業日の業務停止は，各拠点で特別な対応が必要になるので避けたい」，「段階移行方式では，各回の切替作業に 3 日間を要する」とあるので，営業日に業務を停止

させないことがもう一方のメリットとなる。したがって解答は，「営業日に業務の停止が不要」などとなる。

(2) 下線②について，具体的なセキュリティ対策の検討に先立って実施すべきことを解答群から選ぶ設問であり，プロジェクトマネジメントの設問というより，情報セキュリティに関する設問である。情報セキュリティマネジメントの確立，維持の手順としては，情報セキュリティマネジメントの国際規格（国内規格）である ISO/IEC 27001（JIS Q 27001）の要求事項としても規格化されているとおり，おおむね次のとおりである。

- ・適用範囲（責任範囲）の決定（4.3）
- ・適用範囲におけるリスクアセスメントの実施（6.1.2）
- ・リスクアセスメント結果に基づいたリスク対応（セキュリティ対策）の決定とその計画の策定（6.1.3）
- ・教育，訓練（7.2 b）
- ・内部監査の実施（9.2）
- ・不適合を含む改善点に対する是正処置と再発防止策の策定（10.1）

したがって正解は，（エ）となる。

ア：再発防止策の検討であり，不適合や改善点があった際に行う。具体的なセキュリティ対策の検討に先立って最初に実施することではない。

イ：過去のセキュリティインシデントの被害金額の算出は，リスクアセスメントにおける影響度の把握で実施するため誤りである。

ウ：訓練は，リスク対応策（セキュリティ対策）の実装後に教育と併せて行うため誤りである。

(3) 下線③について，Q 課長が IaaS ベンダーに，提案依頼書である RFP（Request for Proposal）を提示し，受領した内容，つまり IaaS ベンダーそれぞれから提示された提案書を評価する際に重視した項目を解答する設問である。冒頭文に「P 社は，本年 4 月に，クラウドサービスを活用して現状のサーバ機器導入に関する構築機関の短縮やコストの削減を実現し，さらに X パッケージをバージョンアップして大幅な機能改善を図ることを目的に移行プロジェクトを立ち上げた」とプロジェクトの目的が記述されている。IaaS ベンダーの選定に当たっては，プロジェクトの目的を反映させる必要がある。したがって解答は，「IaaS 利用による構築期間とコスト」などとなる。

〔設問 2〕

〔移行プロジェクトの作業計画〕について考える問題である。

(1) 下線④について，Q 課長が実施することとした手続を解答する設問である。下線④は，(3) 移行総合テストにおいて匿名加工情報を用いることに関する設問と考えてよい。〔移行プロジェクトの作業計画〕(3) 移行総合テストには，「P 社のテスト

規定では，個人情報を含んだ本番データはテスト目的に用いないこと，本番データをテスト目的で用いる場合には，その必要性を明らかにした上で，個人情報を個人情報保護法及び関連ガイドラインに従って匿名加工情報に加工する処置を施して用いること，と定められている」とあり，個人情報を含んだ本番データをテストで使用する際は，匿名加工情報に加工する必要があることが分かる。また，続いて「R主任は本番データに含まれる個人情報を匿名加工情報に加工して移行総合テストに用いる計画を作成した。Q 課長は，検証漏れのリスクと情報漏えいのリスクをそれぞれ評価した上で，R 主任の計画を承認した」とあり，本番データに含まれる個人情報を匿名加工情報に加工して，リスク評価を実施したことが分かる。しかし，Q課長は自身だけで判断せず，ある手続を実施した上で対応方針を決定することとなる。〔プロジェクト計画の作成〕の冒頭に，「Q 課長は経営層，商品販売部及び情報システム部が参加するステアリングコミッティを設置し，移行プロジェクトの進捗状況の報告，重要なリスク及び対応方針の報告，最終の移行判定などを行うことにした」とあり，本番データに含まれる個人情報をテストに用いることを重要なリスクとして捉え，匿名加工情報に加工して使用する対応方針とともにステアリングコミッティに報告したと考えられる。したがって解答は，「ステアリングコミッティで本番データを用いたテストの承認を得る」などとなる。

(2) 下線⑤について，Q 課長が S 主任に継続するよう指示した支援を解答する設問である。下線⑤は，(7) 移行後の初期サポートに関する設問と考えてよく，下線⑤を含めた直前には，「移行後のトラブルや問合せに対応するための初期サポートを実施する。初期サポートの実施に当たり，Q 課長は，移行後も，システムが安定稼働して拠点からサービスデスクへの問合せが収束するまでの間，ある支援を継続する」とある。サービスデスクに関係する対応に関しては，過去のシステム更改で一括移行方式を採用した際の問題点を商品販売部が挙げており，〔ステークホルダの要求〕には，「サービスデスクでは対応できない問合せが全拠点から同時に集中した際に，システム更改を担当した開発課の要員が新たなシステムの開発で繁忙となっていたので，エスカレーション対応する開発課のリソースがひっ迫し，問合せの回答が遅くなった」とあり，この反省を踏まえて〔プロジェクト計画の作成〕には，「Q 課長は，商品販売部に，サービスデスクから受けるエスカレーション対応のリソースを拡充することで，移行後に発生する問合せに迅速に回答することを説明して了承を得た」とある。このとおり，サービスデスクから受けるエスカレーションに対応する開発課のリソースを拡充することで，今回のクラウドサービスへの移行においても一括移行方式を採用することを，商品販売部を含めたステアリングコミッティの参加者から了解を得た経緯があった。したがって解答は，「エスカレーション対応の開発課リソースの拡充」などとなる。

(3) 下線⑥について，Q 課長がこれらの検討結果を踏まえて，新システムの移行可否を評価する上で作成する必要な文書を解答する設問である。これらの検討結果とは，〔移行プロジェクトの作業計画〕(1)〜(7)の各作業における検討を指しており，移行計画を総括して作成する文書と考えてよい。〔ステークホルダの要求〕の冒頭には，

「クラウドサービスを活用する新システムへの移行を判断する移行判定基準を作成すること」とあるため，正解は「移行判定基準書」となる。

［設問3］
〔リスクマネジメント〕について考える問題である。
(1) 本文中の空欄a，空欄bに入れる字句を解答群から選ぶ設問であり，解答群のア～オの説明は以下のとおりである。
　ア：ある要素が全体にどれだけ影響するかを事前に計算する定量的リスク分析の手法であり，そのある要素が変動したとき，最終結果としての損失額などにどの程度の影響があるのかを定量的に分析する。
　イ：データの中から，似たもの同士を集めてグループ（集団）に分ける統計的な分析手法である。リスク分析とは関係ない。
　ウ：商品やサービスを構成する要素において，消費者にとって最適な組合せを探る手法である。リスク分析とは関係ない。
　エ：専門的知識や経験を有する複数人にアンケート調査を行い，その結果を統一的な意見として収束させていく手法である。リスク分析とは関係ない。
　オ：リスクの発生確率と影響度をマトリックス状に視覚化した定性的リスクの手法であり，例えば縦軸にリスクの発生確率，横軸に影響度とし，リスクの発生確率×影響度をマトリックス内の数値とする。
　　空欄aはリスクの定性的分析の手法であるため，解答は（オ），空欄bはリスクの定量的分析の手法であるため，解答は（ア）となる。なお，リスクの定量的分析の他の手法では，デシジョンツリー分析も活用することがあり，情報処理技術者試験でも出題されたことがある。
(2) 下線⑦について，来年3月までに本番移行が完了しないリスクに対して検討すべき対応策を解答する設問である。下線⑦を含めた直前には，「プロジェクトの期間を延長することに要する費用の確保以外に，現行の販売支援システムを稼働延長させることに要する費用面の対応策」とあるため，後半の現行の販売支援システムを稼働延長させることに要する費用面の対応策を考えればよい。したがって解答は，「追加発生する保守費用の確保」などとなる。なお，IaaS型のクラウドサービスを採用したため，パッケージソフトウェアは別に調達する必要があり，問題文の冒頭でバージョンアップしたX社製Xパッケージを適用すると記述がある。新規に導入するこのバージョンアップしたXパッケージと現行のXパッケージの契約は別と考えるべきであり，現行の販売支援システムの稼働を延長させる場合，現行のXパッケージの保守を再契約する必要があると考えられる。

| 問 10 | クラウドサービスのサービス可用性管理 | (R5 春·AP 午後問 10) |

【解答例】

[設問 1]　(1)　ア

　　　　　(2)　(a) 信頼

[設問 2]　(1)　(b) 180

　　　　　(2)　サービス回復までの最大時間

　　　　　(3)　計画停止時間を考慮して経理部の勤務時間を定めること

[設問 3]　(1)　イ，エ

　　　　　(2)　バックアップの遠隔地保管を廃止すること

　　　　　(3)　ア

　　　　　(4)　重要事業機能の支援度合い

午後解答

【解説】

　基幹系業務システムのオンプレミスでの運用からクラウド環境へ移行する際に留意すべき点を，サービス可用性管理の視点に立って検討する内容が問われている。既にクラウド移行済のシステムのサービス可用性管理の観点と，これからクラウドサービスに移行するシステムに対する検討の二つを主な設問内容として構成されている。問題文中に比較的ヒントが明確に示されており，状況把握さえできれば，正解を導き出すことができる問題となっている。

[設問 1]

(1)　表 2 中の MTBF と MTRS について，適切なものを解答群から選ぶ。

　　MTBF は Mean Time Between Failure の略で，平均故障間隔と訳される。ある故障が発生してから，次の故障までの平均時間を示すものなので，大きい値の方が望ましい。

　　MTRS は Mean Time to Restore Service の略で，平均サービス回復時間と訳される。これはサービスの停止 1 回当たりの回復までに要した時間の平均値を示す値なので，小さい方が望ましい。よって解答は（ア）となる。

(2)　表 2 中の空欄 a に入れる字句を答える。

　　表 2「サービス可用性の特定及び指標」には，特性欄に，可用性，　 a 　性，保守性と示されている。また，空欄 a に関する説明欄には，「IT サービスを中断なしに，合意された機能を実行できる能力」とあり，指標欄には「MTBF」が示されている。コンピュータシステムに関する評価指標に RASIS があり，その中でも特に RAS（R（信頼性），A（可用性），S（保守性））は重要視される指標である。今回はその RAS に該当する三つが表記されていると考えられることから，解答は「信頼」とすればよい。

［設問2］

(1) 本文中の空欄 b に入れる数値を答える。

　　表4のサービス時間は1日当たり20時間，1月のL社の営業日の日数は30である。表3のサービス稼働率の式に当てはめると次のようになる。

$$\frac{(600-b)}{600} \times 100 \geqq 99.5$$

　　この方程式を解くと，$b \leqq 3$ となる。この単位は時間となるため，分に変換すると180分となる。

　　よって空欄 b は「180」とすればよい。

(2) 本文中の下線①について，追加するサービスレベル項目の内容を答える。

　　下線①に関する問題文を確認すると，「X氏は，サービス停止しないことはもちろんだが，サービスが停止した場合に迅速に対応して回復させることも重要だと考えた」と記載されている。サービスが停止した場合に迅速に対応して回復させるためのサービスレベル項目を考えればよい。よって解答は，「サービス回復までの最大時間」などとすればよい。

(3) 本文中の下線②について，経理部と調整すべきことを答える問題である。

　　下線②を含む段落を確認すると，「今後，経理部では，勤務時間を製造部に合わせて，交替制で夜勤を行う勤務体制を採って経理業務を行う」や「会計系業務システムのサービス時間を見直す必要がある」など記載されており，現在昼勤の経理部が今後夜勤をすることが分かる。また「表4のサービスレベル目標の見直しが必要と考え，表3のサービスカタログを念頭に」と記載されているため，表3のサービスカタログの中のサービスレベル項目を参考にして，経理業務の夜勤を考慮するとサービス時間と計画停止時間を考慮する必要がある。よって解答は「計画停止時間を考慮して経理部の勤務時間を定めること」などとすればよい。

［設問3］

(1) I サービスを使ってL社が基幹系業務システムを運用する場合に，M社が構築して管理する範囲として適切なものを解答群から選ぶ。

　　M社のI サービスはパブリッククラウドのIaaSである。クラウドシステムは提供するものによって，おおまかに次のように区分される。

　　よって解答は，（イ），（エ）とすればよい。

(2) 本文中の下線③について，上司が指摘したX氏の考えの中で見直すべき点を答える。問題文を確認していくと，M社の説明を受けてX氏が考えたことが三つ示されている。

　一つ目の広範囲に影響を及ぼす自然災害に対しては，M 社の DC は東日本と西日本に一つずつあることから有効であることが分かる。

　二つ目の物理サーバに機器障害が発生した場合の業務継続については，「I サービスでは，物理サーバ，ストレージシステム，ネットワーク機器などの IT 基盤のコンポーネント（以下，物理基盤という）は，それぞれが冗長化されて可用性の対策が採られている」と記載があるため，これも見直すべきことはないことが分かる。

　三つ目の現在行っているユーザーデータファイルのバックアップの遠隔地保管の廃止であるが，I サービスでは東日本と西日本でユーザーファイルを常時同期させている。何らかのアクシデントでユーザーファイルに誤った更新などがされた場合も，常時同期が行われるため両方のシステムに影響が及んでしまう。このような場合はバックアップからのデータ復旧が望ましい対応となる。このため，I サービスを利用する際にも，バックアップの遠隔地保管は廃止できないことが分かる。よって解答は「バックアップの遠隔地保管を廃止すること」などとすればよい。

午後解答

(3)　本文中の下線④についてクラウドサービスの可用性に関連する KPI を解答群から選ぶ問題である。可用性とはシステムが継続して稼働できる能力のことであり，その値を示す KPI であることから，システム停止に関わる数値などが該当することが分かる。選択肢の中でシステム停止に関連するものを探すと，（ア）が該当する。よって解答は，（ア）の「M 社が提供するサービスのサービス故障数」となる。

(4)　本文中の下線⑤の判断基準とは何かを答える。

　下線⑤周辺の問題文を確認すると，災害時の縮退運転について「事業の視点から捉えた機能ごとの⑤判断基準に基づいて継続する機能を決める必要があると考えた」と記載されていることから，"事業の視点"，"継続する機能を決める"など，事業としてどの機能を重要視しているかなどのヒントを問題文から探すことになる。

　表 2 に続く文の冒頭に「基幹系業務の IT サービスは，生産管理など事業が成功を収めるために不可欠な重要事業機能を支援しており，高可用性の確保が必要である」と記載がある。この文章から，解答は「重要事業機能の支援度合い」などとすればよい。

【解答例】

[設問1]　（a）ログイン

[設問2]　カ

[設問3]　（d）イ

[設問4]　（e）ア

[設問5]　（f）実地棚卸リスト　　（g）在庫データ

　　　　　（h）他人の利用者 ID

【解説】

　工場在庫管理システムを中心に，購買管理システム，MES（製造実行システム）などと連携したシステムを対象に工場の運用状況の有用性についての監査の問題となっている。問題文にプロセスごとの内容が明確に示されており，監査手続もプロセスごとに示されていることから，問題文中のヒントを探すことはさほど難しくはない。しかしながら，システム連携部分と各プロセスの関連をしっかり整理していかないと，誤った解答をしてしまう可能性もあるので注意が必要である。難易度としては標準的である。

[設問1]

　空欄 a に入れる適切な字句を答える。

　空欄 a は表 1「監査手続案」の項番 5（共通（アクセス管理））の監査手続欄内にある。問題文を確認していくと共通（アクセス管理）プロセスに「工場内 PC を観察し，作業現場の PC が　　　a　　　されたままになっていないか確かめる」と記載されている。

　作業現場の PC に関して記載がある問題文を確認すると，〔予備調査の概要〕の③に「過去の内部監査において，工場の作業現場の PC が利用後もログインされたまま，複数の工場担当者が利用していたことが指摘されていた」とある。これらより，以前に指摘されたことが解消されているかの確認をしたものと推察できる。よって空欄 a は「ログイン」と解答すればよい。

[設問2]

　空欄 b と空欄 c に入れる最も適切な字句の組合せを解答群の中から選ぶ。

　空欄 b, c は内部監査室長が監査担当者に指示をした(1)にある。「表 1 項番 1 の①は，　　　b　　　を確かめる監査手続である」となっており，解答群を確認すると空欄 b に当てはまる語句は，「自動処理の正確性・網羅性」，「手作業の正確性・網羅性」の 2 種類しかないことが分かる。表 1 の項番 1①の監査手続と関連している問題文は，〔予備調査の概要〕(2)工場在庫管理システムに関する段落にある。(2)のプロセスの概要の①を確認すると，「工場担当者が購買管理システムの当日の入荷データを CSV ファイ

ルにダウンロードし」となっており，このことから手作業であることが分かる。よって，空欄 b には「手作業の正確性・網羅性」が入る。

空欄 c は，「これとは別に不正リスクを鑑み，アップロードした CSV ファイルと ___c___ との整合性を確保するためのコントロールに関する追加的な監査手続を作成すること」と記載されている。解答群を確認すると空欄 c には「工場在庫管理システムの在庫データ」，「購買管理システムの入荷データ」の2種類しかない。これによって，①のプロセスで取り扱うのは購買管理システムの入荷データであることが分かる。よって，空欄 c には「購買管理システムの入荷データ」が該当する。以上の組合せから，解答は（カ）となる。

［設問3］

空欄 d に入れる最も適切な字句を解答群の中から選ぶ。

空欄 d は内部監査室長の指示の(2)にあり，「表1項番2の①は，出庫データ自動生成では ___d___ が発生する可能性が高いので，設定される工程マスタの妥当性についても確かめること」と記載されている。また，工場在庫管理システムに関するプロセスの概要では，②に「製造で消費された原料の出庫データは，製造実績データ及び工程マスタの原料標準使用量に基づいて自動生成（以下，出庫データ自動生成という）される。このため，実際の出庫実績を工場在庫管理システムに入力する必要はない。また，工程マスタは，目標生産効率を考慮して，適宜，見直しされる」と記載されている。出庫データ自動生成のデータは製造実績データと工程マスタの情報が元になっており，その工程マスタは適宜見直しをされていることから，出庫データに差分ができることが想定される。この差分は在庫量に影響することが分かるため，解答としては，（イ）が該当する。

［設問4］

空欄 e に入れる最も適切な字句を解答群から選ぶ。

空欄 e は内部監査室長が監査担当者に指示した(3)にある。「表1の項番3の②は，___e___ を確かめる監査手続なので，今回の監査目的を踏まえて実施の要否を検討すること」と記載されている。表1項番3の②について，工場在庫管理システムに関するプロセスには，「仕掛品については，MES から日次で受信した工程実績データに基づいて，日次の夜間バッチ処理で，製造実績データ及び在庫データが更新される」とあるように，自動的に更新する仕組みであることが分かる。今回のシステム監査は問題の冒頭部分に「工場での運用状況の有効性についてシステム監査を実施することにした」とあるため，あくまでも運用状況（人手が介入する部分という意味）が監査の中心となる。よって解答としては（ア）が該当する。

［設問5］

内部監査室長の指示の(4)〜(6)に渡って設定されている空欄 f〜h に入る字句を答える問題である。

・空欄f：内部監査室長が監査担当者に指示した(4)には「表1項番4の①の前提として、 f に記載された g の網羅性が確保されているかについても確かめること」となっている。表1の項番4のプロセスは実地棚卸であるため、工場在庫管理システムのプロセスの概要を確認すると、④に「工場担当者は、保管場所・在庫種別ごとに在庫データを抽出し、実地棚卸リストを出力する」とある。よって空欄fには「実地棚卸リスト」が入ることが分かる。

・空欄g：空欄gは前述の内部監査室長が監査担当者に指示した(4)の他に(5)にも存在する。「表1項番4の②は、在庫の改ざんのリスクを踏まえ、差異のなかった g について在庫調整入力が行われていないか追加的な監査手続を作成すること」と記載されている。実地棚卸である工場在庫管理システムに関するプロセスの概要④には、「工場担当者は、保管場所・在庫種別ごとに在庫データを抽出し、実地棚卸リストを出力する。工場担当者は、実地棚卸リストに基づいて実地棚卸を実施し、在庫の差異があった場合には実地棚卸リストに記入し、在庫調整入力を行う。この入力に基づいて、原料の出庫データ及び原料・仕掛品の在庫データの更新が行われる」と記載されている。ここで実地棚卸リストに表示されているのは在庫データであることが分かる。よって解答は「在庫データ」とすればよい。

・空欄h：空欄hは内部監査室長が監査担当者に指示した(6)に「表1の項番5の②は、不要な利用者IDだけでなく、 h を利用してアクセスしている利用者も検出するための追加的な監査手続を作成すること」と記載されている。ここで空欄hを利用するとアクセスしている利用者の検出ができることが分かる。また本人の利用者IDでなくアクセス可能であるIDは、不要な利用者IDを除くと、自分の利用者IDではなく、他人の利用者IDが該当する。また〔予備調査の概要〕(1)の③に「過去の内部監査において、工場の作業現場のPCが利用後もログインされたまま、複数の工場担当者が利用していたことが指摘されていた」とあることからも以前は他人の利用者IDを使っていたことが指摘されている。よって空欄hの解答は「他人の利用者ID」とすればよい。

●令和５年度春期
午後問題　IPA 発表の解答例

問1

出題趣旨
昨今，ランサムウェアによるサイバーインシデントが多発しており，予防対策に加えてインシデント対応を含めたインシデントハンドリングの高度化に向けた取組が，多くの企業で進められている。 　本問では，インシデント発生を想定したマルウェア対策を題材に，サイバーセキュリティ対策としてのインシデント対応と社員教育に関する基本的な理解について問う。

設問		解答例・解答の要点		備考
設問1	(1)	ウ		
	(2)	a	5	
設問2	(1)	5		
	(2)	イ		
設問3	(1)	イ		
	(2)	b	3	順不同
		c	6	
		d	5	
	(3)	ア，ウ		
設問4	(1)	ア		
	(2)	PC から切り離して保管する。		

採点講評
問 1 では，インシデント発生を想定したマルウェア対策を題材に，サイバーセキュリティ対策としてのインシデント対応と社員教育に関する取組について出題した。全体として正答率はやや高かった。 　設問 2(2)は，正答率が低かった。PC 上の不審な挙動を監視する仕組みとして，近年は EDR を用いたサイバーセキュリティ対策をとる事例が増えているので，その仕組みと効果について理解してほしい。 　設問 4(2)は，正答率が平均的であった。近年のランサムウェアは，感染した PC だけでなく，その PC からアクセス可能なファイルサーバや記録媒体にまで被害が拡大する事例が多数報告されている。記録媒体に取得したバックアップをランサムウェアから守る方策について，理解を深めてほしい。

問2

出題趣旨
昨今，今まで均衡していた市場に他業界の企業が新規参入してくることがあり，その場合には，競争が激化することが予想されるので，事業環境の変化を適切に認識し，その対応のための経営戦略を策定する必要がある。 　本問では，電子機器製造販売会社におけるブルーオーシャン戦略策定を題材に，経営戦略策定に関する基本的な知識，及び理解を問う。

設問		解答例・解答の要点			備考
設問1	(1)	エ			
	(2)	設定スキルの習得に人手を割けないこと			
	(3)	a	イ		
設問2	(1)	b	イ		
	(2)	リピート受注率を高めること			
	(3)	**可能となること**	①	・タイムリーな予防保守	
			②	・詳細な故障部位の把握	
		メリット	要員が計画的に作業できる。		
	(4)	値引き価格を印字したバーコードラベルを貼る適切な時刻を通知する機能			

採点講評
問2では，電子機器製造販売会社におけるブルーオーシャン戦略策定を題材に，経営戦略策定に関する基本的な知識とその応用について出題した。全体として正答率はやや高かった。 　設問1(2)は，正答率が平均的であり，経営戦略策定の前提となる顧客の課題についてよく理解されていることがうかがえたが，一方で，顧客の課題ではなく，Q社の課題や顧客の要望を述べた解答が散見された。設問をよく読み，求められていることを理解した上で解答してほしい。 　設問2(4)は，正答率がやや高かったが，Q社パッケージに追加する機能ではなく，現状の機能を解答した受験者も見受けられた。ソフトウェアパッケージに対する機能強化の促進によって他社との優位性を高めていくためには，新たに追加する機能の要件を正しく洗い出すことが重要であることを理解してほしい。

問3

設問		解答例・解答の要点	備考
設問1	ア	3×7	
	イ	4×12	
設問2	① 48 ② 260 ③ 48 ④ 84		
設問3	ウ	pow(3, i - 1)	
	エ	3*(i - 1)	
	オ	pe.val1	順不同
	カ	pe.val2	
設問4	キ	mod(mul, 10)	
	ク	elements[cidx + 2]	
	ケ	elements[cidx]	
設問5	2 × N		

	採点講評

問3では，任意桁数の整数の乗算処理を題材に，多倍長整数の演算のアルゴリズムの一つであるカラツバ法について出題した。全体として正答率は平均的であった。

設問3のエは，正答率が低かった。ツリーなどの構造をもった情報について，1次元配列を用いて管理する手法は，よく用いられる。データ構造を理解し，単純な形でプログラムを記述できる能力を身につけてほしい。

設問3のオ，カは，いずれも正答率がやや低かった。構造体の取扱方と，ツリーの情報構造の両方を理解し，注意深く解答してほしい。

問4

出題趣旨
近年，Web ブラウザ上で実行されるスクリプトライブラリの充実に伴い，SPA（Single Page Application）構成のレスポンシブ Web デザインを採用した Web システムが増えつつある。 　本問では，IT ニュース配信サービスの再構築を題材に，SPA 構成の基本的な理解，キャッシュサーバを導入したシステム方式設計の理解について問う。

設問			解答例・解答の要点	備考
設問 1	(1)	a	ア	
	(2)	b	JSON	
	(3)		参照回数の多い記事	
設問 2		c	280	
		d	200	
		e	138	
		f	246	
設問 3	(1)	g	ITNewsDetail	
		h	ITNewsHeadline	
	(2)		IT ニュース一覧と各記事に関連する記事の一覧が更新されない。	
	(3)		記事間の遷移が Web サーバのアクセスログの URL では解析できないから	

採点講評
問 4 では，IT ニュース配信サービスの再構築を題材に，SPA（Single Page Application）構成，キャッシュサーバを導入したシステム方式設計について出題した。全体として正答率は平均的であった。 　設問 2 の f は，正答率がやや低かった。IT ニュース記事と Web API の概要から，どの Web API が何回ずつ呼び出されるのかを正しく理解し，正答を導き出してほしい。 　設問 3(2)は，正答率がやや低かった。利用者が急増してシステムへの負荷がしきい値を超えた際に，利用者にどのような影響があるのかを事前に検討することは，不特定多数の利用者向けサービスの開発では特に重要である。アプリケーションサーバの CPU 使用率が高い場合に，キャッシュサーバの更新処理が行われないと，どのような不具合が生じるのかについて本文から正しく読み取ってほしい。

問5

出題趣旨
情報の活用が企業活動に不可欠となっていることから，インターネット上で情報を提供するシステムには安定したサービスの提供が求められる。そこで，利用状況の変化に合わせたシステム構成の見直しは必須となっている。 　本問では，DNS ラウンドロビンを利用した Web サイトの負荷分散を題材に，インターネットの利用において不可欠の役割をもつ DNS の仕組みや動作について問う。

設問		解答例・解答の要点	備考
設問1	(1)	FWf	
	(2)	L3SW，FWb，L2SWb	
設問2	(1)	a	miap.example.jp	
	(2)	apb.f-sha.example.lan	
設問3	(1)	b	DNS サーバc	
		c	ゾーン	
		d	TTL	
	(2)	M システムの応答速度が低下することがある。	
	(3)	ログイン中の利用者がいないこと	

採点講評
問5では，DNS ラウンドロビンを利用した Web サイトの負荷分散を題材に，インターネットの利用において不可欠の役割をもつ DNS の仕組みや動作について出題した。全体として正答率は平均的であった。 　設問1は，(2)の正答率は高かったが，(1)の正答率がやや低かった。デフォルトルートは，インターネットアクセスのように宛先 IP アドレスが不定のパケットの転送先を，一つにまとめて経路表中に記述した経路であることを理解してほしい。 　設問3(1)は，c の正答率が低かった。DNS が管理する領域はゾーンと呼ばれ，ゾーンの情報をプライマリ DNS サーバからセカンダリ DNS サーバにコピーすることがゾーン転送であることを覚えておいてほしい。 　設問3(3)は，正答率が低かった。DNS のキャッシュ情報が更新されても，更新前からサーバにログインしている顧客は，メンテナンスの影響を受けることを理解してほしい。

問6

出題趣旨
正規化された表を扱う処理では，複数のシンプルな処理への機能分割や，機能分割した処理結果の統合，再利用によって，構築工数の削減を図れることがある。 　本問では，KPI 達成状況集計システムの開発を題材に，集合関数，表結合などによる関係データベースのデータ操作に関する知識，技能を問う。

設問			解答例・解答の要点	備考
設問1		a	→	
		b	従業員コード	
設問2	(1)	c	INNER JOIN	
		d	LEFT OUTER JOIN	
		e	BETWEEN	
		f	B.職務区分 = '02'	
		g	GROUP BY 従業員コード, KPI コード	
		h	組織ごと_目標実績集計_一時	
		i	COUNT(*)	
	(2)		該当従業員の KPI 項目に対する実績データが，1件も存在しない場合	

採点講評
問 6 では，KPI 達成状況集計システム機能の開発を題材に，組織，人事管理の表に，KPI 管理のための表が追加された関係データベースにおいて，集計リストを作成するための一連の SQL 文について出題した。全体として正答率は平均的であった。 　設問 2(1)の f は，正答率がやや低かった。WHERE 句の条件式を SQL 文の処理内容などから読み解き，注意深く解答してほしい。 　設問 2(2)は，正答率が低かった。この設問で問うている知識は，LEFT OUTER JOIN（左外部結合）において，右側の表に条件に合致するレコードがない場合，右側の表の項目値が NULL になるという仕様であり，是非知っておいてもらいたい。どのデータがどのような場合に発生するかを問うており，LEFT OUTER JOIN で結合する表間のデータについて，保持する値がどのような状態になるかを注意深く考えて，正答を導き出してほしい。

問7

出題趣旨
近年，移動中でも通信可能な IoT 向けの通信方式が実用化されており，低消費電力で稼働する測位モジュールも市販されている。 　本問では，低消費電力であることで長時間使用できる位置通知タグを題材に，構成する各モジュールの消費電流から使用可能な時間を計算する能力，間欠動作することで消費電力が少なくなることへの理解，各ハードウェアモジュール間のメッセージのやり取りを考察する能力を問う。

午後解答

設問			解答例・解答の要点		備考
設問1		39			
設問2		a	246		
設問3	(1)	b	前回の送信から 600 秒経過又は位置通知要求あり		
	(2)	c	メッセージ名	受信要求	
			メッセージの方向	←	
		d	メッセージ名	測位可能通知	
			メッセージの方向	→	
		e	メッセージ名	通信可能通知	
			メッセージの方向	→	
設問4		通信モジュールとの通信と測位モジュールとの通信が同時に発生した。			

採点講評
問 7 では，電池で駆動する位置通知タグを題材に，駆動時間の計算，メッセージフロー，タイマーの取扱いについて出題した。全体として正答率は平均的であった。 　設問 1 は，正答率が低かった。処理時間を正しく把握することは，ソフトウェア設計上重要なので，是非理解してほしい。 　設問 3(1)は，正答率が低かった。周期的な動作だけを指摘して，位置通知要求があることを条件に入れていない解答が散見された。条件を明確にすることは不具合のない設計を行うための必須項目なので，十分に理解しておいてほしい。 　設問 4 は，正答率が平均的であった。"タイマーがずれる"，"電源がオフになる"などの解答が散見された。複数のタイマーが独立したときにどのような挙動となるかを推測し，提示してある問題点を組み合わせることで正答が導き出せる。システムの挙動の理解は，組込みシステムの設計上重要なので，是非理解を深めてほしい。

問8

設問		解答例・解答の要点	備考
設問1		ロックの解除	
設問2	a	develop	
	b	main	
	c	コミット	
設問3		（オ）のコミットをリバートし，次に（ウ）のコミットをリバートする。	
設問4	下線③	ウ	
	下線④	エ	
設問5		develop ブランチの内容を feature ブランチにマージする。	

問9

	出題趣旨

出題趣旨

多くの情報システムで，システム更改の際に，旧システムから新システムへの移行が発生する。このため，移行作業を計画的に推進し，円滑にサービスインを行うことがプロジェクトマネージャには求められる。

本問では，金融機関の既存システムのクラウドサービスへの移行を題材に，プロジェクト計画の作成，ステークホルダマネジメント，リスクマネジメントに関する理解について問う。

設問		解答例・解答の要点	備考
設問1	(1)	営業日に業務の停止が不要	
	(2)	エ	
	(3)	IaaS 利用による構築期間とコスト	
設問2	(1)	ステアリングコミッティで本番データを用いたテストの承認を得る。	
	(2)	エスカレーション対応の開発課リソースの拡充	
	(3)	移行判定基準書	
設問3	(1)	a	オ	
		b	ア	
	(2)	追加発生する保守費用の確保	

採点講評

問9では，金融機関の既存システムのクラウドサービスへの移行を題材に，プロジェクト計画の作成，ステークホルダーマネジメント及びリスクマネジメントについて出題した。全体として正答率はやや低かった。

設問1(1)は，正答率がやや低かった。一括移行方式では，本文中から，商品販売部の要望である拠点での営業日の業務停止を回避できることを読み取って，正答を導き出してほしい。

設問2(1)は，正答率が平均的であった。プロジェクトとして重要な意思決定について，ステアリングコミッティの承認を得ることは，PMとして実施すべき重要な手続であることを理解してほしい。

設問3(1)は，正答率が低かった。リスクの定性的分析・定量的分析は，リスクマネジメント上重要な作業なので，必要な手法について理解を深めてほしい。

設問3(2)は，正答率が平均的であった。本文中で，"費用面の"対応策についての解答を求めたが，それ以外の対応策を解答した受験者が散見された。設問で何を問われているかを正しく理解し，正答を導き出してほしい。

問10

設問		解答例・解答の要点	備考
設問1	(1)	ア	
	(2)	a　信頼	
設問2	(1)	b　180	
	(2)	サービス回復までの最大時間	
	(3)	計画停止時間を考慮して経理部の勤務時間を定めること	
設問3	(1)	イ，エ	
	(2)	バックアップの遠隔地保管を廃止すること	
	(3)	ア	
	(4)	重要事業機能の支援度合い	

問11

　業務プロセスを支援するシステムは，不正リスクに対応した機能・コントロールを組み込むことが求められる。システム監査において，業務プロセスを理解した上で不正リスクを識別し，これに対応したITの機能及びコントロールを評価する監査手続を実施する必要がある。
　本問では，工場在庫管理システムを事例として，不正リスクを想定しながらシステムの運用状況を確かめるための監査手続を検討する能力を問う。

設問		解答例・解答の要点	備考
設問1	a	ログイン	
設問2	カ		
設問3	d	イ	
設問4	e	ア	
設問5	f	実地棚卸リスト	
	g	在庫データ	
	h	他人の利用者ID	

採点講評

　問11では，工場在庫管理システムを題材に，業務プロセスを理解した上で，不正リスクを想定しながら監査で確かめるべきコントロール，監査要点に対応する監査手続について出題した。全体として正答率は平均的であった。
　設問2は，正答率が低かった。システムの統制は，業務システムで自動化された統制だけでなく，人為的な手作業の統制を組み合わせることが多い。この設問に対応する統制がどちらであるかを読み取って，正答を導き出してほしい。
　設問5のhは，正答率がやや低かった。工場の作業現場におけるPCの利用状況から，利用者IDがどのように利用されているのかを読み取って，正答を導き出してほしい。

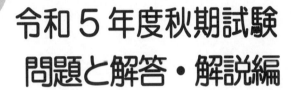

令和5年度秋期試験
問題と解答・解説編

問題を解き，**解答・解説**でポイントを確認してください

★令和5年度秋期試験の解説は2024年2月中旬からダウンロードできます（P.11参照）。

★午後問題 IPA発表の解答例は，IPAのHPをご確認ください。
https://www.ipa.go.jp/shiken/mondai-kaiotu/index.html

令和5年度 秋期
応用情報技術者試験
午前 問題

| 試験時間 | 9:30 ～ 12:00 (2時間30分) |

注意事項

1. 試験開始及び終了は，監督員の時計が基準です。監督員の指示に従ってください。
2. 試験開始の合図があるまで，問題冊子を開いて中を見てはいけません。
3. 答案用紙への受験番号などの記入は，試験開始の合図があってから始めてください。
4. 問題は，次の表に従って解答してください。

問題番号	問1 ～ 問80
選択方法	全問必須

5. 答案用紙の記入に当たっては，次の指示に従ってください。

(1) 答案用紙は光学式読取り装置で読み取った上で採点しますので，B 又は HB の黒鉛筆で答案用紙のマークの記入方法のとおりマークしてください。マークの濃度がうすいなど，マークの記入方法のとおり正しくマークされていない場合は，読み取れないことがあります。特にシャープペンシルを使用する際には，マークの濃度に十分注意してください。訂正の場合は，あとが残らないように消しゴムできれいに消し，消しくずを残さないでください。

(2) 受験番号欄に受験番号を，生年月日欄に受験票の生年月日を記入及びマークしてください。答案用紙のマークの記入方法のとおりマークされていない場合は，採点されないことがあります。生年月日欄については，受験票の生年月日を訂正した場合でも，訂正前の生年月日を記入及びマークしてください。

(3) 解答は，次の例題にならって，解答欄に一つだけマークしてください。答案用紙のマークの記入方法のとおりマークされていない場合は，採点されません。

〔例題〕 秋期の情報処理技術者試験が実施される月はどれか。

    ア 8   イ 9   ウ 10   エ 11

    正しい答えは"ウ 10"ですから，次のようにマークしてください。

| 例題 | ⑦ ⑦ ● ㋕ |

注意事項は問題冊子の裏表紙に続きます。
こちら側から裏返して，必ず読んでください。

6. 退室可能時間中に退室する場合は，手を挙げて監督員に合図し，答案用紙が回収されてから静かに退室してください。

退室可能時間	10:30 ～ 11:50

7. **問題に関する質問にはお答えできません。** 文意どおり解釈してください。

8. 問題冊子の余白などは，適宜利用して構いません。ただし，問題冊子を切り離して利用することはできません。

9. 試験時間中，机上に置けるものは，次のものに限ります。

   なお，会場での貸出しは行っていません。

   受験票，黒鉛筆及びシャープペンシル（B 又は HB），鉛筆削り，消しゴム，定規，時計（時計型ウェアラブル端末は除く。アラームなど時計以外の機能は使用不可），ハンカチ，ポケットティッシュ，目薬

   これら以外は机上に置けません。使用もできません。

10. 試験終了後，この問題冊子は持ち帰ることができます。

11. 答案用紙は，いかなる場合でも提出してください。回収時に提出しない場合は，採点されません。

12. 試験時間中にトイレへ行きたくなったり，気分が悪くなったりした場合は，手を挙げて監督員に合図してください。

13. 午後の試験開始は 13:00 ですので，12:40 までに着席してください。

問題文中で共通に使用される表記ルール

各問題文中に注記がない限り，次の表記ルールが適用されているものとする。

1．論理回路

図記号	説明
	論理積素子（AND）
	否定論理積素子（NAND）
	論理和素子（OR）
	否定論理和素子（NOR）
	排他的論理和素子（XOR）
	論理一致素子
	バッファ
	論理否定素子（NOT）
	スリーステートバッファ
	素子や回路の入力部又は出力部に示される○印は，論理状態の反転又は否定を表す。

2. 回路記号

図記号	説明
—⊿⋀⋁⋀—	抵抗（R）
—‖—	コンデンサ（C）
—▷|—	ダイオード（D）
—⟨— —⟨—	トランジスタ（Tr）
⊥	接地
▷—	演算増幅器

問1　2桁の2進数 $x_1 x_2$ が表す整数を x とする。2進数 $x_2 x_1$ が表す整数を，x の式で表したものはどれか。ここで，int(r) は非負の実数 r の小数点以下を切り捨てた整数を表す。

ア　$2x + 4 \text{ int}\left(\dfrac{x}{2}\right)$　　　　　イ　$2x + 5 \text{ int}\left(\dfrac{x}{2}\right)$

ウ　$2x - 3 \text{ int}\left(\dfrac{x}{2}\right)$　　　　　エ　$2x - 4 \text{ int}\left(\dfrac{x}{2}\right)$

問2　複数の変数をもつデータに対する分析手法の記述のうち，主成分分析はどれか。

ア　変数に共通して影響を与える新たな変数を計算して，データの背後にある構造を取得する方法

イ　変数の値からほかの変数の値を予測して，データがもつ変数間の関連性を確認する方法

ウ　変数の値が互いに類似するものを集めることによって，データを分類する方法

エ　変数を統合した新たな変数を使用して，データがもつ変数の数を減らす方法

問3　逆ポーランド表記法（後置記法）で表現されている式 ABCD－×＋において，A＝16，B＝8，C＝4，D＝2 のときの演算結果はどれか。逆ポーランド表記法による式 AB＋は，中置記法による式 A＋B と同一である。

ア　32　　　　　　イ　46　　　　　　ウ　48　　　　　　エ　94

問4 図のように 16 ビットのデータを 4×4 の正方形状に並べ，行と列にパリティビット
を付加することによって何ビットまでの誤りを訂正できるか。ここで，図の網掛け部
分はパリティビットを表す。

1	0	0	0	1
0	1	1	0	0
0	0	1	0	1
1	1	0	1	1
0	0	0	1	

ア 1   イ 2   ウ 3   エ 4

問5 双方向リストを三つの一次元配列 elem[i]，next[i]，prev[i]の組で実現する。双方向リストが図の状態のとき，要素 D の次に要素 C を挿入した後の next[6]，prev[6]の値の組合せはどれか。ここで，双方向リストは次のように表現する。

・双方向リストの要素は，elem[i]に値，next[i]に次の要素の要素番号，prev[i]に前の要素の要素番号を設定
・双方向リストの先頭，末尾の要素番号は，それぞれ変数 Head，Tail に設定
・next[i]，prev[i]の値が 0 である要素は，それぞれ双方向リストの末尾，先頭を表す。
・双方向リストへの要素の追加は，一次元配列の末尾に追加

一次元配列の末尾

要素番号	1	2	3	4	5	6
elem	A	F	D	B	E	

要素番号	1	2	3	4	5	6
next	4	0	5	3	2	

要素番号	1	2	3	4	5	6
prev	0	5	4	1	3	

Head 1

Tail 2

	next[6]	prev[6]
ア	2	3
イ	3	4
ウ	5	3
エ	5	4

問6　あるデータ列を整列したら状態 0 から順に状態 1, 2, ・・・, N へと推移した。整列に使ったアルゴリズムはどれか。

```
状態 0　3, 5, 9, 6, 1, 2
状態 1　3, 5, 6, 1, 2, 9
状態 2　3, 5, 1, 2, 6, 9
          ・
          ・
          ・
状態 N　1, 2, 3, 5, 6, 9
```

ア　クイックソート　　　　　　　　イ　挿入ソート
ウ　バブルソート　　　　　　　　　エ　ヒープソート

問7　JavaScript のオブジェクトの表記法などを基にして規定したものであって, "名前と値との組みの集まり" と "値の順序付きリスト" の二つの構造に基づいてオブジェクトを表現する, データ記述の仕様はどれか。

ア　DOM　　　　　イ　JSON　　　　ウ　SOAP　　　　エ　XML

問8　スマートフォンなどで高い処理性能と低消費電力の両立のために, 異なる目的に適した複数の種類のコアを搭載したプロセッサはどれか。

ア　スーパースカラプロセッサ
イ　ソフトコアプロセッサ
ウ　ヘテロジニアスマルチコアプロセッサ
エ　ホモジニアスマルチコアプロセッサ

問9　パイプラインの性能を向上させるための技法の一つで，分岐条件の結果が決定する前に，分岐先を予測して命令を実行するものはどれか。

　　ア　アウトオブオーダー実行　　　　イ　遅延分岐
　　ウ　投機実行　　　　　　　　　　　エ　レジスタリネーミング

問10　ファイルシステムをフラッシュメモリで構成するとき，ブロックごとの書換え回数を管理することによって，フラッシュメモリの寿命を延ばす技術はどれか。

　　ア　ウェアレベリング
　　イ　ジャーナリング
　　ウ　デフラグ
　　エ　ライトアンプリフィケーション

問11　画面表示用フレームバッファがユニファイドメモリ方式であるシステムの特徴はどれか。

　　ア　主記憶とは別に専用のフレームバッファをもつ。
　　イ　主記憶の一部を表示領域として使用する。
　　ウ　シリアル接続した表示デバイスに，描画コマンドを用いて表示する。
　　エ　表示リフレッシュが不要である。

問12 SAN (Storage Area Network) におけるサーバとストレージの接続形態の説明として，適切なものはどれか。

    ア　シリアル ATA などの接続方式によって内蔵ストレージとして 1 対 1 に接続する。

    イ　ファイバチャネルなどによる専用ネットワークで接続する。

    ウ　プロトコルは CIFS (Common Internet File System) を使用し，LAN で接続する。

    エ　プロトコルは NFS (Network File System) を使用し，LAN で接続する。

問13 システムの性能を向上させるための方法として，スケールアウトが適しているシステムはどれか。

    ア　一連の大きな処理を一括して実行しなければならないので，並列処理が困難な処理が中心のシステム

    イ　参照系のトランザクションが多いので，複数のサーバで分散処理を行っているシステム

    ウ　データを追加するトランザクションが多いので，データの整合性を取るためのオーバーヘッドを小さくしなければならないシステム

    エ　同一のマスターデータベースがシステム内に複数配置されているので，マスターを更新する際にはデータベース間で整合性を保持しなければならないシステム

問14 IaC (Infrastructure as Code) に関する記述として，最も適切なものはどれか。

ア インフラストラクチャの自律的なシステム運用を実現するために，インシデント
への対応手順をコードに定義すること

イ 各種開発支援ツールを利用するために，ツールの連携手順をコードに定義するこ
と

ウ 継続的インテグレーションを実現するために，アプリケーションの生成手順や試
験の手順をコードに定義すること

エ ソフトウェアによる自動実行を可能にするために，システムの構成や状態をコー
ドに定義すること

問15 アクティブ－スタンバイ構成の2台のサーバから成るシステムがある。各サーバの
MTBF は 99 時間，MTTR は 10 時間，フェールオーバーに要する時間は 2 時間であると
き，このシステムの稼働率はおよそ幾らか。ここで，二重に障害は発生しないものと
する。

ア 0.82 　　　イ 0.89 　　　ウ 0.91 　　　エ 0.98

問16　ページング方式の仮想記憶において，あるプログラムを実行したとき，1 回のページフォールトの平均処理時間は 30 ミリ秒であった。ページフォールト発生時の処理時間が次の条件であったとすると，ページアウトを伴わないページインだけの処理の割合は幾らか。

〔ページフォールト発生時の処理時間〕
　(1) ページアウトを伴わない場合，ページインの処理時間は 20 ミリ秒である。
　(2) ページアウトを伴う場合，置換えページの選択，ページアウト，ページインの合計処理時間は 60 ミリ秒である。

　ア　0.25　　　　　イ　0.33　　　　　ウ　0.67　　　　　エ　0.75

問17　プリエンプティブな優先度ベースのスケジューリングで実行する二つの周期タスク A 及び B がある。タスク B が周期内に処理を完了できるタスク A 及び B の最大実行時間及び周期の組合せはどれか。ここで，タスク A の方がタスク B より優先度が高く，かつ，タスク A と B の共有資源はなく，タスク切替え時間は考慮しないものとする。また，時間及び周期の単位はミリ秒とする。

ア

	タスクの最大実行時間	タスクの周期
タスクA	2	4
タスクB	3	8

イ

	タスクの最大実行時間	タスクの周期
タスクA	3	6
タスクB	4	9

ウ

	タスクの最大実行時間	タスクの周期
タスクA	3	5
タスクB	5	13

エ

	タスクの最大実行時間	タスクの周期
タスクA	4	6
タスクB	5	15

問18　あるコンピュータ上で，当該コンピュータとは異なる命令形式のコンピュータで実行できる目的プログラムを生成する言語処理プログラムはどれか。

　　ア　エミュレーター　　　　　　　　　イ　クロスコンパイラ
　　ウ　最適化コンパイラ　　　　　　　　エ　プログラムジェネレーター

問19　Linux カーネルの説明として，適切なものはどれか。

　　ア　CUI によるコマンド入力のためのシェルと呼ばれるソフトウェアが組み込まれていて，文字での操作が可能である。
　　イ　GUI を利用できるデスクトップ環境が組み込まれていて，マウスを使った直感的な操作が可能である。
　　ウ　Web ブラウザ，ワープロソフト，表計算ソフトなどが含まれており，Linux カーネルだけで多くの業務が行える。
　　エ　プロセス管理やメモリ管理などの，アプリケーションソフトウェアが動作するための基本機能を提供する。

問20　FPGA の説明として，適切なものはどれか。

　　ア　電気的に記憶内容の書換えを行うことができる不揮発性メモリ
　　イ　特定の分野及びアプリケーション用に限定した特定用途向け汎用集積回路
　　ウ　浮動小数点数の演算を高速に実行する演算ユニット
　　エ　論理回路を基板上に実装した後で再プログラムできる集積回路

問21　MOS トランジスタの説明として，適切なものはどれか。

ア　pn 接合における電子と正孔の再結合によって光を放出するという性質を利用した半導体素子

イ　pn 接合部に光が当たると電流が発生するという性質を利用した半導体素子

ウ　金属と半導体との間に酸化物絶縁体を挟んだ構造をもつことが特徴の半導体素子

エ　逆方向電圧をある電圧以上印加すると，電流だけが増加し電圧がほぼ一定に保たれるという特性をもつ半導体素子

問22　図の論理回路において，S＝1，R＝1，X＝0，Y＝1 のとき，S を一旦 0 にした後，再び 1 に戻した。この操作を行った後の X，Y の値はどれか。

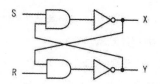

ア　X＝0，Y＝0　　　イ　X＝0，Y＝1　　　ウ　X＝1，Y＝0　　　エ　X＝1，Y＝1

問23　真理値表に示す3入力多数決回路はどれか。

入力			出力
A	B	C	Y
0	0	0	0
0	0	1	0
0	1	0	0
0	1	1	1
1	0	0	0
1	0	1	1
1	1	0	1
1	1	1	1

ア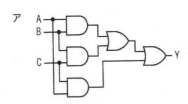

イ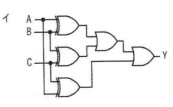

ウ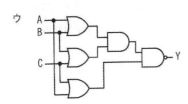

エ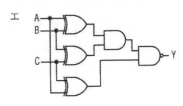

問24　JIS X 9303-1:2006（ユーザシステムインタフェース及びシンボルーアイコン及び
　　　機能ーアイコン一般）で規定されているアイコンの習得性の説明はどれか。

　　ア　アイコンによって表現されたシステム機能が，それが理解された後に，どれだけ
　　　　容易に思い出すことができるかを示す。
　　イ　アイコンの図柄の詳細を，どれだけ容易に区別できるかを示す。
　　ウ　同じ又は類似したアイコンによる以前の経験に基づいて，どれだけ容易にアイコ
　　　　ンを識別できるかを示す。
　　エ　空間的，時間的又は文脈的に近くに表示された別のアイコンから，与えられたア
　　　　イコンをどれだけ容易に区別できるかを示す。

問25　バーチャルリアリティに関する記述のうち，レンダリングの説明はどれか。

　　ア　ウェアラブルカメラ，慣性センサーなどを用いて非言語情報を認識する処理
　　イ　仮想世界の情報をディスプレイに描画可能な形式の画像に変換する処理
　　ウ　視覚的に現実世界と仮想世界を融合させるために，それぞれの世界の中に定義さ
　　　　れた3次元座標を一致させる処理
　　エ　時間経過とともに生じる物の移動などの変化について，モデル化したものを物理
　　　　法則などに当てはめて変化させる処理

問26　"売上"表への次の検索処理のうち，B⁺木インデックスよりもハッシュインデックスを設定した方が適切なものはどれか。ここで，インデックスを設定する列を＜＞内に示す。

売上（伝票番号，売上年月日，商品名，利用者 ID，店舗番号，売上金額）

ア　売上金額が1万円以上の売上を検索する。＜売上金額＞

イ　売上年月日が今月の売上を検索する。＜売上年月日＞

ウ　商品名が 'DB' で始まる売上を検索する。＜商品名＞

エ　利用者 ID が '1001' の売上を検索する。＜利用者 ID＞

問27　関係モデルにおける外部キーの説明として，適切なものはどれか。

ア　ある関係の候補キーを参照する属性，又は属性の組

イ　主キー以外で，タプルを一意に識別できる属性，又は属性の組

ウ　タプルを一意に識別できる属性，又は属性の組の集合のうち極小のもの

エ　タプルを一意に識別できる属性，又は属性の組を含む集合

問28　更新可能なビューを作成する SQL 文はどれか。ここで，SQL 文中に現れる基底表は全て更新可能とする。

ア　CREATE VIEW 高額商品(商品番号, 商品名, 商品単価)
　　AS SELECT 商品番号, 商品名, 商品単価 FROM 商品 WHERE 商品単価 > 1000

イ　CREATE VIEW 受注商品(商品番号)
　　AS SELECT DISTINCT 商品番号 FROM 受注

ウ　CREATE VIEW 商品受注(商品番号, 受注数量)
　　AS SELECT 商品番号, SUM(受注数量) FROM 受注 GROUP BY 商品番号

エ　CREATE VIEW 商品平均受注数量(平均受注数量)
　　AS SELECT AVG(受注数量) FROM 受注

問29 "製品"表と"在庫"表に対し，次の SQL 文を実行した結果として得られる表の行数は幾つか。

```
SELECT DISTINCT 製品番号 FROM 製品
    WHERE NOT EXISTS (SELECT 製品番号 FROM 在庫
        WHERE 在庫数 > 30 AND 製品.製品番号 = 在庫.製品番号)
```

製品

製品番号	製品名	単価
AB1805	CD-ROM ドライブ	15,000
CC5001	デジタルカメラ	65,000
MZ1000	プリンタ A	54,000
XZ3000	プリンタ B	78,000
ZZ9900	イメージスキャナ	98,000

在庫

倉庫コード	製品番号	在庫数
WH100	AB1805	20
WH100	CC5001	200
WH100	ZZ9900	130
WH101	AB1805	150
WH101	XZ3000	30
WH102	XZ3000	20
WH102	ZZ9900	10
WH103	CC5001	40

ア 1 イ 2 ウ 3 エ 4

問30 DBMS をシステム障害発生後に再立上げするとき，ロールフォワードすべきトラン
ザクションとロールバックすべきトランザクションの組合せとして，適切なものはど
れか。ここで，トランザクションの中で実行される処理内容は次のとおりとする。

トランザクション	データベースに対する Read 回数 と Write 回数
T1, T2	Read 10, Write 20
T3, T4	Read 100
T5, T6	Read 20, Write 10

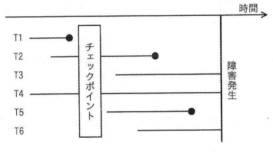

──────── はコミットされていないトランザクションを示す。
────────● はコミットされたトランザクションを示す。

	ロールフォワード	ロールバック
ア	T2, T5	T6
イ	T2, T5	T3, T6
ウ	T1, T2, T5	T6
エ	T1, T2, T5	T3, T6

問31 100 M ビット／秒の LAN を使用し，1 件のレコード長が1,000 バイトの電文を1,000
件連続して伝送するとき，伝送時間は何秒か。ここで，LAN の伝送効率は50%とする。

ア 0.02　　　　イ 0.08　　　　ウ 0.16　　　　エ 1.6

問32 プライベート IP アドレスを割り当てられた PC が NAPT（IP マスカレード）機能をもつルータを経由して，インターネット上の Web サーバにアクセスしている。Web サーバから PC への応答パケットに含まれるヘッダー情報のうち，このルータで書き換えられるフィールドの組合せとして，適切なものはどれか。ここで，表中の ○ はフィールドの情報が書き換えられることを表す。

	宛先 IP アドレス	送信元 IP アドレス	宛先ポート番号	送信元ポート番号
ア	○	○		
イ	○		○	
ウ		○		○
エ			○	○

問33 TCP/IP 環境において，ping によってホストの接続確認をするときに使用されるプロトコルはどれか。

ア CHAP   イ ICMP   ウ SMTP   エ SNMP

問34 サブネットマスクが 255.255.252.0 のとき，IP アドレス 172.30.123.45 のホストが属するサブネットワークのアドレスはどれか。

ア 172.30.3.0   イ 172.30.120.0   ウ 172.30.123.0   エ 172.30.252.0

問35　IPv4 ネットワークにおけるマルチキャストの使用例に関する記述として，適切なものはどれか。

ア　LAN に初めて接続する PC が，DHCP プロトコルを使用して，自分自身に割り当てられる IP アドレスを取得する際に使用する。

イ　ネットワーク機器が，ARP プロトコルを使用して，宛先 IP アドレスから MAC アドレスを得るためのリクエストを送信する際に使用する。

ウ　メーリングリストの利用者が，SMTP プロトコルを使用して，メンバー全員に対し，同一内容の電子メールを一斉送信する際に使用する。

エ　ルータが RIP-2 プロトコルを使用して，隣接するルータのグループに，経路の更新情報を送信する際に使用する。

問36　パスワードクラック手法の一種である，レインボーテーブル攻撃に該当するものはどれか。

ア　何らかの方法で事前に利用者 ID と平文のパスワードのリストを入手しておき，複数のシステム間で使い回されている利用者 ID とパスワードの組みを狙って，ログインを試行する。

イ　パスワードに成り得る文字列の全てを用いて，総当たりでログインを試行する。

ウ　平文のパスワードとハッシュ値をチェーンによって管理するテーブルを準備しておき，それを用いて，不正に入手したハッシュ値からパスワードを解読する。

エ　利用者の誕生日，電話番号などの個人情報を言葉巧みに聞き出して，パスワードを類推する。

問37　楕円曲線暗号の特徴はどれか。

ア　RSA 暗号と比べて，短い鍵長で同レベルの安全性が実現できる。

イ　共通鍵暗号方式であり，暗号化や復号の処理を高速に行うことができる。

ウ　総当たりによる解読が不可能なことが，数学的に証明されている。

エ　データを秘匿する目的で用いる場合，復号鍵を秘密にしておく必要がない。

問38　自社の中継用メールサーバで，接続元 IP アドレス，電子メールの送信者のメール
　　　アドレスのドメイン名，及び電子メールの受信者のメールアドレスのドメイン名から
　　　成るログを取得するとき，外部ネットワークからの第三者中継と判断できるログはど
　　　れか。ここで，AAA.168.1.5 と AAA.168.1.10 は自社のグローバル IP アドレスとし，
　　　BBB.45.67.89 と BBB.45.67.90 は社外のグローバル IP アドレスとする。a.b.c は自社
　　　のドメイン名とし，a.b.d と a.b.e は他社のドメイン名とする。また，IP アドレスと
　　　ドメイン名は詐称されていないものとする。

	接続元 IP アドレス	電子メールの送信者の メールアドレスの ドメイン名	電子メールの受信者の メールアドレスの ドメイン名
ア	AAA.168.1.5	a.b.c	a.b.d
イ	AAA.168.1.10	a.b.c	a.b.c
ウ	BBB.45.67.89	a.b.d	a.b.e
エ	BBB.45.67.90	a.b.d	a.b.c

問39 JPCERT コーディネーションセンター "CSIRT ガイド（2021 年 11 月 30 日）"では，CSIRT を機能とサービス対象によって六つに分類しており，その一つにコーディネーションセンターがある。コーディネーションセンターの機能とサービス対象の組合せとして，適切なものはどれか。

	機能	サービス対象
ア	インシデント対応の中で，CSIRT 間の情報連携，調整を行う。	他の CSIRT
イ	インシデントの傾向分析やマルウェアの解析，攻撃の痕跡の分析を行い，必要に応じて注意を喚起する。	関係組織，国又は地域
ウ	自社製品の脆弱性に対応し，パッチ作成や注意喚起を行う。	自社製品の利用者
エ	組織内 CSIRT の機能の一部又は全部をサービスプロバイダとして，有償で請け負う。	顧客

問40 JIS Q 27000 : 2019（情報セキュリティマネジメントシステム―用語）において，認可されていない個人，エンティティ又はプロセスに対して，情報を使用させず，また，開示しない特性として定義されているものはどれか。

ア 機密性　　　イ 真正性　　　ウ 認証　　　エ 否認防止

問41 暗号機能を実装した IoT 機器における脅威のうち，サイドチャネル攻撃に該当するものはどれか。

ア 暗号化関数を線形近似する式を導き，その線形近似式から秘密情報の取得を試みる。

イ 機器が発する電磁波を測定することによって秘密情報の取得を試みる。

ウ 二つの平文の差とそれぞれの暗号文の差の関係から，秘密情報の取得を試みる。

エ 理論的にあり得る復号鍵の全てを機器に入力して秘密情報の取得を試みる。

問42 セキュアブートの説明はどれか。

ア BIOS にパスワードを設定し，PC 起動時に BIOS のパスワード入力を要求することによって，OS の不正な起動を防ぐ技術

イ HDD 又は SSD にパスワードを設定し，PC 起動時に HDD 又は SSD のパスワード入力を要求することによって，OS の不正な起動を防ぐ技術

ウ PC の起動時に OS のプログラムやドライバのデジタル署名を検証し，デジタル署名が有効なものだけを実行することによって，OS 起動完了前のマルウェアの実行を防ぐ技術

エ マルウェア対策ソフトを OS のスタートアッププログラムに登録し，OS 起動時に自動的にマルウェアスキャンを行うことによって，マルウェアの被害を防ぐ技術

問43　PC のストレージ上の重要なデータを保護する方法のうち，ランサムウェア感染に
よる被害の低減に効果があるものはどれか。

　　ア　WORM (Write Once Read Many) 機能を有するストレージを導入して，そこに重要
　　　　なデータをバックアップする。
　　イ　ストレージを RAID5 構成にして，1 台のディスク故障時にも重要なデータを利用
　　　　可能にする。
　　ウ　内蔵ストレージを増設して，重要なデータを常時レプリケーションする。
　　エ　ネットワーク上のストレージの共有フォルダをネットワークドライブに割り当て
　　　　て，そこに重要なデータをバックアップする。

問44　DKIM (DomainKeys Identified Mail) に関する記述のうち，適切なものはどれか。

　　ア　送信側のメールサーバで電子メールにデジタル署名を付与し，受信側のメールサ
　　　　ーバでそのデジタル署名を検証して送信元ドメインの認証を行う。
　　イ　送信者が電子メールを送信するとき，送信側のメールサーバは，送信者が正規の
　　　　利用者かどうかの認証を利用者 ID とパスワードによって行う。
　　ウ　送信元ドメイン認証に失敗した際の電子メールの処理方法を記載したポリシーを
　　　　DNS サーバに登録し，電子メールの認証結果を監視する。
　　エ　電子メールの送信元ドメインでメール送信に使うメールサーバの IP アドレスを
　　　　DNS サーバに登録しておき，受信側で送信元ドメインの DNS サーバに登録されてい
　　　　る IP アドレスと電子メールの送信元メールサーバの IP アドレスとを照合する。

問45 DNSSEC についての記述のうち，適切なものはどれか。

ア DNS サーバへの問合せ時の送信元ポート番号をランダムに選択することによって，DNS 問合せへの不正な応答を防止する。

イ DNS の再帰的な問合せの送信元として許可するクライアントを制限することによって，DNS を悪用した DoS 攻撃を防止する。

ウ 共通鍵暗号方式によるメッセージ認証を用いることによって，正当な DNS サーバからの応答であることをクライアントが検証できる。

エ 公開鍵暗号方式によるデジタル署名を用いることによって，正当な DNS サーバからの応答であることをクライアントが検証できる。

問46 問題を引き起こす可能性があるデータを大量に入力し，そのときの応答や挙動を監視することによって，ソフトウェアの脆弱性を検出するテスト手法はどれか。

ア 限界値分析　　イ 実験計画法　　ウ ファジング　　エ ロードテスト

問47 アプリケーションソフトウェアの開発環境上で，用意された部品やテンプレートを GUI による操作で組み合わせたり，必要に応じて一部の処理のソースコードを記述したりして，ソフトウェアを開発する手法はどれか。

ア 継続的インテグレーション　　　　イ ノーコード開発
ウ プロトタイピング　　　　　　　　エ ローコード開発

問48　問題は発生していないが，プログラムの仕様書と現状のソースコードとの不整合を
　　　解消するために，リバースエンジニアリングの手法を使って仕様書を作成し直す。こ
　　　れはソフトウェア保守のどの分類に該当するか。

　　　ア　完全化保守　　　　　　　　　　イ　是正保守
　　　ウ　適応保守　　　　　　　　　　　エ　予防保守

問49　アジャイルソフトウェア開発宣言では，"あることがらに価値があることを認めな
　　　がらも別のことがらにより価値をおく"としている。"別のことがら"に該当するも
　　　のの組みはどれか。

　　　ア　個人と対話，動くソフトウェア，顧客との協調，変化への対応
　　　イ　個人と対話，包括的なドキュメント，顧客との協調，計画に従うこと
　　　ウ　プロセスやツール，動くソフトウェア，契約交渉，変化への対応
　　　エ　プロセスやツール，包括的なドキュメント，契約交渉，計画に従うこと

問50　組込みシステムのソフトウェア開発に使われる IDE の説明として，適切なものはど
　　　れか。

　　　ア　エディター，コンパイラ，リンカ，デバッガなどが一体となったツール
　　　イ　専用のハードウェアインタフェースで CPU の情報を取得する装置
　　　ウ　ターゲット CPU を搭載した評価ボードなどの実行環境
　　　エ　タスクスケジューリングの仕組みなどを提供するソフトウェア

問51 PMBOK ガイド 第 7 版によれば，プロジェクト・スコープ記述書に記述する項目は
どれか。

ア WBS
イ コスト見積額
ウ ステークホルダー分類
エ プロジェクトの除外事項

問52 システム開発のプロジェクトにおいて，EVM を活用したパフォーマンス管理をして
いる。開発途中のある時点で EV－PV の値が負であるとき，どのような状況を示して
いるか。

ア スケジュール効率が，計画よりも良い。
イ プロジェクトの完了が，計画よりも遅くなる。
ウ プロジェクトの進捗が，計画よりも遅れている。
エ プロジェクトの進捗が，計画よりも進んでいる。

問53　プロジェクトのスケジュールを短縮したい。当初の計画は図1のとおりである。作業 E を作業 E1，E2，E3 に分けて，図2のとおりに計画を変更すると，スケジュールは全体で何日短縮できるか。

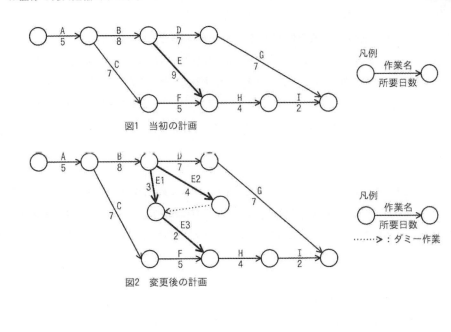

図1　当初の計画

図2　変更後の計画

ア　1　　　　　　イ　2　　　　　　ウ　3　　　　　　エ　4

問54　プロジェクトマネジメントにおいて，コンティンジェンシー計画を作成するプロセスはどれか。

ア　リスクの管理　　　　　　　　イ　リスクの特定
ウ　リスクの評価　　　　　　　　エ　リスクへの対応

問55　サービスマネジメントシステム（SMS）における是正処置の説明はどれか。

ア　検出された不適合又はほかの望ましくない状況の原因を除去する，又は再発の起こりやすさを低減するための処置

イ　構成品目の変更の展開に伴って，構成情報を更新する処置

ウ　パフォーマンスを向上するために繰り返し行われる活動であって，SMS 及びサービスの適切性，妥当性及び有効性を継続的に改善するための処置

エ　問題を"記録・分類"し，"優先度付け"し，"必要ならばエスカレーション"し，"可能ならば解決する"一連の処置

問56　Y 社は，受注管理システムを運用し，顧客に受注管理サービスを提供している。日数が 30 日，月曜日の回数が 4 回である月において，サービス提供条件を達成するために許容されるサービスの停止時間は最大何時間か。ここで，サービスの停止時間は，小数第 1 位を切り捨てるものとする。

〔サービス提供条件〕
・サービスは，計画停止時間を除いて，毎日 0 時から 24 時まで提供する。
・計画停止は，毎週月曜日の 0 時から 6 時まで実施する。
・サービスの可用性は 99％以上とする。

ア　0　　　　　　イ　6　　　　　　ウ　7　　　　　　エ　13

問57　フルバックアップ方式と差分バックアップ方式とを用いた運用に関する記述のうち，適切なものはどれか。

　ア　障害からの復旧時に差分バックアップのデータだけ処理すればよいので，フルバックアップ方式に比べ，差分バックアップ方式は復旧時間が短い。

　イ　フルバックアップのデータで復元した後に，差分バックアップのデータを反映させて復旧する。

　ウ　フルバックアップ方式と差分バックアップ方式とを併用して運用することはできない。

　エ　フルバックアップ方式に比べ，差分バックアップ方式はバックアップに要する時間が長い。

問58　システム監査人が作成する監査調書に関する記述として，適切なものはどれか。

　ア　監査調書の作成は任意であり，作成しなくても問題はない。

　イ　監査調書は，監査人自身の行動記録であり，監査チーム内でも他の監査人と共有すべきではない。

　ウ　監査調書は，監査の結論を支える合理的な根拠とするために，発見した事実及び発見事実に関する所見を記載する。

　エ　監査調書は，保管の必要がない監査人の備忘録である。

問59 販売管理システムにおいて，起票された受注伝票の入力が，漏れなく，かつ，重複することなく実施されていることを確かめる監査手続として，適切なものはどれか。

ア　受注データから値引取引データなどの例外取引データを抽出し，承認の記録を確かめる。

イ　受注伝票の入力時に論理チェック及びフォーマットチェックが行われているか，テストデータ法で確かめる。

ウ　販売管理システムから出力したプルーフリストと受注伝票との照合が行われているか，プルーフリストと受注伝票上の照合印を確かめる。

エ　並行シミュレーション法を用いて，受注伝票を処理するプログラムの論理の正確性を確かめる。

問60 金融庁"財務報告に係る内部統制の評価及び監査に関する実施基準（令和元年）"における"ITへの対応"に関する記述のうち，適切なものはどれか。

ア　IT環境とは，企業内部に限られた範囲でのITの利用状況である。

イ　ITの統制は，ITに係る全般統制及びITに係る業務処理統制から成る。

ウ　ITの利用によって統制活動を自動化している場合，当該統制活動は有効であると評価される。

エ　ITを利用せず手作業だけで内部統制を運用している場合，直ちに内部統制の不備となる。

問61　バックキャスティングの説明として，適切なものはどれか。

　　ア　システム開発において，先にプロジェクト要員を確定し，リソースの範囲内で優
　　　先すべき機能から順次提供する開発手法
　　イ　前提として認識すべき制約を受け入れた上で未来のありたい姿を描き，予想され
　　　る課題や可能性を洗い出し解決策を検討することによって，ありたい姿に近づける
　　　思考方法
　　ウ　組織において，下位から上位への発議を受け付けて経営の意思決定に反映するマ
　　　ネジメント手法
　　エ　投資戦略の有効性を検証する際に，過去のデータを用いてどの程度の利益が期待
　　　できるかをシミュレーションする手法

問62　A社は，ソリューションプロバイダから，顧客に対するワントゥワンマーケティン
　　グを実現する統合的なソリューションの提案を受けた。この提案に該当するソリュー
　　ションとして，最も適切なものはどれか。

　　ア　CRMソリューション　　　　　　イ　HRMソリューション
　　ウ　SCMソリューション　　　　　　エ　財務管理ソリューション

問63 SOA を説明したものはどれか。

ア 企業改革において既存の組織やビジネスルールを抜本的に見直し，業務フロー，
　　管理機構及び情報システムを再構築する手法のこと

イ 企業の経営資源を有効に活用して経営の効率を向上させるために，基幹業務を部
　　門ごとではなく統合的に管理するための業務システムのこと

ウ 発注者と IT アウトソーシングサービス提供者との間で，サービスの品質につい
　　て合意した文書のこと

エ ビジネスプロセスの構成要素とそれを支援する IT 基盤を，ソフトウェア部品で
　　あるサービスとして提供するシステムアーキテクチャのこと

問64 IT 投資効果の評価方法において，キャッシュフローベースで初年度の投資による
　　キャッシュアウトを何年後に回収できるかという指標はどれか。

ア IRR (Internal Rate of Return)　　　イ NPV (Net Present Value)

ウ PBP (Pay Back Period)　　　　　　 エ ROI (Return On Investment)

問65 システム開発の成果物が利害関係者の要件（要求事項）を満たしているという客観
　　的な証拠を得るための検証手法として，JIS X 0166:2021（システム及びソフトウェ
　　ア技術ーライフサイクルプロセスー要求エンジニアリング）では，インスペクション，
　　分析又はシミュレーション，デモンストレーション，テストを挙げている。これらの
　　うち，成果物となる文書について要件（要求事項）への遵守度合いを検査するものは
　　どれか。

ア インスペクション　　　　　　　　　　イ テスト

ウ デモンストレーション　　　　　　　　エ 分析又はシミュレーション

問66 半導体メーカーが行っているファウンドリーサービスの説明として，適切なものは
どれか。

　　ア　商号や商標の使用権とともに，一定地域内での商品の独占販売権を与える。
　　イ　自社で半導体製品の企画，設計から製造までを一貫して行い，それを自社ブラン
　　　　ドで販売する。
　　ウ　製造設備をもたず，半導体製品の企画，設計及び開発を専門に行う。
　　エ　他社からの製造委託を受けて，半導体製品の製造を行う。

問67　H. I. アンゾフが提唱した成長マトリクスを説明したものはどれか。

　　ア　既存製品か新製品かという製品軸と既存市場か新市場かという市場軸の両軸で捉
　　　　え，事業成長戦略を考える。
　　イ　コストで優位に立つかコスト以外で差別化するか，ターゲットを広くするか集中
　　　　するかによって戦略を考える。
　　ウ　市場成長率が高いか低いか，相対的市場シェアが大きいか小さいかによって事業
　　　　を捉え，資源配分の戦略を考える。
　　エ　自社の内部環境の強みと弱み，取り巻く外部環境の機会と脅威を抽出し，取組方
　　　　針を整理して戦略を考える。

問68　顧客から得る同意の範囲を段階的に広げながら，プロモーションを行うことが特徴
　　　的なマーケティング手法はどれか。

　　ア　アフィリエイトマーケティング　　　イ　差別型マーケティング
　　ウ　パーミッションマーケティング　　　エ　バイラルマーケティング

問69 市場を消費者特性でセグメント化する際に，基準となる変数を，地理的変数，人口統計的変数，心理的変数，行動的変数に分類するとき，人口統計的変数に分類されるものはどれか。

ア 社交性などの性格　　　　　　　イ 職業
ウ 人口密度　　　　　　　　　　　エ 製品の使用割合

問70 オープンイノベーションの説明として，適切なものはどれか。

ア 外部の企業に製品開発の一部を任せることで，短期間で市場へ製品を投入する。
イ 顧客に提供する製品やサービスを自社で開発することで，新たな価値を創出する。
ウ 自社と外部組織の技術やアイディアなどを組み合わせることで創出した価値を，さらに外部組織へ提供する。
エ 自社の業務の工程を見直すことで，生産性向上とコスト削減を実現する。

問71 CPS（サイバーフィジカルシステム）を活用している事例はどれか。

ア 仮想化された標準的なシステム資源を用意しておき，業務内容に合わせてシステムの規模や構成をソフトウェアによって設定する。
イ 機器を販売するのではなく貸し出し，その機器に組み込まれたセンサーで使用状況を検知し，その情報を基に利用者から利用料金を徴収する。
ウ 業務処理機能やデータ蓄積機能をサーバにもたせ，クライアント側はネットワーク接続と最小限の入出力機能だけをもたせてデスクトップの仮想化を行う。
エ 現実世界の都市の構造や活動状況のデータによって仮想世界を構築し，災害の発生や時間軸を自由に操作して，現実世界では実現できないシミュレーションを行う。

問72 個人が，インターネットを介して提示された単発の仕事を受託する働き方や，それによって形成される経済形態を表すものはどれか。

ア APIエコノミー　　　　　　　　イ ギグエコノミー
ウ シャドーエコノミー　　　　　　エ トークンエコノミー

問73 スマートファクトリーで使用されるAIを用いたマシンビジョンの目的として，適切なものはどれか。

ア 作業者が装着したVRゴーグルに作業プロセスを表示することによって，作業効率を向上させる。
イ 従来の人間の目視検査を自動化し，検査効率を向上させる。
ウ 需要予測を目的として，クラウドに蓄積した入出荷データを用いて機械学習を行い，生産数の最適化を行う。
エ 設計変更内容を，AIを用いて吟味して，製造現場に正確に伝達する。

問74 BCM（Business Continuity Management）において考慮すべきレジリエンスの説明はどれか。

ア 競争力の源泉となる，他社に真似のできない自社固有の強み
イ 想定される全てのリスクを回避して事業継続を行う方針
ウ 大規模災害などの発生時に事業の継続を可能とするために事前に策定する計画
エ 不測の事態が生じた場合の組織的対応力や，支障が生じた事業を復元させる力

問75 リーダーシップ論のうち，F．E．フィードラーが提唱するコンティンジェンシー理論の特徴はどれか。

ア 優れたリーダーシップを発揮する，リーダー個人がもつ性格，知性，外観などの個人的資質の分析に焦点を当てている。

イ リーダーシップのスタイルについて，目標達成能力と集団維持能力の二つの次元に焦点を当てている。

ウ リーダーシップの有効性は，部下の成熟（自律性）の度合いという状況要因に依存するとしている。

エ リーダーシップの有効性は，リーダーがもつパーソナリティと，リーダーがどれだけ統制力や影響力を行使できるかという状況要因に依存するとしている。

問76 発生した故障について，発生要因ごとの件数の記録を基に，故障発生件数で上位を占める主な要因を明確に表現するのに適している図法はどれか。

ア 特性要因図　　　　　　　　　　　イ パレート図
ウ マトリックス図　　　　　　　　　エ 連関図

問77 取得原価 30 万円の PC を 2 年間使用した後，廃棄処分し，廃棄費用 2 万円を現金で支払った。このときの固定資産の除却損は廃棄費用も含めて何万円か。ここで，耐用年数は 4 年，減価償却方法は定額法，定額法の償却率は 0.250，残存価額は 0 円とする。

ア 9.5　　　　　　　イ 13.0　　　　　　ウ 15.0　　　　　　エ 17.0

問78 プログラムの著作物について,著作権法上,適法である行為はどれか。

    ア 海賊版を複製したプログラムと事前に知りながら入手し,業務で使用した。

    イ 業務処理用に購入したプログラムを複製し,社内教育用として各部門に配布した。

    ウ 職務著作のプログラムを,作成した担当者が独断で複製し,他社に貸与した。

    エ 処理速度を向上させるために,購入したプログラムを改変した。

問79 匿名加工情報取扱事業者が,適正な匿名加工を行った匿名加工情報を第三者提供する際の義務として,個人情報保護法に規定されているものはどれか。

    ア 第三者に提供される匿名加工情報に含まれる個人に関する情報の項目及び提供方法を公表しなければならない。

    イ 第三者へ提供した場合は,速やかに個人情報保護委員会へ提供した内容を報告しなければならない。

    ウ 第三者への提供の手段は,ハードコピーなどの物理的な媒体を用いることに限られる。

    エ 匿名加工情報であっても,第三者提供を行う際には事前に本人の承諾が必要である。

問80　図は，企業と労働者の関係を表している。企業Bと労働者Cの関係に関する記述のうち，適切なものはどれか。

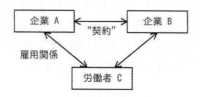

ア　"契約"が請負契約で，企業Aが受託者，企業Bが委託者であるとき，企業Bと労働者Cとの間には，指揮命令関係が生じる。

イ　"契約"が出向にかかわる契約で，企業Aが企業Bに労働者Cを出向させたとき，企業Bと労働者Cとの間には指揮命令関係が生じる。

ウ　"契約"が労働者派遣契約で，企業Aが派遣元，企業Bが派遣先であるとき，企業Bと労働者Cの間にも，雇用関係が生じる。

エ　"契約"が労働者派遣契約で，企業Aが派遣元，企業Bが派遣先であるとき，企業Bに労働者Cが出向しているといえる。

令和５年度　秋期
応用情報技術者試験
午後　問題

試験時間	13:00 ～ 15:30 （２時間 30 分）

注意事項

1. 試験開始及び終了は，監督員の時計が基準です。監督員の指示に従ってください。

2. 試験開始の合図があるまで，問題冊子を開いて中を見てはいけません。

3. <u>答案用紙への受験番号などの記入は，試験開始の合図があってから始めてください。</u>

4. 問題は，次の表に従って解答してください。

問題番号	問 1	問 2 ～ 問 11
選択方法	必須	4 問選択

5. 答案用紙の記入に当たっては，次の指示に従ってください。

　(1) B 又は HB の黒鉛筆又はシャープペンシルを使用してください。

　(2) **受験番号欄**に**受験番号**を，<u>生年月日欄</u>に<u>受験票の生年月日</u>を記入してください。正しく記入されていない場合は，採点されないことがあります。生年月日欄については，受験票の生年月日を訂正した場合でも，訂正前の生年月日を記入してください。

　(3) **選択した問題**については，右の例に従って，**選択欄の問題番号**を〇印で囲んでください。〇印がない場合は，採点されません。問 2～問 11 について，5 問以上〇印で囲んだ場合は，はじめの 4 問について採点します。

　(4) 解答は，問題番号ごとに指定された枠内に記入してください。

　(5) 解答は，丁寧な字ではっきりと書いてください。読みにくい場合は，減点の対象になります。

〔問 3，問 4，問 6，問 8 を選択した場合の例〕

注意事項は問題冊子の裏表紙に続きます。
こちら側から裏返して，必ず読んでください。

6. 退室可能時間中に退室する場合は，手を挙げて監督員に合図し，答案用紙が回収されてから静かに退室してください。

退室可能時間	13:40 ～ 15:20

7. **問題に関する質問にはお答えできません。**文意どおり解釈してください。

8. 問題冊子の余白などは，適宜利用して構いません。ただし，問題冊子を切り離して利用することはできません。

9. 試験時間中，机上に置けるものは，次のものに限ります。

   なお，会場での貸出しは行っていません。

   受験票，黒鉛筆及びシャープペンシル（B 又は HB），鉛筆削り，消しゴム，定規，時計（時計型ウェアラブル端末は除く。アラームなど時計以外の機能は使用不可），ハンカチ，ポケットティッシュ，目薬

   これら以外は机上に置けません。使用もできません。

10. 試験終了後，この問題冊子は持ち帰ることができます。

11. 答案用紙は，いかなる場合でも提出してください。回収時に提出しない場合は，採点されません。

12. 試験時間中にトイレへ行きたくなったり，気分が悪くなったりした場合は，手を挙げて監督員に合図してください。

〔問題一覧〕

●問1（必須）

問題番号	出題分野	テーマ
問1	情報セキュリティ	電子メールのセキュリティ対策

●問2～問11（10問中4問選択）

問題番号	出題分野	テーマ
問2	経営戦略	バランススコアカードを用いたビジネス戦略策定
問3	プログラミング	2分探索木
問4	システムアーキテクチャ	システム統合の方式設計
問5	ネットワーク	メールサーバの構築
問6	データベース	在庫管理システム
問7	組込みシステム開発	トマトの自動収穫を行うロボット
問8	情報システム開発	スレッド処理
問9	プロジェクトマネジメント	新たな金融サービスを提供するシステム開発プロジェクト
問10	サービスマネジメント	サービスレベル
問11	システム監査	情報システムに係るコンティンジェンシー計画の実効性の監査

問1　電子メールのセキュリティ対策に関する次の記述を読んで，設問に答えよ。

　　K社は，IT製品の卸売会社であり，300社の販売店に製品を卸している。K社では，8年前に従業員が，ある販売店向けの奨励金額が記載されたプロモーション企画書ファイルを添付した電子メール（以下，メールという）を，担当する全販売店の担当者宛てに誤送信するというセキュリティ事故が発生した。この事故を機に，メールの添付ファイルを，使い捨てのパスワード（以下，DPW という）によって復元可能な ZIP ファイルに変換する添付ファイル圧縮サーバを導入した。

　　添付ファイル圧縮サーバ導入後のメール送信手順を図1に示す。

（ i ）添付ファイル付きメール
（ ii ）添付ファイルが ZIP ファイルに変換されたメール
（iii）DPW 通知メール
（iv）DPW を記載したメール

凡例　──▶：メールの転送方向を示す。

図1　添付ファイル圧縮サーバ導入後のメール送信手順

〔現在のメール運用の問題点と対策〕

　　K社では，添付ファイル圧縮サーバを利用して，最初に DPW で復元可能な ZIP ファイルを添付したメール（以下，本文メールという）を送信し，その後，ZIP ファイルを復元するための DPW を記載したメール（以下，PW メールという）を送信することによって，メールのセキュリティを確保する方式（以下，この方式を PPAP という）を運用している。

　　しかし，現在運用している PPAP は，政府のある機関において中止するという方針が公表され，K 社の販売店や同業者の中でも PPAP の運用を止める動きが見られるようになった。

　　このような状況から，K 社の情報セキュリティ委員会は，自社の PPAP の運用上の問題点を検証することが必要であると判断して，情報セキュリティリーダーのL主任に，PPAP の運用上の問題点の洗い出しと，その改善策の検討を指示した。

　　L主任は，現在の PPAP の運用状況を調査して，次の二つの問題点を洗い出した。

(1)　①本文メールの宛先を確認せずに，本文メールと同じ宛先に対して PW メールを

送信している従業員が多い。

(2) ほとんどの従業員が，PW メールを本文メールと同じメールシステムを使用して送信している。したがって，本文メールが通信経路上で何らかの手段によって盗聴された場合，PW メールも盗聴されるおそれがある。

　問題点の(1)及び(2)は，ともに情報漏えいにつながるリスクがある。(1)の問題点を改善しても，(2)の問題点が残ることから，②L主任は(2)の問題点の改善策を考えた。しかし，運用面の改善によってリスクは低減できるが，時間とともに情報漏えいに対する意識が薄れると，改善策が実施されなくなるおそれがある。そこで，L主任は，より高度なセキュリティ対策を実施して，情報漏えいリスクを更に低減させる必要があると考え，安全なメールの送受信方式を調査した。

〔安全なメール送受信方式の検討〕

　L主任は，調査に当たって安全なメール送受信方式のための要件として，次の(ⅰ)～(ⅲ)を設定した。

(ⅰ) メールの本文及び添付ファイル（以下，メール内容という）を暗号化できること

(ⅱ) メール内容は，送信端末と受信端末との間の全ての区間で暗号化されていること

(ⅲ) 誤送信されたメールの受信者には，メール内容の復号が困難なこと

　これら三つの要件を満たす技術について調査した結果，S/MIME（Secure/Multipurpose Internet Mail Extensions）が該当することが分かった。S/MIME は，K社や販売店で使用している PC のメールソフトウェア（以下，メーラという）が対応しており導入しやすいとL主任は考えた。

〔S/MIME の調査〕

　まず，L主任は S/MIME について調査した。調査によって分かった内容を次に示す。

・S/MIME は，メールに電子署名を付加したり，メール内容を暗号化したりすることによってメールの安全性を高める標準規格の一つである。

・メールに電子署名を付加することによって，メーラによる電子署名の検証で，送信者を騙ったなりすましや③メール内容の改ざんが検知できる。公開鍵暗号と共通鍵暗号とを利用してメール内容を暗号化することによって，通信経路での盗聴や誤送信による情報漏えいリスクを低減できる。

・S/MIME を使用して電子署名や暗号化を行うために，認証局（以下，CA という）が発行した電子証明書を取得してインストールするなどの事前作業が必要となる。

メールへの電子署名の付加及びメール内容の検証の手順を表 1 に，メール内容の暗号化と復号の手順を表 2 に示す。

表1　メールへの電子署名の付加及びメール内容の検証の手順

送信側		受信側	
手順	処理内容	手順	処理内容
1.1	ハッシュ関数 h によってメール内容のハッシュ値 x を生成する。	1.4	電子署名を　　b　　で復号してハッシュ値 x を取り出す。
1.2	ハッシュ値 x を　　a　　で暗号化して電子署名を行う。	1.5	ハッシュ関数 h によってメール内容のハッシュ値 y を生成する。
1.3	送信者の電子証明書と電子署名付きのメールを送信する。	1.6	手順 1.4 で取り出したハッシュ値 x と手順 1.5 で生成したハッシュ値 y とを比較する。

表2　メール内容の暗号化と復号の手順

送信側		受信側	
手順	処理内容	手順	処理内容
2.1	送信者及び受信者が使用する共通鍵を生成し，④共通鍵でメール内容を暗号化する。	2.4	d　　で共通鍵を復号する。
2.2	c　　で共通鍵を暗号化する。	2.5	共通鍵でメール内容を復号する。
2.3	暗号化したメール内容と暗号化した共通鍵を送信する。		

〔S/MIME 導入に当たっての実施事項の検討〕

次に，L 主任は，S/MIME 導入に当たって実施すべき事項について検討した。

メーラは，⑤受信したメールに添付されている電子証明書の正当性について検証する。問題を検出すると，エラーが発生したと警告されるので，エラー発生時の対応方

法をまとめておく必要がある。そのほかに，受信者自身で電子証明書の内容を確認することも，なりすましを発見するのに有効であるので，受信者自身に実施を求める事項もあわせて整理する。

メール内容の暗号化を行う場合は，事前に通信相手との間で電子証明書を交換しておかなければならない。そこで，S/MIME 導入に当たって，S/MIME の適切な運用のために従業員向けの S/MIME の利用手引きを作成して，利用方法を周知することにする。

これらの検討結果を基に，L 主任は S/MIME の導入，導入に当たって実施すべき事項，導入までの間は PPAP の運用上の改善策を実施することなどを提案書にまとめ，情報セキュリティ委員会に提出した。提案内容が承認され S/MIME の導入が決定した。

設問1　〔現在のメール運用の問題点と対策〕について答えよ。

(1)　本文中の下線①によって発生するおそれのある，情報漏えいにつながる問題を，40 字以内で答えよ。

(2)　本文中の下線②について，盗聴による情報漏えいリスクを低減させる運用上の改善策を，30 字以内で答えよ。

設問2　〔S/MIME の調査〕について答えよ。

(1)　本文中の下線③が検知される手順はどれか。表 1，2 中の手順の番号で答えよ。

(2)　表 1，2 中の　　a　　～　　d　　に入れる適切な字句を解答群の中から選び，記号で答えよ。

解答群

　　ア　CA の公開鍵　　　　イ　CA の秘密鍵　　　　ウ　受信者の公開鍵

　　エ　受信者の秘密鍵　　　オ　送信者の公開鍵　　　カ　送信者の秘密鍵

(3)　表 2 中の下線④について，メール内容の暗号化に公開鍵暗号ではなく共通鍵暗号を利用する理由を，20 字以内で答えよ。

設問3　本文中の下線⑤について，電子証明書の正当性の検証に必要となる鍵の種類を解答群の中から選び，記号で答えよ。

解答群

　　ア　CA の公開鍵　　　　　イ　受信者の公開鍵　　　ウ　送信者の公開鍵

問2　バランススコアカードを用いたビジネス戦略策定に関する次の記述を読んで，設問
に答えよ。

　X 社は，大手の事務機器販売会社である。複写機をはじめ，様々な事務機器を顧客
に提供してきた。顧客の事業環境の急激な変化や市場の成熟化によって，X 社の利益
率は低下傾向であった。そこで，X 社の経営陣は，数年前に複数の IT 関連の商品や
サービスを組み合わせてソリューションとして提供することで，顧客の事業を支援す
るビジネス（以下，ソリューションビジネスという）を開始し，利益率向上を目指し
てきた。ソリューションビジネスは拡大し，売上高は全社売上高の 60%以上を占め
るまでになったが，思うように利益率が向上していない。X 社の経営陣は，利益率を
向上させて現在5%の ROE を 10%以上に高め，投資家の期待に応える必要があると考
えている。

　X 社の組織体制には，経営企画室，人材開発本部，ソリューション企画本部（以下，
S 企画本部という），営業本部などがある。人事評価制度として，目標管理制度を導
入しており，営業担当者は売上高を目標に設定し，達成度を管理している。営業本部
がビジネス戦略を立案し，S 企画本部が，IT 関連の商品やサービスを提供する企業
（以下，サービス事業者という）と協業してソリューションを開発していたが，X 社
の経営陣は，全社レベルで統一され，各本部が組織を横断して連携するビジネス戦略
が必要と考えた。

　X 社の経営陣は，次期の中期経営計画の策定に当たって，経営企画室の Y 室長にソ
リューションビジネスを拡大し，X 社の利益率を向上させるビジネス戦略を立案する
よう指示した。

〔ソリューションビジネスの現状分析〕
　Y 室長は，X 社の現状を分析し，次のように認識した。
・ソリューションの品ぞろえが少なく，また，顧客価値の低いソリューションや利益
　率の低いソリューションがある。
・新しい商品やサービスを取り扱っても，すぐに競合他社から同じ商品やサービスが
　販売され，差別化できない。
・ソリューションの提案活動では，多くのソリューション事例の知識及び顧客の事業

に関する知識を活用し，顧客の真のニーズを聞き出すスキルが求められるが，その
ような知識やスキルをもつ人材（以下，ソリューション人材という）が不足してい
る。その結果，顧客満足度調査では，ソリューション提案を求めても期待するよう
な提案が得られないとの回答もみられる。
・X 社のソリューションビジネスの市場認知度を高める必要があるが，現状では，顧
客に訴求できるような情報の発信力が不足している。
・提案活動の参考になる過去のソリューション事例を，サーバに登録することにして
いる。しかし，営業担当者は，自らの経験を公開することが人事評価にはつながら
ないので登録に積極的でなく，現在は蓄積されている件数が少ない。また，有益な
情報があっても探すのに時間が掛かり，提案のタイミングを逸して失注している。

〔ビジネス戦略の施策〕
　現状分析を踏まえて，Y 室長はビジネス戦略の施策を次のようにまとめ，これらの
施策を実施することによって，ROE を 10%以上に伸長させることとした。
（1）　人材開発
　　・ソリューション人材を育成する仕組みを確立する。具体的には，ソリューション
　　　人材の営業ノウハウを形式知化して社内で共有するとともに，ソリューション提
　　　案の研修を開催し，ソリューションの知識や顧客の真のニーズを聞き出すスキル，
　　　課題を発見・解決するスキルが乏しい営業担当者の教育に活用する。
　　・人事評価制度を見直し，営業担当者は売上高の目標達成に加えて，ソリューショ
　　　ン事例の登録数など，組織全体の営業力を高めることへの貢献度を評価する。ま
　　　た，S 企画本部の担当者に対しては，ソリューションごとの顧客満足度と販売実
　　　績の利益率を評価する。さらに，人材開発本部の担当者に対しては，開催した研
　　　修によって育成したソリューション人材の人数を評価する。
（2）　ソリューション開発
　　・顧客の事業環境の変化に対応してソリューションの品ぞろえを増やすため，専任
　　　チームを立ち上げ，多様な商品やサービスをもつサービス事業者との業務提携を
　　　拡大する。業務提携に当たっては，　　a　　権利を，そのサービス事業者か
　　　ら適法に取得することによって他社との差別化を図る。
　　・利益率の高いソリューション事例を抽出し，類似する顧客のニーズ・課題及び同
　　　規模の予算に適合するソリューションのパターン（以下，ソリューションパター

ンという）を整備する。

(3) 営業活動

・ソリューションパターンの提案を増やすことによって，顧客価値と利益率が高い
ソリューションの売上拡大を図る。

・X社のソリューションの市場認知度を高めるために，ソリューション事例を顧客
に訴求できる魅力的な情報として発信するなど，コンテンツマーケティングを行
う。

・顧客の真のニーズを満たす顧客価値を提供するために，営業本部とS企画本部と
が協力して開発するソリューションを活用して，営業活動を展開する。

〔バランススコアカード〕

Y室長は，ビジネス戦略の施策を具体化するために，①各部門の中期経営計画策定
担当者を集めて，表1に示すバランススコアカード案を作成した。

表1 バランススコアカード案

視点	戦略目標	重要成功要因	評価指標	アクション
財務	・ROE向上	・利益率の高いソリューションの売上の拡大	・売上高 ・営業利益 ・当期純利益	・利益率に基づくソリューションの選別
顧客	・ソリューション提供に対する顧客満足の改善	・顧客価値の高いソリューションの提供	・顧客満足度	・顧客の事業の支援につながるソリューションパターンの活用
	・ソリューションビジネスの市場認知度の向上	・顧客に訴求できる魅力的な情報の発信	・情報の発信数	・　　b　　の実施
業務プロセス	・ソリューションの高付加価値化	・ソリューション事例の有効活用 ・他社との差別化	・ソリューションパターン別の利益率 ・他社がまねできない商品やサービスの数	・ソリューション事例の登録の促進とソリューションパターンの整備 ・　　a　　権利の取得を含めたサービス事業者との契約交渉
	・顧客価値と利益率が高いソリューションの提案	・　　c	・提案件数	・ソリューションパターンに合わせた提案書の整理
	・ソリューションの品ぞろえの増加	・顧客の事業環境の変化に関する理解と対応 ・業務提携の拡大	・ソリューションの品ぞろえの数 ・　　d　　の数	・専任チームの編成
学習と成長	・ソリューション人材の増強	・ソリューション提案のスキルの定着	・ソリューション人材の人数	・ソリューション人材のノウハウの教材化 ・ソリューション提案の研修の開催

〔SECI モデルの適用〕

Y 室長は，バランススコアカードのアクションを組織的に推進する仕組みとして，②共同化（Socialization），表出化（Externalization），連結化（Combination），内面化（Internalization）のステップから成る SECI モデルの適用を考え，表2に示す活動を抽出した。

表2 SECI モデルの活動

記号	活動
A	営業担当者は，ソリューションパターンを活用した営業活動の実経験を通じて，顧客の理解を深める。
B	S 企画本部は，ソリューション事例を体系化しソリューションパターンとして社内で共有し，顧客の真のニーズに基づく営業活動の展開に活用する。
C	営業本部において，ソリューション人材とソリューションの提案に必要な知識やスキルが乏しい営業担当者を組んで行動させることで，営業ノウハウを広める。
D	営業本部では，ソリューション人材の営業活動の実績を，ソリューション事例として登録し，営業本部内及び S 企画本部と共有する。

Y 室長は，SECI モデルの活動を促進するために，新たに経営管理システムに次の機能を追加することにした。

・③ソリューション事例の登録数・参照数によって，その事例を登録した営業担当者にスコアが付与され，組織全体への貢献度を可視化する機能

・④顧客のニーズ・課題及び予算を入力することで，該当するソリューションパターンとその適用事例を，瞬時に顧客に有効と考えられる順にピックアップする機能

〔財務目標〕

Y 室長は，バランススコアカードに基づき，3 か年の中期経営計画の最終年度の財務目標を設定し，表3の年度別損益の比較と表4の年度別財務分析指標の比較を作成した。

表3　年度別損益の比較

単位 億円

勘定科目	基準年度[1]	中期経営計画最終年度
売上高	6,000	7,500
売上原価	5,000	6,100
売上総利益	1,000	1,400
販売費及び一般管理費	880	960
営業利益	120	440
経常利益	120	440
当期純利益	80	300

注[1]　中期経営計画策定年度の前年度を基準年度とする。

表4　年度別財務分析指標の比較

指標	基準年度[1]	中期経営計画最終年度
売上高当期純利益率（%）	1.3	4.0
総資本回転率（回転）	1.5	1.5
自己資本比率（%）	40	40
ROA（%）	2	（省略）
ROE（%）	5	e

注[1]　中期経営計画策定年度の前年度を基準年度とする。

　Y室長は，まとめ上げたビジネス戦略案を含む中期経営計画案を経営会議で説明し，承認を得た。

設問1　〔バランススコアカード〕について答えよ。

　　(1)　本文中の下線①について，バランススコアカード案の作成に当たり，各部門の中期経営計画策定担当者を集めた狙いは何か。本文中の字句を用いて25字以内で答えよ。

　　(2)　〔ビジネス戦略の施策〕の本文及び表1中の　　a　　に入れる適切な字句を，15字以内で答えよ。

　　(3)　表1中の　　b　　，　　d　　に入れる適切な字句を，それぞれ15字以内で答えよ。

　　(4)　表1中の　　c　　に入れる適切な字句を解答群の中から選び，記号で答えよ。

　　解答群

　　　ア　顧客への訪問回数を増やす営業活動

　　　イ　サービス事業者との協業によるソリューション開発

　　　ウ　ソリューションパターンを活用した営業活動

　　　エ　利益率を重視した営業活動

設問 2　〔SECI モデルの適用〕について答えよ。

　　(1)　本文中の下線②について，表 2 の記号 A〜D を，SECI モデルの共同化，表出

　　　　化，連結化，内面化のステップの順序に "," で区切って並べて答えよ。

　　(2)　本文中の下線③について，この機能は，営業担当者のどのような行動を促

　　　　進できるか。15 字以内で答えよ。

　　(3)　本文中の下線④について，この機能は，営業担当者の提案活動において，

　　　　どのような効果を期待できるか。40 字以内で答えよ。

設問 3　表 4 中の　　　e　　　に入れる適切な数値を，小数第 1 位を四捨五入して整数

　　で答えよ。

問3　2分探索木に関する次の記述を読んで，設問に答えよ。

　2分探索木とは，木に含まれる全てのノードがキー値をもち，各ノードNが次の二つの条件を満たす2分木のことである。ここで，重複したキー値をもつノードは存在しないものとする。

・Nの左側の部分木にある全てのノードのキー値は，Nのキー値よりも小さい。
・Nの右側の部分木にある全てのノードのキー値は，Nのキー値よりも大きい。

　2分探索木の例を図1に示す。図中の数字はキー値を表している。

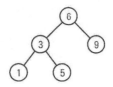

図1　2分探索木の例

　2分探索木をプログラムで表現するために，ノードを表す構造体 Node を定義する。構造体 Node の構成要素を表1に示す。

表1　構造体 Node の構成要素

構成要素	説明
key	キー値
left	左側の子ノードへの参照
right	右側の子ノードへの参照

　構造体 Node を新しく生成し，その構造体への参照を変数 p に代入する式を次のように書く。

　　p ← new Node(k)

　ここで，引数 k は生成するノードのキー値であり，構成要素 key の初期値となる。構成要素 left 及び right は，参照するノードがないこと（以下，空のノードという）を表す NULL で初期化される。また，生成した p の各構成要素へのアクセスには"."を用いる。例えば，キー値は p.key でアクセスする。

〔2分探索木におけるノードの探索・挿入〕

　キー値 k をもつノードの探索は次の手順で行う。

(1)　探索対象の2分探索木の根を参照する変数を t とする。

(2)　t が空のノードであるかを調べる。

　(2-1)　t が空のノードであれば，探索失敗と判断して探索を終了する。

　(2-2)　t が空のノードでなければ，t のキー値 t.key と k を比較する。

　・t.key = k の場合，探索成功と判断して探索を終了する。

　・t.key > k の場合，t の左側の子ノードを新たな t として(2)から処理を行う。

　・t.key < k の場合，t の右側の子ノードを新たな t として(2)から処理を行う。

　キー値 k をもつノード K の挿入は，探索と同様の手順で根から順にたどっていき，空のノードが見つかった位置にノード K を追加することで行う。ただし，キー値 k と同じキー値をもつノードが既に2分探索木中に存在するときは何もしない。

　これらの手順によって探索を行う関数 search のプログラムを図2に，挿入を行う関数 insert のプログラムを図3に示す。関数 search は，探索に成功した場合は見つかったノードへの参照を返し，失敗した場合は NULL を返す。関数 insert は，得られた木の根への参照を返す。

```
// t が参照するノードを根とする木から
// キー値が k であるノードを探索する
function search(t, k)
  if(t が NULL と等しい)
    return NULL
  elseif(t.key が k と等しい)
    return t
  elseif(t.key が k より大きい)
    return search(t.left, k)
  else // t.key が k より小さい場合
    return search(t.right, k)
  endif
endfunction
```

図2　探索を行う関数 search の
　　　プログラム

```
// t が参照するノードを根とする木に
// キー値が k であるノードを挿入する
function insert(t, k)
  if(t が NULL と等しい)
    t ← new Node(k)
  elseif(t.key が k より大きい)
    t.left ← insert(t.left, k)
  elseif(t.key が k より小さい)
    t.right ← insert(t.right, k)
  endif
  return t
endfunction
```

図3　挿入を行う関数 insert の
　　　プログラム

　関数 search を用いてノードの総数が n 個の2分探索木を探索するとき，探索に掛かる最悪の場合の時間計算量（以下，最悪時間計算量という）は $O(\boxed{　ア　})$ であ

る。これは葉を除く全てのノードについて左右のどちらかにだけ子ノードが存在する場合である。一方で，葉を除く全てのノードに左右両方の子ノードが存在し，また，全ての葉の深さが等しい完全な 2 分探索木であれば，最悪時間計算量は $O(\boxed{イ})$ となる。したがって，高速に探索するためには，なるべく左右両方の子ノードが存在するように配置して，高さができるだけ低くなるように構成した木であることが望ましい。このような木のことを平衡 2 分探索木という。

〔2 分探索木における回転操作〕

2 分探索木中のノード X と X の左側の子ノード Y について，X を Y の右側の子に，元の Y の右側の部分木を X の左側の部分木にする変形操作を右回転といい，逆の操作を左回転という。回転操作後も 2 分探索木の条件は維持される。木の回転の様子を図 4 に示す。ここで，t_1〜t_3 は部分木を表している。また，根から t_1〜t_3 の最も深いノードまでの深さを，図 4(a) では d_1〜d_3，図 4(b) では $d_1{}'$〜$d_3{}'$ でそれぞれ表している。ここで，$d_1{}' = d_1 - 1$，$d_2{}' = d_2$，$d_3{}' = d_3 + 1$，が成り立つ。

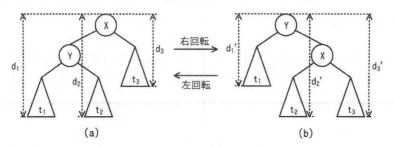

図 4　木の回転の様子

右回転を行う関数 rotateR のプログラムを図 5 に，左回転を行う関数 rotateL のプログラムを図 6 に示す。これらの関数は，回転した結果として得られた木の根への参照を返す。

```
// t が参照するノードを根とする木に対して
// 右回転を行う
function rotateR(t)
  a ← t.left
  b ← a.right
  a.right ← t
  t.left ← b
  return a
endfunction
```
図5　右回転を行う関数 rotateR の
　　　プログラム

```
// t が参照するノードを根とする木に対して
// 左回転を行う
function rotateL(t)
  a ← t.right
  b ← a.left
  a.left ← t
  t.right ← b
  return a
endfunction
```
図6　左回転を行う関数 rotateL の
　　　プログラム

〔回転操作を利用した平衡2分探索木の構成〕

　全てのノードについて左右の部分木の高さの差が1以下という条件(以下,条件 Bal という)を考える。条件 Bal を満たす場合,完全ではないときでも比較的左右均等にノードが配置された木になる。

　条件 Bal を満たす2分探索木 W に対して図3の関数 insert を用いてノードを挿入した2分探索木を W' とすると,ノードが挿入される位置によっては左右の部分木の高さの差が2になるノードが生じるので,W' は条件 Bal を満たさなくなることがある。その場合,挿入したノードから根まで,親をたどった各ノード T に対して順に次の手順を適用することで,条件 Bal を満たすように W' を変形することができる。

(1)　T の左側の部分木の高さが T の右側の部分木の高さより2大きい場合

　　T を根とする部分木に対して右回転を行う。ただし,T の左側の子ノード U について,U の右側の部分木の方が U の左側の部分木よりも高い場合は,先に U を根とする部分木に対して左回転を行う。

(2)　T の右側の部分木の高さが T の左側の部分木の高さより2大きい場合

　　T を根とする部分木に対して左回転を行う。ただし,T の右側の子ノード V について,V の左側の部分木の方が V の右側の部分木よりも高い場合は,先に V を根とする部分木に対して右回転を行う。

　この手順(1),(2)によって木を変形する関数 balance のプログラムを図7に,関数 balance を適用するように関数 insert を修正した関数 insertB のプログラムを図8に示す。ここで,関数 height は,引数で与えられたノードを根とする木の高さを返す関数である。関数 balance は,変形の結果として得られた木の根への参照を返す。

```
// t が参照するノードを根とする木を
// 条件 Bal を満たすように変形する
function balance(t)
  h1 ← height(t.left) - height(t.right)
  if(    ウ    )
    h2 ←     エ
    if(h2 が 0 より大きい)
      t.left ← rotateL(t.left)
    endif
    t ← rotateR(t)
  elseif(    オ    )
    h3 ←     カ
    if(h3 が 0 より大きい)
      t.right ← rotateR(t.right)
    endif
    t ← rotateL(t)
  endif
  return t
endfunction
```

図7　関数 balance のプログラム

```
// t が参照するノードを根とする木に
// キー値が k であるノードを挿入する
function insertB(t, k)
  if(t が NULL と等しい)
    t ← new Node(k)
  elseif(t.key が k より大きい)
    t.left ← insertB(t.left, k)
  elseif(t.key が k より小さい)
    t.right ← insertB(t.right, k)
  endif
  t ← balance(t)    // 追加
  return t
endfunction
```

図8　関数 insertB のプログラム

　　条件 Bal を満たすノードの総数が n 個の2分探索木に対して関数 insertB を実行し
た場合，挿入に掛かる最悪時間計算量は $O($ キ $)$ となる。

設問1　本文中の ア ， イ に入れる適切な字句を答えよ。

設問2　〔回転操作を利用した平衡2分探索木の構成〕について答えよ。

　　(1)　図7中の ウ ～ カ に入れる適切な字句を答えよ。

　　(2)　図1の2分探索木の根を参照する変数を r としたとき，次の処理を行うこ
　　　とで生成される2分探索木を図示せよ。2分探索木は図1に倣って表現するこ
　　　と。

　　　　insertB(insertB(r, 4), 8)

　　(3)　本文中の キ に入れる適切な字句を答えよ。なお，図7中の関数
　　　height の処理時間は無視できるものとする。

問4　システム統合の方式設計に関する次の記述を読んで，設問に答えよ。

　　C社とD社は中堅の家具製造販売業者である。市場シェアの拡大と利益率の向上を図るために，両社は合併することになった。存続会社はC社とするものの，対等な立場での合併である。合併に伴う基幹システムの統合は，段階的に進める方針である。将来的には基幹システムを全面的に刷新して業務の統合を図っていく構想ではあるが，より早期に合併の効果を出すために，両社の既存システムを極力活用して，業務への影響を必要最小限に抑えることにした。

〔合併前のC社の基幹システム〕
　　C社は全国のショッピングセンターを顧客とする販売網を構築しており，安価な価格帯の家具を量産・販売している。生産方式は見込み生産方式である。生産した商品は在庫として倉庫に入庫する。受注は，顧客のシステムと連携したEDIを用いて，日次で処理している。受注した商品は，在庫システムで引き当てた上で，配送システムが配送伝票を作成し，配送業者に配送を委託する。月初めに，顧客のシステムと連携したEDIで，前月納品分の代金を請求している。
　　合併前のC社の基幹システム（抜粋）を表1に示す。

表1　合併前のC社の基幹システム（抜粋）

システム名	主な機能	主なマスタデータ	システム間連携		連携頻度	システム構成
			連携先システム	連携する情報		
販売システム	・受注（EDI） ・販売実績管理（月次） ・請求（EDI） ・売上計上	・顧客マスタ	会計システム	売上情報	日次	オンプレミス（ホスト系）
			生産システム	受注情報	日次	
生産システム	・生産計画作成（日次） ・原材料・仕掛品管理 ・作業管理 ・生産実績管理（日次）	・品目マスタ ・構成マスタ ・工程マスタ	会計システム	原価情報	日次	オンプレミス（オープン系）
			購買システム	購買指示情報	日次	
			在庫システム	入出庫情報	日次	
購買システム	・発注 ・買掛管理 ・購買先管理	・購買先マスタ	会計システム	買掛情報	月次	オンプレミス（オープン系）
在庫システム	・入出庫管理 ・在庫数量管理	・倉庫マスタ	生産システム	在庫状況情報	日次	オンプレミス（オープン系）
			配送システム	出荷指示情報	日次	

表1 合併前のC社の基幹システム（抜粋）（続き）

システム名	主な機能	主なマスタデータ	システム間連携			システム構成
			連携先システム	連携する情報	連携頻度	
配送システム	・配送伝票作成 ・配送先管理	・配送区分マスタ	販売システム	出荷情報	日次	オンプレミス（オープン系）
			会計システム	配送経費情報	月次	
会計システム	・原価計算 ・一般財務会計処理 ・支払（振込，手形）	・勘定科目マスタ	（省略）			クラウドサービス（SaaS）

〔合併前のD社の基幹システム〕

　　D社は大手百貨店やハウスメーカーのインテリア展示場にショールームを兼ねた販売店舗を設けており，個々の顧客のニーズに合ったセミオーダーメイドの家具を製造・販売している。生産方式は受注に基づく個別生産方式であり，商品の在庫はもたない。顧客の要望に基づいて家具の価格を見積もった上で，見積内容の合意後に電子メールやファックスで注文を受け付け，従業員が端末で受注情報を入力する。受注した商品を生産後，販売システムを用いて請求書を作成し，商品に同梱する。また，配送システムを用いて配送伝票を作成し，配送業者に配送を委託する。

　　合併前のD社の基幹システム（抜粋）を表2に示す。

表2 合併前のD社の基幹システム（抜粋）

システム名	主な機能	主なマスタデータ	システム間連携			システム構成
			連携先システム	連携する情報	連携頻度	
販売システム	・見積 ・受注（手入力） ・請求（請求書発行） ・売上計上	・顧客マスタ	会計システム	売上情報	日次	オンプレミス（オープン系）
			生産システム	受注情報	週次	
生産システム	・生産計画作成（週次） ・原材料・仕掛品管理 ・作業管理 ・生産実績管理（週次）	・品目マスタ ・構成マスタ ・工程マスタ	会計システム	原価情報	週次	オンプレミス（オープン系）
			購買システム	購買指示情報	週次	
			配送システム	出荷指示情報	週次	
購買システム	・発注 ・買掛管理 ・購買先管理	・購買先マスタ	会計システム	買掛情報	月次	オンプレミス（オープン系）
配送システム	・配送伝票作成 ・配送先管理	・配送区分マスタ	販売システム	出荷情報	日次	オンプレミス（オープン系）
			会計システム	配送経費情報	月次	
会計システム	・原価計算 ・一般財務会計処理 ・支払（振込）	・勘定科目マスタ	（省略）			オンプレミス（ホスト系）

〔合併後のシステムの方針〕

　　直近のシステム統合に向けて，次の方針を策定した。

・重複するシステムのうち，販売システム，購買システム，配送システム及び会計
　システムは，両社どちらかのシステムを廃止し，もう一方のシステムを継続利用
　する。

・両社の生産方式は合併後も変更しないので，両社の生産システムを存続させた上
　で，極力修正を加えずに継続利用する。

・在庫システムは，C 社のシステムを存続させた上で，極力修正を加えずに継続利用
　する。

・今後の保守の容易性やコストを考慮し，汎用機を用いたホスト系システムは廃止
　する。

・①廃止するシステムの固有の機能については，処理の仕様を変更せず，継続利用
　するシステムに移植する。

・両社のシステム間で新たな連携が必要となる場合は，インタフェースを新たに開
　発する。

・マスタデータについては，継続利用するシステムで用いているコード体系に統一
　する。重複するデータについては，重複を除いた上で，継続利用するシステム側
　のマスタへ集約する。

〔合併後のシステムアーキテクチャ〕

　　合併後のシステムの方針に従ってシステムアーキテクチャを整理した。合併後の
システム間連携（一部省略）を図 1 に，新たなシステム間連携の一覧を表 3 に示す。

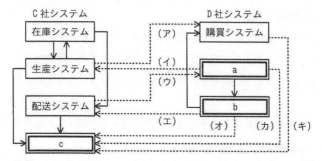

凡例　──→：既存のシステム間連携　‥‥▶：新たなシステム間連携
注記　記号（ア）～（キ）は表3の記号と対応している。

図1　合併後のシステム間連携（一部省略）

表3　新たなシステム間連携の一覧

記号	連携元システム	連携先システム	連携する情報	連携頻度
（ア）	C社の生産システム	D社の購買システム	購買指示情報	日次
（イ）	D社の　a	C社の生産システム	受注情報	日次
（ウ）	C社の配送システム	D社の　a	d	日次
（エ）	D社の　b	C社の配送システム	出荷指示情報	週次
（オ）	D社の　b	C社の　c	原価情報	e
（カ）	D社の　a	C社の　c	f	日次
（キ）	D社の購買システム	C社の　c	買掛情報	g

〔合併後のシステムアーキテクチャのレビュー〕

　　合併後のシステムアーキテクチャについて，両社の有識者を集めてレビューを実施したところ，次の指摘事項が挙がった。

・②C社の会計システムがSaaSを用いていることから，インタフェースがD社の各システムからデータを受け取り得る仕様を備えていることをあらかじめ調査すること。

　　指摘事項に対応して，問題がないことを確認し，方式設計を完了した。

設問1　〔合併後のシステムアーキテクチャ〕について答えよ。

　　　(1)　図1及び表3中の　　a　　～　　c　　に入れる適切な字句を答えよ。

　　　(2)　表3中の　　d　　～　　g　　に入れる適切な字句を答えよ。

設問2　本文中の下線①について答えよ。

　　　(1)　移植先は，どちらの会社のどのシステムか。会社名とシステム名を答えよ。

　　　(2)　移植する機能を，表1及び表2の主な機能の列に記載されている用語を用
　　　　　いて全て答えよ。

設問3　本文中の下線②の指摘事項が挙がった適切な理由を，オンプレミスのシステ
　　　　ムとの違いの観点から40字以内で答えよ。

問5　メールサーバの構築に関する次の記述を読んで，設問に答えよ。

　　L社は，複数の衣料品ブランドを手がけるアパレル会社である。L 社では，顧客層
を拡大するために，新しい衣料品ブランド（以下，新ブランドという）を立ち上げる
ことにした。新ブランドの立ち上げに向けて，L社の社員20名で構成するプロジェク
トチームを結成し，都内のオフィスビルにプロジェクトルームを新設した。新ブラン
ドの知名度向上のために新ブランド用 Web サイトと新ブランド用メールアドレスを利
用した電子メール（以下，メールという）による広報を計画しており，プロジェクト
チームの M さんが，Web サーバ機能とメールサーバ機能を有する広報サーバを構築す
ることになった。

〔プロジェクトルームのネットワーク設計〕
　　M さんは，新ブランドのプロジェクトチームのメンバーが各メンバーに配布された
PC（以下，広報 PC という）を利用して，新ブランド用 Web サイトの更新や，新ブラ
ンド用メールアドレスによるメールの送受信を行う設計を考えた。M さんが考えたネ
ットワーク構成（抜粋）を図1に示す。

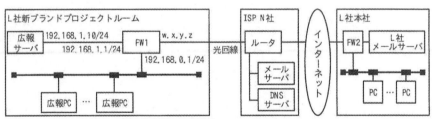

注記1　w.x.y.z はグローバル IP アドレスを示す。
注記2　FWはファイアウォールを示す。
図1　ネットワーク構成（抜粋）

　　Mさんが考えたネットワーク構成は次のとおりである。
・プロジェクトルーム内に広報サーバを設置し，FW1 に接続する。
・インターネット接続は，ISP N 社のサービスを利用し，N 社と FW1 とを光回線で接
　続する。

・広報サーバのメールサーバ機能は，SMTP (Simple Mail Transfer Protocol) によるメール送信機能と POP (Post Office Protocol) によるメール受信機能の二つの機能を実装する。

・FW1 に NAPT (Network Address Port Translation) の設定と，インターネット上の機器から広報サーバにメールと Web の通信だけができるように，インターネットから FW1 宛てに送信された IP パケットのうち，　　 a 　　ポート番号が 25, 80，又は　　 b 　　の IP パケットだけを，広報サーバの IP アドレスに転送する設定を行う。

N 社のインターネット接続サービスでは，N 社の DNS サーバを利用した名前解決の機能と，N 社のメールサーバを中継サーバとして N 社のネットワーク外へメールを転送する機能が提供されている。

〔新ブランドのドメイン名取得と DNS の設計〕

新ブランドのドメイン名として "example.jp" を取得し，広報サーバを Web サーバとメールサーバとして利用できるように，N 社の DNS サーバにホスト名や IP アドレスなどのゾーン情報を設定することを考えた。DNS サーバに設定するゾーン情報（抜粋）を図 2 に示す。

```
@ORIGIN  example.jp.    $TTL 86400   IN  SOA  ns.example.jp.   ※省略
                IN NS           ※省略
                IN MX           10  [  c  ] .example.jp.
www.example.jp.  IN CNAME        serv.example.jp.
serv.example.jp.  IN A                [  d  ]
```

図 2　DNS サーバに設定するゾーン情報（抜粋）

〔メール送受信のテスト〕

M さんの設計が承認され，ネットワークの工事及び広報サーバの設定が完了した。新ブランドのメール受信のテストのために，M さんは，L 社本社の PC を用いて L 社の自分のメールアドレスから新ブランドの自分のメールアドレスである syainM@example.jp へメールを送信し，エラーなくメールが送信できることを確認した。次に，新ブランドプロジェクトルームの広報 PC のメールソフトウェアに受信メ

ールサーバとして serv.example.jp, POP3 のポート番号として 110 番ポートを設定し,メール受信のテストを行った。しかし,メールソフトウェアのメール受信ボタンを押してもエラーが発生し,メールを受信できなかった。広報サーバのログを確認したところ,広報 PC からのアクセスはログに記録されていなかった。

M さんは,設定の誤りに気づき,①メールの受信エラーの問題を修正してメールが受信できることを確認した後に,広報 PC からメール送信のテストを行った。テストの結果,新ブランドの管理者のメールアドレスである kanriD@example.jp からsyainM@example.jp 宛てのメールは届いたが,kanriD@example.jp からインターネット上の他ドメインのメールアドレス宛てのメールは届かなかった。広報サーバのログを確認したところ,N 社のネットワークを経由した宛先ドメインのメールサーバへのTCP コネクションの確立に失敗したことを示すメッセージが記録されていた。

調査の結果,他ドメインのメールアドレス宛てのメールが届かなかった事象は,N社の②OP25B (Outbound Port 25 Blocking) と呼ばれる対策によるものであることが分かった。OP25B は,N 社からインターネット宛てに送信される宛先ポート番号が 25の IP パケットのうち,N 社のメールサーバ以外から送信された IP パケットを遮断する対策である。このセキュリティ対策に対応するため,③広報サーバに必要な設定を行い,インターネット上の他ドメインのメールアドレス宛てのメールも届くことを確認した。

〔メールサーバのセキュリティ対策〕

広報サーバが大量のメールを送信する踏み台サーバとして不正利用されないために,メールの送信を許可する接続元のネットワークアドレスとして 　　e　　/24 を広報サーバに設定する対策を行った。また,プロジェクトチームのメンバーのメールアドレスとパスワードを利用して,広報 PC からメール送信時に広報サーバで SMTP 認証を行う設定を追加した。

その後,M さんは広報サーバとネットワークの構築を完了させ,L 社は新ブランドの広報を開始した。

設問1　本文中の　　a　　，　　b　　に入れる適切な字句を解答群の中から選び，記号で答えよ。

解答群

　　ア　21　　　　　　　イ　22　　　　　　　ウ　23

　　エ　443　　　　　　オ　宛先　　　　　　カ　送信元

設問2　図2中の　　c　　，　　d　　に入れる適切な字句を，図1及び図2中の字句を用いて答えよ。

設問3　〔メール送受信のテスト〕について答えよ。

　(1)　本文中の下線①について，エラーの問題を修正するために変更したメールソフトウェアの設定項目を 15 字以内で答えよ。また，変更後の設定内容を図1，図2中の字句を用いて答えよ。

　(2)　本文中の下線②について，OP25B によって軽減できるサイバーセキュリティ上の脅威は何か，最も適切なものを解答群の中から選び，記号で答えよ。

　　解答群

　　　ア　広報 PC が第三者の Web サービスへの DDoS 攻撃の踏み台にされる。

　　　イ　広報 PC に外部からアクセス可能なバックドアを仕掛けられる。

　　　ウ　広報サーバが受信したメールを不正に参照される。

　　　エ　スパムメールの送信に広報サーバが利用される。

　(3)　本文中の下線③について，広報サーバに行う設定を，図1 中の機器名を用いて 35 字以内で答えよ。

設問4　本文中の　　e　　に入れる適切なネットワークアドレスを答えよ。

問6 在庫管理システムに関する次の記述を読んで，設問に答えよ。

M 社は，ネットショップで日用雑貨の販売を行う企業である。M 社では，在庫管理
について次の課題を抱えている。
・在庫が足りない商品の注文を受けることができず，機会損失につながっている。
・商品の仕入れの間隔や個数を調整する管理サイクルが長く，余計な在庫を抱える傾
　向にある。

〔現状の在庫管理〕
　現在，在庫管理を次のように行っている。
・商品の注文を受けた段階で，出荷先に最も近い倉庫を見つけて，その倉庫の在庫か
　ら注文個数を引き当てる。この引き当てられた注文個数を引当済数という。各倉庫
　において，引き当てられた各商品単位の個数の総計を引当済総数という。
・実在庫数から引当済総数を引いたものを在庫数といい，在庫数以下の注文個数の場
　合だけ注文を受け付ける。
・商品が倉庫に入荷すると，入荷した商品の個数を実在庫数に足し込む。
・倉庫から商品を出荷すると，出荷個数を実在庫数から引くとともに引当済総数から
　も引くことで，引き当ての消し込みを行う。

　M 社では，月末の月次バッチ処理で毎月の締めの在庫数と売上個数を記録した分析
用の表を用いて，商品ごとの在庫数と売上個数の推移を評価している。
　また，期末に商品の在庫回転日数を集計して，来期の仕入れの間隔や個数を調整し
ている。

　M 社では，商品の在庫回転日数を，簡易的に次の式で計算している。

在庫回転日数 ＝ 期間内の平均在庫数×期間内の日数÷期間内の売上個数

　在庫回転日数の計算において，現状では，期間内の平均在庫数として 12 か月分の
締めの在庫数の平均値を使用している。

　現状の在庫管理システムの E-R 図（抜粋）を図1に示す。

在庫管理システムのデータベースでは，E-R 図のエンティティ名を表名にし，属性名を列名にして，適切なデータ型で表定義した関係データベースによって，データを管理している。

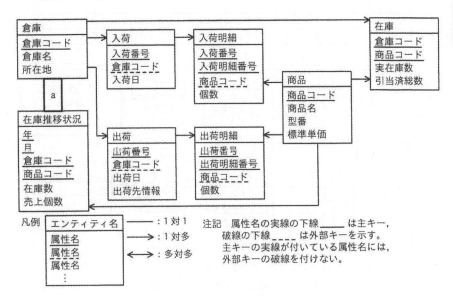

図1　現状の在庫管理システムの E-R 図（抜粋）

〔在庫管理システム改修内容〕

課題を解決するために，在庫管理システムに次の改修を行うことにした。

・在庫数が足りない場合は，在庫からは引き当てず，予約注文として受け付ける。なお，予約注文ごとに商品を発注することで，注文を受けた商品の個数が入荷される。

・商品の仕入れの間隔や個数を調整する管理サイクルを短くするために，在庫の評価を月次から日次の処理に変更して，毎日の締めの在庫数と売上個数を在庫推移状況エンティティに記録する。

現状では，在庫数が足りない商品の予約注文を受けようとしても，在庫引当を行うと実在庫数より引当済総数の方が多くなってしまい，注文に応えられない。そこで，予約注文の在庫引当を商品の入荷のタイミングにずらすために，E-R 図に予約注文用の二つのエンティティを追加することにした。追加するエンティティを表1に，改修

後の在庫管理システムの E-R 図（抜粋）を図 2 に示す。

表 1　追加するエンティティ

エンティティ名	内容
引当情報	予約注文を受けた商品の個数と入荷済となった商品の個数を管理する。
引当予定	予約注文を受けた商品の，未入荷の引当済数の総計を管理する。

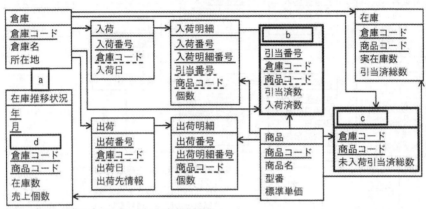

注記　新規に追加したエンティティは太枠で表す。

図 2　改修後の在庫管理システムの E-R 図（抜粋）

在庫管理システムにおける予約注文を受けた商品の個数に関する処理内容を表 2 に
示す。

表 2　在庫管理システムにおける予約注文を受けた商品の個数に関する処理内容

処理タイミング	処理内容
予約注文を受けたとき	引当情報エンティティのインスタンスを生成して，引当済数には注文を受けた商品の個数を，入荷済数には 0 を設定する。 引当予定エンティティの未入荷引当済総数に注文を受けた商品の個数を足す。
予約注文された商品が入荷したとき	e　　エンティティの未入荷引当済総数から入荷した商品の個数を引く。 　　f　　エンティティの実在庫数と引当済総数に入荷した商品の個数を足す。 入荷した商品の個数を　　g　　エンティティの個数に設定し，引当情報エンティティの　　h　　に足す。
予約注文された商品を出荷したとき	出荷した商品の個数を出荷明細エンティティの個数に設定し，在庫エンティティの商品の実在庫数及び引当済総数から引く。

〔在庫の評価〕

　より正確かつ迅速に在庫回転日数を把握するために，在庫推移状況エンティティか
ら，期間を1週間（7日間）として，倉庫コード，商品コードごとに，各年月日の6
日前から当日までの平均在庫数及び売上個数で在庫回転日数を集計することにする。

　可読性を良くするために，SQL文にはウィンドウ関数を使用することにする。

　ウィンドウ関数を使うと，FROM句で指定した表の各行ごとに集計が可能であり，
各行ごとに集計期間が異なるような移動平均も簡単に求めることができる。ウィンド
ウ関数で使用する構文（抜粋）を図3に示す。

```
<ウィンドウ関数>::=
  <ウィンドウ関数名>(<列>) OVER {<ウィンドウ名> | (<ウィンドウ指定>)}

<WINDOW句>::=
  WINDOW <ウィンドウ名> AS (<ウィンドウ指定>) [{, <ウィンドウ名> AS (<ウィンドウ指定>)}...]

<ウィンドウ指定>::=
    [<PARTITION BY句>] [<ORDER BY句>] [<ウィンドウ枠>]

<PARTITION BY句>::=
    PARTITION BY <列> [{, <列>}...]
```

注記1　OVERの後に(<ウィンドウ指定>)を記載する代わりに，WINDOW句で名前を付けて，<ウィンドウ名>で参
照することができる。
注記2　PARTITION BY句は指定した列の値ごとに同じ値をもつ行を部分集合としてパーティションにまとめるオ
プションである。
注記3　ウィンドウ枠の例として，ROWS BETWEEN n PRECEDING AND CURRENT ROW と記載した場合は，n行前(n
PRECEDING)から現在行(CURRENT ROW)までの範囲を対象として集計することを意味する。
注記4　...は，省略符号を表し，式中で使用される要素を任意の回数繰り返してもよいことを示す。

図3　ウィンドウ関数で使用する構文（抜粋）

　ウィンドウ関数を用いて，倉庫コード，商品コードごとに，各年月日の6日前から
当日までの平均在庫数及び売上個数を集計するSQL文を図4に示す。

```
SELECT 年, 月, 日, 倉庫コード, 商品コード,
       AVG(在庫数) [   i   ] 期間定義 AS 平均在庫数,
       SUM(売上個数) [   i   ] 期間定義 AS 期間内売上個数
  FROM 在庫推移状況
WINDOW 期間定義 AS (
                    PARTITION BY 倉庫コード, 商品コード
                    [   j   ] 年, 月, 日 ASC
                    ROWS BETWEEN 6 PRECEDING AND CURRENT ROW
                  )
```

図4 倉庫コード, 商品コードごとに, 各年月日の 6 日前から当日までの平均在庫数及び
　　売上個数を集計する SQL 文

設問1　図1及び図2中の[　a　]に入れる適切なエンティティ間の関連を答え,
　　　　E-R 図を完成させよ。なお, エンティティ間の関連の表記は図 1 の凡例に倣うこ
　　　　と。

設問2　〔在庫管理システム改修内容〕について答えよ。

　　　　(1)　図 2 中の[　b　], [　c　]に入れる適切なエンティティ名を表 1
　　　　　　中のエンティティ名を用いて答えよ。

　　　　(2)　図 2 中の[　d　]に入れる, 在庫推移状況エンティティに追加すべき
　　　　　　適切な属性名を答えよ。なお, 属性名の表記は図 1 の凡例に倣うこと。

　　　　(3)　表 2 中の[　e　]～[　h　]に入れる適切な字句を答えよ。

設問3　図4中の[　i　], [　j　]に入れる適切な字句を答えよ。

問7　トマトの自動収穫を行うロボットに関する次の記述を読んで，設問に答えよ。

　G 社は，温室で栽培されているトマトの自動収穫を行うロボット（以下，収穫ロボットという）を開発している。収穫ロボットの外観を図 1 に，収穫ロボットのシステム構成を図 2 に，収穫ロボットの主な構成要素を表 1 に，収穫ロボットの状態遷移の一部を図 3 に示す。

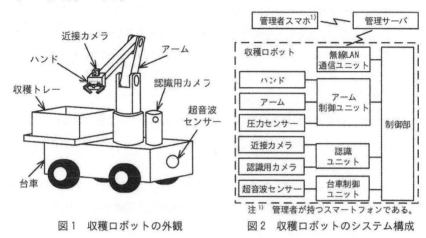

図1　収穫ロボットの外観　　　　図2　収穫ロボットのシステム構成

表1　収穫ロボットの主な構成要素

構成要素名	機能概要
制御部	・収穫ロボット全体を制御する。
アーム制御ユニット	・アームとハンドによる収穫動作を制御する。
認識ユニット	・認識用カメラで撮影した画像を処理する。 ・近接カメラで撮影した画像を処理する。
台車制御ユニット	・台車の走行を制御する。 ・超音波センサーの検知結果を処理する。
無線 LAN 通信ユニット	・制御部と管理サーバとの通信を制御する。

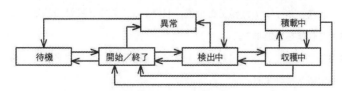

図3　収穫ロボットの状態遷移の一部

〔収穫ロボットの動作概要〕

収穫ロボットの動作概要を次に示す。

- 収穫ロボットは，管理者スマホから管理サーバを介して収穫開始の指示を受けると，状態を待機状態から開始／終了状態に遷移させ，あらかじめ管理サーバから設定された経路（待機位置→収穫開始位置→収穫終了位置→待機位置）に沿って温室内を50cm／秒の速度で移動を開始する。
- 待機位置から収穫開始位置まで移動すると，状態を検出中状態に遷移させ，認識用カメラで撮影したトマトの画像の解析を行いながら移動を続ける。収穫に適したトマトを検出すると，移動を停止して状態を収穫中状態に遷移させ，収穫を行う。
- 認識ユニットの解析結果から，ハンドを収穫対象のトマトに近づけ，近接カメラで撮影した画像でハンドの位置を補正して収穫を行う。
- ハンドには圧力センサーが取り付けられており，トマトを傷つけないように把持_{はじ}できる。トマトを把持した後，ハンドの先端にあるカッターでトマトの柄の部分を切断して収穫する。
- トマトを柄から切り離して把持できた場合，収穫成功と判断し，状態を積載中状態に遷移させ，収穫したトマトを近接カメラで撮影した画像から判定した収穫トレーの空き領域に載せる。
- トマトを収穫トレーに載せた後，更に収穫に適したトマトが残っており，かつ，収穫トレーに空き領域が残っていれば，状態を積載中状態から収穫中状態に遷移させ，検出している全てのトマトを収穫するか収穫トレーの空き領域がなくなるまで収穫動作を繰り返す。
- トマトを柄から切り離すことができなかった場合や切り離した後にハンドから落とした場合などは収穫失敗と判断し，収穫中状態のまま，検出している次のトマトの収穫を行う。
- 検出している全てのトマトに対して収穫動作を終えると，収穫を終えたときの状態と収穫ロボットの経路上の位置，収穫トレーの空き領域の状況から次の状態遷移先と動作を決定する。
- 収穫終了位置で，収穫に適したトマトを検出していない場合は，収穫を終了し，待機位置へ移動する。
- 収穫ロボットは動作状況や収穫状況などの情報を定期的に管理サーバに送信する。

・管理者は管理者スマホを使用して管理サーバに保管されている情報を参照することができる。

・収穫ロボットが移動中に，台車の先頭に取り付けられた超音波センサーが，進路上 1m 以内の距離にある障害物を検知すると移動を停止し，状態を異常状態に遷移させ，管理サーバを介して管理者スマホに警告メッセージを送信する。

〔アームの関節部について〕

アームには，軸1，軸2，軸3の三つの回転軸があり，それぞれの回転軸にはサーボモーターが使用されている。サーボモーターは PWM 方式で，入力する制御パルスのデューティ比によって回転する角度を制御する。

サーボモーターの仕様を表 2 に，各サーボモーターの制御角とアームの可動範囲を図4に示す。サーボモーターは，制御パルス幅 1.0 ミリ秒の場合，制御角が-90 度（反時計回りに 90 度）に，制御パルス幅 11.0 ミリ秒の場合，制御角が 90 度（時計回りに 90 度）になるように回転する。

表2　サーボモーターの仕様

項目	仕様
PWM サイクル	20 ミリ秒
制御パルス幅	1.0 ミリ秒〜11.0 ミリ秒
制御角	-90 度〜90 度

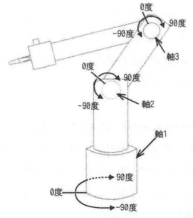

図4　各サーボモーターの制御角とアームの可動範囲

〔制御部のソフトウェア構成について〕

収穫ロボットの制御部では，リアルタイム OS を使用する。制御部の主なタスクの処理概要を表3に示す。

表3　制御部の主なタスクの処理概要

タスク名	処理概要
メイン	・収穫ロボットの状態管理を行う。
アーム制御	・認識タスクからの情報を用いてアームとハンドを制御し，収穫対象のトマトを収穫する。 ・トマト収穫の成否をメインタスクに通知する。 ・認識タスクからの情報を用いてアームとハンドを制御し，収穫したトマトを収穫トレーの空き領域に載せる。
認識	・認識用カメラで撮影したトマトの画像を解析し，収穫に適したトマトを判定する。 ・収穫に適したトマトを検出したことをメインタスクに通知する。 ・収穫に適したトマトのうち1個を収穫するために必要な情報を，認識用カメラと近接カメラで撮影したトマトの画像から求め，アーム制御タスクに通知する。 ・近接カメラで撮影した収穫トレーの画像から収穫トレーの空き領域の情報をアーム制御タスクと　　　a　　　タスクに通知する。
台車制御	・メインタスクの指示に従って台車の走行制御を行う。 ・超音波センサーの検知結果に従って台車を停止させ，メインタスクに異常を通知する。
無線 LAN 通信	・管理サーバを介して受信した管理者スマホからの指示をメインタスクに通知する。 ・メインタスクの指示に従って収穫ロボットの動作状況を管理サーバに通知する。

設問1　収穫ロボットの状態遷移について答えよ。

　　(1) 収穫終了位置まで移動したときに開始／終了状態への状態遷移が発生するのはどのような場合か。25字以内で答えよ。

　　(2) 収穫終了位置で，収穫に適した2個のトマトを検出した。2個目のトマトの把持に失敗したとき，1個目のトマトの収穫を開始した時点から2個目のトマトの把持に失敗して次の動作に移るまでの状態遷移として，適切なものを解答群の中から選び記号で答えよ。

　　解答群

　　　　ア　収穫中状態→積載中状態→開始／終了状態

　　　　イ　収穫中状態→積載中状態→収穫中状態→開始／終了状態

　　　　ウ　収穫中状態→積載中状態→収穫中状態→積載中状態→開始／終了状態

　　　　エ　収穫中状態→積載中状態→収穫中状態→積載中状態→収穫中状態→開始／終了状態

設問2　制御部のタスクについて答えよ。

　　(1) 認識タスクから収穫トレーの空き領域の情報を受け取ったとき，メインタスクが開始／終了状態へ遷移する条件を 20 字以内で答えよ。

　　(2) 認識タスクがメインタスクに収穫に適したトマトを検出したことを通知するときに合わせて通知する必要がある情報を答えよ。

　　(3) 表3中の　　a　　に入れるタスク名を，表3中のタスク名で答えよ。

設問3　アームの制御について，アームの各関節部の軸に制御パルスが図 5 のように入力された場合，アームはどのような姿勢に変化するか。解答群の中から選び記号で答えよ。

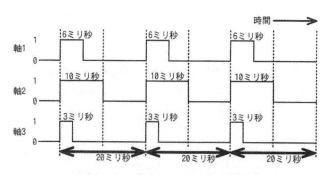

図5　サーボモーターへの入力制御パルス

　　解答群

　　　ア　軸1が-54度，軸2が5度，軸3が-72度変化した姿勢

　　　イ　軸1が0度，軸2が-54度，軸3が72度変化した姿勢

　　　ウ　軸1が0度，軸2が72度，軸3が-54度変化した姿勢

　　　エ　軸1が5度，軸2が-54度，軸3が72度変化した姿勢

設問4　障害物の検知について，収穫ロボットが直進中に，超音波センサーが正面の障害物を検知して，移動を停止したとき，超音波センサーが超音波を出力してから検知に掛かった時間は最大何ミリ秒か。超音波が反射して戻ってくるまでに収穫ロボットが移動する距離を考慮して答えよ。ここで，音速は 340m／秒とし，障害物は検知した位置から動かず，ソフトウェアの処理時間は考えないものとする。答えは小数第3位を切り上げ，小数第2位まで求めよ。

問8　スレッド処理に関する次の記述を読んで，設問に答えよ。

　　B社は，首都圏に約50店の美容室を運営する美容室チェーンである。B社では顧客に顧客カードを発行し，B社の全店舗で顧客カードを持参した顧客に割引価格でサービスを提供している。近年，テレワークなどで外出機会が減ったことによって，顧客の来店回数が減少しており，売上げが減少傾向にある。

　　そこでB社では，顧客に美容室に来てもらうために販売促進活動を行うことにした。この販売促進活動の一つとして，スマートフォン向けサービス（以下，新サービスという）を提供することにした。この新サービスの開発は，B社のWebサイトの構築経験がある情報システム担当のCさんが担当することになった。

〔新サービスの機能〕

　　Cさんは新サービスの開発に向けて，全店舗の店長から"顧客にもっと来店してもらうためのアイディア"を募った。集まったアイディアを基にCさんが考えた新サービスのトップ画面と四つの機能を図1に示す。

機能	機能説明
来店予約	店名，日付，希望美容師，希望コース（カット，パーマなど）を指定して予約可能時間を検索し，来店予約を行う機能と予約情報を確認，変更する機能。
お知らせ	キャンペーン，新商品の入荷などの情報を知らせる機能。
クーポン	クーポンを配付する機能。
おすすめの髪型	スマートフォンのカメラで撮影した顧客の顔の特徴情報を基に，顧客ごとに似合う髪型を提案する機能。

図1　新サービスのトップ画面と四つの機能

〔新サービスを提供するアプリケーションソフトウェア〕

　　次にCさんは，新サービスを提供するためのアプリケーションソフトウェア（以下，アプリケーションという）について調査した。その結果，アプリケーションの代表的な種類には，　　a　　と　　b　　があることが分かった。　　a　　は，サーバでHTMLを生成してスマートフォンに送信する。スマートフォンのOSの差異を考

慮した開発は不要だが，カメラや GPS などのデバイスの利用が一部制限される。一方

| b | は，それ自体をスマートフォンにインストールして実行するもの（以下，スマホアプリという）である。OS の差異を考慮した開発が必要であるが，カメラや GPS などのデバイスを制限なく利用できる。この調査結果から C さんは，新サービスは | b | として開発することを提案し，上司の承認を得た。

〔トップ画面の開発〕

次に C さんは，Java 言語を用いてスマホアプリのトップ画面の開発に着手した。トップ画面を実装し，画面の描画処理の中で，顧客番号に関連付けられた顧客氏名，来店日付，担当美容師氏名の情報をサーバから取得して画面に表示する処理を行うようにした。しかし，このスマホアプリを実行したところ並行処理に関するエラー（例外）が発生し，スマホアプリの実行が中断された。

このエラーの原因を究明するために，スマートフォン上で動作する GUI アプリケーションにおける並行処理を行う仕組みに関して調査を行った。スマートフォンの OS 上で処理を実行するための仕組みとして | c | と | d | とがある。| c | は，独立したメモリ空間を割り当てて実行されるものであり，多くの場合アプリケーションの実行単位ごとに一つの | c | で実行される。一方 | d | は，一つのメモリ空間を共有しながら実行されるもので，一つの | c | の中で，複数の | d | を実行することができる。

GUI アプリケーションの開発では，画面描画，画面操作などの画面ユーザーインタフェースに関する処理を行うメインスレッドと，メインスレッドと並行して比較的処理時間が長い処理を行う①バックグラウンドスレッド（以下，ワーカースレッドという）とを分けて実装する必要がある。また，ワーカースレッドによる画面ユーザーインタフェースに関する処理は禁止されていることが分かった。

そこで，トップ画面の処理をメインスレッドとワーカースレッドとに分けて実装することにし，トップ画面を完成させた。

〔おすすめの髪型機能の開発〕

次に C さんは，おすすめの髪型機能の開発に着手した。おすすめの髪型機能の実現に必要な処理を表1に示す。なお，表1中の開始条件とは当該処理の実行を開始する

ために必要な条件であり，処理時間は当該処理の実行に必要なスマートフォン内の計算時間と標準的な通信時間の合計時間である。

表1 おすすめの髪型機能の実現に必要な処理

処理名	処理内容	開始条件	処理時間（ミリ秒）
処理1	スマートフォンのカメラデバイスから取得したカメラ映像を画面に表示して，顧客が撮影ボタンを押した時点の画像を顔写真として保存する。	なし	100
処理2	画面に"処理中"のメッセージを表示する。	処理1の完了	10
処理3	処理1で保存した顔写真から顔の特徴点を抽出する。	処理1の完了	100
処理4	処理1で保存した顔写真から毛髪部分を削除する画像処理を行う。	処理3の完了	150
処理5	処理3で抽出した特徴点をサーバに送信し，おすすめの髪型の画像を取得する。	処理3の完了	200
処理6	処理4の結果画像と処理5の画像を合成する。	処理4，処理5の完了	50
処理7	処理6で合成した写真を画面に表示する。	処理6の完了	10

表1の七つの処理を行うために，②メインスレッドと二つのワーカースレッドを作成して処理を行うプログラムを実装した。処理4と処理5は並行に実行できるので，別々のワーカースレッドで処理することにした。このとき，処理6の実行の開始条件は処理4と処理5が共に完了していることなので，二つのスレッドの完了を待ち合わせる　　e　　操作を処理6のプログラムに記載した。

Cさんは，処理1～処理7で構成されるおすすめの髪型機能を実装してテスト用に準備したスマートフォンで実行したところ，通信環境の良い場所では正常に動作したが，通信環境が悪い場所ではサーバからの応答を待ち続けてしまう問題が発生した。この問題を解決するために③処理5のプログラムにある処理を追加した。

その後，Cさんはスマホアプリの全ての機能の開発とテストを完了させ，B社は新サービスを用いた販売促進活動を開始した。

設問1　本文中の　a　，　b　に入れる適切な字句を解答群の中から選び，記号で答えよ。

解答群

　　ア　Java アプレット　　　　　　　イ　Web アプリケーション

　　ウ　コンソールアプリケーション　　エ　ネイティブアプリケーション

設問2　〔トップ画面の開発〕について答えよ。

　(1)　本文中の　c　，　d　に入れる適切な字句を解答群の中から選び，記号で答えよ。

　　　解答群

　　　　ア　イベント　　イ　ウィンドウ　　ウ　スレッド　　エ　プロセス

　(2)　本文中の下線①について，ワーカースレッドで実行すべきではない処理を解答群の中から選び，記号で答えよ。

　　　解答群

　　　　ア　サーバから取得した情報を画面に表示する処理

　　　　イ　サーバからのレスポンスを待つ処理

　　　　ウ　サーバへリクエストを送信する処理

　　　　エ　ホスト名から IP アドレスを取得し TCP コネクションを確立する処理

設問3　〔おすすめの髪型機能の開発〕について答えよ。

　(1)　本文中の下線②について，表1中の処理2～処理7のうちメインスレッドで実行すべき処理だけを，表1中の処理名で全て答えよ。

　(2)　本文中の　e　に入れる適切な操作名を解答群の中から選び，記号で答えよ。

　　　解答群

　　　　ア　break　　　イ　fork　　　ウ　join　　　エ　wait

　(3)　本文中の下線③について，Cさんが追加した処理の内容を 20 字以内で答えよ。

　(4)　おすすめの髪型機能を実行するために必要な処理時間は何ミリ秒か。ここで，通信は標準的な時間で実行でき，表1に記載の処理時間以外については無視できるものとする。

問9　新たな金融サービスを提供するシステム開発プロジェクトに関する次の記述を読んで，設問に答えよ。

　A社は，様々な金融商品を扱う金融サービス業である。これまで，全国の支店網を通じて顧客を獲得・維持してきたが，ここ数年，顧客接点のデジタル化を進めた競合他社に顧客が流出している。そこで，A社は顧客流出を防ぐため，店頭での対面接客に加えて，認知・検索・行動・共有などの顧客接点をデジタル化し，顧客関係性を強化する新たな金融サービスを提供するために，新システムを開発するプロジェクト（以下，本プロジェクトという）の立ち上げを決定した。本プロジェクトはA社の取締役会で承認され，マーケティング部と情報システム部を統括するB役員がプロジェクト責任者となり，プロジェクトマネージャ（PM）にはマーケティング部のC課長が任命された。C課長は，本プロジェクトの立ち上げに着手した。

〔プロジェクトの立ち上げ〕
　C課長は，プロジェクト憲章を次のとおりまとめた。
・プロジェクトの目的：顧客接点をデジタル化することで，顧客関係性を強化する新たな金融サービスを提供する。
・マイルストーン：本プロジェクト立ち上げ後6か月以内に，ファーストリリースする。ファーストリリース後の顧客との関係性強化の状況を評価して，その後のプロジェクトの計画を検討する。
・スコープ：機械学習技術を採用し，スマートフォンを用いて顧客の好みやニーズに合わせた新たな金融サービスを提供する。マーケティング部のステークホルダは新たな金融サービスについて多様な意見をもち，プロジェクト実行中はその影響を受けるので頻繁なスコープの変更を想定する。
・プロジェクトフェーズ：過去に経験が少ない新たな金融サービスの提供に，経験のない新たな技術である機械学習技術を採用するので，システム開発に先立ち，新たなサービスの提供と新たな技術の採用の両面で実現性を検証するPoCのフェーズを設ける。PoCフェーズの評価基準には，顧客関係性の強化の達成状況など，定量的な評価が可能な重要成功要因の指標を用いる。
・プロジェクトチーム：表1のメンバーでプロジェクトを立ち上げ，適宜メンバーを追加する。

表1 プロジェクト立ち上げのメンバー

要員	所属	スキルと経験
C課長 (PM)	マーケティング部	CRM導入プロジェクトの全体統括をした経験，アジャイル型開発プロジェクトに参加した経験がある。
D主任	マーケティング部	1年前に競合企業から転職してきたマーケティング業務の専門家。CRMや会員向けECサイトのシステム開発プロジェクトに参加した経験がある。A社の業務にはまだ精通していない。
E主任	情報システム部	フルスタックエンジニア。データマートの構築，Javaのプログラミング，インターネット上のシステム開発などの経験が豊富。機械学習技術の経験はない。
F氏	情報システム部	データエンジニア。データ分析，Pythonのプログラミング経験はあるが，機械学習技術の経験はない。

B役員は，プロジェクト憲章を承認し，次の点によく留意して，プロジェクト計画を作成するようにC課長に指示した。

・顧客接点のデジタル化への機械学習の適用を，自社だけで技術習得して実施するか，他社に技術支援を業務として委託するか，今後のことも考えて決定すること。

・ベンダーに技術支援を業務委託する場合は，マーケティング部と情報システム部の従業員が，自分たちで使いこなせるレベルまで機械学習技術を習得する支援をしてもらうこと。また，新たな金融サービスの提供において，顧客の様々な年代層が容易に利用できるシステムの開発を支援できるベンダーを選定すること。なお，PoCでは，技術面の検証業務を実施し，成果として検証結果をまとめたレポートを作成してもらうこと。

・同業者から，自社だけで機械学習技術を習得しようとしたが，習得に2年掛かったという話も聞いたので，進め方には留意すること。

C課長は，B役員の指示を受けてメンバーと検討した結果，本プロジェクトはPoCを実施する点と，リリースまでに6か月しかない点，□ a □点を考慮し，アジャイル型開発アプローチを採用することにした。

C課長は，顧客接点のデジタル化への機械学習の適用を，自社だけで実施するか，他社に技術支援を業務委託するかを検討した。その結果，自社にリソースがない点と，□ b □点を考慮し，PoCとシステム開発の両フェーズで機械学習に関する技術支援をベンダーに業務委託することにした。

また，C課長は，PoCを実施しても，既知のリスクとして特定できない不確実性は

残るので，プロジェクトが進むにつれて明らかになる未知のリスクへの対策として，
プロジェクトの回復力（レジリエンス）を高める対策が必要と考えた。

〔ベンダーの選定〕

C 課長は，機械学習技術に関する技術支援への対応が可能なベンダー 7 社について，
ベンダーから提示された情報を基に，機械学習技術に関する現在の対応状況を調査し
た。

この調査に基づき，C 課長は，技術習得とシステム開発の支援の提案を依頼するベ
ンダーを 4 社に絞り込んだ。その上で，ベンダーからの提案書に対して五つの評価項
目を定め，ベンダーを評価することとした。

ベンダー 4 社に対して，提案を依頼し，提出された提案を基に，プロジェクトメン
バーで評価項目について評価を行い，表 2 のベンダー比較表を作成した。

表 2　ベンダー比較表

評価項目	評価の観点	P 社	Q 社	R 社	S 社
事例数	金融サービス業の適用事例が豊富なこと	3	3	3	4
定着化	習得した機械学習技術の定着化サポートを含むこと	2	4	3	4
提案内容	他社と差別化できる技術であること	4	3	4	3
使用性	顧客視点でのシステム開発ができること	4	4	3	3
価格	コストパフォーマンスが高いこと	3	3	4	2

注記　評価項目の点数。1：不足，2：やや不足，3：ほぼ十分，4：十分

ベンダー比較表を基に，B 役員の指示を踏まえて審査した結果，　　c　　社を
選定した。B 役員の最終承認を得て，①本プロジェクトの PoC の特性を考慮し，準委
任契約で委託することにした。

C 課長は，システム開発フェーズの途中で，技術支援の範囲拡大や支援メンバーの
増員を依頼した場合の対応までのリードタイムや増員の条件について，②選定したベ
ンダーに確認しようと考えた。

〔役割分担〕

C 課長は，マーケティング部のステークホルダがもつ多様な意見を理解して，それ

を本プロジェクトのプロダクトバックログとして設定するプロダクトオーナーの役割が重要であると考えた。C課長は，③D主任が，プロダクトオーナーに適任であると考え，D主任に担当してもらうことにした。

　C課長は，プロジェクトチームのメンバーと協議して，PoCでは，D主任の設定した仮説に基づき，プロダクトバックログを定め，プロジェクトの開発メンバーがベンダーの技術支援を受けてMVP（Minimum Viable Product）を作成することにした。そして，マーケティング部のステークホルダに試用してもらい，④あるものを測定することにした。

設問1　〔プロジェクトの立ち上げ〕について答えよ。

　　　(1)　本文中の　　a　　に入れる適切な字句を20字以内で答えよ。

　　　(2)　本文中の　　b　　に入れる適切な字句を20字以内で答えよ。

設問2　〔ベンダーの選定〕について答えよ。

　　　(1)　本文中の　　c　　に入れる適切な字句を，アルファベット1字で答えよ。また，　　c　　社を選定した理由を，表2の評価項目の字句を使って20字以内で答えよ。

　　　(2)　本文中の下線①について，準委任契約で委託することにしたのは本プロジェクトのPoCの特性として何を考慮したからか。適切なものを解答群の中から選び，記号で答えよ。

　　　解答群

　　　　　ア　既知のリスクとして特定できない不確実性が残る。

　　　　　イ　実現性を検証することが目的である。

　　　　　ウ　評価基準に重要成功要因の指標を用いる。

　　　　　エ　マーケティング部がMVPを試用する。

　　　(3)　本文中の下線②について，C課長が，ベンダーに確認する目的は何か。25字以内で答えよ。

設問3　〔役割分担〕について答えよ。

　　　(1)　本文中の下線③について，D主任がプロダクトオーナーに適任だと考えた理由は何か。30字以内で答えよ。

　　　(2)　本文中の下線④について，測定するものとは何か。15字以内で答えよ。

問10　サービスレベルに関する次の記述を読んで，設問に答えよ。

　E 社は防犯カメラ，入退室認証機器，監視モニターなどのオフィス用セキュリティ機器を製造販売する中堅企業である。E 社の販売部の販売担当者は，E 社営業日の営業時間である 9 時から 18 時までの間，販売活動を行っている。E 社の情報システム部では，販売管理システム（以下，現システムという），製品管理システム，社内 Web システムなどを開発，運用し，社内の利用者にサービスを提供している。現システムは，納入先の所在地，納入先との取引履歴などの納入先情報を管理し，製品管理システムは，製品の仕様，在庫などの情報を管理する。社内 Web システムは 24 時間 365 日運用されており，E 社の従業員は，業務に役立つ情報を，社内 Web システムを用いて，いつでも参照することができる。

　情報システム部には，サービス課，システム開発課及びシステム運用課がある。サービス課には複数のサービスチームが存在し，サービスレベル管理など，サービスマネジメントを行う。システム開発課は，システムの開発及び保守を担当する。システム運用課は，システムの運用及び IT 基盤の管理を担当する。

　販売担当者を利用者として提供される販売管理サービス（以下，現サービスという）は現システムによって実現されている。販売担当者は，納入先から製品の引き合いがあった場合，まず現システムで納入先情報を検索して，引き合いに関する情報を登録する作業を行う。次に，現システムと製品管理システムの両システムに何度もアクセスして情報を検索したり，情報を登録したりする作業があり，最後に表示される納期と価格の情報を取り込んだ納入先への提案に時間が掛かっている。販売部は 16 時までに受けた引き合いは，当日の営業時間内に納入先に納期と価格の提案を行うことを目標にしているが，引き合いが多いと納入先への提案まで 2 時間以上掛かることもあり，目標が達成できなくなる。販売部が行う納入先への提案は販売部の重要な事業機能であるので，販売部は現サービスの改善を要求事項として情報システム部に提示していた。

　そこで，情報システム部は，販売部の要求事項に対応するため，現システムに改修を加えたものを新システムとし，来年 1 月から新サービスとして提供することになった。

〔新サービスとサービスマネジメントの概要〕

　販売部の G 課長が業務要件を取りまとめ，システム開発課が現システムを改修し，システム運用課が IT 基盤を用いて新システムを運用する。販売担当者が現サービスと同様に引き合いに関する情報を新システムに登録して，提案情報作成を新システムに要求すると，新サービスでは新システムと製品管理システムとが連動して処理を実行し，提案に必要となる納期と価格の情報を表示する。

　新サービスのサービスマネジメントについては，現サービス同様に，サービス課販売サービスチームの F 君が担当する。サービス課では，従来からサービスデスク機能をコールセンター会社の Y 社に委託しており，新サービスについても，利用者からの問合せは，サービスデスクが直接受け付けて，利用者に回答を行う。問合せの内容が，インシデント発生に関わる内容の場合は，サービスデスクから販売サービスチームにエスカレーションされ，情報システム部で対応し，対応完了後，販売サービスチームは，サービスデスクに対応完了の連絡をする。例えば，一部のストレージ障害が疑われる場合は，販売サービスチームはシステム運用課にインシデントの診断を依頼し，システム運用課が障害箇所を特定する。その後，システム運用課で当該ストレージを復旧させ，販売サービスチームに復旧の連絡を行う。販売サービスチームはサービスデスクに連絡し，サービスデスクでは，サービスが利用できることを利用者に確認してサービス回復とする。

〔サービスレベル項目と目標の設定〕

　社内に提供するサービスについて，これまで情報システム部は，社内の利用部門との間で SLA を合意していなかったが，新サービスではサービスレベル項目と目標を明確にし，販売部と情報システム部との間で SLA を合意することにした。そこで，情報システム部が情報システム部長の指示のもとで，販売部の要求事項と実現可能性を考慮しながらサービスレベル項目と目標の案を作成し，新サービスの利害関係者と十分にレビューを行って合意内容を決定することとなった。F 君が新サービスの SLA を作成する責任者となり，販売部との合意の前に，新システムの開発及び運用を担うシステム開発課及びシステム運用課のメンバーと協力して SLA のサービスレベル項目と目標を作成することにした。

　F 君は，システム開発課がシステム設計を完了する前に，現システムで測定されて

いるシステム評価指標を参考に，表1に示す販売部と情報システム部との間のサービスレベル項目と目標（案）を作成した。

表1　販売部と情報システム部との間のサービスレベル項目と目標（案）

項番	種別	サービスレベル項目	サービスレベル目標
1	サービス可用性	サービス時間	E 社営業日の 9 時から 20 時まで
2		サービス稼働率	月間目標値：95％以上
3	性能	引き合いに関する情報の登録処理の応答時間	平均 3 秒以内
4	保守性	インシデント発生時のサービス回復時間 1)	8 時間以内
5	サービスデスク	サービスデスクのサポート時間帯	問合せ受付業務を実施する時間帯：E 社営業日の 9 時から 18 時まで

注記　18 時から 20 時までの間で利用者がインシデントと思われる事象を発見した場合は，サービスデスクの代わりにサービス課が受け付けて，対応する。

注 1)　サービスデスクが受け付けてからサービスが回復するまでの経過時間のことである。経過時間は，E 社営業日の営業時間の範囲で計測する。例えば，受付が 15 時でサービスの回復が翌営業日の 12 時の場合，サービス回復時間は 6 時間である。

　F 君は，表1を販売部の G 課長に提示した。G 課長は，販売部の要求事項に関連する内容が欠けていることを指摘し，表1に①サービスレベル項目を追加するように要求した。そこで，F 君は，新システムに関わる情報システム部のメンバーと協議を行い，システム設計で目標としている性能を基にサービスレベル目標を設定し，追加するサービスレベル項目とともに G 課長に提示し，了承を得た。

〔サービス提供者とサービス供給者との合意〕

　新サービスは，サービス課がサービス提供者となって，SLA に基づいて販売部にサービス提供される。サービス提供に際しては，外部供給者として Y 社が，内部供給者としてシステム開発課及びシステム運用課が関与する。

　サービスデスクについてのサービスレベル目標の合意は，従来，サービス課と Y 社との間で　　a　　として文書化されている。この中で，サービス課は，合意の前提となる問合せ件数が大きく増減する場合は，1 か月前に Y 社に件数を提示することになっている。Y 社は，提示された問合せ件数に基づき作業負荷を見積もり，サービスデスク要員の体制を確保する。

F君は，②新サービスを契機として，サービス課と内部供給者との間で，サービスレベル項目と目標を合意することにした。新サービスについてのサービス課とシステム開発課との間の主要なサービスレベル項目と目標（案）を表2に示す。

表2　サービス課とシステム開発課との間の主要なサービスレベル項目と目標（案）

項番	サービスレベル項目	サービスレベル目標
1	インシデントが発生した場合，サービス課からのインシデントの診断依頼をシステム開発課が受け付ける時間帯	E社営業日の9時から18時まで
2	システム開発課が開発したシステムに起因するインシデントの場合，システム開発課がサービス課からのインシデントの診断依頼を受け付けてからシステムを復旧するまでの時間[1)	8時間以内

注 1)　F社営業日の営業時間の範囲で計測する。

F君は，表2を上司にレビューしてもらった。すると，上司から，表1項番4のサービスレベル目標を達成するためには，"③表2項番2のサービスレベル目標は見直す必要がある"という指摘を受けた。

〔受入れテストにおける指摘と対応〕

システム開発課による開発作業が完了し，新サービス開始の2週間前に販売部が参画する新サービスの受入れテストを開始した。受入れテストを行った結果，販売部から情報システム部に対して，次の評価と指摘が挙がった。

・機能・性能とも大きな問題はなく，新サービスを開始してよいと判断できる。

・新サービスの操作方法を説明したマニュアルは整備されているが，提案情報作成を要求する処理に関してはサービスデスクへの問合せが多くなると想定される。

F君は，サービスデスクへの問合せ件数が事前の想定よりも多くなる懸念を感じた。Y社担当者とも検討し，④新サービス開始時点の問合せ件数を削減する対応が必要と考えた。そこで，利用者が参照できる⑤FAQを社内Webシステムに掲載することによって，新サービスの操作方法についてマニュアルで解決できない疑問が出た場合は，利用者自身で解決できるように準備を進めることにした。

設問1　〔サービスレベル項目と目標の設定〕について，本文中の下線①でG課長が追加するよう要求したサービスレベル項目として適切な内容を解答群の中から選び，記号で答えよ。

解答群

ア　製品の引き合いを受けてから提案するまでに要する時間

イ　納入先情報の検索時間

ウ　販売担当者が提案情報作成を新システムに要求してから納期と価格の情報が表示されるまでに要する時間

エ　販売担当者が提案情報作成を新システムに要求するときの新システムにおける同時処理可能数

設問2　〔サービス提供者とサービス供給者との合意〕について答えよ。

(1)　本文中の　　　a　　　に入れる適切な字句を解答群の中から選び，記号で答えよ。

解答群

　　ア　契約書　　　　　　　　　　　　　　　イ　サービスカタログ

　　ウ　サービス要求の実現に関する指示書　　エ　リリースの受入れ基準書

(2)　本文中の下線②で，F君が，サービス課と内部供給者との間でサービスレベル項目と目標を合意することにした理由は何か。40字以内で答えよ。

(3)　本文中の下線③でサービスレベル目標を見直すべき理由は何か。40字以内で答えよ。

設問3　〔受入れテストにおける指摘と対応〕について答えよ。

(1)　本文中の下線④で，F君が，問合せ件数を削減する対応が必要と考えた理由は何か。サービスデスク運用の観点で，25字以内で答えよ。

(2)　本文中の下線⑤の方策は，サービスデスクへの問合せ件数削減が期待できるだけでなく，利用者にとっての利点も期待できる。利用者にとっての利点を40字以内で答えよ。

問 11　情報システムに係るコンティンジェンシー計画の実効性の監査に関する次の記述
　　　を読んで，設問に答えよ。

　　Z 社は，中堅の通信販売事業者である。ここ数年は，通信販売需要の増加を追い風
に顧客数及び売上が増え，順調に業績が拡大しているが，その一方で，システム障害
発生時の影響の拡大，サイバー攻撃の脅威の増大など，事業継続に関わる新たなリス
クが増加してきている。そこで，Z 社内部監査室では今年度，主要な業務システムで
ある通信販売管理システム（以下，通販システムという）に係るコンティンジェンシ
ー計画（以下，CP という）の実効性について監査を行うことにした。Z 社内部監査室
のリーダーX 氏は，監査担当者の Y 氏と予備調査を実施した。予備調査の結果，把握
した事項は次のとおりである。

〔通販システムの概要〕
　　通販システムは，Z 社情報システム部が自社開発し，5 年前に稼働したシステムで
あり，受注管理，出荷・配送管理，商品管理の各サブシステムから構成されている。
稼働後，通販システムの機能には大きな変更はないが，近年の取引量の増加に伴い，
昨年通販システムサーバの処理能力を増強している。
　　情報システム部は，通販システムの構築に際して可用性を確保するために，サーバ
の冗長構成については，費用対効果を考慮してウォームスタンバイ方式を採用した。
Z 社には東西 2 か所に配送センターがあり，通販システムサーバは，東センターに設
置されている。東・西センターの現状のサーバ構成を図1に示す。
　　通販システムのデータバックアップは日次の夜間バッチ処理で行われており，取得
したバックアップデータは東センターのファイルサーバに保管される。また，バック
アップデータは西センターに日次でデータ伝送され，副バックアップデータとして，
西センターのバックオフィス系サーバに保管されている。
　　バックオフィス系サーバは，通販システムの構築と同時に導入されたものである。
緊急時の通販システムの待機系サーバであるとともに，通常時は人事給与システムと
会計システムを稼働させるように設計された。Z 社が社内の業務とコミュニケーショ
ンを円滑化するために，ここ 2，3 年の間に新しく導入したワークフローシステムや
グループウェアなどの社内業務支援システムもバックオフィス系サーバで稼働させて

いる。なお，Z社ではバックオフィス系サーバで稼働している人事給与システム，会計システム，社内業務支援システムを総称して社内システムと呼んでいる。

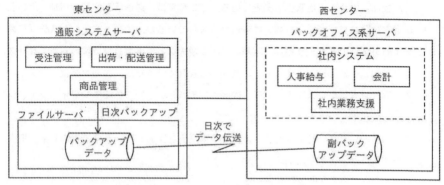

図1　東・西センターの現状のサーバ構成

〔CPの概要〕

　CPは，5年前に通販システムを構築した際に，情報システム部が策定したものである。CPのリスクシナリオとしては，大規模自然災害，システム障害，サイバー攻撃（併せて以下，危機事象という）によって東センターが使用できなくなった事態を想定している。その場合の代替策として，西センターのバックオフィス系サーバを利用して通販システムを暫定復旧することを計画している。

　東センターで危機事象が発生し，通販システムの早期復旧が困難と判断された場合には，CPを発動し，西センターのバックオフィス系サーバ上のシステム負荷の高い社内システムを停止する。その後，通販システムの業務アプリケーションやデータベースなどの必要なソフトウェアをセットアップし，副バックアップデータからデータベースを復元する。さらに，ネットワークの切替えを含む必要な環境設定を行い，通販システムを暫定復旧する計画になっている。5年前の通販システム稼働後，CPを発動した実績はない。

〔CPの訓練状況〕

　5年前の通販システム稼働直前に，西センターのバックオフィス系サーバにおいて，

復旧テストを実施した。復旧テストでは，副バックアップデータからデータベースが正常に復元できること，バックオフィス系サーバで実際に通販システムを稼働させるのに必要最低限の処理能力が確保できていることを確認している。

　通販システム稼働後の CP の訓練は，訓練計画に従いあらかじめ作成された訓練シナリオを基に，毎年実機訓練を実施している。具体的には，西センターで稼働中の社内システムが保守のために停止するタイミングで，バックオフィス系サーバに必要なソフトウェアをセットアップし，副バックアップデータを使用したデータベースの復元訓練まで行っている。CP 策定以降の訓練結果では，大きな問題は見つかっておらず，CP の見直しは行われていない。

　内部監査室は，予備調査の結果を基に本調査に向けた準備を開始した。

〔本調査に向けた準備〕

　X 氏は，Y 氏に予備調査結果から想定されるリスクと監査手続を整理するように指示した。Y 氏がまとめた想定されるリスクと監査手続を表1に示す。

表1　想定されるリスクと監査手続（抜粋）

項番	項目	想定されるリスク	監査手続
1	通販システムの構成	ウォームスタンバイ方式なので，暫定復旧までに時間が掛かる。	a　　について，業務部門と合意していることを確かめる。
2	CP の発動	危機事象発生時に CP 発動が遅れる。	b　　が明確に定められていることを確かめる。
3	CP の訓練	CP 訓練の結果が適切に評価されず，潜在的な問題が発見されない。	CP 訓練結果の　　c　　があらかじめ定められていることを確かめる。

　X 氏は表1の内容についてレビューを実施した。レビュー結果を踏まえた X 氏と Y 氏の主なやり取りは次のとおりである。

X 氏：①今回の監査の背景を踏まえると，ここ数年の当社を取り巻く状況から，CP のリスクシナリオの想定範囲が十分でなくなっている可能性もある。これについても想定されるリスクとして追加し，監査手続を検討すること。

Y 氏：承知した。

X 氏：CP の訓練に関連して，西センターでの復旧テストの実施時期がシステム稼働前
　　　であり，その後の変更状況を考慮すると，CP 発動時に暫定復旧後の通販シス
　　　テムで問題が発生するリスクが考えられる。これについても監査手続を作成す
　　　ること。

Y 氏：承知した。監査手続で確認すべき具体的なポイントとしては，通販システムが
　　　稼働後に　　 d 　　していることを考慮して，　　 e 　　についても同様
　　　に必要な対応ができているか，ということでよいか。

X 氏：それでよい。また，現在の CP の訓練内容について，CP 発動時に暫定復旧が円
　　　滑に実施できないリスクがあるので，それについても監査手続を作成すること。

Y 氏：承知した。　　 f 　　について，最低限机上での訓練を実施しなくて問題が
　　　ないのかを確認する。

X 氏：さらに，②通販システムの暫定復旧計画において，バックオフィス系サーバの
　　　社内システムを停止することによる影響が懸念されるので，それについても確
　　　認しておいた方がよい。

　　　レビューの結果を受けて，Y 氏は監査手続の見直しに着手した。

設問1　表 1 中の　　 a 　　～　　 c 　　に入れる最も適切な字句を解答群の中か
　　　ら選び，記号で答えよ。

　　　解答群

　　　　ア　CP 訓練　　　　　　イ　CP 発動基準　　　　ウ　環境設定

　　　　エ　機能要件　　　　　　オ　評価項目　　　　　　カ　目標復旧時間

設問2　本文中の下線部①について，監査手続の検討時に考慮すべきリスクを二つ挙げ，
　　　それぞれ 25 字以内で答えよ。

設問3　本文中の　　 d 　　，　　 e 　　に入れる適切な字句を，それぞれ 15 字以
　　　内で答えよ。

設問4　本文中の　　 f 　　に入れる適切な字句を，25 字以内で答えよ。

設問5　本文中の下線部②について，どのような影響が懸念されるか。25 字以内で答
　　　えよ。

出題分析

出題傾向を知ることで，効率的に学習を進めることができます

- 午前問題出題分析で試験の傾向を知ることができるので，学習する際の強い味方になります。

応用情報技術者試験

　令和4年度秋期，令和5年度春期，令和5年度秋期に行われた応用情報技術者試験を分析し，問題番号順と，3回分を合わせた「午前の出題範囲」の出題範囲順にまとめた表を掲載します。
　応用情報技術者試験を受験する際に，出題分析は重要な資料になります。

(1) 午前問題出題分析
　・問題番号順
　　　（令和4年度秋期，令和5年度春期，令和5年度秋期）
　・午前の出題範囲順
　　　（令和4年度秋期，令和5年度春期，令和5年度秋期）

(2) 午前の出題範囲

(3) 午後問題　予想配点表

（1）午前問題出題分析

・問題番号順

令和4年度秋期　応用情報技術者試験

問	問 題 タ イ ト ル	正解	分野	大	中	小	難易度
1	2進表現のビット数計算	イ	T	1	1	1	2
2	カルノー図と等価な論理式	エ	T	1	1	1	3
3	不良品を含むロットが合格と判定される確率	ア	T	1	1	2	3
4	AIにおける過学習の説明	イ	T	1	1	3	3
5	ハッシュ表によるデータの衝突条件	イ	T	1	2	2	2
6	流れ図で用いられている整列アルゴリズム	エ	T	1	2	2	2
7	XMLで符号化宣言を省略できる文字コード	エ	T	1	2	5	3
8	ディープラーニングの学習にGPUを用いる利点	イ	T	2	3	1	2
9	キャッシュメモリのライトスルーの説明	イ	T	2	3	2	2
10	2段のキャッシュをもつキャッシュシステムのヒット率	エ	T	2	3	2	2
11	電気泳動型電子ペーパーの説明	イ	T	2	3	5	2
12	コンテナ型仮想化の説明	ウ	T	2	4	1	3
13	システムの信頼性設計	ウ	T	2	4	1	2
14	MTBFとMTTRがともに1.5倍になったときの稼働率	エ	T	2	4	2	2
15	クライアントからの検索要求件数の計算	ア	T	2	4	2	3
16	デッドロックの発生を防ぐ方法	イ	T	2	5	1	2
17	ページサイズを半分にしたときに予想されるもの	ウ	T	2	5	1	3
18	リアルタイムOSにおける割込み処理の説明	ウ	T	2	5	1	3
19	LAN接続されたプリンターの印刷に要する時間	ウ	T	2	5	1	2
20	アクチュエーターの機能	ウ	T	2	6	1	2
21	整流作用をもつ素子	ウ	T	2	6	1	2
22	フラッシュメモリ	エ	T	2	6	1	2
23	論理回路	ウ	T	2	6	1	2
24	顧客コードの桁数計算	ア	T	3	7	1	2
25	H.264/MPEG-4AVC	エ	T	3	8	1	2
26	データ項目の命名規約だけでは回避できない事象	イ	T	3	9	2	3
27	差集合演算を行った結果	イ	T	3	9	3	3
28	"商品"表に対してSQL文を実行して得られる仕入先コード数	ウ	T	3	9	3	3
29	前進復帰で障害回復できるトランザクション	ウ	T	3	9	4	2
30	ACID特性の四つの性質に含まれないもの	イ	T	3	9	4	2
31	DHCPサーバが設置されたLAN環境	ウ	T	3	10	5	3
32	用途別のウェルノウンポート番号が割り当てられているプロトコル	ア	T	3	10	3	3
33	ネットワークアドレス	ウ	T	3	10	3	2
34	IPの上位階層のコネクションレスプロトコル	エ	T	3	10	3	2
35	受理するwebサーバのポート番号を指定できるURL中の箇所	エ	T	3	10	5	4
36	オープンリゾルバを悪用した攻撃	ウ	T	3	11	1	3
37	サイドチャネル攻撃に該当するもの	ア	T	3	11	1	3
38	デジタル証明書の失効確認をするプロトコル	ウ	T	3	11	5	3
39	インシデント対応体制のためにJPCERT/CCが作成したもの	ア	T	3	11	2	3
40	JVNの目的	イ	T	3	11	2	3

- 分野の「T」はテクノロジ系，「M」はマネジメント系，「S」はストラテジ系を表しています。
- 大，中，小は，「午前の出題範囲」に対応しています。(2)午前の出題範囲をご確認ください。

問	問題タイトル	正解	分野	大	中	小	難易度
41	リスクアセスメントを構成するプロセスの組合せ	イ	T	3	11	2	2
42	WAF による防御が有効な攻撃	イ	T	3	11	1	3
43	家庭内 LAN 環境のセキュリティ	ア	T	3	11	5	3
44	SPF の仕組み	イ	T	3	11	5	3
45	ファジングに該当するもの	イ	T	3	11	5	3
46	成果物の振る舞いを机上でシミュレートして問題点を発見する手法	ア	T	4	12	2	2
47	FTA の説明	イ	T	4	12	2	3
48	テストカバレージ指標による網羅率	イ	T	4	12	3	4
49	XP におけるテスト駆動開発の特徴	エ	T	4	13	1	2
50	KPT 手法で行ったスプリントレトロスペクティブの事例	ウ	T	4	13	1	4
51	プロジェクトマネジメントにおけるスコープの管理の活動	ウ	M	5	14	4	3
52	プレシデンスダイアグラム法における作業完了日数	イ	M	5	14	6	3
53	システム開発作業に要する期間の短縮月数	エ	M	5	14	7	3
54	多基準意思決定分析の加重総和法を用いた製品の評価	ウ	M	5	14	10	2
55	問題管理プロセスの目的	イ	M	6	15	2	2
56	シフト制勤務における1週間のサービス提供で必要な要員	ウ	M	6	15	4	3
57	入出力データの管理方針	イ	M	6	15	4	3
58	ISMS 内部監査で監査報告書に記載すべき指摘事項	エ	M	6	16	1	3
59	監査手続として適切なもの	ウ	M	6	16	1	3
60	システム監査基準に関する説明	ア	M	6	16	1	3
61	BCP の説明	エ	S	7	17	1	2
62	デジタル経営改革のための評価指標（DX 推進指標）	イ	S	7	17	1	3
63	エンタープライズアーキテクチャ（EA）の説明	ウ	S	7	17	1	3
64	正味現在価値法による投資効果の評価	イ	S	7	18	1	3
65	ハードウェア製造の外部委託に対するコンティンジェンシープラン	エ	S	7	18	3	3
66	請負型の契約で実施されるフェーズ	エ	S	7	18	3	3
67	M&A で企業価値を買手が詳細に調査する行為	エ	S	8	19	1	3
68	ターゲットリターン価格設定の説明	ウ	S	8	19	2	3
69	コンジョイント分析の説明	イ	S	8	19	2	3
70	API エコノミーの事例	エ	S	8	20	1	3
71	ファブレス	ウ	S	8	21	3	3
72	構成表を基にした正味所要量の計算	イ	S	8	21	2	2
73	サイバーフィジカルシステムの説明	ウ	S	8	21	1	3
74	SL 理論の説明	イ	S	9	22	1	3
75	デルファイ法の説明	エ	S	9	22	2	2
76	類似する事実やアイディアをグルーピングしていく収束技法	ウ	S	9	22	2	2
77	最大営業利益の計算	イ	S	9	22	3	3
78	作業委託における著作権の帰属	ウ	S	9	23	1	2
79	請負契約における指揮命令権と雇用契約	エ	S	9	23	3	3
80	製造物責任法の対象となるもの	ア	S	9	23	4	3

令和5年度春期　応用情報技術者試験

問	問 題 タ イ ト ル	正解	分野	大	中	小	難易度
1	定義された関数と等しい式	ア	T	1	1	1	3
2	正規分布のグラフ	ア	T	1	1	2	2
3	機械学習の2クラス分類モデル評価方法で用いられるROC曲線	ア	T	1	1	3	4
4	ドップラー効果を応用したセンサーで測定できるもの	ウ	T	1	1	5	3
5	最適適合アルゴリズムのメモリ割当て時の処理時間	ウ	T	1	2	1	3
6	線形探索法の平均比較回数	エ	T	1	2	2	3
7	クイックソートによる分割	ア	T	1	2	2	4
8	シングルコアCPUの平均CPI	イ	T	2	3	1	2
9	命令実行に必要なサイクル数の計算	ウ	T	2	3	1	3
10	キャッシュメモリの書込み動作	イ	T	2	3	2	3
11	フラッシュメモリにおけるウェアレベリングの説明	ア	T	2	3	2	3
12	有機ELディスプレイの説明	ア	T	2	3	5	2
13	スケールインの説明	イ	T	2	4	1	3
14	CPUと磁気ディスクの使用率	イ	T	2	4	2	4
15	コンピュータシステムの信頼性を高める技術	エ	T	2	4	2	3
16	システムの稼働率の比較	エ	T	2	4	2	3
17	FIFOによるページ置換えアルゴリズム	ウ	T	2	5	1	2
18	仮想記憶方式に関する記述	ア	T	2	5	1	3
19	ハッシュ表の探索時間を示すグラフ	エ	T	2	5	3	2
20	コンテナ型仮想化環境のプラットフォームを提供するOSS	ア	T	2	5	5	3
21	NAND素子を用いた組合せ回路	イ	T	2	6	1	2
22	回路に信号を入力したときの出力電圧の波形	ア	T	2	6	1	3
23	車の自動運転に使われるセンサーLiDARの説明	エ	T	2	6	1	3
24	NFC（Near Field Communication）の説明	エ	T	2	6	1	2
25	コンピュータグラフィックスに関する記述	ウ	T	3	8	2	3
26	JSON形式で表現されるデータのデータベース格納方法	ウ	T	3	9	5	4
27	ストアドプロシージャ	エ	T	3	9	1	3
28	べき等（idempotent）な操作の説明	ア	T	3	9	3	4
29	UMLを用いて表した図のデータモデルの多重度	エ	T	3	9	1	3
30	SQL文のON DELETE句に指定する語句	ア	T	3	9	3	3
31	PLCの説明	イ	T	3	10	2	3
32	パケット送付個数の計算	ウ	T	3	10	1	3
33	イーサネットフレームに含まれる宛先情報の送出順序	ウ	T	3	10	3	3
34	ネットワーク層に属するプロトコル	エ	T	3	10	3	2
35	接続を維持したまま別の基地局経由の通信に切り替えること	イ	T	3	10	5	2
36	ボットネットにおいてC&Cサーバが担う役割	ア	T	3	11	1	2
37	セキュアOSのセキュリティ上の効果	ウ	T	3	11	5	3
38	デジタル署名の検証鍵と使用方法	ウ	T	3	11	1	2
39	政府情報システムのためのセキュリティ評価制度（ISMAP）	ウ	T	3	11	2	4
40	ソフトウェアの既知の脆弱性を一意に識別するために用いる情報	イ	T	3	11	3	3

問	問題タイトル	正解	分野	大	中	小	難易度
41	TPM に該当するもの	ア	T	3	11	4	3
42	デジタルフォレンジックスの手順に含まれるもの	イ	T	3	11	4	3
43	公衆無線 LAN のアクセスポイント設置におけるセキュリティ対策	エ	T	3	11	5	3
44	サブミッションポートを導入する目的	エ	T	3	11	5	4
45	特定の IP セグメントからだけアクセス許可するセキュリティ技術	エ	T	3	11	5	4
46	モジュール結合度が最も低い情報の受渡し方法	ウ	T	4	12	4	3
47	条件に従った決定表の動作指定部の設定	ウ	T	4	12	2	2
48	各スプリントで実施するスクラムイベントの順序	イ	T	4	13	1	3
49	特許を取得した特許権者から実施許諾が必要になる場合	イ	T	4	13	2	3
50	サーバプロビジョニングツールを使用する目的	エ	T	4	13	3	3
51	プロジェクトの立上げプロセスで作成する"プロジェクト憲章"	エ	M	5	14	2	3
52	クリティカルチェーン法でアクティビティの直後に設けるバッファ	ア	M	5	14	6	4
53	作業配分モデルにおける完了日数の算出	イ	M	5	14	6	3
54	デルファイ法の説明	エ	M	5	14	8	2
55	サービスマネジメントシステム（SMS）における継続的改善	エ	M	6	15	1	3
56	JIS Q 20000-1 におけるレビュー実施時期に関する規定	イ	M	6	15	3	3
57	IaaS と PaaS への移行で不要となるシステム運用作業	ウ	M	6	15	4	3
58	システム監査基準における予備調査	イ	M	6	16	1	2
59	監査手続の実施に際して利用する技法	ア	M	6	16	1	3
60	内部統制関係者の役割と責任	エ	M	6	16	2	4
61	ROI の説明	ア	S	7	17	1	3
62	カスタマーエクスペリエンスの説明	ア	S	7	17	2	4
63	ビッグデータの利活用を促す情報銀行の説明	ウ	S	7	17	4	3
64	システム要件定義プロセスにおけるトレーサビリティ	エ	S	7	18	2	3
65	RFI の説明	ア	S	7	18	3	3
66	ベンダーに見積りを依頼する際に必要なもの	エ	S	7	18	3	3
67	広告費を掛けて販売したときの ROAS の計算	ウ	S	8	19	2	3
68	バランススコアカードで使われる戦略マップの説明	イ	S	8	20	1	2
69	新規ビジネス立上げで実施するフィージビリティスタディ	イ	S	8	19	3	3
70	企業と大学との共同研究	ウ	S	8	20	3	3
71	エネルギーハーベスティングの説明	イ	S	8	21	3	3
72	アグリゲーションサービスに関する記述	ウ	S	8	21	3	3
73	IoT を活用し現実世界をリアルタイムに仮想空間で再現すること	エ	S	8	21	4	3
74	事業部制組織の特徴	ウ	S	9	22	1	2
75	デシジョンツリーによる利益増加額の期待値計算	ウ	S	9	22	2	3
76	製造原価の経費に算入する費用	ア	S	9	22	3	3
77	目標利益が得られる売上高の計算	エ	S	9	22	3	3
78	下請法で禁止されている行為	イ	S	9	23	3	3
79	労働者派遣法において派遣元事業主の講ずべき措置	エ	S	9	23	3	3
80	技術者倫理の遵守を妨げる集団思考の説明	エ	S	9	23	4	3

令和 5 年度秋期　応用情報技術者試験

問	問　題　タ　イ　ト　ル	正解	分野	大	中	小	難易度
1	2 進数が表す整数の式	ウ	T	1	1	1	3
2	主成分分析の説明	エ	T	1	1	2	3
3	逆ポーランド表記法	ア	T	1	2	7	2
4	パリティビットの付加で訂正できるビット数	ア	T	1	1	4	2
5	双方向リストの末尾の要素	ウ	T	1	2	1	3
6	整列に使ったアルゴリズム	ウ	T	1	2	2	2
7	オブジェクトを表現する JavaScript のデータ記述の仕様	イ	T	1	2	4	3
8	異なる目的に適した複数の種類のコアを搭載したプロセッサ	ウ	T	2	3	1	4
9	分岐先を予測して実行するパイプラインの性能向上技法	ウ	T	2	3	1	3
10	フラッシュメモリの寿命を延ばす技術	ア	T	2	3	2	2
11	ユニファイドメモリ方式の特徴	イ	T	2	3	5	3
12	SAN におけるサーバとストレージの接続形態	イ	T	2	4	1	3
13	スケールアウトが適しているシステム	イ	T	2	4	1	3
14	IaC に関する記述	エ	T	2	4	1	4
15	フェールオーバーに要する時間を考慮した稼働率の計算	エ	T	2	4	2	3
16	仮想記憶においてページインだけの処理の割合	エ	T	2	5	1	3
17	タスクの最大実行時間と周期の組合せ	ア	T	2	5	1	3
18	異なる命令形式のコンピュータで実行できる言語処理プログラム	イ	T	2	5	4	2
19	Linux カーネルの説明	エ	T	2	5	1	3
20	FPGA の説明	エ	T	2	6	1	3
21	MOS トランジスタの説明	ウ	T	2	6	1	3
22	フリップフロップの動作	ウ	T	2	6	1	3
23	真理値表に示す 3 入力多数決回路	ア	T	2	6	1	3
24	アイコンの習得性の説明（JIS X 9303-1）	ア	T	3	7	1	3
25	レンダリングの説明	イ	T	3	8	2	3
26	ハッシュインデックスの設定	エ	T	3	9	2	3
27	関係モデルにおける外部キーの説明	ア	T	3	9	2	2
28	更新可能なビューを作成する SQL 文	ア	T	3	9	3	3
29	SQL 文を実行した結果得られる表の行数	イ	T	3	9	3	3
30	障害発生後のDBMS再立上げにおけるトランザクションの復帰方法	ア	T	3	9	4	3
31	伝送時間の計算	ウ	T	3	10	1	2
32	NAPT 機能をもつルータが書き換えるフィールド	イ	T	3	10	2	3
33	ping が使用するプロトコル	イ	T	3	10	3	2
34	サブネットワークのアドレス	イ	T	3	10	3	2
35	マルチキャストの使用例	エ	T	3	10	3	3
36	パスワードクラック手法のレインボーテーブル攻撃に該当するもの	ウ	T	3	11	1	3
37	楕円曲線暗号の特徴	ア	T	3	11	1	2
38	メールの第三者中継と判断できるログ	ウ	T	3	11	5	3
39	コーディネーションセンターの機能とサービス対象の組合せ	ア	T	3	11	2	4
40	情報を使用させず開示しない特性（JIS Q 27000）	ア	T	3	11	1	2

問	問題タイトル	正解	分野	大	中	小	難易度
41	サイドチャネル攻撃に該当するもの	イ	T	3	11	1	3
42	セキュアブートの説明	ウ	T	3	11	5	3
43	ランサムウェア感染による被害の低減に効果があるもの	ア	T	3	11	4	3
44	DKIM に関する記述	ア	T	3	11	5	4
45	DNSSEC についての記述	エ	T	3	11	5	3
46	ソフトウェアの脆弱性を検出するテスト手法	ウ	T	4	12	6	3
47	開発環境上でソフトウェアを開発する手法	エ	T	4	12	3	3
48	リバースエンジニアリングで仕様書を作成し直す保守の分類	ア	T	4	12	6	3
49	アジャイルソフトウェア開発宣言における "別のことがら"	ア	T	4	13	1	3
50	IDE の説明	ア	T	4	13	3	3
51	スコープ記述書に記述する項目 (PMBOK®ガイド第 7 版)	エ	M	5	14	4	2
52	EVM を活用したパフォーマンス管理	ツ	M	5	14	7	2
53	計画変更によるスケジュール短縮日数	ア	M	5	14	6	3
54	コンティンジェンシー計画を作成するプロセス	エ	M	5	14	8	2
55	サービスマネジメントシステムにおける是正処置の説明	ア	M	6	15	3	2
56	許容されるサービスの停止時間の計算	イ	M	6	15	3	3
57	フルバックアップ方式と差分バックアップ方式による運用	イ	M	6	15	4	2
58	システム監査人が作成する監査調書	ウ	M	6	16	1	2
59	起票された受注伝票に関する監査手続	ウ	M	6	16	1	3
60	"内部統制の実施基準" における IT への対応	イ	M	6	16	2	3
61	バックキャスティングの説明	イ	S	7	17	1	3
62	ワントゥワンマーケティングを実現するソリューション	ア	S	7	17	3	2
63	SOA の説明	エ	S	7	17	3	2
64	投資によるキャッシュアウトをいつ回収できるかを表す指標	ウ	S	7	18	1	3
65	成果物が利害関係者の要件を満たしている証拠を得る検証手法	ア	S	7	18	2	3
66	ファウンドリーサービスの説明	エ	S	7	18	3	3
67	成長マトリクスの説明	ア	S	8	19	1	3
68	顧客からの同意を段階的に広げるマーケティング手法	ウ	S	8	19	2	4
69	人口統計的変数に分類される消費者特性	イ	S	8	19	2	4
70	オープンイノベーションの説明	ウ	S	8	20	1	2
71	CPS (サイバーフィジカルシステム) を活用している事例	エ	S	8	21	1	3
72	インターネットを介して単発の仕事を受託する働き方	イ	S	8	21	3	3
73	AI を用いたマシンビジョンの目的	イ	S	8	21	5	3
74	BCM において考慮すべきレジリエンス	エ	S	9	22	1	3
75	コンティンジェンシー理論の特徴	エ	S	9	22	1	3
76	発生した故障の要因を表現するのに適した図法	イ	S	9	22	2	2
77	固定資産の除却損の計算	エ	S	9	22	3	3
78	著作権法上適法である行為	エ	S	9	23	1	2
79	匿名加工情報取扱事業者が第三者提供する際の義務	ア	S	9	23	2	3
80	企業と労働者の関係に関する記述	イ	S	9	23	3	2

・午前の出題範囲順

（令和4年度秋期，令和5年度春期，令和5年度秋期）

期	問	問題タイトル	正解	分野	大	中	小	難易度
4年秋	1	2進表現のビット数計算	イ	T	1	1	1	2
4年秋	2	カルノー図と等価な論理式	エ	T	1	1	1	3
5年春	1	定義された関数と等しい式	ア	T	1	1	1	3
5年秋	1	2進数が表す整数の式	ウ	T	1	1	1	3
4年秋	3	不良品を含むロットが合格と判定される確率	ア	T	1	1	2	3
5年春	2	正規分布のグラフ	ア	T	1	1	2	2
5年秋	2	主成分分析の説明	エ	T	1	1	2	3
4年秋	4	AIにおける過学習の説明	イ	T	1	1	3	3
5年春	3	機械学習の2クラス分類モデル評価方法で用いられるROC曲線	ア	T	1	1	3	4
5年秋	4	パリティビットの付加で訂正できるビット数	ア	T	1	1	4	2
5年春	4	ドップラー効果を応用したセンサーで測定できるもの	ウ	T	1	1	5	3
5年春	5	最適適合アルゴリズムのメモリ割当て時の処理時間	ウ	T	1	2	1	3
5年秋	5	双方向リストの末尾の要素	ウ	T	1	2	1	3
4年秋	5	ハッシュ表によるデータの衝突条件	イ	T	1	2	2	2
4年秋	6	流れ図で用いられている整列アルゴリズム	エ	T	1	2	2	2
5年春	6	線形探索法の平均比較回数	エ	T	1	2	2	3
5年春	7	クイックソートによる分割	ア	T	1	2	2	4
5年秋	6	整列に使ったアルゴリズム	ウ	T	1	2	2	2
5年秋	7	オブジェクトを表現するJavaScriptのデータ記述の仕様	イ	T	1	2	4	3
4年秋	7	XMLで符号化宣言を省略できる文字コード	エ	T	1	2	5	3
5年秋	3	逆ポーランド表記法	ア	T	1	2	7	3
4年秋	8	ディープラーニングの学習にGPUを用いる利点	イ	T	2	3	1	2
5年春	8	シングルコアCPUの平均CPI	イ	T	2	3	1	2
5年春	9	命令実行に必要なサイクル数の計算	ウ	T	2	3	1	3
5年秋	8	異なる目的に適した複数の種類のコアを搭載したプロセッサ	ウ	T	2	3	1	4
5年秋	9	分岐先を予測して実行するパイプラインの性能向上技法	ウ	T	2	3	1	3
4年秋	9	キャッシュメモリのライトスルーの説明	イ	T	2	3	2	2
4年秋	10	2段のキャッシュをもつキャッシュシステムのヒット率	エ	T	2	3	2	2
5年春	10	キャッシュメモリの書込み動作	イ	T	2	3	2	2
5年春	11	フラッシュメモリにおけるウェアレベリングの説明	ア	T	2	3	2	2
5年秋	10	フラッシュメモリの寿命を延ばす技術	ア	T	2	3	2	2
4年秋	11	電気泳動型電子ペーパーの説明	イ	T	2	3	5	2
5年春	12	有機ELディスプレイの説明	ア	T	2	3	5	2
5年秋	11	ユニファイドメモリ方式の特徴	イ	T	2	3	5	3
4年秋	12	コンテナ型仮想化の説明	ウ	T	2	4	1	3
4年秋	13	システムの信頼性設計	ウ	T	2	4	1	2
5年秋	12	SANにおけるサーバとストレージの接続形態	イ	T	2	4	1	3
5年秋	13	スケールアウトが適しているシステム	イ	T	2	4	1	3
5年秋	14	IaCに関する記述	エ	T	2	4	1	4
4年秋	14	MTBFとMTTRがともに1.5倍になったときの稼働率	エ	T	2	4	2	2

期	問	問題タイトル	正解	分野	大	中	小	難易度
4年秋	15	クライアントからの検索要求件数の計算	ア	T	2	4	2	3
5年春	13	スケールインの説明	イ	T	2	4	2	3
5年春	14	CPUと磁気ディスクの使用率	イ	T	2	4	2	4
5年春	15	コンピュータシステムの信頼性を高める技術	エ	T	2	4	2	2
5年春	16	システムの稼働率の比較	エ	T	2	4	2	3
5年秋	15	フェールオーバーに要する時間を考慮した稼働率の計算	エ	T	2	4	2	3
4年秋	16	デッドロックの発生を防ぐ方法	イ	T	2	5	1	2
4年秋	17	ページサイズを半分にしたときに予想されるもの	ウ	T	2	5	1	3
4年秋	18	リアルタイムOSにおける割込み処理の説明	ウ	T	2	5	1	3
4年秋	19	LAN接続されたプリンターの印刷に要する時間	ウ	T	2	5	1	2
5年春	17	FIFOによるページ置換えアルゴリズム	ウ	T	2	5	1	2
5年春	18	仮想記憶方式に関する記述	ア	T	2	5	1	3
5年秋	16	仮想記憶においてページインだけの処理の割合	エ	T	2	5	1	3
5年秋	17	タスクの最大実行時間と周期の組合せ	ア	T	2	5	1	3
5年秋	19	Linuxカーネルの説明	エ	T	2	5	1	3
5年春	19	ハッシュ表の探索時間を示すグラフ	エ	T	2	5	3	2
5年秋	18	異なる命令形式のコンピュータで実行できる言語処理プログラム	イ	T	2	5	4	2
5年春	20	コンテナ型仮想化環境のプラットフォームを提供するOSS	ア	T	2	5	5	3
4年秋	20	アクチュエーターの機能	ウ	T	2	6	1	2
4年秋	21	整流作用をもつ素子	ウ	T	2	6	1	2
4年秋	22	フラッシュメモリ	エ	T	2	6	1	2
4年秋	23	論理回路	ウ	T	2	6	1	2
5年春	21	NAND素子を用いた組合せ回路	イ	T	2	6	1	2
5年春	22	回路に信号を入力したときの出力電圧の波形	ア	T	2	6	1	3
5年春	23	車の自動運転に使われるセンサーLiDARの説明	エ	T	2	6	1	2
5年春	24	NFC（Near Field Communication）の説明	エ	T	2	6	1	2
5年秋	20	FPGAの説明	エ	T	2	6	1	2
5年秋	21	MOSトランジスタの説明	ウ	T	2	6	1	3
5年秋	22	フリップフロップの動作	ウ	T	2	6	1	2
5年秋	23	真理値表に示す3入力多数決回路	ア	T	2	6	1	2
4年秋	24	顧客コードの桁数計算	ア	T	3	7	1	2
5年秋	24	アイコンの習得性の説明（JIS X 9303-1)	ア	T	3	7	1	2
4年秋	25	H.264/MPEG-4AVC	エ	T	3	8	1	2
5年春	25	コンピュータグラフィックスに関する記述	ウ	T	3	8	2	3
5年秋	25	レンダリングの説明	イ	T	3	8	2	2
5年春	27	ストアドプロシージャ	エ	T	3	9	1	2
5年春	29	UMLを用いて表した図のデータモデルの多重度	エ	T	3	9	1	2
4年秋	26	データ項目の命名規約だけでは回避できない事象	イ	T	3	9	2	2
5年秋	26	ハッシュインデックスの設定	エ	T	3	9	2	2
5年秋	27	関係モデルにおける外部キーの説明	ア	T	3	9	2	2

期	問	問題タイトル	正解	分野	大	中	小	難易度
4年秋	27	差集合演算を行った結果	イ	T	3	9	3	3
4年秋	28	"商品"表に対してSQL文を実行して得られる仕入先コード数	ウ	T	3	9	3	3
5年春	28	べき等（idempotent）な操作の説明	ア	T	3	9	3	4
5年春	30	SQL文のON DELETE句に指定する語句	ア	T	3	9	3	3
5年秋	28	更新可能なビューを作成するSQL文	ア	T	3	9	3	3
5年秋	29	SQL文を実行した結果得られる表の行数	イ	T	3	9	3	3
4年秋	29	前進復帰で障害回復できるトランザクション	ウ	T	3	9	4	3
4年秋	30	ACID特性の四つの性質に含まれないもの	イ	T	3	9	4	3
5年秋	30	障害発生後のDBMS再立上げにおけるトランザクションの復帰方法	ア	T	3	9	4	3
5年春	26	JSON形式で表現されるデータのデータベース格納方法	ウ	T	3	9	5	4
5年春	32	パケット送付個数の計算	ウ	T	3	10	1	3
5年秋	31	伝送時間の計算	ウ	T	3	10	1	2
5年春	31	PLCの説明	イ	T	3	10	2	3
5年秋	32	NAPT機能をもつルータが書き換えるフィールド	イ	T	3	10	2	3
4年秋	32	用途別のウェルノウンポート番号が割り当てられているプロトコル	ア	T	3	10	3	3
4年秋	33	ネットワークアドレス	ウ	T	3	10	3	2
4年秋	34	IPの上位階層のコネクションレスプロトコル	エ	T	3	10	3	2
5年春	33	イーサネットフレームに含まれる宛先情報の送出順序	ウ	T	3	10	3	3
5年春	34	ネットワーク層に属するプロトコル	エ	T	3	10	3	2
5年秋	33	pingが使用するプロトコル	イ	T	3	10	3	2
5年秋	34	サブネットワークのアドレス	イ	T	3	10	3	2
5年秋	35	マルチキャストの使用例	エ	T	3	10	3	3
4年秋	31	DHCPサーバが設置されたLAN環境	ウ	T	3	10	5	3
4年秋	35	受理するwebサーバのポート番号を指定できるURL中の箇所	エ	T	3	10	5	4
5年春	35	接続を維持したまま別の基地局経由の通信に切り替えること	イ	T	3	10	5	2
4年秋	36	オープンリゾルバを悪用した攻撃	ウ	T	3	11	1	3
4年秋	37	サイドチャネル攻撃に該当するもの	ア	T	3	11	1	3
4年秋	42	WAFによる防御が有効な攻撃	イ	T	3	11	1	3
5年春	36	ボットネットにおいてC&Cサーバが担う役割	イ	T	3	11	1	2
5年春	38	デジタル署名の検証鍵と使用方法	ウ	T	3	11	1	2
5年秋	36	パスワードクラック手法のレインボーテーブル攻撃に該当するもの	ウ	T	3	11	1	3
5年秋	37	楕円曲線暗号の特徴	ア	T	3	11	1	2
5年秋	40	情報を使用させず開示しない特性（JIS Q 27000）	ア	T	3	11	1	2
5年秋	41	サイドチャネル攻撃に該当するもの	イ	T	3	11	1	3
4年秋	39	インシデント対応体制のためにJPCERT/CCが作成したもの	ア	T	3	11	2	3
4年秋	40	JVNの目的	イ	T	3	11	2	3
4年秋	41	リスクアセスメントを構成するプロセスの組合せ	イ	T	3	11	2	2
5年春	39	政府情報システムのためのセキュリティ評価制度（ISMAP）	ウ	T	3	11	2	4
5年秋	39	コーディネーションセンターの機能とサービス対象の組合せ	ア	T	3	11	2	4
5年春	40	ソフトウェアの既知の脆弱性を一意に識別するために用いる情報	イ	T	3	11	3	3

期	問	問題タイトル	正解	分野	大	中	小	難易度
5年春	41	TPM に該当するもの	ア	T	3	11	4	3
5年春	42	デジタルフォレンジックスの手順に含まれるもの	イ	T	3	11	4	3
5年秋	43	ランサムウェア感染による被害の低減に効果があるもの	ア	T	3	11	4	3
4年秋	38	デジタル証明書の失効確認をするプロトコル	ウ	T	3	11	5	3
4年秋	43	家庭内 LAN 環境のセキュリティ	ア	T	3	11	5	3
4年秋	44	SPF の仕組み	イ	T	3	11	5	3
4年秋	45	ファジングに該当するもの	イ	T	3	11	5	3
5年春	37	セキュア OS のセキュリティ上の効果	ウ	T	3	11	5	3
5年春	43	公衆無線 LAN のアクセスポイント設置におけるセキュリティ対策	エ	T	3	11	5	3
5年春	44	サブミッションポートを導入する目的	エ	T	3	11	5	4
5年春	45	特定の IP セグメントからだけアクセス許可するセキュリティ技術	エ	T	3	11	5	4
5年秋	38	メールの第三者中継と判断できるログ	ウ	T	3	11	5	3
5年秋	42	セキュアブートの説明	ウ	T	3	11	5	3
5年秋	44	DKIM に関する記述	ア	T	3	11	5	3
5年秋	45	DNSSEC についての記述	エ	T	3	11	5	3
4年秋	46	成果物の振る舞いを机上でシミュレートして問題点を発見する手法	ア	T	4	12	2	2
4年秋	47	FTA の説明	イ	T	4	12	2	2
5年春	47	条件に従った決定表の動作指定部の設定	ウ	T	4	12	2	2
4年秋	48	テストカバレージ指標による網羅率	イ	T	4	12	3	4
5年秋	47	開発環境上でソフトウェアを開発する手法	エ	T	4	12	3	3
5年春	46	モジュール結合度が最も低い情報の受渡し方法	ウ	T	4	12	4	3
5年秋	46	ソフトウェアの脆弱性を検出するテスト手法	ウ	T	4	12	6	3
5年秋	48	リバースエンジニアリングで仕様書を作成し直す保守の分類	ア	T	4	12	6	3
4年秋	49	XP におけるテスト駆動開発の特徴	エ	T	4	13	1	2
4年秋	50	KPT 手法で行ったスプリントレトロスペクティブの事例	ウ	T	4	13	1	4
5年春	48	各スプリントで実施するスクラムイベントの順序	イ	T	4	13	1	3
5年秋	49	アジャイルソフトウェア開発宣言における "別のことがら"	ア	T	4	13	1	3
5年春	49	特許を取得した特許権者から実施許諾が必要になる場合	イ	T	4	13	2	3
5年春	50	サーバプロビジョニングツールを使用する目的	エ	T	4	13	3	3
5年秋	50	IDE の説明	ア	T	4	13	3	3
5年春	51	プロジェクトの立上げプロセスで作成する "プロジェクト憲章"	エ	M	5	14	2	4
4年秋	51	プロジェクトマネジメントにおけるスコープの管理の活動	ウ	M	5	14	4	3
5年秋	51	スコープ記述書に記述する項目 (PMBOK®ガイド第 7 版)	エ	M	5	14	4	2
4年秋	52	プレシデンスダイアグラム法における作業完了日数	イ	M	5	14	6	3
5年春	52	クリティカルチェーン法でアクティビティの直後に設けるバッファ	ア	M	5	14	6	4
5年春	53	作業配分モデルにおける完了日数の算出	イ	M	5	14	6	3
5年秋	53	計画変更によるスケジュール短縮日数	ア	M	5	14	6	3
4年秋	53	システム開発作業に要する期間の短縮月数	エ	M	5	14	7	3
5年秋	52	EVM を活用したパフォーマンス管理	ウ	M	5	14	7	3
5年春	54	デルファイ法の説明	エ	M	5	14	8	2

期	問	問題タイトル	正解	分野	大	中	小	難易度
5年秋	54	コンティンジェンシー計画を作成するプロセス	エ	M	5	14	8	2
4年秋	54	多基準意思決定分析の加重総和法を用いた製品の評価	ウ	M	5	14	10	2
5年春	55	サービスマネジメントシステム（SMS）における継続的改善	エ	M	6	15	1	3
4年秋	55	問題管理プロセスの目的	イ	M	6	15	2	2
5年春	56	JIS Q 20000-1 におけるレビュー実施時期に関する規定	イ	M	6	15	3	3
5年秋	55	サービスマネジメントシステムにおける是正処置の説明	ア	M	6	15	3	3
5年秋	56	許容されるサービスの停止時間の計算	イ	M	6	15	3	3
4年秋	56	シフト制勤務における1週間のサービス提供で必要な要員	ウ	M	6	15	4	3
4年秋	57	入出力データの管理方針	イ	M	6	15	4	3
5年春	57	IaaS と PaaS への移行で不要となるシステム運用作業	ウ	M	6	15	4	3
5年秋	57	フルバックアップ方式と差分バックアップ方式による運用	イ	M	6	15	4	2
4年秋	58	ISMS 内部監査で監査報告書に記載すべき指摘事項	エ	M	6	16	1	2
4年秋	59	監査手続として適切なもの	ウ	M	6	16	1	3
4年秋	60	システム監査基準に関する説明	ア	M	6	16	1	2
5年春	58	システム監査基準における予備調査	イ	M	6	16	1	3
5年春	59	監査手続の実施に際して利用する技法	ア	M	6	16	1	2
5年秋	58	システム監査人が作成する監査調書	ウ	M	6	16	1	2
5年秋	59	起票された受注伝票に関する監査手続	ウ	M	6	16	1	2
5年春	60	内部統制関係者の役割と責任	エ	M	6	16	2	4
5年秋	60	"内部統制の実施基準"における IT への対応	イ	M	6	16	2	3
4年秋	61	BCP の説明	エ	S	7	17	1	2
4年秋	62	デジタル経営改革のための評価指標（DX 推進指標）	イ	S	7	17	1	3
4年秋	63	エンタープライズアーキテクチャ（EA）の説明	ウ	S	7	17	1	3
5年春	61	ROI の説明	ア	S	7	17	1	3
5年秋	61	バックキャスティングの説明	イ	S	7	17	1	3
5年春	62	カスタマーエクスペリエンスの説明	ア	S	7	17	2	4
5年秋	62	ワントゥワンマーケティングを実現するソリューション	ア	S	7	17	3	2
5年秋	63	SOA の説明	エ	S	7	17	3	2
5年春	63	ビッグデータの利活用を促す情報銀行の説明	ウ	S	7	17	4	3
4年秋	64	正味現在価値法による投資効果の評価	イ	S	7	18	1	3
4年秋	64	投資によるキャッシュアウトをいつ回収できるかを表す指標	ウ	S	7	18	1	3
5年春	64	システム要件定義プロセスにおけるトレーサビリティ	エ	S	7	18	2	3
5年春	65	成果物が利害関係者の要件を満たしている証拠を得る検証手法	ア	S	7	18	2	3
4年秋	65	ハードウェア製造の外部委託に対するコンティンジェンシープラン	エ	S	7	18	3	3
4年秋	66	請負型の契約で実施されるフェーズ	エ	S	7	18	3	3
5年春	65	RFI の説明	ア	S	7	18	3	3
5年春	66	ベンダーに見積りを依頼する際に必要なもの	エ	S	7	18	3	3
5年秋	66	ファウンドリーサービスの説明	エ	S	7	18	3	3
4年秋	67	M&A で企業価値を買手が詳細に調査する行為	エ	S	8	19	1	3
5年秋	67	成長マトリクスの説明	ア	S	8	19	1	3

期	問	問題タイトル	正解	分野	大	中	小	難易度
4年秋	68	ターゲットリターン価格設定の説明	ウ	S	8	19	2	3
4年秋	69	コンジョイント分析の説明	イ	S	8	19	2	3
5年春	67	広告費を掛けて販売したときの ROAS の計算	ウ	S	8	19	2	3
5年秋	68	顧客からの同意を段階的に広げるマーケティング手法	ウ	S	8	19	2	4
5年秋	69	人口統計的変数に分類される消費者特性	イ	S	8	19	2	4
5年春	69	新規ビジネス立上げで実施するフィージビリティスタディ	イ	S	8	19	3	3
4年秋	70	API エコノミーの事例	エ	S	8	20	1	3
5年春	68	バランススコアカードで使われる戦略マップの説明	イ	S	8	20	1	2
5年春	70	企業と大学との共同研究	ウ	S	8	20	1	3
5年秋	70	オープンイノベーションの説明	ウ	S	8	20	1	2
4年秋	73	サイバーフィジカルシステムの説明	ウ	S	8	21	1	3
5年春	71	エネルギーハーベスティングの説明	イ	S	8	21	1	3
5年秋	71	CPS（サイバーフィジカルシステム）を活用している事例	エ	S	8	21	1	3
4年秋	71	ファブレス	ウ	S	8	21	2	3
4年秋	72	構成表を基にした正味所要量の計算	イ	S	8	21	2	3
5年春	72	アグリゲーションサービスに関する記述	ウ	S	8	21	3	3
5年秋	72	インターネットを介して単発の仕事を受託する働き方	イ	S	8	21	3	3
5年春	73	IoT を活用し現実世界をリアルタイムに仮想空間で再現すること	エ	S	8	21	4	3
5年秋	73	AI を用いたマシンビジョンの目的	イ	S	8	21	5	3
4年秋	74	SL 理論の説明	イ	S	9	22	1	3
5年春	74	事業部制組織の特徴	ウ	S	9	22	1	2
5年秋	74	BCM において考慮すべきレジリエンス	エ	S	9	22	1	3
5年秋	75	コンティンジェンシー理論の特徴	エ	S	9	22	1	3
4年秋	75	デルファイ法の説明	エ	S	9	22	2	2
4年秋	76	類似する事実やアイディアをグルーピングしていく収束技法	ウ	S	9	22	2	3
5年春	75	デシジョンツリーによる利益増加額の期待値計算	ウ	S	9	22	2	3
5年秋	76	発生した故障の要因を表現するのに適した図法	イ	S	9	22	2	2
4年秋	77	最大営業利益の計算	イ	S	9	23	3	3
5年春	77	目標利益が得られる売上高の計算	エ	S	9	22	3	2
5年春	76	製造原価の経費に算入する費用	ア	S	9	22	3	2
5年秋	77	固定資産の除却損の計算	エ	S	9	22	3	3
4年秋	78	作業委託における著作権の帰属	ウ	S	9	23	1	2
5年秋	78	著作権法上適法である行為	エ	S	9	23	1	3
5年秋	79	匿名加工情報取扱事業者が第三者提供する際の義務	ア	S	9	23	2	3
4年秋	79	請負契約における指揮命令権と雇用契約	エ	S	9	23	3	3
5年春	78	下請法で禁止されている行為	イ	S	9	23	3	3
5年春	79	労働者派遣法において派遣元事業主の講ずべき措置	エ	S	9	23	3	3
5年秋	80	企業と労働者の関係に関する記述	イ	S	9	23	3	2
4年秋	80	製造物責任法の対象となるもの	ア	S	9	23	4	3
5年春	80	技術者倫理の遵守を妨げる集団思考の説明	エ	S	9	23	4	3

（2）午前の出題範囲

IPA 発表の「午前の出題範囲」に準じています。

大分類	中分類	小分類	項　目　名
1	0	0	**基礎理論**
1	1	0	基礎理論
1	1	1	離散数学
1	1	2	応用数学
1	1	3	情報に関する理論
1	1	4	通信に関する理論
1	1	5	計測・制御に関する理論
1	2	0	アルゴリズムとプログラミング
1	2	1	データ構造
1	2	2	アルゴリズム
1	2	3	プログラミング
1	2	4	プログラム言語
1	2	5	その他の言語
2	0	0	**コンピュータシステム**
2	3	0	コンピュータ構成要素
2	3	1	プロセッサ
2	3	2	メモリ
2	3	3	バス
2	3	4	入出力デバイス
2	3	5	入出力装置
2	4	0	システム構成要素
2	4	1	システムの構成
2	4	2	システムの評価指標
2	5	0	ソフトウェア
2	5	1	オペレーティングシステム
2	5	2	ミドルウェア
2	5	3	ファイルシステム
2	5	4	開発ツール
2	5	5	オープンソースソフトウェア
2	6	0	ハードウェア
2	6	1	ハードウェア
3	0	0	**技術要素**
3	7	0	ヒューマンインタフェース

大分類	中分類	小分類	項　目　名
3	7	1	ヒューマンインタフェース技術
3	7	2	インタフェース設計
3	8	0	マルチメディア
3	8	1	マルチメディア技術
3	8	2	マルチメディア応用
3	9	0	データベース
3	9	1	データベース方式
3	9	2	データベース設計
3	9	3	データ操作
3	9	4	トランザクション処理
3	9	5	データベース応用
3	10	0	ネットワーク
3	10	1	ネットワーク方式
3	10	2	データ通信と制御
3	10	3	通信プロトコル
3	10	4	ネットワーク管理
3	10	5	ネットワーク応用
3	11	0	セキュリティ
3	11	1	情報セキュリティ
3	11	2	情報セキュリティ管理
3	11	3	セキュリティ技術評価
3	11	4	情報セキュリティ対策
3	11	5	セキュリティ実装技術
4	0	0	**開発技術**
4	12	0	システム開発技術
4	12	1	システム要件定義・ソフトウェア要件定義
4	12	2	設計
4	12	3	実装・構築
4	12	4	統合・テスト
4	12	5	導入・受入れ支援
4	12	6	保守・廃棄
4	13	0	ソフトウェア開発管理技術
4	13	1	開発プロセス・手法
4	13	2	知的財産適用管理

大分類	中分類	小分類	項　目　名
4	13	3	開発環境管理
4	13	4	構成管理・変更管理
5	0	0	**プロジェクトマネジメント**
5	14	0	プロジェクトマネジメント
5	14	1	プロジェクトマネジメント
5	14	2	プロジェクトの統合
5	14	3	プロジェクトのステークホルダ
5	14	4	プロジェクトのスコープ
5	14	5	プロジェクトの資源
5	14	6	プロジェクトの時間
5	14	7	プロジェクトのコスト
5	14	8	プロジェクトのリスク
5	14	9	プロジェクトの品質
5	14	10	プロジェクトの調達
5	14	11	プロジェクトのコミュニケーション
6	0	0	**サービスマネジメント**
6	15	0	サービスマネジメント
6	15	1	サービスマネジメント
6	15	2	サービスマネジメントシステムの計画及び運用
6	15	3	パフォーマンス評価及び改善
6	15	4	サービスの運用
6	15	5	ファシリティマネジメント
6	16	0	システム監査
6	16	1	システム監査
6	16	2	内部統制
7	0	0	**システム戦略**
7	17	0	システム戦略
7	17	1	情報システム戦略
7	17	2	業務プロセス
7	17	3	ソリューションビジネス

大分類	中分類	小分類	項　目　名
7	17	4	システム活用促進・評価
7	18	0	システム企画
7	18	1	システム化計画
7	18	2	要件定義
7	18	3	調達計画・実施
8	0	0	**経営戦略**
8	19	0	経営戦略マネジメント
8	19	1	経営戦略手法
8	19	2	マーケティング
8	19	3	ビジネス戦略と目標・評価
8	19	4	経営管理システム
8	20	0	技術戦略マネジメント
8	20	1	技術開発戦略の立案
8	20	2	技術開発計画
8	21	0	ビジネスインダストリ
8	21	1	ビジネスシステム
8	21	2	エンジニアリングシステム
8	21	3	e-ビジネス
8	21	4	民生機器
8	21	5	産業機器
9	0	0	**企業と法務**
9	22	0	企業活動
9	22	1	経営・組織論
9	22	2	OR・IE
9	22	3	会計・財務
9	23	0	法務
9	23	1	知的財産権
9	23	2	セキュリティ関連法規
9	23	3	労働関連・取引関連法規
9	23	4	その他の法律・ガイドライン・技術者倫理
9	23	5	標準化関連

（3）午後問題　予想配点表

■令和4年度秋期　応用情報技術者試験

午後の問題（問1は必須，問2～問11から4問選択）

問番号	設問	設問内容	小問数	小問点	配点	満点
問1	1	(1)a～c	3	1.0	3.0	20.0
		(2)	1	1.0	1.0	
	2	(1)	1	3.0	3.0	
		(2)	1	1.0	1.0	
		(3)	1	1.0	1.0	
	3	(1)	1	4.0	4.0	
		(2)	1	4.0	4.0	
		(3)	1	3.0	3.0	
問2	1	強み，機会	2	2.0	4.0	20.0
		(2)	1	1.0	1.0	
	2	(1)	1	3.0	3.0	
		(2)a	1	1.0	1.0	
	3	(1)b，c	2	1.0	2.0	
		(2)d	1	2.0	2.0	
	4	(1)	1	3.0	3.0	
		(2)e，f	2	2.0	4.0	
問3	1	(1)	1	2.0	2.0	20.0
		(2)ア	1	3.0	3.0	
	2	イ～エ	3	2.0	6.0	
	3	オ	1	2.0	2.0	
	4	(1)カ	1	3.0	3.0	
		(2)キ，ク	2	2.0	4.0	
問4	1	(1)a～c	3	1.0	3.0	20.0
		(2)	1	1.0	1.0	
	2	(1)	1	4.0	4.0	
		(2)d，e	2	2.0	4.0	
	3	(1)	1	1.0	1.0	
		(2)f	1	4.0	4.0	
		(3)	1	3.0	3.0	
問5	1	(1)a～c	3	1.0	3.0	20.0
	2	(1)	1	3.0	3.0	
		(2)d	1	3.0	3.0	
		(3)e	1	3.0	3.0	
	3	(1)	1	1.0	1.0	
		(2)f，g	2	2.0	4.0	
		(3)	1	3.0	3.0	
問6	1	関連 b，e，f	3	2.0	6.0	20.0
		属性名 a，c，d	3	1.0	3.0	
	2		1	3.0	3.0	
	3	j～m	4	2.0	8.0	

IPAによって配点比率が公表されています。それに基づき，アイテックでは各設問の配点を予想し，配点表を作成しました。参考資料として利用してください。

問番号	設問	設問内容	小問数	小問点	配点	満点
問7	1	(1)(a)	1	3.0	3.0	20.0
		(b)	1	2.0	2.0	
		(2)	1	3.0	3.0	
	2	(1)a，b	2	1.0	2.0	
		(2)c，d	2	1.0	2.0	
	3	(1)e～h	4	1.0	4.0	
		(2)	1	4.0	4.0	
問8	1	(1)下線①，下線②	2	1.0	2.0	20.0
		(2)a	1	2.0	2.0	
		(3)b	1	2.0	2.0	
	2		1	4.0	4.0	
	3	(1)	1	4.0	4.0	
		(2)c	1	1.0	1.0	
		(3)	1	5.0	5.0	
問9	1	a	1	2.0	2.0	20.0
	2	(1)	1	5.0	5.0	
		(2)b	1	1.0	1.0	
	3	(1)c	1	2.0	2.0	
		(2)項番，期待値	2	2.0	4.0	
	4		1	6.0	6.0	
問10	1		1	3.0	3.0	20.0
	2	a	1	1.0	1.0	
		作業内容	1	2.0	2.0	
	3	(1)b～d	3	2.0	6.0	
		(2)項番	1	2.0	2.0	
		内容	1	2.0	2.0	
		根拠	1	4.0	4.0	
問11	1	a，b	2	3.0	6.0	20.0
	2	c	1	3.0	3.0	
	3	d，e	2	2.0	4.0	
	4	f，g	2	2.0	4.0	
	5	h	1	3.0	3.0	
					合計	100.0

午後の問題（問 1 は必須，問 2～問 11 から 4 問選択）

問番号	設問	設問内容	小問数	小問点	配点	満点
問 1	1	(1)	1	1.0	1.0	20.0
		(2)a	1	2.0	2.0	
	2	(1)	1	2.0	2.0	
		(2)	1	1.0	1.0	
	3	(1)	1	1.0	1.0	
		(2)b～d	3	2.0	6.0	
		(3)	1	2.0	2.0	
	4	(1)	1	2.0	2.0	
		(2)	1	3.0	3.0	
問 2	1	(1)	1	1.0	1.0	20.0
		(2)	1	4.0	4.0	
		(3)a	1	1.0	1.0	
	2	(1)b	1	1.0	1.0	
		(2)	1	2.0	2.0	
		(3)可能となること①, ②	2	2.0	4.0	
		メリット	1	2.0	2.0	
		(4)	1	5.0	5.0	
問 3	1	ア, イ	2	2.0	4.0	20.0
	2	①～④	4	1.0	4.0	
	3	ウ～カ	4	1.0	4.0	
	4	キ～ケ	3	2.0	6.0	
	5		1	2.0	2.0	
問 4	1	(1)a	1	1.0	1.0	20.0
		(2)b	1	2.0	2.0	
		(3)	1	2.0	2.0	
	2	c～f	4	1.0	4.0	
	3	(1)g, h	2	1.0	2.0	
		(2)	1	4.0	4.0	
		(3)	1	5.0	5.0	
問 5	1	(1)	1	2.0	2.0	20.0
		(2)	1	2.0	2.0	
	2	(1)a	1	2.0	2.0	
		(2)	1	2.0	2.0	
	3	(1)b～d	3	2.0	6.0	
		(2)	1	3.0	3.0	
		(3)	1	3.0	3.0	
問 6	1	(1)a, b	2	2.0	4.0	20.0
	2	(1)c～f	4	1.0	4.0	
		g～i	3	2.0	6.0	
		(2)	1	6.0	6.0	

問番号	設問	設問内容	小問数	小問点	配点	満点
問7	1		1	3.0	3.0	20.0
	2	a	1	3.0	3.0	
	3	(1)b	1	3.0	3.0	
		(2)c〜e メッセージ名	3	1.0	3.0	
		c〜e メッセージの方向	3	1.0	3.0	
	4		1	5.0	5.0	
問8	1		1	2.0	2.0	20.0
	2	a〜c	3	2.0	6.0	
	3		1	5.0	5.0	
	4	下線③, ④	2	1.0	2.0	
	5		1	5.0	5.0	
問9	1	(1)	1	2.0	2.0	20.0
		(2)	1	1.0	1.0	
		(3)	1	3.0	3.0	
	2	(1)	1	4.0	4.0	
		(2)	1	3.0	3.0	
		(3)	1	2.0	2.0	
	3	(1)a, b	2	1.0	2.0	
		(2)	1	3.0	3.0	
問10	1	(1)	1	1.0	1.0	20.0
		(2)a	1	1.0	1.0	
	2	(1)b	1	2.0	2.0	
		(2)	1	3.0	3.0	
		(3)	1	4.0	4.0	
	3	(1)	1	2.0	2.0	
		(2)	1	4.0	4.0	
		(3)	1	1.0	1.0	
		(4)	1	2.0	2.0	
問11	1	a	1	4.0	4.0	20.0
	2		1	2.0	2.0	
	3	d	1	1.0	1.0	
	4	e	1	1.0	1.0	
	5	f〜h	3	4.0	12.0	
					合計	100.0

■令和5年度秋期　応用情報技術者試験

午後の問題（問1は必須，問2〜問11から4問選択）

問番号	設問	設問内容	小問数	小問点	配点	満点
問1	1	(1)	1	5.0	5.0	20.0
		(2)	1	4.0	4.0	
	2	(1)	1	3.0	3.0	
		(2)a〜d	4	1.0	4.0	
		(3)	1	3.0	3.0	
	3		1	1.0	1.0	
問2	1	(1)	1	3.0	3.0	20.0
		(2)a	1	2.0	2.0	
		(3)b，d	2	2.0	4.0	
		(4)c	1	1.0	1.0	
	2	(1)	1	2.0	2.0	
		(2)	1	2.0	2.0	
		(3)	1	4.0	4.0	
	3	e	1	2.0	2.0	
問3	1	ア，イ	2	2.0	4.0	20.0
	2	(1)ウ〜カ	4	2.0	8.0	
		(2)	1	5.0	5.0	
	3	キ	1	3.0	3.0	
問4	1	(1)a〜c	3	1.0	3.0	20.0
		(2)d〜g	4	1.0	4.0	
	2	(1)会社名	1	2.0	2.0	
		システム名	1	2.0	2.0	
		(2)	1	4.0	4.0	
	3		1	5.0	5.0	
問5	1	(1)a，b	2	1.0	2.0	20.0
	2	(2)c，d	2	2.0	4.0	
	3	(1)設定項目	1	3.0	3.0	
		設定内容	1	3.0	3.0	
		(2)	1	1.0	1.0	
		(3)	1	4.0	4.0	
	4	e	1	3.0	3.0	
問6	1	a	1	2.0	2.0	20.0
	2	(1)b，c	2	2.0	4.0	
		(2)d	1	2.0	2.0	
		(3)e〜h	4	2.0	8.0	
	3	i，j	2	2.0	4.0	

問番号	設問	設問内容	小問数	小問点	配点	満点
問 7	1	(1)	1	4.0	4.0	20.0
		(2)	1	2.0	2.0	
	2	(1)	1	4.0	4.0	
		(2)	1	2.0	2.0	
		(3)a	1	2.0	2.0	
	3		1	2.0	2.0	
	4		1	4.0	4.0	
問 8	1	a，b	2	1.0	2.0	20.0
	2	(1)c，d	2	1.0	2.0	
		(2)	1	2.0	2.0	
	3	(1)	1	4.0	4.0	
		(2)e	1	2.0	2.0	
		(3)	1	4.0	4.0	
		(4)	1	4.0	4.0	
問 9	1	(1)a	1	3.0	3.0	20.0
		(2)b	1	3.0	3.0	
	2	(1)c	1	1.0	1.0	
		理由	1	3.0	3.0	
		(2)	1	1.0	1.0	
		(3)	1	3.0	3.0	
	3	(1)	1	4.0	4.0	
		(2)	1	2.0	2.0	
問 10	1		1	1.0	1.0	20.0
	2	(1)a	1	1.0	1.0	
		(2)	1	5.0	5.0	
		(3)	1	5.0	5.0	
	3	(1)	1	3.0	3.0	
		(2)	1	5.0	5.0	
問 11	1	a〜c	3	1.0	3.0	20.0
	2		2	3.0	6.0	
	3	d，e	2	2.0	4.0	
	4	f	1	3.0	3.0	
	5		1	4.0	4.0	
					合計	100.0

総仕上げ問題集

第3部

実力診断テスト

★解答用紙と解答・解説のダウンロードのご案内は P.11, 12 を
　ご覧ください。

応用情報技術者
午前の問題

注意事項

1．解答時間は，**2時間30分**です（標準時間）。

2．答案用紙（マークシート）の右上の所定の欄に**受験者番号**，**氏名**，**団体名**及び**送付先コード**などが記載されています。答案用紙が自分のものであることを確認してください。

3．問1〜問80の問題は，**全問必須**です。

4．解答は，ア〜エの中から一つ選んでください。
次の例にならって，答案用紙の所定の欄に記入してください。
（例題）
　問1　日本の首都は次のうちどれか。
　　　ア　東　京　　　イ　大　阪　　　ウ　名古屋　　　エ　仙　台
正しい答えは「ア　東　京」ですから，答案用紙には，

のように，該当する欄を鉛筆で黒くマークしてください。

5．解答の記入に当たっては，次の点に注意してください。
　(1)　濃度B又はHBの鉛筆又はシャープペンシルを使用してください。
　(2)　解答を修正する場合や解答以外に印をつけた場合には，「消しゴム」であとが残らないようにきれいに消してください。

6．電卓は使用できません。

7．問題冊子の余白などは，適宜利用して構いません。ただし，問題冊子を切り離して利用することはできません。

これらの指示に従わない場合には採点されませんので，注意してください。

指示があるまで開いてはいけません。

問1 4n ビットの BCD（2 進化 10 進数）で表現できる最大値はおよそ幾つか。

(822595)

　　ア　10^n　　　　　イ　16^n　　　　　ウ　$4\log_2 n$　　　　エ　$\log_{10} n$

問2 次の〔前提条件〕から，論理的に導くことができる結論はどれか。

(830449)

〔前提条件〕

　　A さんは，朝 6 時までに起きられた日は，朝のラジオ体操に必ず行く。朝 6 時までに起きられなかった日は，夜のジョギングに必ず行く。

　　ア　A さんが朝 6 時までに起きられなかった日に，朝のラジオ体操に行くことはない。
　　イ　A さんが夜のジョギングに行かなかった日は，朝 6 時までに起きられた日である。
　　ウ　A さんが夜のジョギングに行った日は，朝 6 時までに起きられなかった日である。
　　エ　A さんは，朝のラジオ体操に行った日の夜にジョギングに行くことはない。

問3 正方形の中に一様乱数によって多数の点をとり，その個数と内接する円の中にある点の個数の比によって円周率の近似値を求める。この求め方は，どの手法を応用したものか。

(823631)

　　ア　シンプソン法　　　　　　　　イ　ニュートン法
　　ウ　掃き出し法　　　　　　　　　エ　モンテカルロ法

問4　自動支払機が1台ずつ設置してあった二つの支店を統合し，統合後の支店には自動支払機を1台設置する。統合前の各支店での自動支払機の平均待ち時間と，統合後の支店での自動支払機の平均待ち時間に関する記述として，適切なものはどれか。ここで，待ち時間は M/M/1 の待ち行列モデルに従い，平均待ち時間にはサービス時間を含まないものとする。

(823632)

〔条件〕

(1) 統合前の各支店の自動支払機の利用率は，2支店とも同じ ρ（$0 < \rho < 0.5$）であった。

(2) 統合後の利用者数は，統合前の2支店の利用者数の合計値である。

　ア　統合後の支店の自動支払機の平均待ち時間は，統合前の各支店の平均待ち時間と同じである。

　イ　統合後の支店の自動支払機の平均待ち時間は，統合前の各支店の平均待ち時間の2倍になる。

　ウ　統合後の支店の自動支払機の平均待ち時間は，統合前の各支店の平均待ち時間の2倍よりも長くなる。

　エ　統合後の支店の自動支払機の平均待ち時間は，統合前の各支店の平均待ち時間より長くなるが2倍よりは短くなる。

問5　B木の説明として適切なものはどれか。

(729928)

　ア　節の追加や削除があっても，左部分木と右部分木の深さの差が最高でも1であるようにする。

　イ　常に根のデータが全ての要素の中で最も大きな（又は，小さな）値になるように再構成する。

　ウ　データの挿入や削除を行うごとに，深さを一定に保つようにする。

　エ　どの節も，その左部分木に含まれる節の値はその親よりも大きく，右部分木に含まれる節の値はその親より大きい。

問6　昇順に整列された n 個のデータが格納されている配列 A がある。流れ図は配列 A からデータ x を 2 分探索法で探す処理を表している。a, b に入れる記号の正しい組合せはどれか。なお，除算の結果は小数点以下が切り捨てられるものとする。

(820898)

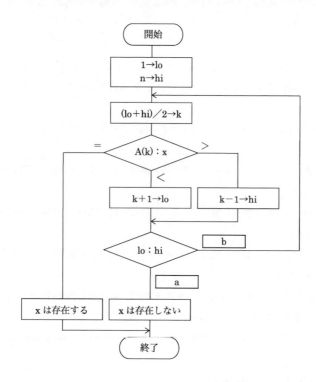

	a	b
ア	<	≧
イ	≦	>
ウ	>	≦
エ	≧	<

問7　次のプログラムを実行した後，メインプログラムの変数 m, n の値は幾つになるか。ここで，仮引数 x は参照呼出し，仮引数 y は値呼出しとする。

(823633)

メインプログラム

```
m=5;
n=4;
call sub(m,n);
end;
```

サブプログラム　sub(x,y)

```
x=2x+y;
y=x-y;
return;
```

	m	n
ア	5	4
イ	5	10
ウ	14	4
エ	14	10

問8　コンピュータアーキテクチャに関する記述のうち，スーパスカラ方式の説明はどれか。

(822977)

ア　長い機械語命令中に複数の操作をまとめ，複数の機能ユニットで同時に実行する方式

イ　パイプラインの実行ステージをさらに細分化して，並列実行の効率を向上させる方式

ウ　複数の演算装置をもつことで，ベクトル演算を効率的に行えるようにした方式

エ　複数の実行ユニットによって，複数の命令の同一ステージを並列実行する方式

問9　パイプライン制御のプロセッサにおいて，レジスタや演算装置などハードウェア資源の競合によって起こるハザードはどれか。

(822597)

ア　構造ハザード　　　　　　　　イ　制御ハザード

ウ　データハザード　　　　　　　エ　分岐ハザード

問10　メモリインタリーブに関する記述として，適切なものはどれか。

(729935)

ア　アーキテクチャとしてメモリインタリーブを採用すると，プロセッサのクロック周波数を上げることができる。

イ　区分されたバンクは，それぞれ独立してアクセスできるように，別々のバスでCPUとつながっている。

ウ　主記憶の連続するアドレス領域をバンクとしてまとめ，該当するデータのあるバンクをまとめて読み込むことで高速化を図る。

エ　主記憶を n 個のバンクに分割すると，アクセス時間は n 分の 1 になる。

問11　平均シーク時間が 15 ミリ秒，回転速度が 6,000 回転／分の磁気ディスク装置がある。このディスク装置上に作成した 1 トラック当たり 10 ブロックのデータを記録したファイルから，指定された 1 ブロックのデータを読み取るために必要な平均アクセス時間は何ミリ秒か。ただし，各ブロックは同じ長さであり，ブロック間隔は無視できるものとする。

(823634)

ア　20　　　　　　イ　21　　　　　　ウ　25　　　　　　エ　26

問12 クライアントサーバシステムの3層アーキテクチャの機能 (a〜c) と名称について，正しい組合せはどれか。

(713030)

a ユーザインタフェースを実現する
b データベースアクセスを行う
c データの加工を行う

	a	b	c
ア	データ層	ファンクション層	プレゼンテーション層
イ	ファンクション層	データ層	プレゼンテーション層
ウ	プレゼンテーション層	データ層	ファンクション層
エ	プレゼンテーション層	ファンクション層	データ層

問13 クラウド上に構成した仮想サーバのスケールアウトに関する記述として，適切なものはどれか。

(823623)

ア 現状のサーバと同等の性能をもつサーバを1台追加して，負荷を分散させる。
イ サーバが使用するストレージを冗長構成にして，信頼性を向上させる。
ウ サーバで稼働する情報システムを，稼働させたまま別のサーバに移し替える。
エ サーバのCPUを，現状よりもプロセッサコア数の多いものに入れ替える。

問14 システムの性能評価に関する指標のうち，主記憶装置の競合状態を最もよく表すものはどれか。

(713223)

ア キャッシュメモリのヒット率　　イ 実行待ち時間
ウ ページング発生頻度　　　　　　エ レスポンスタイム

問15 あるサーバは，これまで平均190時間に1回の割合で故障が発生しており，1回の修理に平均10時間を要していた。このサーバの稼働率を向上させるために，同機種のサーバを予備機としたコールドスタンバイ運用にすることによって，1回の修理時間を平均1時間に短縮することができた。このサーバの稼働率は，おおよそ幾ら向上したか。なお，コールドスタンバイ運用にした後も，サーバに故障が発生する間隔は変わらないものとする。

(821779)

ア 0.01　　　　イ 0.02　　　　ウ 0.03　　　　エ 0.04

問16 ジョブの実行多重度が1，処理時間順方式のスケジューリングを採用したシステムにおいて，五つのジョブA〜Eを実行する。各ジョブの到着時刻及び，単独実行時の処理時間が，それぞれ表のとおりであるとき，ジョブCのターンアラウンドタイムは何秒か。なお，OSのオーバヘッドは考慮しないものとする。

(823635)

単位　秒

ジョブ	A	B	C	D	E
到着時刻	0	1	2	4	5
単独実行時の処理時間	2	3	4	1	2

ア 9　　　　イ 10　　　　ウ 11　　　　エ 12

問 17　排他制御が必要な同等の三つの資源があり，同時に三つまでのタスクがクリティカルセクションに入ることができる。初期値 3 のジェネラルセマフォ（取り得る値は 3, 2, 1, 0）によって，排他制御を実現する。セマフォの操作は P 操作，V 操作で行うとき，ジェネラルセマフォの値が 1 であることが意味することは，次のうちどれか。

(712766)

ア　V 操作を行ったタスクが一つである。

イ　ウェイトしているタスクが一つである。

ウ　確保可能な資源が一つである。

エ　既に確保されている資源が一つである。

問 18　主記憶への 1 回のアクセスが 100 ナノ秒で，ページフォールトが発生すると 1 回当たり 50 ミリ秒のオーバヘッドを伴うコンピュータがある。ページフォールトが主記憶アクセスの 200 万回中に 1 回発生する場合，ページフォールトは 1 秒当たり最大何回発生するか。ここで，ページフォールトのオーバヘッド以外の要因は考慮しないものとする。

(821021)

ア　3　　　　　　　イ　4　　　　　　　ウ　5　　　　　　　エ　6

問 19　OSS のソースコードに修正を加えて作成したソフトウェアの頒布に際して，ソースコードを**公開しなくてもよい**ライセンスは，次のどれか。

(821781)

ア　BSD　　　　　　イ　GPL　　　　　ウ　LGPL　　　　エ　MPL

問 20 フィードフォワード制御の説明として，適切なものはどれか。

(821012)

ア　外乱の発生に対して，その影響が出る前に修正動作を行い，影響を最小限に抑える。

イ　外乱の発生に対して，その影響を検知してから修正動作を行い，影響を最小限に抑える。

ウ　制御対象の挙動をモデル化し，その予測に基づく制御を行うことで，対象を目標の状態に保つ。

エ　フィードバック制御と併用すると効果が相殺されるので，単独に用いる必要がある。

問 21 自動運転やロボットのセンサーとして使用されている，LiDAR（ライダー）の説明はどれか。

(823622)

ア　衛星からの電波を用いて，位置を検知するセンサー

イ　超音波を用いて，物体を検知するセンサー

ウ　電波を用いて，物体の検知と距離を測るセンサー

エ　レーザー光を用いて，物体の検知と距離を測るセンサー

問 22 次の図は，出力ポートと 7 セグメント LED の接続関係を表している。ポート出力が 1 のとき，接続されている LED が点灯し，0 のときは消灯する。この LED を図の例のように点灯させるときの出力ポートのデータはどれか。数値は全て 16 進数であり，P7 を最上位ビット (MSB)，P0 を最下位ビット (LSB) とする。

(811156)

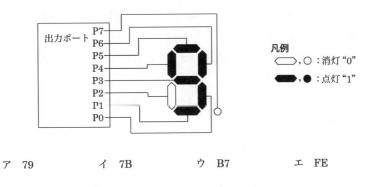

出力ポート	P7
	P6
	P5
	P4
	P3
	P2
	P1
	P0

凡例

◁▷, ○：消灯 "0"

◀▶, ●：点灯 "1"

ア　79　　　　　イ　7B　　　　　ウ　B7　　　　　エ　FE

問 23 エネルギーハーベスティングの適用例として適切なものはどれか。

(822728)

ア　停電時に情報機器に対して電力を供給する無停電電源装置

イ　動作していない回路ブロックへの電源供給を遮断する CPU

ウ　発電量や送電量を消費に合わせて最適に制御する電力網

エ　歩行時の振動によって発電した電力によって動作する歩数計

問24　Webページの画面設計を考える上でアクセシビリティに配慮した内容として，適切なものはどれか。

(801001)

ア　確認は緑，取消しは赤などのように，共通に使用されるボタンは色だけで判別できるようにする。

イ　画面がスクロールすると見にくいので，フォントを小さくして全部の情報が一画面に収まるようにする。

ウ　氏名のふりがなを入力する欄は，"フリガナ（カタカナで入力）"のように，入力する文字の種類も明記する。

エ　ハイパリンクやボタンは，マウスカーソルの移動距離を少なくするためにまとめて配置する。

問25　3次元グラフィックス処理におけるレンダリングの説明はどれか。

(821024)

ア　CG映像作成における最終段階として，物体のデータをディスプレイに描画できるように映像化する処理である。

イ　画像表示領域にウィンドウを定義し，ウィンドウ内の見える部分だけを取り出す処理である。

ウ　モデリングされた物体の表面に柄や模様などを貼り付ける処理である。

エ　立体感を生じさせるため，物体の表面に陰付けを行う処理である。

問 26　表 1〜3 に関する記述のうち，適切なものはどれか。

(821823)

表 1

部品コード	部品名	定価
001	R	2,400
002	S	3,700
003	T	1,900

表 2

部品名	部品コード	定価
U	004	2,600
S	002	3,700
T	003	1,900

表 3

部品名	部品コード	定価
S	002	3,700
T	003	1,900
R	001	2,400

ア　表 1 と表 2 は同じ関係であるが，表 3 は異なる。

イ　表 1 と表 3 は同じ関係であるが，表 2 は異なる。

ウ　表 1，表 2 及び表 3 は，全て同じ関係である。

エ　表 1，表 2 及び表 3 は，全て異なる関係である。

問 27　第 1 正規形，第 2 正規形，第 3 正規形という段階を踏んでデータの正規化を進めていくとき，第 2 正規形から第 3 正規形に進める段階で解消するものはどれか。

(822605)

ア　参照整合性　　　　　　　　　イ　推移的関数従属性

ウ　非単純定義域（繰返し属性）　エ　部分関数従属性

問28 "売上"表と"得意先"表に対して〔問合せ〕のSQL文を実行した。この出力結果と同じ出力結果となるSQL文はどれか。

(823636)

売上

受注番号	得意先コード	売上金額
2304001	0256	30,000
2304002	0348	20,000
2304003	0475	40,000

得意先

得意先コード	得意先名
0138	A社
0256	B社
0348	C社
0475	D社

〔問合せ〕

　　SELECT 得意先.得意先コード，得意先.得意先名，売上.売上金額

　　　FROM 売上 FULL OUTER JOIN 得意先

　　　ON 売上.得意先コード ＝ 得意先.得意先コード

ア　SELECT 得意先.得意先コード，得意先.得意先名，売上.売上金額

　　　FROM 売上 INNER JOIN 得意先

　　　ON 売上.得意先コード ＝ 得意先.得意先コード

イ　SELECT 得意先.得意先コード，得意先.得意先名，売上.売上金額

　　　FROM 売上 LEFT OUTER JOIN 得意先 USING(得意先コード)

ウ　SELECT 得意先.得意先コード，得意先.得意先名，売上.売上金額

　　　FROM 売上 RIGHT OUTER JOIN 得意先 USING(得意先コード)

エ　SELECT 得意先.得意先コード，得意先.得意先名，売上.売上金額

　　　FROM 売上，得意先 WHERE 売上.得意先コード ＝ 得意先.得意先コード

問 29　データベースシステムにおいて障害が発生したときの障害回復操作に関する記述として，適切なものはどれか。

(729069)

ア　トランザクション処理の途中でプログラムが異常終了した場合は，ログファイルの更新後情報を使った障害回復操作を行う。

イ　媒体障害が発生した場合は，バックアップファイルとログファイルの更新前情報を使って，最新のチェックポイント時点の状態に回復する。

ウ　分散型データベースでは，2 相コミットメント制御によって，障害が起こったデータベースに対するロールバック処理を行い，整合性を保つ。

エ　ロールバック処理とは，ログファイルの更新前情報を使って，データベースの内容をトランザクション処理の開始前の状態に戻す障害回復操作である。

問30　ビッグデータなどの大量データを高速に処理することができる NoSQL に分類されるデータベースのデータ管理方法として，適切なものはどれか。

(822873)

ア　カラムの値を組み合わせたタプルとしてデータを管理する。

イ　キーに様々な形式のデータを対応付けて管理する。

ウ　多対多の関連を含むネットワーク構造として管理する。

エ　データ間の親子関係による階層構造として管理する。

問31　専用回線で接続されているシステム間で，容量 10M バイトのファイルの転送を行った。ファイルの転送時間は 160 秒であり，その間に 10 ビットのビット誤りが発生した。このファイル転送におけるビット誤り率は幾らか。

(823637)

ア　1.25×10^{-6}　　イ　6.25×10^{-6}　　ウ　1.25×10^{-7}　　エ　6.25×10^{-7}

問 32　OSI 基本参照モデルのネットワーク層の機能として，適切なものはどれか。

(714302)

ア　経路選択やパケットの中継を行って，エンドシステム間のデータ転送を行う。

イ　透過的で信頼性の高いデータ転送を，エンドシステム間で行う。

ウ　プロセス間の会話を構成し，データ転送方法の折衝などデータ交換の管理を行う。

エ　隣接するノード間のデータ転送を行い，伝送誤り制御を行う。

問 33　CSMA/CD 方式に関する記述として，適切なものはどれか。

(830454)

ア　データの送信後に衝突を検知することが困難な，無線 LAN での利用を目的とし
　　て開発されたアクセス制御方式である。

イ　伝送路が空いていることを確認してからデータの送信を行うが，送信中のデータ
　　の衝突を自身で検知したときには，再送処理を行う。

ウ　トークンと呼ばれる送信権をノード間で巡回させることによって，送信したデー
　　タの衝突が起こらないようにしている。

エ　光ファイバによる二重リングで構成し，片方のリングが故障した場合でも，もう
　　一方のリングで折り返すことによって通信が継続できる。

問 34　IPv4 ヘッダにある TTL に関する説明はどれか。

(714576)

ア　IP の上位層に当たるトランスポート層のプロトコル種別を示す。

イ　パケットの生存時間を表し，ゼロになったパケットはその時点で破棄される。

ウ　ヘッダ部分の誤りを検出するためのヘッダチェックサムのことである。

エ　優先制御などに用いるサービスタイプを表す。

問35　モバイルシステムに関する記述として，適切なものはどれか。

(823638)

ア　キャリアアグリゲーションとは，契約している通信事業者のサービスエリア外において，提携先の通信事業者が提供するサービスである。

イ　テレマティクスとは，移動中の自動車に情報提供を行うなど，モバイル通信網を利用して移動体向けに行うサービスである。

ウ　フェムトセルとは，スマートフォンなどのモバイル端末をアクセスポイントとして，インターネットに接続することである。

エ　ローミングとは，宅内や店舗内といった狭い範囲だけに限定した小規模なモバイル通信基地局である。

問36　偽口座への送金を促す"ビジネスメール詐欺"（BEC；Business E-mail Compromise）対策として，**有効でないもの**はどれか。

(823625)

ア　ウイルス対策ソフトのウイルス定義ファイルを最新に保つ。

イ　送金手続の二重チェックなど，社内規定の整備を行う。

ウ　認証を強化してメール配信システムへの不正アクセスを防ぐ。

エ　メール中の連絡先に電話をかけ，担当者に直接確認する。

問37 サイバーキルチェーンの説明はどれか。

(823119)

ア　一般的な Web ブラウザからはアクセスできない Web 上の空間で，サイバー攻撃
　　に関する情報やツールが取引されている。

イ　攻撃者の種類の一つで，高度な技術はもたずに，公開されているツールなどを使
　　ってサイバー攻撃を実行する。

ウ　サイバー攻撃の手順を複数の段階に分けてモデル化したもので，攻撃への対策の
　　計画立案に利用される。

エ　政治的な信条などを共有するクラッカが結び付いた集団で，自らの信条を主張す
　　るためにサイバー攻撃を行う。

問38 DNS（Domain Name System）に関連するサイバー攻撃のうち，DNS リフレクシ
ョン攻撃はどれか。

(822610)

ア　DNS サーバに架空のドメイン名の問合せを大量に行うことで，DNS 権威サーバ
　　に負荷を与える。

イ　DNS サーバのキャッシュに偽りの情報を埋め込むことで，問い合わせたクライア
　　ントを悪意のあるサイトに誘導する。

ウ　送信元を偽った DNS 問合せを大量に送信し，その応答によって攻撃対象のサー
　　バに負荷を与える。

エ　マルウェアなどが，外部との通信のために DNS プロトコルを悪用する。

問 39　リバースブルートフォース攻撃の説明はどれか。

(840807)

ア　ある Web サイトから流出した利用者 ID とパスワードのリストの組合せを用いて，他の Web サイトにログイン試行する。

イ　辞書に収録されている全ての単語をパスワードとして用いて，特定の利用者 ID についてログイン試行する。

ウ　パスワードのハッシュ値の探索効率を高めたリストを用いて，窃取したハッシュ化パスワードを解析する。

エ　パスワードを固定し，利用者 ID として考えられる全ての組合せの文字列を用いて，ログイン試行する。

問 40　リスクベース認証の例に関する説明として，適切なものはどれか。

(840670)

ア　あらかじめ利用者にトークンを配布しておき，トークンに表示される数字を使って認証する。

イ　利用者がいつもと違う環境から接続すると，最初に秘密の合言葉などを求め，その追加認証に成功した場合，正規の認証フェーズに移行する。

ウ　利用者が入力したパスワードとサーバから送信された乱数を基にして計算された情報を，サーバに送信して認証する。

エ　利用者が保持している乱数表を使って，サーバが指定した列・行の文字を使って認証する。

問 41　コードサイニング証明書で実現できることとして，適切なものはどれか。

(823626)

ア　Web サイトの運営者の実在確認と暗号化通信

イ　システムやサービスの利用者の認証

ウ　電子メールの差出人の確認と内容に対する改ざんの検知

エ　配布されたソフトウェアに対する改ざんの検知

問42 政府の各府省が，サービス・業務を提供するために用いる，政府情報システムのためのセキュリティ評価制度として，適切なものはどれか。

(823624)

ア　CRYPTREC　　　　　　　　イ　ISMAP
ウ　ISMS　　　　　　　　　　エ　JISEC

問43 CSRF（クロスサイトリクエストフォージェリ）攻撃への対策として，Web ブラウザから受信した HTTP リクエストが偽装されていないことを，Web アプリケーションが確認する方法として，適切なものはどれか。

(822342)

ア　HTTP リクエスト中に，直前の HTTP レスポンスに埋め込んだ秘密の情報が含まれていることを確認する。

イ　HTTP リクエスト中の Cookie ヘッダに格納されたセッション ID が，Web アプリケーションが発行した ID と一致することを確認する。

ウ　HTTP リクエストの送信元 IP アドレスが，利用者がログインした時点の送信元 IP アドレスと一致することを確認する。

エ　Web アプリケーションが行う全ての HTTP 通信を TLS で暗号化し，さらに HTTP リクエストの完全性を確認する。

問 44　無線 LAN のセキュリティ対策に関する記述のうち，適切なものはどれか。

(822217)

ア　MAC アドレスフィルタリングでは，アクセスポイントの MAC アドレスを用いて接続する端末を制限する。

イ　SSID は，スマートフォンなどの携帯端末の識別子で，アクセスポイントが接続可能な端末かどうかを判定するために使用する。

ウ　WPA2-EAP では，アクセスポイントと端末間の通信を共通鍵暗号方式に基づいて暗号化する。

エ　WPA2-PSK では，アクセスポイントに接続する端末を公開鍵暗号方式に基づいて認証する。

問 45　情報システム内の複数のサーバやネットワーク機器などのログを収集して分析するセキュリティ対策はどれか。

(822856)

ア　HIDS　　　　イ　IPFIX　　　　ウ　SIEM　　　　エ　WAF

問46　システム開発の分析や設計段階で使用される技法に関する記述のうち，適切なもの
はどれか。

(704466)

ア　DFD は，プロセスの前後関係に着目して業務処理を記述する技法である。DFD
は，プロセス（処理），データストア，データフロー，外部実体（データの源泉と
吸収）の四つの記号を用いて階層的に記述する。

イ　HIPO はシステムの機能を表現する技法で，機能，入力，出力を図式化する。HIPO
は，システム開発の上流工程で使用する技法で，HIPO を用いることによって，基
本計画段階と設計段階とで体系的な文書を作成できる。

ウ　決定表は，条件が複雑に絡み合う要求仕様を明確に表現する手段として有効であ
る。条件の組合せと対応する処理を表形式で表現するもので，複雑な条件判定を伴
うプログラムの仕様を表現するためにも利用される。

エ　状態遷移図は，状態が時間の経過とともにどのように自動的に変化していくかを
表した図である。状態を表す円と，状態の遷移を表す矢印で表現するもので，オン
ラインシステムの画面の遷移などを表現する方法として利用される。

問47　基底クラスと派生クラスの関係にあるものはどれか。

(714571)

ア　"イヌ"と"ネコ"　　　　　　イ　"自動車"と"バス"

ウ　"テレビ局"と"アナウンサー"　　エ　"パソコン"と"キーボード"

問48　ウォークスルーによるレビューに関する記述として，最も適切なものはどれか。

(704473)

ア　開発メンバ数名で行う非公式なレビューであり，レビュー対象物の作成者が主体的に運営する。

イ　チームワークの良い開発メンバが行うレビューであり，問題点の抽出に多くの時間を費やして行うべきである。

ウ　モデレータと呼ばれる推進役の下で行われるレビューであり，レビュー結果を記録し，指摘事項のフォローアップが必ず行われる。

エ　レビュー対象物に対して，設計基準への準拠性を考慮した上で，成果物の正確性や整合性などを厳密に検証する。

問49　エクストリームプログラミング（XP）におけるプラクティスに関する記述として，適切なものはどれか。

(821289)

ア　YAGNI とは，今必要なことだけをするということを意味し，先を見越して余計な機能を実装せずに，常にシンプルな実装を心掛けるということである。

イ　テスト駆動開発とは，テストのためにモジュールを呼び出して駆動させるドライバを最初に用意して，テストを行いながらプログラム開発を行うことである。

ウ　ペアプログラミングとは，インタフェースミス防止のために，あるモジュールのプログラミングと同時に，そのモジュールを呼び出すモジュールもペアで開発することである。

エ　リファクタリングとは，プログラムの仕様変更があった時点で，即時にプログラムの修正とテストを行い，常にプログラムの機能を最新の状態に保つことである。

問50　ソフトウェアの再利用技術に関する記述として，適切なものはどれか。

(714159)

ア　コンカレントエンジニアリングによって，共通モジュールを部品化し再利用する。

イ　フォワードエンジニアリングによって，既存のソースプログラムからプログラム
　　の仕様を導き出す。

ウ　リエンジニアリングによって，あるプログラム言語で作成した既存のプログラム
　　から他の言語のプログラムを自動生成する。

エ　リバースエンジニアリングによって，設計したクラス図からソースプログラムを
　　自動生成する。

問51　ソフトウェア開発プロジェクトで用いられる WBS とはどのようなものか。

(830267)

ア　プロジェクト作業の指揮命令系統を明確化するために，その構造を表現したもの

イ　プロジェクト作業の全体スケジュールの構造を目で見える形で表現したもの

ウ　プロジェクトで作成される成果物を中心として，必要な作業の構造を表現したもの

エ　プロジェクトのコストを把握し管理するために，支出構造に着目して作業を表現
　　したもの

問52　プロジェクトにおけるステークホルダとして，顧客，プロジェクトスポンサ，プロ
　　ジェクトマネージャ及びプロジェクトマネジメントオフィスなどが規定される。JIS
　　Q 21500:2018 "プロジェクトマネジメントの手引"によれば，プロジェクトスポンサ
　　の役割や責任に含まれるものはどれか。

(822737)

ア　標準化，プロジェクトマネジメントの教育訓練，プロジェクトの監視

イ　プロジェクトの活動の指揮，プロジェクトの完了に関わる説明義務

ウ　プロジェクトの許可，経営的決定，プロジェクトマネージャの権限を越える問題
　　の解決

エ　プロジェクトの要求事項の明確化，プロジェクト成果物の受入れ

問 53 過去のプロジェクトの開発実績から構築した作業配分モデルがある。要件定義から
システム内部設計までを，このモデルから見積もった工数である 248 人月で予定どお
りに完了し，プログラム開発に着手した。現在，120 本のプログラムのうち，予定工
数の 25％に当たる 30 本のプログラム開発を完了し，残りの 90 本は未着手の状況で
ある。プログラム開発以降もモデルどおりの工数比で開発が進むとするとき，プロジ
ェクト全体の完了までに，あと何人月分の作業工数が発生するか。

(821796)

	要件定義	システム外部設計	システム内部設計	プログラム開発	システム結合	システムテスト
工数比	0.21	0.19	0.22	0.12	0.09	0.17
期間比	0.10	0.22	0.22	0.16	0.10	0.14

ア 104   イ 140   ウ 260   エ 400

問 54 プロジェクトの予備費に関する記述として，最も適切なものはどれか。

(823639)

ア コンティンジェンシー予備費は，三点見積り法における最頻値をベースとした予
備費である。

イ 想定外の事態が発生した場合，プロジェクトマネージャの判断でマネジメント予
備費から対策費用を支出する。

ウ 想定されるリスクのための予算がコンティンジェンシー予備費であり，想定外の
リスクのための予算がマネジメント予備費である。

エ マネジメント予備費は，想定される個々リスクに対して想定されるコストを積み
上げて見積もる。

問55 JIS Q 20000-1:2020 のサービスレベル管理における SLA 及びその扱いに関する記述のうち，最も適切なものはどれか。

(823640)

ア SLA の記載内容には，合意したサービスとサービス目標だけでなく，作業負荷の特性や例外の合意内容も含まれる。

イ SLA は組織と顧客の間の合意のためのものであり，組織と内部供給者との間では SLA ではなく，OLA を締結する。

ウ 組織と顧客との間で提供するサービスについての合意を行うためには，正式な合意文書を取り交わす必要がある。

エ 組織は，SLA で合意したサービス目標に照らしたパフォーマンスを定期的に監視し，その状況について顧客とともにレビューする。

問56 次の a～d に挙げるサービスマネジメントにおける活動と，その活動が含まれるサービスマネジメントのプロセスの組合せとして，適切なものはどれか。

(821838)

a 改修されたソフトウェアを，本番環境に適用する。

b 既知のエラーレコードを作成して，データベースに登録する。

c 中断した IT サービスを迅速に復旧させるために回復策を実施する。

d 提出された RFC に対する検討を行い，ソフトウェアの改修可否を決定する。

	a	b	c	d
ア	インシデント管理	変更管理	リリース管理及び展開管理	問題管理
イ	変更管理	インシデント管理	問題管理	リリース管理及び展開管理
ウ	問題管理	リリース管理及び展開管理	変更管理	インシデント管理
エ	リリース管理及び展開管理	問題管理	インシデント管理	変更管理

問 57　通信会社の局内や，マンション，オフィスビルなどで，外部に通じる通信回線を集中的に管理するための集線装置として，適切なものはどれか。

(823627)

　　ア　DSU　　　　　　イ　IDF　　　　　ウ　MDF　　　　　エ　ONU

問 58　システム監査基準（平成 30 年）に関する記述として適切なものはどれか。

(823114)

　　ア　外部の監査人が行うシステム監査で適用する基準であり，内部監査人による監査には組織の実情にあった独自の基準を適用する。
　　イ　情報システムに対する監査の指針について，「一般基準」，「実施基準」，「報告基準」という三つの体系に分けて記述している。
　　ウ　情報システムのガバナンス，マネジメント又はコントロールを点検・評価・検証する際の判断尺度を提供することを目的としている。
　　エ　情報システムの信頼性，安全性，準拠性だけでなく，戦略性，有効性，効率性等の監査もカバーしている。

問 59　システム監査の本調査の実施に関する記述のうち，適切なものはどれか。

(707365)

　　ア　本調査の際は，監査の網羅性を重視する必要があるので，予備調査と異なり，試査によらず全て精査を実施すべきである。
　　イ　本調査は計画に従って行うべきであり，監査手続書に記載された監査手続を承認なく変更してはならない。
　　ウ　本調査は予備調査で調査した部分以外の箇所を調査すべきである。
　　エ　本調査を行った結果は，監査調書として記録を残さなければならない。

問60　システム管理基準（平成30年）におけるITガバナンスに関する記述として，適切なものはどれか。

(822863)

ア　情報システムのあるべき姿を示す情報システム戦略の策定及び実現に必要となる組織能力である。

イ　情報システムの企画，開発，保守，運用といったライフサイクルを管理するためのマネジメントプロセスである。

ウ　情報システムの企画，開発，保守，運用に関わるITマネジメントとそのプロセスに対して，プロジェクトマネージャが評価・指示し，モニタすることである。

エ　組織を構成する全ての人が，ステークホルダのニーズに応じて組織の価値を高めるために実践する行動である。

問61　経営戦略とIT戦略の融合などの七つの機能を評価軸として，次の四つのステージに分類することで，企業のIT活用度合いを測定するものはどれか。

(821447)

ステージ1：導入したITが十分活用されていない状態
ステージ2：特定業務・特定部門でITの活用による最適化を実現している状態
ステージ3：企業組織全体でITの活用による最適化を実現している状態
ステージ4：企業・産業横断的にITの活用による最適化を実現している状態

ア　CMMI　　　　　　　　　　　イ　COSOフレームワーク
ウ　IT経営力指標　　　　　　　　エ　エンタープライズアーキテクチャ

問62　経済産業省の事業継続計画策定ガイドラインにおける，事業継続計画（BCP）策定に当たっての考慮事項として，適切なものはどれか。

(822989)

ア　BCP の対象範囲は，全ての事業・業務，施設，人員とすることが原則であり，対象範囲の優先順位を設定すべきではない。

イ　BCP 発動時においては，行政の目的との整合性よりも事業継続が優先されるため，遵守すべき法令のチェックは不要である。

ウ　事業継続のための対策だけでなく，目標時間内での事業再開のための対策についても様々な観点から検討する。

エ　事業継続を脅かすリスクの分析は網羅的に行うために十分な時間をかけて行う必要がある。

問63　進行中のプロジェクトのうち，目的が同じなどの関係性がある複数のプロジェクトをまとめて管理して，プロジェクト間の調整などを行う手法はどれか。

(823641)

ア　EPM（Enterprise Project Management）　　イ　プログラムマネジメント
ウ　プロジェクト統合マネジメント　　　　　　エ　ポートフォリオマネジメント

問64　投資効果の評価指標の一つである EVA に関する記述として，適切なものはどれか。

(823630)

ア　利益額から，資本費用（投資額×資本コスト率）を減じて算出する。

イ　利益額の現在価値から，投資額を減じて算出する。

ウ　利益額を分子に，自己資本を分母にして算出する。

エ　利益額を分子に，投資額を分母にして算出する。

問65　要件定義における非機能要件に関する記述として，適切なものはどれか。

(781370)

ア　システム要件として定義した機能要件とデータ要件の整合性確認のことである。

イ　システム要件として定義する機能要件とデータ要件を統合した要件のことである。

ウ　システム要件として定義する性能や信頼性，又は操作性やセキュリティなどの要件のことである。

エ　システム要件として定義するデータ要件のことである。

問66　企業経営などで注目されている DX の説明として適切なものはどれか。

(822992)

ア　各種の情報をデジタル化することで，情報処理システムを活用して業務の効率化を図ること

イ　仮想空間と現実空間を高度に融合させたシステムによって実現する，人間中心の社会のこと

ウ　センサや機械などの情報を活用することで，品質や生産効率の向上を実現する生産設備のこと

エ　データとデジタル技術を活用することで，新たなサービスやビジネスを提供し競争上の優位性を確立すること

問 67　戦略立案のための分析手法に関する記述のうち，適切なものはどれか。

(821845)

ア　SWOT 分析では，外部環境における脅威と機会，自社の技術や製品の強み，弱み
　　という四つの観点で分析を行う。

イ　アンゾフの成長マトリックスでは，市場成長性と市場占有率という 2 軸によって，
　　花形，金のなる木，問題児，負け犬のいずれかに分類する。

ウ　バリューチェーン分析では，購買，生産，販売及び物流を結ぶ一連の業務を，企
　　業間で全体最適の視点から見直すことで，納期短縮や在庫削減を図る。

エ　プロダクトポートフォリオ分析では，市場と製品についての新規と既存の別に，
　　市場浸透，市場開拓，製品開発，多角化という戦略を割り当てる。

問 68　カニバリゼーションの説明はどれか。

(870524)

ア　M&A や業務提携を行うことで，企業同士の活動におけるコストの削減や売上増
　　加の効果を得ること

イ　限られた経営資源を，自社の製品が競争力をもつ分野に狙いを定め投入すること

ウ　顧客の居住地や家族構成，年齢など共通の属性をもつグループに細分化すること

エ　自社の製品で類似性が高いものがある場合に，自社の製品同士でシェアを奪い合
　　うこと

問69 インバウンドマーケティングに関する記述として，最も適切なものはどれか。

(823642)

ア　SNSやメールなどの口コミによって，自社製品の情報や良い評判が不特定多数に
　　拡散されるような仕掛けを行うマーケティング手法である。

イ　インターネット上に自社製品の動画などを公開し，テレビや雑誌などの広告を通
　　して，公開した動画へのアクセスを促すマーケティング手法である。

ウ　インターネット上に製品情報，動画，ニュースリリースなどを公開し，SEOの活
　　用などによって自社サイトへのアクセスを促し，製品の購買につなげるマーケティ
　　ング手法である。

エ　海外からの訪日観光客向けに，それぞれの国の言語で情報を発信し，渡航者数の
　　拡大や，渡航後の売上増加を目指すマーケティング手法である。

問70 優れた技術によって市場で大きなシェアをもつ大企業が，既存製品を改良した新製
　　品の投入を繰り返しているうちに，全く新しい技術による新興企業などの製品に市場
　　シェアを奪われたり，市場自体を失ったりしてしまう現象はどれか。

(823155)

ア　イノベーションのジレンマ　　　　イ　キャズム
ウ　コモディティ化　　　　　　　　　エ　ダーウィンの海

問71 生産管理システムの手法の一つである MRP の説明として適切なものはどれか。

(823105)

ア　企業全体の経営資源を有効かつ総合的に計画，管理することによって，経営の効率向上を図る。

イ　自動化された工作機械と工場内の搬送機能，それらの制御機能を組み合わせて，柔軟な生産ラインを構築する。

ウ　生産日程の計画をコンピュータによって分析・シミュレーションし，作業日程や使用する機材の割当を行う。

エ　製品の基準生産計画を基にして，部品構成表と在庫情報から部品の手配数量を算出する。

問72 金融庁が運営している，金融商品取引法に基づく開示書類をインターネット経由で提出や閲覧できる電子開示システムはどれか。

(821807)

ア　EDIFACT　　　イ　EDINET　　　ウ　e-TAX　　　エ　LGWAN

問73 コンピュータを活用した e-ビジネスで採用されるロングテール戦略の例として，適切なものはどれか。

(821576)

ア　売上データを分析することで，ワインコーナーにチーズを置くなど，関連商品の販売がより促進されるように商品の陳列方法を見直す。

イ　書店が，店頭在庫費用がかからないネット販売を活用することで，一部の人しか購入しない専門書などの商品も扱う。

ウ　生産者が，インターネットを利用したネット販売を活用することで，産地直送品を直接消費者に販売する。

エ　ネットオークションサイトのように消費者間で直接取引を行うことで，販売者と購入者，双方のチャンスを拡大させる。

問 74 企業が，投資家向けに情報を開示する活動はどれか。

(704296)

　　ア　CSR（Corporate Social Responsibility）
　　イ　IR（Investor Relations）
　　ウ　PR（Public Relations）
　　エ　ROI（Return On Investment）

問 75 OODA ループに関する記述として，適切なものはどれか。

(823628)

　　ア　観察・調査，情勢判断，対応の意思決定，対応の実行を繰り返す。
　　イ　計画，実行，評価，見直し・改善を繰り返す。
　　ウ　実行，評価，見直し・改善，計画をスピーディに繰り返す。
　　エ　標準化，実行，検証，是正処置を繰り返す。

問76　ゲーム理論では，他者の採る戦略を仮定したときに，自分の戦略の中で最も大きな利得をもたらす戦略を採ることを最適反応，また，各自が採っている戦略が，互いに他者の戦略に対して最適反応になっている戦略の組合せをナッシュ均衡と呼ぶ。A社とB社がそれぞれ3種類の戦略を採る場合の市場シェアが表のように予想されるとき，ナッシュ均衡になっている戦略の組合せは幾つあるか。ここで，表の各欄において，左側の数値がA社のシェア，右側の数値がB社のシェアとする。

(830466)

単位　％

		B社		
		戦略b1	戦略b2	戦略b3
A社	戦略a1	40, 50	20, 30	10, 20
	戦略a2	30, 20	30, 20	20, 40
	戦略a3	20, 40	40, 50	30, 30

ア　0　　　　　イ　1　　　　　ウ　2　　　　　エ　3

問77　次の表を後入先出法によって評価した場合，9月末の在庫評価額は幾らになるか。

(732912)

日付	取引内容	個数（個）	単価（円）
9月1日	繰越在庫	50	100
9月5日	仕入	50	120
9月12日	売上	30	
9月20日	仕入	40	90
9月25日	売上	50	
9月30日	売上	10	

ア　3,800　　　　　イ　4,800　　　　　ウ　5,000　　　　　エ　5,600

問 78　知的財産権のうち，商標権に関する記述はどれか。

(713518)

ア　自然法則を利用した技術的思想の創作

イ　思想又は感情を創作的に表現したもので，文芸，学術，美術又は音楽の範囲に属するもの

ウ　物品の形状，模様もしくは色彩又はこれらの結合であって，視覚や触覚を通じて認識されるもの

エ　文字，図形，記号もしくは立体的形状，もしくはこれらの結合，又はこれらと色彩との結合

問 79　システム開発作業の契約に関する記述のうち，最も適切なものはどれか。

(823643)

ア　成果物などの一定の成果を求めるためには，準委任契約ではなく，作業請負契約を締結する必要がある。

イ　成果物の瑕疵に対しては，受注者に補修，賠償，契約の解除の三つの中のいずれかの対応を受注者に要求することができる。

ウ　発注者の責任ではない理由によって成果物が完成できない場合，受注者は，報酬を請求することができない。

エ　引渡しから1年以上経過した後であっても，瑕疵を知ってから1年以内であれば，受注者に対応を要求することができる。

問 80　プリペイド式の電子マネーなど，前払式決済サービスを規制対象とする法律はどれか。

(823629)

ア　割賦販売法　　　　　　　　　イ　銀行法
ウ　金融商品販売法　　　　　　　エ　資金決済法

応用情報技術者
午後の問題

注意事項

1．解答時間は，**2時間30分**です（標準時間）。

2．答案用紙の受験者番号欄に，**受験者番号，氏名**をていねいに記入してください。

3．**問1は必須問題です。問2〜問11からは4問選択してください。**
　　選択した問題については，次の例に従って，答案用紙の問題選択欄の問題番号を
　　〇印で囲んでください。
　　〔問1（必須問題），問3，問5，問9，問10を選択した場合の例〕

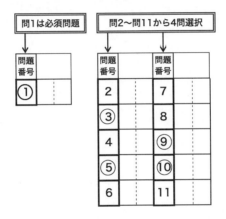

　　　〇印がない場合は，採点の対象になりません。問2〜問11について，5問以上〇印で
　　囲んだ場合は，はじめの4問について採点します。

4．答案用紙の備考欄は採点に使用しますので，記入しないでください。

5．答案用紙の解答欄に解答を記入する際には，問題番号をよく確かめてから記入して
　ください。

6．解答は，はっきりした字できれいに記入してください。読みにくい場合は，減点の
　対象となりますので，注意してください。

7．電卓は使用できません。

8．問題冊子の余白などは，適宜利用して構いません。ただし，問題冊子を切り離して
　利用することはできません。

これらの指示に従わない場合には採点されませんので，注意してください。

指示があるまで開いてはいけません。

© ㈱アイテック
https://www.itec.co.jp/

次の**問1**は必須問題です。必ず解答してください。

問1 マルウェア対策の強化に関する次の記述を読んで，設問1〜3に答えよ。

(823610)

　M社は，従業員数200名の建築会社である。本社には，管理部，営業部，技術部がある。本社のネットワーク構成を図1に示す。

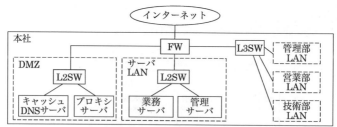

FW：ファイアウォール　L2SW：レイヤ2スイッチ　L3SW：レイヤ3スイッチ
　注記　管理部LAN，営業部LAN及び技術部LAN（以下，三つのLANを合わせて，利用者LANという）に接続されているPCの記載は省略している。

図1　本社のネットワーク構成（抜粋）

　業務サーバは，利用者LANの全てのPCが利用するサーバで，部門やプロジェクトごとの共有フォルダが設定されている。管理サーバは，管理部LANのPCが利用する。PCからのインターネットへのアクセスは，全てプロキシサーバ経由で行われる。キャッシュDNSサーバを使用するのは，プロキシサーバだけである。

　サーバやPCには固定のIPアドレスが設定されており，FWではパケットフィルタリング機能によって，必要な通信だけが許可されている。L3SWではVLAN機能によって，利用者LAN間の直接の通信が禁止されている。

〔マルウェア攻撃に関する調査〕
　2か月前，同業のN社では，ランサムウェアを悪用した攻撃によって業務の一部が1か月間停止する被害が発生した。M社では，この事案を踏まえてマルウェア対策を強化することとし，システム部のYさんが検討に着手した。

　Yさんは，N社の事案の調査に先立って，様々なマルウェアの特徴を整理した。例えば，次のようなマルウェアが知られている。

・ a ：OS などに組み込んだ攻撃用のツールの存在を隠ぺいする機能をもち，セキュリティソフトによる検知を回避する。

・ b ：遠隔操作のためのサーバからの指令を受けて，他のコンピュータへの攻撃を行う。

公開情報から，2 か月前の N 社には次のような攻撃が行われたことが分かった。

・脆弱性 X が報告された特定の VPN 装置を使用する複数の組織が標的となった。

・攻撃者は，テレワーク用の VPN 装置に攻撃コードを送信し，脆弱性 X を悪用して VPN 装置に登録されていた認証情報を読み出した。

・攻撃者は，認証情報を用いて VPN 装置にログインして内部ネットワークに侵入し，攻撃者のサーバから攻撃用の様々なツールを送り込んだ。

・最終的に，内部ネットワークでランサムウェアを実行させ，アクセス可能なファイルを暗号化した上で身代金を要求した。

　N 社では，①内部ネットワークへの侵入時点では脆弱性 X への対応を完了させていたが，侵入を防ぐことができなかった。

〔サイバーキルチェーンとリスクの検討〕

　Y さんは，N 社の事案に限らず，高度な複数の手口を組み合わせる標的型攻撃を想定して対策の強化を検討した。標的型攻撃の典型的な攻撃活動をモデル化したサイバーキルチェーンの例を表 1 に示す。

表 1　サイバーキルチェーンの例

番号	ステップ	攻撃活動
1	偵察	標的の組織や情報システムに関する情報を収集する。
2	武器化	標的の組織に合わせた標的型メールや攻撃コードを準備する。
3	配送	標的の組織にマルウェアを送り込む。
4	攻撃	標的の組織内の機器上でマルウェアを実行させる。
5	インストール	標的の組織内の機器にマルウェアをインストールする。他のマルウェアのダウンロードやバックドアの設置などを行う。
6	コマンドとコントロール	攻撃者のサーバと通信しながら動作する。標的の組織内のネットワーク探索や感染拡大を行う。最近は，標的の組織において業務目的で使用されているツールを悪用する手口が増えている。
7	目的の実行	データの窃取や破壊など，攻撃の目的となる活動を実行する。

標的型メールを使う攻撃では、　　c　　のステップで、標的の組織に関連するファイル名や内容の添付ファイルにマルウェアが仕込まれる。また、　　d　　のステップでは、外部のサーバとの通信機能をもつマルウェアが標的の組織のシステムに組み込まれる。

　また、M社が標的型攻撃を受けた場合に想定されるリスクを検討した。例えば、"侵入したコンピュータからアクセス可能なコンピュータに対して攻撃活動を行う"マルウェア攻撃を想定したときに、②マルウェアが営業部LANのPCに侵入した場合の被害の範囲を整理した。

〔マルウェア対策の強化案の検討〕
　Yさんは、次に、サイバーキルチェーンのステップごとのマルウェア対策を強化する方法と、万が一被害を受けた場合の復旧対策の見直しを検討した。配送ステップ、コマンドとコントロールステップ、復旧対策に関する検討内容は次のとおりである。
(1) 配送ステップ
　テレワークで利用しているFWのVPN接続機能に関して、N社の事案と同様の攻撃への対策を強化する。具体的には、現在のパスワード認証方式にTLSクライアント認証あるいは生体認証を追加して、　　e　　方式に移行する。
　また、電子メールを使用する取引先とのファイル交換では、信頼する第三者機関が発行した証明書を用いて、電子メールに付与されたデジタル署名を受信者が検証する仕組みである　　f　　の導入を検討する。
(2) コマンドとコントロールステップ
　マルウェアの活動を検知・遮断するEDR（Endpoint Detection and Response）製品を導入する。現在のセキュリティソフトには、登録された悪意のあるプロセスを検出する機能があるが、脅威の動向を考慮すると③手口によっては見逃しの可能性がある。そのような手口に対しても有効な製品を選定する。
(3) 復旧対策
　ランサムウェア攻撃を考慮し、データのバックアップ方式を見直す。現在、業務サーバに保存されているデータは、業務サーバのバックアップ機能を使い、サーバLANに接続したNAS（Network Attached Storage）に定期的に転送されている。NASは、利用者LANのPCから常時アクセス可能である。Yさんは、④バックア

ップ方式の変更案を検討した。

　　Yさんは，検討したマルウェア対策の強化案をシステム部の部長に報告し，承認を
受けた。その後，システム部ではYさんが検討した強化策を順次実施した。

設問1　〔マルウェア攻撃に関する調査〕について，(1)，(2) に答えよ。

　(1) 本文中の　　a　　，　　b　　に入れる適切な字句を解答群の中から選び，
　　記号で答えよ。

　　解答群

　　　ア　APT　　　　　　　　　　　イ　C&Cサーバ

　　　ウ　クリプトジャッキング　　　エ　ドライブバイダウンロード

　　　オ　ボット　　　　　　　　　　カ　ポリモーフィック型マルウェア

　　　キ　マクロマルウェア　　　　　ク　ルートキット

　(2) 本文中の下線①について，防ぐことができなかった理由を，"脆弱性X"という
　　字句を用いて30字以内で答えよ。

設問2　〔サイバーキルチェーンとリスクの検討〕について，(1)，(2) に答えよ。

　(1) 本文中の　　c　　，　　d　　に入れる適切な表1中の番号を答えよ。

　(2) 本文中の下線②について，営業部LANのPCから攻撃を受ける可能性のある
　　機器を解答群の中から全て選び，記号で答えよ。

　　解答群

　　　ア　管理サーバ　　　　　　　　イ　管理部LANのPC

　　　ウ　技術部LANのPC　　　　　エ　キャッシュDNSサーバ

　　　オ　業務サーバ　　　　　　　　カ　プロキシサーバ

設問3　〔マルウェア対策の強化案の検討〕について，(1)〜(3) に答えよ。

　(1) 本文中の　　e　　，　　f　　に入れる適切な字句を，それぞれ10字以内
　　で答えよ。

　(2) 本文中の下線③について，手口を25字以内で答えよ。

(3) 本文中の下線④について，適切な変更案を解答群の中から選び，記号で答えよ。

解答群

　ア　NAS を管理部 LAN に移設し，管理部 LAN の PC 以外からはアクセスで
　　　きないようにする。

　イ　WORM（Write Once Read Many）ストレージ装置を追加し，NAS のデ
　　　ータを定期的に WORM メディアに書き込む。

　ウ　業務サーバから NAS へのバックアップデータの転送をリアルタイムに行
　　　うように変更する。

　エ　サーバ LAN に NAS をもう 1 台追加し，現状の NAS のデータを追加した
　　　NAS に書き込み，世代管理する。

> 次の問 2〜問 11 については 4 問を選択し，答案用紙の選択欄の問題番号を○印で囲んで解答してください。
>
> なお，5 問以上○印で囲んだ場合は，**はじめの 4 問**について採点します。

問 2　情報システム戦略の策定に関する次の記述を読んで，設問 1〜3 に答えよ。

(823611)

　A 社は，扇風機や，調理家電などの製造・販売を行う家電メーカである。主に，家電量販店やホームセンタなどに製品を出荷している。

　A 社は，これまで情報システムはコストと考えていて，情報システム投資に消極的であった。その結果，業務効率が上がらず，取引先（以下，顧客という）である家電量販店やホームセンタなどから納品情報の提供などに関して，たびたびクレームが発生していた。このような中，経済産業省の「DX レポート」を確認した A 社の経営陣は，危機感をもち，情報システム投資の必要性を強く感じて，CIO（Chief Information Officer）を新たに任命した。CIO は，次期経営戦略に基づいて積極的な次期情報システム戦略を策定する方針を掲げ，これを立案する組織横断型のチームを立ち上げて，情報システム部の J 課長をリーダに任命した。

〔A 社の次期経営戦略〕

　A 社の次期経営戦略は，競合他社に対する競争優位性を保つため，次を目的として策定された。

- ・コンプライアンス遵守を企業の最優先事項とし，顧客から選ばれる企業を目指す。
- ・独自の効率的な製造ノウハウによってコスト面で競争優位を保ち，シェアを拡大して売上を伸ばす。
- ・業務効率を向上させ，迅速な対応で顧客満足度の向上を図る。

〔A 社の経営環境〕

　A 社の経営環境は次のとおりである。

- ・A 社は，流通・物流という商社の機能と，オリジナル商品の企画・開発・製造というメーカとしての機能を併せもち，スピーディーな対応で顧客満足度向上に取り組んでいる。

実-43

・A社では，顧客や利用者からの声を聞き，機能やデザインをシンプルにした上で，多くの製品を低価格で販売している。保証や問合せ対応などを手厚くすることで，利用者の信頼を得ており，A社の製品やサービスは競合他社に比べて優れているという，利用者からの好意的な意見が多い。

・他社にはない独自の技術で，複数の部品を一体にする「モジュール化」の技術開発に成功しており，これが低コストと生産性向上の一因となっている。

・これまで効率的なモノ作りで生産性の向上を目指し，短納期対応が可能な生産活動によって製品提供を行い，多くの顧客を獲得して売上を拡大してきた。

・A社は以前，国外にも工場を設置していたが，短納期対応や品質向上を目的として，現在は，国内2箇所に自社の工場を設置している。

・A社は，顧客の営業担当であるA社社員（以下，担当営業員という）が，顧客の要望を詳細に把握し，納期面などの要望に応えることで競争優位性を保ってきた。

・近年，顧客数が急激に増えたことから，顧客への納期回答業務が急増し，出荷物流に関する業務量が大きく増えている。顧客からは，納期確認に対する回答に間違いが多く，担当営業員に確認しても要領を得ないことから，顧客満足度が低下している。

・顧客の増加に伴い，受注量も増加しているが，製造現場を支える間接業務がボトルネックになり，製品在庫があるにも関わらず出荷できない場合も多く，販売機会損失にもつながっている。

・A社の本社や各工場で利用している情報システム（以下，A社基幹システムという）は，個別に開発・運用・保守をしているので，データが統合されていない。IT化できていない業務も多く，担当者が手作業で行っている業務が俗人化しているという問題を抱えている。また，A社基幹システムの構造は複雑化しており，情報システム部ではこの運用・保守にかかる労力が増加している。

〔バリューチェーン〕

　J課長は，自社の事業活動を可視化するために，バリューチェーン分析を行うことにした。バリューチェーン分析とは，モノの流れに着目して企業活動を，五つの　　　a　　　と四つの　　　b　　　に区分し，それにマージンを加えて全体の付加価値を表し，企

実-44

業の競争優位の源泉を分析するフレームワークである。バリューチェーン分析を図式化すると，図1のようになる。

　J課長は，A社の諸活動のコストを分析し，A社で行っている価値を作る活動と，全体の付加価値を明確化した。

注記　M.E.ポーター著"競争優位の戦略"を基に作成

図1　バリューチェーン分析の図式化

〔A社の強みと弱み〕

　次に，J課長はバリューチェーンの諸活動について，A社の経営環境から強みと弱みを分析した。

　A社の強みを抜粋して，表1に示す。

表1　A社の強み（抜粋）

項番	強み	活動
1	競合他社にはない技術の開発に成功している。	技術開発
2	c	製造
3	利用者からの声を反映した製品をラインアップしている。	販売・マーケティング
4	保証や問合せ対応などが手厚く利用者から好評である。	サービス

　一方，弱みとしては，顧客への迅速な対応ができず顧客満足度が低下していること，販売機会損失につながる　　d　　の活動が挙げられた。

〔次期情報システム戦略と計画〕

　J課長は，これまでの分析結果を基に，A社基幹システムを刷新する次期情報シス

テム戦略を策定し，計画を次のとおり立案した。

・SaaS の ERP を導入し，カスタマイズは最小限にして極力標準機能を使用することによって，情報システム部では運用・保守にかかる労力を削減し，DX を推進するための業務に時間を多く使えるようにする。
・SaaS の ERP を導入するのに併せて，現在問題となっている，納期回答業務に迅速に対応できるようにするため，業務システムなどのデータ入力，照合のような標準化された ［ e ］ を，担当者の代わりにソフトウェアで ［ f ］ する RPA（Robotic Process Automation）を導入すれば，業務・システムを最適化できるか，検証しながら導入を検討する。

　J 課長は，RPA の導入は DX を推進するために有効な手段の一つと考え，まずは緊急性の高い，納期回答業務について現状を整理した。

・A 社の納期回答業務は，回答業務担当者（以下，業務担当者という）が生産管理システムから納期に関するデータを抽出した上で，表計算ソフトで一覧表を作成し，そこから顧客別の納期回答書に転記を行ったあと，納期回答書を顧客にファックス送信している。
・現在は作業時間の制約上，業務担当者から直接，顧客にだけ納期回答書のファックス送信を行っている。
・顧客から担当営業員に，納期回答状況について確認が入った際に，担当営業員は，業務担当者に確認をしてからでないと回答状況や回答内容を答えられず，回答に時間がかかってしまうという問題も発生している。
・送ったはずの納期回答書が，他のファックス文書に紛れてしまい，見つからないというクレームも発生している。

　J 課長は，納期回答業務は，業務の流れや手順が決まっており，RPA で自動化する業務に向いていることを確認した上で，現状の業務処理フローの見直しを含め，表 2 のように RPA で処理することにした。

表2　RPA 処理の流れ

処理 No.	処理内容
1	生産管理システムから納期に関するデータをダウンロードする。
2	表計算ソフトで納期に関する一覧表を作成する。
3	納期に関する一覧表から，顧客別に納期回答書を作成する。
4	納期回答書を電子メールで顧客に送付する。

注記　業務処理が複数あるため，RPA 専用の PC を複数台用意して運用を行う。

　J 課長は，RPA が本番稼働に耐えうるか確認するため　　　g　　　を実施して，RPA 導入の有効性や，技術的な実現性の確認を行い，その結果を CIO に説明をしたところ，CIO から次の指摘を受けた。

・RPA は，業務担当者の代わりにソフトウェアで動作するため，内部統制の観点から，①人の代わりをする RPA がどの業務を処理したのか，分かるようにすることが必要である。

・表 2 中の処理 No.4 に関して，②納期回答書を電子メールで顧客に送付する際は，担当営業員にも送付することを検討すべきである。

　J 課長は，CIO の指摘を踏まえて，RPA 導入の計画を修正し，次期情報システム戦略に統合した。

設問 1　〔バリューチェーン〕について，本文中及び図 1 中の　　　a　　　，　　　b　　　に入れる適切な字句を解答群の中から選び，記号で答えよ。

　解答群

　　ア　管理活動　　　イ　業務活動　　　ウ　経営活動　　　エ　支援活動

　　オ　主活動　　　　カ　統制活動　　　キ　プロジェクト活動

設問 2　〔A 社の強みと弱み〕について，(1)，(2)に答えよ。

　(1)　表 1 中の　　　c　　　に入れる A 社の強みを，その理由を含めて 40 字以内で述べよ。

　(2)　本文中の　　　d　　　に入れる適切な字句を，図 1 中の用語で答えよ。

設問3 〔次期情報システム戦略と計画〕について，(1)，(2)に答えよ。

(1) 本文中の ☐ e ☐ に入れる適切な字句を5字以内で，本文中の ☐ f ☐ に入れる適切な字句を 10 字以内で，それぞれ答えよ。

(2) 本文中の ☐ g ☐ に入れる適切な字句を解答群の中から選び，記号で答えよ。

解答群

　ア　概念実証　　　　　　　　　イ　技術提携
　ウ　デザイン思考　　　　　　　エ　バックキャスティング

(3) 本文中の下線①について，どのような対応を実施し，どのようなデータを取得する必要があるか，40 字以内で答えよ。

(4) 本文中の下線②について，納期回答書を担当営業員にも送付することを検討すべきとした理由を具体的に，40 字以内で答えよ。

問3　構文解析に関する次の記述を読んで，設問1〜5に答えよ。

(823612)

宣言部と実行部から成る図1のような記述をするプログラム言語がある。その構文規則を，括弧記号で表記を拡張したBNFによって，図2のように定義した。

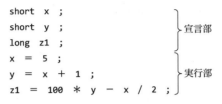

```
short  x  ;
short  y  ;
long  z1  ;                    ┐宣言部
x  =  5  ;
y  =  x  +  1  ;
z1  =  100  *  y  -  x  /  2  ; ┘実行部
```

図1　プログラムの記述例

図2で，引用符「'」と「'」で囲まれた記号や文字列，＜数＞，及び＜識別子＞は終端記号を表す。そのほかの「＜」と「＞」で囲まれた名前は非終端記号を表す。＜数＞は1文字以上の数字の列を表し，＜識別子＞は英字で始まる1文字以上の英字又は数字から成る文字列を表す。

また，A｜BはAとBのいずれかを選択することを表し，｛A｝はAを0回以上繰り返すことを表す。

```
＜プログラム＞::=＜宣言部＞＜実行部＞
＜宣言部＞::=＜宣言部記述＞｛＜宣言部記述＞｝
＜実行部＞::=＜文＞｛＜    ア    ＞｝
＜宣言部記述＞::=＜    イ    ＞＜識別子＞';'
＜宣言記述子＞::='short' | 'long'
＜文＞::=＜識別子＞'='＜式＞';'
＜式＞::=＜項＞｛'+'＜項＞| '-'＜項＞｝
＜項＞::=＜因子＞｛'*'＜    ウ    ＞ | '/'＜    ウ    ＞｝
＜因子＞::=＜数＞|＜識別子＞
```

図2　構文規則

例えば，図1の最初の行"short　x　;"は，図2の＜宣言部記述＞の定義に従っていて，＜　　イ　　＞と'short'，＜識別子＞と'x'，更に';'同士がそれぞれ対応していることが分かる。

〔字句解析プログラム〕

　プログラム記述が図2の構文規則に従っているかどうかを検査するプログラムを作成するために，字句を先頭から順番に抽出し，その種類を判定する字句解析プログラムとして，関数 readtoken()を利用する。ここでいう字句とは，構文規則における終端記号である。字句と字句は，空白や改行文字で区切られている。空白や改行文字は，字句そのものには含まれない。字句の種類と関数 readtoken()の戻り値の対応を表1に示す。

　なお，'short' と 'long' は＜識別子＞には含まれない。また，いずれの終端記号にも該当しない字句やプログラム記述の終わりを検出した場合の戻り値も定義する。

表1　字句の種類と関数 readtoken()の戻り値の対応

字句の種類	戻り値
'short'	'S'
'long'	'L'
＜数＞	'N'
＜識別子＞	'I'
'='，'+'，'−'，'*'，'/' 及び ';'	左の各字句に同じ
いずれにも該当しない字句	'?'
プログラム記述の終わり	'\$'

〔構文解析プログラム〕

　図3及び図4は，図2の構文規則に従って，それぞれ＜文＞及び＜式＞の構文を検査するプログラムである。プログラムの前提条件を次に示す。

(1) ＜文＞，＜式＞及び＜項＞の構文解析を行う関数をそれぞれ sentence()，expression()及び term()とする。これらの関数の戻り値は，構文が正しい場合は0，エラーの場合は−1である。

(2) 構文解析を行う各関数実行開始時の変数 token の値は，検査の対象となる文字列の最初の字句に対する関数 readtoken()の戻り値である。このため，各関数において，検査が正しく終了し呼出し元へ戻る時点の変数 token の値は，次の検査対象となる字句に対する関数 readtoken()の戻り値になっている。また，変数 token は，大域変数として定義されている。

```
function sentence()
  if ( token と 'I' が等しい )
    token ← readtoken()
  else
    return −1
  endif
  if ( token と '=' が等しい )
    token ← readtoken()
  else
    return −1
  endif
  if (             エ             )
    return −1
  endif
  if ( token と ';' が等しい )
                 オ
  else
    return −1
  endif
  return 0
endfunction
```

図3　＜文＞の構文解析関数

```
function expression()
  if ( term()と−1が等しい )
                 カ
  endif
  while ( token と '＋' が等しい　又は　token と '−' が等しい )
    token ← readtoken()
    if (             キ             )
      return −1
    endif
  endwhile
  return 0
endfunction
```

図4　＜式＞の構文解析関数

〔関数 term()のプログラム〕

　　関数 term()のプログラムを，同様の構文形式をもつ＜式＞の構文解析を行う図4の
関数 expression()のプログラムに変更を加えて作成する。このとき，変更箇所は，次

の二つである。

(1) 関数 expression()のプログラムの「　　ク　　」と記述されている箇所を「element()」に変更する。

(2) 関数 expression()のプログラム中で「token と '+' が等しい 又は token と '−' が等しい」と記述されている while 文の条件を,「　　ケ　　」に変更する。

なお,関数 element()は,＜項＞を構成する＜因子＞の構文解析を行い,構文が正しければ 0,エラーの場合は −1 を返す関数である。

関数 term()のプログラムを作成し,図1の6行目の「z1 ＝ 100 ＊ y − x / 2；」という文に対して,関数 sentence()を実行する。このとき,実行終了までに,関数 term()は　　コ　　回呼び出されることになる。

設問1　図 2 中の　　ア　　～　　ウ　　に入れる適切な非終端記号又は終端記号の名前を答えよ。

設問2　図 2 で示す構文規則について,(1),(2)に答えよ。

(1) 次に示す実行部のプログラム記述①～⑤には,図 2 で示した構文規則に反するエラーが幾つか含まれている。全ての変数は宣言部において宣言されているものとして,構文規則に反するエラーを含む行を①～⑤の番号で全て答えよ。

```
ab  =  cd  +  21 ;           ・・・・・ ①
ef  =  gh  /  0 ;            ・・・・・ ②
ij  =  −  5  *  kl ;         ・・・・・ ③
mn  =  op  −  7  *  2 ;      ・・・・・ ④
qr  =  st  *  ( uv + 1 ) ;   ・・・・・ ⑤
```

(2) 累乗を表す算術演算子「^」を使えるように構文規則を拡張し,例えば,5^2 を "5 ^ 2",x^3 を "x ^ 3" のように記述できるようにする。算術演算子の優先順位は,高い方から累乗(^)　→　乗除(＊と/)　→　加減(＋と−)である。図 2 の構文規則中のどの行を変更したらよいか。例えば,＜文＞の行であれば「＜文＞」というように答えよ。

設問3　図3中の　┌─ エ ─┐ ，┌─ オ ─┐ に入れる適切な字句を答えよ。

設問4　図4中の　┌─ カ ─┐ ，┌─ キ ─┐ に入れる適切な字句を答えよ。

設問5　〔関数 term()のプログラム〕について，本文中の ┌─ ク ─┐ ～ ┌─ コ ─┐ に入れる適切な字句を答えよ。

問4 Web システムの強化に関する次の記述を読んで，設問1〜4に答えよ。

(823613)

N 社は，中堅のスポーツ用品メーカであり，スポーツウェアやスポーツ用品を，店舗とオンラインショップで販売している。オンラインショップの利用者は，Web ブラウザを使って Web システムにアクセスする。最近では，オンラインショップの利用者数が急増しているため，Web システムの強化を行うこととなった。

〔現状のシステム構成〕
N 社の現状のシステム構成を，図1に示す。

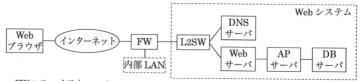

FW：ファイアウォール
L2SW：レイヤ2スイッチ

図1　現状のシステム構成

利用者は，PC やスマートフォンの Web ブラウザから，N 社が提供する URL へアクセスすると，FW を経由して DNS サーバへ接続され，Web サーバの IP アドレスを取得し，Web サーバへアクセス可能となる。

Web サーバでは，Web ブラウザからの要求を AP サーバに引き渡して，その処理結果を Web コンテンツとして Web ブラウザに返す。HTTPS リクエストの TLS 復号，Web コンテンツの TLS 暗号化の処理も Web サーバで行っているので，CPU 負荷が高い。

AP サーバは，商品を検索する処理や，利用者の認証，商品を購入する処理，商品情報を定期的に更新するバッチ処理など複数の処理を担っている。データアクセスが必要な場合は，DB サーバにリクエストを送信する。

DB サーバでは，商品情報と利用者情報，オンラインショップでの購入情報のデータを暗号化した状態で保持し，AP サーバからのリクエストに応えている。暗号化，復号の処理も DB サーバで行っている。商品情報の更新処理中は負荷が高くなり，同時に実行された商品の検索や利用者情報の参照の応答時間が長くなってしまうこと

がある。AP サーバからのリクエストは参照系処理の割合が多いが，DB サーバの CPU 負荷は参照系処理と更新系処理の割合が同じくらいである。また，ハードウェア障害が発生した場合や，商品情報を誤って更新，消去した場合に備えて，定期的にバックアップを取得している。

〔新システムの構成の検討〕

N 社では，オンラインショップの利用者数の急増への対応と，Web システムの耐障害性，可用性を高めるために，Web サーバ，AP サーバ，DB サーバの増設を決めた。

Web サーバへの HTTPS リクエストの振分けについては，①DNS サーバによって実現することも可能だが，高機能で効率的な負荷分散が可能な負荷分散装置（以下，LB という）の導入を決めた。

新システムの構成を，図 2 に示す。

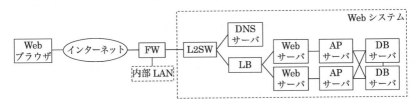

図2　新システムの構成

〔新システムに関する検討〕

Web サーバ，AP サーバは，LB によって負荷分散させることで，処理能力の向上と，耐障害性，可用性を高める。Web サーバと AP サーバは 1 対 1 で接続することとした。

LB は，死活監視機能や，セッション維持機能，Web サーバの CPU 負荷を軽減する　　a　　機能をもつ装置を採用することとした。オンラインショップの利用は，利用者の Web ブラウザと Web サーバとのセッション維持の時間が長くなることから，HTTP リクエストを振り分ける機能については，Web サーバに順番に振り分けるラウンドロビン方式ではなく，セッション数が最も少ないサーバに振り分ける　　b　　方式を採用することにした。

DB サーバは，重要な情報を保存していること，耐障害性や可用性を高める必要が

あることから，レプリケーションを導入することとした。レプリケーションによって，同じシステム環境が2セット（稼働系と待機系）用意された構成において，稼働系の更新内容をリアルタイムに待機系の環境に複製する。情報の更新を伴わない参照系処理は稼働系と待機系のどちらで処理をしてもよい。万が一，片方の環境に障害が発生したときにも，もう一方の環境のみで業務継続することができる。

AP サーバでは，DB サーバへのリクエストは全て稼働系へ送信することとし，稼働系の障害発生時は待機系へ要求することとした。

レプリケーションによって，データの冗長化を実現しているが，②定期的なバックアップは継続して取得することとした。

〔テストフェーズでの課題〕

新システムのテストフェーズにおいて，実際の利用ケースを想定した負荷テストを実施したところ，現状のシステムの DB サーバ上の問題が新システムでも解消されていなかった。そのため，③AP サーバの処理を変更することで対策を行った。

設問1　〔新システムの構成の検討〕について，本文中の下線①の DNS サーバで実現する方法を 45 字以内で答えよ。

設問2　システムの稼働率について，(1)，(2)に答えよ。

ここでは，各サーバ及び LB の稼働率を p とし，L2SW 及びネットワークの稼働率は1とする。この場合，現状の Web サーバ＋AP サーバの稼働率，新システムの LB＋（Web サーバ＋AP サーバの並列）の稼働率は次のとおりとなる。

現状の Web サーバ＋AP サーバ：p^2

新システムの LB＋（Web サーバ＋AP サーバの並列）：$p(1-(1-p^2)^2)$

(1)　図1の現状での Web システム全体（破線内）の稼働率を p を用いて答えよ。

(2)　p が 0.99 の場合，現状の Web サーバ＋AP サーバの稼働率 p^2 と，新システムの LB＋（Web サーバ＋AP サーバの並列）の稼働率 $p(1-(1-p^2)^2)$ のうち，高いのはどちらか。解答群の中から選び，記号で答えよ。

解答群

　　ア　p^2　　　　　　　　イ　$p(1-(1-p^2)^2)$　　　　ウ　同じ

設問 3　〔新システムに関する検討〕について，(1)，(2)に答えよ。

　　(1)　本文中の　[　a　]，[　b　]　に入れる適切な字句を答えよ。

　　(2)　本文中の下線②について，バックアップを継続して取得することとした理由を
　　　35 字以内で答えよ。

設問 4　〔テストフェーズでの課題〕について，本文中の下線③の AP サーバの対策内容
　　を 35 字以内で答えよ。

問5 社内ネットワークの監視システムに関する次の記述を読んで，設問1〜3に答えよ。

(823614)

Q社は，社員200名の健康食品販売会社である。システム部門では，監視サーバを構築し，Q社システムの運用監視を行っている。

監視はネットワーク上でログメッセージを転送するプロトコルである SYSLOG による状態遷移の監視（以下，SYSLOG 監視という）と，　　a　　プロトコルを利用した疎通診断プログラムである ping による死活監視（以下，ping 監視という）を行っている。ping 監視対象機器の　　b　　を，echo request の宛先として指定する。ping 監視は監視対象機器に設定される　　b　　を対象とするため，監視対象機器ポートのリンクアップ・ダウン状態の監視はできない。ping 監視は，監視サーバから1分間隔で ping が実行され，3回 ping 応答がない機器はノードダウンとして検知し，発報する仕組みとなっている。SYSLOG 監視の対象は，ネットワーク機器のポート状態遷移とネットワーク機器本体の再起動などを示す状態遷移の2種類である。SYSLOG は，異常を検知したその瞬間にだけ，SYSLOG 到達先として指定された機器（今回の場合は監視サーバ）へ発信され，再送されることはないという特徴がある。

ある日，"従業員が使用する PC からファイルサーバを利用できない"という問合せが，システム部門へ多数あった。調査した結果，ケーブル断線によるものと判明し復旧作業を行ったが，監視サーバによる検知ができていなかったことが問題視された。

〔Q社の LAN 構成〕

Q社の LAN 構成を，図1に示す。

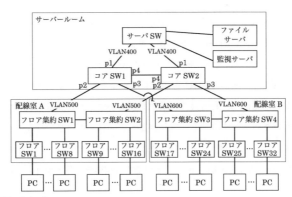

SW：スイッチ
注記1　コア SW1，コア SW2 は，レイヤ 3 スイッチである。
注記2　フロア集約 SW1〜フロア集約 SW4，サーバ SW，フロア SW1〜フロア SW32 は，
　　　　レイヤ 2 スイッチである。
注記3　p1〜p4 は，スイッチのポートを示す。
注記4　VLAN400，VLAN500，VLAN600 は，スイッチのアクセスポートの VLAN を示す。
注記5　フロア SW1〜フロア SW32 は，監視サーバのライセンス上限の都合から監視対象外と
　　　　している。

図 1　Q 社の LAN 構成（抜粋）

　コア SW1 及びコア SW2（以下，コア SW という）にはサーバ SW とフロア集約
SW1〜4（以下，フロア集約 SW という）が接続されている。サーバ SW はファイル
サーバと監視サーバを収容している。フロア集約 SW には，各従業員が使用する端末
を収容するためのフロア SW が接続されている。

〔Q 社の LAN 設計〕

・コア SW には，VRRP（Virtual Router Redundancy Protocol）が設定されている。
　VRRP とは，デフォルトゲートウェイを冗長化する技術であり，Q 社の場合，正常
　時には，コア SW1 がマスタで，コア SW2 がバックアップとなるように設定されて
　いる。VRRP はルータ間（もしくはレイヤ 3 スイッチ）でアドバタイズメントと呼
　ばれるパケットをマスタとバックアップ間で定期的に送信し合っている。

・Q 社の LAN 構成は，ループ構成を含んでいる。同一サブネット内全てのノードへ
　送信される　　c　　が，ループ構成によって　　c　　ストームとなり，ネッ
　トワークが不安定な状態となる。Q 社環境の中で，コア SW1―サーバ SW―コア
　SW2 はループ構成の一つである。STP（Spanning Tree Protocol）は BPDU とい

うパケットをスイッチ同士でやり取りし，正常時はコア SW1 の p4 ポートを論理的に遮断（この論理遮断の状態をブロッキングという）し，レイヤ 2 ループが発生しないようにしている。通信に使用しているポートの障害を検知した STP 動作スイッチは，隣接スイッチへ BPDU を送信しなくなるという特性がある。STP は正常時の経路障害時に約 50 秒程度の再計算時間を要するが，通常時はブロッキング状態となっているポートを開放し，冗長経路への切替えを自動で行うことができる。

・コア SW1 の p1 ポート，p2 ポート及び p3 ポートはアクセスポートで，p4 ポートを，複数の VLAN を通信させることができる技術を使用した ［　d　］ 用のポートに設定している。

〔監視サーバの概要〕

　監視対象機器は，コア SW，サーバ SW 及びフロア集約 SW である。リンクダウンなどの状態遷移や異常が発生した機器は，監視サーバに対して直ちに SYSLOG メッセージを送信する。監視サーバは，受信した SYSLOG メッセージの分析を直ちに行い，定義に従い，異常として検知する。

　当環境で動作している SYSLOG は，トランスポートプロトコルとして，コネクションレスの ［　e　］ を使用したメッセージ送信を行う動作仕様としているのが特徴である。

〔障害発生時の問題〕

　ネットワーク障害発生時に監視サーバで異常を検知できなかった問題について，システム部門の U 課長は，V 主任に障害発生時の状況確認とネットワーク監視の改善策の立案を指示した。

〔障害発生時の状況確認〕

　ケーブルの断線による障害発生時の構成を，図 2 に示す。

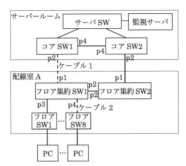

注記　破線は，断線したケーブルを示す

図2　ケーブルの断線による障害発生時の構成（抜粋）

V主任が行った状況確認の結果は，次のとおりである。

・障害発生時，配線室Aで配線工事が行われていた。その影響で，フロア集約SW1のp1ポートとコアSW1のp2ポートを接続するケーブル1が断線した。一緒に束ねられていたフロア集約SW1のp4ポートとフロアSW8を接続するケーブル2も断線した。

・ケーブル1の断線に伴って，①フロア集約SW1のp2ポートが，STPの機能によってブロッキングから再計算を経て，論理開放状態であるフォワーディング状態へ移行した。監視サーバでは，SYSLOG監視によってケーブル1が接続されているポートのリンク状態遷移が発生したことを検知した。

・ケーブル1の断線に伴って，②フロア集約SW1が送信した，リンク状態遷移を示す　　f　　が監視サーバに到達できなかった。その結果，監視サーバは，ケーブル2も接続されているポートのリンク状態遷移を検知できなかった。このとき監視サーバからのpingによる監視は1分間隔であり，たまたまSTPの再計算のタイミングにかかっていなかった。

〔ネットワーク監視の改善策立案〕

　V主任は，ネットワーク監視の改善策として，新たにSNMP（Simple Network Management Protocol）を使用し，監視を強化することを検討した。V主任は，監視対象機器で利用可能なSNMPv2cについて調査をした。SNMPは機器を管理するためのプロトコルで，③SNMPエージェントとSNMPマネージャで構成される。SNMP

マネージャは，監視対象機器へ，例えば1分など定期的に機器ステータス状態を問い合わせることによって，機器の状態遷移を検知する。これをポーリングという。また，機器は自身の状態変化を検知すると，能動的に SNMP エージェントがメッセージを送信し，SNMP マネージャが受信することによって，機器の状態を取得することができる。そしてこの通信では，再送機能が有効化できる。以上のことから④V 主任は，SNMP を導入すれば，今回と同様の障害の検知は改善できると判断し，より通信量が抑えられる方法を前提に，U 課長の承認を得て，設計を開始した。

設問1 本文中の ┃ a ┃ ～ ┃ e ┃ について，(1)～(5)に答えよ。

(1) ┃ a ┃ に入れる適切な字句を解答群の中から選び，記号で答えよ。

解答群

    ア ICMP   イ SNMP   ウ TCP

    エ TELNET   オ TRAP

(2) ┃ b ┃ に入れる適切な字句を答えよ。

(3) ┃ c ┃ に入れる適切な字句を解答群の中から選び，記号で答えよ。

解答群

    ア エニーキャスト   イ ブロードキャスト

    ウ マルチキャスト   エ ユニキャスト

(4) ┃ d ┃ に入れる適切な字句を解答群の中から選び，記号で答えよ。

解答群

    ア IPsec   イ VLAN   ウ VRRP

    エ タグ VLAN   オ リンクアグリゲーション

(5) ┃ e ┃ に入れる適切な字句をトランスポート層プロトコルの中から答えよ。

設問2 〔障害発生時の状況確認〕について，(1)～(3)に答えよ。

(1) 本文中の ┃ f ┃ に入れる適切な字句を問題文中の字句を用いて答えよ。

(2) 本文中の下線①に伴って，BPDU を受信しなくなったフロア集約 SW2 のポートを，図2中の字句を用いて答えよ。

(3) 本文中の下線②について，フロア集約 SW1 が送信したメッセージが監視サー

バに到達できなかったのはなぜか。"スパニングツリー"という言葉を用いて 25
字以内で答えよ。

設問3　〔ネットワーク監視の改善策立案〕について，(1)，(2)に答えよ。

(1) 本文中の下線③について，SNMP エージェントと SNMP マネージャに該当す
る機器名を，図2中の機器名を用いてそれぞれ全て答えよ。

(2) 本文中の下線④について，V 主任が SNMP を導入すれば今回と同様の障害検
知は改善できると判断した理由を 60 字以内で答えよ。

問6 販売分析システムのデータベース設計・運用に関する次の記述を読んで，設問 1～3 に答えよ。

(823615)

　スーパーマーケットを全国で展開している O 社は，関係データベース管理システムを用いたデータウェアハウスを構築し，売上データを基に販売分析を行っている。データウェアハウスの設計・運用は，情報システム部の K さんが担当している。

〔組織及び販売商品の概要〕

1. 組織
   (1) 本部を頂点に，9 支部で構成されている。
   (2) 加盟店は全国で 10,000 店舗あり，1 支部当たりの平均店舗数は 1,000 店である。
   (3) 各支部の社員のうち，スーパーバイザー（以下，SV という）として 100 人が各店舗の経営・運営を支援する。各 SV は，所属する支部内の店舗を平均 10 店担当し，複数の SV が同時に同一店舗を担当することはない。SV は必ず担当店舗があり，SV の担当がない店舗は存在しない。
   (4) 支部では，月の途中に支部内又は支部間の人事異動があり，SV の担当店舗を変えることがある。
   (5) 店舗は半年に 1 回，店舗の棚卸しを行うため，全店休業となる日がある。

2. 販売商品
   (1) 販売する商品は，全店舗共通である。
   (2) 商品は，三つの商品区分（日配食品，加工食品，非食品）に区分している。各商品区分は，次に示すように，更に商品分類として 200 種類に分類し，全商品点数は 3,000 点（種類数）である。
   　・日配食品：毎日，配送センタから配送される弁当，生菓子など，80 種類
   　・加工食品：カップ麺，レトルト食品，アルコール飲料など，80 種類
   　・非食品　：食品以外の雑誌，日用品，医薬品など，40 種類
   (3) 商品の商品区分は変えないが，商品分類は見直すことがある。
   (4) 時期と店舗によって売れ筋商品は異なるが，全商品は毎日，各支部のいずれかの店舗で売れている。1 店舗で，1 日当たり平均 2,000 点，1 か月当たり全商品点数 3,000 点が売れている。

〔表の構造・保守及び販売分析〕

1. 表構造

　　このデータベースでは，E-R 図のエンティティ名を表名に，属性名を列名にして，適切なデータ型で表定義した関係データベースによって，データを管理する。

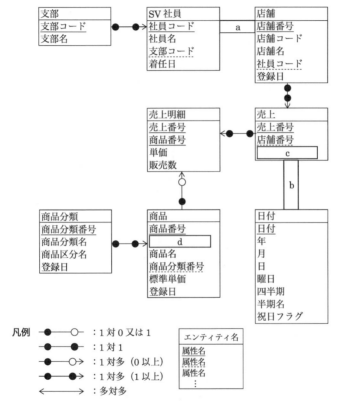

図1　"販売分析"データベースの E-R 図（抜粋）

表1　主な属性（列）の意味

属性（列）	意味
社員コード	全社員を一意に識別するコード。社員が入社したときに付与する。
支部コード	全支部を一意に識別するコード
着任日	社員が支部に着任した日
店舗番号	店舗表の行を一意に識別する番号。店舗が加盟したときに付与する。また，店舗の列値を変更したときに，変更履歴を残すために，その店舗に新たに店舗番号を付与し，変更後の列値を設定した行を店舗表に追加する。
店舗コード	全店舗を一意に識別するコード。店舗が加盟したときに付与する。
商品番号	商品表の行を一意に識別する番号。商品を登録したときに付与する。また，商品の列値を変更したときに，変更履歴を残すために，その商品に新たに商品番号を付与し，変更後の列値を設定した行を商品表に追加する。
商品コード	全商品を一意に識別するコード。商品を登録したときに付与する。
標準単価，単価	標準単価は商品の標準的な単価であり，単価は売上時の単価である。単価の初期値は NULL であり，0，負の数になることはないとする。
売上番号	売上表の行を一意に識別する番号。店舗での販売があるごとに，売上を登録したときに付与する。
日付	売上分析を行うため 2023 年 1 月 1 日から 2023 年 12 月 31 日までの全年月日である。売上日と関連付けを行う。
年，月，日	それぞれ当該行の日付列の年，月，日と同じ意味である。
登録日	当該行を表に登録した日。店舗コードと登録日の組合せ，商品分類名と登録日の組合せ，及び商品コードと登録日の組合せは，各表で一意である。

2.　本部における処理

　　本部の情報システムは，各店舗から売上データファイルを収集し，販売分析に必要な処理を行う。

　(1)　各店舗で前日に販売した全商品の店舗売上データファイル（売上日，店舗コード，商品コード，販売数を記録）を，毎晩 0 時に収集する。

　(2)　販売分析に必要な変換処理を行う。売上日と店舗番号に売上番号を付与して売上表に追加する。1 回の売上で複数の商品が購入されるため，購入された商品の商品番号と販売数と単価を売上明細表に追加する。1 回の売上で同一の商品を複数購入する場合には販売数を増加している。これらの処理は，6 時までに行う。なお，商品の販売数の初期値は NULL であり，0，負の数になることはないとする。

3.　表の保守

　(1)　日付，店舗，商品の三つを分析軸として販売分析を行う。これらの分析軸を表現する各表の各列値を，まれに変更することがある。

　(2)　2023 年 10 月 1 日，SV の吉田さんと野口さんに支部間の人事異動があり，担当店舗を入れ替えた。そのために，当該店舗に新たに店舗番号を付与し，店舗表の社

員コードにそれぞれ新任 SV の社員コードを設定した行を店舗表に追加した。

(3) 日付，店舗，商品の三つを分析軸とする次元表の変更後，売上表には最新の店舗番号及び商品番号を設定した行を追加するが，既に売上表に蓄積されている行を過去に遡って変更することはない。

4. 販売分析

販売分析の例を表2に，対応する販売分析用 SQL 文を表3に示す。

表2　販売分析の例

分析名	SQL	分析の内容
A1	SQL1	2023 年 1 月から 12 月までの四半期別 SV 別支部別全社売上額
A2	SQL2	店舗コード S001 と S002 の店舗において，2023 年 4 月 1 日に少なくともどちらか一方の店舗で売れた商品の商品名及び販売数一覧
A3	SQL3	最新の商品分類に基づいた 2023 年 4 月 1 日以降の日別商品分類名別売上額

表3 販売分析用 SQL 文（一部未完成）

SQL	SQL の構文

SQL1	SELECT 日付.半期名, SV 社員.社員コード, SV 社員.社員名, 支部.支部名, SUM(売上明細.単価 * 売上明細.販売数) AS 売上額
	FROM 売上 INNER JOIN 売上明細 ON 売上.売上番号 = 売上明細.売上番号
	      INNER JOIN 店舗 ON 売上.店舗番号 = 店舗.店舗番号
	      INNER JOIN SV 社員 ON 店舗.社員コード = SV 社員.社員コード
	      INNER JOIN 支部 ON 支部.支部コード = SV 社員.支部コード
	      INNER JOIN 日付 ON 日付.日付 = 売上.売上日
	WHERE 日付.年=2023
	GROUP BY 日付.半期名, SV 社員.社員コード, SV 社員.社員名, SV 社員.支部コード;

SQL2	WITH 販売数 1 AS (SELECT * FROM 売上 INNER JOIN 売上明細 ON 売上.売上番号 = 売上明細.売上番号 INNER JOIN 店舗 ON 店舗.店舗番号 = 売上.店舗番号 WHERE 売上.売上日='2023-04-01' AND 店舗.店舗コード='S001'), 販売数 2 AS (SELECT * FROM 売上 INNER JOIN 売上明細 ON 売上.売上番号 = 売上明細.売上番号 INNER JOIN 店舗 ON 店舗.店舗番号 = 売上.店舗番号 WHERE 売上.売上日='2023-04-01' AND 店舗.店舗コード='S002') SELECT 商品.商品名, 販売数 1.販売数, 販売数 2.販売数 FROM 商品 e OUTER JOIN 販売数 1 ON 商品.商品番号 = 販売数 1.商品番号 e OUTER JOIN 販売数 2 ON 商品.商品番号 = 販売数 2.商品番号 WHERE f OR g
SQL3	WITH 商品コード付売上明細 AS (SELECT 売上明細.売上番号, 売上明細.商品番号, 商品.商品コード, 単価, 販売数 FROM 売上明細 INNER JOIN 商品 ON 商品.商品番号 = 売上明細.商品番号) SELECT 売上.売上日, 商品分類.商品分類名, SUM(商品コード付売上明細.単価 * 商品コード付売上明細.販売数) AS 売上額 FROM 売上 INNER JOIN 商品コード付売上明細 ON 売上.売上番号 = 商品コード付売上明細.売上番号 INNER JOIN 商品 商品 1 ON 商品 1.商品コード = 商品コード付売上明細.商品コード INNER JOIN 商品分類 ON 商品分類.商品分類番号 = 商品 1.商品分類番号 WHERE 売上.売上日 >= '2023-04-01' AND 商品 1.登録日 = (SELECT MAX(商品 2.登録日) FROM 商品 商品 2 WHERE h = i GROUP BY 売上.売上日, 商品分類.商品分類名

　表 3 中の SQL1 を実行し，その結果行をシステムで出力する。表 4 に示すように支部名，社員コード，社員名，四半期別 SV 別売上額を並べる。表 4 の網掛け部分の支部別 SV 別年間売上額，支部別年間売上額，全社年間売上額は，システムのプログラ

ムを利用して計算する。

表4　2023年四半期別SV別支部別全社売上額

支部名	社員コード	社員名	四半期別SV別売上額				支部別SV別年間売上額	支部別年間売上額	全社年間売上額
			1期	2期	3期	4期			
支部A	1234	吉田	3	3	3	3	12		
	2345	加藤	5	3	2	3	13	1,200	
	⋮	⋮	⋮	⋮	⋮	⋮	⋮		
支部B	3456	野口	4	4	4	4	16		12,000
	4567	渡辺	3	4	2	2	11	1,200	
	⋮	⋮	⋮	⋮	⋮	⋮	⋮		
⋮	⋮	⋮	⋮	⋮	⋮	⋮	⋮	⋮	

注記　1期は1～3月，2期は4～6月，3期は7～9月，4期は10～12月を表す。売上額の単位は千万円。

〔問題点の指摘〕

　Kさんの上司であるH氏は，次のように問題点を指摘した。

　吉田さんと野口さんの人事異動前後の売上実績が，表4の年間売上額に正しく反映されていない。今後，人事異動の時期にかかわらず，同じような問題が起きないようにすべきである。

設問1　図1について，(1)，(2)に答えよ。

(1)　図1中の　[　a　]，[　b　]　に入れる適切なエンティティ間の関連を解答群の中から選び，記号で答えよ。上下の関連については，上を左，下を右に置き換えて選択すること。

解答群

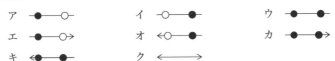

(2)　図1中の　[　c　]，[　d　]　に入れる適切な属性名を答えよ。属性名の表記は，図1の注記に倣うこと。

設問 2　表 3 の販売分析用 SQL 文について，(1)〜(3)に答えよ。

(1) 表 3 中の　　e　　〜　　g　　に入れる適切な字句を答えよ。

(2) 表 3 中の SQL2 において，内結合ではなく外結合を使う理由を，本文中の用語を用いて，25 字以内で答えよ。

(3) 表 3 中の　　h　　，　　i　　に入れる適切な字句を答えよ。

設問 3　〔問題点の指摘〕への対応について，(1)，(2)に答えよ。

(1) 表 4 中の項目の支部別 SV 別年間売上額，支部別年間売上額，全社年間売上額のうち，**正しくない項目名**を全て答えよ。また，人事異動前後の売上実績がそれらの年間売上額に正しく反映されなかった理由を，30 字以内で答えよ。

(2) 〔問題点の指摘〕への対応として，K さんは，変更履歴を残すために，SV 社員表と店舗表の構造を次のように変更し，併せて SQL1 を見直した。この対応後に支部間の人事異動によって SV の担当店舗が変わった場合，その変更を SV 社員表に対してどのように反映すべきかを，30 字以内で答えよ。

　　　SV 社員（<u>SV 番号</u>，社員コード，社員名，<u>支部コード</u>，着任日）

　　　店舗（<u>店舗番号</u>，店舗コード，店舗名，<u>SV 番号</u>，登録日）

問7　5G 通信回線を活用した遠隔手術システムに関する次の記述を読んで，設問 1〜3 に答えよ。

(823616)

　S 社では，医師が手術室内で内視鏡からの映像を確認しながら手術ができる手術支援システムを開発している。このシステムを用いた手術では，医師の手が直接患者に触れることがないので，5G 通信回線を活用することで，離れた場所からでも遠隔操作で手術ができる。このシステム（以下，5G 遠隔手術システムという）は，医療の地域格差や医療従事者の働き方の課題を解決するものとして期待されている。

〔手術の概要〕

　手術では，内視鏡と医療器具の操作をマニピュレータで行う。医師は，内視鏡からの映像を 3D 化して表示するモニタ（以下, 3D 内視鏡モニタという）で確認しながら，マニピュレータを操作する。医師が操作する側のマニピュレータをマスタマニピュレータ，患者の身体に挿入する側のマニピュレータをスレーブマニピュレータと呼び，スレーブマニピュレータの先端部には，内視鏡，メス，鉗子などが取り付けられている。マニピュレータの操作には専門の高度な技術が必要で，操作できる医師は限定される。そのため，5G 遠隔手術システムを使って，将来，熟練医師の操作をロボットで再現することも検討している。

〔5G 遠隔手術システムの概要〕

　離れた場所（以下，遠隔オペレーション室という）からの操作でも手術ができるように，必要な装置・器具を手術室と遠隔オペレーション室に装備し，両者を連携する。遠隔オペレーション室と連携させない場合は，手術室内だけで手術ができる。手術を担当する医師（以下，執刀医師という）が使用する装置・器具を一体化させた操作卓は，マスタマニピュレータ，3D 内視鏡モニタ，生体データモニタ，手術室モニタなどで構成する。遠隔オペレーション室には操作卓を設置し，手術室には，ベッド，スレーブマニピュレータなどで構成する手術台及び操作卓を設置している。

　手術室のスタッフ（以下，スタッフという）と遠隔オペレーション室の執刀医師とのコミュニケーションをとるために，それぞれの室内映像と音声を相手側に送る。遠隔オペレーション室と手術室の間は，5G 通信回線にてデータをやり取りする。執刀

医師は，遠隔オペレーション室に設置された操作卓の 3D 内視鏡モニタを確認しなが
ら，マスタマニピュレータを操作して遠隔手術を行う。遠隔手術中は，手術室のマス
タマニピュレータを遠隔オペレーション室のマスタマニピュレータの状態に常に追
随させるようにする。①遠隔オペレーション室のマスタマニピュレータの操作内容
は，手術室内のデータベースに記録される。手術室では，スタッフが遠隔オペレーシ
ョン室の執刀医師の指示に従い，スレーブマニピュレータに器具を取り付けて患者の
体内に挿入したり，患者の生体データを得るための処置を行ったりする。遠隔オペレ
ーション室の操作卓と手術室の操作卓の両方が手術台と接続及び連携されたとき，2
台のマスタマニピュレータからは同時に操作できないようにする。

　5G 遠隔手術システムの構成を図 1 に，操作卓の構成と機能を表 1 に，手術台の構
成と機能を表 2 に示す。

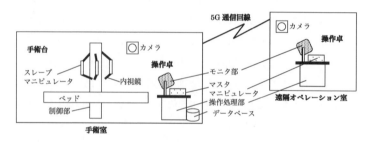

図 1　5G 遠隔手術システムの構成

表 1　操作卓の構成と機能

装置名		機能
モニタ部	3D 内視鏡モニタ	内視鏡からの映像を 3D 化して表示する。
	生体データモニタ	手術に必要な，患者の生体データを表示する。
	手術室モニタ	手術室の映像を表示する。
	マイク	執刀医師とスタッフの音声を入力する。
	スピーカー	執刀医師と手術台周辺の音声を出力する。
マスタマニピュレータ		執刀医師の操作によるマニピュレータの動きを，移動量として検出する。
操作処理部		マスタマニピュレータの移動量から　　a　　の絶対位置情報を算出する。得られた情報を，操作コマンドとして　　b　　に送信する。

表 2　手術台の構成と機能

装置名	機能
スレーブマニピュレータ	制御部からの信号によって，リンク機構を通じて先端に取り付けられた器具の移動，回転，挟むなどの動きを実現する。
内視鏡	スレーブマニピュレータに取り付け，光ファイバによる照明及び二眼のカメラによる撮像を行う。
ベッド	手術を受ける患者を保持する。
制御部	操作コマンドを受信し，スレーブマニピュレータを動作させる信号を出力する。また，内視鏡からの映像を 3D 化する処理，データ圧縮処理などを行う。

〔通信データの調整〕

　遠隔手術で必要とする通信データの種別と内容を，表 3 に示す。

　遠隔手術中は，伝送遅延が執刀医師の操作に大きく影響しないよう，圧縮方法及び圧縮率を変えずに，伝送データ量を変動させる方法で調整する。

表 3　通信データの種別と内容

データ種別	方向	データ内容	重要度
3D 内視鏡映像	手術室⇒遠隔オペレーション室	内視鏡からの映像を 3D 化するのに必要な処理及びデータ圧縮処理を施したデータ	高
操作コマンド	遠隔オペレーション室⇒手術室	スレーブマニピュレータの絶対位置情報を示したデータ	高
生体データ	手術室⇒遠隔オペレーション室	患者の血圧，体温，脈拍など，手術に必要なデータ	高
室内映像・音声	手術室⇔遠隔オペレーション室	手術室及び遠隔オペレーション室の映像・音声に，それぞれ圧縮処理を施したデータ	低

〔安全性及びセキュリティ面の機能〕

・遠隔手術中は，遠隔オペレーション室のマスタマニピュレータの操作を有効にする（遠隔オペレーション室操作有効）。

・通信が中断した場合は，制御部からスレーブマニピュレータへの出力を停止して遠隔手術を止め，手術室のマスタマニピュレータの操作を有効にする（手術室操作有効）。

・緊急時には，スタッフの判断で，遠隔オペレーション室からの操作を無効に切り替えられるようにする（操作切替処理中）。

・遠隔手術では，患者の身体・健康に関する情報を通信回線上で伝送するので，情報セキュリティ対策として暗号化処理を行う。

〔制御部の状態遷移〕

制御部の状態遷移（未完成）を図 2 に示す。

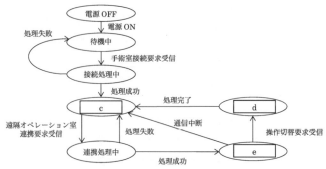

注記　任意の状態から，電源 OFF によって，電源 OFF 状態に遷移する。

図 2　制御部の状態遷移（未完成）

設問 1　〔5G 遠隔手術システムの概要〕について，(1)〜(3)に答えよ。

    (1)　表 1 中の　　a　　，　　b　　に入れる適切な字句を答えよ。

    (2)　遠隔手術の場合，手術室内で操作する場合と比較して執刀医師の操作の難易度が高くなる。その理由を，具体的に 45 字以内で答えよ。

    (3)　本文中の下線①について，遠隔オペレーション室のマスタマニピュレータの操作内容をデータベースに記録する理由を 35 字以内で答えよ。

設問 2　〔通信データの調整〕について，室内映像のデータの 1 秒当たりのフレーム数を減らしてデータ量を抑える。1 フレームは 1,600×1,200 ピクセルの画素数で，1 画素当たりのデータ長は 24 ビットである。圧縮率 80％で，1 秒当たりのデータ量を 192M バイト以下とする場合，1 秒当たりのフレーム数は最大何フレームになるか。小数点以下は切り捨てて，整数で求めよ。ここで 1M バイト＝10^6 バイトとする。

設問 3　〔制御部の状態遷移〕について，(1)，(2)に答えよ。

    (1)　図 2 中の　　c　　〜　　e　　に入れる適切な字句を，解答群の中から選び，記号で答えよ。

　　解答群

　　　ア　遠隔オペレーション室操作有効　　イ　手術室操作有効

　　　ウ　接続処理中　　　　　　　　　　　エ　操作切替処理中

　　　オ　連携処理中

(2) 図 2 の状態遷移で，発生しないよう制御している，5G 遠隔手術システムの要
　　件の内容を 35 字以内で答えよ。

問8 コインパーキングの設計に関する次の記述を読んで，設問 1～4 に答えよ。

(823617)

　G 社は，企業からの依頼に基づいてシステム開発を請け負っている会社で，このた
び H 社からコインパーキングの管理システムを受託した。

　H 社の保有するコインパーキングには，繁華街などに設置する小規模コインパーキ
ングで利用するロック板方式と，商業施設や大規模なコインパーキングで利用するゲー
ト方式の 2 種類がある。G 社のシステムエンジニアである I 君は，ロック板方式の
コインパーキング向けの管理プログラム及び両方式の課金プログラムの設計を受け
持つこととなった。

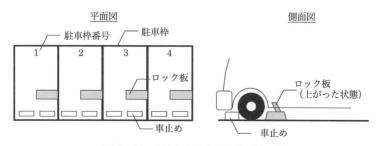

平面図　　　　　　　　　　　　　　側面図

図1　ロック板方式のコインパーキング

〔ロック板方式の駐車管理〕

　ロック板方式のコインパーキングでは，駐車場内の駐車枠に設置されたロック板を
車両が通過することによって駐車状態を把握し，駐車時間に応じて課金する。「空き」
状態でロック板を車両が通過しても 3 分間はロック板が上がらず「仮駐車」状態とな
り，駐車位置の修正や退場が可能である。「仮駐車」状態で 3 分経過すると，「駐車」
状態になり課金される。

　退場する際は，別途設置された精算機で精算するとロック板が下がり，出庫可能と
なる。ただし，精算終了後 3 分以内にロック板を通過しなければ再度ロック板が上が
り，課金される。また，ロック板を通過したタイミングで駐車台数をカウントし，全
ての駐車枠が「駐車」状態になると入口の掲示板に満車を表示する。

　表 1 及び表 2 に，I 君が設計したロック板方式の状態遷移表及び，状態遷移に関す
る仕様を示す。

表1　I君が設計したロック板方式の状態遷移表

現在の状態＼遷移条件	None	ロック板通過	タイマ3分経過	精算完了
開始	A-1（空き）	−	−	−
A-1（空き）	−	A-2（仮駐車）	−	−
A-2（仮駐車）	−	a	b	−
A-3（駐車）	−	−	−	A-2（仮駐車）

表2　I君が設計したロック板方式の状態遷移に関する仕様

処理	遷移条件	状態		処理内容
		処理前	処理後	
S1	−	開始	A-1	−
S2	ロック板通過	A-1	A-2	駐車開始日時記録，タイマ開始，　c　に1を加え，駐車枠数と同数なら満車表示に変更
S3	タイマ3分経過	A-2	A-3	タイマ終了，ロック板を上げる
S4	ロック板通過	A-2	A-1	駐車開始日時削除，タイマ終了，　c　から1を引き，満車表示中なら空車表示に変更
S5	精算完了	A-3	A-2	駐車終了日時記録，ロック板を下げる，駐車開始日時記録，タイマ開始

〔ゲート方式の駐車管理〕

　ゲート方式の駐車管理では，駐車場の入口に設置されたゲートで駐車券を発券するとゲートが開き，駐車場に入場できる。駐車枠にはロック板のような装置はなく，空いている駐車枠に自由に駐車することができる。また，退場時は出口に設置されたゲートで駐車券を挿入し，駐車券に保存された駐車開始日時を基に算出した利用時間に応じた料金を精算すると，ゲートが開き退場できる。そのため，ロック板方式のような制御はなく，駐車券の発券や精算に応じたゲートの開閉処理だけとなる。

〔H社のコインパーキングにおける課金方式〕

　H社のコインパーキングは，駐車方式に関係なく30分単位の課金となっている。ただし，駐車して最初の3分は課金しない。また，当日8時〜当日20時と当日20時〜翌日8時の二つの時間帯に分けて30分ごとの単金と最大料金が設定されている（以下，当日8時〜当日20時の単金・最大料金を昼間単金・昼間最大料金，当日20時〜翌日8時の単金・最大料金を夜間単金・夜間最大料金という）。時間帯をまたいで駐

車した場合は前の時間帯の駐車料金に次の時間帯の駐車料金が加算され，累積の駐車料金には上限はない。

　図2は，I君が設計したH社のコインパーキングにおける課金に関する精算時のフローチャートである。なお，フローチャート中の日時に関する計算は日付を考慮して分単位で計算されるものとする。なお，図2中の[最大値]は，システム上の最大値を表す定数である。

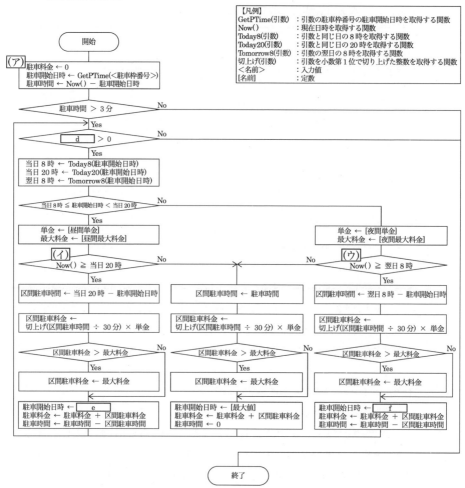

図2　I君が設計した課金に関する精算時のフローチャート

〔J主任からの指摘事項〕

I君は設計した表1, 表2の状態遷移及び図2のフローチャートについて, J主任の設計レビューを受けた。設計レビューの結果, J主任から次の2点を指摘された。

(1) 図2において, (ア)の箇所で①駐車開始日時の取得がロック板方式にしか対応していない。

(2) 図2において, (イ)及び(ウ)の箇所で②課金誤りが発生するおそれがある。

〔要件変更への対応〕

設計内容についてH社にレビューを依頼したところ, ロック板方式の要件について変更を要望された。

"ロック板方式では, 精算からロック板が上がるまでの時間が3分となっているが, 同乗者の乗り降りや荷物の積み下ろしで超過してしまうケースがあり, お客様から改善要望が挙がっている。そのため, 精算からロック板が上がるまでの時間を5分に延長し, お客様からの改善要望に応えたい"ということであった。

この要件変更を踏まえ, I君は表2の状態遷移に関する仕様を変更することとした。変更された要件を満たすため, ③遷移する状態 (A-4) を新たに追加した。I君が設計した変更後の状態遷移に関する仕様を表3に示す。

表3　I君が設計した変更後のロック板方式の状態遷移に関する仕様

処理	遷移条件	状態		処理内容
		処理前	処理後	
S1	―	開始	A-1	―
S2	ロック板通過	A-1	A-2	駐車開始日時記録, タイマ開始, ___c___ に1を加え, 駐車枠数と同数なら満車表示に変更
S3	タイマ3分経過	A-2	A-3	タイマ終了, ロック板を上げる
S4	ロック板通過	A-2	A-1	駐車開始日時削除, タイマ終了, ___c___ から1を引き, 満車表示中なら空車表示に変更
S5	精算完了	A-3	A-4	駐車終了日時記録, ロック板を下げる, 駐車開始日時記録, タイマ開始
S6	ロック板通過	_g_	_h_	駐車開始日時削除, タイマ終了, ___c___ から1を引き, 満車表示中なら空車表示に変更
S7	タイマ5分経過	_g_	_i_	タイマ終了, ロック板を上げる

設問1 〔ロック板方式の駐車管理〕について，(1)，(2)に答えよ。

(1) 表1中の　a　，　b　に入れる適切な字句を解答群の中から選び，記号で答えよ。

解答群

ア　－　　　　　　　　　　　　　イ　A-1（空き）

ウ　A-2（仮駐車）　　　　　　　エ　A-3（駐車）

(2) 表2及び表3中の　c　に入れる適切な字句を，5字以内で答えよ。

設問2 〔H社のコインパーキングにおける課金方式〕について，図2中の　d　～　f　に入れる適切な字句をそれぞれ5字以内で答えよ。

設問3 〔J主任からの指摘事項〕について，(1)，(2)に答えよ。

(1) 下線①について，J主任が指摘した理由を35字以内で答えよ。

(2) 下線②について，課金誤りを防ぐ方法として最も適切なものを解答群から選び，記号で答えよ。

解答群

ア　Now( )関数を使用せず，現在日時を保存した変数とする。

イ　当日20時をToday20( )関数に置き換える。

ウ　比較演算を不等号ではなく，等号とする。

エ　翌日8時をTomorrow8( )関数に置き換える。

設問4 〔要件変更への対応〕について，(1)，(2)に答えよ。

(1) 表3中の　g　～　i　に入れる適切な字句を解答群の中から選び，記号で答えよ。

解答群

ア　A-1　　　　イ　A-2　　　　ウ　A-3　　　　エ　A-4

(2) 下線③について，I君が新たな状態を追加した理由を30字以内で答えよ。

問9　プロジェクトの変更管理に関する次の記述を読んで，設問 1〜4 に答えよ。

(823618)

　U 社は総合スーパーで，今回 AI を活用した商品の人気商品分析や仕入販売計画の策定などが行えるシステムを導入することになった。このシステム開発プロジェクトの責任者として，O 氏が任命された。仕入，販売，納品などの業務を実現する基幹システムには，アプリケーション開発のステージに自動化を取り入れて，アプリケーションを提供する頻度を高める環境を導入し，新機能を迅速に提供するためのパイプラインを構築するだけでなく，自動テスト環境や新機能を短期間でリリースできる仕組みももたせる。

　今後は，初年度に業務を支える基幹システムをウォータフォール型で再構築し，次年度のアプリケーション開発はアジャイル開発を採用した上で，利用者のニーズに迅速に対応する機能を小刻みに提供する計画である。今回のプロジェクトは，この初年度・次年度の作業をスコープとして同一の開発業者に発注する。初年度の基幹システム開発は，請負開発で委託し，次年度のアプリケーション開発は準委任契約で委託することにした。

〔基幹システムの開発状況〕

　今回のシステム構築は，基幹システム構築を請負契約（9,000 万円）で，アプリケーション開発を準委任契約（6,000 万円）で，V 社が受託した。V 社の SE の社内単価は平均月額 80 万円であり，基幹システムの予算は，積上げコスト 4,800 万円（60 人月）にコンティンジェンシー予備費 480 万円（6 人月）を加えた 5,280 万円（66 人月）という計画になっている。また，アプリケーション開発は，V 社の SE7 人×7 か月で合意している。

　V 社のプロジェクトマネージャ（以下，PM という）である P 氏は，システムの設計には総合スーパー業務に精通した V 社のベテラン社員を割り当て，本業の業務分析と関連するデータベース構造やシステムアーキテクチャを固めることを計画した。U 社に対しても，現状の業務分析や企業方針の確認の協力を依頼した。

〔変更管理の仕組み〕

　P 氏は本プロジェクトでは，開発開始後も様々な要望が多く寄せられると想定した。

しかし，全ての要求に対応すると，必要な工数を確保することができないため，出された要求を比較して優先度を付ける変更対応が可能な仕組みを構築し，対応することにした。

全ての変更要求は，次の手順で実施する。

(1) 変更者が，変更要求と重要度を起票する。

(2) 変更管理担当者が，起票した内容を変更管理表に記載する。

(3) 変更管理担当者が，(2)の要求の調査を適切なメンバに依頼し，その調査内容を記載する。

調査内容は，変更を承認するかどうかの判断に使用される。具体的な内容としては，“変更の具体的な対応方法”，“見積工数”，“実施時のリスク”が挙げられる。

コンティンジェンシー予備費の中で収まる緊急性の高いものについては，PM が自身の責任において，その要求の実施の可否を判断することが可能である。

(4) PM 自身の責任で実施可否の判断をする要求以外は，隔週に一度開催される変更管理委員会（以下，CCB という）で，その時点の変更要求の実施可否を判断する。

(5) PM あるいは CCB で承認された変更は，PM が担当者を割り当てて実施する。

CCB はプロジェクトチームの外に置き，CCB の構成メンバは次のとおりである。

・Q 氏：V 社のプロジェクトの収支に関する責任をもつ財務担当

・R 氏：V 社の開発技術に関して責任をもつ技術担当

・S 氏：リソースや SI の提供に関して責任をもつ V 社 SI 事業部長

・P 氏：本プロジェクトの PM

変更要求の承認の判断には，技術面やコスト面に加え，V 社の経営戦略上の判断も考慮して決定する必要があるため，このメンバとした。

〔システムテスト時の変更要求の状況〕

プロジェクトはシステムテスト開始まではスケジュール，コストともに計画どおりに進んだが，システムテスト開始時点でコンティンジェンシー予備費の残額は 1 人月となっていた。システムテスト開始後に出された数件の変更要求は，変更管理表にまとめられ，CCB で検討された。表 1 はシステムテスト開始後に，CCB にかけられた変更要求とその結果である。CCB メンバの Q 氏は，この案件は今後の継続的な受注にもつながるものであり，現時点ではプロジェクトは予算どおりに推移していてコス

ト超過につながる兆候もないので，今回の CCB では，予算を超えることにはなるが，Q 氏の権限で事前のコンティンジェンシー予備の残分を含めて 400 万円（5 人月）までであれば，変更要求に対応することにした。

表1　変更管理表（抜粋）

変更ID	名称	要求者	重要度	要求内容	調査内容	見積工数/人月
1	略称商品名の使用（提案）	P	L	慣習的に使用している略称名を登録する機能を追加する。	基盤システムとしては，略称名の項目だけをデータベースに追加	1
2	定額制（サブスクリプション）承認	O	H	定額制型の商品を扱えるような機能を追加する。	当初予定にはなかった U 社の戦略的に追加された機能で，納期にも大きな影響あり。	10
3	AI による人気予測	O	M	AI による，SNS のデータ分析からその週の人気を予測し，顧客端末へ表示する。	AI による SNS データ分析機能や商品を顧客端末に紹介する機能は既にあるので，比較的簡素に可能	1
4	商品の一括受注	営業	M	商品分類や発注する事業部が異なる商品を一括して発注する機能を追加する。	社内の業務フローの変更が伴うので，今回の変更は難しい模様。次期開発で提案すべきとの見解	―
5	商品分類コードの拡張（提案）	SE	H	特殊な分野の商品のために商品分類コードの桁数を拡張する。	データベース構造の変更が必要だが，軽微な変更で可能	0.1
6	在庫確認リアルタイム化	O	H	注文を受けたのちの，在庫数確認と出荷指示をリアルタイム化する。	現状在庫数確認と出荷指示は，夜間バッチでまとめて行う予定をオンライン化することで対応可能	3

注記1　ID5 の要求は CCB 以降に出され，PM 判断で承認し対応中である。

注記2　重要度は H：最重要である，M：中程度の重要度である，L：重要度としては高くない，を示す。また，重要度の高いものから対応する。

〔アプリケーション開発プロジェクトの計画状況〕

　　基幹システムは無事に稼働し，アプリケーション開発が開始され，開発技法としてはスクラムが採用された。メンバは基幹システム開発に携わったメンバから 7 名の有識者が選ばれ，P 氏をスクラムマスタ，U 社の O 氏がプロダクトオーナとなった。2 週間を単位とするスプリントを 15 回，繰り返す計画である。

　　U 社からの要求は，ユーザストーリ単位でプロダクトバックログに登録される。個々のユーザストーリには，O 氏が決定した開発優先順位やチームで開発規模を見積もったストーリポイントなどが記載されている。スプリントに割り振るストーリポイント

の合計は，チームのベロシティ 140 ポイントを基準としている。

スプリント会議では，そのスプリントに割り当てられたユーザストーリをさらにタスクレベルに落としたスプリントバックログが作成される。また，開発は，優先順に従いスプリントバックログのタスク単位で，実施される。完了したタスクは O 氏がユーザストーリごとに完了を確認する。O 氏は一度プロジェクトメンバに作業指示をしようとしたが，準委任契約であったため指示することをやめた。スプリントの終了時のリリース会議でリリース可能かどうかを判断し，可能であれば本番環境にデプロイされる。

スプリント期間中に発生した追加要求は，原則としてスプリント内では実施せず，新たなユーザストーリとしてプロダクトバックログに追加され，次のスプリント会議で優先順位が見直される。スプリント会議で，基幹業務に影響を与えるような機能の変更要求があった場合には，次回の基幹システム構築プロジェクト（3 年後に予定）で実施される。

〔スプリント 3 終了後の状況〕

表 2　スプリント 3 終了後のプロダクトバックログ

No	優先順位	スプリント No	ユーザストーリ	ストーリポイント	状況
18	17	3	商品別売上を分析し，過去の人気や売筋から今後の予測を推測して表示する機能	26（残作業）	スプリント 3 で一部完了
29	18	4	基準の管理期間を超過した在庫商品を分析し表示する機能	16	
17	19	4	商品分類の異なる商品を一括して発注する機能	42	
19	20	4	社内の PC による商品管理機能のうち，参照機能だけを社内配布のタブレットで表示できるようにする機能	10	
8	21	4	営業倉庫間の循環棚卸機能	26	
23	22	4	会員ポイント制度へ対応した，オンライン商品購入機能の提供	42	
33	追加		注文画面への顧客情報入力の省略機能（顧客マスタとの連携）	16	スプリント 3 実施中に追加
34	追加		SCM システム及び CRM システムとの，各種データの連携	42	スプリント 3 実施中に追加
以下，省略					

注記　対応が完了しているもの及びスプリント 5 以降での実施予定のユーザストーリは省略

スプリント 3 終了時のプロダクトバックログを一覧にまとめたものが，表 2 である。No33 と No34 のユーザストーリは，スプリント 3 実施中に新たに生まれた要求事項

である。また，No18 のユーザストーリは，スプリント 3 で完了できなかったもので
ある。O 氏の判断で，No33 の優先順位は No29 の次とし，No34 は今回の開発対象外
とした。

　P 氏はこのバックログの状態からスプリント 4 で実施するユーザストーリを，優先
順位に沿って選択し，スプリントバックログを作成した。

設問 1　〔変更管理の仕組み〕について，(1)，(2)に答えよ。

(1)　現在の CCB のメンバ構成では，U 社の意図が十分に伝わらず変更要求が採用
されない可能性がある。その理由を 25 字以内で答えよ。

(2)　CCB が隔週に一度の開催とした最も適切な理由を解答群の中から選び，記号で
答えよ。

解答群

　ア　開催場所の会議室の確保が難しいから

　イ　変更要求の優先度を決めたいから

　ウ　メンバのスケジュール調整ができないから

　エ　U 社からの指示があるから

設問 2　〔システムテスト時の変更要求の状況〕について，(1)，(2)に答えよ。

(1)　プロジェクトが予定どおりに進み，事前のコンティンジェンシー予備の残分を
含めて 400 万円の変更要求対応をした場合の，V 社としての本プロジェクトの利
益を求めよ。

(2)　表 1 について，Q 氏の意向に沿って決定した承認，却下の最も適切な組合せを
解答群の中から選び，記号で答えよ。

解答群

	ID1	ID2	ID3	ID4	ID6
ア	却下	却下	却下	承認	却下
イ	却下	却下	承認	却下	承認
ウ	承認	却下	承認	却下	承認
エ	承認	却下	却下	承認	却下

設問3 〔アプリケーション開発プロジェクトの計画状況〕について，どんな契約であれ
ば O 氏がプロジェクトメンバに作業指示をすることができるか。10 字以内で答え
よ。

設問4 〔スプリント 3 終了後の状況〕について，O 氏の判断で No34 を今回の開発対象
外とした理由は何か。基準のベロシティを超えること以外の理由を 20 字以内で答
えよ。

問10　インシデント管理に関する次の記述を読んで，設問 1〜3 に答えよ。

(823619)

　J 社は地方の中核都市の市内に本社と，郊外に生産工場をもつ社員数 120 名の中堅食料品メーカである。近海で捕れた海産物の鮮度を保った冷凍食品事業が主力である。以前から近隣のスーパーなどに販売していたが，15 年ほど前からはじめた個人向け販売が，コロナ禍の巣ごもり需要と相まって急激に業績を伸ばしている。個人向けの販売には，自社の公式 Web サイトでのネット注文と，商品カタログでの電話・FAX による注文がある。

〔J 社のネットワーク及びシステム構成〕
　社内ネットワークは，DMZ ネットワーク（以下，DMZ という）と，社内ネットワークの二つにセグメントを分割し，セグメント間のデータのやり取りを制限している。Web サイトのアプリケーションサーバ（以下，AP サーバという）は，DMZ の中で運用しているが，Web サイトの顧客情報や購買履歴，商品情報や在庫データなどは，社内ネットワーク内のデータベースサーバ（以下，DB サーバという）で運用している。DB サーバは RAID1（ミラーリング）で構成されており，毎日データのバックアップを取っている。

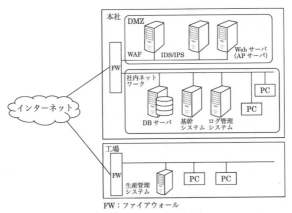

図1　ネットワーク構成図

　J 社では Web サイトの他に，財務会計，生産管理，販売管理などのシステムがあり，全て社屋内のコンピュータ室にサーバを設置し，運用管理している。従業員が利用し

ている PC には端末管理ソフトが入っており，PC の状況を確認できる。

　昨今のサイバー攻撃による被害の増加や個人情報保護法の改訂を考慮し，社外からの不正なアクセスを監視して不正アクセスを検知・防御できるように，IDS/IPS を導入した。

　また，Web アプリケーションに特化したセキュリティ対策として WAF（Web Application Firewall）を導入している。

〔J 社のログ管理システム〕

　J 社では，インシデントの早期発見のためにログ管理システムを導入した。①ログ管理システムは本社内の DMZ ではなく社内ネットワーク内に設置している。ログ管理システム，各システムのログイン・ログアウトや動作ログ，検知システムのアラートなどからインシデントと思われる事象について一元管理することになっているが，まだ適切に運用できていない部分がある。表 1 はログ管理システムで集約したインシデント状況の一部である。これらの中から影響及び緊急度を考慮して，対応の有無を検討し，優先順位付けを実施する。

表1　ログ管理システムで集約したインシデント状況の一部

No.	時刻	箇所	インシデント内容
001	2022/11/11 0:06:33	/check Valid	XSS の試みの可能性
002	2022/11/11 1:18:31	/actuator/env	SQL インジェクションからの防御
003	2022/11/11 2:36:54	/login.action	ディレクトリトラバーサルからの防御
004	2022/11/11 4:16:25	/tools.cgi	OS コマンドインジェクション試行の可能性
005	2022/11/11 5:44:15	/check Valid	XSS の試みの可能性
006	2022/11/11 8:51:41	192.168.2.139	ウイルス対策　パターンファイル未更新
007	2022/11/11 8:55:43	192.168.2.142	OS 更新プログラム未適用
008	2022/11/11 9:02:11	192.168.2.159	ネットワークプリンタへの印刷不可
009	2022/11/11 9:03:57	192.168.1.122	DB サーバ　D:mdata¥ma 読込みエラー
010	2022/11/11 9:04:27	192.168.1.222	DB サーバ　D:mdata¥ma 読込みエラー
011	2022/11/11 12:16:25	192.168.1.222	DB サーバ　ユーザ 0256 ログインに失敗
012	2022/11/11 12:19:18	192.168.1.222	DB サーバ　ユーザ 0256 ログインに失敗
013	2022/11/11 13:02:44	192.168.2.101	イベントログ　IP アドレス重複エラー
014	2022/11/11 13:05:12	192.168.2.101	イベントログ　IP アドレス重複エラー
015	2022/11/11 19:36:55	192.168.1.222	イベントログ　USB メモリ接続に失敗
016	2022/11/11 23:52:23	/check Valid	XSS の試みの可能性

　　表1から，IPアドレス　　a　　の機器は，J社の社内ネットワークに接続でき
ていないと思われるので，すぐに利用者に状況を確認することにした。

　　また，表1のNo.　　b　　は，不正アクセスによる情報漏えいの可能性がある
ので，状況を確認する必要がある。

〔個人情報漏えい事件〕

　　J社のお客様相談室に「J社のネットショッピングにしか登録していないメールア
ドレスにK社からメールが届いた。J社からメールアドレスが漏えいしているのでは
ないか」という問合せがあった。専門のITベンダにログ解析を依頼し調査したとこ
ろ，J社の情報システム部門に所属していて最近退職したA氏が，会社のPCからDB
サーバに管理者としてログインし，約3万件の顧客情報を取り出していることが判明
した。またその後，会社のPCから会社のUSBメモリに大量のデータを転送してい
たログが見つかった。J社は警察に被害届を提出し，警察の捜査に委ねることとした。

　　まもなくA氏は　　c　　違反の疑いで逮捕された。警察の家宅捜査によって，
A氏の個人PCからJ社が保有していた顧客情報が発見された。A氏はJ社の顧客情
報をサーバから盗み出し，USBメモリに保存してそのデータを提供することを条件
に，K社に転職したようである。

　　DBサーバのアカウント一覧表は，ファイルサーバの情報システム部のフォルダに
保管されていたが，社員なら誰でもアクセスできる状態であった。このアカウントを
利用して，DBサーバに管理者としてログインしたようである。さらに，②DBサー
バのアカウントとパスワードには根本的な問題があった。

表2　DBサーバのアカウント一覧表

No.	アカウント	パスワード	読取	書込	実行	使用者／用途
001	administrator	password	○	○	○	DBサーバの管理者
002	sys-apserver1	passwordap1	○	○		APサーバ
003	sys-apserver2	passwordap2	○	○		APサーバ
004	sys-backup	passwordbk1	○		○	バックアップサーバ
以下省略						

〔DB サーバのハードディスクドライブ交換〕

　表 1 の No.009 及び 010 から DB サーバのハードディスクドライブ（以下，HDD という）に何か異常がある可能性があるので，ディスク管理ツールで確認したところ，RAID1 構成の HDD #0 でディスク障害が発生していることが分かった。また，HDD#1 は正常に動作していた。そこで緊急でシステムを停止し，<u>③ディスク修復ツールで HDD#0 の修復を試みたが修復できなかったため，ハードウェア障害であると判断し，HDD#0 の交換を実施する</u>ことにした。手順は次のとおりである。

① 　DB サーバの RAID1（ミラーリング）の構成を解除し，HDD#1 が正常に動作することを確認する。

② 　　　d 　　　を実施中に，正常な HDD#1 が故障してしまうリスクに備えて，HDD#1 のデータのバックアップを実施する。

③ 　HDD#0 を新品と交換する。

④ 　HDD#0 の動作を確認し，RAID1（ミラーリング）の再構成を実施する。

　RAID1（ミラーリング）の場合，再構成中に正常な HDD が故障してしまうリスクを伴うため，今後の対応としては，システムの稼働を停止することなく HDD を交換できる RAID5 に変更することも検討することにした。

設問1 　〔J 社のログ管理システム〕について，(1)，(2)に答えよ。

(1) 本文中の下線①のように運用している理由を，30 字以内で答えよ。

(2) 本文中の 　　a 　　，　　b 　　に入れる最も適切な字句を解答群の中から選び，記号で答えよ。

a に関する解答群

　ア　192.168.1.222　　イ　192.168.2.101　　ウ　192.168.2.139

　エ　192.168.2.142　　オ　192.168.2.159

b に関する解答群

　ア　001 と 005 と 016　　　　イ　002

　ウ　003 と 004　　　　　　　　エ　006 と 007 と 008

　オ　009 と 010　　　　　　　　カ　011 と 012 と 015

　キ　013 と 014

設問2　〔個人情報漏えい事件〕について，(1)，(2)に答えよ。

(1)　本文中の　　c　　に入れる最も適切な字句を答えよ。

解答群

　　ア　個人情報保護法　　イ　知的財産基本法　　ウ　著作権法

　　エ　不正競争防止法　　オ　マイナンバー法

(2)　本文中の下線②の根本的な問題とは何か。40字以内で答えよ。

設問3　〔DBサーバのハードディスクドライブ交換〕について，(1)，(2)に答えよ。

(1)　本文中の下線③の作業を緊急で実施することにしたのはなぜか。その理由を40字以内で答えよ。

(2)　本文中の　　d　　に入れる最も適切な字句を答えよ。

問11　スクール管理システムの監査に関する次の記述を読んで，設問1〜7に答えよ。

(823620)

　　A社は大手の英会話スクールであり，全国規模で駅前を中心に教室を展開しており，競合他社のスクールとしのぎを削りつつも業績は好調であった。しかし，昨今は，フィリピン在住などの外国人講師を活用した安価なオンラインのスクールが台頭してきており，また，新型コロナウイルスが蔓延してからは，オンラインレッスンの需要が急速に拡大している。そのような情勢の中，A社としても教室における対面レッスンに加えて，オンラインレッスンを開始することにした。また，A社の将来構想として，英語だけでなくドイツ語，スペイン語，中国語なども習得することができる多言語スクールの実現を目指している。

　　A社はこれまでスクール管理システムを導入しており，オンラインレッスンを開始するに当たり，情報システム部がスクール管理システムを見直すことになった。また，監査部は，経営陣の指示に基づき内部監査を実施することになった。監査部でこの内部監査の実施に向けて検討した結果，内部設計以降の手戻りは進捗遅れ，及びコスト増加のリスクに大きな影響を与えるため，外部設計が完了するタイミングで，オンラインレッスンへの対応を含めたスクール管理システム全体についてのシステム監査を実施することにした。

〔予備調査の概要〕

　　監査担当者は，本調査に向けて予備調査を実施した。予備調査で入手した情報は，次のとおりである。

(1)　スクール管理システムの概要

　①　スクール管理システムのシステム構成図を入手したところ図1のとおりであった。クラウドサービスを利用しており，パッケージソフトウェアを導入し，必要に応じてカスタマイズを行っている。

　②　スクール管理システムは，主な機能として生徒管理，レッスン管理，契約管理，成績管理の機能を有している。なお，オンラインレッスンの対応に向け，Web連携機能を通じてオンラインレッスンの生徒（以下，オンライン生徒という）が入校し，レッスン料のカード決済やレッスンの予約ができるような設計としている。また，システム化に向けて対面レッスンの生徒（以下，対面レッスン生徒と

いう）とオンライン生徒を識別する方法も併せて検討している。

③　スクール管理システムをパッケージソフトウェアから操作する人は，本社のスタッフ，各教室（図1の例に基づくと教室a，教室b，教室c，教室d…）に所属する教室リーダ，スタッフ，外国人を中心とした講師である。なお，それぞれの機能は教室別にアクセス制御を行っており，他教室のデータは参照を含めた操作ができないようになっている。オンラインレッスンに向けて，そのシステム対応として仮想の教室を設けることにしており，"オンラインクラス"として一つの教室とみなす。なお，複数の教室に所属する講師が存在し，今後はオンラインクラスを含めた対応をすることになるが，ログインした講師の所属情報に基づいて，所属している教室へのアクセス権限があり，プルダウン選択によって教室の切替が可能となっている。

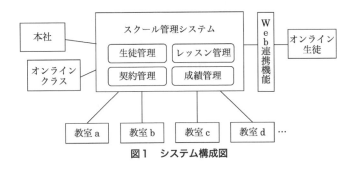

図1　システム構成図

(2)　生徒管理

①　生徒管理では，生徒の生徒ID，所属教室，氏名，住所，生年月日，入会日，入校動機，レベルなどの生徒情報を管理しており，各教室のスタッフが登録，変更，削除，参照の権限を保有して管理している。

②　オンライン生徒に限り，入校時にWeb連携機能を通じて入力した内容が登録され，以降の変更については生徒が生徒IDでログインした後，自身の生徒情報だけが表示され，必要に応じて変更はできるが，削除はできない仕様としている。また，オンラインクラスのスタッフについては，オンライン生徒に関する登録，変更，削除，参照の権限を保有しており，オンライン生徒の退校に基づいて生徒情報の削除を行う仕様である。

③　生徒管理機能への講師のアクセス権限は参照だけであり，登録，変更，削除の権限はない。

④　対面レッスン生徒もオンラインレッスンを受講することができる。しかし，オンライン生徒として新たに登録する必要があるので，二つの形式で受講する生徒は生徒IDを二つ保有することとなり，別々に管理される仕様としている。

(3) レッスン管理

①　レッスン管理は，生徒のレッスン予約状況を管理している。なお，一つのレッスンには一人の講師が割り当てられている。教室でのレッスンは一人の講師に3人の生徒までのグループレッスンと個人レッスンの2種類があるが，オンラインレッスンは個人レッスンだけの仕様としている。

②　教室におけるレッスンの予約，キャンセルは，生徒の希望をスタッフが確認し，スタッフが行っている。なお，オンラインレッスンに関しては，生徒は生徒IDでログインした後にWeb連携機能を通じて講師の空き状況を確認できるようにし，当機能を通じて生徒が予約，キャンセルを行える仕様としている。

③　レッスンのキャンセルは，対面レッスン，オンラインレッスン共に前日の18時までとしており，それ以降のキャンセルについては生徒が保有しているレッスンポイントが消化されてしまう。

④　当日の地震，台風などの天災や講師の都合によるレッスンのキャンセルは，生徒にレッスンポイントが戻される。なお，この処理はキャンセル特別処理といい，権限は各教室の教室リーダだけに与えられており，スタッフには実行権限がなく，教室リーダでログインしたときだけ，レッスン管理画面のキャンセル特別処理のボタンが有効となる。オンラインレッスンについても，オンラインクラスの教室リーダが実行する仕様としている。

(4) 契約管理

①　契約管理は生徒の支払処理を行い，支払状況の管理，支払金額に基づいたレッスンポイントの付与，消化状況の管理を行っている。

②　教室におけるレッスンの支払処理は，スタッフが生徒に現金かクレジットカードかの確認を行い，スタッフが行っている。なお，オンラインレッスンに関しては，生徒がクレジットカードの番号を入力して支払処理を行う仕様としており，現金での支払いはできない。

③　オンラインレッスンに関しては，生徒のクレジットカードの有効期限などによって支払いができない場合には，当該生徒 ID の一時停止を行い，翌月からレッスンを受講することができない。なお，その後に支払いが行われた場合には，一時停止の解除を行う。

(5)　成績管理

①　成績管理は生徒 ID 別に管理されている。

②　教室でのレッスン，オンラインレッスン共に，レッスン後に講師が入力している。

(6)　その他確認できた事項

①　オンラインレッスンの開始に向けて，市販のビデオ会議ツールの選定，教材のダウンロード方法についても，並行して検討している。

②　オンラインレッスンの開始に向けて，オンラインレッスンの需要，今後の伸び率の市場調査を行い，オンラインクラスに配置させるスタッフの人数の算出をしている。

③　本社の経営企画部では，生徒の集客について検討している。この検討については，これまでも外部のコンサルタント会社に委託を行っている。生徒情報，生徒の成績情報については，データベースから抽出してクエリ処理を行い，個人情報のマスキング処理を行った後にデータを提供している。

〔監査手続の検討〕

予備調査に基づき，監査担当者は表 1 のとおり監査手続を策定した。監査手続の方針として，既に実装されている機能については，プログラムを動作して確認することにした。オンラインレッスンへの対応といったこれから実装していく機能については，外部設計書などの設計書で確認することにした。

表1　監査手続

No	分類	監査要点	監査手続
1	生徒管理	アクセス権限が適切であるか。	① スタッフ ID でログインし，該当する教室内の全ての生徒情報に関する登録，変更，削除，参照の権限があることを確認する。なお，オンラインクラスに関しては外部設計書で仕様を確認する。 ② 講師 ID でログインし，該当する教室内の全ての生徒情報について参照権限だけであることを確認する。 ③ オンラインクラスの生徒は Web 連携機能を通じて，生徒情報の登録，変更ができる仕様であることを外部設計書で確認する。 ④ オンラインクラスの生徒 ID で Web 連携機能を通じてログインする場合，生徒情報に関して，他の生徒情報は表示されない仕様であることを外部設計書で確認する。 ⑤ 対面レッスン生徒 ID で Web 連携機能を通じてログインする場合，ログインできない仕様であることを外部設計書で確認する。 ⑥ オンラインクラス生徒 ID と対面レッスン生徒 ID をどのように　 a 　 して管理するのか，外部設計書やヒアリングで確認する。
		対面レッスン，オンラインレッスンの併用に対応できているか。	2種類のレッスン形式に対応できるように生徒 ID が登録できることを，外部設計書，データベース定義書で確認する。
2	レッスン管理	（記述省略）	（記述省略）
		当日の地震，台風などの天災や講師の都合によるレッスンのキャンセルの統制は適切であるか。	① スタッフ ID，教室リーダ ID でそれぞれログインし，　 b 　 の状況で統制の妥当性を確認する。 ② オンラインクラスの生徒 ID で Web 連携機能を通じてログインし，当該機能が表示できないことを外部設計書で確認する。
3	契約管理	（記述省略）	（記述省略）
		オンラインレッスンにおける未払い生徒の対応は適切か。	オンラインレッスン生徒について，クレジットカードの有効期限などによって支払いができない場合には，当該生徒 ID の一時停止を行い，翌月からレッスンを受講することができないことを外部設計書で確認する。
4	成績管理	（記述省略）	（記述省略）
5	その他	（記述省略）	（記述省略）
		個人情報の漏えいに向けた対応は適切か。	コンサルタント会社に提供したデータをサンプリングして，　 c 　 を確認する。

　監査部長は表1をレビューし，次のように監査担当者に指摘した。

(1) 別途，Web 連携機能に関しては，クレジットカード番号を含めた個人情報を取り扱うため，　 d 　 を主な観点として，セキュリティ設計の妥当性を確認する必要がある。

(2) 契約管理に関するオンラインレッスンにおける未払い生徒の対応は，監査手続が不足しており， e についても外部設計書で確認する必要がある。

(3) ①将来構想と照らし合わせて，データベースのデータ項目を確認する必要がある。

(4) ②現在の設計では，対面レッスンとオンラインレッスンを併用する生徒に対して，両方のレッスン結果に基づいた総合的なアドバイスをスタッフが実施できないと考えている。この点についてはコメントする必要がある。

設問 1　〔監査手続の検討〕表 1 中の a に入れる適切な字句を，本文中の言葉を用いて 2 字で答えよ。

設問 2　〔監査手続の検討〕表 1 中の b に入れる適切な字句を 20 字以内で答えよ。

設問 3　〔監査手続の検討〕表 1 中の c に入れる適切な字句を 25 字以内で答えよ。

設問 4　〔監査手続の検討〕(1)の d に入れる最も適切な字句を，解答群の中から選び，記号で答えよ。
解答群
　　ア　可用性　　イ　完全性　　ウ　機密性　　エ　信頼性　　オ　保守性

設問 5　〔監査手続の検討〕(2)の e に入れる適切な字句を 25 字以内で答えよ。

設問 6　〔監査手続の検討〕(3)の下線①について，監査部長がデータベースのデータ項目を確認する必要があると考えた理由を確認するデータ項目とともに，45 字以内で答えよ。

設問 7　〔監査手続の検討〕(4)の下線②について，監査部長が対面レッスンとオンラインレッスンを併用する生徒に対して，総合的なアドバイスを実施できていないと考えた理由を，40 字以内で答えよ。

＜応用情報技術者　午前の問題　内容と解答一覧＞

☆1問 1.25 点，100 点満点

番号	問 題 内 容	答
問 1	4n ビットの BCD（2 進化 10 進数）で表現できる最大値	ア
問 2	前提条件から論理的に導ける結論	イ
問 3	一様乱数を使って近似値を求める手法	エ
問 4	平均待ち時間の評価	ウ
問 5	B 木の説明	ウ
問 6	2 分探索法の流れ図	ウ
問 7	プログラムの実行結果	ウ
問 8	スーパスカラ方式の説明	エ
問 9	パイプラインハザード	ア
問 10	メモリインタリーブ	イ

番号	問 題 内 容	答
問 21	LiDAR（ライダー）の説明	エ
問 22	7 セグメント LED の表示	イ
問 23	エネルギーハーベスティングの適用例	エ
問 24	アクセシビリティに配慮した画面設計	ウ
問 25	3 次元グラフィックス処理におけるレンダリング	ア
問 26	関係データモデルにおける関係	イ
問 27	第 2 正規形から第 3 正規形に進める段階で解消するもの	イ
問 28	表の結合で同じ出力結果となる SQL 文	ウ
問 29	障害回復操作方法	エ
問 30	NoSQL のデータ管理方法	イ

番号	問 題 内 容	答
問 11	磁気ディスク装置のアクセス時間	イ
問 12	3 層アーキテクチャの機能と名称の組合せ	ウ
問 13	サーバのスケールアウト	ア
問 14	システムの性能評価指標	ウ
問 15	コールドスタンバイによる稼働率の向上	エ
問 16	ターンアラウンドタイムの計算	イ
問 17	ジェネラルセマフォの値の意味	ウ
問 18	ページフォルト発生回数の計算	イ
問 19	OSS ライセンス	ア
問 20	フィードフォワード制御	ア

番号	問 題 内 容	答
問 31	ビット誤り計算	ウ
問 32	OSI 基本参照モデル	ア
問 33	CSMA/CD 方式	イ
問 34	IPv4 ヘッダの TTL の説明	イ
問 35	モバイルシステムに関する記述	イ
問 36	ビジネスメール詐欺の対策	エ
問 37	サイバーキルチェーンの説明	ウ
問 38	DNS リフレクション攻撃	ウ
問 39	リバースブルートフォース攻撃の説明	エ
問 40	リスクベース認証の例	イ

番号	問 題 内 容	答
問 41	コードサイニング証明書	エ
問 42	政府情報システムのセキュリティ評価制度	イ
問 43	CSRF の対策	ア
問 44	無線 LAN のセキュリティ対策	ウ
問 45	複数の通信機器のログを収集して分析する手法	ウ
問 46	システム開発の分析・設計技法	ウ
問 47	基底クラスと派生クラス	イ
問 48	ウォークスルー	ア
問 49	エクストリームプログラミングのプラクティス	ア
問 50	ソフトウェアの再利用技術	ウ

番号	問 題 内 容	答
問 61	企業における IT 活用度の測定法	ウ
問 62	BCP 立案時の考慮事項	ウ
問 63	関連性のある複数のプロジェクトをまとめて管理する手法	イ
問 64	EVA（経済付加価値）	ア
問 65	要件定義における非機能要件	ウ
問 66	DX の説明	エ
問 67	戦略立案のための分析手法	ア
問 68	カニバリゼーション	エ
問 69	インバウンドマーケティング	ウ
問 70	新しい技術によって製品に市場シェアを奪われてしまう現象	ア

番号	問 題 内 容	答
問 51	WBS の説明	ウ
問 52	プロジェクトスポンサの役割や責任	ウ
問 53	プロジェクト作業配分モデルによる残工数の見積り	イ
問 54	プロジェクトの予備費	ウ
問 55	JIS Q 20000 における SLAとその扱い方	ア
問 56	サービスマネジメントのプロセス	エ
問 57	通信回線の集線装置	ウ
問 58	システム監査基準	エ
問 59	システム監査の本調査の実施	エ
問 60	システム管理基準における IT ガバナンス	ア

番号	問 題 内 容	答
問 71	MRP の説明	エ
問 72	金融商品取引法に基づく書類の電子開示システム	イ
問 73	ロングテール戦略	イ
問 74	投資家向け情報開示活動	イ
問 75	OODA ループ	ア
問 76	ゲーム理論におけるナッシュ均衡	ウ
問 77	後入先出法による在庫評価額	ウ
問 78	商標権	エ
問 79	システム開発作業の契約	エ
問 80	決済サービスを規制する法律	エ

＜応用情報技術者　午後の問題　解答例＞

問1	マルウェア対策の強化	(823610) ■公 23HAPP1

【解答例】

[設問1]　(1)　a：ク　　b：オ

　　　　　(2)　脆弱性Xへの対応前に認証情報が読み出されたから

[設問2]　(1)　c：2　　d：5

　　　　　(2)　オ，カ（完答）

[設問3]　(1)　e：多要素認証（又は，2要素認証）

　　　　　　　 f：S/MIME

　　　　　(2)　標的の組織内の正規のツールを悪用する。

　　　　　(3)　イ

問2	情報システム戦略の策定	(823611) ■公 23HAPP2

【解答例】

[設問1]　a：オ　　b：エ

[設問2]　(1)　c：独自の技術による効率的な生産活動で製品提供を行い競争優位を保っている

　　　　　(2)　d：出荷物流

[設問3]　(1)　e：定型業務　　f：自動的に処理

　　　　　(2)　g：ア

　　　　　(3)　各RPAに個別のIDを付与した上で，操作ログを取得する（又は，RPA用のPCを
　　　　　　　 識別するために，IPアドレスを含めた操作ログを取得する）

　　　　　(4)　担当営業員が顧客からの納期に関する問合せに迅速に回答できるため

問3	構文解析	(823612) ■公 23HAPP3

【解答例】

[設問1]　ア：文　　　イ：宣言記述子　　　ウ：因子

[設問2]　(1)　③，⑤　　（完答）

　　　　　(2)　＜因子＞

[設問3]　エ：expression()と−1が等しい

　　　　　オ：token ← readtoken()

［設問4］　カ：return －1

　　　　　キ：term()と－1が等しい

［設問5］　ク：term()

　　　　　ケ：token と '*' が等しい 又は token と '/' が等しい

　　　　　コ：2

問4　　Webシステムの強化	(823613) ■公 23HAPP4

【解答例】

［設問1］　Webサーバの FQDN の問合せに対し，複数のサーバの IP アドレスを順番に返す。

［設問2］　(1)　p^4（又は，$p×p×p×p$）

　　　　　(2)　イ

［設問3］　(1)　(a) TLS アクセラレーション（又は，TLS アクセラレータ）

　　　　　　　　(b) リーストコネクション（又は，最小接続数，最小コネクション数）

　　　　　(2)　商品情報を誤って更新，消去した場合に復旧する必要があるから

［設問4］　参照系処理のリクエストは待機系へ送信し，負荷を分散する。

問5　　社内ネットワークの監視システム	(823614) ■公 23HAPP5

【解答例】

［設問1］　(1)　a：ア

　　　　　(2)　b：IP アドレス

　　　　　(3)　c：イ

　　　　　(4)　d：エ

　　　　　(5)　e：UDP

［設問2］　(1)　f：SYSLOG メッセージ

　　　　　(2)　p2

　　　　　(3)　スパニングツリーが再計算中であったため

［設問3］　(1)　SNMP エージェント：

　　　　　　　コア SW1，コア SW2，サーバ SW，フロア集約 SW1，フロア集約 SW2（順不同，

　　　　　　完答）

　　　　　　　SNMP マネージャ：

　　　　　　監視サーバ

　　　　　(2)　異常を通知する SNMP TRAP の再送機能が有効化されるため，STP の再計算完了

後に検知可能となる。

| 問6 | 販売分析システムのデータベース設計・運用 | (823615) ■公 23HAPP6 |

【解答例】

[設問1]　(1) a：カ　　　　　b：オ

　　　　　(2) c：<u>売上日</u>　　d：商品コード

[設問2]　(1) e：LEFT（又は，FULL）

　　　　　　　　f：販売数1.販売数 IS NOT NULL（又は，販売数1.販売数 > 0）

　　　　　　　　g：販売数2.販売数 IS NOT NULL（又は，販売数2.販売数 > 0）

　　　　　　　　　（f, g は順不同）

　　　　　(2) 店舗によって全商品が売れるとは限らないから

　　　　　(3) h：商品1.商品コード（又は，売上コード付売上明細.商品コード）

　　　　　　　　i：商品2.商品コード　　　（h, i は順不同）

[設問3]　(1) 正しくない項目名：支部別SV別年間売上額，支部別年間売上額

　　　　　　　　理由：社員が人事異動前に所属していた支部の情報が失われるから

　　　　　(2) 当該社員に新しいSV番号を付与した行を追加する。

| 問7 | 5G通信回線を活用した遠隔手術システム | (823616) ■公 23HAPP7 |

【解答例】

[設問1]　(1) a：スレーブマニピュレータ　　b：制御部（又は，手術台）

　　　　　(2) マスタマニピュレータの操作が3D内視鏡モニタに表示されるまでに時間が掛かるから

　　　　　(3) 将来，熟練医師の操作をロボットで再現することを検討しているから

[設問2]　41（フレーム）

[設問3]　(1) c：イ　　　d：エ　　　e：ア

　　　　　(2) 2台のマスタマニピュレータからは同時に操作できないようにする。

| 問8 | コインパーキングの設計 | (823617) ■公 23HAPP8 |

【解答例】

[設問1]　(1) a：イ　　　b：エ

　　　　　(2) c：駐車台数

[設問2]　　d：駐車時間　　e：当日 20 時　　f：翌日 8 時

[設問3]　　(1)　ゲート方式では，駐車開始日時を駐車枠番号で管理していないため

　　　　　　　　　（又は，ゲート方式では駐車券に保存された駐車開始日時を取得して処理するため）

　　　　　　(2)　ア

[設問4]　　(1)　g：エ　　　h：ア　　　i：ウ

　　　　　　(2)　退場時はタイマが 3 分経過しても状態遷移させないため

問9　　プロジェクトの変更管理	(823618) ■公 23HAPP9

【解答例】

[設問1]　　(1)　CCB のメンバに U 社社員が入っていないから

　　　　　　(2)　イ

[設問2]　　(1)　3,400 万円

　　　　　　(2)　イ

[設問3]　　派遣契約

[設問4]　　基幹業務に影響を与える機能だから

問10　　インシデント管理	(823619) ■公 23HAPP10

【解答例】

[設問1]　　(1)　DMZ に重要な情報を保管したくないから（又は，DMZ はインターネット側から
　　　　　　　　　攻撃されやすいから）

　　　　　　(2)　a：イ　　　b：カ

[設問2]　　(1)　c：エ

　　　　　　(2)　管理者アカウントとパスワードがよく利用されているもので推測されやすい。

[設問3]　　(1)　もう 1 台の HDD#1 が故障するとデータを復旧できなくなるから（又は，同時期に
　　　　　　　　　購入していると思われるので，HDD#1 が故障するリスクが高いから）

　　　　　　(2)　d：RAID1（ミラーリング）の再構成

問11　　スクール管理システムの監査	(823620) ■公 23HAPP11

【解答例】

[設問1]　　a：識別

[設問2]　　b：キャンセル特別処理のボタンの有効化

[設問3]　c：個人情報がマスキング処理をされていること

[設問4]　d：ウ

[設問5]　e：その後に支払いが行われた場合の一時停止の解除

[設問6]　将来構想として，多言語スクールの実現を目指しているため，外国語種別を設けているから

[設問7]　対面レッスンとオンラインレッスンは二つのIDで別々に管理されているから

問番号	設問番号	配点	小計
問1	[設問1]	(1) a, b：2点×2, (2) 3点	1問解答 20点
	[設問2]	(1) c, d：1点×2, (2) 2点（完答）	
	[設問3]	(1) e, f：2点×2, (2) 3点, (3) 2点	
問2	[設問1]	a, b：1点×2	4問解答 80点 (1問 20点)
	[設問2]	(1) c：3点, (2) d：2点	
	[設問3]	(1) e, f：2点×2, (2) g：2点, (3) 3点, (4) 4点	
問3	[設問1]	ア〜ウ：1点×3	
	[設問2]	(1) 2点（完答）, (2) 2点	
	[設問3]	エ, オ：2点×2	
	[設問4]	カ, キ：2点×2	
	[設問5]	ク：1点, ケ, コ：2点×2	
問4	[設問1]	4点	
	[設問2]	(1) 2点, (2) 2点	
	[設問3]	(1) a, b：2点×2, (2) 4点	
	[設問4]	4点	
問5	[設問1]	(1) a：1点, (2) b：1点, (3) c：1点, (4) d：1点, (5) e：1点	
	[設問2]	(1) f：1点, (2) 1点, (3) 3点	
	[設問3]	(1) SNMPエージェント：3点（順不同, 完答）, SNMPマネージャ：2点, (2) 5点	
問6	[設問1]	(1) a, b：1点×2, (2) c, d：1点×2	
	[設問2]	(1) e〜g：2点×3 (f, gは順不同), (2) 2点, (3) h, i：2点×2 (h, iは順不同)	
	[設問3]	(1) 正しくない項目名：1点, 理由：1点, (2) 2点	
問7	[設問1]	(1) a, b：2点×2, (2) 3点, (3) 3点	
	[設問2]	3点	
	[設問3]	(1) c〜e：1点×3, (2) 4点	
問8	[設問1]	(1) a, b：1点×2, (2) c：1点	
	[設問2]	d〜f：2点×3	
	[設問3]	(1) 4点, (2) 1点	
	[設問4]	(1) g〜i：1点×3, (2) 3点	
問9	[設問1]	(1) 4点, (2) 3点	
	[設問2]	(1) 4点, (2) 3点	
	[設問3]	3点	
	[設問4]	3点	
問10	[設問1]	(1) 4点, (2) a, b：2点×2	
	[設問2]	(1) c：2点, (2) 4点	
	[設問3]	(1) 4点, (2) d：2点	
問11	[設問1]	a：2点	
	[設問2]	b：3点	
	[設問3]	c：2点	
	[設問4]	d：2点	
	[設問5]	e：3点	
	[設問6]	4点	
	[設問7]	4点	
		合　　計	100点

■執　筆

アイテック IT 人材教育研究部
　　石川　英樹
　　小口　達夫
　　多賀　康之
　　長谷　和幸
　　山本　森樹

安部　晃生　　　　大熊　伸幸
久保　幸夫　　　　桑原美恵子
長嶋　仁　　　　　古山　文義
北條　武　　　　　森中　祐治
森脇慎一郎

2024 春 応用情報技術者 総仕上げ問題集

編著■アイテック IT 人材教育研究部
制作■山浦菜穂子　　五味　葵
DTP・印刷■株式会社ワコー

発行日　2023 年 12 月 6 日　第 1 版　第 1 刷
発行人　土元　克則
発行所　株式会社アイテック
　　　　〒143-0006　東京都大田区平和島 6-1-1　センタービル
　　　　電話　03-6877-6312
　　　　https://www.itec.co.jp/

© 2023 ITEC Inc. 703508 -10WP
ISBN 978-4-86575-310-3 C3004 ¥2700E

プロ講師の解法テクニック伝授で合格を勝ち取る！

２０２４春　アイテックオープンセミナー
情報処理技術者試験対策講座『合格ゼミ』

https://www.itec.co.jp/howto/seminar/#a02

高いスキルと豊富な経験を誇るベテラン講師の解説で，テキストで学ぶ以上の知識や
テクニックを習得できます。最新の試験傾向をいち早く分析し対応している，
アイテックと講師のノウハウが詰まった，最善のカリキュラムを提供します。
『合格ゼミ』で合格を勝ち取りましょう！

試験区分	略号	セミナー名	価格	第１回	第２回	第３回
基本情報技術者	FE	試験対策講座	¥44,000	2/10(土)	2/24(土)	3/16(土)
		一日対策講座	¥16,980	3/30(土)	—	—
応用情報技術者	AP	テクノロジ系午後対策講座	¥47,000	2/11(日)	2/25(日)	3/17(日)
		マネジメント系 / ストラテジ系午後対策講座	¥18,980	3/9(土)	—	—
		直前対策講座	¥18,980	3/23(土)	—	—
情報処理安全確保支援士	SC	午後対策講座	¥57,000	2/11(日)	2/25(日)	3/17(日)
		直前対策講座	¥19,980	3/24(日)	—	—
ネットワークスペシャリスト	NW	午後対策講座	¥57,000	2/10(土)	3/2(土)	3/23(土)
		直前対策講座	¥19,980	3/30(土)	—	—
IT ストラテジスト	ST	午後対策講座(論文添削付き)	¥81,000	2/10(土)	3/2(土)	3/23(土)
		直前対策講座	¥20,980	3/30(土)	—	—
システムアーキテクト	SA	午後対策講座(論文添削付き)	¥81,000	2/10(土)	2/24(土)	3/16(土)
		直前対策講座	¥20,980	3/23(土)	—	—
IT サービスマネージャ	SM	午後対策講座(論文添削付き)	¥81,000	2/10(土)	2/24(土)	3/16(土)
		直前対策講座	¥20,980	3/23(土)	—	—

※表示の価格はすべて税抜きの価格です。本内容は予告なく変更となる可能性がございます。
詳細は Web にてご確認ください。

ITEC の書籍のご案内 | *表示の価格は全て税抜きの価格です。

● 総仕上げ問題集シリーズ

703508	2024 春 応用情報技術者 総仕上げ問題集	¥2,700	978-4-86575-310-3
703509	2024 春 情報処理安全確保支援士 総仕上げ問題集	¥2,700	978-4-86575-311-0
703510	2024 ネットワークスペシャリスト 総仕上げ問題集	¥2,980	978-4-86575-312-7
703511	2024 IT ストラテジスト 総仕上げ問題集	¥3,600	978-4-86575-313-4
703512	2024 システムアーキテクト 総仕上げ問題集	¥3,600	978-4-86575-314-1
703513	2024 IT サービスマネージャ 総仕上げ問題集	¥3,600	978-4-86575-315-8
703616	2024 データベーススペシャリスト 総仕上げ問題集 [1]	¥2,980	978-4-86575-321-9
703617	2024 エンベデッドシステムスペシャリスト 総仕上げ問題集 [1]	¥3,600	978-4-86575-322-6
703618	2024 プロジェクトマネージャ 総仕上げ問題集 [1]	¥2,980	978-4-86575-323-3
703619	2024 システム監査技術者 総仕上げ問題集 [1]	¥3,600	978-4-86575-324-0

※1 2024 年 3 月刊行予定

● 重点対策シリーズ

703169	2022 システム監査技術者 「専門知識+午後問題」の重点対策	¥3,700	978-4-86575-250-2
703344	2023-2024 ネットワークスペシャリスト 「専門知識+午後問題」の重点対策	¥3,700	978-4-86575-277-9
703345	2023-2024 IT ストラテジスト 「専門知識+午後問題」の重点対策	¥3,700	978-4-86575-278-6
703346	2023-2024 システムアーキテクト 「専門知識+午後問題」の重点対策	¥3,700	978-4-86575-279-3
703347	2023-2024 IT サービスマネージャ 「専門知識+午後問題」の重点対策	¥3,700	978-4-86575-280-9
703507	2023-2024 基本情報技術者 科目Bの重点対策	¥2,400	978-4-86575-307-3
703421	2023-2024 データベーススペシャリスト 「専門知識+午後問題」の重点対策	¥3,700	978-4-86575-289-2
703422	2023-2024 エンベデッドシステムスペシャリスト 「専門知識+午後問題」の重点対策	¥3,700	978-4-86575-290-8
703423	2023-2024 プロジェクトマネージャ 「専門知識+午後問題」の重点対策	¥3,700	978-4-86575-291-5
703523	2024 応用情報技術者 午後問題の重点対策	¥3,400	978-4-86575-316-5
703524	2024 情報処理安全確保支援士「専門知識+午後問題」の重点対策	¥3,700	978-4-86575-317-2

● 試験対策書シリーズ

703377	IT パスポート試験対策書　第6版	¥2,000	978-4-86575-287-8
703132	情報セキュリティマネジメント　試験対策書　第4版	¥2,500	978-4-86575-232-8
703506	2023-2024　基本情報技術者　科目A試験対策書	¥2,400	978-4-86575-306-6
703498	2024　高度午前Ⅰ・応用情報　午前試験対策書	¥2,700	978-4-86575-301-1

● 合格論文シリーズ

703129	プロジェクトマネージャ　合格論文の書き方・事例集　第6版	¥3,000	978-4-86575-235-9
703130	システム監査技術者　合格論文の書き方・事例集　第6版	¥3,000	978-4-86575-236-6
703499	ＩＴストラテジスト　合格論文の書き方・事例集　第6版	¥3,000	978-4-86575-302-8
703500	システムアーキテクト　合格論文の書き方・事例集　第6版	¥3,000	978-4-86575-303-5
703501	ＩＴサービスマネージャ　合格論文の書き方・事例集　第6版	¥3,000	978-4-86575-304-2
703657	エンベデッドシステムスペシャリスト　合格論文の書き方・事例集 ※2	¥3,000	978-4-86575-318-9

※2　2024年3月刊行予定

● その他書籍

703341	セキュリティ技術の教科書　第3版	¥4,200	978-4-86575-274-8
703171	ネットワーク技術の教科書　第2版	¥4,200	978-4-86575-305-9
702720	データベース技術の教科書	¥4,200	978-4-86575-144-4
703139	ＩＴサービスマネジメントの教科書	¥4,200	978-4-86575-237-3
703157	コンピュータシステムの基礎　第18版	¥4,000	978-4-86575-238-0
703547	アルゴリズムの基礎　第3版	¥3,000	978-4-86575-308-0
703517	わかりやすい！　ＩＴ基礎入門　第4版	¥1,800	978-4-86575-309-7
702790	ＰＭＰ®試験合格虎の巻　新試験対応	¥3,200	978-4-86575-229-8
702546	PMBOK®ガイド問題集　第6版対応	¥1,700	978-4-86575-141-3

★書籍のラインナップなどは，予告なく変更となる場合がございます。アイテックの書籍に関する最新情報は，アイテックホームページの書籍ページでご確認ください。

https://www.itec.co.jp/howto/recommend/